JN439864

제 5 판

상법 개론

이상수 저

商 法 概 論

제5판

상법개론

제5판

머리말

상법개론 제4판이 모두 소진될 수 있었던 것은 독자 여러분의 많은 애정이 있었기 때문이라는 점에 깊이 감사드린다.

이에 상법개론 제5판을 출간하게 되었다. 제5판의 교정 중에 2020년 12월 상법 중 일부개정법률이 국회를 통과하였고 2020년 12월 29일부터 시행되었다. 이에 따라 제5판에서는 개정된 상법의 내용을 반영하여 수정하였으며, 또한 2020년 12월 31일까지 공시된 주요 판례의 내용을 추가하여 수록하였다.

상법개론 제5판 역시 독자 여러분에게 상사관계 법률문제에 관해 좋은 도우미 역할을 할 수 있도록 하고자 하는 변함없는 마음으로 정성을 다하였다.

상법 제5판 출간에도 온 힘을 다 쏟아주신 피앤씨미디어 박노일 사장, 도서출판 정독 김중용 사장 및 편집부 모든 직원들에게 감사 인사를 드린다.

2021. 1

저자 이상수

제4판
머리말

상법개론 제3판이 모두 소진될 수 있었던 것은 독자 여러분의 많은 애정이 있었기 때문이라는 점에 깊이 감사드린다. 새로운 판을 출간하는 어떤 점이 독자 여러분에게 더 도움이 될 것인가를 고민하였다. 이에 제4판에서는 주요 판례 내용을 추가하기로 하였다. 판례의 주요 내용들을 보면 직접적인 법률관계 해결 내용을 파악하기가 쉬울 것이기 때문이다.

이에 상법개론 제4판에서는 2018년 4월까지의 주요 판례의 내용을 추가하였다. 상법개론 제4판 역시 독자 여러분에게 상사관계 법률문제에 관해 좋은 도우미 역할을 할 수 있도록 하고자 하는 변함없는 마음으로 정성을 다하였다.

상법 제4판 출간에도 온 힘을 다 쏟아주신 피앤씨미디어 박노일 사장, 김중용 부사장 및 편집부 모든 직원들에게 감사 인사를 드린다.

2018. 6.

저자 이상수

제3판

머리말

상법개론의 초판 발간 후 1년 6개월, 제2판 발간 후 1년의 시간이 경과하여 제3판을 발간하게 된 것은 사회생활 속에서 기업활동과 관련한 기본적 지식을 습득함으로써 기업업무에서 발생하는 상사법률 문제의 해결에 작은 도움을 드리고자 했던 애초의 바람이 조금씩이나마 이루어지고 있다는 생각에 본서의 저자로서는 뿌듯함을 느끼게 된다.

제2판이 모두 소진되어 제3판을 발간하려는 시점에서 지난 2016년 3월 1일자 상법 중 일부 개정법률이 시행되었다. 그래서 제3판에서는 그 개정법률의 내용을 추가하였다.

개정법률의 주요 내용은 역삼각합병(삼각주식교환), 삼각분할합병, 의결권 없는 주식에 대한 반대주주의 주식매수청구권 인정 규정의 명문화, 간이영업양도의 규정, 주주총회소집 규정의 개정, 소규모주식교환의 요건 완화, 분할합병 규정 정비 등이다.

최초 상법개론의 발간시와 마찬가지로 제3판도 독자 여러분의 상사법률 문제에 대한 도우미 역할을 할 수 있도록 하고자 하는 변함 없는 마음으로 출간에 정성을 다하였다.

제3판 출간을 위해서도 많은 노력을 기울여 주신 피앤씨미디어 사장 박노일 박사, 김중용 부사장 및 편집부 모든 직원들에게 감사의 인사를 드린다.

2016. 5.

저자 이상수

제2판

머리말

상법개론이 처음 출판된 이후 약 1년 6개월이 경과하여 여러 가지 교재내용의 수정과 보완이 필요한 시점이 되었다. 2014년도 3월에 상법 중 「보험편」의 전면개정이 있었고, 2015년 3월 12일에 시행이 될 것이다. 또한 2014년 5월 20일 상법 중 「회사편」 및 「항공운송편」의 내용의 일부가 개정되어 시행되고 있다.

이에 따라 개정내용을 반영하여 본서 제2편을 출간하게 되었다. 더불어 제2판에서는 초판의 오류가 있는 내용을 수정하여 보완하였다.

일반인들의 경제생활관계에서 꼭 알아야 하는 상법지식을 잘 전달하여 무지로 인한 경제생활의 어려움을 겪지 않도록 하고자 하는 작은 바람으로 상법개론이 처음 출간되었던 것과 마찬가지로, 제2판도 일반시민의 경제생활관계에서 조금이나마 도움되는 도우미 역할을 할 수 있기를 바란다.

제2판 상법개론의 출간을 위해 온 정성을 쏟아주신 피앤씨미디어 사장이신 박노일 박사와 김중용 부사장, 편집부 직원에게 감사 인사드린다.

2015. 2.

저자 이상수

머리말

현대사회를 살아가는 모든 사람은 경제생활관계에서 떼어낼 수 없는 불가분의 관계에 있다. 따라서 경제생활관계에 작용하는 법규범인 상법이라는 것이 일반시민의 생활관계 속에서 매우 중요하고 매우 밀접한 역할을 하고 있다. 그럼에도 불구하고 그 내용을 알기에는 너무 어렵고 그 내용을 이해하기도 어려운 것이 현실이다. 뿐만 아니라 상법의 내용이 매우 복잡하고 현실적으로 와 닿지 않는 선험적 내용과 같이 느껴진다. 이 때문에 상법을 학문적으로 공부하는 학자들을 제외하고는 비법학자인 일반시민들은 현대사회를 살아가면서 꼭 알아두어야 하는 상법의 규범내용을 알기를 꺼려한다. 그러하기 때문에 경제생활관계의 법률적 문제가 발생하면 무지로 인하여 불이익을 받는 경우가 종종발생하고 적극적으로 자기 방어를 하지 못하고 자기이익을 포기하는 경우들이 생긴다.

현대생활관계에서 경제생활에 관계된 법규범을 제대로 아는 것은 현대사회를 살아가는 필수요소라 할 것이다.

이러한 사정에서 저자는 일반시민들이 경제생활관계의 법규범인 상법을 부담없이 알아가도록 하기 위하여 복잡한 이론의 내용을 과감히 생략하고 필수적으로 알아두어야 할 내용만을 간추려 「상법개론」이라 하여 본서를 출간하게 되었다.

본서에는 상법의 전체내용과 어음법·수표법의 내용을 단순한 나열의 방식을 배제하고 읽고 이해하기 쉽게 내용들을 정리하였다. 그래서 전체내용은 제1편 상법총칙, 제2편 상행위, 제3편 회사, 제4편 어음법·수표법, 제5편 보험, 제6편 해상운송·항공운송의 순서로 책을 편제하였다. 각 편의 내용에는 추가로 법조문에 관련한 주요한 판례의 내용을 더하여 실생활 속에서 경제관계문제를 법률적으로 해결하는 데 도움을 주고자 하였다.

본서의 출간으로 경제생활에 필요한 상사관계문제해결을 위한 법규범인 상법의 내용을 알고자 하는 비법학자인 많은 분들에게 도움이 되기를 바라마지 않는다.

마지막으로 본서의 출간을 위해 온 심혈을 기울여 주신 피앤씨미디어의 박노일 박사님에게 감사드리며, 편집부 전 직원에게도 그 노고에 대해 깊은 감사를 드린다.

2013. 7.

저자 이상수

차 례

1 PART 상법총칙

PART 2 상행위

제1장 상행위의 개념

제2장 상행위 특칙

제11장 창고업

제12장 금융리스업

제13장 가맹업

제3장 합명회사

제4장 합자회사

4 PART 어음법·수표법

5 PART 보 험

제1장 서 론

6 PART 해상운송과 항공운송

Part 01

상법총칙

Chapter COMMERCIAL LAW

01 상법의 개설

제1절 상법의 개념

Ⅰ. 형식적 의의의 상법

상법의 개념은 통상 형식적 의의와 실질적 의의로 나누어 설명하고 있다. 먼저 형식적 의의의 상법이란 1962년 1월 20일 법률 제1000호로 공포되어 1984년, 1995년, 1998년, 1999년, 2001년, 2007년, 2009년, 2010년, 2012년, 2014년, 2015년, 2016년, 2020년 개정되어 현재 시행되고 있는 상법전을 말한다.

우리 상법전은 제1편 상법총칙(제1조－제45조), 제2편 상행위(제46조－제168조의12), 제3편 회사(제169조－제637조의2), 제4편 보험(제638조－제739조), 제5편 해상(제740조－제895조)과 제6편 항공운송(제896조－제935조), 부칙으로 구성되어 있다.

Ⅱ. 실질적 의의의 상법

1. 상(商)의 개념

경제발전의 초기단계에서는 상품의 매매를 상의 개념으로 이해하였으나, 점점 경제발전이 되면서 상품매매의 보조적 행위(금융업·운송업·창고업 등)도 상의 개념에 포함되게 되었고, 그 후에는 상품의 매매와는 별개인 업종(서비스업·광업 등)도상의 개념에 포함되게 되었다.

2. 실질적 의의의 상법의 대상

실질적 의의의 상법 대상론으로 역사적 관련설(라스티히), 매개행위설(골드쉬미트), 집단거래설(헤크), 상적 색채설(다나까 고다로), 기업법설(뷔란트) 등이 주장되었으며, 현재 우리 나라의 통설적 견해는 기업법설이다. 기업법설은 영리를 목적으로 하여 계속적으로 경영활동을 하는 독립적인 경제적 생활조직으로서의 기업의 개념을 상정하고, 실질적 의의의 상법은 바로 「기업에 관한 특별사법」이라고 하고 있다.

3. 실질적 의의의 상법의 의의

기업법설에 따르면 기업의 생활관계에 관한 특별사법이라고 하고 있다. 이를 분설하면 다음과 같다.

(1) 「기업」에 관한 법

기업이란 일정한 계획에 따라 계속적 의도로 영리행위를 실현하는 독립된 경제단위를 말하며, 이러한 기업에 관한 법률관계를 규율하는 법이 상법이다.

(2) 기업의 「생활관계에 관한」 법

상법은 기업의 주체인 상인뿐만 아니라 기업과 거래하는 일반인에 대해서도 적용되는 법으로서, 기업의 생활관계에 관한 법이다.

(3) 기업의 생활관계에 관한 「특별사법」

상법은 기업간의 평등한 생활관계를 규율하므로 기업에 관한 사법이며, 기업관계에 민법의 일반원칙으로 해결될 수 없는 특유한 사항을 규정한 법이다.

Ⅲ. 형식적 의의의 상법과 실질적 의의의 상법의 관계

실질적 의의의 상법은 순수한 사법적 규정을 두고 있다면, 형식적 의의의 상법은 필요에 의하여 상호가등기·회사소송·회사형벌 등의 공법적 규정을 두고 있기 때문에 양자는 일치하지 않는 면을 가지고 있다.

제2절 상법의 지위

Ⅰ. 상법과 민법의 관계

1. 민법에 대한 상법의 지위

상법은 사법적 생활관계 전반을 규율하는 민법에 대해 기업의 생활관계를 규율하는 특별법의 지위를 가지고 있다. 이와 같은 상법의 민법에 대한 관계는 다음과 같이 세 가지로 구분할 수 있다.

(1) 민법규정의 보충·변경

상법은 민법의 규정을 보충·변경하는 규정을 두고 있다. 예를 들면 민법상 대리는 반드시 대리관계를 표시하여야 하는 현명주의(顯名主義)를 택하고 있지만 상법상 대리는 비현명주의(非顯名主義)를 택하고 있다. 또한 민사채권의 소멸시효기간은 10년이지만 상사채권의 소멸시효기간은 5년으로 규정하고 있다. 그 이외에 상행위편에서 물권과 채권에 관한 특칙규정을 두고 있다.

(2) 민법상 일반제도의 변형

민법상 대리·위임·도급·고용·임치 등을 특수화하여 상업사용인·대리상·위탁매매업·운송업·창고업에 관한 규정을 두고 있고, 민법상 법인과 조합제도를 수정하여 회사제도를 두고 있다.

(3) 상법상 특유한 제도

민법에는 없는 상호, 상업장부, 상업등기, 상호계산 등의 특유한 제도를 두고 있다.

2. 상법의 독자성

(1) 민상이법(民商二法)통일론

기업관계에 대하여는 상법과 민법의 적용이 교차할 뿐만 아니라 일반인에 대해서도 상법의 적용이 예정되고 있기 때문에 어느 법을 적용하느냐에 따라 불공정한 결과를 초래할 수 있다는 등의 근거를 들어 민법과 상법을 통일하자는 주장이 제기되었으나, 현재는 민법과 상법은 별개의 독립된 법으로 존재하여야 한다는 것이 정형화되어 있다.

(2) 민법의 상화

독일의 리이써(Riesser)가 기업의 생활관계를 지배하는 상법의 원리와 제도가 일반인의 생활관계의 원리와 제도화되고, 민법에 속하는 법률제도가 상법의 제도화되는 것을 민법의 상화라고 하였다(예 계약자유의 원칙, 민사회사 제도 등). 이러한 민법의 상화현상으로 상법의 독자성이 상실된다는 주장이 있으나, 민법의 상화는 그 성질상 한계가 있고 새로운 상행위의 계속된 출현으로 상법은 독자성을 갖는다.

Ⅱ. 상법과 노동법의 관계

기업보조자가 기업주를 위하여 노무를 제공하는 내부적 고용관계에 관하여 규율하는 법이 노동법이고, 기업보조자가 기업주를 위하여 제3자와 법률행위를 하는 경우에 그 효과에 관하여 규율하는 법이 상법이다.

Ⅲ. 상법과 경제법의 관계

경제법은 국가가 특정한 목적을 위하여 경제를 계획적으로 지도·감독하는 경제통제의 일환으로서 기업에 대하여 행해지는 국가적인 요청에 의하여 만들어진 법이라고 한다면, 상법은 기본적으로 계약자유와 사적 자치를 인정하고 영리를 바탕으로 한다는 점에서 그 이념과 성격을 달리하고 있다. 다만, 상법에 잠재하는 사회성이나 규제성이라는 성격에서 볼 때에는 경제법과 상법은 하나의 법으로 통일되어야 할 것이다.

Ⅳ. 상법과 어음법·수표법의 관계

어음과 수표는 상인들뿐만 아니라 일반인들 상호간에도 이용이 가능하기 때문에 상법상 유가증권(화물상환증·창고증권·주권·사채권·신주인수권증서·신주인수권증권·선하증권) 등과는 달리 독립된 법으로 어음법과 수표법을 두고 있다. 그러나 실질적으로 어음과 수표는 상인간이나 상인과의 거래에서 주로 이용되고 있기 때문에 실질적 의의의 상법에 포함된다고 할 수 있고, 상법의 중요한 부분으로 취급되고 있다.

제3절 상법의 특성

Ⅰ. 조직면에서의 특성

1. 기업자본의 원활한 조달

기업은 많은 자본을 필요로 하므로 자기자본의 조달방법으로 주식회사의 주식제도, 선박공유제도를 두고 있다. 그리고 타인자본의 조달방법으로 주식회사의 사채제도, 선박담보권제도를 두고 있다. 또한 상법에는 자본집중을 위하여 영업양도, 회사의 합병제도를 두고 있다. 이들은 기업의 유지를 위한 제도이기도 하다.

2. 노력의 보충

기업규모의 확대와 기업활동의 복잡·다양화로 인하여 기업유지를 위해 상인의 노력의 보충이 필요하게 되었다. 이에 따라 상업사용인, 대리상, 중개인, 위탁매매인, 운송주선인, 운송인, 합명회사 등의 제도를 두고 있다.

3. 기업의 독립성 확보

기업의 유지를 위해서는 전제조건으로 기업의 독립성이 확보되어야 하므로, 상법은 상업장부제도를 두어 기업재산과 개인재산을 구별하고 있고, 상호제도와 영업소제도를 두고 있다. 더욱이 회사에 법인격을 부여함으로써 기업의 독립성을 더욱 확실하게 하고 있다.

4. 기업해체의 방지

기업의 유지를 위하여 영업의 양도, 상사대리의 특칙, 회사의 합병과 분할, 회사계속, 조직변경 등의 제도를 둠으로써 기업의 해체를 방지하고 있다. 특히 주식회사와 유한회사, 유한책임회사에서는 1인회사를 인정하여 기업의 유지를 꾀하고 있다.

5. 경영의 전문화

상법은 기업의 소유와 경영의 분리를 유도하고 전문경영자들에 의한 이사회, 지배인, 익명조합, 업무집행자 등의 제도를 둠으로써 기업의 유지를 도모하고 있다.

6. 위험부담의 경감

기업규모의 거대화로 인해 상대적으로 기업의 손실의 위험도 커지고 있다. 이러한 기업의 위험부담을 줄이는 것이 기업의 유지를 위하여 필요하기 때문에 주식회사의 주식제도, 보험제도 등을 두고 있다.

Ⅱ. 활동면에서의 특성

1. 상행위의 유상성

기업의 본질은 영리행위를 추구하는 것이므로 기업의 영리성은 상법상의 기본개념인 상인과 상행위의 전제가 된다. 이를 위하여 상인의 보수청구권(제61조), 상인이 금전대여를 한 경우의 법정이자청구권(제55조 제1항), 연(年) 6푼(分)의 고율의 법정이자청구권(제54조) 등을 인정하고 있다.

2. 간이·신속주의

기업활동은 다수인을 상대로 반복적이고 집단적으로 이루어지고 있으므로 개개의 거래가 원활하게 신속하게 이루어져야 한다. 이를 위해 상행위의 대리, 상사채권의 단기소멸시효, 상호계산, 계약청약에 대한 낙부통지의무, 상사매매의 특칙, 운송인의 운송물 공탁권 및 경매권 등의 제도를 두고 있다.

3. 거래안전의 보호

(1) 공시제도

기업의 거래 내용을 일반에게 공시함으로써 거래의 원활과 안전을 도모할 수 있게 된다. 이를 위하여 상업등기제도, 회사의 각종 등기사항, 대차대조표의 공고의무, 재무제표 등의 비치의무 등을 인정하고 있다.

(2) 외관신뢰보호의 법리

거래의 안전을 확보하기 위하여 외관을 신뢰하고 거래한 자를 보호하는 제도를 두고 있다. 표현지배인, 명의대여자의 책임, 부실등기를 한 자의 책임, 상호속용의 영업양수인의 책임, 고가물에 대한 책임, 유사발기인의 책임, 표현대표이사의 책임, 자칭 무한책임사원의 책임, 유가증권의 문언성과 선의취득자의 보호 등의 많은 규정을 두고 있다.

4. 책임의 가중과 경감

(1) 책임의 가중

거래의 안전과 간이·신속한 거래를 도모하기 위하여 상인의 의무와 책임을 강화하고 있다. 상사매매에 있어서 매수인의 목적물 검사 및 하자 통지의무, 다수당사자의 연대책임, 무한책임사원, 회사의 대표사원 또는 대표이사와의 연대책임, 주식회사의 발기인 또는 이사의 자본금 충실의 책임, 위탁매매인의 이행담보책임 등의 규정을 두고 있다.

(2) 책임의 경감

기업거래의 신속한 완료와 기업유지를 위하여 고가물임을 명시하지 않은 경우의 운송인 또는 공중접객업자의 책임, 상법상 유한책임제도 등의 제도를 두고 있다.

5. 개성의 상실

기업활동은 반복적·계속적·대량적으로 이루어지고 있기 때문에 거래의 신속과 원활을 위하여 기업활동행위의 상대방이나 급부의 내용에 대한 개성을 중요시하지 않고 있다. 각종의 개입권제도, 개입의무, 발기인이나 이사의 담보책임, 위탁매매인의 이행담보책임제도 등을 두고 있다.

6. 계약자유의 원칙

기업활동은 영리를 목적으로 하고 있으므로, 당사자의 자유의사에 맡기는 것이 거래의 원활과 신속을 도모할 수 있다. 계약자유의 원칙은 민법의 일반원칙이기도

하지만, 민법에서는 인정되지 않는 유질계약을 인정하고 있는 점은 민법보다 상법이 더 넓게 계약자유의 원칙을 인정하고 있는 것이다.

7. 계약의 정형화

기업거래가 계속적·반복적·대량적으로 이루어지고 있으므로 거래행위의 내용이 정형화되고 있다. 주식이나 사채의 청약방식의 정형화, 보통보험약관은 그 대표적인 예라고 할 수 있다.

제4절 상법의 법원

법원(法源)이란 법의 존재형식 또는 법의 존재근거로서의 자료를 말한다. 이러한 법원에 대하여 상법 제1조에서는 「상사에 관하여 본법에 규정이 없으면 상관습에 의하고 상관습법이 없으면 민법의 규정에 의한다」고 규정하고 있다.

Ⅰ. 법원의 종류

법원은 크게 제정법과 상관습법, 상사자치법이 있으며, 보통거래약관의 법원성이 논의되고 있다.

1. 제정법

제정법으로는 상법전과 상사특별법령이 있다. 상사특별법령에는 먼저 상법전의 시행을 위한 부속법령으로 상법시행법, 상법시행령, 상업등기법 등이 있다. 또한 상법전의 규정을 보충하거나 변경하는 특별법령으로서 독립한 단행법으로 존재하는 것이 상당히 있다(예 약관규제에 관한 법률, 할부거래에 관한 법률, 중재법, 자본시장과 금융투자업에 관한 법률, 선물거래법, 담보부사채신탁법, 주식회사의 외부감사에 관한 법률 등).

2. 상관습법

상관습법이란 상거래에서 일정한 관행(상관습)이 오랜 기간 계속되고, 이것이 그 거래계에서 법적 확신을 얻은 것을 말한다. 상관습법은 법규범으로서 법률과 동일한 효력을 갖고 법원을 구속한다. 법원이 인정한 상관습법성의 대표적인 예로는 백지어음의 유효성에 관한 판례가 있으나 이는 성문화되었고, 이 외에 해상물건운송에 있어서의 보증도와 가도·기업회계기준의 내용 등을 들 수 있다.

3. 상사자치법

상사 또는 기업관계에 관하여 관련 단체나 조직이 그 조직의 구성원과 단체간 또는 구성원간의 법률문제나 그 거래상대방인 제3자와의 관계를 자주적으로 정한 규범을 말한다.

자치법은 계약과 달리 개개인의 의사에 불구하고 단체의 기관이나 구성원을 구속하므로 법규적 성질을 가지며, 따라서 상사자치규약은 실질적 상법의 법원으로 인정하는 것이 통설이다.

4. 보통거래약관

(1) 보통거래약관의 의의

보통거래약관이란 그 명칭이나 형태 또는 범위를 불문하고 계약의 일방 당사자가 다수의 상대방과 계약을 체결하기 위하여 일정한 형식에 의하여 미리 마련한 거래조건을 말한다. 약관의 법원성을 부정하는 것이 통설의 입장이다.

【판례】 대법원 1986.10.14.선고 84다카122판결[동지: 대법원 2004.11.11.선고 2003다30807판결]

보통보험약관을 포함한 이른바 일반거래약관이 계약의 내용으로 되어 계약당사자에게 구속력을 갖게 되는 근거는 그 자체가 법규범 또는 법규범적 성질을 갖기 때문은 아니며, 계약당사자가 이를 계약의 내용으로 하기로 하는 명시적 또는 묵시적 합의를 하였기 때문이다.

(2) 약관의 구속력의 근거

당사자간에 개별적 합의가 없더라도 보통거래약관에 의하여 계약이 이루어지는 경우에 보통거래약관이 계약당사자를 구속하는 근거와 관련하여 크게 의사설(意

思說)과 규범설(規範說)의 대립이 있다. 판례와 다수의 상법학자는 그 근거를 당사자간의 의사에서 찾고 있다(의사설).

(3) 약관개정과 소급효

의사설을 취하는 판례에 따르면 약관이 계약기간 중에 변경된 경우에는 개정부분에 관하여 당사자간의 변경에 대한 별도의 협의가 없는 한 소급효를 갖지 않는다고 한다.

Ⅱ. 법규의 적용순서

법규의 적용순서에 관해서는 우리 상법 제1조에서 그 규정을 두고 있다. 즉, 상사에 관하여 먼저 특별법 우선의 원칙을 인정하고 있다. 따라서 상사특별법이나 상사조약이 상법전에 앞서 적용된다. 그리고 상법전에 규정이 없는 경우에는 상관습에 의하고, 상관습법도 없는 경우에는 민법이 적용된다. 민법의 적용에 있어서도 특별법 우선의 원칙이 적용되는 것은 상법에서와 같다.

법규적용순서

상사자치법(정관) ➜ 상사특별법·상사조약 ➜ 상법전 ➜ 상관습법 ➜ 민사자치법 ➜ 민사특별법·민사조약 ➜ 민법전 ➜ 민관습법 ➜ 조리

제5절 상법의 효력

Ⅰ. 시(時)에 관한 효력

동일한 순위에 있는 둘 이상의 상사법규가 시간적으로 선후관계에 있는 경우 신법우선의 원칙이 적용된다. 그러나 상법시행법은 「상사에 관한 특별한 법령은 상법시행 후에도 그 효력이 있다」고 하여 '일반신법은 특별구법을 변경하지 못한다'는

원칙을 명시하고 있다.

Ⅱ. 장소에 관한 효력

상법은 대한민국 영토의 전역에 적용됨을 원칙으로 한다. 그러나 상거래는 국제적 거래가 될 경우 이에 대해서는 국제사법(國際私法)에 의하여 해결된다.

Ⅲ. 인(人)에 관한 효력

상법은 대한민국 모든 국민을 대상으로 적용된다. 그러나 대한민국 국민과 외국인 사이에 이루어지는 상거래에 대해서는 국제사법에 의하여 해결된다.

Ⅳ. 사항(事項)에 관한 효력

상법이 적용되는 것은 상사(商事)에 한정된다. 즉, 일반 민사생활관계에 대해서는 상법이 적용되지 않는다. 상사의 의미에 대해서는 학설의 대립이 있으나 그 실익은 적다고 보며, 형식적 의미에서 상법에 의하여 적용되는 사항으로 규정된 사항을 말한다.

Chapter COMMERCIAL LAW

02 상 인

제1절 상인의 개념 및 종류

Ⅰ. 상인의 개념

기업의 거래로 인하여 생기는 법률관계의 처리를 위하여 권리·의무의 귀속주체가 필요하며, 이러한 기업활동에 관한 권리·의무의 주체를 상인이라 한다.

상인의 입법주의

상인법주의(형식주의)·상행위법주의(실질주의)·절충주의의 세 가지 입법주의가 있다. 우리 상법이 취하는 입법주의에 대해서는 형식주의라는 입장, 절충주의라는 입장, 형식주의에 가까운 절충주의라는 입장이 있다. 이들의 견해 중에서 상법 제5조는 상행위와 관계없이 상인개념을 정하고 있으므로 형식주의의 입법이지만, 제4조는 상행위를 전제로 상인개념을 정하고 있는 점에서 실질주의의 입법으로 볼 수 있다. 다만 제4조는 순수한 실질주의의 입법으로 볼 수 없고 상행위는 상인과 관련하여서만 파악될 수 있는 영업적 상행위라는 점에서 제5조와 제4조의 상인개념의 전체적인 입법은 형식주의에 가까운 절충주의로 볼 수 있다.

Ⅱ. 상인의 종류

1. 당연상인(當然商人)

(1) 당연상인의 의의

당연상인이란 자기명의로 상행위를 하는 자이다(제4조).

(2) 당연상인의 요건

① **자기명의로 할 것**: 자기명의란 거래상의 권리·의무에 관하여 스스로 귀속주체가 되는 것을 말하며, 이때 영업행위 자체는 명의인이 직접 담당하지 않고 타인에게 대리시키더라도 무방하다. 반면에 영업에 직접 종사하더라도 타인명의로 상행위를 하는 자는 상인이 아니다. 즉, 지배인·대표이사·법정대리인 등은 상인이 될 수 없다(판례). 다만, 자기명의로 하지 않더라도 타인의 명의를 차용하여 영업을 하는 경우에는 그 명의인은 상인이 아니고, 실제 영업상의 권리·의무의 주체인 그 차용자가 상인이다(판례). 행정관청에 대한 신고명의인이나 납세명의인 등은 실제 영업을 하지 않는 경우 상인이 아니다(판례).

【판례】 대법원 2018.4.24.선고 2017다205127판결

회사가 상법에 의해 상인으로 의제된다고 하더라도 회사의 기관인 대표이사 개인이 상인이 되는 것은 아니다. 대표이사 개인이 회사의 운영자금으로 사용하려고 돈을 빌리거나 투자를 받더라도 그것만으로 상행위에 해당하는 것은 아니다.

② **상행위를 할 것**: 상행위란 상법 제46조에 열거된 행위를 영업으로 하는 경우와 담보부사채신탁법상 제3자의 사채총액의 인수행위를 말한다. 그러나 오로지 임금을 받을 목적으로 물건을 제조하거나 노무에 종사하는 자의 행위는 상행위에 해당하지 않는다(제46조 단서).

기본적 상행위

① 동산·부동산·유가증권 기타의 재산의 매매(제1호): 물건을 구매하여 판매하면서 그 차액을 얻는 행위를 말하며, 소유권의 이전행위에 해당한다. 매매의 목적물은 동산·부동산·유가증권·기타 재산(소유권 이외의 물권·채권·사원권·무체재산권·광

업권·어업권)이다.

② 동산·부동산·유가증권 기타의 재산의 임대차(제2호): 임대차는 소유권의 이전을 가져오는 것이 아니라 재산의 이용을 하도록 하고 그 대가를 취득하는 행위를 말한다.

③ 제조·가공 또는 수선에 관한 행위(제3조): 타인을 위한 제조·가공 또는 수선에 관한 행위를 인수하는 계약을 말한다.

④ 전기·전파·가스 또는 물의 공급에 관한 행위(제4호): 전기·전파(방송파)·가스·수도사업 등과 같이 일정한 용역을 계속적으로 공급할 것을 인수하는 행위를 말한다.

⑤ 작업 또는 노무의 도급의 인수(제5호): 작업의 도급의 인수란 주택건설이나 선박건조 등 부동산 또는 선박에 관한 공사를 인수하는 행위를 말한다. 노무의 도급의 인수란 노동자의 공급을 인수하는 계약을 말한다.

⑥ 출판·인쇄 또는 촬영에 관한 행위(제6호): 출판에 관한 행위란 문서 또는 도서를 인쇄하여 발매 또는 배포하는 행위를 말하며, 인쇄에 관한 행위란 문서 또는 도화를 복제하는 작업을 인수하는 행위이며, 촬영에 관한 행위란 사진의 촬영을 인수하는 계약을 말한다.

⑦ 광고·통신 또는 정보에 관한 행위(제7호): 광고란 수요창출을 목적으로 특정한 기업·상품 기타 특정 사실을 일반공중에게 홍보하는 행위를 말하며, 통신에 관한 행위란 유선 또는 무선통신장비를 이용하여 정보를 수집하거나 보내는 행위를 말하며, 정보에 관한 행위란 타인이 의뢰한 정보를 유상으로 수집·제공해 주기로 하는 계약을 말한다.

⑧ 수신(受信)·여신(與信)·환(換) 기타의 금융거래(제8호): 수신·여신이란 타인의 금전을 일정 조건하에 수탁 및 타인에게 대여하는 행위이고, 환(換)은 다른 종류의 화폐간의 교환을 말한다.

⑨ 공중이 이용하는 시설에 의한 거래(제9호): 일반인들이 모일 수 있는 일정한 시설을 갖추고 일정한 대가를 받고 고객으로 하여금 이를 이용하게 하는 행위를 말한다.

⑩ 상행위의 대리의 인수(제10호): 독립된 지위에서 일정한 상인을 위하여 계속적으로 상행위인 행위의 대리를 인수하는 행위이다.

⑪ 중개에 관한 행위(제11호): 타인간의 법률행위의 중개를 인수하는 행위로서 상행위 중개뿐만 아니라 민사상의 중개행위도 포함된다.

⑫ 위탁매매 기타의 주선에 관한 행위(제12호): 주선이란 자기의 명의로 타인의 계산

으로 법률행위를 할 것을 인수하는 행위를 말한다. 주선행위를 하는 자로서 위탁매매인·준위탁매매인·운송주선인을 들 수 있으며 이들에 대해서는 상행위 각론에서 설명한다.

⑬ 운송의 인수(제13호): 물건 또는 여객을 일정한 장소에서 다른 장소로 이동시키는 운송계약으로서 이를 인수하는 행위를 말한다. 상행위편에서는 육상운송에 관해서만 규정하고, 해상운송에 관해서는 제5편(해상), 항공운송에 관해서는 제6편(항공운송)에서 별도로 규정을 두고 있다.

⑭ 임치의 인수(제14호): 타인을 위하여 물건 또는 유가증권을 보관할 것을 인수하는 행위를 말한다.

⑮ 신탁의 인수(제15호): 신탁이란 신탁법 제1조 제2항에 의하면 위탁자가 수탁자와의 특별한 신임관계에 기하여 특정의 재산권을 수탁자에게 이전하거나 기타의 처분을 하고 수탁자로 하여금 수익자의 이익 또는 특정의 목적을 위하여 그 재산권을 관리 또는 처분하게 하는 법률관계를 말하며, 이러한 신탁계약의 인수행위이다.

⑯ 상호부금 기타 이와 유사한 행위(제16호): 일정한 좌수와 급부금을 정한 다음 정기적으로 부금을 납입시키고 납입시마다 추첨·입찰 기타의 방법으로 순서를 정하여 가입자에게 차례로 금전을 빌려쓰도록 하는 행위를 말한다.

⑰ 보험(제17호): 보험이란 다수인이 동일한 위험하의 위험단체를 형성하고, 사전에 보험료를 지급하고 보험사고로 경제적 손실을 입은 구성원에게 일정한 급여를 지급하도록 하는 것을 말한다.

⑱ 광물 또는 토석의 채취에 관한 행위(제18호): 광물이나 토석을 채취하여 판매하는 행위는 원시산업의 행위이지만 그 자본규모나 설비 등을 감안할 때 기업성이 농후하여 예외적으로 상행위로 규정한 것이다.

⑲ 기계·시설 그 밖의 재산의 금융리스에 관한 행위(제19호): 이러한 행위는 통상 물융(物融) 또는 리스(lease)라고 하는 거래를 말한다.

⑳ 상호·상표 등의 사용허락에 의한 영업에 관한 행위(제20호): 이러한 행위는 통상 프랜차이즈(franchise)라 한다.

㉑ 영업상 채권의 매입·회수 등에 관한 행위(제21호): 이러한 행위는 통상 팩터링(factoring)이라 하며, 외상매출채권 매매행위를 말한다.

㉒ 신용카드, 전자화폐 등을 이용한 지급결제 업무의 인수(제22호): 이러한 행위는 신용카드 지급결제 대행업을 하는 자의 대행업무를 말한다.

③ **영업으로 할 것**: 당연상인이 되기 위해서는 자기명의로 상행위를 영업으로 하여야 한다. 이를 분설하면 다음과 같다.

㉠ 「영업」이란 영리를 목적으로 계속적·지속적으로 이루어지는 행위로써 대외적 인식이 될 수 있도록 하여야 한다.

㉡ 「영리목적」은 객관적으로 인식될 수 있으면 충분하고, 개개의 거래와 상관없이 전체적으로 인정되기만 하면 충분하다. 영리를 목적으로 하는 한 이익 또는 손실의 유·무나 이익의 사용목적은 불문한다.

㉢ 「계속적·지속적으로 이루어지는 행위」는 동종의 행위가 상당기간 반복됨을 요한다(반드시 장기간을 요하지는 않는다). 계속적 의도는 실질적으로 인식될 수 있으면 충분하고 반드시 실제로 계속적으로 하였어야 하는 것은 아니다.

㉣ 「대외적 인식」은 행위주체의 활동이 대외적으로 인식될 수 있어야 하며 비밀리에 이루어지는 행위가 아니어야 한다는 것이다.

2. 의제상인(擬制商人)

(1) 설비상인

설비상인이란 점포 기타 유사한 설비에 의하여 상인적 방법으로 영업을 하는 자를 말한다. 이러한 자는 상법 제46조의 상행위를 하지 아니하더라도 상인으로 본다(제5조 제1항).

「상인적 방법」이란 당연상인이 기업을 경영함에 있어서 보통 필요한 설비를 갖추고, 당연상인 같은 방법(예 상업장부 작성, 상업사용인의 사용 등)으로 영업을 하는 것을 말한다. 즉, 상인적 방법이란 영리추구를 주된 목적으로 하고 일정한 계획과 계산 하에 동종행위를 상당기간 동안 계속 반복하는 것을 말한다.

설비상인의 예(例)로는 농산물을 점포 기타 유사한 설비에 의하여 판매하는 자, 결혼상담소·연예인송출업·흥행업 등을 하는 자를 들 수 있다.

보충

[자유직업인의 상인성] 변호사·의사·공인회계사·세무사 등 자유직업인은 자기명의로 점포 기타 설비에 의하여 그 활동을 하더라도 영리를 목적으로 하는 '상인적 방법에 의하여 영업을 하는 자'라고 볼 수 없으므로 상인에 해당하지 않는다는 것이 통설·판례의 입장이다.

(2) 민사회사

상법 제46조의 상행위를 영위하지 아니하는 민사회사는 의제상인에 해당한다(제5조 제2항). 민사회사의 대표적인 예로는 농업·축산업·수산업 등의 원시산업을 목적으로 하는 회사, 경영투자자문회사를 들 수 있다.

3. 소상인(小商人)

(1) 의의 및 범위

소상인의 개념에 관해 상법에는 그 규정이 없으나, 「상법시행령」 제2조에서 소상인의 범위에 관해 규정하고 있다. 소상인이란 자본금 1천만원 미만의 상인으로서 회사가 아닌 자를 말한다. 따라서 회사는 비록 자본금이 1천만원 미만이라 하더라도 소상인이 아니다.

(2) 상법의 일부규정의 적용배제

소상인에 대하여는 지배인·상호·상업장부·상업등기에 관한 규정을 적용하지 않는다(제9조). 그러나 소상인에 대해서도 지배인 이외의 하급사용인은 이용할 수 있고, 상호권의 침해에 관한 상법 제20조, 제23조, 제28조 등의 규정과 명의대여자의 책임에 관한 규정(제24조)은 소상인에게도 적용된다.

제2절 상인자격과 영업능력

Ⅰ. 상인자격의 취득과 상실

1. 자연인의 상인자격

(1) 취 득

자연인은 누구든지 연령·성별·행위능력 유무를 불문하고 상인자격을 취득할 수 있기 때문에, 상법 제4조 또는 제5조 제1항의 요건을 구비하면 상인이 된다.

보충

[상인자격의 취득시기] 개업준비행위를 보조적 상행위로 보고 이를 행하는 때에 상인자격을 인정하면서도 자연인의 상인자격의 취득시기에 대하여는 학설의 대립이 있으나, 상인이 영업의사를 표방하지 않더라도 상대방이 영업의사의 존재를 객관적으로 인식할 수 있으면 상인자격을 취득한다는 것이 다수설과 판례의 입장이다.

(2) 상 실

자연인의 상인자격은 사실상 영업을 폐지한 때나 사망에 의하여 영업활동이 정지됨으로써 상실하게 된다. 영업주가 파산선고나 성년후견개시결정을 받은 경우에도 파산관재인이나 법정대리인이 상인의 명의로 영업이나 잔무처리행위를 계속하는 경우에는 상인자격이 상실되지 않는다. 다만, 성년후견 또는 한정후견개시결정을 받으면 이러한 영업주의 상행위는 취소할 수 있을 뿐이다.

2. 영리법인의 상인자격

(1) 취 득

회사는 본점소재지에서 설립등기를 함으로써 법인격을 취득하므로(제172조), 곧 회사에 있어서는 법인격의 취득시기가 상인자격의 취득시기가 된다.

(2) 상 실

회사는 청산이 사실상 종료됨으로써 법인격이 소멸하고, 상인자격을 상실한다. 따라서 회사는 해산 후라도 청산이 종료되기 전에는 법인격이 소멸되지 않고 청산의 목적범위 내에서 존속하므로(제245조) 상인자격을 가지고 있다. 회사의 청산등기는 선언적 효력밖에 없다(판례).

3. 기타 법인의 상인자격

(1) 공법인

존립목적이 법률에 의하여 특정되어 있는 한국농어촌공사 또는 한국광물자원공사·예금보험공사와 같은 특수공법인은 상인능력이 없다(판례). 그러나 국가 및 지방자치단체와 같은 일반공법인은 영리사업을 할 수 있으므로 상인자격이 인정된다. 공법인의 상행위에 관해 제2조에서 그 규정을 두고 있다. 한편, 한국전력공사·대한 석탄공사·한국도로공사·한국토지주택공사 등 특별법에 의하여 설립된 정부투자법인도 상인자격이 있다.

> **【판례】 대법원 1994.4.29.선고 93다54842판결**
>
> 어느 행위가 상법 제46조 소정의 기본적 상행위에 해당하기 위하여는 영업으로 같은 조 각 호 소정의 행위를 하는 경우이어야 하고, 여기서 영업으로 한다고 함은 영리를 목적으로 동종의 행위를 계속 반복적으로 하는 것을 의미하는 바, 구 대한광업진흥공사법(1986.5.12. 법률 제3834호로 전문 개정되기 전의 것)의 제반 규정에 비추어 볼 때 대한광업진흥공사가 광업자금을 광산업자에게 융자하여 주고 소정의 금리에 따른 이자 및 연체이자를 지급받는다고 하더라도, 이와 같은 대금행위는 대한광업진흥공사법 제1조 소정의 목적, 즉 민영광산의 육성 및 합리적인 개발을 지원하기 위하여 하는 사업이지 이를 가리켜 '영리의 목적'으로 하는 행위라고 보기에는 어렵다.

(2) 비영리법인·중간법인

비영리법인은 영리행위를 통하여 얻은 이익을 공익에 사용하는 한 상인이 될 수 있다. 반면에 농업협동조합이나 신용금고, 새마을금고와 같은 중간법인에 대해서는 상인자격이 인정되지 않는다(판례·다수설). 그러나 농업협동조합이나 신용협동조합 등이 비회원에 대하여 장기간 신용사업을 영위하기 위하여 자금대출행위를 하는 경우에는 상행위성을 인정하여 이에 대해서는 상인성을 인정할 수 있다(판례).

Ⅱ. 영업능력

회사는 설립등기를 함으로써 권리능력·행위능력·의사능력·책임능력 등이 인정되므로 영업능력의 문제가 있을 수 없으나, 자연인의 경우에는 그 성질상 영업능력이 문제된다. 상법상 영업무능력자는 민법상 행위무능력자의 범위와 같이 미성년자·피한정후견인·피성년후견인이 있으며 이에 대해 별도의 규정을 두고 있다.

① **미성년자**: 법정대리인의 동의를 얻지 않고 한 미성년자의 행위는 원칙적으로 취소할 수 있다. 그러나 법정대리인의 허락을 받은 특정한 영업에 관하여는 성년자와 동일한 행위능력이 인정된다. 다만, 미성년자가 법정대리인의 허락을 받아 영업을 하는 경우 이를 등기하여야 한다(제6조). 미성년자가 법정대리인의 허락을 얻어 회사의 무한책임사원이 된 때에는 그 사원자격으로 인한 행위를 할 때에는 능력자로 본다(제7조). 그리고 법정대리인은 미성년자를 대리하여 영업을 할 수 있으며 이 때에는 등기하여야 하며, 법정대리

인이 영업을 대리하는 때에 그 대리권에 대한 제한은 선의의 제3자에게 대항하지 못한다(제8조).

② **피한정후견인**: 피한정후견인을 대리하여 한정후견인이 영업을 하는 경우에는 이를 등기하여야 하며, 그 대리권에 대한 제한은 선의의 제3자에게 대항하지 못한다(제8조).

③ **피성년후견인**: 피성년후견인은 자신이 스스로 영업을 할 수 없고, 항상 성년후견인이 피성년후견인을 대리하여 영업을 하여야 하며, 이는 등기하여야 한다(제8조 제1항).

제3절 영업의 자유와 제한

1. 헌법의 원칙

헌법 제15조에서 「모든 국민은 직업선택의 자유를 가진다」고 규정하고 있으므로, 누구나 상인으로서 어떠한 영업이든 자유로이 할 수 있다. 그러나 헌법 제37조 제2항에 따라 영업은 법률로 제한할 수 있다.

2. 공법상 영업의 제한

공익(예 음란한 문서의 반포, 아편 등의 제조·판매 등) 또는 국가재정(예 담배의 제조·수출입, 홍삼의 제조 등, 전화 또는 서신의 송달 등)을 위한 제한이 있고, 일반공안(예 식품영업, 약품제조판매업 등) 및 신분(예 변호사, 공무원, 법관 등)에 의한 제한이 있다.

3. 사법상 영업의 제한

상업사용인이나 영업양도인, 대리상, 합명회사·합자회사의 업무집행사원, 유한책임회사의 업무집행자 또는 주식회사·유한회사의 이사 등은 경업의 제한을 받는다. 또한 선량한 풍속과 사회질서에 반하지 않는 한 당사자간의 약정에 의하여 영업을 제한할 수 있다. 다만, 경업금지특약을 위반한 경우라도 당해 영업행위의 제3자에 대한 효력에는 영향을 미치지 않고, 상대방은 영업중지 및 그 위반으로 인한 손해배상을 청구할 수 있을 뿐이다.

Chapter COMMERCIAL LAW

03 상업사용인

제1절 상업사용인의 의의

Ⅰ. 기업의 대규모화와 기업보조자의 필요

법인기업인 회사는 성립시부터 대규모의 인적 조직을 갖추고 있고, 개인상인의 경우에도 기업의 규모가 커지고 영업활동범위가 넓어지면서 기업보조자가 필요하게 되었다. 상인의 영업활동을 보조하는 기업보조자로 상법은 총칙에서 상업사용인을 규정하고 있고, 상행위편에서 대리상·중개인·위탁매매인·준위탁매매인·운송주선인 등을 규정하고 있다.

Ⅱ. 상업사용인의 의의

상업사용인은 자연인으로서, 특정 상인에 종속되어 상인의 영업활동을 대리하는 자를 말한다.

1. 특정한 상인에 대한 종속

상업사용인은 특정한 상인에 종속된다. 이러한 면에서 독립된 상인으로서 보조자인 대리상·중개인·위탁매매인·준위탁매매인·운송주선인 등과 다르다. 상업사용인은 특정 상인에 종속되어야 하므로 회사의 업무집행사원, 업무집행자, 이사 등의 임원은 상업사용인이 아니다. 다만, 이들은 상업사용인을 겸할 수 있다.

특정한 상인에 종속된다는 것이 반드시 고용계약관계를 가져야 한다는 뜻은 아니다.

2. 영업활동에 대한 대리권의 존재

상업사용인은 특정 상인의 영업활동을 대리하는 자이다. 영업주와 상업사용인 간의 대리권에 관한 수권행위가 존재하여야 한다. 비록 영업주에 종속된 자라도 대리권이 없으면 상업사용인이 아니다. 즉, 단순노무자나 운전기사 등은 상업사용인이 아니다.

제2절 상업사용인의 종류

Ⅰ. 지배인

1. 지배인의 의의

지배인은 영업주의 영업에 관하여 재판상·재판 외의 모든 행위에 관한 대리권을 가지는 상업사용인이다(제11조 제1항). 상법상 지배인에 해당하는 자는 지배인인지의 명칭 여하에 관계없으며, 거래계에서 지점장·영업소장·출장소장·사업소장·지사장 등 다양한 명칭이 사용되고 있다. 판례는 은행의 출장소장도 지배인이라고 한 바 있다.

2. 지배인의 선임과 종임

(1) 선 임

① 지배인은 영업주나 그의 대리인에 의해서만 선임된다(제10조).

② 개인상인의 지배인 선임에는 특별한 방식을 요하지 않으나, 회사에 있어서는 각 회사마다 선임절차를 두고 있다. 즉, 합명회사와 합자회사는 무한책

임사원의 과반수 결의(제203조, 제274조), 유한책임회사는 사원 과반수 결의(제287조의18, 제203조), 주식회사는 이사회의 결의(제393조 제1항), 유한회사는 이사 과반수 또는 사원총회의 결의를 요한다(제564조 제1항·제2항).

③ 소상인에게는 지배인규정이 적용되지 않으므로(제9조), 소상인이 지배인을 선임하더라도 상법상의 지배인이 아니다.

④ 지배인은 영업주의 특별한 수권이 없는 한 지배인을 선임할 수 없으나, 지배인을 제외한 점원 기타 사용인은 선임할 수 있다(제11조 제2항).

⑤ 지배인의 수에는 제한이 없으며, 자격은 자연인인 이상 행위능력자든 행위무능력자든 제한이 없다.

(2) 종 임

지배인의 대리권은 대리권의 소멸에 관한 일반원칙에 따라 소멸한다. 즉, 지배인의 사망·성년후견개시 또는 파산, 영업주의 해임, 지배인의 사임, 영업주의 파산, 영업의 폐지 등에 의하여 소멸한다. 그러나 지배인의 대리권은 상인이 영업에 관하여 수여한 대리권이므로 영업주의 사망에 의하여 소멸되지 않는다(제50조).

(3) 등 기

지배인의 선임과 종임은 등기사항이므로(제13조), 등기하여야 선임 또는 종임에 대한 사실로 선의의 제3자에게 대항할 수 있다(제37조).

3. 지배인의 대리권

(1) 대리권의 범위

지배인에게는 영업주에 갈음하여 그 영업에 관하여 재판상 또는 재판외의 모든 행위를 할 수 있는 포괄적 대리권이 인정된다(제11조 제1항).

① 「영업에 관한 모든 행위」란 영업의 목적이 되는 행위뿐만 아니라 영업을 위하여 직접·간접으로 필요한 모든 행위를 뜻한다. 그러나 영업에 관한 행위의 판단은 객관적이고 추상적으로 결정되어야 하며, 지배인의 주관적 의도와는 관계가 없다(판례).

② 「재판상의 행위」는 소송수행행위를 뜻하며, 영업주를 대리한 소(訴)제기나 응소 기타 소송에 관한 각종의 행위를 포함한다.

③ 「재판 외의 행위」란 재판상의 행위를 제외한 영업과 관련된 모든 적법한 행

위를 말한다.

(2) 대리권의 한계

지배인은 영업의 양도나 폐지, 상호의 선정·변경 또는 폐지, 파산신청, 목적의 변경 등의 행위를 할 수 없다. 또한 신분법상의 행위를 대리할 수 없으며, 영업주의 개인 재산에 대한 처분행위를 할 수 없다(판례). 지배인은 지배인을 선임할 권한이 없으며, 영업주가 각각 다른 상호로 수개의 영업을 할 때에는 각 상호의 영업에만 한정하여 대리권이 인정된다. 영업주가 동일한 영업을 위하여 수개의 영업소를 둔 때에는 그 중 선임된 영업소의 영업에만 지배권이 인정된다. 지배인의 대리권의 양도나 상속은 인정되지 않는다.

(3) 대리권의 제한

지배인의 대리권에 대한 제한은 선의의 제3자에게 대항하지 못한다(제11조 제3항). 그러나 지배인의 대리인의 제한은 악의 또는 중대한 과실이 있는 제3자에 대하여는 대항할 수 있다. 제3자의 악의 또는 중대한 과실에 대한 입증책임은 영업주가 부담한다. 제3자는 통상 지배인과 거래한 상대방을 말하지만, 상대방으로부터 전득한 자도 포함된다.

(4) 대리권의 남용

대리권의 남용이란 지배인이 객관적으로 그 대리권의 범위 내에 속하지만 주관적으로 자기 또는 영업주 이외의 제3자의 이익을 꾀하기 위하여 대리행위를 하는 것을 말한다. 이때 지배인의 행위는 일단 유효하지만 거래상대방에게 악의·중과실이 있는 때에는 영업주에 대하여 그 거래행위의 효과를 주장할 수 없다. 따라서 지배인의 유흥비 조달 등 개인적인 목적을 위하여 한 행위라도 상대방에게 악의 또는 중과실이 없는 한 영업에 관한 행위가 될 수 있고, 그 효력은 영업주에게 미친다(판례).

4. 공동지배인

(1) 의 의

영업주는 수인의 지배인으로 하여금 대리권을 공동으로 행사하게 할 수 있다(제12조 제1항). 이 경우의 지배인을 공동지배인이라 한다. 수인을 공동지배인으로 선임하거나 그 사항을 변경한 때에는 그 지배인을 둔 본점소재지 또는 지점소재지에서 등기하여야 한다(제13조 제2문).

(2) 효 과

① **대리권의 행사**: 공동지배인은 공동으로만 영업주를 위하여 거래상대방에게 의사표시를 할 수 있다. 따라서 어음행위와 같은 요식행위에서는 공동지배인 전원이 기명날인 또는 서명하여야 비로소 완전한 상인 본인을 위한 어음행위가 된다. 그러나 수동대리행위에 대하여는 각자가 대리권을 갖는다. 즉, 제3자의 공동지배인 중 1인에 대한 의사표시도 영업주에 대하여 효력이 있다(제12조 제2항).

② **대리권의 위임**: 공동지배인제도는 지배권의 남용을 사전에 방지하고 영업주의 이익을 보호하고자 하는 데 그 목적이 있다. 따라서 공동지배인 중 일부가 타인에게 포괄적으로 지배권을 위임하는 것은 공동지배인 제도의 입법취지에 어긋나므로 인정할 수 없다. 다만, 특정한 종류 또는 특정한 행위에 대하여 개별적으로 지배권을 위임하는 것은 가능하다는 것이 다수설의 입장이다.

5. 표현지배인

(1) 의 의

표현지배인(表見支配人)이란 지배인이 아니면서 본점 또는 지점의 본부장, 지점장 그 밖에 지배인으로 인정될 만한 명칭을 가진 사용인을 말한다(제14조 제1항). 이러한 표현지배인은 그가 속한 본점 또는 지점의 재판외의 영업활동에 관하여 지배인과 동일한 권한이 있는 것으로 본다(제14조 제1항). 이것은 상거래의 보호를 위한 외관법리에 따른 것이다.

(2) 요 건

① 표현지배인은 본점 또는 지점의 본부장, 지점장 그 밖의 지배인으로 인정될 만한 명칭을 사용하였어야 한다. 명칭사용에 있어서 사회통념상 특정 영업소의 책임자로 오인할 수 있는 명칭이면 표현지배인이 될 수 있다. 그러나 지점 차장·지점장 대리와 같이 명칭 자체로서 상위직위의 존재를 인식할 수 있는 경우에는 표현지배인이 될 수 없고(판례), 보험회사의 영업소장의 명칭을 사용하고 있어도 표현지배인을 부정하는 것이 판례의 입장이다.

② 그 명칭 사용에 대해 영업주의 묵시적 또는 명시적 허락이 있어야 한다. 따

라서 영업주의 허락이 없음에도 사용인이 자의적으로 표현적 명칭을 사용한 때에는 상법 제14조가 적용되지 않는다.

③ 본점 또는 지점은 반드시 상법상 영업소로서의 실체를 갖춘 장소여야 한다(판례).

④ 사용인의 행위가 영업에 관한 재판 외의 행위로서 지배인의 권한에 속하는 행위여야 한다. 표현지배인 규정은 재판상의 행위는 포함되지 않는다(제14조 제1항 단서; 판례).

⑤ 거래시에 상대방에게 악의 또는 중대한 과실이 없어야 한다. 이에 대한 입증책임은 영업주가 진다.

⑥ 표현지배인에 관한 규정은 거래의 직접상대방뿐만 아니라 제3취득자도 포함된다는 것이 통설이 입장이다.

(3) 효 과

표현지배인으로서의 요건이 갖추어진 경우에는 표현지배인의 거래행위는 영업소의 지배인과 동일한 권한이 있는 것으로 본다(제14조 제1항 본문). 따라서 표현지배인의 행위에 대하여는 영업주가 그 책임을 진다.

Ⅱ. 부분적 포괄대리권을 가진 사용인

1. 의 의

부분적 포괄대리권을 가진 사용인은 영업주로부터 영업의 특정한 종류나 사항에 대한 위임을 받아 그에 관한 재판 외의 모든 행위를 할 수 있는 권한을 가진 사용인을 말한다(제15조 제1항). 이러한 사용인으로는 영업부장·자재과장·경리계장 등이 있다. 부장 또는 과장이라도 부분적 대리권이 없는 경우도 있고, 부장 또는 과장이 아니라도 부분적 대리권이 있는 경우도 있다.

2. 선임과 종임

부분적 포괄대리권을 가진 사용인은 영업주뿐만 아니라 지배인도 선임할 수 있다(제15조 제2항). 이러한 사용인제도는 소상인에게도 적용된다. 부분적 포괄대리권을 가진 사용인의 선임과 종임은 등기사항이 아니다.

3. 대리권

① 원칙적으로 부분적 포괄대리권을 가진 사용인은 그가 수여받은 영업의 특정한 종류 또는 특정한 사항에 관한 재판 외의 모든 행위를 할 수 있다(제15조 제1항).

② 어떠한 행위가 대리권을 수여받은 영업의 특정한 종류 또는 특정한 사항에 해당하는가는 영업의 규모와 성격, 전체적 업무분장 등 제반 사정을 고려하여 거래통념에 따라 판단하여야 할 것이다.

③ 특별한 수권이 없는 한 영업주를 위한 채무부담행위(예 지급보증행위, 손실부담약정)를 하지 못한다(판례).

④ 부분적 포괄대리권을 가진 사용인의 대리권에 대한 제한으로 선의의 제3자에게 대항할 수 없다(제15조 제2항, 제11조 제3항).

⑤ 부분적 포괄대리권을 가진 사용인에 해당하지 않는 사용인이 그러한 사용인과 유사한 명칭을 사용하여 법률행위를 하더라도 표현지배인에 관한 상법 제14조의 규정이 유추적용되지 않는다(판례).

Ⅲ. 물건판매점포의 사용인

1. 의 의

물건판매점포의 사용인이란 점포의 물건판매에 관한 모든 권한이 있는 것으로 의제된 사용인을 말한다(제16조 제1항). 상법 제16조의 규정은 영업주의 수권 여부에 관계없이 대리권이 있는 것으로 의제하는 점에 특징이 있다.

2. 적용요건

(1) 점 포

상법 제16조는 물건을 판매하는 점포의 사용인에 대해서만 적용된다. 따라서 물건판매에 종사하는 자에 대해서만 적용되는 것이 원칙이다. 그러나 통설은 비디오점이나 도서대여점 등의 접객업소의 창구, 매표소 직원, 계산대 근무자 등 점포와 사용인의 존재가 결부되어 대리권의 강한 외관을 보여주는 업소의 사용인에 대하여도 상법 제16조가 유추적용된다고 한다.

(2) 물건판매

상법 제16조는 물건판매에 관해서만 적용되며, 물건을 구입하는 행위에 대해서는 적용되지 않는다. 또한 상법 제16조는 물건을 판매하는 점포의 사용인에 대해서만 적용되므로, 거래가 적어도 점포에서 체결되었거나 적어도 점포에서 개시되어야 한다. 따라서 외무사원, 외판원, 배달사원 등 점포를 벗어나 영업에 종사하는 사용인에 대해서는 상법 제16조가 적용되지 않는다.

(3) 상대방의 선의

물건판매점포의 사용인의 대리권의 의제는 상대방이 선의이고 중대한 과실이 없어야 인정된다(제16조 제2항). 상대방의 악의를 영업주가 입증하여야 한다.

3. 효 과

영업주의 수권 여부에 관계없이 외관을 신뢰한 제3자에 대해 사용인이 점포 내에서 물건을 판매하는 행위를 한 때에는 그에게 점포 내에서의 물건판매에 관한 모든 권한이 있는 것으로 의제된다.

제3절 상업사용인의 의무

Ⅰ. 의무의 내용

1. 경업금지의무

상업사용인은 영업주의 허락 없이 자기 또는 제3자의 계산으로 영업주의 영업부류에 속하는 거래를 하지 못한다(제17조 제1항 전단). 이에 위반하여 거래하더라도 그 자체는 유효하다.

영업을 위한 보조적 행위, 영업부류에 속하지 않는 거래, 영업주의 영업에 속하는 행위라도 영리적 성질이 없는 행위는 금지되지 않는다.

영업주의 명시적 또는 묵시적 허락이 있으면 영업주의 영업부류에 속하는 거래를 할 수 있다. 상법 제17조의 「자기 또는 제3자의 계산」이란 자기 또는 제3자의 경제적 이익의 목적을 의미한다. 상업사용인의 경업금지의무는 고용 또는 위임관계가 계속되는 한 영업시간 내이든 외이든 관계없이 인정된다.

2. 겸직금지의무

상업사용인은 영업주의 허락 없이 다른 회사의 무한책임사원·이사 또는 다른 상인의 사용인이 될 수 없다(제17조 제1항 후단). 「다른 회사」의 무한책임사원 또는 이사가 되지 못하는 점에서 「동종영업을 목적으로 하는 회사」의 무한책임사원 또는 이사가 되지 못하는 대리상(제89조 제1항)이나 회사의 이사의 의무(제397조 제1항)와 다르다. 그리고 상업사용인이 단순히 합자회사의 유한책임사원, 유한책임회사의 사원, 주식회사의 주주, 유한회사의 사원이 되는 것은 인정된다.

Ⅱ. 의무위반의 효과

1. 경업금지의무 위반

(1) 개입권

상업사용인이 의무위반의 거래를 자기의 계산으로 한 때에는 그것을 영업주의 계산으로 한 것으로 볼 수 있고, 제3자의 계산으로 한 때에는 영업주가 상업사용인에 대하여 그로 인한 이익의 양도를 청구할 수 있다(제17조 제2항). 개입권은 형성권으로서 사용인에 대한 의사표시만으로 그 효력이 발생한다. 개입권은 그 거래를 안 날로부터 2주간을 경과하거나, 그 거래가 있은 날로부터 1년이 경과하면 소멸한다(제17조 제4항).

(2) 계약해지·손해배상청구

사용인이 경업을 하면 그 사실만으로 금지위반에 해당하며, 이 경우 개입권의 행사와 병행하여 영업주로서는 그 의무위반의 행위로 인하여 생긴 손해배상을 청구할 수 있고, 위임이나 고용계약을 해지할 수 있다(제17조 제3항).

2. 겸직금지의무 위반

겸직금지의무에 위반하는 경우에는 영업주는 계약해지 및 손해배상청구를 할 수 있으나, 성질상 개입권은 행사할 수 없다.

Chapter COMMERCIAL LAW

04 상 호

제1절 상호의 개념과 상호의 선정

Ⅰ. 상호의 의의

1. 상호의 의의

상호는 상인이 영업활동을 함에 있어서 자기를 표창하는 명칭이다. 즉, 상인의 영업상의 명칭을 말한다. 따라서 상호보험회사나 협동조합 등 비상인이 사용하는 명칭은 상호가 될 수 없고, 소상인에게는 자신의 영업에 관해 명칭을 사용하더라도 상호에 관한 규정이 적용되지 않는다(제9조).

2. 상호의 표시방법

상호는 상인의 명칭이므로 문자로써 표시되어야 하고 발음할 수 있어야 한다. 따라서 외국문자로 된 상호는 실무상 등기할 수 없으므로 외국어는 그 발음을 한자 또는 한글로 표시하는 경우에만 등기상호로 인정된다.

3. 상호와 구별되는 개념

상호는 상인이 자기의 상품을 표시하기 위하여 사용하는 상표나 영업을 표시하는 영업표와는 다르다. 또한 영업소의 내부장식에 특별한 명사를 사용하더라도 이는 상호가 아니라는 것이 판례의 입장이다.

Ⅱ. 상호의 선정

1. 상호자유주의 원칙

상호의 선정에 대해서는 상호자유주의, 상호진실주의, 절충주의 등이 있으나, 우리 상법은 제18조에서 「상인은 그 성명 기타의 명칭으로 상호를 정할 수 있다」고 하여 원칙적으로 자유주의를 취하고 있다. 그리고 자유주의의 단점을 보완하기 위하여 다음과 같이 여러 가지의 제한을 두고 있다.

2. 상호자유주의에 대한 제한

(1) 회사의 상호

회사의 상호 중에는 반드시 그 회사의 종류, 즉 합명회사·합자회사·유한책임회사·주식회사·유한회사를 명시하여야 한다(제19조). 특히 공공적 사업을 목적으로 하는 회사인 은행, 신탁·보험·증권회사의 경우에는 그 업종도 표시하여야 한다.

(2) 회사명칭의 사용제한

회사가 아닌 개인상인은 상호에 회사임을 표시하는 문자를 사용할 수 없고, 회사의 영업을 양수한 자도 그 회사의 상호를 사용할 수 없다(제20조).

(3) 상호단일의 원칙

동일한 영업에는 단일의 상호를 사용하여야 한다는 원칙이다(제21조 제1항). 회사는 수개의 영업을 하더라도 상호는 하나만 사용할 수 있다. 개인상인의 경우에는 수개의 독립된 영업에 대하여 각기 다른 상호를 사용할 수 있으나, 동일한 영업에 대하여는 하나의 상호를 사용하여야 한다. 수개의 지점이 있는 경우에는 지점의 상호를 표시할 때 본점과의 종속관계를 표시하여야 한다(제21조 제2항).

(4) 주체를 오인시킬 상호사용 금지

누구든지 부정한 목적으로 타인의 영업으로 오인할 수 있는 상호를 사용하지 못한다(제23조 제1항). 부정경쟁방지법에서는 국내에서 널리 인식된 타인의 성명·상호를 사용하여 타인의 상품과 혼동을 일으키거나 타인의 영업상 시설 또는 활동과 혼동을 초래하는 행위는 금지된다고 규정(동법 제2조 1호)하여 상인간의 부정한 수단으로 경쟁하는 것을 방지하고자 하고 있다.

Ⅲ. 명의대여자의 책임

1. 의 의

타인에게 자기의 성명 또는 상호를 사용하여 영업을 할 것을 허락한 자는 자기를 영업주로 오인하여 거래한 제3자에 대하여 그 타인과 연대하여 거래로 인한 채무를 변제할 책임이 있다(제24조). 이 규정은 외관법리에 기인하여 상호진실주의를 간접적으로 인정한 규정이다.

【판례】 대법원 2008.10.23.선고 2008다46555판결

상법 제24조는 명의를 대여한 자를 영업의 주체로 오인하고 거래한 상대방의 이익을 보호하기 위한 규정으로서 이에 따르면 명의대여자는 명의차용자가 영업거래를 수행하는 과정에서 부담하는 채무를 연대하여 변제할 책임이 있다. 그리고 건설업 면허를 대여한 자는 자기의 성명 또는 상호를 사용하여 건설업을 할 것을 허락하였다고 할 것인데, 건설업에서는 공정에 따라 하도급거래를 수반하는 것이 일반적이어서 특별한 사정이 없는 한 건설업 면허를 대여받은 자가 그 면허를 사용하여 면허를 대여한 자를 영업의 주체로 오인한 하수급인에 대하여도 명의대여자로서의 책임을 지고, 면허를 대여받은 자를 대리 또는 대행한 자가 면허를 대여한 자의 명의로 하도급거래를 한 경우에도 마찬가지이다.

2. 책임발생요건

(1) 명의사용의 허락

① 명의대여자의 책임이 발생하기 위해서는 자기의 성명 또는 상호를 타인이 사용하도록 허락하였어야 한다. 허락은 명시적으로 할 수도 있고 묵시적으로 할 수도 있다. 타인이 자기의 성명 또는 상호를 임의로 사용함을 알고 이를 저지하지 아니하거나 방치한 경우는 묵시에 의한 허락이 있는 것으로 본다(판례). 그러나 단순한 부작위(명의사용을 알고서 저지하지 않은 단순한 사실)만으로 묵시적 허락으로 볼 수 없고, 묵시적 허락이 되기 위해서는 자기의 점포나 사무실의 사용을 허락하는 등의 부가적 사정이 있어야 한다(판례).

② 허락되는 명의의 범위에 대해 상법 제24조는 성명 또는 상호만을 열거하고 있으나 거래통념상 명의대여자의 영업으로 오인할 수 있는 명칭이면 충분하다.

③ 명의사용에 있어 그대로 사용하지 않고 명의에 판매처·출장소·지점·영업소 등의 부가적 명칭을 붙여 사용하는 경우에도 명의대여에 따른 상법 제24조의 책임이 인정된다(판례). 그러나 자신의 상호 아래 대리점이라는 명칭을 붙여 사용하는 것을 승낙하였더라도 명의대여자의 책임은 인정되지 않는다(판례).

④ 명의대여자가 자기의 성명 또는 상호로 영업을 할 것을 허락하였어야 한다. 따라서 단순히 1회에 한하여 사용할 것을 허락하는 경우에는 명의대여자의 책임이 인정되지 않고, 표현대리의 문제가 될 뿐이다.

⑤ 명의사용을 철회하는 경우에는 상호사용의 중지통지 또는 단순한 이의제기로는 부족하고 거래처에 대한 통지 등의 방법으로 적극적으로 그 사용을 저지하여야 한다(판례).

(2) 외관의 존재

상대방이 명의차용자의 영업을 명의대여자의 영업으로 오인할 외관이 있어야 한다.

외관의 존재는 명의대여자가 영업을 하고 있지 않은 경우에는 명의차용자가 명의를 사용하여 영업을 한다는 사실만으로 인정된다.

명의대여자가 영업을 하는 경우에 명의차용인의 영업이 명의대여자의 영업과 동일성을 요하지 않고 영업의 외관의 동일성만 있으면 된다(판례).

(3) 상인성의 요부

명의대여자로 인정됨에는 상호는 물론 성명을 대여한 경우도 포함되므로 명의대여자가 상인임을 요하지 않으며, 국가나 지방자치단체 기타 공공기관도 명의대여자가 될 수 있다. 그러나 명의차용자는 원칙적으로 상인이어야 한다.

【판례】 대법원 1987.3.24.선고 85다카2219판결

상법 제24조는 금반언의 법리 및 외관주의의 법리에 따라 타인에게 명의를 대여하여 영업을 하게 한 경우 그 명의대여자가 영업주인 줄로 알고 거래한 선의의 제3자를 보호하기 위하여 그 거래로 인하여 발생한 명의차용자의 채무에 대하여는 그 외관을 만드는 데에 원인을 제공한 명의대여자에게도 명의차용자와 같이 변제책임을 지우자는 것으로서 그 명의대여자가 상인이 아니거나, 명의차용자의 영업이 상행위가 아니라 하더라도 위 법리를 적용하는 데에 아무런 영향이 없다.

(4) 제3자의 오인

명의차용자와 거래한 제3자가 거래를 함에 있어서 명의대여자를 영업주로 오인하였어야 한다. 제3자가 명의대여자를 영업주로 오인한 데에 악의 또는 중과실이 없어야 하며, 악의 또는 중과실에 대한 입증책임은 명의대여자에게 있다(판례).

3. 책임의 성질과 범위

(1) 책임의 성질

명의대여자는 자기를 영업주로 오인하여 거래한 제3자에 대하여 명의차용자와 연대하여 변제할 책임이 있고, 이 경우 명의대여자와 명의차용자의 책임은 부진정연대책임관계에 있게 된다. 명의대여자가 변제한 경우에는 명의차용자에게 구상할 수 있다.

(2) 책임의 범위

① 명의대여자는 명의차용자가 부담한 영업상의 거래로 인한 책임을 진다. 영업상의 거래로 인한 책임에는 거래상의 이행책임, 목적물에 대한 담보책임, 불이행시의 손해배상책임, 계약해제시의 원상회복의무에 대한 책임 등이 포함된다.

② 거래와 관계없는 순수한 불법행위는 명의대여자가 영업주라고 하는 외관의 신뢰와 손해의 발생 사이에 인과관계가 없으므로 적용되지 않으며, 명의차용인의 피용자의 거래행위에 대해서도 책임을 지지 않는다(판례). 명의대여자와 명의차용자 사이에 사실상의 지휘·감독의 관계가 존재하면 명의대여자는 사용자배상책임을 부담한다(판례).

③ 어음·수표행위에 대한 채무도 책임의 범위에 포함된다(판례).

④ 명의차용인의 상업사용인이 아닌 피용자의 거래행위에 대해서는 명의대여자의 책임이 인정된다는 것이 통설의 입장이지만, 판례는 이를 부정하고 있다.

4. 명의대여의 효과

명의대여자는 자기를 영업주로 오인하여 거래한 제3자에 대하여 명의차용자와 연대하여 변제할 책임이 있고, 이 경우 명의대여자와 명의차용자는 부진정연대채무의 관계에 있게 된다(판례). 따라서 제3자는 양자 중 누구든 택일하여 변제의 청구를 할 수 있다. 명의대여자가 변제를 한 때에는 명의차용자에게 구상할 수 있다(판례).

한편, 부진정연대채무에서는 채무자 1인에 대한 이행청구 또는 채무자 1인이 행한 채무의 승인 등 소멸시효의 중단사유나 시효이익의 포기가 다른 채무자에게 효력을 미치지 아니한다(판례).

Ⅳ. 상호의 등기와 가등기

1. 상호의 등기

개인상인은 상호를 등기할 의무가 없으나, 회사의 상호는 반드시 등기하여야 한다. 개인상인이 상호를 등기한 때에는 그 변경·폐지도 등기하여야 한다(제40조).

2. 상호의 가등기

(1) 가등기를 할 수 있는 경우

① **물적회사의 설립시:** 주식회사와 유한회사 및 유한책임회사의 설립시는 본점 소재지를 관할하는 등기소에 상호의 가등기를 신청할 수 있다(제22조의2 제1항). 신설합병의 경우에도 신설되는 회사의 등기는 설립등기와 거의 동일하므로 상호의 가등기가 인정된다.

② **회사가 상호·목적을 변경하는 경우:** 회사의 상호나 목적 또는 상호와 목적을 변경하고자 할 때에는 본점의 소재지를 관할하는 등기소에 상호의 가등기를 신청할 수 있다(제22조의2 제1항).

③ **회사가 본점을 이전하는 경우:** 회사가 본점을 이전하고자 할 때에는 이전할 곳을 관할하는 등기소에 상호의 가등기를 신청할 수 있다(제22조의2 제3항).

(2) 가등기의 효력

상호의 가등기는 상법 제22조(상호등기의 효력)의 적용에 있어서는 상호의 등기로 본다(제22조의2 제4항). 따라서 가등기된 상호에도 동일한 특별시·광역시·시·군에서 동일한 상호를 동종영업의 상호로 등기하지 못하는 등기배척력이 인정된다.

(3) 가등기의 절차

상호가등기에 있어서 본등기를 할 때까지의 기간, 공탁금의 공탁과 그 회수, 가등기의 말소 기타 필요한 절차는 상업등기법에서 규정하고 있다(상업등기법 제38조부터 제45조까지 참조).

제2절 상호권

Ⅰ. 상호권의 의의

1. 개 념

상호권은 상인이 상호에 대하여 갖는 권리로서, 적법하게 상호를 사용하는 경우 타인의 방해를 받지 않고 상호를 사용할 수 있는 상호사용권(商號使用權)과 자기가 사용하는 상호와 동일 또는 유사한 상호를 부정한 목적으로 사용하는 자가 있는 경우 그 사용의 폐지를 청구할 수 있는 상호전용권(商號專用權)이 있다.

2. 성 질

상호는 상인의 영업상의 명칭이며 상호가 기업자에게 주는 경제적 가치 및 양도성의 측면에서 상호권은 인격권적인 성질을 포함하는 재산권으로 파악하는 것이 현재의 통설이다.

Ⅱ. 상호권의 내용

1. 상호사용권

상인은 그가 선정 또는 승계한 상호를 타인의 방해를 받지 않고 사용할 수 있는 권리를 갖는다. 상인은 타인이 동일한 상호를 등기하였더라도 부정한 목적이 없으면 계속하여 상호를 사용할 수 있고, 상호사용에 대한 방해는 불법행위가 된다. 상호사용권은 등기상호이든 미등기상호이든 동일하게 인정된다.

2. 상호전용권

(1) 의 의

누구든지 부정한 목적으로 타인(상인 또는 비상인 불문)의 영업(반드시 동종영업일 필요 없음)으로 오인할 수 있는 상호를 사용하지 못한다(제23조 제1항). 따라서 타인이 부정한 목적으로 자기 영업으로 오인할 수 있는 상호를 사용할 경우에는 이를 배척할 수 있는 권리가 인정된다(제23조 제2항).

【판례】 대법원 2016.1.28.선고 2013다76635판결

상법 제23조 제1항은 "누구든지 부정한 목적으로 타인의 영업으로 오인할 수 있는 상호를 사용하지 못한다"라고 규정하고 있는데, 위 규정의 취지는 일반거래시장에서 상호에 관한 공중의 오인·혼동을 방지하여 이에 대한 신뢰를 보호함과 아울러 상호권자가 타인의 상호와 구별되는 상호를 사용할 수 있는 이익을 보호하는 데 있다. 위와 같은 입법 취지에 비추어 볼 때 어떤 상호가 '타인의 영업으로 오인할 수 있는 상호'에 해당하는지를 판단할 때에는 양 상호 전체를 비교 관찰하여 각 영업의 성질이나 내용, 영업 방법, 수요자층 등에서 서로 밀접한 관련을 가지고 있는 경우로서 일반인이 양 업무의 주체가 서로 관련이 있는 것으로 생각하거나 또는 타인의 상호가 현저하게 널리 알려져 있어 일반인으로부터 기업의 명성으로 견고한 신뢰를 획득한 경우에 해당하는지를 종합적으로 고려하여야 한다.

또한 위 조항에 규정된 '부정한 목적'이란 어느 명칭을 자기의 상호로 사용함으로써 일반인으로 하여금 자기의 영업을 명칭에 의하여 표시된 타인의 영업으로 오인하게 하여 부당한 이익을 얻으려 하거나 타인에게 손해를 가하려고 하는 등의 부정한 의도를 말하고, 부정한 목적이 있는지는 상인의 명성이나 신용, 영업의 종류·규모·방법, 상호 사용의 경위 등 여러 가지 사정을 종합하여 판단하여야 한다.

(2) 미등기상호

① 미등기상호의 경우 상호전용권은 타인이 부정한 목적으로 자기의 영업으로 오인할 수 있는 상호를 사용하여 이로 인하여 손해를 받을 염려가 있는 때에 그 상호의 사용폐지를 청구할 수 있는 권리를 말한다(제23조 제2항).

② 「자기의 영업으로 오인할 수 있는 상호」란 자기의 상호와 동일한 경우뿐만 아니라 유사한 상호의 경우도 포함한다. 대표적인 판례의 예를 들면 등기된 지역이 서울특별시로 동일하고 상호의 주요부분이 '유니텍'으로서 일반인이 확연히 구별할 수 없을 정도로 동일한 「주식회사 유니텍」과 「주식회사 유니텍전자」는 오인할 수 있는 상호에 해당한다고 하였다.

③ 「부정한 목적」이란 상호권의 침해의사가 없더라도 자기의 상호를 일반공중에게 동종영업의 타인의 동일상호로 오인시키려는 목적이 있는 것을 말한다(판례). 대표적인 판례의 예를 들면 「허바허바칼라」라는 상호로 사진촬영업을 하던 자가 이 상호를 양도한 후 「새허바허바칼라」라는 상호로 단지 영업을 개시한 경우 「허바허바칼라」로 오인시키기 위한 부정목적이 있다고 하였다.

④ 「손해를 받을 염려」란 타인이 부정한 목적으로 상호를 사용함으로써 미등기상호권자가 손해를 받을 염려가 있는 것을 의미하며, 상호권자가 손해를

받을 염려가 있음을 입증하여야 한다.

⑤ 「상호의 사용」이란 법률행위에 의한 사용뿐만 아니라 계산서·간판 또는 광고 등에 기재 또는 인쇄하는 것과 같은 사실상의 사용을 포함한다. 그리고 상법 제23조의 적용에 있어서는 반드시 동종영업에 사용함을 요하지 않는다(판례).

(3) 등기상호

① 상호를 등기한 자는 부정한 목적으로 자기의 영업으로 오인할 수 있는 상호를 사용하는 자가 있는 경우에 그 사용의 폐지를 청구할 수 있다. 등기상호의 경우에는 미등기상호의 경우와 달리 손해를 받을 염려의 유무와 관계없이 인정된다.

② 상호를 등기하면 등기한 상호를 동일한 특별시·광역시·시·군에서 동종영업의 상호로 사용하는 자는 부정한 목적이 있는 것으로 추정한다(제23조 제4항). 따라서 미등기상호의 경우와 달리 동일지역 내에서의 부정목적에 대한 입증책임이 부정사용자에게 전환된다.

(4) 손해배상청구

① **미등기상호**: 상호권자가 상호폐지청구권을 행사하였더라도 매출액 감소·신용훼손 등의 손해가 발생한 경우 손해배상을 청구할 수 있다(제23조 제3항).

② **등기상호**: 상호권자가 상대방의 부정사용으로 인하여 손해가 있으면 그 배상을 청구할 수 있다(제23조 제3항).

3. 동일상호의 등기배척권

(1) 원 칙

타인이 등기한 상호 또는 가등기한 상호는 동일한 특별시·광역시·시·군에서 동종영업의 상호로 등기할 수 없다(제22조, 제22조의2 제4항). 여기서 동종영업이란 동일한 목적을 갖는 영업을 말하며, 반드시 쌍방의 모든 영업종목이 일치하여야 하는 것은 아니다. 상법 제22조의 성질에 대해서는 실체법상의 권리(등기배척권)와 등기법상의 권리(선등기자가 후등기자를 상대로 등기말소를 청구할 수 있는 권리)를 인정하는 것으로 보는 것이 판례·다수설의 입장이다.

(2) 예 외

등기배척권에 관한 규정은 행정구역의 변경으로 인한 경우와 지점등기를 하는 경우에는 적용되지 않는다.

【판례】 대법원 2011.12.27.선고 2010다20754판결

상법 제22조의 규정 취지 및 상업등기법 제30조(현재: 제29조)의 개정 경위 등에 비추어 볼 때, 2009.5.28. 법률 제9749호로 개정된 상업등기법 시행 후에는 상법 제22조에 의하여 선등기자가 후등기자를 상대로 등기의 말소를 소로써 청구할 수 있는 효력이 미치는 범위 역시 개정 상업등기법 제30조에 상응하도록 동일한 상호에 한정된다고 보아야 한다. 다만 상업등기법은 위 개정 당시 부칙 등에 그 시행 전에 등기를 마친 등기사항에 대한 법령의 적용에 관하여 아무런 경과규정을 두고 있지 않으나, 상법 제22조에 의한 등기말소청구를 인정할 것인지의 판단은 사실심 변론종결 당시를 기준으로 함이 원칙이고, 설령 선등기자가 상업등기법 제30조의 개정 전 구법의 존속을 전제로 한 상법 제22조의 해석에 따라 먼저 등기된 상호와 확연히 구별할 수 없는 상호 등기의 말소를 소로써 청구할 수 있으리라고 신뢰하였다 하더라도, 개정 상업등기법 제30조의 시행 후에는 그와 같은 등기신청이 더 이상 각하될 수 없는 이상 이미 등기된 상호의 경우에도 이와 마찬가지로 본다 하여 선등기자의 이익이나 신뢰가 과도하게 침해 또는 손상된다고는 보이지 않으며, 따라서 그러한 선등기자의 신뢰가 상업등기법의 개정에 따른 상법 제22조의 해석·적용에 관한 공익상 요구와 비교·형량하여 더 보호가치가 있는 것이라고 할 수도 없으므로, 결국 개정 상업등기법 시행 후에 사실심 변론이 종결된 경우라면 상법 제22조에 의하여 선등기자가 후등기자를 상대로 등기의 말소를 소로써 청구할 수 있는 효력이 미치는 범위는 먼저 등기된 상호와 동일한 상호에 한정된다고 보아야 한다.

제3절 상호의 이전과 폐지

Ⅰ. 상호의 변경

개인상인의 상호는 언제든지 변경할 수 있으나, 회사의 상호는 정관의 절대적 기재사항이므로 이를 변경하는 경우에는 정관변경이 필요하다. 또 등기상호를 변경하는 경우에는 이를 등기하여야 선의의 제3자에게 대항할 수 있다(제37조 제1항). 변경등기를 하지 않고 신상호를 사용하는 경우에도 회사는 그 사용으로 인한 책임을 면하지 못한다.

Ⅱ. 상호의 이전 및 폐지

1. 상호의 양도

(1) 양도의 원칙과 예외

① 상호의 양도는 원칙적으로 영업과 함께 하는 경우에 한하여 인정된다(제25조 제1항). 따라서 영업과 분리하여 상호만의 양도는 인정되지 않으며, 상호만의 상속이나 압류도 인정되지 않는다.

② 영업을 폐지한 때에 한하여 예외적으로 상호만의 양도가 가능하다(제25조 제1항). 이 경우의 영업의 폐지란 사실상 영업활동을 종료하는 것을 말하며, 행정적 절차에 의한 폐지뿐만 아니라 사실상 폐업한 경우도 포함된다.

(2) 양도의 절차와 효력

상호의 양도는 당사자의 의사표시만으로 그 효력이 생기지만, 다만 등기상호는 이전의 등기를 갖추어야 제3자에게 대항할 수 있다(제25조 제2항). 상호양도의 등기의 대항력은 제3자의 선의·악의를 묻지 않는 점에서 상업등기의 일반적 효력으로서의 대항력과 차이가 있다.

2. 상호의 상속

영업의 승계와 함께 상호의 상속이 가능하다. 등기상호의 상속인이 계속 상호를 사용하고자 할 때에는 그 자격을 증명하는 서면을 첨부하여 등기를 신청하여야 하지만, 상호상속의 등기는 대항요건이 아니다.

3. 상호의 폐지·말소

등기상호를 폐지 또는 변경한 경우에는 상호를 등기한 자가 그 사실을 등기하여야 한다(제40조). 상호의 폐지(변경)의 등기를 해태하더라도 아무런 제재를 가하지 않으므로, 상호를 폐지(변경)한 경우에 2주간 내에 그 상호를 등기한 자가 폐지(변경)의 등기를 하지 않는 때에는 이해관계인이 그 등기의 말소를 청구할 수 있다(제27조). 상호를 등기한 자가 정당한 사유 없이 2년간 상호를 사용하지 아니하는 때에는 이를 폐지한 것으로 본다(제26조).

Chapter COMMERCIAL LAW

05 상업장부

제1절 상업장부의 개념

Ⅰ. 의 의

1. 상인의 장부

상업장부란 상인이 영업상의 재산상태 및 손익상황을 명확하게 하기 위하여 법률상의 의무로서 작성하는 장부이다. 따라서 주식회사의 주주명부나 사채원부, 중개인의 일기장 등은 상업장부가 아니다. 또한 상인이 아닌 자가 작성하는 장부나 소상인이 임의로 작성하는 장부는 상법상의 상업장부가 아니다.

2. 상업장부와 재무제표

주식회사에 있어서 매 결산기에 이사가 작성하고 이사회의 승인을 얻어 감사에게 제출하고, 주주총회의 승인을 얻어 본점과 지점에 비치·공시하는 재무제표가 있다.

재무제표와 상업장부는 그 종류에 있어서 대차대조표는 동일한 서류이지만, 기타 서류에 있어서는 차이가 있다. 상업장부의 작성은 상인의 의무로서 인정되지만, 재무제표는 주식회사와 유한회사, 유한책임회사에서만 인정되는 제도이다(제447조, 제579조, 제287조의33).

Ⅱ. 종 류

1. 회계장부

(1) 의 의

회계장부란 상인이 거래 기타 영업상의 재산에 영향이 있는 모든 사항을 기재한 장부를 말한다(제30조 제1항). 회계장부에는 영업상의 재산 및 자본의 증감에 관하여 화폐단위로 기록되는데, 전표·분개장·원장·금전출납부·어음책·수표책 등이 이에 속한다.

(2) 기재사항 및 방법

① **기재사항**: 회계장부에는 거래 기타 영업상의 재산에 영향이 있는 모든 사항을 기재하여야 한다. 여기서 영업상의 재산이란 동산·부동산 등 유체재산이나 각종의 채권 등 적극재산과 영업상의 채무인 소극재산 등이 포함된다. 또한 법률행위, 불법행위 등 영업상의 재산에 영향을 미치는 사항은 모두 기재하여야 한다.

② **기재방법**: 기재할 사항의 기재방법은 일반적으로 공정·타당한 회계관행에 좇아야 한다(제29조 제2항). 「일반적으로 공정·타당한 회계관행」에 있어서 「공정」은 기업의 재정상태 내지는 경영성격을 명확하게 나타내고자 하는 상업장부의 목적을 달성할 수 있을 정도로 합리적인 것을 뜻하며, 「타당」은 업종·업태·사업의 규모 등 기업의 현황과 거래의 성격에 적합한 것을 뜻한다. 그리고 「회계관행」은 회계의 이용주체간에 보편적으로 받아들여져서 상당기간 널리 적용되고 이용주체들 간에 규범의식이 형성된 것을 뜻한다.

2. 대차대조표

(1) 의 의

대차대조표란 일정한 시점에 있어서 회사 자산·자본·부채관계를 표시하기 위하여 작성하는 장부이다. 즉, 상인이 일정시점에서 가지고 있는 재산과 가지고 있어야 할 재산을 비교함으로써 기업의 재산상태와 손익관계를 명확하게 하기 위하여 작성하는 장부이다. 대차대조표는 일정한 시점에서 작성되는 점에서 회계장부와 차이가 있다.

(2) 기재사항 및 방법

대차대조표는 회계장부를 기초로 작성되며 작성자가 이에 기명날인 또는 서명하여야 한다(제30조 제2항). 대차대조표의 작성도 일반적으로 공정·타당한 관행에 따라 작성하면 된다.

제2절 상업장부에 관한 의무

Ⅰ. 의무의 종류

1. 작성의무

상인은 상업장부를 작성하여야 한다(제29조 제1항). 작성방법은 상법상 특별한 규정이 없는 한 일반적으로 공정하고 타당한 회계관행에 의한다(제29조 제2항). 회사를 제외한 상인은 영업을 개시한 때와 매년 1회 이상 일정한 시기에, 회사는 성립한 때와 매 결산기에 회계장부에 의하여 대차대조표를 작성하고, 작성자가 이에 기명날인 또는 서명하여야 한다(제30조 제2항).

2. 보존의무

상인은 상업장부와 영업에 관한 중요한 서류를 장부폐쇄일로부터 10년간 보존하여야 한다. 다만, 전표 또는 이와 유사한 서류는 5년간 보존하여야 한다(제33조 제1항). 보존방법은 제한이 없고 상업장부와 영업에 관한 중요서류의 원본보존 또는 마이크로필름 기타 전산정보처리조직에 의하여 보존할 수 있다(제33조 제3항).

3. 제출의무

법원은 신청에 의하여 또는 직권으로 소송당사자에게 상업장부 또는 그 일부분의 제출을 명할 수 있고(제32조), 상업장부의 보존의무자는 제출의무를 부담한다. 상업장부의 증거력은 모든 사정을 참작하여 법관의 자유로운 심증에 의하여 판단한다(민소법 제187조).

Ⅱ. 의무 위반에 대한 제재

개인상인은 작성의무를 위반하더라도 사법상의 책임이 없으며, 상법상 아무런 제재도 받지 않는다. 회사도 상업장부의 작성의무를 위반한 경우 회사 자체는 아무런 책임을 지지 않는다. 그러나 주식회사나 유한회사의 이사가 작성의무를 이행하지 않은 때에는 법령위반행위로서 회사에 대해 손해배상책임을 지며(제399조, 제567조), 작성의무불이행이 임무해태로 인정되면 제3자에 대해서도 손해배상책임을 진다(제401조, 제567조).

Chapter

COMMERCIAL LAW

06 영업소

제1절 영업소의 개념

Ⅰ. 의 의

1. 영업활동의 실질적 중심지

영업소라 함은 상인의 영업활동의 중심을 이루는 일정한 장소를 말한다. 영업소는 일정한 범위의 독립성을 갖고 영업에 관하여 내부적으로 지휘·명령이 내려지는 것만으로는 부족하고, 외부적으로도 영업목적인 기본적 거래가 이루어지는 곳이어야 한다. 공장이나 창고 등 상품의 제조·보관 등 사실적 행위만 이루어지는 장소, 수금·주문접수 등 영업의 일부 기능만 수행하는 장소, 단순히 판매·용역제공 등 영업거래만 이루어지는 매장 등은 영업소라 할 수 없다.

2. 독립성·고정성·계속성

영업소는 영업활동을 위한 조직의 중심으로서 독립적인 영업단위를 이루어 경영관리조직을 갖추어 그 영업활동에 관한 독립적인 관리가 행해지는 곳이어야 하며, 또 대내적 관리와 대외적 거래의 중심으로서 고정성이 있어야 하며, 시간적으로 어느 정도 계속성이 있어야 된다. 따라서 일시적인 매점이나 이동매점은 영업소로 볼 수 없다.

3. 영업소의 등기

개인상인의 경우에는 영업소는 등기사항이 아니다. 그러나 상호의 등기나 지배인의 선임등기에 있어서는 동시에 영업소도 등기가 된다(상법 제34조). 회사의 경우에는 설립등기시에 주영업소인 본점소재지는 정관에 기재되어야 하며, 등기하여야 한다(제180조 1호 참조).

Ⅱ. 영업소의 판단

영업소인지의 판단 여부는 영업소로서의 실체를 갖추었는지 여부에 따라 객관적으로 판단되어야 하며, 단순한 형식적 표시나 당사자의 주관적 의사만을 기준으로 하여서는 아니된다. 따라서 영업소나 지점의 명칭을 사용하고 영업소로 등기하였다 하더라도 영업소로서의 실체를 갖추지 못하였다면 영업소가 아니다.

제2절 영업소의 종류

Ⅰ. 본 점

영업소는 한 개의 영업에 관해 수개를 가질 수 있다. 수개의 영업을 할 때도 각 영업별로 수개의 영업소를 가질 수 있다. 복수의 영업소를 가진 경우 주된 영업소를 본점, 종된 영업소를 지점이라 한다. 본점은 여러 영업소를 전체적으로 통할하고 그 영업성과를 하나의 경영단위로 집중시키는 영업소이다. 하나의 영업에 관하여 본점은 한 개만이 있을 수 있다.

Ⅱ. 지 점

지점은 본점의 종된 영업소이다. 지점도 그 자체 독립하여 영업을 수행할 수 있는 실체여야 한다. 따라서 단순히 영업소 업무를 부분적으로 분담하거나 영업소의 단순한 지원장소에 불과한 출장소·분점·사무소·직매소 등은 지점으로서 인정될 수 없다. 또 본점의 지휘·감독 아래 기계적으로 제한된 보조적 서류만을 처리하는 영업소는 상법상 지점으로 인정되지 않는다.

제3절 영업소의 법적 효과

Ⅰ. 일반적 효과

영업소의 일반적 효과로서는 다음과 같은 것을 인정하고 있다.

첫째, 상행위로 인하여 생긴 채무의 이행장소가 된다.

둘째, 각종 등기사항을 등기하는 등기소 및 소송사건의 관할법원을 결정하는 기준이 된다.

셋째, 소송법상의 서류송달의 장소가 된다.

넷째, 변제장소를 정하지 않은 증권적 채권의 변제장소는 채무자의 현영업소이다.

다섯째, 파산사건의 경우에 채무자의 영업소는 관할법원을 결정하는 기준이 된다.

여섯째, 지배인 선임의 단위가 되며, 표현지배인의 인정을 위한 기준이 된다.

일곱째, 회사의 각종의 서류(주주명부·이사회 의사록·재무제표 등)의 비치장소이다.

Ⅱ. 지점에 대한 효과

지점도 본점으로부터 분리되어 영업활동을 할 수 있으므로, 지점거래로 인한 채무이행의 장소, 지점영업만의 양도, 본점소재지의 등기사항의 지점소재지 등기, 지점대리인의 대리권의 범위제한, 지점영업에 관한 표현지배인의 인정기준 등의 법적 효력이 인정된다.

Chapter COMMERCIAL LAW

07 상업등기

제1절 상업등기의 개념

Ⅰ. 의 의

상업등기란 상법 규정에 의하여 상업등기부에 등기하여야 하는 사항을 법정의 절차에 따라 법원의 상업등기부에 기재하는 것을 말한다(제34조).

예외 선박등기, 부동산등기, 상호보험회사의 등기 등은 상업등기에 속하지 않는다. 그러나 상호보험회사에는 상법규정이 준용된다.

Ⅱ. 상업등기부의 종류

상업등기부에는 11가지가 있다. 상호등기부, 무능력자등기부, 법정대리인등기부, 지배인등기부, 합자조합등기부, 합명회사등기부, 합자회사등기부, 유한책임회사등기부, 주식회사등기부, 유한회사등기부, 외국회사등기부가 이에 해당한다.

Ⅲ. 등기사항

1. 절대적 등기사항·상대적 등기사항

절대적 등기사항이란 반드시 등기해야 하는 사항을 말하며(예 회사설립등기), 상대적 등기사항이란 등기할 수 있는 권리가 있을 뿐이고 의무가 없는 등기사항을 말한다(예 개인상인의 상호등기, 영업양수인의 채무불인수의 등기). 상대적 등기사항이라도 일단 등기 후에는 절대적 등기사항과 동일하게 그 변경이나 소멸이 있는 경우에는 등기 당사자는 지체없이 변경 또는 소멸등기를 하여야 한다(제40조).

2. 창설적·선언적·면책적 등기사항

창설적 등기사항이란 법률관계의 창설을 위한 등기를 말하며(예 회사설립등기, 합병등기), 선언적 등기사항이란 유효하게 형성된 법률관계의 선언을 위한 등기사항이며(예 지배인선임등기), 면책적 등기사항이란 등기를 기준으로 일정한 책임이 소멸하는 효과를 가져오는 등기사항을 말한다(예 합명회사 사원의 퇴사등기).

3. 지점의 등기

본점소재지에서 등기할 절대적 등기사항은 다른 규정이 없으면 지점소재지에서도 등기하여야 한다(제35조). 다만, 절대적 등기사항이라도 다른 규정이 있는 경우로서 지배인의 선임과 대리권의 소멸에 관한 등기는 그 지배인을 둔 본점 또는 지점소재지에서만 등기하면 된다(제13조).

Ⅳ. 등기의무 위반

절대적 등기사항의 등기를 게을리한 경우 상법 제37조의 규정에 의해 그 등기사항으로 선의의 제3자에게 대항할 수 없는 것 이외에는 특별한 제재가 없다. 그러나 회사의 경우에는 이를 해태한 경우 과태료의 제재를 받는다.

제2절 상업등기의 절차

Ⅰ. 등기의 신청

등기신청은 원칙적으로 당사자의 신청에 의한다(제34조). 그러나 법원의 촉탁에 의한 경우도 있다(예 회사의 설립무효 또는 합병무효 등기, 휴면회사의 해산등기, 재판에 의한 회사의 해산등기 등).

Ⅱ. 등기공무원의 심사권

등기공무원은 등기신청의 형식적 적합성 여부만을 심사할 수 있고, 신청사항의 진실성까지 조사할 권한과 의무를 인정하지 않는다. 즉, 형식적 심사권만 인정된다.

제3절 상업등기의 효력

Ⅰ. 일반적 효력

1. 등기 전의 효력

등기할 사항은 등기 전에는 선의의 제3자에게 대항하지 못한다(제37조 제1항). 「선의의 제3자」란 거래 당시에 등기사항의 존재를 알지 못한 등기당사자 이외의 자로서 거래상대방을 비롯하여 등기사항에 관하여 정당한 이해관계를 갖는 자를 말한다. 등기 전에는 제3자의 선의가 추정되므로 제3자가 악의인 때에는 이를 주장하는 측에서 입증책임을 부담한다.

2. 등기 후의 효력

(1) 선의의 제3자에 대한 대항력

등기할 사항을 등기한 후에는 선의의 제3자에게도 등기사항으로 대항할 수 있다. 따라서 등기한 후에는 제3자의 악의가 의제되는 것이다. 그러나 제3자가 등기한 후라도 정당한 사유로 인하여 등기사항을 알지 못한 경우에는 등기당사자는 이로써 대항할 수 없다(제37조 제2항).

여기서 「정당한 사유로 인하여」란 교통두절이나 등기부의 소실 등의 객관적 사유로 제3자가 등기부 열람이 불가능했던 경우를 말하며, 제3자의 장기여행이나 질병 등의 주관적 사유는 포함되지 않는다. 정당한 사유로 인하여 등기부를 열람하지 못한 데 대해서는 제3자가 입증책임을 진다.

(2) 대항력의 인정범위

① **거래관계:** 상업등기의 제3자에 대한 대항력은 원칙적으로 법률행위에 의한 거래관계에만 적용된다.

② **소송관계:** 소송관계에 대한 적용 여부에 대해서는 적용되지 않는다는 부정설이 있으나, 적용된다는 설이 다수설이다.

③ **공법관계:** 상업등기의 대항력은 외관법리를 근거로 하므로 외관법리가 적용되지 않는 조세관계 등 공법관계에는 적용되지 않는다. 상법 제37조에서의 제3자라 함은 대등한 지위에서 하는 보통의 거래관계의 상대방을 말하므로, 조세권에 기하여 조세의 부과처분을 하는 경우의 국가는 제3자에 포함되지 않는다(판례).

④ **지점거래:** 지점에 등기할 사항의 등기대항력에 대해서는 지점거래에 한하여 적용된다(제38조).

Ⅱ. 특수적 효력

1. 창설적 효력

창설적 효력이란 등기에 의하여 새로운 법률관계가 창설되는 경우로서 설권적 효력이라고도 할 수 있다(예 회사의 설립등기에 의한 법인격 취득, 합병등기에 의한 합병의 효력 발생).

2. 보완적 효력

보완적 효력이란 등기에 의하여 등기의 전제요건이 되는 법률사실의 하자가 보완 또는 치유되어 그 하자를 주장할 수 없게 되는 경우의 효력을 말한다(예 회사설립등기후 주식청약서의 요건흠결 또는 사기·강박·착오에 의한 의사표시의 취소는 할 수 없다).

3. 부수적 효력

등기를 기준으로 일정한 행위가 허용되거나(예 설립등기후 주권발행 허용, 권리주 양도제한 해제), 책임이 면제되는 경우(예 합명회사 사원의 퇴사등기)가 있다.

Ⅲ. 등기의 추정력 및 공신력

1. 등기의 추정력

상업등기의 법률상의 추정력은 원칙적으로 인정되지 않으며, 등기사항이 사실로서 존재하는 경우에 한하여 등기사실이 진실하다는 사실상의 추정력만 인정된다(판례).

2. 등기의 공신력

상업등기의 일반적 공신력은 인정되지 않는다. 즉, 부실등기를 신뢰한 제3자를 보호할 수 있는 공신력은 없다(판례).

Ⅳ. 부실등기의 효력

1. 의 의

상법 제39조에서 「고의 또는 과실로 인하여 사실과 상위한 사항을 등기한 자는 그 상위를 선의의 제3자에게 대항할 수 없다」고 하여 부실등기의 효력에 관하여 규정하고 있다.

2. 적용요건

(1) 등기신청인의 고의·과실

상법 제39조의 「상위한 사항을 등기한 자」란 당해 등기를 신청한 등기신청권자를 말한다. 그리고 「고의·과실」은 등기신청인의 고의·과실뿐만 아니라 대리인(예 지배인)의 고의·과실도 포함된다. 등기신청인이 회사인 경우 고의·과실의 유무의 결정은 대표이사 또는 대표사원을 기준으로 판단하여야 한다(판례). 부실등기자의 고의·과실이 없었다는 점에 대해서는 등기신청인이 이를 증명하여야 한다. 한편, 등기신청인의 의사와 무관하게 제3자의 문서위조 등의 허위신청으로 사실과 다른 등기가 이루어진 경우 부실등기의 효력이 인정되지 않지만, 등기신청인이 이후에 부실등기를 「알고도」 시정조치를 하지 않은 경우에는 상법 제39조가 적용된다(판례).

(2) 사실과 다른 사항의 등기

등기된 사항과 실제의 사실관계가 서로 달라야 하며, 이때 사실과 다른지의 여부는 등기 당시를 기준으로 한다.

(3) 제3자의 선의

제3자는 등기내용이 사실과 다름을 알지 못하였어야 하며, 이에 중과실이 없어야 한다. 제3자는 등기신청인과 거래한 직접의 상대방뿐만 아니라 그 등기에 관한 이해관계인도 포함한다. 이때 부실등기자는 제3자가 악의라는 사실을 입증하여야 한다.

3. 상법 제39조의 적용효과

부실등기자는 등기가 사실과 상위함을 가지고 선의의 제3자에게 대항하지 못한다. 그러나 제3자가 등기와 다른 사실관계를 주장하는 것은 무방하다.

Chapter COMMERCIAL LAW

08 영업양도

제1절 영업의 의의

영업은 크게 주관적 의의와 객관적 의의로 나눌 수 있다. 주관적 의의의 영업은 상인의 영업상의 모든 활동을 말하며, 상인의 개념에서 설명되고 있는 영업을 말한다. 객관적 의의의 영업이란 인적·물적 시설에 의하여 경제적 목적을 추구하는 조직적 일체로서의 영업재산의 총체를 말한다. 영업양도의 개념에 있어서 영업이란 객관적 의의의 영업을 말한다.

Ⅰ. 영업용재산

영업용재산에는 적극재산과 소극재산이 포함된다. 적극재산이란 동산·부동산·제한물권(예 지상권·질권·저당권 등)과 영업상의 채권, 불법행위나 부당이득 채권, 무체재산권(예 특허권·저작권 등)을 말하며, 소극재산이란 영업활동에 관하여 생긴 채무 등 부채를 말한다.

Ⅱ. 사실관계

사실관계란 영업상의 고객관계, 경영의 내부조직, 영업상의 경험과 비결, 판매망 등을 말하며, 이러한 것도 영업의 구성요소가 된다.

제2절 영업양도의 개념

Ⅰ. 의 의

영업양도의 의의에 관해서는 영업재산양도설, 지위·재산이전설, 영업유기체설, 기업자체이전설 등 영업의 구성요소를 어디에 두는가에 따라 학설이 대립되고 있다. 영업양도는 영업재산양도라는 설이 다수설·판례의 입장이다. 즉, 판례에 따르면 「상법상의 영업양도는 일정한 영업목적에 의하여 조직화된 유기적 일체로서의 기능적 재산인 영업재산을 그 동일성을 유지시키면서 일체로서 이전하는 채권계약」이라 한다.

Ⅱ. 법적 성질

영업양도의 대가가 유상일 경우에는 매매 또는 교환과 유사한 성질을 가지며, 무상일 경우에는 증여와 유사하다. 그러나 영업양도가 개별 재산의 이전을 목적으로 하는 것이 아니므로 이와 동일시할 수는 없다. 따라서 영업양도는 상법상 특유한 계약으로 볼 수 있다.

제3절 영업양도의 당사자 및 양도절차

Ⅰ. 당사자

영업양도의 당사자는 양도인과 양수인이다. 양도인은 언제나 상인이며, 개인상인이나 회사도 될 수 있다. 회사는 청산 중이라도 영업을 양도할 수 있다. 양수인은 반드시 상인이어야 하는 것은 아니며, 영업을 양수한 때부터 상인자격을 취득할 수 있다. 양수인이 비상인인 경우에는 영업양수는 보조적 상행위로서의 개업준비행위로 볼 수 있다.

Ⅱ. 양도절차

영업양도는 일반거래법상의 채권계약으로서, 당사자간의 합의에 의하여 계약이 성립되고 그 효력이 발생한다.

1. 의사결정

개인상인과 회사의 의사결정에 차이가 있다. 개인상인은 영업양도를 위한 의사결정의 특별한 절차가 필요 없다. 그러나 회사의 경우에는 회사에 따라 의사결정에 차이가 있다. 합명회사, 합자회사 및 유한책임회사는 존립 중의 회사인 때에는 총사원의 동의, 해산 후의 회사인 경우에는 총사원의 과반수의 동의가 있어야 한다(제257조, 제269조, 제287조의45). 주식회사와 유한회사가 「영업의 전부 또는 영업의 중요한 일부」를 양도하는 경우 각각 주주총회와 사원총회의 특별결의가 필요하다(제374조 제1항 1호, 제576조 제1항). 주식회사와 유한회사가 「다른 회사의 영업 전부를 양수하거나 회사의 영업에 중대한 영향을 미치는 다른 회사의 영업의 일부」를 양수하는 경우에도 주주총회와 사원총회의 특별결의가 필요하다(제374조 제1항 3호, 제576조 제1항).

2. 양도방식

영업양도의 방식에는 특별한 제한이 없으나 일반적으로 서면에 의하여 체결되고 있다.

3. 계약의 체결

영업양도계약의 당사자가 개인인 경우에는 그 당사자간에 양도계약을 체결하지만, 회사의 경우에는 통상적으로 양도의 의사결정을 한 후 대표기관이 양도계약을 체결한다. 이러한 영업양도계약은 당사자간의 채권계약이며 유상계약에 해당한다. 따라서 양도인은 양도한 영업에 관한 민법상 담보책임을 부담하게 된다.

제4절 영업양도의 효과

Ⅰ. 당사자간의 효과

1. 영업재산의 이전의무

(1) 영업용재산의 이전

① **영업용재산의 이전범위**: 양도인은 영업양도계약에 따라 영업에 속하는 재산의 일체를 양수인에게 이전하여야 한다. 이 경우 당사자간의 특약에 의해 영업의 동일성을 해(害)하지 않는 범위 내에서 일부 재산의 이전을 제외할 수 있다. 이 점에서 회사 재산의 포괄적 이전을 요구하는 합병의 경우와 차이가 있다(영업양도와 합병의 차이는 '회사편'에서 다루기로 한다). 따라서 영업양도는 영업의 동일성을 유지하는 상태에서 영업의 중요한 부분의 양도로써 가능하다.

② **영업용재산의 이전방법**: 영업양도는 합병의 경우와 달리 각각의 재산 종류에 따라 개별적으로 이전하여야 한다. 물건과 권리의 이전으로써 제3자에게 대항하기 위해서는 대항요건을 갖추어야 한다. 즉, 동산은 인도, 부동산은 등기, 특허권 등은 등록, 지명채권은 지명채권양도방법에 따라 채무자의 승낙이나 채무자에 대한 통지, 지시채권은 배서교부, 기명주식은 명의개서를 하여야 한다. 등기상호도 영업과 함께 이전하는 경우에는 이전사실의 등기가 있어야 제3자에게 대항할 수 있다.

【판례】 대법원 1991.10.8.선고 91다22018 · 22025판결(반소)

영업양도는 채권계약이므로 양도인이 재산이전의무를 이행함에 있어서는 상속이나 회사의 합병의 경우와 같이 포괄적 승계가 인정되지 않고 특정 승계의 방법에 의하여 재산의 종류에 따라 개별적으로 이전행위를 하여야 할 것인바, 그 이전에 있어 양도인의 제3자에 대한 매매계약의 해제에 따른 원상회복청구권은 지명채권이므로 그 양도에는 양도인의 채무자에 대한 통지나 채무자의 승낙이 있어야 채무자에게 대항할 수 있다.

(2) 채무의 이전

영업상의 채무는 영업의 동일성과 무관하므로 영업양도의 요소에 해당하지 않는다. 따라서 채무를 이전하는 때에는 채무의 인수나 채무자의 변경으로 인한 경개(更改) 등의 절차를 필요로 하며, 채권자의 동의 없는 채무인수는 채권자에게 대항력이 없다.

(3) 사실관계의 이전

고객관계·영업망·영업상 비결 등 재산적 가치가 있는 사실관계에 대하여는 양수인이 그 이익을 향수할 수 있도록 하여야 한다. 즉, 고객에 대해 소개하고 추천하는 일, 구매처관계 및 영업상 비결 등을 양수인에게 전수하여야 한다.

(4) 고용관계의 이전

양도인의 상업사용인 등에 대한 고용계약에 대해서도 객관적 의의의 영업의 동일성을 유지하기 위하여 필요하기 때문에 이전된다고 보는 것이 통설·판례의 입장이다.

【판례】 대법원 2005.2.25.선고 2004다34790판결[동지: 대법원 2012.5.10.선고 2011다45217판결]

기업이 사업부분의 일부를 다른 기업에게 양도하면서 그 물적 시설과 함께 양도하는 사업부분에 근무하는 근로자들의 소속을 변경시킨 경우에는 원칙적으로 해당 근로자들의 근로관계가 양수하는 기업에게 승계되어 근로의 계속성이 유지된다.

(5) 양도인의 담보책임

영업재산이나 사실관계의 이전이 있었으나, 영업양도계약의 내용과 다름으로 인하여 양수인이 그 계약의 목적을 달성할 수 없는 경우에는 당사자간의 특약이 있으면 이에 따르고, 특약이 없는 경우에는 양도인의 하자담보책임이 인정될 수 있다. 또한 양수인은 계약을 취소하고 원상회복과 손해배상청구를 할 수 있다.

2. 경업금지의무

(1) 의의 및 성질

양도인이 영업을 양도한 후에 같은 지역 내에서 동종의 영업을 재개할 수 있다고 한다면 영업양도의 취지에 어긋나게 되고, 양수인에게 불리하게 된다. 따라서 양도인은 영업을 양도한 후 일정기간 동종의 영업을 할 수 없도록 경업금지의무를 지우고 있다. 이 의무는 법정의무이다.

(2) 의무의 내용

① **당사자간의 약정이 없는 경우:** 경업금지에 대하여 당사자간에 특별한 약정이 없는 경우에는 동일한 특별시·광역시·시·군과 인접 특별시·광역시·시·군에서 10년간 양도인은 동종의 영업을 할 수 없다(제41조 제1항).

② **당사자간의 약정기간이 있는 경우:** 경업금지에 대하여 당사자간에 약정을 하는 경우에는 동일한 특별시·광역시·시·군과 인접 특별시·광역시·시·군에 한하여 20년을 초과하지 않는 범위 내에서 그 효력이 있다(제41조 제2항).

(3) 의무자의 범위

경업금지의무를 지는 자는 개인상인의 경우에는 그 양도인, 회사의 경우에는 그 회사이다. 그러나 회사의 대표자도 경업금지의무를 지며, 개인상인도 영업양도 후에 새로운 회사를 설립하여 경업을 하는 경우에는 허용되지 않는다. 또한 양도인 자신뿐만 아니라 제3자를 내세워 동종영업을 하는 것도 인정되지 않는다(판례).

(4) 의무위반의 효과

양도인이 경업금지의무를 위반한 때에는 양수인은 영업양도인의 비용으로써 그 위반한 것을 제거하고 장래에 대한 적당한 처분을 법원에 청구할 수 있고, 의무위반에 따른 손해배상청구도 가능하다.

Ⅱ. 제3자에 대한 효과

1. 채권자에 대한 효과

(1) 상호속용의 경우

양수인이 양수한 영업에 관하여 양도인의 상호를 속용하는 경우에는 양도인의 영업으로 인한 제3자의 채권에 대하여 양수인도 변제할 책임을 진다(제42조 제1항). 이것은 양도인과 양수인의 부진정연대채무에 해당한다. 다만, 양수인이 영업양도 후 지체없이 양도인의 채무에 대한 책임이 없음을 등기하거나, 양도인과 양수인이 제3자에 대해 지체없이 양도인의 채무에 대하여 양수인에게 책임이 없다는 취지를 통지한 때에는 양수인은 책임을 지지 않는다(제42조 제2항). 제42조 제1항에서 말하는 상호에는 옥호나 영업표지도 포함되며(판례), 채무는 영업상의 활동에 관하여 발생한 채무를 말한다(판례). 따라서 영업양도 당시로 보아 가까운 장래에 발생될 것이 확실한 채무는 포함되지 않는다(판례). 그 채무에는 제3자에 대한 계약상의 채무, 영업과 관계 있는 불법행위로 인한 손해배상채무, 부당이득으로 인한 채무, 조세채무, 소송비용 등이 포함된다. 그러나 영업과 무관하게 생긴 채무는 대상에서 제외된다.

【판례】 대법원 2009.1.15.선고 2007다17123 · 17130판결

상호를 속용하는 영업양수인의 책임을 정하고 있는 상법 제42조 제1항의 취지에 비추어 보면, 상호를 속용하는 영업양수인에게 책임을 묻기 위해서는 상호속용의 원인관계가 무엇인지에 관하여 제한을 둘 필요는 없고 상호속용이라는 사실관계가 있으면 충분하다. 따라서 상호의 양도 또는 사용허락이 있는 경우는 물론 그에 관한 합의가 무효 또는 취소된 경우라거나 상호를 무단 사용하는 경우도 상법 제42조 제1항의 상호속용에 포함된다. 나아가 영업양도인이 자기의 상호를 동시에 영업 자체의 명칭 내지 영업 표지로서도 사용하여 왔는데, 영업양수인이 자신의 상호를 그대로 보유·사용하면서 영업양도인의 상호를 자신의 영업 명칭 내지 영업 표지로서 속용하고 있는 경우에는 영업상의 채권자가 영업 주체의 교체나 채무승계 여부 등을 용이하게 알 수 없다는 점에서 일반적인 상호속용의 경우와 다를 바 없으므로, 이러한 경우도 상법 제42조 제1항의 상호속용에 포함된다.

한편, 개인상인이 주식회사설립에 그 영업재산을 현물출자하고 상인의 상호를 주식회사가 계속 사용하는 경우에도 제42조 제1항이 적용된다(판례).

(2) 상호불속용의 경우

양수인이 양도인의 상호를 속용하지 않는 경우에는 양수인은 양도인의 영업으로 인한 채무에 대하여 당연히 책임을 지지 않는다. 다만, 양수인이 양도인의 영업을 양수하였다는 사실과 그 영업으로 인한 채무도 인수하였음을 광고한 때에만 책임을 진다(제44조). 광고는 하지 않았지만 채무인수의 의사를 채권자에게 통지한 경우에도 양수인은 변제책임을 진다는 것이 통설의 입장이다.

(3) 양도인의 책임

양수인이 양도인의 채권자에 대하여 책임을 지는 경우, 양도인은 영업양도 또는 채무인수의 광고 후 2년 내에는 양수인과 부진정연대채무관계에서 연대책임을 진다(제45조). 이 기간은 제척기간이므로 시효중단이나 시효정지는 인정되지 않는다.

2. 채무자에 대한 효과

(1) 상호속용의 경우

양수인이 양도인의 상호를 속용하는 경우에는 양도인의 영업으로 인한 채권에 대하여 채무자가 선의이며 중대한 과실 없이 양수인에게 변제한 때에는 실제로 채권양도를 하지 않았다 하더라도 그 변제는 유효한 채무이행으로 본다(제43조). 그 취지는 상호속용 양수인의 책임과 같다.

(2) 상호불속용의 경우

양수인이 양도인의 상호를 속용하지 않는 경우 채무자의 양수인에 대한 선의 변제에 관해 특별한 규정을 두고 있지 않기 때문에 채무자를 보호할 근거는 없다.

제5절 영업의 임대차와 경영위임

Ⅰ. 영업의 임대차

1. 의 의

영업의 임대차란 영업의 전부 또는 독립된 영업의 일부를 일정한 기간 타인에게 대여하는 계약을 말한다. 영업의 임대차는 임차인에게는 기업의 일시적 확대나 콘체른의 형성을 위한 수단으로서 편리하고, 임대인은 기업소유자의 지위를 유지하면서 안정된 임대료를 받을 수 있는 장점이 있다.

2. 방식 및 절차

영업의 임대차에는 특별한 방식은 필요하지 않지만, 주식회사나 유한회사는 그 영업의 전부를 임대하는 때에는 주주총회 또는 사원총회의 특별결의가 있어야 한다(제374조 제1항 2호, 제576조 제1항).

3. 효 과

영업의 임대차의 효과는 계약내용에 따르는 것이 원칙이며, 계약내용이 없는 경우에는 영업양도에 관한 규정이 준용된다고 본다. 그 외 민법상 임대차에 관한 규정이 유추적용될 수도 있을 것이다. 임대차의 경우 상호를 사용하는 경우 임대인은 명의대여자의 책임을 부담한다(제24조).

Ⅱ. 경영위임

경영위임이란 기업의 경영을 타인에게 위임하는 계약을 말하며, 이러한 경영위임에는 손익이 수임자에게 귀속되고 수임자가 위임자에게 보수를 지급하는 계약으로서 위임자가 수임자에게 자기의 영업을 이용하게 하는 협의의 경영위임과 당사자의 일방이 상대방인 상인을 위하여 영업의 경영을 인수하는 내용의 계약으로서 일종의 위임이라 할 수 있는 경영관리계약이 있다. 주식회사나 유한회사가 경영위임을 하는 경우에는 주주총회 또는 사원총회의 특별결의가 있어야 한다(제374조 제1항 2호, 제576조 제1항).

Part 02

상 행 위

Chapter COMMERCIAL LAW

상행위의 개념

제1절 총 설

Ⅰ. 상행위법의 내용과 특성

1. 상행위법의 내용

상행위법은 상행위를 규율하는 법, 즉 기업이 영리목적의 실현을 위하여 하는 모든 경영활동을 규율하는 법으로서, 상법전의 제2편 상행위에 해당하는 규정들을 말한다. 이러한 상행위법은 크게 상행위법 총론과 각론으로 나누어지고 있다. 총론은 제1장 통칙, 제2장 매매, 제3장 상호계산, 제4장 익명조합, 제4장의2 합자조합으로 구성되어 있고, 각론은 제5장 대리상, 제6장 중개업, 제7장 위탁매매업, 제8장 운송주선업, 제9장 운송업, 제10장 공중접객업, 제11장 창고업, 제12장 금융리스업, 제13장 가맹업, 제14장 채권매입업으로 구성되어 있다.

2. 상행위법의 특성

(1) 임의법규성

상행위법은 상거래에 관하여는 계약자유의 원칙이 광범위하게 인정되고 있기 때문에 임의법규의 성질을 갖는다. 상거래는 법적으로 채권관계를 발생시키는데, 그 내용은 종례의 전형적인 민사계약상의 권리관계에 비해 매우 다양하고 색다른 경우가 많다. 그러므로 채권적 법률관계에 대해 거래안전을 위하여 다양한 내용을 정하는 경향이 있다. 이러한 새로운 채권적 법률관계는 실제 거래사회에 있어서는 법의 규율이 미치기 전에 보통거래약관에 의하여 당사자관계가 정하여지는 것이 보통이다.

(2) 신속성

상거래는 다수인을 상대로 집단적, 반복적으로 이루어지므로 개개의 거래가 신속히 처리되어야 한다. 그래서 상행위법은 신속히 거래를 종료시키는 각종의 특칙을 두고 있다. 예를 들면 대화자간의 청약의 효력소멸(제51조), 확정기매매의 당연해제(제68조), 단기소멸시효(제121조, 제154조, 제166조) 등의 규정이다.

(3) 책임의 가중·경감

상행위법은 상거래의 안전을 도모하면서 상인에게 일반민사책임보다 가중된 책임을 부담시킴으로써 상인에 대한 일반인의 신뢰를 보호한다. 그 예로는 다수당사자의 책임(제57조), 무상수치인의 주의의무(제62조) 등이 있다. 그리고 기업의 유지나 영업의 촉진 등을 위해 상인의 책임을 경감하는 규정을 두고 있다. 그 예로는 고가물에 대한 책임(제136조), 손해배상책임에 대한 단기소멸시효(제121조, 제154조) 등이 있다.

Ⅱ. 상행위법의 적용

상행위법은 당사자 쌍방이 상인이고 이 쌍방에 대하여 상행위가 되는 쌍방적 상행위뿐만 아니라 당사자 중 일방에게만 상행위가 되는 일방적 상행위의 경우에도 당사자 전원에 대하여 상법 제2편의 상행위 규정이 적용되고(제3조), 공법인의 상행위에 대해서도 특별법령에 특별규정을 두고 있지 않은 경우에는 상법을 적용한다(제2조). 상행위에 관한 규정 중에서 상사유치권(제58조), 상사매매 규정(제67조부터 제71조까지)은 반드시 쌍방적 상행위에 대해서만 적용된다.

제2절 상행위의 의의와 종류

Ⅰ. 상행위의 의의

상행위란 실질적으로 상인이 영리의 목적을 달성하기 위한 채권적 법률행위(기업활동)를 말하며, 형식적으로 상법 제46조와 담보부사채신탁법 제23조 제2항에서 상행위로 정한 것을 말한다.

Ⅱ. 상행위의 종류

1. 기본적 상행위

상법 제46조 제1호 내지 제22호에서 정한 행위를 기본적 상행위라 한다. 이러한 상행위를 하는 자는 당연상인이지만, 오로지 임금을 받을 목적으로 물건을 제조하거나 노무에 종사하는 자의 행위는 기본적 상행위에 포함되지 않는다(제46조 단서).

2. 보조적 상행위

(1) 의 의

보조적 상행위는 상인이 영업의 목적인 상행위를 위하여 필요로 하는 재산상의 모든 행위를 말한다. 상인이 영업을 위하여 하는 모든 행위는 상행위로 본다(제47조 제1항). 어떤 경우에 영업을 위한 행위인가의 판단은 외관에 의하여 객관적으로 판단하여야 되며 상인의 주관적 내적 의사를 기준으로 하지 않는다. 상인의 영업의 준비행위나 기본적 상행위의 종료 후에 하는 잔무처리행위도 보조적 상행위가 된다.

(2) 범 위

보조적 상행위는 법률행위에 한하지 않고, 준법률행위(최고 또는 통지)를 포함한다. 재산상의 행위는 유상이냐 무상이냐를 묻지 않고 인정된다. 또 영업을 위한 직접적인 행위뿐만 아니라 영업의 유지를 위한 행위나 영업을 유익하게 하는 행위 및 영업과 간접적으로 관계되는 행위도 포함한다. 그러나 상인의 신분상의 행위는 포함되지 않으며, 불법행위도 보조적 상행위가 될 수 없다(판례).

(3) 추 정

개인상인의 경우 상인의 행위는 영업을 위하여 하는 것으로 추정한다(제47조 제2항). 그러므로 상인의 영업에 관한 행위가 아님을 주장하려면 이를 부정하는 측에서 반증을 들어 입증하여야 한다.

【판례】 대법원 2009.4.9.선고 2008다82766판결

한약방을 운영하는 상인인 피고가 소외인으로부터 금원을 차용하는 행위는 상법 제47조 제2항에 의하여 영업을 위하여 하는 것으로 추정되므로, 원고가 그 추정을 번복할 만한 증명책임을 다하지 못하는 한, 피고의 금원차용행위는 상행위에 해당한다고 보아야 할 것이고, 이는 나중에 채권자가 소외인으로부터 원고를 변경되었다고 하여 달리 볼 것이 아니다.

3. 준(準)상행위

의제상인(점포 기타 유사한 설비에 의하여 상인적 방법으로 영업을 하는 자나 상행위 이외의 행위를 목적으로 하는 회사)이 영업으로 하는 행위는 상행위가 아니다. 그러나 이들의 영업으로 하는 행위를 준상행위라 하고, 준상행위는 기본적 상행위와 함께 영업적 상행위에 포함된다(제66조 참조).

Chapter COMMERCIAL LAW

02 상행위 특칙

제1절 민법의 총칙편에 대한 특칙

Ⅰ. 상행위의 대리와 위임

1. 대리의 방식과 효과

(1) 민법의 일반원칙

민법은 대리인이 대리행위를 함에 있어서 상대방에 대하여 그 행위가 본인을 위한 것임을 표시하여야 하고(현명주의), 이를 표시하지 않고 대리행위를 한 때에는 그 의사표시는 대리인 자신을 위한 것으로 본다(민법 제115조 본문). 그러나 상대방이 대리인으로서 한 것임을 알았거나 알 수 있었을 경우에는 대리행위에 대해 본인이 책임을 진다(민법 제115조 단서).

(2) 상법의 특칙

상행위의 대리인이 대리행위를 함에 있어서는 본인을 위한 것임을 표시하지 아니하여도 그 행위는 본인에 대하여 효력이 있다(제48조 본문). 이것은 상거래의 간이·신속성과 거래의 안전을 위한 비현명주의를 택한 것이다. 상대방이 본인을 위한 것임을 알지 못한 때에는 상대방은 본인뿐만 아니라 대리인에 대하여도 이행을 청구할 수 있다(제48조 단서). 이 경우 본인과 그 대리인은 부진정연대채무관계에 서게 된다.

【판례】 대법원 1996.10.25.선고 94다41935·41942판결

상가건물 분양업체가 그 소유자를 대리할 권한이 있고 그 점포의 분양행위가 그 규모, 횟수, 분양기간 등에 비추어 상법 제46조 제1호 소정의 부동산의 매매로서 본인인 상가건물 소유자의 상행위가 되는 경우, 분양업체가 분양계약을 체결하면서 건물소유자의 대리인임을 표시하지 않았다 하더라도 상법 제48조에 의하여 유효한 대리행위로서 그 효과는 본인인 건물소유자에게 귀속한다.

2. 본인의 사망과 대리권

민법에 있어서는 본인의 사망은 대리권의 소멸사유에 해당한다(민법 제127조 1호). 그러나 상법에 있어서는 상인이 그 영업에 관하여 수여한 대리권은 본인인 상인이 사망하더라도 소멸하지 않는다(제50조). 따라서 본인인 상인이 사망하면 그 영업에 관하여 대리권을 수여받은 대리인은 그 상속인의 대리인이 되고, 상속인으로부터 다시 수권을 받을 필요가 없다.

3. 상행위의 수임인의 권한

상행위의 위임을 받은 자는 위임의 본지(本旨)에 반하지 않는 범위 내에서 위임을 받지 않은 행위도 할 수 있다(제49조).

Ⅱ. 소멸시효

1. 시효기간의 단축

일반채권의 소멸시효기간을 민법은 10년으로 하고 있으나(민법 제162조 제1항), 상행위로 인한 채권의 소멸시효기간은 상법에 다른 규정이 없는 경우에는 5년으로 하고 있다(제64조).

상법 또는 다른 법상 단기소멸시효

① 상법상 단기시효: 운송주선인·운송인·창고업자의 손해배상책임은 1년, 공중접객업자의 손해배상책임은 6개월, 보험금청구권은 3년, 보험료청구권은 2년의 소멸시효를 규정하고 있다.

② 어음법·수표법상 단기시효: 어음금청구권은 3년, 어음의 상환청구권은 1년, 어

음의 재상환청구권은 6개월, 수표의 지급보증인에 대한 청구권은 1년, 수표의 상환청구권·재상환청구권은 6개월의 시효를 규정하고 있다.

③ 민법상 단기시효: 이자·부양료·급료·사용료 기타 1년 이내의 기간으로 정한 금전 또는 물건의 지급을 목적으로 하는 채권이나 생산자 및 상인이 판매한 생산물 및 상품의 대가 등의 채권은 3년의 시효가 적용되고(제163조), 여관·음식점·대석(貸席)·오락장의 숙박료·음식료·대석료·입장료와 소비물의 대가 및 체당금의 채권 등은 1년의 소멸시효가 적용된다(제164조).

2. 특칙의 적용

(1) 상법의 단기소멸시효기간이 적용되는 채권은 일방적 상행위로 인한 채권이든 쌍방적 상행위로 인한 채권이든 불문하고, 기본적 상행위뿐만 아니라 보조적 상행위로 인한 채권도 포함된다(판례).

【판례】 대법원 2012.4.13.선고 2011다104246판결

甲이 학원 설립과정에서 영업준비자금으로 乙에게서 돈을 차용한 후 학원을 설립하여 운영한 사안에서, 제반사정에 비추어 甲이 운영한 학원업은 점포 기타 유사한 설비에 의하여 상인적 방법으로 영업을 하는 경우에 해당하여 甲은 상법 제5조 제1항에서 정한 '의제상인'에 해당하는데, 甲의 차용행위는 학원 영업을 위한 준비행위에 해당하고 상대방인 乙도 이러한 사정을 알고 있었으므로 차용행위를 한 때 甲은 상인자격을 취득함과 아울러 차용행위는 영업을 위한 행위로서 보조적 상행위가 되어 상법 제64조에서 정한 상사소멸시효가 적용된다.

(2) 은행에 대한 대출금채무의 이행지체로 인한 지연손해금, 상행위로 인한 채무의 불이행에 대한 손해배상청구권, 상행위인 계약의 해제로 인한 원상회복청구권도 상법 제64조의 규정이 적용된다(판례).

(3) 상행위로 인한 채무의 경개가 이루어진 경우에 신채무부담행위가 상행위인 경우, 상사시효의 적용을 받는 채무에 대하여 구채무자는 면책되고 신채무자가 이행책임을 지는 면책적 채무인수의 경우 각 채무는 5년의 상사시효가 적용된다(판례).

(4) 단체협약에 기한 근로자의 유족들의 회사에 대한 위로금채권은 5년의 상사시효가 적용된다(판례).

(5) 상행위가 아닌 불법행위로 인한 손해배상청구권, 근로자의 근로계약상 주의의무위반을 원인으로 한 채무불이행에 따른 손해배상청구권은 10년의 민사소멸

시효가 적용된다(판례).

제2절 민법의 물권편에 대한 특칙

Ⅰ. 유질계약의 허용

1. 민법의 일반원칙

민법은 질권설정시 또는 채무변제기 전의 계약으로 질권자에게 변제에 갈음하여 질물(質物)의 소유권을 취득하게 하거나 또는 법률이 정하는 방법에 의하지 아니하고 질물을 처분할 수 있게 하는 유질계약을 금지하고 있다(민법 제339조).

2. 상법의 특칙

상행위로 인하여 발생한 채권을 담보하기 위하여 설정된 질권에 대하여는 유질계약을 허용하여, 민법의 유질계약금지에 관한 규정을 적용하지 않는다(제59조). 여기서 상행위로 인한 채권은 쌍방적 상행위뿐만 아니라 일방적 상행위도 포함된다.

【판례】 대법원 2017.7.18.선고 2017다207499판결

질권설정계약에 포함된 유질약정이 상법 제59조에 따라 유효하기 위해서는 질권설정계약의 피담보채권이 상행위로 인하여 생긴 채권이면 충분하고, 질권설정자가 상인이어야 하는 것은 아니다. 또한 상법 제3조는 "당사자 중 그 1인의 행위가 상행위인 때에는 전원에 대하여 본법을 적용한다."라고 정하고 있으므로, 일방적 상행위로 생긴 채권을 담보하기 위한 질권에 대해서도 유질약정을 허용한 상법 제59조가 적용된다.

Ⅱ. 상사유치권

1. 의 의

상법은 「상인간의 상행위로 인한 채권이 변제기에 있는 때에는 다른 약정이 없으면 채권자는 변제를 받을 때까지 그 채무자와의 상행위로 인하여 자기가 점유하고 있는 채무자의 소유의 물건 또는 유가증권을 유치할 수 있다」고 규정하고 있다(제58조).

2. 성립요건과 효력

(1) 성립요건

① **상인간의 상행위**: 상사유치권은 채권자와 채무자가 모두 상인인 경우에 인정된다. 여기서 상인은 소상인이라도 관계없다. 상인의 자격은 유치물을 점유하는 당시에 있어야 한다.

② **상행위로 인한 채권(피담보채권)**: 채권은 쌍방적 상행위로 인하여 발생한 것이어야 한다. 따라서 제3자로부터 양수한 채권은 상사유치권을 행사할 수 없다.

③ **변제기의 도래**: 채권이 변제기가 도래하지 않은 경우에는 상사유치권을 행사할 수 없다.

④ **유치권의 목적물**: 유치권의 목적물은 채무자 소유의 물건 또는 유가증권이어야 한다. 목적물은 채권자가 채무자와의 상행위로 인하여 점유를 취득하였어야만 인정된다. 이 때 상행위는 반드시 쌍방적 상행위일 필요는 없지만, 적어도 채권자에게 상행위여야 한다(통설).

⑤ **피담보채권과 목적물의 견련관계**: 민법상 유치권과 달리 상사유치권은 피담보채권과 유치물 사이의 개별적 관련성을 요구하지 않고, 일반적 관련성만 있으면 된다.

(2) 효 력

상사유치권의 효력에 관해서는 아무런 규정이 없으므로, 민사유치권에 관한 규정이 적용된다. 따라서 유치권자는 채권변제를 받을 때까지 유치물을 유치하거나 경매할 수 있고, 유치물로 우선변제에 충당할 수 있다.

3. 유치권의 배척

상사유치권은 채권자와 채무자 간의 명시적 또는 묵시적 특약에 의하여 배척할 수 있다(제58조 단서). 채권자가 불법행위로 인하여 점유를 취득한 물건 또는 유가증권에 대해서는 유치권이 인정되지 않는다.

4. 특별상사유치권

일반상사유치권에 대해 피담보채권이나 목적물, 이들의 견련관계 등과 관련하여 특별한 규정을 둔 특별상사유치권이 있다. 즉, 대리상(제91조)·위탁매매인(제111조)·운송주선인(제120조)·운송인(제147조)의 유치권이 특별상사유치권에 속한다.

제3절 민법의 채권편에 대한 특칙

Ⅰ. 계약체결시의 특칙

1. 청약의 효력

상법은 민법과 달리 청약의 효력에 대하여 대화자간과 격지자간에 달리 규정을 두고 있다. 이 특칙은 적어도 당사자의 일방이 상인인 경우에 적용된다.

(1) 대화자간의 청약

대화자간의 계약의 청약은 상대방이 즉시 승낙하지 아니한 때에는 그 청약의 효력은 실효한다(제51조). 여기서 '대화자간'이란 전화·화상회의·통신 등을 이용하여 당사자 상호간에 즉시 상대방의 의사표시를 요지(了知)할 수 있는 상태를 의미한다.

(2) 격지자간의 청약

① **승낙기간을 정하지 않은 경우**: 격지자간에 승낙의 기간을 정하지 아니한 청약의 효력에 관하여 상당한 기간 내에 승낙의 통지를 받지 못한 때에는 그 효력을 잃는다(민법 제529조).

② **승낙기간을 정한 경우**: 승낙기간을 정한 경우 청약자가 승낙기간 내에 승낙의 통지를 받지 못한 때(도달주의)에는 청약은 그 효력을 잃는다(민법 제528조 제1항).

2. 청약을 받은 상인의 의무

(1) 낙부통지의무

① **민법의 일반원칙**: 민법은 청약을 받은 자에게 승낙 여부를 적극적으로 통지할 의무는 없다.

② **상법의 특칙:** 상인은 상시 거래관계에 있는 자로부터 그 영업부류에 속하는 계약의 청약을 받은 때에는 지체없이 낙부의 통지를 발송하여야 하며, 이를 해태한 때에는 청약을 승낙한 것으로 본다(제53조).

(2) 물건보관의무

① **민법의 일반원칙:** 민법에 따르면 청약과 함께 물건을 받았을 때 그 청약을 거절한 경우에 그 물건의 반환이나 보관의무가 없다.

② **상법의 특칙:** 상인이 그의 영업부류에 속하는 거래의 청약을 받은 경우에 청약과 함께 견품 기타의 물건을 받은 때에는 그 청약을 거절한 때에도 청약자의 비용으로 그 물건을 보관하여야 한다(제60조 본문). 그러나 물건의 가액이 보관비용을 상환하기에 부족하거나 보관으로 인하여 상인이 손해를 받을 염려가 있는 때에는 보관의무가 없다(제60조 단서). 계약의 청약을 받은 자가 물건보관의무를 이행하지 않은 경우 견품 기타 물건의 멸실·훼손에 따른 손해배상책임을 진다.

3. 계약의 성립시기

계약의 성립시기에 관해서는 상법에 별다른 규정이 없으므로, 민법 일반원칙에 따라 계약은 승낙의 통지를 발송한 때에 성립한다(민법 제531조).

Ⅱ. 상행위의 유상성

1. 보수청구권

(1) 민법의 일반원칙

민법에 의하면 위임계약 또는 임치계약의 경우에 타인을 위하여 어떠한 행위를 하더라도 특약이 없으면 보수를 청구할 수 없다(민법 제686조 제1항, 제701조).

(2) 상법의 특칙

① 상인이 그 영업범위 내에서 타인을 위하여 행위를 한 때에는 이에 대하여 상당한 보수를 청구할 수 있다(제61조).

② 「영업범위 내」에서란 영업부류에 속하는 것 이외에 영업을 유익 또는 편리하게 하는 모든 것을 포함한다.

③ 「행위」는 법률행위이든 사실행위이든 관계없고, 그 행위의 원인이 계약상의 의무이든 아니든 관계없다. 또한 기본적 상행위이든 보조적 상행위이든 모두 포함된다.
④ 「상당한 보수」는 거래의 관행, 사회의 통념, 상인의 노력 정도 등의 구체적인 제반 사정을 참작하여 정하게 된다.
⑤ 「타인을 위하여」란 타인의 이익을 위하여라는 의미로 본다(판례).

2. 법정이자청구권

(1) 소비대차의 이자청구권

상인이 그 영업에 관하여 타인에게 금전을 대여한 경우에는 이자의 약정이 없더라도 상인은 상사법정이자를 청구할 수 있다(제55조 제1항).

(2) 체당금의 이자청구권

상인이 그 영업범위 내에서 타인을 위하여 금전을 체당한 때에는 체당한 날 이후의 법정이자를 청구할 수 있다(제55조 제2항). 「금전의 체당」이란 금전의 소비대차에 의하지 아니하고 타인을 위하여 금전을 지급하는 것을 말한다(예 공인중개사가 매수인의 등기이전비용을 대납하는 것). 통상적으로 체당은 위임·도급·고용 등의 계약관계와 사무관리 등의 경우에 하게 된다.

3. 상사법정이율

다른 약정이 없는 한 민법의 법정이율은 연 5푼(分)이지만, 상행위로 인하여 발생한 채무의 법정이율은 연 6푼(分)이다(제54조). 여기서 「상행위로 인하여 발생한 채무」란 상행위로 인하여 직접 발생한 채무뿐만 아니라 그와 동일성이 있는 채무 또는 그 변형으로 인정되는 채무도 포함될 수 있다(판례). 따라서 상행위의 채무불이행으로 인한 손해배상채무 기타 계약해제로 인한 원상회복의무를 포함한다. 그리고 「상행위」란 쌍방적 상행위·일방적 상행위 모두 포함한다(판례).

【판례】 대법원 2018.2.28.선고 2013다26425판결

상법 제54조의 상사법정이율은 상행위로 인한 채무나 이와 동일성을 가진 채무에 관하여 적용되는 것이고, 상행위가 아닌 불법행위로 인한 손해배상채무에는 적용되지 아니한다.

Ⅲ. 채무의 이행

1. 이행의 장소

채무의 이행장소에 관하여 상법은 특별규정을 두고 있지 않으므로 민법의 일반원칙에 따른다. 다만 채권자의 지점의 거래에 관해서만 특칙(제56조)을 두고 있다.

채권자의 지점의 거래에 관하여 채무이행의 장소가 그 행위의 성질 또는 당사자의 의사표시에 의하여 특정되지 아니한 경우에는 특정물 인도 이외의 채무의 이행은 그 지점을 이행장소로 본다(제56조).

2. 이행의 청구

채무의 이행 또는 이행의 청구는 법령 또는 관습에 의하여 영업시간이 정하여져 있는 때에는 그 시간 내에 하여야 한다(제63조).

Ⅳ. 상사채권의 인적 담보

1. 다수채무자의 연대책임

(1) 민법의 일반원칙

민법상으로는 채무자가 수인인 경우에 특별한 의사표시가 없는 한 각 채무자는 균등한 비율로 의무를 부담하면 된다(민법 제408조). 즉, 균분주의를 택하고 있다.

(2) 상법의 특칙

상법에 의하면 수인이 그 1인 또는 전원에 대하여 상행위가 되는 행위로 인하여 채무를 부담한 때에는 연대하여 변제할 책임이 있다(제57조 제1항). 따라서 적어도 채무의 발생원인이 되는 행위는 1인 또는 수인의 채무자에 대하여 상행위여야 하며, 채무는 수인의 채무가 1개의 공동행위에 의하여 부담한 것이어야 한다. 수인 중 1인이 타인을 대리한 경우에는 공동으로 한 것으로 보아야 한다(판례).

【판례】 대법원 2016.7.14.선고 2015다233098판결

공동이행방식의 공동수급체는 민법상 조합의 성질을 가지는데, 조합의 채무는 조합원의 채무로서 특별한 사정이 없는 한 조합채권자는 각 조합원에 대하여 지분의 비율에 따라 또는 균일적으로 권리를 행사할 수 있지만, 조합채무가 조합원 전원을 위하여 상행위가 되는 행위로 인하여 부담하게 된 것이라면 상법 제57조 제1항을 적용하여 조합원들의 연대책임을 인정함이 타당하므로, 공동수급체의 구성원들이 상인인 경우 탈퇴한 조합원에 대하여 잔존 조합원들이 탈퇴 당시의 조합재산상태에 따라 탈퇴 조합원의 지분을 환급할 의무는 구성원 전원의 상행위에 따라 부담한 채무로서 공동수급체의 구성원들인 잔존 조합원들은 연대하여 탈퇴한 조합원에게 지분환급의무를 이행할 책임이 있다.

2. 보증인의 연대책임

(1) 민법의 일반원칙

민법상으로는 보증인은 특약이 없는 한 최고 및 검색의 항변권이 있으며(민법 제437조), 보증인이 수인인 때에는 분별의 이익을 갖는다(민법 제439조).

(2) 상법의 특칙

상법상으로는 보증이 상행위이거나 주채무가 상행위로 인하여 생긴 때에는 주채무자와 보증인은 연대하여 변제할 책임이 있다(제57조 제2항). 이 경우에 주채무는 채무자의 상행위로 인하여 발생한 것을 말한다는 것이 통설이다. 당사자간의 특약이 있는 경우에는 제57조 제2항의 규정적용을 배제할 수 있다.

Ⅴ. 무상수치인의 주의의무

1. 민법의 일반원칙

민법에 따르면 임치가 유상인 경우에는 수치인은 선량한 관리자의 주의로 임치물을 보관하여야 하지만, 임치가 무상인 경우에는 임치물을 자기재산과 동일한 주의로 보관하면 된다(민법 제695조).

2. 상법의 특칙

상법상 상인이 그 영업범위 내에서 물건을 임치받은 경우에는 유상이든 무상이든 관계없이 선량한 관리자의 주의를 하여야 한다(제62조). 다만, 당사자의 특약에 의하여 수치인의 주의의무를 경감할 수 있다.

Chapter COMMERCIAL LAW

03 상사매매

제1절 상사매매의 의의 및 적용범위

Ⅰ. 상사매매의 의의

상사매매란 기업거래 중 가장 고전적인 형태의 상거래 행위로서 상인간에 동산과 유가증권을 목적으로 하는 매매를 말한다. 매매에 관해서는 민법의 계약법에 상세히 규정을 두고 있기 때문에, 상사매매에 관해서 상법에는 매도인의 목적물 공탁·경매권(제67조), 확정기매매의 해제의제(제68조), 매수인의 목적물검사 및 하자통지의무(제69조), 매수인의 목적물 보관·공탁의무(제70조, 제71조)에 관한 5개조의 특칙을 두고 있을 뿐이다. 상사매매의 특칙규정은 거래의 신속한 완료를 도모하는 것을 주 목적으로 하여 매도인을 보호하는데 입법취지가 있다.

Ⅱ. 적용범위

1. 상인간의 매매

상사매매에 관한 특칙은 상인간의 매매의 경우에만 적용된다. 또한 매매를 영업으로 하지 않는 상인의 보조적 상행위로 하는 매매에도 적용된다.

상사매매에 관한 규정은 교환계약에는 유추적용할 수 있으나 도급·제조물공급계약 등에는 성질상 적용이 부적당하다(판례).

2. 임의규정

상법상 상사매매의 특칙은 임의규정으로 당사자간의 특약으로 달리 정함을 둘 수 있다. 상법의 정함이 없는 사항에 대해서는 민법의 일반원칙이 적용된다.

제2절 상사매매의 법률규정

Ⅰ. 매도인의 공탁권·경매권

1. 민법의 일반원칙

민법에 의하는 경우 매수인이 매매목적물의 수령을 거부하거나 수령할 수 없는 때에는 매도인은 공탁권과 경매권을 행사할 수 있다. 이 경우 먼저 공탁권을 행사하여야 하고, 공탁에 적합하지 않거나, 멸실·훼손될 염려가 있거나, 공탁을 위하여 과다한 비용이 드는 경우에만 법원의 허가를 얻어 경매권을 행사할 수 있다(민법 제490조). 공탁 후 공탁자는 지체없이 공탁의 통지를 하여야 하며 이때 통지는 도달주의에 의한다. 공탁에 적합하지 않는 등의 경우 경매권을 행사한 매도인은 경매대금을 공탁하여야 한다.

2. 상법의 특칙

(1) 특칙규정의 내용

상인간의 매매에 있어서 매수인이 목적물의 수령을 거부하거나 이를 수령할 수 없는 때에는 매도인은 그 물건을 공탁하거나 상당한 기간을 정하여 최고한 후 경매할 수 있다(제67조 제1항). 따라서 민법과는 달리 상사매매의 매도인은 공탁권과 경매권을 선택적으로 행사할 수 있다.

(2) 공탁권

① **공탁의 성질:** 공탁은 공탁자와 공탁소가 채권자로 하여금 계약상의 권리를 취득하도록 하기 위하여 체결하는 제3자를 위한 임치계약이라는 것이 다수

설이다.

② **공탁의 요건**: 매도인이 공탁권을 행사하려면 매수인이 수령지체에 빠져야 한다. 즉, 매수인이 목적물의 수령을 거절하거나, 수령을 할 수 없는 경우여야 하며, 수령의 회피도 수령거절의 사유가 될 수 있다.

③ **공탁의 효과**: 매도인이 공탁을 한 때에는 지체없이 매수인에게 통지를 발송하여야 한다(제67조 제1항 후단). 이 점에서 민법의 도달주의와 차이가 있다. 공탁 및 공탁통지의 비용은 매수인이 부담한다(공탁법 제7조, 제9조).

(3) 경매권

① **경매요건**: 상사매매의 경우에 매도인은 법원의 허가 없이 어떠한 목적물이든지 상당한 기간을 정하여 매수인에게 수령의 최고만을 하고 경매할 수 있으며(제67조 제1항), 경매를 위해서는 상당한 기간을 정하여 매수인에 대해 수령의 최고를 하여야 한다. 최고는 서면에 의하든 구두에 의하든 관계없으나, 매수인에게 도달하여야 그 효력이 발생한다. 그러나 최고할 수 없거나 목적물이 멸실 또는 훼손될 염려가 있는 때에는 최고 없이 경매할 수 있다(제67조 제2항).

② **경매의 효과**: 경매를 한 때에는 지체없이 매수인에 대하여 그 통지를 발송하여야 한다(제67조 제1항 후단). 경매 후 매도인은 매수인에 대하여 경매비용의 상환을 청구할 수 있다. 또한 매도인은 경매대금의 전부 또는 일부를 매매대금에 충당할 수 있고 경매비용을 공제할 수 있다(제67조 제3항). 경매비용과 매매대금을 충당하고 남은 잔액은 매수인에게 인도하거나 매수인을 위하여 공탁하여야 한다. 그러나 경매대금으로 경매비용과 매매대금의 충당을 위해 부족한 경우에는 매도인은 매수인에게 부족액의 지급을 청구할 수 있다.

Ⅱ. 매수인의 검사 및 통지의무

1. 민법의 일반원칙

민법상 매매의 목적물을 수령한 매수인은 목적물에 하자가 있는지 수량이 부족한지에 대해 적극적으로 발견해야 할 의무가 없고, 하자 또는 수량부족을 발견하면 언제든지 매도인에게 담보책임을 물을 수 있다. 다만, 매수인은 목적물에 하자가 있는 경우에는 그 사실을 안 날로부터 6월 내에(민법 제582조), 수량부족의 경우에는 사실을 안 날로부터 1년(선의의 매수인) 또는 계약한 날로부터 1년(악의의 매수인) 내에 행사할 수 있다(민법 제574조, 제573조).

2. 상법의 특칙

(1) 의의 및 취지

상인간의 매매에 있어서는 매수인이 목적물을 수령한 때에는 지체없이 이를 검사하여야 하며, 하자 또는 수량부족이 있음을 발견한 때에는 즉시 매도인에게 그 통지를 발송하여야만 담보책임을 물을 수 있다(제69조 제1항 1문). 다만, 즉시 발견할 수 없는 때에는 6월 내에 발견하여 통지하면 된다(제69조 제1항 2문).

(2) 적용요건

① **상인간의 매매:** 매매는 상인간에 이루어진 매매여야 하며, 매매가 양 당사자에 대하여 상행위가 되어야 한다. 당사자의 쌍방 또는 일방이 소상인이라도 관계없다.

② **하자 있는 목적물 또는 수량부족의 목적물의 수령:** 매매는 목적물을 실제로 수령하였어야 하며, 목적물에 하자가 있거나 수량부족이 있어야 한다. 따라서 운송증권의 인도나 목적물반환청구권의 양도는 제외되고, 권리의 하자도 적용되지 않는다.

③ **매도인의 선의:** 매수인은 매도인에게 목적물에 하자가 있다는 것 또는 수량부족의 목적물을 인도한다는 것을 알지 못한(악의가 없는) 경우에 검사 및 통지의무를 부담한다(제69조 제2항).

④ **특약의 부존재:** 상법 제69조는 임의법규이므로 매수인과 매도인 간에 특별한 약정이 없는 경우에 적용된다.

(3) 적용범위

상법 제69조는 유가증권 또는 상품의 교환·종류매매·견품매매·시험매매 등의 경우와 특정물매매뿐만 아니라 불특정물의 매매에는 적용된다. 그러나 상법 제69조는 권리의 하자의 경우(예 재산권의 전부 또는 일부가 타인에 속하는 경우)에는 적용되지 않으며, 수량초과나 계약과 상이한 물건의 수령의 경우에도 적용되지 않는다. 부대체물도 상법 제69조의 목적물에 포함되지만, 특정한 매수인만이 사용하는 부대체물을 제작하여 공급하는 계약은 매매계약이라기보다는 도급계약의 성질을 띠고 있으므로 상법 제69조가 적용되지 않는다(판례·다수설). 또한, 상인간의 수량을 지정한 물건의 임대차계약에는 상법 제69조가 적용되지 않는다(판례).

채무불이행에 해당하는 이른바 불완전이행으로 인한 손해배상책임을 묻는 청구에도 적용되지 않는다(판례).

【판례】 대법원 1987.7.12.선고 86다카2446판결

당사자의 일방이 상대방의 주문에 따라 자기 소유의 재료를 사용하여 만든 물건을 공급할 것을 약정하고 이에 대하여 상대방이 대가를 지급하기로 약정하는 이른바 제작물공급계약은 그 제작의 측면에서는 도급의 성질을 함께 가지고 있는 것으로서 그 적용법률은 계약에 의하여 제작공급하여야 할 물건이 대체물인 경우에는 매매로 보아서 매매에 관한 규정이 적용된다고 할 것이나 특정의 주문자의 수요를 만족시키기 위한 부대체물인 경우에는 당해 물건의 공급과 함께 그 제작이 계약의 주목적이 되어 도급의 성질을 강하게 띠고 있다 할 것이므로 이 경우에는 매매에 관한 특칙이 당연히 적용된다고 할 수 없다.

(4) 의무의 내용

① **검사의무**: 매수인은 목적물을 수령한 후 「지체없이」 검사하여야 한다. 여기서 지체없이는 '귀책사유 있는 지연이 없이'라는 뜻으로 즉시와는 다른 것이다. 그러나 하자를 즉시 발견할 수 없는 경우에는 목적물을 수령한 후 6월 내에 검사하여야 한다(제69조 제1항 2문).

② **통지의무**: 매수인은 목적물을 수령한 후 지체없이 검사하여 하자 또는 수량부족을 발견한 때에는 즉시 매도인에게 통지를 발송하여야 한다(제69조 제1항 1문).

(5) 의무위반의 효과

매수인이 검사·통지의무를 이행하지 아니한 경우에는 계약해제·대금감액·손해배상을 청구할 수 없다(제69조 제1항 1문). 그러나 매도인이 악의인 경우에는 이 원칙이 적용되지 않는다. 즉, 매수인이 통지의무를 해태한 경우에도 매도인이 악의인 경우에는 일반원칙에 따라 계약해제나 손해배상을 청구할 수 있다. 목적물의 수량초과에 대하여는 상법 제69조가 적용되지 않는다.

(6) 의무이행의 효과

① **목적물에 하자가 있는 경우**: 목적물에 하자가 있는 경우 통지의무를 이행한 매수인은 계약해제권 또는 손해배상청구권을 행사할 수 있으나, 대금감액청구권은 인정되지 않는다. 그리고 계약해제는 하자 있는 목적물로는 계약상의 목적을 달성할 수 없는 경우에만 인정된다.

② **수량부족의 경우**: 목적물에 수량부족이 있는 경우 통지의무를 이행한 매수인은 대금감액·계약해제·손해배상청구가 가능하다. 다만, 계약해제는 수량부족으로 인하여 계약상의 목적을 달성할 수 없는 경우에만 인정된다.

Ⅲ. 매수인의 목적물 보관·공탁·경매의무

1. 민법의 일반원칙

민법상으로는 매매목적물의 하자·수량부족을 이유로 하여 계약을 해제하면, 각 당사자는 원상회복의무를 부담하고, 매수인은 목적물을 반환해야 할 의무를 부담할 뿐이다(민법 제548조).

2. 상법의 특칙

(1) 특칙규정

상인간의 매매에 있어서 매수인이 목적물의 하자 또는 수량부족을 이유로 계약을 해제한 때에는 매도인의 비용으로 매매의 목적물을 보관 또는 공탁하여야 하고, 만일 목적물이 멸실 또는 훼손될 염려가 있는 때에는 법원의 허가를 얻어 경매하여 그 대가를 보관 또는 공탁하여야 한다(제70조 제1항). 경매한 때에는 지체없이 매도인에게 경매의 통지를 발송하여야 한다(제70조 제2항). 이러한 매수인의 목적물 보관·공탁·경매의무는 매수인에게 인도된 물건이 매매의 목적물과 상위(相違)하거나 수량이 초과한 경우에도 준용된다(제71조).

(2) 적용범위

① **격지자인 상인간의 매매**: 매수인의 보관·공탁·경매의무는 매도인과 매수인이 모두 상인이어야 하며, 격지자간의 매매에 대해 적용할 실익이 있으므로 매도인과 매수인의 영업소가 동일한 특별시·광역시·시·군에 있는 경우에는

적용되지 않는다. 그러나 격지자간의 매매라 하더라도 매수인이 지정한 인도장소가 매도인의 영업소와 동일한 특별시·광역시·시·군에 있는 때에는 매수인은 보관·공탁·경매의무를 지지 않는다(제70조 제3항).

② **매도인의 선의·특약의 부존재:** 상법 제70조의 특칙이 적용되기 위해서는 매도인이 선의여야 한다. 그리고 당사자간에 상법 제70조의 배제약정이 없어야 한다.

(3) 의무의 내용

① **보관·공탁의무:** 매수인은 목적물의 하자 또는 수량부족으로 인하여 계약을 해제한 경우에 그 목적물을 보관 또는 공탁하여야 하고, 인도된 물건이 목적물과 상위(相違)하거나 약정한 수량을 초과한 경우 그 상위물건 또는 수량초과 물건을 보관·공탁하여야 한다(제70조 제1항, 제71조).

② **경매의무:** 목적물이 멸실 또는 훼손될 염려가 있는 때에는 법원의 허가를 얻어 경매하고 그 대가를 보관 또는 공탁하여야 한다(제70조 제1항 단서). 이때의 경매를 긴급매각이라 한다. 매수인은 경매한 때에는 지체없이 매도인에게 그 통지를 발송하여야 한다(제70조 제2항).

③ **의무위반의 효과:** 매수인이 보관·공탁·경매의무를 위반한 때에는 매도인에게 그로 인한 손해배상책임을 진다.

Ⅳ. 확정기매매

1. 민법의 일반원칙

확정기매매라 함은 매매의 성질 또는 당사자의 의사표시에 의하여 일정한 일시 또는 일정한 기간 내에 이행하지 아니하면 계약의 목적을 달성할 수 없는 매매를 말한다. 따라서 단순히 이행기간이 정하여졌다고 하여 확정기매매라고 할 수 없다. 민법상 계약이 정기행위인 경우에 민법의 규정에 의하면 당사자의 일방이 그 시기가 도래하여도 이행하지 않는 때에 계약을 해제하려면 이행의 최고는 필요가 없으나 해제의 의사표시가 있어야 한다(민법 제545조).

【판례】 대법원 2003.4.8.선고 2001다38593판결

상인 사이에 이루어진 선물환계약은 그 약정결제일에 즈음하여 생길 수 있는 환율변동의 위험(이른바, 환리스크)을 회피하기 위하여 체결되는 것으로서 그 성질상 그 약정결제일에 이행되지 않으면 계약의 목적을 달성할 수 없는 상법 제68조 소정의 확정기매매라 할 것이고, 그 계약 불이행으로 인한 손해배상액의 산정에 관한 미화 1$당 원화의 환율은 그 계약이 약정결제일 전에 이미 해제되었다는 등의 특수한 사정이 없는 이상 원래 약정되었던 결제일 당시의 환율을 기준으로 하여야 한다.

2. 상법의 특칙

(1) 특칙규정

상법에서는 양도인의 보호와 거래의 신속한 완료를 위하여 상인간의 확정기매매의 경우에 당사자의 일방이 이행시기를 경과한 후 상대방이 즉시 이행청구를 하지 아니하면 해제의 의사표시 없이 계약은 해제된 것으로 본다(제68조).

(2) 확정기경과의 효과

상인간의 확정기매매에 있어서 당사자의 일방이 채무를 불이행한 상태에서 그 확정기가 경과하면 그 상대방이 즉시 이행을 청구하지 아니하면 계약을 해제한 것으로 본다(제68조). 계약을 해제한 경우 채무자는 민법의 일반원칙에 따라 원상회복의무와 손해배상의무를 부담한다.

Chapter COMMERCIAL LAW

04 상행위의 특수계약

제1절 상호계산

Ⅰ. 상호계산의 개념

1. 의 의

상호계산(相互計算)이란 상거래에서 상인간 또는 상인과 비상인 간에 상시 거래관계가 있는 경우에 일정한 기간 내의 거래로 인한 채권·채무의 총액에 대하여 상계하고, 그 잔액을 지급할 것을 약정하는 계약을 말한다(제72조). 상호계산기간은 당사자간에 임의로 정할 수 있으나 특약이 없으면 6월로 한다(제74조).

2. 법적 성질

상호계산약정에 기하여 당사자 쌍방의 채권·채무는 대등액의 범위에서 소멸하는 점에서 민법상 상계(相計)와 매우 유사하다. 그러나 상호계산은 일정 기간에 걸쳐 발생하는 채권·채무를 포괄적으로 소멸시키는 상법상 독자적인 계약인 점에서, 개별적 채권·채무를 소멸시키는 당사자 일방의 단독행위로서의 민법상 상계와 차이가 있다.

Ⅱ. 상호계산의 내용

1. 당사자

상호계산은 상인간 또는 상인과 비상인 간에 이루어지는 계약이므로, 일방은 적어도 상인이어야 한다. 상호계산은 상시거래관계에 있는 당사자간에 인정될 뿐만 아니라 상시 거래관계가 예정되어 있는 경우에도 인정된다. 상호계산은 쌍방의 채권·채무 발생을 요건으로 하므로 당사자 일방만이 채권자가 되고 타방은 채무자가 되는 경우, 즉 일정기간의 경과 후 일괄결제하기로 하는 경우는 상호계산이 성립할 수 없다.

2. 상호계산의 대상

상호계산의 대상은 상인간 또는 상인과 비상인 간에 상시 거래관계에서 발생한 일정한 기간 내의 채권·채무이다. 여기서 채권·채무는 상행위로 인하여 발생한 것으로서 일괄상계가 가능한 금전채권에 한한다. 또한 거래로 인하여 발생한 채권·채무여야 한다. 당사자간의 특약에 의하여 일정한 범위로 상호계산의 대상을 제한할 수 있다.

Ⅲ. 상호계산의 효력

1. 상호계산기간 중의 효력

(1) 원 칙

상호계산은 일정한 기간 내의 거래로 인하여 생긴 채권·채무의 총액을 일괄하여 계산하는 제도이므로, 상호계산기간 중에 당사자간의 거래로 인하여 생긴 채권·채무는 모두 계산에 계입되어 그 독립성을 상실한다(상호계산 불가분의 원칙). 따라서 계산기간 중의 채권은 개별적으로 행사할 수 없고, 양도할 수도 없다. 또 입질이나 압류의 대상이 되지 않으며, 상호계산 외의 다른 채무와의 상계도 인정되지 않는다.

(2) 예 외

어음 기타의 상업증권을 수수한 대가로서의 채권·채무를 상호계산에 계입한 때에 증권상의 채무자가 변제를 하지 않은 때에는 예외적으로 당사자는 일방적으로 그 항목을 제거할 수 있다(제73조). 왜냐하면 유가증권의 경우에는 그 지급이 거절된 경우에 권리보전을 위한 특별한 절차가 필요하기 때문이다.

2. 상호계산기간 만료 후의 효력

(1) 잔액채권의 성립

상호계산기간이 만료하면 당사자는 채권·채무의 총액에 대하여 일괄상계하여 지급할 잔액을 확정하게 된다. 잔액의 확정은 당사자의 일방이 채권·채무의 각 항목과 상계잔액을 기재한 계산서를 제출하여 상대방이 이를 승인함으로써 확정된다(제75조).

(2) 잔액확정과 이의제기

계산서의 승인으로 잔액이 확정된 후에는 각 당사자는 채권·채무의 각 항목에 대하여 이의를 제기하지 못하지만, 착오나 탈루가 있을 때에는 이의를 제기할 수 있다(제75조).

(3) 잔액채권의 시효 등

계산서의 승인에 의하여 잔액채권이 확정되면, 잔액채권자는 이를 행사할 수 있고, 승인한 시점에서 소멸시효가 진행된다. 잔액채권자의 제3채권자는 확정된 잔액채권을 압류할 수 있다.

(4) 중리(重利)의 인정

특약에 의하여 계산에 계입된 날로부터 각 항목 채권에 이자를 붙이기로 한 경우에도 잔액채권에 대하여 계산폐쇄일 이후의 법정이자를 청구할 수 있다(제76조).

Ⅳ. 상호계산의 종료

1. 일반적 종료사유

상호계산계약은 존속기간의 만료, 기타 당사자의 사망, 회사의 해산 등 계약의 일반적 종료원인에 의하여 종료한다.

2. 특별종료사유

(1) 법률상의 사유

당사자 일방의 파산, 회사정리절차의 개시에 의해 종료한다.

(2) 거래관계의 종료

상호계산은 거래 당사자간의 거래관계가 종료하면 상호계산계약관계도 종료한다. 영업이 양도되면 양도인이 당사자로 되어 있는 상호계산도 종료한다.

(3) 해 지

상호계산계약은 당사자가 언제든지 해지할 수 있다(제77조 제1항). 해지는 원칙상 특별한 사유 또는 상대방에 대한 예고를 요하지 않으며, 상호계산의 존속기간을 정한 경우에도 기간의 도중에 이를 할 수 있다. 해지를 할 때에는 상호계산을 종료시킨다는 의사가 명확히 표시되어야 하며 상대방에게 그 의사표시가 도달하여야 한다. 계약이 해지된 때에는 즉시 계산을 폐쇄하고 잔액의 지급을 청구할 수 있다(제77조 제2항).

제2절 익명조합

Ⅰ. 익명조합의 개념

익명조합이란 당사자의 일방이 상대방의 영업을 위하여 출자하고 상대방은 영업으로 인한 이익을 분배할 것을 약정하는 계약을 말한다(제78조). 이러한 익명조합 제도는 출자능력은 있지만 사회적 지위, 경영능력의 부족, 법률적으로 영업이 제한된 경우 등 영업을 할 수 없는 자가 익명의 출자자가 되고 별도의 영업자의 영업으로 인한 이익에 참여를 가능하게 하는 제도로서, 낙성·쌍무·유상계약에 해당한다.

Ⅱ. 익명조합의 내용

1. 당사자

익명조합의 당사자는 익명조합원과 영업자이다. 익명조합원은 상인이든 비상인이든 관계없으며, 수인이 공동으로 익명조합원이 될 수 있다. 그러나 영업자는 상인이어야 하며, 소상인도 포함된다. 영업자의 상인자격은 익명조합계약과 동시에 영업을 개시하면서 취득하면 된다.

2. 익명조합원의 출자

익명조합원은 영업자의 영업을 위하여 출자하여야 한다. 출자의 목적은 금전 기타 재산에 한하며 신용이나 노무는 인정되지 않는다. 물건의 사용권만을 출자할 수도 있다. 출자재산은 영업자의 재산에 귀속된다. 따라서 영업자가 그 영업의 이익금을 함부로 자기용도에 소비하더라도 횡령죄가 되지 않는다(판례).

3. 이익분배

영업으로부터 생긴 이익을 분배하는 것은 익명조합의 요소이다. 따라서 이익의 유무를 불문하고 일정한 금액의 지급을 보증하는 것은 익명조합의 본질에 어긋난다(판례).

Ⅲ. 익명조합의 효력

1. 익명조합계약 당사자간의 효력

(1) 익명조합원의 의무와 권리

① **출자의무**: 익명조합원은 계약에서 정한 출자의무를 지며, 금전 기타 재산 또는 목적물의 사용권은 출자의 목적물이 될 수 있으나 노무 또는 신용은 출자할 수 없다. 출자는 특약이 없는 한 영업주의 청구가 있는 때에 이행하여야 한다. 출자된 재산은 영업자의 재산으로 본다.

② **손실분담의무**: 손실분담의무는 익명조합의 요소는 아니지만 특별한 약정이 없는 한 손실분담의 약정이 있는 것으로 추정한다. 익명조합원이 손실분담

을 하더라도 계산상으로 분담액만큼 출자액이 감소할 뿐, 별도의 재산을 제공하여 손실을 전보하여야 할 의무는 없다.

③ **지위불양도의무**: 익명조합은 인적 신뢰관계를 기초로 하므로 익명조합원은 영업자의 동의 없이 이를 타인에게 양도하지 못한다. 익명조합원의 지위는 일신전속성으로 인해 상속·합병 등에 의해서도 이전되지 않는다.

④ **업무감시권**: 익명조합원은 업무집행이나 대표행위를 할 수 없기 때문에 영업자의 영업에 참여할 수 없다(제86조, 제278조). 그래서 출자자로서 영업자의 영업에 대하여 업무감시권을 갖는다(제86조, 제277조).

(2) 영업자의 의무

① **영업실행의무**: 영업자는 익명조합원의 출자를 계약의 목적에 따라 사용할 의무가 있으며, 동시에 선량한 관리자의 주의로써 기업을 경영할 의무가 있다. 따라서 익명조합원은 영업자가 영업활동을 실행하지 않는 경우 익명조합계약을 해지할 수 있다(제83조 제2항).

② **이익분배의무**: 이익분배는 익명조합계약의 요소이므로, 영업자는 영업으로 인한 이익을 분배할 의무가 있고 익명조합원은 이익에 대하여 이익분배청구권을 갖는다. 익명조합에서의 이익은 각 영업연도의 재산의 증가액 자체를 의미하며 영업재산의 평가이익은 포함되지 않는다.

③ **지위불양도의무**: 영업자는 특약이 없는 한 그 지위를 타인에게 이전할 수 없으며, 상속·합병 등에 의해서도 이전될 수 없다.

④ **경업금지의무**: 영업자는 선량한 관리자의 주의로써 공동이익을 도모하여야 하고 또 충실의무를 부담한다고 할 수 있으므로 경업금지의무를 부담한다는 것이 통설의 입장이다.

2. 제3자와 익명조합계약 당사자간의 효력

(1) 익명조합원의 지위

익명조합계약은 대외적으로 영업자의 개인기업과 같기 때문에 익명조합원은 제3자에 대하여 아무런 권리나 의무가 없다(제80조). 익명조합원은 제3자에 대하여 아무런 책임도 부담하지 않는다. 다만, 제3자가 선의인 경우에, 익명조합원이 영업자의 상호에 자기의 성명을 사용하게 하거나 자기의 상호를 영업자의 상호로 사용할 것을 허락한 때에는 그 사용 이후의 채무에 대하여 영업자와 연대하여 변제할 책임이 있다(제81조).

(2) 영업자의 지위

영업자는 자기의 명의로 영업을 하는 자이므로 제3자와의 법률관계에서 권리·의무를 갖고 또 책임을 진다.

Ⅳ. 익명조합의 종료

1. 종료원인

(1) 당사자의 해지

익명조합의 존속기간을 정하지 않았거나 또는 어느 당사자의 종신까지 존속할 것을 약정한 때에는 각 당사자는 6월 전에 상대방에게 예고하고 영업연도 말에 한하여 계약을 해지할 수 있다(제83조 제1항). 다만, 부득이한 사정이 있는 때에는 각 당사자는 언제든지 계약을 해지할 수 있다(제83조 제2항). 부득이한 사정이란 익명조합원의 출자의 해태나 불능, 영업자의 이익분배나 업무집행의 해태 및 불능, 영업자의 중대한 질병 등을 말한다.

(2) 법정사유에 의한 종료

익명조합계약은 당사자의 의사와 관계없이 영업을 폐지 또는 양도한 경우, 영업자가 사망하거나 성년후견개시심판을 받은 경우, 영업자 또는 익명조합원이 파산한 경우에는 종료하게 된다(제84조). 익명조합원의 피성년후견개시·사망은 당연한 법정종료사유가 아니다.

2. 종료의 효과

(1) 출자가액의 반환

익명조합이 종료하면 영업자는 익명조합원에게 출자가액을 반환하여야 하며, 다만 익명조합원이 손실을 분담하는 때에는 출자가 손실로 인하여 감소하면 그 잔액을 반환하면 된다(제85조 단서). 그러나 잔액이 없거나 오히려 손실분담액이 출자액을 초과하는 때에는 반환의무가 없다.

(2) 현물출자 또는 물건의 사용권 출자의 경우

익명조합원이 현물출자를 한 경우에는 금전으로 평가하여 그 가액을 반환하면 되고 목적물을 반환할 필요가 없다. 그러나 물건의 사용권을 출자한 경우 익명조합원은 소유권에 의한 반환청구권을 갖는다.

(3) 영업자의 파산

영업자의 파산에 의하여 익명조합계약이 종료한 경우에 익명조합원은 영업자의 다른 채권자와 동등한 지위에서 출자반환청구권을 갖는다.

(4) 손해배상 청구

익명조합원과 영업자 중 1인의 책임 있는 사유로 익명조합계약이 종료한 때에는 상대방은 책임 있는 당사자에 대하여 손해배상청구를 할 수 있다.

제3절 합자조합

Ⅰ. 합자조합의 개념

1. 의 의

합자조합은 조합의 업무집행자로서 조합의 채무에 대하여 무한책임을 지는 조합원과 출자가액을 한도로 하여 유한책임을 지는 조합원이 상호출자하여 공동사업을 경영할 것을 약정함으로써 그 효력이 생긴다(제86조의2). 합자조합은 법인격이 없고, 조합계약에 따라 지분의 양도가 가능한 점 등에서 합자회사와 차이가 있다.

2. 법적 성질

합자조합의 법적 성질은 민법상 조합에 해당한다. 따라서 합자조합에 관하여 상법 또는 조합계약에서 달리 정한 것을 제외하고는 민법 중 조합에 관한 규정이 준용된다(제86조의8 제4항 본문).

Ⅱ. 합자조합의 설립

1. 조합계약

합자조합의 설립을 위해서는 조합원간의 조합계약이 체결되고, 조합계약시에는 조합계약서가 작성되고 총조합원의 기명날인 또는 서명이 있어야 한다(제86조의3). 조합계약서에는 ① 목적, ② 명칭, ③ 업무집행조합원의 성명 또는 상호 및 주소와 주민등록번호, ④ 유한책임조합원의 성명 또는 상호 및 주소와 주민등록번호, ⑤ 주된 영업소의 소재지, ⑥ 조합원의 출자에 관한 사항, ⑦ 조합원의 손익분배에 관한 사항, ⑧ 유한책임조합원의 지분의 양도에 관한 사항, ⑨ 둘 이상의 업무집행조합원이 공동으로 합자조합의 업무를 집행하거나 대리할 것을 정한 경우에는 그 규정, ⑩ 업무집행조합원 중 일부 업무집행조합원만 합자조합의 업무를 집행하거나 대리할 것을 정한 경우에는 그 규정, ⑪ 조합의 해산시 잔여재산분배에 관한 사항, ⑫ 조합의 존속기간이나 그 밖의 해산사유에 관한 사항, ⑬ 조합계약의 효력 발생일 등을 적어야 한다.

2. 설립등기

업무집행조합원은 합자조합 설립 후 2주 내에 조합의 주된 영업소에서 일정한 사항을 등기하여야 한다(제86조의4 제1항). 등기할 사항으로는 ① 목적, ② 명칭, ③ 업무집행조합원의 성명 또는 상호 및 주소와 주민등록번호, ④ 유한책임조합원이 업무를 집행하는 경우에는 유한책임조합원의 성명 또는 상호 및 주소와 주민등록번호, ⑤ 주된 영업소의 소재지, ⑥ 둘 이상의 업무집행조합원이 공동으로 합자조합의 업무를 집행하거나 대리할 것을 정한 때에는 그 규정, ⑦ 조합원의 출자의 목적, 재산출자에는 그 가액과 이행한 부분, ⑧ 존속기간 기타 해산사유를 정한 때에는 그 기간 또는 사유, ⑨ 조합계약의 효력 발생일 등이다. 이러한 등기사항에 변경이 있는 때에는 2주 내에 변경등기를 하여야 한다(제86조의4 제2항).

한편, 본점을 이전하는 경우에는 2주 내에 구소재지에서는 신소재지와 이전 연월일을, 신소재지에서는 설립등기사항을 등기하여야 한다(제86조의8 제1항, 제182조 제1항).

Ⅲ. 합자조합의 법률관계

1. 내부관계

(1) 출 자

업무집행조합원은 조합계약에 다른 정함이 없으면 금전 기타 재산뿐만 아니라 노무나 신용의 출자가 가능하지만, 유한책임조합원은 조합계약에 다른 정함이 없으면 노무나 신용은 출자할 수 없다.

(2) 업무집행

① **업무집행자**: 조합계약에 다른 규정이 없는 때에는 업무집행조합원(다른 정함이 없는 경우 무한책임조합원이 업무집행을 하지만, 유한책임조합원이 업무집행을 하는 것은 등기하도록 되어 있으므로 유한책임조합원도 업무집행을 할 수 있다)은 각자가 합자조합의 업무를 집행하고 대리할 권리와 의무가 있다(제86조의5 제1항). 둘 이상의 업무집행조합원이 있는 경우에 조합계약에 다른 규정이 없으면 그 각 조합원의 업무집행에 관한 행위에 대하여 다른 업무집행조합원의 이의가 있는 때에는 그 행위를 중지하고 업무집행조합원 과반수의 결의에 따라야 한다(제86조의5 제3항).

② **선관의무**: 업무집행조합원은 선량한 관리자의 주의로써 업무집행을 하여야 한다(제86조의5 제2항).

(3) 지분의 양도

업무집행조합원은 다른 조합원 전원의 동의를 얻지 아니하면 그 지분의 전부 또는 일부를 타인에게 양도하지 못한다(제86조의7 제1항). 유한책임조합원의 지분은 조합계약에서 정한 바에 따라 양도할 수 있으며(제86조의7 제2항), 유한책임조합원의 지분을 양수한 자는 양도인의 조합에 대한 권리와 의무를 승계한다(제86조의7 제3항).

(4) 손익의 분배

조합계약에 정하는 바에 따라 조합원에 대한 손익분배에 관한 사항을 정할 수 있고, 이익이 없음에도 이익의 분배가 가능하다(제86조의6 제2항).

(5) 기 타

① **업무집행조합원의 지위**: 업무집행조합원에는 조합계약에 다른 규정이 없는 한

합명회사 사원의 경업금지의무(제198조)와 자기거래제한(제199조)에 관한 규정이 준용되고, 업무집행정지가처분 등기(제183조의2), 직무대행자의 권한(제200조의2)에 관한 규정이 준용된다(제86조의8 제2항). 합자조합의 업무집행조합원, 직무대행자 또는 청산인의 등기를 게을리한 경우에는 500만원 이하의 과태료를 부과한다(제86조의9).

② **유한책임조합원의 지위**: 유한책임조합원에는 조합계약에 다른 규정이 없는 한 합명회사 사원의 자기거래제한(제199조), 합자회사의 유한책임사원의 출자(제272조), 경업의 자유(제275조), 업무감시권(제277조), 업무집행과 대표행위의 제한(제278조)의 규정이 준용된다(제86조의8 제3항).

2. 외부관계

(1) 조합의 대리

합자조합의 대리권은 업무집행조합원이 행사하며, 유한책임조합원은 대리행위를 할 수 없다(제86조의8 제3항, 제278조). 업무집행조합원은 조합의 모든 영업에 관한 재판상·재판외의 행위를 할 수 있으며, 이를 제한하더라도 선의의 제3자에게 대항하지 못한다(제86조의8 제2항, 제209조). 한편, 공동업무집행조합원을 둔 경우에 공동업무집행조합원 1인에 대한 제3자의 의사표시는 합자조합에 효력이 있다(제86조의8 제2항, 제208조 제2항).

(2) 조합원의 책임

① **업무집행조합원의 책임**: 업무집행조합원은 합명회사의 사원과 같이 합자조합의 재산으로 채권자에게 완제할 수 없는 때에는 연대하여 변제할 책임을 진다(제86조의8 제2항, 제212조).

② **유한책임조합원의 책임**: 유한책임조합원은 조합계약에서 정한 출자가액에서 이미 이행한 부분을 뺀 가액을 한도로 하여 조합채무를 변제할 책임이 있다(제86조의6 제1항). 이 경우 합자조합에 이익이 없음에도 불구하고 배당을 받은 금액은 변제책임을 정할 때에 변제책임의 한도액에 더한다(제86조의6 제2항).

Ⅳ. 조합원의 탈퇴

합자조합의 조합원의 탈퇴사유에 대하여는 민법상 조합에 관한 규정이 준용된다. 이에 따르면 조합존속기간을 정하지 아니하거나 조합원의 종신까지 존속하는 것을 정한 때에는 언제든지 탈퇴할 수 있고(민법 제716조), 조합원의 사망·파산·성년후견개시·제명의 사유로 당연히 탈퇴한다(민법 제717조).

다만, 유한책임조합원의 경우에는 유한책임사원이 사망하거나 성년후견개시가 있는 때에도 퇴사의 사유가 되지 않는 규정(제283조, 제284조)이 준용된다(제86조의8 제3항). 탈퇴조합원과 다른 조합원 간의 계산은 탈퇴 당시의 조합재산 상태에 의하고, 탈퇴조합원의 지분은 그 출자종류 여하에 불구하고 금전으로 반환할 수 있으며, 탈퇴 당시에 완결되지 아니한 사항에 대하여는 완결 후에 계산할 수 있다(민법 제719조).

Ⅴ. 합자조합의 해산 및 청산

합자조합의 해산에 관하여는 합자회사의 해산 및 계속규정(제285조) 및 합명회사의 해산등기규정(제228조)이 준용되고, 청산에 관하여는 청산인의 등기규정(제253조), 청산종결의 등기규정(제264조) 및 청산인선임규정(제287조)이 준용된다(제86조의8 제1항부터 제3항까지 참조).

Chapter COMMERCIAL LAW

05 대리상

제1절 대리상의 개념 및 법적 성질

Ⅰ. 대리상의 개념

1. 의 의

대리상이란 일정한 상인을 위하여 상업사용인이 아니면서 상시 그의 영업부류에 속하는 거래의 대리 또는 중개를 영업으로 하는 자를 말한다(제87조). 대리상 중에 본인인 상인의 명의와 계산으로 계약을 체결하는 자를 체약대리상이라 하고, 주로 거래의 중개를 영업으로 하는 자를 중개대리상이라 한다.

2. 내 용

① 대리상은 「일정한 상인」을 위하여 그 영업거래를 보조한다. 따라서 대리상이 보조하는 상인은 특정되어야 한다. 특정된 자이면 1인이든 수인이든 관계가 없다. 이러한 점에서 불특정 다수인의 상인을 보조하는 중개인·위탁매매인과 다르다.

② 「상업사용인이 아니면서」라는 의미는 대리상은 독립된 상인이라는 것을 의미한다.

③ 「상시」라는 의미는 대리상은 일정한 상인을 계속적으로 보조하는 자를 뜻

하며, 따라서 1회 또는 일시적으로 대리행위를 하는 상행위의 대리인과 다르다.

④ 「영업부류」에 속하는 거래의 대리 또는 중개를 하여야 하므로, 그 상인의 기본적 영업활동이 아닌 보조적 상행위를 대리 또는 중개를 하는 자는 대리상이 아니다.

⑤ 대리상은 반드시 대리상이라는 명칭을 사용하여야 하는 것은 아니며, 실질적으로 행위의 전체적 성질에 따라 판단하여야 한다.

Ⅱ. 법적 성질

대리상계약은 영업자가 독립상인으로서의 대리상에 대하여 계속적으로 그 거래의 대리 또는 중개를 위탁하는 것을 내용으로 하는 점에서 그 성질은 위임계약이다.

제2절 법률관계

Ⅰ. 내부관계

1. 대리상의 권리

(1) 보수청구권

대리상의 보수는 통상 대리상계약에 의해 정해진다. 보수에 관한 약정이 없더라도 상법 제61조에 따라 대리상은 당연히 보수(수수료)를 청구할 수 있으며, 보수를 얻기 위해서는 대리상의 대리·중개로 계약이 성립되어야 한다.

(2) 유치권

대리상은 거래의 대리 또는 중개로 인한 채권이 변제기에 있는 때에는 그 변제를 받을 때까지 본인을 위하여 점유하는 물건 또는 유가증권을 유치할 수 있다(제91조). 대리상의 유치권은 유치목적물이 반드시 채무자 소유의 물건 또는 유가증권일 필요가 없고, 채무자와의 상행위로 인하여 점유하는 것이 아니라도 된다는 점에서 일반 상사유치권과 차이가 있다.

(3) 보상청구권

① **의의**: 대리상의 활동으로 본인이 새로운 고객을 획득하거나 영업상의 거래가 현저히 증가한 시점에서 대리상관계가 종료하고, 이로 인하여 본인이 계약종료 후에도 이익을 얻고 있는 경우에, 본인에 대하여 상당한 보상을 청구할 수 있다(제92조의2).

② **법적 성질**: 보상청구권은 대리상계약이 종료한 후에 청구할 수 있는 것으로서 보수청구권은 아니다.

③ **발생요건**

㉠ 대리상계약의 종료: 유효하게 계속된 대리상관계가 종료되었어야 한다.

㉡ 본인의 이익: 대리상관계 종료 후에도 본인이 종래 대리상의 활동에 따른 파급이익을 얻었어야 한다. 본인의 이익에 대해서는 대리상이 입증하여야 한다.

㉢ 보수의 상실: 대리상계약의 존속으로 받을 수 있었던 보수가 대리상계약의 종료로 인하여 상실되었어야 한다. 이 경우 대리상계약관계의 종료와 보수의 상실은 인과관계가 있어야 한다.

㉣ 형평성: 전반적인 사정을 종합하여 대리상에게 보상금을 지급함이 형평에 부합하여야 한다.

④ **보상청구금액**: 보상의 최고한도액은 대리상계약의 종료 전 5년의 평균연보수액으로 하고, 다만 계약기간이 5년 미만인 때에는 그 활동기간의 평균연보수액을 기준으로 한다(제92조의2 제2항).

⑤ **보상청구권의 배제**: 보상청구권은 대리상계약의 종료가 대리상의 책임 있는 사유로 인한 경우에는 인정되지 않는다. 그러나 대리상이 대리상계약의 해약고지를 하였더라도 해약고지가 본인의 행위가 그 원인이 되었거나 대리상의 고령 또는 질병으로 인한 경우에는 보상청구권은 배제되지 않는다.

⑥ **보상청구권의 행사기간**: 보상청구권은 대리상계약이 종료한 날로부터 6월 내에 행사하여야 하며, 이 기간은 제척기간이다.

2. 대리상의 의무

(1) 주의의무

대리상은 본인에 대하여 위임관계에 있으므로, 선량한 관리자로서의 주의의무를 다하여야 한다.

(2) 통지의무

대리상이 거래의 대리 또는 중개를 한 때에는 지체없이 본인에게 그 통지를 발송하여야 한다(제88조). 통지에 대해서는 발신주의를 택하고 있으므로, 통지의 도달 여부에 대한 위험은 본인이 부담한다.

(3) 경업피지의무

대리상은 본인의 허락 없이 자기나 제3자의 계산으로 본인의 영업부류에 속하는 거래를 하거나 동종영업을 목적으로 하는 다른 회사의 무한책임사원 또는 이사가 되지 못한다(제89조 제1항). 대리상의 경업금지의무 위반에 대한 효과는 상업사용인의 경업금지규정에 관한 규정이 준용된다(제89조 제2항, 제17조 제2항 내지 제4항).

(4) 영업비밀준수의무

대리상은 계약의 종료 후에도 계약과 관련하여 알게 된 본인의 영업상의 비밀을 준수하여야 한다(제92조의3). 즉, 대리상은 계약의 종료 후에도 거래의 대리 또는 중개를 통하여 알게 된 본인의 영업상의 비밀을 이용하거나 누설하여서는 아니된다.

Ⅱ. 외부관계

1. 대리권

물건의 판매나 중개의 위탁을 받은 대리상에게 매매의 목적물의 하자 또는 수량부족 기타 매매의 이행에 관한 통지를 받을 권한을 부여하고 있다(제90조).

2. 대리상의 의무·책임

제3자와의 법률행위에 대하여 대리상은 아무런 의무와 책임을 부담하지 않는다. 그러나 대리상이 업무수행 중 제3자에게 불법행위를 한 경우에는 보험대리점의 경우를 제외하고는 본인은 책임을 부담하지 않고, 대리상만이 책임을 진다.

제3절 대리상관계의 종료

Ⅰ. 일반적 종료사유

대리상관계는 위임계약에 해당하므로 대리상의 사망, 본인 또는 대리상의 영업의 폐지 등에 의하여 대리상관계는 종료된다(민법 제690조). 다만, 본인이 사망하는 경우에는 종료하지 않는다(제50조).

Ⅱ. 계약의 해지

민법의 위임은 언제든지 당사자가 계약을 해지할 수 있도록 하고 있지만(민법 제689조), 상법은 당사자간에 계약의 존속기간을 정하지 아니한 경우에 각 당사자는 2월 전에 예고를 하고 계약을 해지할 수 있도록 하고 있다(제92조 제1항). 2개월의 예고기간은 당사자의 합의에 의해 단축할 수 있다. 그러나 부득이한 사유가 있는 때에는 언제든지 해지할 수 있다(제92조 제2항). 부득이한 사유가 없이 계약을 해지하면 손해배상책임을 부담한다.

Chapter COMMERCIAL LAW

06 중개업

제1절 중개인의 개념

Ⅰ. 의 의

중개업이란 타인간의 상행위의 중개를 인수하는 것을 목적으로 하는 영업을 가리키며, 타인간의 상행위의 중개를 영업으로 하는 자를 중개인이라 한다(제93조). 따라서 중개인은 독립된 상인이다. 중개인은 불특정 타인간의 중개를 영업으로 하는 자라는 점에서 일정한 상인을 위하여 계속적으로 상행위의 중개를 하는 중개대리상과 다르다.

Ⅱ. 내 용

1. 「중개」의 의미

중개인은 중개를 영업으로 하며, 이때 중개란 계약을 맺고자 하는 당사자 쌍방 사이에 계약이 성립되도록 진력하는 사실행위를 말한다. 따라서 중개인은 특약이나 상관습이 없는 한 계약을 체결하기 위한 대리권이 없다. 판례는 중개행위 해당 여부는 사회통념을 기준으로 객관적으로 판단하여야 한다고 하고 있다.

【판례】 대법원 1995.9.29.선고 94다47261판결

중개행위란 중개업자가 거래의 쌍방 당사자로부터 중개의뢰를 받은 경우뿐만 아니라 거래의 일방 당사자의 의뢰에 의하여 중개대상물의 매매·교환·임대차 기타 권리의 득실변경에 관한 행위를 알선, 중개하는 경우도 포함하는 것이다.

2. 「상행위」의 중개

중개인은 타인간의 상행위를 중개하는 자이며, 상행위는 쌍방적 상행위이든 일방적 상행위든 관계 없다.

제2절 중개인의 권리·의무

Ⅰ. 중개인의 권리

1. 보수청구권

(1) 보수청구권의 발생

중개인은 보수의 약정이 없더라도 계약이 성립하면 당연히 보수청구권을 갖는다. 중개인의 보수를 중개료라 한다. 중개료의 청구는 특약이 없는 한 결약서의 교부의무를 이행한 때에 할 수 있다(제100조 제1항).

(2) 중개료의 산정 및 부담

중개료는 정액 또는 거래가액의 일정 비율로 약정하며, 원칙적으로 당사자 쌍방이 균분하여 부담한다(제100조 제2항). 그러므로 당사자간에 보수의 분담에 관하여 다른 약정을 하더라도 이로써 중개인에게 대항할 수 없다.

2. 비용상환청구권·급여수령권한의 불인정

중개인의 중개료에는 거래성립을 위해 지출할 비용을 포함하고 있으므로 별도의 비용상환청구권을 인정하지 않는다. 또한 중개인은 중개라는 사실행위를 할 수 있을 뿐이므로 특별한 약정이나 관습이 없는 한 자신이 중개한 행위에 관하여 당사자를 대리하여 지급 기타의 이행을 받지 못한다(제94조).

Ⅱ. 중개인의 의무

1. 주의의무

중개인은 계약당사자에 대하여 수임인으로서 선량한 관리자의 주의의무를 진다. 그러나 중개인은 특약이 없는 한 위임인에 대하여 중개를 위하여 진력할 의무는 없다.

2. 견품보관의무

중개인은 그 중개한 행위에 관하여 견품을 받은 때에는 그 행위가 완료될 때까지 이를 보관하여야 한다(제95조). 보관의무기간이 종료한 때에는 중개인은 원칙적으로 견품을 제공자에게 반환하여야 한다.

3. 결약서 교부의무

당사자간에 계약이 성립된 때에는 중개인은 지체없이 각 당사자의 성명 또는 상호, 계약연월일과 그 요령을 기재한 서면을 작성하여 기명날인 또는 서명한 후 각 당사자에게 교부하여야 한다(제96조 제1항). 그러나 계약이 즉시 이행되지 않을 때에는 중개인은 각 당사자로 하여금 결약서에 기명날인 또는 서명하게 한 후 상대방에게 교부하여야 한다(제96조 제2항).

당사자의 일방이 결약서의 수령을 거부하거나 기명날인 또는 서명을 거절한 때에는 중개인은 지체없이 상대방에게 통지를 발송하여야 한다(제96조 제3항). 만약 중개인이 통지의무를 해태한 때에는 손해배상책임을 진다.

4. 장부작성 및 등본교부의무

중개인은 계약당사자의 성명 또는 상호, 계약연월일 및 계약의 요령을 기재한 장부를 작성하여야 하고, 각 당사자의 청구가 있는 때에는 장부의 관계부분의 등본교부를 하여야 한다(제97조 제1항·제2항).

5. 성명·상호묵비의무

당사자의 일방이 자기의 이익을 위하여 그 성명 또는 상호를 상대방에게 표시하지 아니할 것을 중개인에게 요구한 때에는 중개인은 그 상대방에게 교부할 결약서와 일기장의 등본에 그 성명 또는 상호를 기재하지 못한다(제98조).

6. 개입의무

중개인이 당사자 일방의 요구에 의해 또는 임의로 그 당사자의 성명 또는 상호를 상대방에게 표시하지 아니한 때에는 상대방에 대하여 중개인 자신이 이행할 책임을 진다(제99조).

Chapter COMMERCIAL LAW

07 위탁매매업

제1절 위탁매매인의 개념

Ⅰ. 의 의

자기명의로써 타인의 계산으로 물건 또는 유가증권의 매매를 영업으로 하는 자를 위탁매매인이라 한다(제101조). 자기명의로 영업을 하는 자이므로 위탁매매인은 상인이다.

준위탁매매업

물건 또는 유가증권의 매매를 주선하는 위탁매매인과 물건의 운송을 주선하는 운송주선인을 제외한 출판·광고·보험계약·여객운송 등을 주선하는 것을 영업으로 하는 자를 준위탁매매인이라 하고, 이들에 대해서는 위탁매매인에 관한 규정이 준용된다(제113조). 다만, 상법 제107조(위탁매매인의 개입권), 상법 제108조(위탁물의 훼손, 하자 등의 효과), 상법 제109조(위탁물의 공탁·경매권), 상법 제110조(매수위탁자가 상인인 경우)는 준위탁매매인에게 적용되지 않는다.

Ⅱ. 내 용

1. 자기명의와 타인의 계산

위탁매매인은 자기명의로 물건 또는 유가증권의 매매의 주선을 영업으로 하는 자이므로, 매매의 당사자로서 권리·의무의 주체가 된다(제102조). 그러나 계산은 타인의 계산으로 하므로 위탁매매인과 제3자 간의 거래로 인한 경제적 이익은 위탁자에게 귀속된다.

2. 매매의 목적물

위탁매매인이 주선하는 거래의 대상은 물건 또는 유가증권이다. 물건에는 동산뿐만 아니라 부동산도 포함된다는 것이 다수설의 입장이다.

제2절 위탁매매계약의 법률관계

Ⅰ. 내부관계(위탁자와 위탁매매인의 관계)

1. 위탁매매계약

위탁자와 위탁매매인 사이에는 위탁매매계약이 존재한다. 즉, 위탁매매인이 위탁자를 위하여 물건이나 유가증권의 매매를 주선하기로 하는 계약이 체결된다. 이러한 계약에 대해 유상의 위임계약이라는 것이 통설이다.

2. 목적물의 귀속

위탁매매인이 위탁자로부터 받은 물건 또는 유가증권이나 위탁매매로 인하여 취득한 물건, 유가증권 또는 채권은 위탁자와 위탁매매인 또는 위탁매매인의 채권자 간의 관계에서 이를 위탁자의 소유 또는 채권으로 본다(제103조).

3. 매수위탁자가 상인인 경우

매수위탁자가 상인인 경우에는 위탁매매인과 위탁자의 관계는 상사매매에 관한 규정이 준용된다(제110조).

Ⅱ. 외부관계(위탁매매인과 제3자 또는 위탁자와 제3자의 관계)

1. 위탁매매인과 제3자의 관계

위탁매매인은 자기 명의로 매매를 하는 자이므로 위탁자를 위한 매매로 인하여 상대방인 제3자에 대하여 권리를 취득하고 의무를 부담한다(제102조).

2. 위탁자와 제3자의 관계

위탁자와 위탁매매인의 거래상대방인 제3자 간에는 아무런 법률관계가 존재하지 않는다. 따라서 위탁자는 제3자에 대하여 권리의 행사나 의무의 이행을 요구할 수 없다. 다만 위탁자는 위탁매매인에게 제3자의 채무불이행에 따른 이행담보책임을 물을 수 있을 뿐이다(제105조).

제3절 위탁매매인의 권리·의무

Ⅰ. 위탁매매인의 권리

1. 보수청구권·비용상환청구권

(1) 보수청구권

위탁매매인은 특약이 없더라도 매매행위의 실행이 완료된 때에는 위탁자에 대하여 당연히 보수를 청구할 수 있다. 즉, 위탁매매인의 보수청구권은 거래가 이행된 때에 성립한다.

(2) 비용상환청구권

위탁매매인은 위탁매매의 실행을 위하여 비용이 필요한 경우에는 위탁자에게 그 선급을 청구할 수 있다. 또 위탁매매인이 필요한 비용을 체당(替當)한 때에는 그 체당금과 체당한 날 이후의 법정이자를 청구할 수 있다.

2. 개입권

(1) 의 의

위탁매매인이 거래소의 시세 있는 물건 또는 유가증권의 매매를 위탁받은 때에는 직접 그 매도인 또는 매수인이 될 수 있으며(제107조 제1항), 이를 위탁매매인의 개입권이라 한다.

(2) 법적 성질

개입권은 위탁매매인의 일방적 의사표시에 의하여 효력이 발생하는 형성권의 성질을 가지며, 개입권의 행사로 매매와 동일한 효력이 생기고 또 위탁도 실행한 것이 되는 상법상 특수한 제도이다.

(3) 행사요건

① **개입금지의 특약·법률이 없을 것:** 개입금지에 대한 명시적 또는 묵시적 특약 또는 법률이 없어야 개입권을 행사할 수 있으며, 개입금지특약의 입증책임은 위탁자가 부담한다.

② **거래소의 시세가 있는 물건 또는 유가증권일 것:** 개입권 행사의 대상이 되는 목적물은 거래소의 시세가 있는 물건 또는 유가증권이어야 한다. 이것은 위탁자를 보호하기 위한 요건이다.

③ **위탁자에게 개입통지가 도달할 것:** 위탁매매인이 위탁자에게 개입의 뜻을 통지하여야 하며, 그 통지가 도달한 때에 개입의 효과가 발생한다. 통지의 방법에는 제한이 없다.

④ **개입시기·매매대금:** 개입의 시기에 대해서는 특별한 규정이 없으나 선량한 관리자로서의 주의로써 적당한 시기를 택하여야 한다. 개입권 행사시의 매매대금은 위탁매매인이 매매의 통지를 발송한 때의 거래소의 시세에 의한다(제107조 제1항 2문).

⑤ **매매계약이 성립되지 않았을 것:** 위탁매매인이 거래상대방과의 사이의 매매계약의 체결을 하지 않았어야 한다.

(4) 행사의 효과

위탁매매인은 개입권을 행사함으로 인하여, 위탁매매인의 지위와 매매계약의 당사자로서의 지위를 모두 갖는다. 따라서 위탁매매인은 개입권을 행사한 경우에도 위탁매매인으로서의 비용상환청구권과 보수청구권을 행사할 수 있고(제107조 제2항), 보수에 관하여 유치권을 행사할 수 있다.

3. 매수물의 공탁·경매권

위탁매매인이 매수의 위탁을 받은 경우에 위탁자가 매수한 물건의 수령을 거부하거나 수령할 수 없을 때에는 상법 제67조(매도인의 목적물 공탁·경매권)의 규정이 준용된다. 따라서 위탁매매인은 매수한 물건을 공탁 또는 경매할 수 있다. 경매하는 경우에는 상당한 기간을 정하여 최고한 후 경매할 수 있으며, 이 때 상당한 기간은 위탁자가 매수한 물건을 수령할 것인지의 고려를 위해 필요한 기간을 말한다.

4. 유치권

위탁매매인에게는 대리상의 유치권(제91조)에 관한 규정이 준용되므로(제111조), 위탁매매인은 특별한 약정이 없는 한 위탁자를 위한 물건의 매매로 인하여 생긴 채권이 변제기에 있을 때에는 변제를 받을 때까지 위탁자를 위하여 점유하고 있는 물건 또는 유가증권을 유치할 수 있다.

Ⅱ. 위탁매매인의 의무

1. 주의의무

위탁매매인과 위탁자 사이의 위탁매매계약은 위임이므로, 위탁매매인은 선량한 관리자로서의 주의의무를 진다.

2. 통지의무·계산서제출의무

위탁매매인이 위탁받은 매매를 실행한 때에는 지체없이 위탁자에 대하여 그 계약의 요령과 상대방의 주소, 성명의 통지를 발송하여야 하며 계산서를 제출하여야 한다(제104조).

3. 지정가액준수의무

위탁자가 매매의 가액을 지정한 때에는 위탁매매인은 이를 준수하여야 할 의무를 부담한다. 위탁매매인이 지정가액을 준수하지 않은 때에는 위탁자는 위탁의 실행으로 인정하지 않을 수 있다. 그러나 위탁자가 지정한 가액보다 염가로 매도하거나 고가로 매수한 경우에도 위탁매매인이 그 차액을 부담한 때에는 그 매매는 위탁자에 대하여 효력이 있다(제106조 제1항). 위탁자가 지정한 가액보다 고가로 매도하거나 염가로 매수한 경우에는 그 차액은 다른 약정이 없으면 위탁자의 이익으로 한다(제106조 제2항).

4. 이행담보책임

위탁매매인은 위탁자를 위한 매매에 관하여 상대방이 채무를 이행하지 아니하는 경우에는 다른 약정이나 관습이 없는 한 위탁자에 대하여 이를 이행할 책임이 있다(제105조). 이것은 위탁자를 보호하기 위한 특수한 책임이며, 위탁매매인의 무과실책임에 해당한다. 위탁매매인의 이행담보책임은 5년의 상사소멸시효가 적용된다.

5. 위탁물에 대한 통지·처분의무

위탁매매인이 위탁매매의 목적물을 인도받은 후에 그 물건의 훼손 또는 하자를 발견하거나 그 물건이 부패할 염려가 있는 때 또는 가격저락의 상황(商況)을 안 때에는 지체없이 위탁자에게 그 통지를 하여야 한다(제108조 제1항). 그러나 위탁자에게 통지하여 그 지시를 받을 수 없거나 지시가 지연되어 손해가 발생할 위험이 있는 때에는 위탁매매인은 위탁자의 이익을 위하여 적당한 처분을 할 수 있다(제108조 제2항).

Chapter COMMERCIAL LAW

08 운송주선업

제1절 운송주선인의 개념

Ⅰ. 의 의

운송주선인이란 자기의 명의로 타인의 계산으로 물건운송의 주선을 영업으로 하는 독립된 상인이다(제114조). 운송주선인은 위탁자의 위탁을 받고 자기명의로 위탁자의 계산으로 운송계약을 체결하는 자이다. 운송주선인이 주선하는 운송의 종류에는 제한이 없다. 즉, 육상은 물론 해상·항공운송을 주선하는 것도 운송주선인의 영업범위에 포함된다. 운송주선이란 운송인과 운송계약을 체결하는 것 이외의 운송을 위한 준비행위(예 운송물의 포장, 운송에 필요한 서류의 작성 등)도 포함된다.

Ⅱ. 운송주선계약의 성질

운송주선의 경우 위탁자와 운송주선인 사이에는 운송주선계약이 성립하고, 운송주선인과 운송인 사이에는 운송계약이 있게 된다. 위탁자와 운송주선인 사이의 운송주선계약의 성질은 위임계약이며, 운송주선인과 운송인 사이의 운송계약은 도급계약에 해당한다(판례·통설).

Ⅲ. 위탁매매인에 관한 규정의 준용

운송주선인에 대하여는 위탁매매인에 관한 규정이 준용되고(제123조), 민법의 위임에 관한 규정이 보충적으로 적용된다(제112조). 위탁매매인에 관한 규정 중 위탁자에 대한 통지·계산서제출의무(제104조), 지정가액준수의무(제106호), 운송물(위탁물)의 하자통지·처분의무(제108조) 규정이 준용된다. 그러나 상법 제105조(이행담보책임)와 상법 제107조(위탁매매인의 개입권), 상법 제110조(매수위탁자가 상인인 경우), 상법 제111조(위탁매매인의 유치권)는 적용되지 않는다.

제2절 운송주선인의 권리·의무

Ⅰ. 운송주선인의 권리

1. 보수청구권

운송주선인도 상인이므로 주선계약을 이행하면 위탁자와 보수를 약정하지 않더라도 주선계약에 따라 운송계약을 체결하고 운송인에게 운송물을 인도한 때에 상당한 보수를 청구할 수 있다(제119조 제1항). 그러나 운송주선계약에서 운임까지 정한 경우(확정운임운송계약)에는 다른 약정이 없는 한, 운송주선인은 따로 보수를 청구하지 못한다(제119조 제2항).

2. 비용상환청구권

운송주선인은 위탁사무의 처리에 비용이 소요되면 그 선급, 운송인에게 운임 기타 운송을 위한 비용을 지급한 때에는 그 상환을 위탁자에게 청구할 수 있다(제123조, 제112조).

3. 유치권

운송주선인은 운송물에 관하여 받을 보수, 운임 기타 위탁자를 위한 체당금이나 선대금에 관하여서만 운송물을 유치할 수 있다(제120조).

4. 개입권

(1) 의 의

운송주선인은 다른 약정이 없으면 직접 운송을 할 수 있다(제116조 제1항). 운송주선인의 개입권을 인정하는 것은 위탁자에게 불이익하게 하지 않을 뿐만 아니라, 운송주선인으로서는 운송실행에 따른 보수를 얻을 수 있으므로 위탁매매인과 같이 개입권을 인정하고 있다.

(2) 행사요건 및 방법

개입권의 행사는 특약이 없는 한 위탁자에 대한 명시 또는 묵시의 의사표시에 의하며, 특별한 방식을 요하지 않는다. 운송주선인의 개입권은 위탁매매인과 달리 반드시 목적물이 거래소의 시세가 있어야 함을 요하지 않는다.

(3) 개입의 의제

운송주선인이 위탁자의 청구에 의하여 화물상환증을 작성한 때에는 개입권을 행사한 것으로 본다(제116조 제2항). 운송주선인이 위탁자와 확정운임운송계약을 체결한 때에도 직접 운송하는 것으로 의제된다(판례).

(4) 개입의 효과

운송주선인이 개입을 한 경우에는 운송주선인과 운송인의 지위를 병유하게 되어 운송주선인은 보수와 비용뿐만 아니라 운임도 청구할 수 있다(제123조, 제107조 제2항).

5. 채권의 시효

운송주선인의 위탁자나 수하인에 대한 채권은 1년의 시효로 소멸한다(제122조). 시효의 기산점은 위탁자 또는 수하인에 대하여 채권을 행사할 수 있는 때이다.

Ⅱ. 운송주선인의 의무

1. 주의의무

운송주선인과 위탁자의 관계는 기본적으로 위임관계이므로, 운송주선인은 수임인으로서의 선량한 관리자의 주의를 다하여 운송주선계약의 이행을 하여야 한다.

2. 손해배상책임

(1) 의 의

운송주선인은 자기나 그 사용인이 운송물의 수령·인도·보관, 운송인이나 다른 운송주선인의 선택 기타 운송에 관하여 주의를 해태하지 아니하였음을 증명하지 아니하면 운송물의 멸실·훼손 또는 연착으로 인한 손해를 배상할 책임을 면하지 못한다(제115조). 이 책임은 채무불이행책임이며 과실책임이다.

(2) 손해배상책임의 원인 및 내용

① **주의의무위반**: 운송물의 수령·인도·보관, 운송인이나 다른 운송주선인의 선택 기타 운송에 관하여 주의를 해태한 경우에 책임이 발생한다.

② **자기나 이행보조자의 고의·과실**: 운송주선인은 자기나 그 이행보조자인 사용인의 고의·과실로 인하여 발생한 손해에 대해 책임을 진다. 운송인이나 다른 운송주선인의 선택에 과실이 없음을 증명하면 손해배상책임을 지지 않지만, 이행보조자의 선택에 과실이 없다는 증명만으로는 손해배상책임을 면할 수 없다.

③ **손해배상액**: 운송주선인은 채무불이행과 상당인과관계 있는 손해의 전부를 배상하여야 한다.

④ **입증책임**: 운송주선인은 자기 또는 사용인에게 고의·과실이 없었음을 증명하여야 한다.

⑤ **고가물에 대한 책임**: 고가물에 대한 운송인의 손해배상책임을 완화하는 상법 제136조의 규정이 준용된다(제124조). 따라서 운송주선인은 위탁자가 운송의 주선을 위탁할 때에 그 종류와 가액을 명시하지 않으면 손해배상책임을 지지 않는다.

⑥ **면책특약**: 운송주선인의 책임은 고의가 있는 경우를 제외하고는 특약에 의하여 경감 또는 면제할 수 있다.

(3) 청구권 경합

운송주선인의 귀책사유로 주선계약상의 채무를 이행하지 못한 경우 상법상 채무불이행에 의한 손해배상책임과 동시에 민법상 불법행위에 의한 손해배상책임이 발생할 수 있다. 이 경우 양자 중 하나를 선택할 수 있다는 청구권경합설이 통설·판례의 입장이다.

(4) 손해배상책임의 시효

운송주선인의 손해배상책임은 운송주선인 또는 그의 이행보조자에게 악의가 없는 한 수하인이 운송물을 수령한 때에는 수령한 날로부터, 운송물이 전부 멸실한 경우에는 그 운송물을 인도할 날로부터 1년이 경과하면 소멸시효가 완성한다(제121조). 악의의 경우에는 일반 상사채권의 소멸시효기간인 5년이 적용된다.

제3절 순차운송주선

Ⅰ. 순차운송주선의 의의

발송지의 제1의 운송주선인이 위탁자의 위탁에 따라 최초의 운송주선을 인수하고, 그 이하의 구간에서의 운송은 제1의 운송주선인이 자기의 명의로 위탁자의 계산으로 제2의 운송주선인을 선임하는 경우로 제2 이하의 운송주선을 중간운송주선이라 한다. 상법상의 순차운송주선인은 중간운송주선인의 경우를 말한다.

Ⅱ. 순차운송주선인의 의무·권리

1. 전자의 권리를 행사할 의무

수인이 순차로 운송주선을 하는 경우에는 후자는 전자에 갈음하여 그 권리를 행사할 의무를 부담한다(제117조). 여기서 전자란 자기에 대한 위탁자인 직접의 전자를 말하며, 후자에게 전자의 법정대리인의 지위를 인정하고 있다.

2. 전자의 권리의 취득

순차운송주선인의 경우에 후자가 전자에게 변제하였을 때에는 전자의 권리를 승계취득한다(제117조 제2항). 여기서 전자란 자기의 직접의 전자뿐만 아니라 자기의 모든 전자를 말한다. 운송주선인이 운송인에게 변제한 때에는 운송인의 권리를 취득한다(제118조). 여기서 운송주선인이란 최초의 운송주선인이 아니라 그 다음 중간운송주선인을 의미한다.

Chapter COMMERCIAL LAW

09 운송업

제1절 운송업의 개념

Ⅰ. 운송업의 의의 및 종류

1. 운송업의 의의

운송업이란 물건 또는 여객의 장소적 변동에 의하여 타인의 영업을 보조하는 영업을 말한다.

2. 운송의 종류

(1) 운송의 객체에 의한 분류

운송의 목적물을 표준으로 하여 물건운송·여객운송·통신운송으로 분류할 수 있다. 물건운송은 화물의 수송을 목적으로 하는 운송이며, 여객운송은 사람의 수송을 목적으로 하는 운송이며, 통신운송은 전신 및 전화 등의 통신업을 말한다.

(2) 운송의 지역에 의한 분류

운송의 지역에 따라 육상운송·해상운송·항공운송으로 구분할 수 있다. 호천·항만에서의 운송은 육상운송에 포함되고, 해상운송은 상법 제5편의 해상법에서 별도로 규정하고 있다. 항공운송에 대해서는 육상운송 또는 해상운송에 관한 규정이 유추적용될 수 있다.

Ⅱ. 운송인의 의의

육상운송인이란 육상 또는 호천·항만에서 물건·여객의 운송을 영업으로 하는 자를 말한다(제125조). 상행위편 제9장에서 규정하는 운송업은 육상운송만을 의미한다. 육상운송은 철도나 자동차·지하철 등에 의한 운송의 형태가 기본이며, 이 외에도 일시 공중을 운행하는 케이블카 등에 의한 운송도 포함된다.

Ⅲ. 운송계약

1. 의 의

운송계약이란 당사자의 일방(운송인)이 물건 또는 여객을 한 장소에서 다른 장소로 이동할 것을 약속하고, 상대방(송하인)은 이에 대하여 보수를 지급할 것을 약속함으로써 성립하는 계약이다.

2. 법적 성질

운송계약의 법적 성질에 대해 낙성·쌍무·유상·불요식의 계약이며, 운송이라는 일의 완성을 목적으로 하는 일종의 도급계약이라는 것이 통설이다. 그리고 운송계약은 불요식의 계약이므로, 화물명세서나 화물상환증 또는 승차권의 발행은 계약성립의 요건이 아니다.

제2절 물건운송

Ⅰ. 물건운송인의 권리

1. 운송물인도청구권

운송계약의 체결 후 운송인은 운송을 준비하고 운송의 실행을 위하여 송하인에게 운송물을 적당한 상태로 인도하여 줄 것을 청구할 수 있다.

2. 화물명세서(운송장) 교부청구권

(1) 화물명세서의 의의

운송인은 계약성립 후 송하인에 대하여 화물명세서를 작성하여 교부할 것을 청구할 수 있다(제126조 제1항). 화물명세서는 유가증권이 아니며, 송하인이 운송계약에 관한 중요사항(제126조 제2항)을 기재하고 기명날인 또는 서명한 서면으로서 증거증권에 해당한다.

(2) 화물명세서의 부실기재의 효과

송하인이 화물명세서에 허위 또는 부정확한 기재를 한 때에는 고의 또는 과실이 없어도 그로 인하여 발생한 손해에 대하여 운송인에게 배상할 책임이 있다(제127조 제1항). 그러나 운송인이 악의인 경우에는 송하인은 손해배상책임을 지지 않는다(제127조 제2항). 운송인의 과실로 운송물에 손해가 난 경우에는 과실상계가 가능하다.

3. 운임 기타 비용청구권

(1) 운임청구권

수하인이 운송물을 수령한 때에는 운송인에 대하여 운임을 지급할 의무가 있다(제141조). 따라서 운송인은 운송물을 인도한 후에 운임 등의 청구권을 갖게 된다. 여기서 인도는 현실적 인도가 아니라 인도상태를 갖추면 된다. 수하인은 운송물을 수령함으로써 운임에 관하여 송하인과 함께 연대채무자가 된다. 화물상환증이 작성된 경우에는 그 소지인이 운임지급의무자가 된다. 송하인이나 화물상환증 소지인이 운송중지·운송물반환 등을 청구하여 처분권을 행사한 때에는 운송을 완료하지 않았다 하더라도 운송의 비율에 따른 비율운임을 청구할 수 있다(제139조 제1항).

운송물 멸실의 경우

당사자간에 특별한 약정이 없는 한 운송물의 전부나 일부가 송하인의 책임 없는 사유로 멸실한 경우에는 운송인은 운임을 청구할 수 없고, 이미 운임의 전부 또는 일부를 선급받은 때에는 그 금액을 반환하여야 한다(제134조 제1항). 그러나 운송물의 성질상 하자나 송하인의 과실로 운송물이 전부 또는 일부 멸실된 경우에는 운임의 전액을 청구할 수 있다(제134조 제2항).

(2) 기타 비용청구권

운송인은 수하인에게 운송물을 인도한 때에는 운임 외에 운송에 관한 비용(예 통관비용, 보험료 등)과 체당금을 청구할 수 있다(제141조).

(3) 채권의 소멸시효

운송인의 송하인 또는 수하인에 대한 채권은 1년간 행사하지 않으면 소멸시효가 완성된다(제147조, 제122조). 이 규정은 불법행위로 인한 손해배상청구권에는 적용되지 않는다.

4. 유치권

운송인은 운송주선인과 마찬가지로 운송물에 관하여 받을 운임, 기타 송하인을 위한 체당금이나 선대금에 관하여서만 그 운송물을 유치할 수 있다(제147조, 제120조).

5. 운송물의 공탁·경매권

(1) 공탁권

수하인을 알 수 없거나 또는 수하인이 운송물의 수령을 거부하거나 수령할 수 없는 때 운송인은 운송물을 공탁할 수 있으며(제142조 제1항, 제143조 제1항), 공탁한 때에는 지체없이 송하인에게 통지하여야 한다(제142조 제3항).

(2) 경매권

① **수하인불명의 경우 경매:** 송하인에게 상당한 기간을 정하여 운송물의 처분에 관한 지시를 최고하고, 최고하였음에도 그 기간 내에 지시가 없으면 운송물을 경매할 수 있다(제142조 제2항). 운송인이 경매를 한 때에는 지체없이 송하인에게 그 통지를 발송하여야 한다(제142조 제3항).

② **수하인의 수령거부나 수령불능의 경우의 경매:** 수하인이 운송물의 수령을 거부하거나 또는 수하인이 운송물을 수령할 수 없는 경우에는 먼저 수하인에 대해 상당한 기간 내에 운송물의 처분에 관한 지시를 할 것을 최고하고, 그 기간 내에 지시가 없는 경우에는 송하인에게 상당한 기간을 정하여 처분지시의 최고를 하고 송하인의 처분지시가 없는 때에는 운송물을 경매할 수 있다(제143조 제2항). 경매를 한 때에는 지체없이 수하인(또는 화물상환증 소지인)

에게 통지를 발송하여야 한다(제143조 제1항, 제142조 제3항).

③ **공시최고에 의한 경매**: 송하인, 화물상환증 소지인, 수하인 모두를 알 수 없을 경우에는 공시최고에 의하여 경매할 수 있다(제144조). 공시최고는 운송인이 6월 이상의 기간을 정하여 그 기간 내에 권리를 주장할 것을 관보나 일간신문에 2회 이상 공고하고, 이 기간 내에 권리를 주장하는 자가 없는 때에는 운송물을 경매할 수 있다.

④ **경매대금의 처리**: 경매한 후에는 경락대금에서 경매비용을 공제한 잔액을 공탁해야 하나, 그 전부 또는 일부를 운임 등 운송인의 채권변제에 충당할 수 있다.

Ⅱ. 물건운송인의 의무

1. 운송의무·주의의무

운송인은 운송계약이 성립한 후 일정한 장소에서 송하인으로부터 운송물을 인도받아 이를 목적지까지 운송하고, 인도할 날에 수하인 기타 운송물을 수령할 권한이 있는 자에게 운송물을 인도하여야 한다. 그리고 운송물을 수령한 때로부터 인도할 때까지 선량한 관리자로서의 주의의무를 진다.

2. 화물상환증 교부의무

운송인은 송하인의 청구가 있는 때에는 일정한 사항(제128조 제2항 1호 내지 4호)을 기재하여 화물상환증을 교부하여야 한다(제128조 제1항).

3. 운송물 처분의무

(1) 의무의 내용

운송인은 송하인 또는 화물상환증 소지인이 운송의 중지, 운송물의 반환 기타의 처분을 요구할 때에는 그의 지시에 따라야 한다(제139조 제1항 1문). 송하인 또는 화물상환증 소지인의 처분청구권은 형성권이다.

(2) 처분에 따른 운송인의 권리

운송인이 송하인 또는 화물상환증 소지인의 지시에 따라 운송물을 처분한 때에는 이미 운송한 비율에 따른 운임, 체당금과 처분으로 인한 비용의 지급을 청구할 수 있다(제139조 제1항 2문).

(3) 송하인 등의 처분권의 소멸

상법 제140조 제2항에 따라 운송물이 목적지에 도착한 후 수하인이 그 인도를 청구한 때에는 수하인의 권리가 송하인의 권리에 우선하므로, 수하인이 운송물의 인도를 청구한 후에는 송하인의 처분권은 소멸한다.

4. 운송물 인도의무

(1) 화물상환증이 발행되지 않은 경우

운송물이 도착지에 도착한 때에는 수하인은 송하인과 동일한 권리를 가진다(제140조 제1항). 그러므로 수하인은 운송인에 대하여 운송물의 인도를 청구할 수 있고, 수하인의 청구시에 운송인은 운송물을 인도하여야 할 의무를 진다.

(2) 화물상환증이 발행된 경우

① **화물상환증 소지인에의 인도:** 운송인이 화물상환증을 발행한 경우에는 그 소지인만이 운송물인도청구권을 갖는다. 운송인과 화물상환증 소지인 간의 운송에 관한 사항은 화물상환증의 기재된 바에 의한다(제131조). 화물상환증에 의하지 않고는 운송물의 처분을 청구할 수 없고(제132조), 운송인은 화물상환증과 상환하지 않고는 운송물을 인도할 의무가 없다(제129조).

② **보증도·가인도:** 화물상환증이 발행된 경우에는 증권과 상환하지 않고는 운송물의 인도를 청구할 수 없으나, 예외적으로 실무상 보증도와 가인도가 인정된다. 보증도란 운송물을 화물상환증과 상환함이 없이 인도함으로써 생기는 결과에 대하여 책임을 진다는 보증은행의 보증서를 받고 운송물을 인도하는 방법이고, 가인도란 화물상환증과 상환하지 않고도 운송물을 인도하는 방법이다. 다만, 보증도 또는 가인도에 의한 운송물의 인도 후 화물상환증 소지인이 운송물의 반환을 청구하는 경우 화물상환증 소지인에게 채무불이행에 의한 손해배상책임을 진다.

Ⅲ. 운송인의 손해배상책임

1. 상법의 규정

운송인은 자기 또는 운송주선인이나 사용인 그 밖에 운송을 위하여 사용한 자가 운송물의 수령, 인도, 보관 및 운송에 관하여 주의를 게을리하지 아니하였음을 증명하지 아니하면 운송물의 멸실, 훼손 또는 연착으로 인한 손해를 배상할 책임이 있다(제135조). 따라서 운송인의 책임에 관하여는 과실책임주의를 택하고 있고, 과실의 유무에 대한 입증책임은 운송인이 부담한다.

2. 책임의 원인

(1) 자기 또는 이행보조자의 과실

운송인은 자기 또는 자신이 선임한 운송주선인이나 사용인 그 밖에 운송을 위하여 사용한 자의 운송물 수령·인도·보관·운송행위에 대하여도 책임을 진다. 운송인이 책임을 면하기 위해서는 이행보조자의 선임·감독에 과실이 없다는 것만 입증하는 것으로는 부족하고 이행보조자가 주의를 게을리하지 아니하였음을 입증하여야 한다.

(2) 손해의 유형

운송인은 운송물의 멸실·훼손·연착으로 인하여 손해가 생긴 경우에 책임을 진다. 손해는 운송인의 채무불이행과 상당인과관계가 있는 모든 손해를 배상하여야 한다.

(3) 손해발생의 입증책임

운송물의 멸실·훼손·연착으로 인하여 손해가 생겼다는 것은 송하인 또는 화물상환증 소지인이 입증하여야 한다.

3. 손해배상액

(1) 배상액산정기준

운송물이 전부멸실되거나 연착한 경우의 손해배상액은 인도할 날의 도착지의 가격에 의하고, 운송물이 일부멸실 또는 훼손된 경우의 손해배상액은 인도한 날의 도착지의 가격에 의한다(제137조 제1항·제2항).

(2) 배상액제한원칙 배제

운송물의 멸실·훼손·연착이 운송인의 고의나 중대한 과실로 인한 때에는 운송인은 상당인과관계가 있는 모든 손해뿐만 아니라 운송인이 알았거나 알 수 있었을 경우 특별한 사정으로 인한 손해도 배상하여야 한다(제137조 제3항). 다만, 운송물의 멸실 또는 훼손으로 인하여 지급을 요하지 아니하는 운임 기타 비용은 산정한 배상액에서 공제하여야 한다(제137조 제4항).

(3) 상법 제137조의 적용범위

상법 제137조의 특칙은 불법행위로 인한 책임에는 적용되지 않으며, 임의규정이므로 당사자간의 특약으로 책임을 가중 또는 경감할 수 있다.

4. 고가물에 대한 특칙

(1) 고가물임을 명시한 경우

화폐, 유가증권 기타의 고가물에 대하여는 송하인이 운송을 위탁할 때에 그 종류와 가액을 명시한 경우에 한하여 운송인이 그 손해의 배상을 할 책임이 있다(제136조). 「고가물」이란 상법 제136조에서 예시한 화폐, 유가증권 이외에 귀금속, 보석, 골동품 등을 들 수 있다.

(2) 고가물임을 명시하지 않은 경우

고가물임을 명시하지 아니한 경우에는 그 고가물이 멸실·훼손되더라도 운송인은 전혀 손해배상책임을 지지 않는다. 운송물이 고가물이라는 점과 그 종류·가액을 송하인이 명시하지 않았다는 점은 운송인이 입증하여야 한다.

5. 손해배상책임의 소멸

(1) 특별소멸사유

운송인의 손해배상책임은 수하인 또는 화물상환증 소지인이 유보(留保) 없이 운송물을 수령하고 운임 기타 비용을 지급한 때에는 소멸하지만, 운송물에 즉시 발견할 수 없는 훼손 또는 일부멸실이 있을 경우에 운송물을 수령한 날로부터 2주간 내에 운송인에게 그 통지를 발송한 때에는 운송인의 책임이 소멸하지 않는다(제146조 제1항). 또한 운송인 또는 그 사용인이 악의인 경우에는 수하인 또는 화물상환증 소지인의 유보 여부에 관계없이 운송인의 책임은 소멸하지 않는다(제146조 제2항).

(2) 단기소멸시효

운송인의 손해배상책임은 전부멸실의 경우에는 운송물을 인도할 날로부터, 기타 손해의 경우에는 수령권자가 운송물을 수령한 날로부터 1년이 경과하면 소멸한다(제147조, 제121조 제1항·제2항). 다만, 운송인이나 그 사용인이 악의인 때에는 5년의 일반 상사소멸시효가 적용된다.

6. 불법행위책임과의 경합

운송인의 자기 또는 이행보조자의 고의·과실로 인하여 운송물이 멸실·훼손된 경우에 채무불이행에 따른 손해배상책임을 지는 것 외에 운송물에 대한 소유권의 침해로 인하여 불법행위에 의한 손해배상책임이 발생할 수 있다. 이와 관련하여 채무불이행책임과 불법행위책임의 경합 문제가 다투어진다. 이에 대해 통설과 판례는 청구권경합설을 인정하고 있다. 즉, 두 가지 청구권 중 하나를 임의로 선택하여 행사할 수 있다.

7. 면책약관의 효력

운송인의 책임에 관한 상법규정은 임의법규이므로 당사자간의 특약에 의하여 운송인의 책임을 감면할 수 있다. 다만, 손해배상책임에 대한 면책약관이 있는 경우 청구권경합설을 취하는 통설과 판례에 따르면 불법행위책임에 대해서는 면책약관이 적용되지 않는다고 한다.

Ⅳ. 수하인의 지위

1. 운송물의 도착 전

운송물이 도착지에 도착하기 전에는 송하인의 권리만 존재하며 수하인은 운송물에 대하여 아무런 권리가 인정되지 않는다(제139조).

2. 운송물의 도착 후

(1) 수하인의 인도청구 전

운송물이 도착지에 도착한 후에는 수하인은 송하인과 동일한 권리를 취득한다(제140조 제1항).

(2) 수하인의 인도청구 후

운송물이 도착지에 도착한 후에 수하인이 운송물의 인도를 청구한 때에는 수하인의 권리가 송하인의 권리에 우선한다(제140조 제2항). 수하인이 운송물을 수령한 때에는 운임 기타 비용의 지급의무를 진다(제141조).

Ⅴ. 화물상환증

1. 의의 및 법적 성질

화물상환증이란 운송물의 수령을 증명하고 운송인에 대한 운송물인도청구권을 표창하는 유가증권으로서, 요식증권성·요인증권성·문언증권성·지시증권성·상환증권성·인도증권성·처분증권성을 갖는다.

2. 화물상환증의 발행

화물상환증은 송하인의 청구에 의해 운송인이 발행한다(제128조 제1항). 화물상환증에는 ① 운송물의 종류, 중량 또는 용적, 포장의 종별, 개수와 기호, ② 도착지, ③ 수하인과 운송인의 성명 또는 상호, 영업소 또는 주소, ④ 송하인의 성명 또는 상호, 영업소 또는 주소, ⑤ 운임 기타 운송물에 관한 비용과 그 선급 또는 착급의 구별, ⑥ 화물상환증의 작성지와 작성연월일, ⑦ 운송인의 기명날인 또는 서명의 기재사항이 기재되어야 한다.

3. 화물상환증의 양도

화물상환증은 법률상 당연한 지시증권이므로 기명식으로 발행된 경우에도 배서에 의해 양도할 수 있으나(제130조), 배서를 금지한 때에는 지명채권양도의 방법과 효력에 따라서만 양도할 수 있다. 화물상환증의 배서는 어음·수표의 배서와 달리 자격수여적 효력과 권리이전적 효력만 인정되고, 담보적 효력은 인정되지 않는다.

4. 화물상환증의 효력

(1) 채권적 효력

채권적 효력이란 화물상환증 소지인과 운송인 사이의 채권적 관계에 관한 효력을 말한다. 화물상환증이 발행된 경우에는 운송인과 송하인 사이에 화물상환증에 적힌 대로 운송계약이 체결되고 운송물을 수령한 것으로 추정되며(제131조 제1항), 화물상환증을 선의로 취득한 소지인에 대하여 운송인은 화물상환증에 적힌 대로 운송물을 수령한 것으로 보고 화물상환증에 적힌 바에 따라 운송인으로서 책임을 진다(제131조 제2항).

(2) 물권적 효력

① 의의: 화물상환증에 의하여 운송물을 받을 수 있는 자에게 화물상환증을 교부한 때에는 운송물 위에 행사하는 권리의 취득에 관하여 운송물을 인도한 것과 동일한 효력이 있다(제133조).

② 요건: 물권적 효력은 운송물이 실물로 존재하고 그것이 운송인의 점유하에 있으면 인정되므로 운송인의 운송물에 대한 간접점유상태에서도 인정된다.

③ 효과: 화물상환증이 발행된 경우에는 제3자에 대한 운송물에 관한 처분(제132조), 운송인에 대한 처분권행사(제139조), 운송물인도청구권행사(제129조)는 화물상환증에 의하여야 한다.

Ⅵ. 순차운송

1. 순차운송의 의의

최초의 운송인이 전 구간의 운송을 인수하여 일부 구간만의 운송을 실행하고, 그 나머지 구간의 운송을 자기의 명의로 송하인의 계산으로 제2 이하의 운송인에게 위임하는 형태의 공동운송을 순차운송이라 한다.

2. 순차운송인의 지위

(1) 순차운송인의 책임

수인이 순차로 운송할 경우에는 각 운송인은 운송물의 멸실·훼손·연착으로 인한 손해를 연대하여 배상할 책임이 있다(제138조 제1항). 다만, 손해발생과 무관한 운송인이 손해배상을 한 때에는 그 손해의 원인이 된 행위를 한 운송인에 대하여 구상권을 행사할 수 있다(제138조 제2항). 손해의 원인이 된 운송인을 알 수 없을 때에는 각 운송인은 운임액의 비율에 따라 손해액을 분담하지만, 손해가 자기의 운송구간에서 발생하지 아니하였음을 증명한 운송인은 손해분담의 책임을 면한다(제138

조 제3항).

(2) 순차운송인의 대위

후자인 운송인은 전자인 운송인의 권리를 행사할 의무가 있고, 순차운송인 가운데 후자가 미리 전자에게 변제를 한 때에는 후자는 전자가 수하인에게 갖는 권리를 취득한다(제147조, 제117조).

제3절 여객운송

Ⅰ. 의 의

여객운송이란 육상 또는 호천, 항만에서 자동차·철도 등에 의하여 여객을 일정한 장소에서 다른 장소로 운반하는 행위를 말한다(제125조). 여객운송은 여객의 생명이나 신체의 안전이 중요하기 때문에 물건운송에서보다 고도의 주의가 요구된다.

Ⅱ. 여객운송계약

1. 계약의 당사자

여객운송계약은 일정한 지점에서 다른 지점으로 자연인(여객)의 이동을 목적으로 하는 계약으로서, 통상 여객과 운송인 간에 계약이 이루어진다. 그러나 타인을 운송의 객체로 하여 여객 아닌 자가 운송계약을 체결하는 것도 가능하다.

2. 계약의 성질

여객운송계약은 여객의 청약과 운송인의 승낙에 의하여 성립하며, 물건운송계약과 마찬가지로 도급계약이다.

3. 승차권의 성질

계약체결의 방식은 자유이지만, 통상 승차권이 이용된다. 그러나 승차권의 발행은 계약성립의 요건이 아니다. 승차권은 여객운송인이 여객운송의 편의를 도모하기 위하여 여객에게 발행하는 증권으로 유가증권으로 보는 것이 통설의 입장이다.

Ⅲ. 여객운송인의 권리

1. 운임청구권

여객운송인은 특별한 약정이 없더라도 당연히 보수청구권을 가진다. 그렇지만 운송계약은 도급계약이므로 운송이 완료되어야 보수를 청구할 수 있다. 따라서 운송이 중도에 종료된 때에는 원칙상 운임을 청구하지 못한다.

2. 유치권

수하물을 인도받은 경우(탁송수하물), 여객운송인은 그 수하물의 운임과 여객의 운임에 관하여 유치권을 행사할 수 있다.

Ⅳ. 여객운송인의 책임

1. 여객의 손해에 대한 책임

(1) 의 의

여객운송인은 자기 또는 사용인이 운송에 관한 주의를 해태하지 않았음을 증명하지 않으면 여객이 운송으로 인하여 받은 손해를 배상할 책임을 면하지 못한다(제148조 제1항). 여기서 「여객」이란 운송계약의 당사자이거나 운송계약에 의하여 여객으로 지정된 자를 말한다.

여객운송인은 자기와 사용인의 무과실을 입증하지 않는 한 책임을 면하지 못한다.

(2) 손해배상의 범위

여객운송인은 여객의 생명·신체에 받은 손상으로 인한 재산상의 손해와 피복의 손상과 연착에 대한 손해, 상실된 장래의 기대이익(일실이익)도 배상하여야 한다. 또한 여객의 정신적 손해(위자료)도 배상하여야 한다.

(3) 배상액의 산정

손해액을 산정함에 있어서는 피해자와 그 가족의 정상을 참작하여야 한다(제148조 제2항). 정상참작은 여객의 생명이나 신체에 관한 손해의 경우에 요구된다. 다만, 손해액 산정에 있어서 법원은 직권으로 피해자의 과실이 있는 경우 과실상계를 하여야 한다.

(4) 손해배상청구권의 승계

여객이 사망하였을 때에는 손해배상청구권은 상속인이 승계하여 청구할 수 있다.

(5) 청구권경합

물건운송에서와 같이 여객운송에서도 채무불이행책임과 불법행위책임의 관계에서 통설·판례는 청구권경합설을 취하고 있다.

(6) 책임의 소멸시효

여객의 손해에 대한 운송인의 책임은 5년의 소멸시효의 완성으로 소멸하며, 물건운송인의 경우와 같은 특칙은 인정되지 않는다.

2. 여객의 수하물에 대한 책임

(1) 탁송수하물에 대한 책임

여객운송인은 여객으로부터 인도받은 수하물에 관해서는 운임을 받지 않은 경우에도 물건운송인과 동일한 책임을 진다(제149조 제1항). 수하물이 도착지에 도착한 날로부터 10일 내에 여객이 인도를 청구하지 아니한 때에는 운송인은 수하물을 공탁·경매할 수 있으며(제149조 제2항 본문), 주소 또는 거소를 알지 못하는 여객에 대하여는 최고와 통지를 하지 않고도 공탁·경매할 수 있다(제149조 제2항 단서).

(2) 휴대수하물에 대한 책임

여객운송인은 여객으로부터 인도받지 않은 수하물에 대해서는 자기 또는 사용인의 과실이 없으면 수하물의 멸실·훼손에 대하여 손해를 배상할 책임이 없다(제150조). 운송인 또는 사용인의 과실은 여객이 입증하여야 한다.

Chapter COMMERCIAL LAW

10 공중접객업

제1절 공중접객업의 개념

Ⅰ. 의 의

공중접객업이란 극장·여관·목욕탕·음식점, 그 밖의 공중이 이용하는 시설에 의한 거래를 영업으로 하는 것을 말하며, 이러한 행위를 영업으로 하는 자를 공중접객업자라 한다(제151조). 「공중이 이용하는 시설」이란 불특정 다수인이 모여 이용하기에 적합한 물적·인적 시설을 말한다.

Ⅱ. 공중접객계약의 법적 성질

공중접객업자와 고객 사이에 이루어지는 계약의 법적 성질은 영업의 종류에 따라 다르다. 즉, 이·미용업은 도급계약, 숙박업은 임대차의 성질을 갖고, 기타의 경우 혼합계약의 성질을 갖는다.

제2절 공중접객업자의 책임

Ⅰ. 임치를 받은 물건에 대한 책임

1. 원 칙

공중접객업자는 고객으로부터 임치를 받은 물건의 멸실·훼손에 대하여 자기 또는 그 사용인이 임치받은 물건의 보관에 주의를 게을리하지 아니하였음을 증명하지 아니하면 그 손해를 배상할 책임을 면하지 못한다(제152조 제1항). 여기서 「임치」란 공중접객업자와 고객 사이의 임치계약과 임치물 수령의 사실을 말한다. 임치가 성립하려면 공중접객업자와 고객 사이에 목적물 보관에 관한 명시적 또는 묵시적 합의가 있음을 필요로 한다(판례).

2. 무과실입증으로 인한 면책

공중접객업자가 임치한 물건의 멸실·훼손으로 인한 손해에 대해 보관에 관하여 주의를 게을리하지 아니하였음을 증명한 때에는 그 책임을 면한다.

3. 책임의 면제

공중접객업자의 책임규정은 강행규정이 아니므로, 공중접객업자와 고객 간의 약정에 의하여 공중접객업자의 책임을 감면할 수 있다.

Ⅱ. 임치를 받지 않은 물건에 대한 책임

공중접객업자는 고객으로부터 임치받지 않은 경우에도 그 시설 내에서 휴대한 물건이 자기 또는 사용인의 과실로 인하여 멸실 또는 훼손된 때에는 그 손해를 배상할 책임이 있다(제152조 제2항). 공중접객업자나 사용인의 과실에 대해서는 고객이 입증책임을 부담한다. 상법 제152조 제2항의 규정은 임의규정이므로 당사자간의 특약에 의해 그 책임을 감경 또는 면제할 수 있다. 그러나 단순히 휴대물에 대하여 책임이 없음을 알린 경우에도 공중접객업자는 그 책임을 면하지 못한다(제152조 제3항).

Ⅲ. 고가물에 대한 책임

화폐·유가증권 기타의 고가물에 대하여는 고객이 그 종류와 가액을 명시하여 임치하지 아니하면 공중접객업자는 그 물건의 멸실 또는 훼손으로 인한 손해를 배상할 책임이 없다(제153조). 고가물에 대한 책임의 내용은 물건운송인에 있어서의 고가물의 책임에 대한 특칙과 동일하다.

Ⅳ. 책임의 소멸시효

공중접객업자의 책임은 영업자나 그 사용인에게 악의가 없는 한, 공중접객업자가 임치물을 반환하거나 고객이 휴대물을 가져간 후 6개월이 지나면 소멸시효가 완성되며(제154조 제1항), 이 시효기간의 기산점은 임치물이 전부소멸한 경우에는 고객이 퇴거한 날이다(제154조 제2항). 그러나 공중접객업자나 그의 사용인이 악의인 경우에는 일반 상사소멸시효인 5년이 적용된다(제154조 제3항).

Chapter

COMMERCIAL LAW

11 창고업

제1절 창고업자의 개념

Ⅰ. 의 의

창고업자란 타인을 위하여 창고에 물건을 보관함을 영업으로 하는 자를 말한다(제155조). 여기서 「물건」이란 타인의 물건으로 보관에 적합한 동산이어야 한다.

Ⅱ. 창고임치계약

창고임치계약은 창고업자가 물건을 창고에 장치·보관할 것을 인수하고 상대방이 이에 대하여 보수를 지급하기로 하는 계약으로, 낙성·불요식의 유상계약이다. 창고임치계약은 계약기간의 만료, 목적물 멸실 등 일반적 사유에 의해 종료한다.

임치기간을 정하지 않은 경우 임치인은 언제든지 계약을 해지할 수 있다. 그러나 창고업자는 임치기간을 정하지 않은 경우 임치물을 받은 날로부터 6월이 경과하여야 임치계약을 해지할 수 있고(제163조 제1항), 이 경우 2주간 전에 예고하여야 한다(제163조 제2항).

다만, 부득이한 사유(예 임치물이 부패하여 다른 재고품에 손해가 생길 우려가 있는 경우, 임치물이 위험물로서 창고업자에게 손해나 위험한 사고를 발생시킬 염려가 있는 경우 등)가 있으면 창고업자도 언제든지 임치물을 반환할 수 있다(제164조).

제2절 창고업자의 권리 · 의무

Ⅰ. 창고업자의 권리

1. 보수청구권 · 비용상환청구권

창고업자는 특약이 없는 한 상당한 보수(보관료) 기타의 비용과 체당금의 지급을 청구할 수 있다(제162조 제1항 본문). 보관료의 청구는 임치물을 출고한 때에 할 수 있으나, 보관기간이 경과한 후에는 출고 전이라도 보관료를 청구할 수 있다(제162조 제1항 단서). 일부출고의 경우에는 그 비율에 따라 보관료 기타의 비용과 체당금의 지급을 청구할 수 있다(제162조 제2항).

보관료를 지급해야 할 의무자는 원칙적으로 임치인이지만, 창고증권의 소지인도 임치물의 반환을 받은 때에는 지급의무자가 된다. 창고업자의 보관료 등의 채권은 출고한 날로부터 1년간 행사하지 아니하면 소멸시효가 완성한다(제167조).

2. 유치권

창고업자의 유치권에 대해서는 특별한 규정을 두고 있지 않지만, 민법상 유치권 또는 상법상의 유치권(임치인이 상인인 경우)을 행사할 수 있다.

3. 공탁 · 경매권

임치계약의 소멸 등 일정한 경우에 창고업자는 임치물을 반환할 수 있고, 이때 임치인이나 창고증권 소지인이 임치물의 수령을 거부하거나 수령할 수 없으면, 상사매매에 있어서의 매도인의 공탁권 · 경매권에 관한 규정이 준용된다(제165조, 제67조 제1항 · 제2항).

Ⅱ. 창고업자의 의무

1. 보관의무 · 주의의무

창고업자는 임치계약에 따라 선량한 관리자의 주의로써 임치물을 보관하여야 한다(제62조). 이 경우 주의는 전문적인 지식이 있는 창고업자가 할 수 있는 주의로서 임치물의 종류에 따라 다를 수 있다.

2. 창고증권 교부의무

임치물을 수령한 후 창고업자는 임치인의 청구가 있는 때에는 창고증권을 교부할 의무를 진다(제156조 제1항).

3. 임치물의 검사·적취·보존에 응할 의무

창고업자는 임치인이나 창고증권의 소지인이 임치물의 검사 또는 견품의 적취(摘取)를 희망하거나 또는 임치물의 보존에 필요한 처분을 하려고 할 때에는 이에 응할 의무가 있다(제161조). 상법 제161조에 따른 창고업자의 의무는 당사자간의 특약에 의해 제한하거나 배제할 수 있다. 창고업자가 임치인의 검사·적취·보존의무를 위반하여 임치물이 멸실된 때에는 손해배상책임을 진다.

4. 임치물에 대한 하자통지·처분의무

창고업자가 임치물을 받은 후 그 물건의 멸실 또는 훼손을 발견하거나 부패할 염려가 있는 때에는 지체없이 임치인에게 통지를 발송하여야 한다(제168조, 제108조 제1항). 이 경우 임치인의 지시를 받을 수 없거나 그 지시가 지연되는 때에는 창고업자는 임치인의 이익을 위하여 적당한 처분을 할 수 있다(제168조, 제108조 제2항).

5. 임치물의 반환의무

창고업자는 보존기간의 약정과 상관없이 임치인의 청구에 따라 임치물을 반환하여야 한다. 창고증권이 발행된 경우에는 창고증권 소지인의 청구가 있는 때에만 임치물을 반환할 수 있고, 반환장소는 원칙적으로 보관장소이다.

Ⅲ. 손해배상책임

1. 책임의 내용

창고업자는 자기 또는 사용인이 임치물의 보관에 관하여 주의를 해태하지 아니하였음을 증명하지 아니하면 임치물의 멸실 또는 훼손에 대하여 손해배상책임을 면하지 못한다(제160조). 여기서 「멸실」이란 물리적 멸실과 상대적 멸실(예 정당한 권리자가 임치물의 반환을 받지 못하게 된 경우)을 모두 포함한다.

2. 책임의 소멸

(1) 특별소멸사유

창고업자의 책임은 임치인 또는 창고증권 소지인이 유보 없이 임치물을 수령하고 보관료를 지급한 때에는 창고업자의 책임이 소멸한다(제168조, 제146조 제1항 본문). 그러나 임치물에 즉시 발견할 수 없는 훼손 또는 일부멸실이 있는 경우에 임치인 또는 창고증권 소지인이 임치물의 수령일로부터 2주간 내에 창고업자에게 통지를 발송한 때에는 소멸하지 않는다(제146조 제1항 단서). 이러한 특별소멸사유는 창고업자나 그 사용인에게 악의가 없는 때에만 적용된다(제146조 제2항).

(2) 단기소멸시효

임치물의 멸실 또는 훼손으로 인하여 생긴 창고업자의 책임은 임치물을 출고한 날로부터 1년이 경과하면 소멸시효가 완성된다(제166조 제1항). 이 기간은 임치물이 전부멸실한 경우에는 임치인과 알고 있는 창고증권 소지인에게 그 멸실의 통지를 발송한 날로부터 기산한다(제166조 제2항). 다만, 이 단기소멸시효는 창고업자나 그의 사용인에게 악의가 있는 때에는 적용하지 않는다(제166조 제3항). 악의에 대한 입증책임은 원칙적으로 상대방이 입증하여야 하지만, 정당한 권리가 없는 자에게 임치물을 반환한 경우에는 창고업자가 악의 아님을 입증하여야 한다(판례).

제3절 창고증권

Ⅰ. 의의와 법적 성질

창고증권이란 창고업자에 대한 임치물반환청구권을 표창하는 유가증권으로, 임치인의 청구가 있는 때에 창고업자는 소정의 사항을 기재하고(기재사항 : 제156조

제2항) 창고증권을 교부하여야 한다(제156조 제1항). 창고증권의 소지인이 대량의 임치물을 분할하여 수인에게 양도·입질하려고 할 때에는 창고업자에 대하여 그 증권을 반환하고 임치물을 분할하여 각 부분에 대한 창고증권의 교부를 청구할 수 있다(제158조 제1항).

Ⅱ. 창고증권의 효력

1. 화물상환증에 관한 규정의 준용

창고증권의 효력에 관해서는 화물상환증에 관한 상법 제129조 내지 제133조의 규정이 준용된다(제157조).

2. 창고증권에 의한 입질

창고증권 소지인이 증권에 의하여 임치물을 입질(入質)하려고 하면 창고증권을 질권자에게 교부하여야 한다(제157조, 제133조). 창고증권을 제공하지 않고는 임치물의 반환을 청구할 수 없는 것이 원칙이지만, 질권자의 승낙이 있으면 임치인은 채권의 변제기 전이라도 임치물의 일부반환을 청구할 수 있다(제159조 1문). 다만, 이 때에는 창고업자가 반환할 임치물의 종류·품질과 수량을 창고증권에 기재하여야 한다(제159조 2문).

Chapter COMMERCIAL LAW

12 금융리스업

제1절 금융리스업의 개념

Ⅰ. 의의 및 법적 성질

1. 의 의

리스는 새로운 합리적인 설비조달 수단으로, 그 의의에 대해서는 여신전문금융업법 제2조 10호에서 정의되고 있다. 즉, 시설대여란 「이용자가 선정한 특정물건을 리스회사가 새로이 취득하거나 대여받아 거래상대방에게 일정기간 동안 사용하게 하고, 그 기간에 걸쳐 일정한 대가를 정기적으로 분할하여 지급받으며 그 기간 종료 후의 물건의 처분에 관하여는 당사자간의 약정으로 정하는 금융」을 말한다. 상법 제46조 19호에서는 「기계·시설 기타 재산의 금융리스에 관한 행위」라고 규정하고 있다.

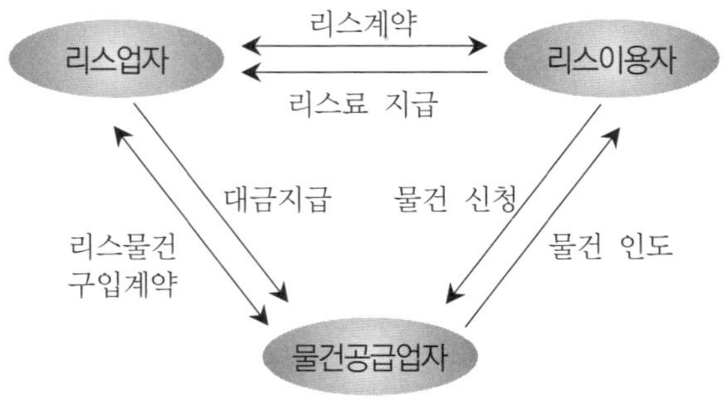

2. 법적 성질

리스계약의 법적 성질이 우리 민법상 전형계약 가운데 꼭 맞는 것이 없다는 점에 착안하여, 임대차·소비대차·매매 등의 요소가 혼합된 특수한 내용의 무명계약이라는 것이 판례의 입장이다.

Ⅱ. 리스의 종류 및 내용

1. 금융리스

금융리스란 리스물건과 그 공급자 등을 리스이용자가 결정하고, 리스업자는 그 결정에 따라 정해진 물건을 매수 또는 대여받아 이를 이용자에게 대여해 주는 것을 말한다. 이러한 것을 영업으로 하는 자, 즉 금융리스이용자가 선정한 기계, 시설 그 밖의 재산("금융리스물건")을 제3자(공급자)로 부터 취득하거나 대여받아 금융리스이용자에게 이용하게 하는 것을 영업으로 하는 자를 금융리스업자라 한다(제168조의2).

2. 운용리스

운용리스는 금융리스 이외의 것을 총칭하는 것으로 서비스 제공적 성격이 강하다. 금융리스와는 달리 일반적으로 리스회사가 리스물건의 하자담보책임·위험부담을 지고, 리스물건의 관리·수리를 담당한다.

제2절 금융리스업자 등의 의무

Ⅰ. 금융리스업자의 의무

1. 리스계약이행의무

금융리스업자는 금융리스이용자가 금융리스계약에서 정한 시기에 금융리스계약에 적합한 금융리스물건을 수령할 수 있도록 하여야 한다(제168조의3 제1항).

2. 협력의무

금융리스업자는 금융리스이용자가 공급자에 대하여 손해배상청구를 하거나 공급계약의 내용에 적합한 금융리스물건의 인도를 청구하는 경우 이에 필요한 협력을 하여야 한다(제168조의4 제3항). 그러나 이와 별도로 독자적인 금융리스물건의 인도의무 또는 검사·확인의무를 부담하는 것은 아니다(판례).

Ⅱ. 금융리스이용자의 의무

1. 리스료의 지급의무

금융리스이용자는 금융리스업자로부터 금융리스물건을 수령함과 동시에 금융리스료를 지급하여야 한다(제168조의3 제2항).

2. 리스물건수령증 발급의무

금융리스이용자는 금융리스물건을 수령한 때에는 금융리스물건수령증을 발급하여야 하며, 금융리스물건수령증을 발급한 경우에는 금융리스계약 당사자 사이에 적합한 금융리스물건이 수령된 것으로 추정한다(제168조의3 제3항). 금융리스물건수령증의 교부가 없었더라도 금융리스물건이 공급되었고 이용자가 정당한 사유없이 수령증을 교부하지 않고 있다는 것을 알고 있다면 금융리스업자는 금융리스물건의 대금지급을 거절할 수 없다(판례).

3. 리스물건의 유지 및 관리의무

금융리스이용자는 금융리스물건을 수령한 이후에는 선량한 관리자의 주의로 금융리스물건을 유지 및 관리하여야 한다(제168조의3 제4항).

Ⅲ. 공급자의 의무

1. 물건인도의무

금융리스물건의 공급자는 공급계약에서 정한 시기에 그 물건을 금융리스이용자에게 인도하여야 한다(제168조의4 제1항).

2. 손해배상책임 또는 적합물건의 인도의무

금융리스물건이 공급계약에서 정한 시기와 내용에 따라 공급되지 아니한 경우 금융리스이용자는 공급자에게 직접 손해배상을 청구하거나 공급계약의 내용에 적합한 금융리스물건의 인도를 청구할 수 있다(제168조의4 제2항).

제3절 금융리스계약의 해지와 그 효과

금융리스이용자의 책임 있는 사유로 금융리스계약을 해지하는 경우에는 금융리스업자는 잔존 금융리스료 상당액의 일시 지급 또는 금융리스물건의 반환을 청구할 수 있다(제168조의5 제1항). 이에 따른 금융리스업자의 청구는 금융리스업자의 금융리스이용자에 대한 손해배상청구에 영향을 미치지 않는다(제168조의5 제2항).

금융리스이용자는 중대한 사정변경으로 인하여 금융리스물건을 계속 사용할 수 없는 경우에는 3개월 전에 예고하고 금융리스계약을 해지할 수 있다. 이 경우 금융리스이용자는 계약의 해지로 인하여 금융리스업자에게 발생한 손해를 배상하여야 한다(제168조의5 제3항).

Chapter COMMERCIAL LAW

13 가맹업

제1절 가맹업의 개념

Ⅰ. 의의 및 법적 성질

가맹계약이란 수수료 등의 대가를 지급하고 타인의 상호·상표·서비스표 등의 상업적 징표 및 경영노하우를 자기사업 운영에 이용할 수 있는 허가와 더불어 그 제공자의 통제하에서 영업을 할 것을 내용으로 하는 독립된 상인간의 유상·쌍무계약으로, 프랜차이즈(franchise)라고도 한다. 이에 관하여 상법 제46조 20호에서는 「상호·상표 등의 사용허락에 의한 영업에 관한 행위」라고 규정하고 있다. 가맹계약에 따라 자신의 상호·상표 등을 제공하는 것을 영업으로 하는 자(가맹업자)로부터 그의 상호 등을 사용할 것을 허락받아 가맹업자가 지칭하는 품질기준이나 영업방식에 따라 영업을 하는 자를 가맹상이라 한다.

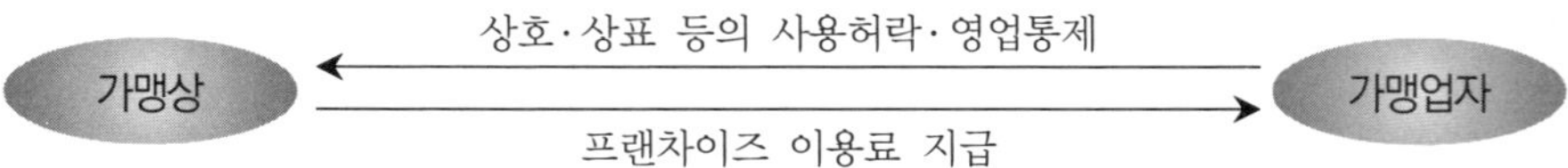

Ⅱ. 종 류

가맹계약, 즉 프랜차이즈는 제공자가 개발한 독특한 제조방법을 이용자가 이용하여 상품을 제조해서 제공자의 상표로 판매하는 제조프랜차이즈, 제공자가 자사상품을 판매하기 위하여 계속적인 상품공급계약을 맺고 이용자로 하여금 판매케 하는 판매프랜차이즈, 제공자가 개발한 상호·경영노하우 등을 사용하여 이용자가 소비자에게 상품 또는 서비스를 제공하는 소매연쇄점프랜차이즈 등이 있다.

제2절 가맹업자 등의 의무

Ⅰ. 가맹업자의 의무

1. 가맹상의 영업지원의무

가맹업자는 가맹상의 영업을 위하여 필요한 지원을 하여야 한다(제168조의7 제1항).

2. 가맹업자의 경업금지의무

가맹업자는 다른 약정이 없으면 가맹상의 영업지역 내에서 동일 또는 유사한 업종의 영업을 하거나 동일 또는 유사한 업종의 가맹계약을 체결할 수 없다(제168조의7 제2항).

Ⅱ. 가맹상의 의무

1. 권리침해금지의무

가맹상은 가맹업자의 영업에 관한 권리를 침해되지 않도록 하여야 한다(제168조의8 제1항).

2. 영업비밀준수의무

가맹상은 계약이 종료한 후에도 가맹계약과 관련하여 알게 된 가맹업자의 영업상의 비밀을 준수하여야 한다(제168조의8 제2항).

제3절 가맹상의 영업양도 제한 및 계약해지

Ⅰ. 가맹상의 영업양도 제한

가맹상은 가맹업자의 동의를 받아야 그 영업을 양도할 수 있으며(제168조의9 제1항), 가맹업자는 특별한 사유가 없으면 가맹상의 영업양도에 동의하여야 한다(제168조의9 제2항). 이러한 가맹상의 영업양도 제한을 둔 것은 가맹상의 영업양도로써 가맹업자의 명성이 떨어지는 상황이 올수 있으므로 이를 방지하기 위하는 데에 그 목적이 있다.

Ⅱ. 가맹업계약 해지

가맹계약상 존속기간에 대한 약정의 유무와 관계없이 부득이한 사정이 있으면 각 당사자는 상당한 기간을 정하여 예고한 후 가맹계약을 해지할 수 있다(제168조의10).

Chapter COMMERCIAL LAW

14 채권매입업

제1절 채권매입업의 개념

Ⅰ. 의 의

채권매입업이란 팩터(factor; 채권매입업자)가 거래상인(client)으로부터 외상매출채권을 매입하고 채무자(customer)에게 양도를 통지하여 채권의 관리·회수 및 장부작성을 행하며, 거래상인의 요청이 있는 때에는 선급금융을 해주는 한편, 상대방 거래선의 신용조사·경영상담 및 컴퓨터서비스 등과 같은 서비스를 제공하는 것을 말한다.

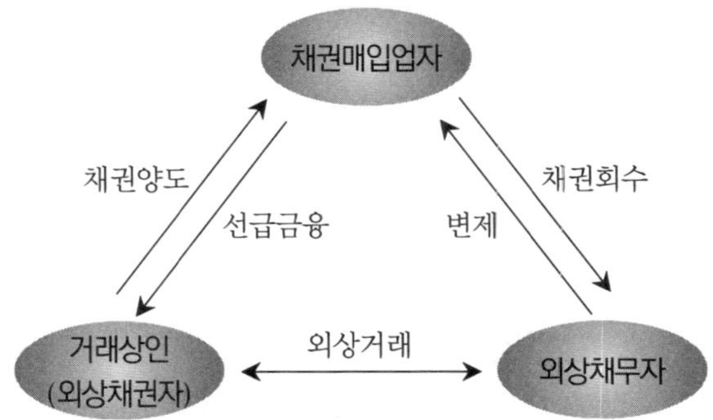

Ⅱ. 법적 성질

채권매입거래에 있어서는 채권매입업자와 거래상인 사이에 기본계약으로서 채권매입계약이 체결되고, 이 채권매입계약에 기하여 거래상인 개개의 채권이 채권매입업자에게 양도된다. 채권매입계약(기본계약)의 성질에 대해서는 특수한 내용의 혼합계약으로 볼 수 있다.

제2절 채권매입거래의 당사자 및 종류

Ⅰ. 거래의 당사자

채권매입거래는 채권매입업자·거래상인·채무자의 세 당사자 사이에서 이루어진다. 채권매입업자는 타인이 물건·유가증권의 판매, 용역의 제공 등에 의하여 취득하였거나 취득할 영업상의 채권(영업채권)을 매수하여 회수하는 것을 영업으로 하는 자로서(제168조의11), 거래상인으로부터 외상매출채권을 매입하고 이를 채무자로부터 추심하는 자로 주로 금융기관이다. 거래상인은 상거래로 인하여 발생한 매출채권의 채권자로서 이 매출채권을 채권매입업자에게 매각하는 자이다. 제3채무자는 거래상인으로부터 외상으로 물건을 매수하거나 용역을 제공받은 자로서 거래상인에 대한 채무를 채권매입업자에 대하여 지급할 의무를 진다.

Ⅱ. 거래의 종류

1. 상환청구권의 유무에 따른 분류

상환청구권이 있는 팩터링(비진정팩터링)과 상환청구권이 없는 팩터링(진정팩터링)으로 나눌 수 있다. 전자는 채권매입업자가 매수자의 신용위험을 인수하지 않은 채 매출채권을 매입하는 것을 말하고, 후자는 채권매입업자가 상인기업의 매출채권을 매입함에 있어서 채무자의 신용위험을 인수하는 것을 말한다. 상법은 전자의 경우를 기본으로 하고 있다.

2. 채권양도 통지의 유무에 따른 분류

거래기업이 채권매입업자에게 채권을 양도할 때 그 뜻을 채무자에게 통지하는 통지팩터링과 통지하지 않은 비통지팩터링으로 구분된다.

3. 채권매입대금의 선급의 유무에 따른 분류

채권매입업자가 매입한 매출채권의 변제시 전에 거래상인에게 매출채권의 대가를 지급하는 선급팩터링과 채권의 변제기에 이르러 그 대가를 지급하는 만기팩터링으로 구분된다.

제3절 채권양도 및 채권매입업자의 상환청구

Ⅰ. 채권양도

채권매입거래의 대상이 되는 채권은 양도 가능하여야 하며, 양도되는 경우에도 지명채권양도의 대항요건을 갖추어야 한다. 이러한 대항요건을 갖추지 못할 경우에는 거래상인이 채권을 이중으로 양도하여 채권매입업자가 채권을 상실할 위험이 있다.

Ⅱ. 채권매입업자의 상환청구

채권매입계약에서 다르게 정한 경우를 제외하고는 영업채권의 채무자(제3채무자)가 그 채무를 이행하지 아니하는 경우 채권매입업자는 채권매입계약의 채무자에게 그 영업채권액의 상환을 청구할 수 있다(제168조의12).

Part 03

회 사

제 1 장 회사법 총론
제 2 장 회사법 통칙
제 3 장 합명회사
제 4 장 합자회사
제 5 장 유한책임회사
제 6 장 주식회사
제 7 장 유한회사
제 8 장 외국회사

Chapter COMMERCIAL LAW

01 회사법 총론

제1절 회사법의 의의 및 특성

Ⅰ. 의 의

회사법은 실질적 의의의 회사법과 형식적 의의의 회사법으로 구분된다. 실질적 의의의 회사법은 회사라고 하는 형태의 공동기업의 조직과 경영을 규율하는 법을 말한다. 형식적 의의의 회사법은 상법 중 「제3편 회사」를 말한다.

Ⅱ. 회사법의 특성

1. 단체법적 성질

회사법은 대부분이 회사라는 단체의 조직과 이를 중심으로 한 법률관계에 관한 규정으로 되어 있다. 따라서 개인 상호간의 대등관계를 정하는 개인법과 달리 단체법상의 원리, 즉 다수결원칙, 사원평등의 원칙, 법률관계의 획일적 확정 등의 원리에 의해 법률관계가 이루어진다. 따라서 이러한 범위에서 회사법은 대부분 강행법적 성격을 띠고 있다.

2. 영리단체적 성질

회사는 사원의 경제적 이익을 도모하는 영리의 목적을 달성하기 위한 수단인

단체로서의 성질을 가지고 있다. 따라서 회사법은 공동사회적 단체에 관한 법적 성질과는 달리 이익사회적 단체에 관한 법으로서의 성질을 가지고 있다.

3. 거래법적 성질

회사법 중에는 회사와 제3자의 거래, 사원과 회사채권자의 관계와 같은 거래법적 성질을 띠는 규정이 있다. 이러한 법률관계는 개인법상의 거래와 마찬가지로 사적자치, 거래안전의 보호와 같은 개인법상의 원리가 적용된다.

제2절 회사법의 법원

Ⅰ. 종 류

1. 제정법

제정법의 기본적인 법원(法源)으로서는 상법「제3편 회사」및 부속법령, 상법시행령과 각종의 상사특별법령이 있다. 상사특별법령은 주식회사의 외부감사에 관한 법률과 같이 법령의 전부가 회사법의 법원을 이루는 것과 은행법, 보험업법, 신탁업법, 자본시장과 금융투자업에 관한 법률, 채무자회생 및 파산에 관한 법률 등과 같이 법령의 일부가 회사법의 법원을 이루는 것이 있다.

2. 관습법

관습법은 상법의 일반적 법원으로서는 중요성을 갖지만, 회사법에 있어서는 회사제정법이 강행법규적 성질을 갖기 때문에 그 의의가 크지 못하다. 다만, 기업회계기준과 같은 것은 상법의 보충적 규정으로서 큰 역할을 하고 있다.

3. 자치법규

자치법규의 대표적인 것은 정관이다. 정관은 이를 작성한 당사자와 사원의 지위를 취득하는 자에 대해 구속력을 갖는다.

Ⅱ. 법규의 적용순서

회사의 법률관계에 대해서는 가장 먼저 자치법규인 정관이 적용되고, 다음은 "특별법이 일반법에 우선한다"는 원칙에 따라 상사특별법이 적용되고, 다음으로 상법전이 적용된다. 관습법은 상법전보다 후순위로 적용된다. 이러한 순서대로의 적용법규가 없는 경우에 한해 민법이 적용된다(제1조).

Chapter COMMERCIAL LAW

02 회사법 통칙

제1절 회사의 개념

Ⅰ. 회사의 의의

상법상 회사란 상행위나 그 밖의 영리를 목적으로 하여 설립한 법인을 말한다(제169조). 따라서 상법상 회사는 영리법인이어야 하며, 영리성과 법인성의 요소를 갖고 있다.

1. 영리성

(1) 상사회사·민사회사

회사는 상행위 그 밖의 영리를 목적으로 하는 법인이다. 회사가 상행위를 할 때에는 당연상인으로서의 회사(상사회사), 상행위 이외의 행위를 영업으로 하는 때에는 의제상인으로서의 회사(민사회사)이다. 양자 모두 상인이라는 점에서는 차이가 없으므로 상법 제1편 상법총칙과 제2편 상행위편이 일반적으로 적용된다.

(2) 영리성의 의의

회사가 영리를 목적으로 한다는 것은 회사가 영리행위를 목적으로 할 뿐만 아니라 영리행위에 의하여 얻은 이익을 그 사원에게 분배하는 것까지를 그 목적으로 하여야 한다는 것이 통설(이익분배설)의 입장이다. 따라서 상호보험회사·중소기업협동조합·마을금고 등은 일종의 사단법인이지만, 단순히 단체의 내부활동을 통해 그 구성원에게 경제적 이익을 주는 것을 목적으로 하기 때문에 회사가 아니다. 국가나 지방자치단체 또는 재단법인(비영리법인)도 이익의 분배를 목적으로 하지 않으므로 상인자격을 가질 수는 있지만 회사는 아니다.

(3) 이익분배의 방법

영리성을 갖는 회사가 그 영리행위로 얻은 이익을 사원에게 분배하여야 하지만, 그 분배방법에 대해서는 특별한 제한이 없으므로 이익배당에 의하든 잔여재산분배에 의하든 관계없다. 또 일시적으로 이익배당을 제한하거나 정지하더라도 영리성은 유지된다.

2. 단체성

(1) 의 의

상법상의 회사는 모두 영리를 목적으로 하는 단체이다(제169조). 회사가 단체라는 것은 재산의 집합체로서의 재단과 달리 회사가 복수의 사원을 존립의 기초로 하고 있다는 뜻이다. 따라서 합명회사·합자회사는 2인 이상의 사원의 존재가 회사의 성립요건이자 존속요건으로 되어 있다(제227조, 제269조, 제609조 제1항). 그러나 주식회사와 유한책임회사, 유한회사는 자본단체적 성질을 갖기 때문에 사원이 1인이 되더라도 해산사유로 하고 있지 않다(제287조의38, 제517조, 제609조 참조).

한편, 회사가 단체라는 점에서는 조합과 같으나 법인격을 갖는 점에서 조합과 그 차이가 있다.

 회사와 조합의 구분

구 분	회 사	조 합
법인격의 차이	법인격을 가짐	법인격이 없음
영업의 주체	회사 자체	조합원
재산의 귀속	회사 고유의 재산	조합원의 합유
사원의 내부관계	• 구성원의 개성 희박 • 구성원이 단체와의 사이의 사원관계를 통해 간접적으로 결합된 단체	• 구성원의 개성 중시 • 구성원 상호간의 계약관계에 의하여 결합된 단체

(2) 1인회사

① 의의: 상법상 회사는 단체성을 갖기 때문에 원칙적으로 사원 2인 이상이 그의 성립요건이자 존속요건이어야 한다. 그러나 주식회사와 유한책임회사·유한회사의 경우에는 1인설립을 인정하고 있고, 회사성립 후 1인의 사원이 회사의 모든 주식 또는 지분을 소유하더라도 해산사유가 되지 않고 있다.

② 1인주식회사의 법률관계

㉠ 주주총회의 운영: 판례는 주주총회의 소집에 관한 상법규정에 위반하여 소집권한 없는 자가 소집하거나 소집결정을 위한 이사회결의에 하자가 있더라도 1인주주가 참석하여 이의 없이 결의하였다면 주주총회의 결의가 있었다고 본다(판례).

【판례】 대법원 2020.6.4.선고 2016다241515,241522판결

주식회사의 총주식을 한 사람이 소유하는 이른바 1인회사의 경우에는 그 주주가 유일한 주주로서 주주총회에 출석하면 전원 총회로서 성립하고 그 주주의 의사대로 결의가 될 것이 명백하다. 이러한 이유로 주주총회 소집절차에 하자가 있거나 주주총회의사록이 작성되지 않았더라도, 1인주주의 의사가 주주총회의 결의내용과 일치한다면 증거에 의하여 그러한 내용의 결의가 있었던 것으로 볼 수 있다. 그러나 이는 주주가 1인인 1인회사에 한하여 가능한 법리이다. 1인회사가 아닌 주식회사에서는 특별한 사정이 없는 한, 주주총회의 의결정족수를 충족하는 주식을 가진 주주들이 동의하거나 승인하였다는 사정만으로 주주총회에서 그러한 내용의 결의가 이루어질 것이 명백하다거나 또는 그러한 내용의 주주총회 결의가 있었던 것과 마찬가지라고 볼 수는 없다.

㉡ 영업양도시 주주총회의 특별결의를 흠결한 경우: 회사가 영업의 전부 또는 중요한 일부를 양도하는 경우에는 주주총회의 특별결의를 얻어야 한다(제374조 1호). 그러나 1인주식회사에 있어서 1인주주이자 대표이사인 사람의 동의가 있었다면 주주총회의 특별결의를 얻지 않았다 하더라도 유효하다는 것이 판례의 입장이다.

㉢ 1인주식회사와 업무상 배임·횡령: 판례는 1인주식회사의 1인주주 겸 대표이사가 회사에 손해를 가한 경우에 배임죄의 성립을 인정하며, 1인주주가 회사재산을 불법영득의 의사로 횡령한 경우에 회사와 1인주주는 별개의 인격이므로 횡령죄가 성립한다고 하고 있다.

㉣ 이사의 자기거래: 1인주식회사의 이사의 자기거래에 대해 이사회의 승인

을 얻지 않은 경우 그 효력에 관해서는 학설이 나누어지고 있으나, 판례는 승인을 얻지 않았더라도 유효한 것으로 보고 있다.

ⓜ 주식병합의 통지·공고 절차 흠결: 1인회사의 경우 주식병합에 관한 주주총회의 결의에 따라 그 변경등기가 경료되었다면 병합의 통지·공고절차를 거치지 않았다고 하더라도 그 변경등기 무렵에 주식병합의 효력이 발생한다고 본다(판례).

ⓑ 법인격부인론과의 관계: 1인회사는 특정인이 개인적으로 부담하는 채무를 면탈하기 위하여 설립하는 경우가 많고, 회사의 법인격이 형해화(形骸化)하는 경우가 많으므로 법인격부인론을 적용할 소지가 많다.

ⓢ 주식의 양도제한에 관한 정관규정의 효력: 주식의 양도를 정관에 의하여 이사회의 승인을 얻도록 한 경우, 1인주식회사의 1인주주가 소유주식의 전부를 양도할 때에는 다른 주주가 존재하지 않으므로 이사회의 승인을 받을 필요가 없다.

ⓞ 의결권 제한: 상법 제368조 제3항의 특별이해관계 있는 주주는 주주총회에서 의결권을 행사할 수 없다는 규정이나, 상법 제409조 제2항의 감사의 선임시 의결권 없는 주식을 제외한 발행주식 총수의 100분의 3을 초과하는 주식을 가진 주주는 초과하는 주식에 대해서는 의결권이 없다는 규정은 복수사원을 전제로 하는 규정이므로 1인회사의 경우에는 적용될 여지가 없다.

ⓙ 소수사원권제도: 1인회사의 경우에는 일정수의 주식을 가진 주주에게 인정되는 소수주주권 제도는 적용될 여지가 없다.

3. 법인성

(1) 의 의

상법상 모든 회사는 법인이다(제169조). 회사는 회사의 설립등기를 함으로써 법인격을 취득하고 청산절차를 종료함으로써 법인격을 상실하게 된다. 따라서 존립 중의 회사는 사원으로부터 독립하여 권리·의무를 취득할 수 있으며, 사원은 회사의 재산에 대하여 직접 권리를 갖지 못한다. 그러므로 조합적 성질을 갖는 합명회사와 합자회사, 유한책임회사에 대해서도 내부관계에 대해서는 예외적으로 민법상 조합에 관한 규정을 보충적용할 수 있도록 하고 있다. 그러나 대외적으로는 회사에 대한 법률관계의 귀속을 명확히 하고, 회사가 소송관계에 있어서 당사자능력을 갖도록 하며, 업무집행사원이 회사의 대표가 되도록 하기 위해 법인성을 인정하고 있다.

또한 법인성을 인정함으로써 회사 자체에 대한 집행권원에 의해서만 회사 재산에 대하여 강제집행을 할 수 있고, 회사 구성원 개인의 채권자에 의하여 회사재산이 강제집행의 대상이 되지 않는다.

(2) 법인격부인론

① 의의: 회사의 법인격이 인정되는 것은 법률관계의 간명, 회사기업의 영속적인 독립성을 기할 수 있다는 장점이 있는 반면에, 경제적·실제적으로는 개인기업이면서 기업상의 책임을 면탈하거나 제한하기 위하여 형식상 회사제도를 남용하는 예가 적지 않다. 이러한 문제를 해결하기 위해 회사가 사원으로부터 독립된 실체를 갖지 못한 경우에 회사의 특정한 법률관계에 있어서만은 회사의 법인격을 인정하지 아니하고 회사와 사원을 동일시하여 회사의 책임을 사원에게 묻는 제도가 법인격부인이론이다.

【판례】 대법원 2010.1.14.선고 2009다77327판결[동지: 대법원 2006.7.13.선고 2004다36130판결; 대법원 2008.8.21.선고 2006다24438판결; 대법원 2011.5.13.선고 2010다94472판결; 대법원 2016.4.28.선고 2015다13690판결]

기존회사가 채무를 면탈하기 위하여 기업의 형태·내용이 실질적으로 동일한 신설회사를 설립하였다면, 신설회사의 설립은 기존회사의 채무면탈이라는 위법한 목적달성을 위하여 회사제도를 남용한 것에 해당하고, 이러한 경우에 기존회사의 채권자에 대하여 위 두 회사가 별개의 법인격을 갖고 있음을 주장하는 것은 신의성실의 원칙상 허용될 수 없으므로, 기존회사의 채권자는 위 두 회사 어느 쪽에 대하여서도 채무의 이행을 청구할 수 있다. 여기에서 기존회사의 채무를 면탈할 의도로 신설회사를 설립한 것인지 여부는 기존회사의 폐업 당시 경영상태나 자산상황, 신설회사의 설립시점, 기존회사에서 신설회사로 유용된 자산의 유무와 그 정도, 기존회사에서 신설회사로 이전된 자산이 있는 경우 그 정당한 대가가 지급되었는지 여부 등 여러 사정을 종합적으로 고려하여 판단하여야 한다.

② 적용근거: 법인격부인의 법리를 적용하기 위한 근거로 법인격의 개념에 내재하는 한계를 드는 견해도 있으나, 대법원 판례는 신의성실의 원칙의 위반과 법인격이 남용된 경우를 들고 있다.

③ 적용요건: 법인격부인이론을 적용하기 위해서는 ㉠ 특정 주주가 회사를 완전히 지배하고, ㉡ 회사는 형식에 불과하고 회사의 사업은 실질적으로 주주 개인의 사업에 지나지 않아야 하며, ㉢ 회사의 무자력으로 인해 회사채권자

가 변제받지 못하는 손실을 입어야 한다.

④ **적용범위**: 법인격부인론은 거래행위뿐만 아니라 불법행위의 경우에도 적용될 수 있다. 법인격부인론은 실정법에 의해 해결될 수 있는 경우에는 적용되지 않고, 실정법에 의해 해결될 수 없는 경우 보충적으로 적용될 수 있다. 한편, 사원의 채권자가 회사의 인격의 부인을 주장하여 회사에 대해 책임을 묻는 법인격부인론의 역적용의 문제에 대해 학설의 대립이 있으나 사원이 회사를 완전히 지배하고 있는 경우 역적용이 인정될 수 있다(판례).

⑤ **적용효과**: 법인격부인의 법리를 적용하더라도 회사의 법인격 자체가 소멸되는 것이 아니라, 특정한 법률관계에 대해서만 인격이 부인되는 것으로 취급된다. 따라서 회사의 책임이 소멸되는 것은 아니며, 회사의 행위로 인한 책임이 사원에게 귀속된다. 회사의 배후에 있는 사원과 회사, 또는 구회사와 신회사가 사실상 동일체인 경우에도 소송 및 강제집행절차에 있어서는 명확성과 안정성을 중시하여야 하므로, 전자에 대한 판결의 기판력 및 집행력의 범위를 후자에까지 확장하는 것은 허용되지 않는다는 것이 통설·판례의 입장이다.

(3) 법인격 박탈

회사의 법인격을 완전히 박탈하여 회사를 소멸시키는 것으로서, 회사의 설립무효·취소, 해산명령·해산판결, 휴면회사의 해산의제 등의 제도가 있다.

4. 회사설립의 준칙성

회사는 회사편의 규정에 따라서 설립되어야 한다. 즉, 영리를 목적으로 하는 회사는 상법 회사편의 규정에 따라 설립된 때에 법인격을 취득하고 회사가 되는 것이다.

Ⅱ. 회사의 능력

1. 권리능력

회사는 법인이므로 일반적으로 권리·의무의 주체가 될 수 있는 능력이 있지만, 자연인이 아니고 법률정책적으로 인정된 인격체이므로 다음과 같은 제한을 받는다.

(1) 성질에 의한 제한

회사는 자연인이 아니므로 자연인임을 전제로 하는 친족권·생명권·신체상의 자유권·상속권 등을 향유할 수는 없다. 또 직접적인 노무의 제공을 요구하는 상업사용인은 될 수 없다. 그러나 회사도 수유자(受遺者)의 자격에서 유증을 받을 수 있으며, 인격권·명예권·상호권·사원권과 같은 권리는 향유할 수 있다.

(2) 법률에 의한 제한

회사는 법에 의하여 법인격이 부여되고 있으므로, 법률에 의하여 법정책적으로 권리능력을 제한할 수 있다. 상법 제173조는 「회사는 다른 회사의 무한책임사원이 될 수 없다」고 하여 회사의 권리능력을 제한하고 있다. 또 회사가 해산한 경우에는 청산의 목적범위 내에서만 권리능력이 인정되고(제245조, 제269조, 제542조 제1항, 제613조 제1항), 파산회사가 파산의 목적범위 내에서만 존속하는 것도 법률에 의한 제한의 한 일환이다.

(3) 목적에 의한 제한

민법 제34조는 「법인은 법률의 규정에 좇아 정관으로 정한 목적의 범위 내에서 권리와 의무의 주체가 된다」고 규정하여 법인의 권리능력을 목적에 의해 제한하고 있다. 그러나 상법에서는 회사의 정관에는 목적을 기재하여야 하고(제179조 1호, 제269조, 제289조 제1항 1호, 제543조 제2항 1호), 또 이를 등기하여야 한다(180조, 제317조 제2항 1호, 제549조 제2항 1호)고 하고 있을 뿐, 회사의 목적에 의한 권리능력의 제한에 대해 명문규정을 두고 있지 않으므로 논란이 되고 있다. 통설은 제한부정설을 취하고 있으나, 판례는 제한긍정설을 취하고 있다.

(4) 기부행위와 권리능력

회사가 재해에 대한 구호금, 학술연구 또는 육영사업을 위한 자금 기타 사회사업 등의 기부는 합리적인 범위 내에서 허용되는 것으로 보는 것이 통설의 입장이며, 정치자금의 부담에 대해서도 일반 기부행위와 같이 인정될 수 있다는 것이 다수설의 입장이다.

2. 의사능력과 행위능력

법인의제설에서는 회사 자체의 의사능력과 행위능력을 부정하여 법인의 조직의 일부를 구성하는 자는 법인의 대리인이라고 하지만, 법인실재설은 회사의 대표기관은 법인의 대표기관이며 대표기관이 하는 행위는 법률상 당연히 회사의 행위가 되므로 회사의 의사능력과 행위능력이 인정된다고 한다. 법인실재설이 통설이며, 권리능력의 범위와 의사능력·행위능력의 범위는 일치한다.

3. 불법행위능력

법인의제설에 따르면 회사의 불법행위능력을 부정하게 되지만, 회사가 대표기관을 통해서 스스로 행위능력을 갖는 것으로 보는 법인실재설에 따르면 행위능력의 다른 측면인 불법행위능력도 갖는다고 할 수 있다. 상법은 회사를 대표하는 사원 또는 대표이사가 업무집행상 타인에게 손해를 가한 때에는 회사는 그 대표기관과 연대하여 배상할 책임이 있다고 규정하여(제210조, 제269조, 제389조 제3항, 제567조), 회사의 연대책임을 인정하고 있는 것은 회사의 불법행위능력을 인정한 것이라 할 것이다. 또, 대표기관 이외의 임원 또는 사용인이 회사의 업무집행과 관련하여 불법행위를 한 때에는 회사가 사용자배상책임(민법 제756조 제1항)을 지기 때문에 불법행위능력이 인정된다.

4. 공법상의 능력

회사는 민사소송법상의 원고 또는 피고가 될 능력이 있고(민소법 제47조, 제60조), 회사의 보통재판적은 그 주된 사무소에 의한다(민소법 제4조). 또 회사는 납세의무를 부담한다. 그리고 형사소송법상 당사자능력과 소송능력이 인정되고(형소법 제27조), 청원권(청원법 제6조 제1항) 및 상공회의소의원의 선거권이 있다(상공회의소법 제13조 제2항). 그러나 회사는 일반적으로 형법상의 범죄능력은 없다.

Ⅲ. 회사의 종류

1. 상법상의 회사

상법상 회사는 합명회사·합자회사·유한책임회사·주식회사·유한회사 5종류로 분류되고 있다(제170조). 각 회사의 가장 큰 구분기준은 사원의 책임이다. 사원의 책임에 있어서 합명회사는 직접·무한·연대책임사원 2인 이상으로 구성된 회사이고, 합자회사는 직접·무한·연대책임사원과 직접·유한·연대책임사원 각 1인 이상이 필요한 회사이다. 유한책임회사는 간접·유한책임을 지는 사원으로만 구성된다. 주식회사의 사원(주주)은 간접·유한책임을 지는 사원이며, 유한회사의 사원도 간접·유한책임을 진다. 다만, 유한회사의 사원은 자본전보책임을 지는 점에서 주식회사의 사원과 차이가 있다.

2. 인적회사·물적회사

(1) 구별의 기준

인적회사와 물적회사의 구분은 강의학상의 구분이다. 인적회사는 인적 신뢰관계에 있는 구성원만으로 이루어진 기업형태로서 사원의 개성을 중심으로 하는 회사이고, 물적회사는 각 사원이 단순히 그 출자를 매개로 하여 결합한 자본중심의 회사를 말한다. 인적회사는 개인주의적 회사로서 합명회사·합자회사·유한책임회사(외부관계에는 물적회사적 성격이 있다)를 들 수 있고, 물적회사는 단체주의적 회사로서 주식회사·유한회사를 들 수 있다.

(2) 인적회사와 물적회사의 차이

① **출자의 목적**: 인적회사의 무한책임사원은 금전 기타 재산뿐만 아니라 노무나 신용의 출자가 가능하지만, 합자회사와 유한책임회사의 유한책임사원 및 물적회사의 사원은 금전 기타 재산의 출자만 가능하다.

② **사원의 경영참가**: 인적회사는 출자사원이 업무집행을 하는 자기기관에 의해 운영되지만(유한책임회사는 사원 또는 사원 아닌 자를 업무집행자로 정할 수 있다), 물적회사는 소유와 경영이 분리되어 이사회(유한회사는 이사) 등의 타인기관에 의해 운영되어진다.

③ **사원의 지위의 이전**: 인적회사 무한책임사원은 총사원의 동의를 얻어야 지위를 이전할 수 있고, 합자회사의 유한책임사원은 무한책임사원 전원의 동의를 얻어야 지위를 이전할 수 있다. 유한책임회사의 사원은 원칙적으로 다른 사원 전원의 동의를 얻어야 지위를 이전할 수 있다. 그러나 주식회사의 사원의 지위이전은 원칙적으로 자유롭게 인정되고, 유한회사의 사원의 지위이전도 정관에 다른 정함이 없으면 자유롭게 인정된다.

④ **청산제도**: 인적회사는 임의청산제도가 인정되지만, 물적회사와 유한책임회사는 임의청산제도가 인정되지 않는다.

⑤ **사원의 출자시기:** 인적회사는 설립 전에 회사재산을 확보해 둘 필요가 없으므로, 정관의 정함에 따라 또는 회사의 청구가 있는 때 출자를 하면 된다. 유한책임회사는 설립 전에 출자가 완료되어야 한다. 물적회사는 회사 설립등기 전에 일정한 자본금의 확보가 필요하므로 회사설립시 출자가 완료되어야 한다.

⑥ **의결권:** 인적회사는 의결권행사에 있어서 1인 1의결권을 인정하고 있으나, 물적회사는 출자액에 비례하여 원칙적으로 1주 1의결권 또는 1좌 1의결권이 인정된다.

⑦ **입사와 퇴사:** 인적회사는 입사와 퇴사제도가 있지만, 물적회사는 입사와 퇴사제도가 인정되지 않는다.

3. 기 타

(1) 일반법상의 회사·특별법상의 회사

상법전을 근거로 하여 성립·존속하는 회사를 상법상의 회사 또는 일반법상의 회사라 하고, 은행법·보험업법·신탁업법 등의 특별법에 의하여 인정되는 회사를 특별법상의 회사라 한다.

(2) 민사회사·상사회사

상법 제46조 각호에 해당하는 상행위를 영리목적으로 하는 회사를 상사회사라 하고, 상행위를 하지 아니하고 영리를 목적으로 하는 회사를 민사회사라 한다.

(3) 내국회사·외국회사

이 구분은 설립절차를 어느 나라의 법에 의했는가에 따른 것이다. 내국회사는 국내법에 의하여 설립된 회사, 외국회사는 외국법에 의하여 설립된 회사를 말한다.

(4) 상장회사·비상장회사

회사가 발행한 주식이 거래소에서 거래될 수 있는 회사를 상장회사, 그렇지 않은 회사를 비상장회사라 한다.

(5) 지배회사·종속회사

1개의 회사가 다른 회사에 대하여 상당한 비율의 주식을 가지고 자본참가를 하여 사실상 다른 회사를 지배하는 경우, 지배하는 회사를 지배회사, 지배당하는 회사를 종속회사라 한다. 상법상으로는 어떤 회사가 다른 회사의 발행주식총수의 100분의 50을 초과하여 주식을 취득하고 있는 경우, 어떤 회사를 모회사라 하고 다른 회사를 자회사라 한다.

제2절 회사의 설립

Ⅰ. 설립에 관한 입법주의

회사발달의 초기부터 지금까지 회사설립에 대한 입법주의는 여러 변천과정을 거쳤다. 연혁적으로 살펴보면, 회사를 설립하고자 하는 자들이 모여 그 실체만 형성하면 회사가 성립하는 것으로 보는 자유설립주의, 회사의 설립이 군주나 국가의 특별입법이 있어야만 인정되는 특허주의, 회사설립에 관한 성문법규를 두고 이에 근거한 면허·허가와 같은 행정처분을 설립의 요건으로 하는 면허주의, 성문법규로써 일반적인 회사설립의 요건 규정을 두고 이 요건을 구비하면 당연히 법인격을 취득하게 하는 준칙주의가 있다. 우리 나라에서는 설립시 설립등기를 하도록 하여 최소한의 행정관청의 감독을 받도록 되어 있는 엄격준칙주의를 택하고 있다.

Ⅱ. 설립행위의 의의와 성질

1. 설립행위의 의의

회사의 설립이란 법인격을 취득하기 위한 일정한 행위인 법률요건으로서 정관의 작성으로부터 설립등기에 이르는 모든 행위를 말하며, 이들 중 특히 사원이 될 자의 법률행위를 설립행위라고 하는 것이 통설의 입장이다. 따라서 인적회사의 설립행위는 정관의 작성, 물적회사의 설립행위는 정관의 작성과 출자의무의 이행을 들 수 있다.

2. 설립행위의 성질

설립행위의 성질에 대해 학설의 대립이 있으나, 다수설은 합동행위라고 본다.

Ⅲ. 정관의 개념과 효력

1. 정관의 개념

정관의 실질적 의의는 사원들의 법률행위에 의하여 성립되어 회사의 조직과 활동 등 단체법적 법률관계를 규율하는 규범을 총칭하는 것이다. 이러한 정관은 성문법의 보충적 또는 보완적 효력을 가지며, 그 성질은 자치법규로 보는 것이 다수설의 입장이다. 규율하는 규범을 총칭하는 것이지만, 형식적으로는 그 규범을 기재한 서면을 말한다.

2. 정관의 효력

정관은 강행법규에 위반되지 않는 한 정관을 작성한 사원이나 발기인은 물론이고, 그 이후에 가입한 사원·주주·회사기관도 당연히 구속한다. 회사의 대내외적 행위가 정관에 위반한 경우 자치법규에 위반한 행위이므로 무효원인이 된다. 다만, 제3자의 보호를 위하여 무효주장이 제한될 경우가 있다.

Ⅳ. 설립등기

회사는 본점소재지에서 설립등기를 함으로써 비로소 법인격을 취득하게 된다. 설립등기의 등기사항은 회사의 종류에 따라 각각 다르게 법정하고 있다(제180조, 제271조, 제287조의5, 제317조 제2항, 제549조 제2항). 합명회사와 합자회사, 유한책임회사는 등기기간에 대해 아무런 규정을 두고 있지 않지만, 주식회사와 유한회사는 설립절차가 종료한 때로부터 2주간 내에 하여야 한다(제317조 제1항, 제549조 제1항). 법정기간 내에 등기를 하지 않을 때에는 일정한 자에 대하여 과태료의 제재가 있다(제635조 제1항 1호).

Ⅴ. 설립의 무효 또는 취소

1. 무효 또는 취소의 소(訴)제기

(1) 당사자

① **원고:** 회사설립의 하자가 있는 경우 법률관계의 획일적 처리를 위하여 설립

의 무효 또는 취소는 반드시 소에 의하여 주장할 수 있도록 하고 있다. 설립무효의 소제기권자는 합명회사·합자회사·유한책임회사의 경우에는 사원(유한책임회사는 업무집행자도 포함)에 한정되고, 주식회사와 유한회사는 사원(주주)·이사·감사에 한한다. 주식회사를 제외한 다른 회사는 설립취소가 인정되며, 설립취소의 소제기권자는 취소권이 있는 자(예 제한능력자의 법정대리인, 사기·강박·착오의 의사표시를 한 자, 사해(詐害)행위를 한 사원의 채권자 등)이다.

② **피고**: 피고에 대해서는 특별한 법규정은 없으나, 회사를 피고로 한다는 데에 이론(異論)이 없다.

(2) 소의 성질

설립무효 또는 취소의 소는 형성의 소이다. 따라서 소송에 의하지 아니하고는 설립의 무효나 취소를 주장할 수 없다.

(3) 소제기 절차

① **제기기간**: 회사설립의 무효 또는 취소의 소는 회사가 성립한 날로부터 2년 내에 한한다(제184조, 제269조, 제287조의6, 제328조, 제552조 제1항). 이 기간은 제척기간에 해당한다.

② **관할**: 회사설립의 무효 또는 취소의 소는 본점소재지의 지방법원의 관할에 전속한다(제186조, 제269조, 제287조의6, 제328조 제2항, 제552조 제2항).

③ **소제기의 공고**: 설립무효 또는 취소의 소가 제기된 때에는 회사는 지체없이 이를 공고하여야 한다(제187조, 제269조, 제287조의6, 제328조 제2항, 제552조 제2항).

④ **소의 병합**: 수개의 소가 제기된 때에는 법원은 이를 병합심리하여야 한다(제188조, 제269조, 제287조의6, 제328조 제2항, 제552조 제2항).

⑤ **법원의 자유재량권**: 설립무효 또는 취소의 소가 계속 중 그 원인이 된 하자가 보완되고 회사의 현황과 제반 사정을 참작하여 설립의 무효 또는 취소로 하는 것이 부적당하다고 인정할 때에는 법원은 그 청구를 기각할 수 있다(제189조, 제269조, 제287조의6, 제328조 제2항, 제552조 제2항).

2. 무효 또는 취소의 판결의 효력

(1) 원고승소의 효력

① **등기**: 설립무효 또는 취소의 판결이 확정되면 본점과 지점의 소재지에서 이를 등기하여야 한다(제192조, 제269조, 제287조의6, 제328조 제2항, 제552조 제2항).

② **불소급효**: 판결의 효력은 소급하여 효력이 발생하지 않으므로 판결 전의 회사와 사원 및 제3자 간의 권리·의무에 영향을 미치지 않는다(제190조 단서, 제269조, 제287조의6, 제328조 제2항, 제552조 제2항). 따라서 회사는 해산에 준하여 청산하여야 한다(제193조). 이와 같은 상태를 사실상의 회사라 한다.

③ **대세적 효력**: 판결의 효력은 원고와 피고인 회사뿐만 아니라 제3자에 대해서도 미친다(제190조 본문, 제269조, 제287조의6, 제328조 제2항, 제552조 제2항). 따라서 판결확정 후에는 누구도 설립의 유효를 주장할 수 없다.

④ **청산절차의 개시**: 설립무효 또는 취소의 판결이 확정된 때에는 해산의 경우에 준하여 청산하여야 하며, 이 경우에는 법원은 사원 기타의 이해관계인의 청구에 의하여 청산인을 선임할 수 있다(제193조 제1항·제2항, 제269조, 제287조의6, 제328조 제2항, 제552조 제2항).

⑤ **회사의 계속**: 합명회사와 합자회사, 유한책임회사에서는 설립이 무효 또는 취소되더라도 무효 또는 취소의 사유가 특정 사원에 한정된 경우에는 이들을 제외한 다른 사원 전원의 동의로 회사를 계속할 수 있다(제194조 제1항, 제269조, 제287조의6).

(2) 원고패소의 효력

원고패소의 경우 그 효력은 원고에게만 효력이 미치므로, 다른 이해관계인은 다시 무효 또는 취소의 소를 제기할 수 있다. 원고가 패소한 경우 그 원고에게 악의 또는 중대한 과실이 있는 때에는 원고는 회사에 대해 손해배상책임을 진다(제191조, 제269조, 제287조의6, 제328조 제2항, 제522조 제2항).

Ⅵ. 사실상의 회사

1. 의 의

사실상의 회사란 회사의 설립과정에서 법률적으로 유효하게 성립된 회사가 아님에도 불구하고 일정한 범위 내에서 마치 유효하게 성립된 것으로 취급되는 실체를 말한다.

2. 요 건

사실상의 회사는 ① 정관이 작성되고, ② 설립등기와 실체 회사의 활동이 있고, ③ 설립무효 또는 취소의 사유가 있어야 한다.

3. 효 과

사실상의 회사로서의 요건을 갖춘 때에는 하자 있는 회사는 그 내부관계나 외부관계에서 유효하게 성립된 회사와 같이 취급되고, 설립 무효 또는 취소의 판결에 의해 해산에 준하는 청산절차를 밟아야 한다.

제3절 회사의 조직변경

Ⅰ. 개 념

1. 의 의

조직변경이란 회사가 그 인격의 동일성을 유지하면서 다른 종류의 회사로 조직을 변경하는 것을 말한다. 조직변경은 변경 전의 회사와 변경 후의 회사가 동일성을 갖기 때문에 법률상의 권리·의무가 승계되는 것이 아니라 그대로 존속한다는 점에서 다른 회사가 법률상의 권리·의무를 포괄적으로 승계하는 회사의 합병과 다르고, 회사를 해산하여 청산절차를 밟고 그 회사의 사원과 재산으로 다른 종류의 회사를 신설하는 사실상의 조직변경과도 다르다.

2. 조직변경의 유형

인적회사와 물적회사는 사원의 책임과 내부조직이 전혀 다르므로 인적회사를 물적회사로, 물적회사를 인적회사로 조직변경을 허용하는 것은 그 동일성을 유지하는데 무리가 있다. 따라서 유한책임회사를 제외하고(유한책임회사는 주식회사로만 조직변경을 할 수 있다)는 인적회사는 인적회사로, 물적회사는 물적회사로만 조직변경이 인정된다.

3. 조직변경의 등기

조직변경의 경우 편의상 등기의 기술적 처리를 위해 변경 전의 회사는 해산등기, 변경 후의 회사는 설립등기를 하게 하고 있다(제243조, 제286조 제3항, 제287조의44, 제606조, 제607조 제5항). 이때 회사가 소유하는 부동산에 대해서는 이전등기가 아니라 변경등기만 하면 된다.

Ⅱ. 각 회사의 조직변경

1. 합명회사의 합자회사로의 조직변경

합명회사는 총사원의 동의로 합자회사로 조직을 변경할 수 있으며, 이때 일부 사원을 유한책임사원으로 하거나 새로이 유한책임사원을 가입시키는 방법으로 한다(제242조 제1항). 조직변경으로 인해 무한책임사원이 유한책임사원이 되었을 때에는 종전의 회사 채무에 대하여 변경등기 후 2년 내에는 무한책임사원으로서의 책임을 진다(제244조).

2. 합자회사의 합명회사로의 조직변경

합자회사는 총사원의 동의로 합명회사로 조직을 변경할 수 있으며(제286조 제1항), 이때 유한책임사원은 퇴사하거나 무한책임사원이 된다. 이때 무한책임사원이 된 유한책임사원은 종전의 회사 채무에 대하여 무한책임을 진다. 무한책임사원만 잔존하게 된 경우에는 그 사원들의 동의에 의해 합명회사로 조직을 변경할 수 있다(제286조 제2항).

3. 주식회사의 유한회사 또는 유한책임회사로의 조직변경

주식회사는 총주주의 동의로 유한회사 또는 유한책임회사로의 조직변경이 가능하지만(제287조의43 제1항, 제604조 제1항), 주식회사는 사채를 상환하기 전에는 유한회사 또는 유한책임회사로 조직을 변경하지 못한다(제287조의44, 제604조 제1항 단서). 조직변경 전 회사의 순재산액보다 많은 금액을 변경 후의 회사의 자본금의 총액으로 하지 못하며(제604조 제2항), 조직변경을 함에는 채권자보호절차를 거쳐야 한다(제608조, 제232조). 총주주의 동의를 얻지 않았거나 미상환사채가 남은 경우에는 조직변경의 무효가 되지만, 자본금 총액의 제한을 위반하거나 채권자보호절차를 거치지 않은 경우에는 무효가 되지 않으며, 자본금 총액의 제한을 위반한 경우 조직변경 결의 당시의 주주와 이사는 연대하여 책임을 진다(제605조 제1항).

4. 유한회사의 주식회사로의 조직변경

유한회사는 총사원의 동의로 주식회사로 조직변경을 할 수 있으나(제607조 제1항 본문), 정관의 정함이 있는 때에는 사원총회의 특별결의로 주식회사로 조직변경을 할 수 있다(제607조 제1항 단서). 그리고 법원의 인가를 얻지 않으면 조직변경은 효력이 없다(제607조 제3항). 조직변경 후 회사가 발행하는 주식의 발행가액 총액은 회사에 현존하는 순재산을 초과하지 못하며(제607조 제2항), 채권자보호절차를 거쳐야 한다. 총사원의 동의를 얻지 않았거나 법원의 인가를 얻지 않은 경우에는 무효가 되지만, 자본금 총액의 제한을 위반하거나 채권자보호절차를 거치지 않은 경우에는 무효가 되지 않는다. 자본금 총액의 제한을 위반한 경우에는 조직변경 당시의 이사·감사·사원이 연대하여 자본전보책임을 진다(제607조 제4항).

5. 유한책임회사의 주식회사로의 조직변경

유한책임회사는 총사원의 동의에 의하여 주식회사로 조직을 변경할 수 있다(제287조의43 제2항). 그 이외의 조직변경의 요건은 유한회사에 관한 규정이 준용된다(제287조의44, 제607조, 제232조).

Ⅲ. 조직변경의 무효

조직변경의 무효에 관해 아무런 규정이 없으나, 회사 설립의 무효의 소에 관한 규정이 준용되어야 한다는 점에 이론(異論)이 없다.

제4절 회사의 합병

Ⅰ. 합병의 개념

1. 합병의 의의

회사의 합병이란 상법상의 일정한 절차에 따라 2개 이상의 회사가 일부 또는 전부가 소멸하고, 소멸하는 회사의 모든 권리·의무를 존속회사 또는 신설회사가 포괄적으로 승계하고 사원을 수용하는 회사법상의 법률요건이다. 이러한 합병은 경쟁력 확보, 규모의 경제 실현, 기업의 유지를 위한 기업결합의 방법으로 이용되고 있다. 회사의 합병은 단체법상의 행위에 해당한다. 합병의 법적 성질에 관해서는 인격합일로 보는 것이 통설의 입장이다. 인격합일설의 입장에서는 무증자합병(채무초과회사를 소멸회사로 하는 합병)이 가능하게 된다.

【판례】 대법원 2003.2.11.선고 2001다14351판결

회사의 합병이라 함은 두 개 이상의 회사의 계약에 의하여 신회사를 설립하거나 또는 그 중의 한 회사가 다른 회사를 흡수하고, 소멸회사의 재산과 사원(주주)이 신설회사 또는 존속회사에 법정절차에 따라 이전 수용되는 효과를 가져오는 것으로서, 소멸회사의 사원(주주)은 합병에 의하여 1주 미만의 단주만을 취득하게 되는 경우나 혹은 합병에 반대한 주주로서의 주식매수청구권을 행사하는 경우 등과 같은 특별한 경우를 제외하고는 원칙적으로 합병계약상의 합병비율과 배정방식에 따라 존속회사 또는 신설회사의 사원권(주주권)을 취득하여 존속회사 또는 신설회사의 사원(주주)이 된다.

2. 합병의 종류

(1) 일반적 형태의 합병

일반적으로 합병은 흡수합병과 신설합병의 두 가지 방법이 있다.

① **흡수합병**: 흡수합병은 수개의 합병당사회사 중 하나의 회사만 존속하고 나머지 회사는 모두 소멸하며, 존속회사가 소멸회사의 권리·의무를 포괄적으로 승계하고 사원을 수용하는 방법이다.

② **신설합병**: 합병당사회사가 모두 소멸하고, 새로운 하나의 회사가 신설되어 소멸회사의 권리·의무를 포괄적으로 승계하고 사원을 수용하는 방법이다.

(2) 특수한 형태의 합병

주식회사간의 흡수합병의 경우 합병절차를 간소화하기 위한 합병의 방법으로 간이합병과 소규모합병을 인정하고 있고, 모회사가 자회사를 통하여 다른 회사를 합병하는 삼각합병을 인정하고 있다.

① **간이합병**: 간이합병이란 소멸하는 회사의 총주주의 동의가 있거나 그 회사의 발행주식총수의 100분의 90 이상을 존속회사가 소유하는 경우 소멸회사의 주주총회의 승인을 이사회의 승인으로 갈음할 수 있는 합병을 말한다(제527조의2 제1항). 이 경우 소멸회사는 총주주의 동의가 있는 경우가 아닌 한 합병계약서를 작성한 날로부터 2주 내에 주주총회의 승인을 얻지 않고 합병을 한다는 뜻을 공고하거나 주주에게 통지하여야 한다(제527조의2 제2항). 주주는 공고 또는 통지를 한 날로부터 2주 내에 회사에 대하여 합병반대의 의사를 통지하고, 그 2주가 경과한 날로부터 20일 내에 자기가 소유하는 주식의 매수를 청구할 수 있다(제522조의3 제2항). 총주주의 동의에 의한 간이합병의 경우에는 소멸회사의 주주에게는 주식매수청구권 규정이 적용될 여지가 없다.

② **소규모합병**: 존속회사가 합병을 함에 있어서 발행하는 신주 및 이전하는 자기주식의 총수가 그 회사의 발행주식총수의 100분의 10을 초과하지 않고, 소멸회사의 주주에게 제공할 금전이나 그 밖의 재산을 정한 경우에 그 금액이나 그 밖의 재산의 가액이 존속회사의 최종의 대차대조표상으로 현존하는 순재산액의 100분의 5를 초과하지 않는 경우 존속회사의 주주총회의 승인을 이사회의 승인으로 갈음할 수 있는 합병의 방법이다(제527조의3 제1항). 이때에는 합병계약서에 주주총회의 승인을 받지 않는다는 뜻을 기재하여야 하며(제527조의3 제2항), 존속회사는 합병계약서를 작성한 날로부터 2주간 내에 소멸회사의 상호, 본점 소재지, 합병을 할 날, 주주총회의 승인결의 없이 합병을 한다는 뜻을 공고하거나 주주에게 통지하여야 한다(제527조의3 제3항). 다만, 이러한 소규모합병의 절차의 간소화는 존속회사가 소규모합병을 한다는 공고 또는 통지를 한 날로부터 2주 내에 회사에 대하여 서면으로 발행주식총수의 100분의 20 이상에 해당하는 주식을 소유한 주주가 소규모합병의 반대의사를 통지한 때에는 인정되지 않는다(제527조의3 제4항). 소규모합병의 경우에는 존속회사의 합병반대주주의 주식매수청구권이 인정되지

않는다(제527조의3 제5항).

③ **삼각합병:** 모회사가 자회사를 통하여 다른 회사를 합병하는 경우에 이를 삼각합병이라 한다. 우리 상법은 합병시 존속회사가 소멸회사의 주주에게 신주배정에도 불구하고 그 대가의 전부 또는 일부로서 금전이나 그 밖의 재산을 제공할 수 있도록 하고 있으며(제523조 제4호), 이에 따라 소멸하는 회사의 주주에게 제공하는 재산이 존속하는 회사의 모회사 주식을 포함하는 경우에는 존속회사는 그 지급을 위하여 모회사의 주식을 취득할 수 있도록 하여(제523조의2), 삼각합병이 가능하도록 하였다.

3. 합병과 영업양도

합병과 영업양도는 기업의 유지나 자본의 집중이라는 특성은 같지만, 여러 가지 면에서 차이가 있다.

① 영업양도는 모든 상인에게 인정되는 개인법상의 거래행위이지만, 합병은 회사에서만 인정되는 단체법상의 법률행위에 해당한다. 따라서 영업양도는 재산의 이전을 위해 개별적 이전절차를 밟아야 하지만, 합병은 소멸회사의 권리·의무가 포괄적으로 존속 또는 신설회사에 이전하게 된다.

② 영업양도의 양도인이 영업을 양도한 후에도 상인자격을 상실하지 않지만, 합병 후 해산회사는 청산절차를 거치지 않고 소멸하므로 상인자격을 상실한다.

③ 영업양도의 경우 사원의 지위에는 변동이 없으나, 합병의 경우에는 사원이 존속회사 또는 신설회사에 포괄적으로 승계된다.

④ 영업양도의 경우 채권자보호절차가 별도로 필요로 하지 않지만, 합병의 경우에는 채권자보호절차를 필요로 한다.

⑤ 영업양도는 특별한 방식이나 절차를 필요로 하지 않지만, 합병은 계약서의 작성과 법정절차를 거쳐야 한다.

⑥ 영업양도는 자체의 등기가 필요 없으나, 합병은 합병등기가 효력발생요건에 해당한다.

⑦ 영업양도는 일반거래법상의 원칙에 따라 무효주장이 가능하지만, 합병의 무효는 반드시 소송에 의하여야 한다.

⑧ 영업양도인은 경업금지의무가 있으나, 합병의 경우에는 소멸회사의 경업금

지의무가 존재하지 않는다.

⑨ 영업양도는 영업의 일부 양도가 가능하지만, 합병의 경우에는 일부의 합병이라는 것이 인정되지 않는다.

Ⅱ. 합병의 자유와 제한

1. 합병의 자유

회사는 원칙적으로 상법상의 어떤 종류의 회사와도 합병할 수 있다(제174조 제1항). 즉, 합병할 수 있는 회사의 종류에 제한이 없으며, 목적이 다른 회사간에도 합병할 수 있다. 그러나 내국회사와 외국회사의 합병은 인정되지 않으며, 상법과 특별법은 합병의 제한에 관한 규정을 두고 있다.

2. 합병의 제한

(1) 상법상의 제한

① **주식회사·유한회사·유한책임회사의 합병**: 종류가 다른 회사끼리도 합병할 수 있지만, 합병당사회사 중 일방 또는 쌍방이 주식회사, 유한회사 또는 유한책임회사인 때에는 합병 후 존속하는 회사 또는 신설되는 회사는 주식회사, 유한회사 또는 유한책임회사여야 한다(제174조 제2항).

② **미상환사채를 가진 주식회사의 합병**: 유한회사와 주식회사가 합병할 경우 주식회사가 사채의 상환을 완료하지 않으면 유한회사를 존속회사나 신설회사로 하지 못한다(제600조 제2항). 이것은 유한회사가 사채를 발행할 수 없다는 제한 때문이다.

③ **법원의 인가를 요하는 합병**: 유한회사와 주식회사가 합병하여 주식회사가 존속회사 또는 신설회사로 될 때에는 법원의 인가를 얻지 아니하면 합병의 효력이 없다(제600조 제1항). 이것은 현물출자에 의한 주식회사의 설립이나 증자의 경우 법원의 감독을 받게 되어 있는데, 이러한 법원의 감독을 피하기 위한 편법적 방법으로 주식회사가 되는 것을 방지하기 위한 것이다.

④ **해산회사의 합병**: 해산 후 청산 중에 있는 회사는 존립 중의 회사를 존속회사로 하는 경우에만 합병할 수 있다(제174조 제3항).

(2) 특별법에 의한 제한

독점규제 및 공정거래에 관한 법률(제7조, 제12조), 은행법(제55조), 금융산업의 구조개선에 관한 법률(제4조, 제5조), 보험업법(제116조), 신탁업법(제8조), 공업발전법(제8조)에 의하여 합병에 대해 일정한 절차를 요구하고 있다.

Ⅲ. 합병의 절차

1. 합병계약과 합병계약서 작성

합병당사회사의 대표기관에 의해 합병조건, 합병방식, 존속회사 또는 신설회사의 정관의 내용, 기타 합병에 필요한 사항이 합의되어야 한다. 합명회사나 합자회사, 유한책임회사가 합병으로 인하여 신설회사 또는 존속회사가 인적회사 또는 유한책임회사가 되는 경우에는 합병계약에 관하여 특별한 방식을 요하지 않으나(제230조, 제269조, 제287조의41), 합병으로 인하여 존속 또는 신설회사가 주식회사나 유한회사로 되는 경우에는 법정사항이 기재된 합병계약서를 작성하여야 한다(제523조, 제524조, 제525조, 제603조). 소규모합병의 경우에는 합병계약서에 주주총회의 승인을 받지 아니하고 합병을 한다는 뜻을 기재하여야 한다(제527조의3 제2항). 합병계약서의 법정기재사항을 흠결한 경우에는 합병승인결의가 있었다 하더라도 합병무효의 원인이 된다.

2. 합병계약서 등의 공시

주식회사는 합병계약서, 합병을 위하여 신주를 발행하거나 자기주식을 이전하는 경우에는 합병으로 인하여 소멸하는 회사의 주주에 대한 신주의 배정 또는 자기주식의 이전에 관하여 그 이유를 기재한 서면, 각 회사의 최종의 합병대차대조표와 손익계산서를 주주총회 또는 사원총회의 2주간 전부터 합병 후 6개월이 경과할 때까지 공시하여야 한다(제522조의2). 유한회사의 경우에도 합병계약서 등의 공시에 관하여 주식회사에 관한 규정인 상법 제522조의2의 규정이 준용된다(제603조).

3. 합병결의

(1) 합명회사·합자회사·유한책임회사의 경우

합명회사나 합자회사, 유한책임회사에서는 해산 전후를 불문하고 총사원의 동의가 있어야 한다(제230조, 제269조, 제287조의41).

(2) 주식회사의 경우

① **결의요건**: 주식회사에서는 출석주주의 의결권의 3분의 2 이상의 수와 발행주식 총수의 3분의 1 이상의 동의로 하는 주주총회의 특별결의가 있어야 한다(제522조 제3항, 제434조). 그리고 합병으로 인하여 어느 종류의 주주에게 손해를 미치게 될 경우에 별도로 종류주주총회의 결의를 요한다(제436조). 그러나 간이합병의 경우 소멸회사의 주주총회의 승인을 이사회의 승인으로 갈음할 수 있고(제527조의2 제1항), 소규모합병의 경우에는 존속회사의 주주총회의 승인은 이를 이사회의 승인으로 갈음할 수 있다(제527조의3 제1항).

② **합병반대주주의 주식매수청구권**: 합병결의에 반대하는 주주(의결권이 없거나 제한되는 주주 포함)는 주주총회 전에 회사에 대하여 서면으로 그 결의에 반대하는 의사를 통지하고, 그 총회의 결의일(간이합병의 경우에는 이사회결의로 갈음한다는 통지 또는 공고한 날부터 2주 내 서면으로 반대의사를 표시한 주주는 그 기간이 경과한 날)로부터 20일 이내에 주식의 종류와 수를 기재한 서면으로 회사에 대하여 자기가 소유하는 주식의 매수를 청구할 수 있다(제522조의3 제1항). 주식매수청구권은 주주의 형성권에 해당하며, 주식매수청구가 있는 경우 회사는 2개월 내에 주식을 매수하여야 한다(제374조의2 제2항).

(3) 유한회사의 경우

유한회사에서는 총사원의 반수 이상이며 의결권의 4분의 3 이상의 동의에 의한 사원총회의 특별결의가 있어야 한다(제598조, 제585조). 이 경우 유한회사 사원이 합병에 반대하는 경우 지분매수청구권에 관해서는 상법상 그 규정이 없으므로, 지분매수청구가 인정되지 않는다.

4. 채권자보호절차

회사는 합병결의가 있은 후 2주간 내에 회사채권자에 대하여 합병에 이의가 있으면 1월 이상의 일정한 기간 내에 이를 제출할 것을 공고하고, 알고 있는 채권자에 대하여는 각별로 최고하여야 한다(제232조 제1항, 제269조, 제287조의41, 제530조 제2항, 제603조). 채권자가 이 기간 내에 이의를 제출하지 아니한 때에는 합병을 승인한 것으로 본다(제232조 제2항, 제269조, 제287조의41, 제530조 제2항, 제603조). 이의를 제출한 채권자가 있는 때에는 회사는 그 채권자에 대하여 변제하거나 상당한 담보를 제공하거나, 이를 목적으로 상당한 재산을 신탁회사에 신탁하여야 한다(제232조 제3항, 제269조, 제287조의41, 제530조 제2항, 제603조). 주식회사에서 사채권자가 이의를 제출하는 경우에는 사채권자집회의 결의가 있어야 하며, 이 경우 법원은 사채권자만을 위해 이해관계인의 청구에 의해 이의기간을 연장할 수 있다(제530조 제2항, 제439조 제3항). 채권자의 이의제출은 서면이나 구두로도 가능하다.

5. 신설합병의 경우 설립위원 선임

신설합병의 경우에는 합병결의와 동일한 방법으로 당사회사에서 설립위원을 선임하여야 하며(제175조 제2항), 정관작성 기타 설립에 관한 행위는 이 설립위원이 공동으로 하여야 한다(제175조 제1항).

6. 창립총회 또는 보고총회의 소집

주식회사와 유한회사의 신설합병의 경우에 설립위원은 설립에 관한 절차가 완료된 때 창립총회를 소집하여야 하며(제527조 제1항, 제603조), 창립총회에서는 합병계약의 취지에 위반하지 않는 한 정관변경의 결의를 할 수 있다(제527조 제2항). 흡수합병의 경우에 존속하는 주식회사나 유한회사는 합병에 관한 보고총회를 소집하여 합병에 관한 사항을 보고하여야 한다(제526조 제1항, 제603조). 합병보고총회에서 합병 당시에 발행하는 신주의 인수인은 주주와 동일한 권리가 있다(제526조 제2항). 그러나 주식회사의 창립총회 또는 보고총회는 이사회의 공고로써 갈음할 수 있다(제526조 제3항, 제527조 제4항).

7. 합병등기

합병절차가 끝난 때에는 합병등기를 하여야 한다. 본점소재지에서는 2주간내, 지점소재지에서는 3주간 내에 존속회사는 변경등기, 소멸회사는 해산등기, 신설회사는 설립등기를 하여야 한다(제233조, 제528조 제1항). 이 기간은 합명회사와 합자회사에서는 합병절차가 끝난 때로부터 기산한다(제233조, 제269조, 제287조의41). 주식회사가 합병한 때에는 흡수합병의 경우에는 보고총회가 종결한 날 또는 이사회의 공고일, 신설합병의 경우에는 창립총회가 종결한 날 또는 이사회의 공고일로부터 기산한다(제528조 제1항). 유한회사의 경우에는 사원총회가 종결한 날로부터 기산한다(제602조).

주식회사의 경우 합병으로 전환사채 또는 신주인수권부사채를 승계한 때에는 합병등기와 동시에 그 승계에 대해서도 등기하여야 한다(제528조 제2항).

8. 합병에 관한 서류의 사후공시

주식회사의 경우에 이사는 채권자의 이의절차의 결과, 합병을 한 날, 합병으로 인하여 소멸하는 회사로부터 승계한 재산의 가액과 채무액, 기타 합병에 관한 사항 등을 기재한 서면을 합병을 한 날로부터 6월간 본점에 비치하여야 한다(제527조의6 제1항).

9. 등기의 효력

합병은 존속회사의 본점소재지에서 변경등기를 한 때 또는 신설회사의 본점소재지에서 설립등기를 한 때 그 효력이 발생한다(제234조, 제269조, 제287조의41, 제530조 제2항, 제603조).

Ⅳ. 합병의 효과

1. 회사의 소멸과 신설

합병을 해산사유의 하나로 규정하고 있기 때문에(제227조 4호, 제269조, 제287조의38, 제517조 1호, 제609조 제1항 1호), 흡수합병의 경우에는 존속회사 이외의 당사회사, 신설합병의 경우에는 모든 당사회사가 소멸한다. 회사는 합병 후 소멸하더라도 청산절차를 거치지 않는다.

2. 권리·의무의 포괄적 승계

존속회사 또는 신설회사는 소멸하는 회사의 모든 권리·의무를 포괄적으로 승계한다(제235조, 제269조, 제287조의41, 제530조 제2항, 제603조). 승계되는 권리·의무에는 공법상의 권리·의무도 포함된다(판례). 포괄승계의 경우 권리·의무의 이전을 위하여 특별한 행위가 필요 없으나, 제3자에 대하여 이전의 대항요건을 필요로 하는 권리는 그 절차를 밟아야 한다. 소멸하는 회사의 주식이 정관에 의하여 그 양도가 제한되는 주식이라도 양도의 승인을 청구할 필요가 없고, 근로계약상의 지위도 원칙적으로 승계한다(판례).

3. 사원의 수용

합병에 의해 소멸회사의 사원은 존속회사나 신설회사의 사원이 된다. 다만, 소멸회사의 주주 중에서 단주로 인하여 제외되거나 합병교부금을 받은 경우, 주식매수청구권을 행사한 주주는 존속회사 또는 신설회사의 사원이 될 수 없다. 사원의 지위는 합병계약에 따라 정해진다.

4. 소송법상의 효과

소송당사자인 회사가 합병으로 인해 소멸할 경우 소송절차가 중단되고 존속회사 또는 신설회사가 이 소송절차를 수계(受繼)한다(민소법 제212조 제1항).

5. 이사 및 감사의 임기

합병 후 존속하는 회사의 이사 및 감사로서 합병 전에 취임한 자는 합병계약서에 다른 정함이 있는 경우를 제외하고는 합병 후 최초로 도래하는 결산기의 정기총회가 종료한 때에 퇴임한다(제527조의4 제1항).

6. 법정준비금의 승계

특수한 목적을 위하여 소멸회사가 적립한 법정준비금은 존속회사 또는 신설회사가 그러한 사업을 승계함에 따라 존속시킬 필요가 있으므로 이를 승계할 수 있고(제459조 제2항), 존속회사는 종래의 법정준비금을 반드시 보존하여야 한다.

7. 질권의 물상대위

주식회사의 합병시에는 주식의 병합을 하지 아니하는 경우에 합병으로 인하여 소멸하는 회사의 주식을 목적으로 하는 질권은 신설회사 또는 존속회사로부터 발행되는 주식에 물상대위가 인정되며, 등록질권자는 주권의 교부를 청구할 수 있다(제530조 제4항, 제340조 제3항).

8. 자기주식의 취득

흡수합병의 경우 존속하는 회사가 합병을 하면서 자기주식을 이전하는 경우에는 자기주식을 취득할 수 있다(제523조 3호).

9. 모회사주식의 취득 및 처분

존속회사가 합병을 하면서 신주의 배정 또는 자기주식의 이전의 대가의 전부 또는 일부를 금전 기타 재산으로 지급하는 경우, 그 재산이 존속하는 회사의 모회사주식을 포함하는 경우에 존속하는 회사는 그 지급을 위하여 모회사주식을 취득할 수 있고, 합병 후에도 계속 보유하는 경우에는 합병의 효력이 발생하는 날부터 6개월 이내에 처분하여야 한다(제523조의2 제1항·제2항).

Ⅴ. 합병무효의 소

1. 무효의 원인

합병은 단체법상의 행위이므로 법률관계의 획일적 처리를 위해 합병에 하자가 있는 경우 반드시 소(訴)에 의해서만 무효를 주장할 수 있다. 무효가 되는 예로는 ① 합병의 제한에 관한 규정위반, ② 합병계약서의 법정요건 흠결, ③ 합병결의의 하자, ④ 채권자보호절차의 불이행, ⑤ 합병비율의 불공정 등을 들 수 있다.

【판례】 대법원 2009.4.23.선고 2005다22701 · 22718판결

현저하게 불공정한 합병비율을 정한 합병계약은 사법관계를 지배하는 신의성실의 원칙이나 공평의 원칙 등에 비추어 무효이고, 따라서 합병비율이 현저하게 불공정한 경우 합병할 각 회사의 주주 등은 상법 제529조에 의하여 소로써 합병의 무효를 구할 수 있다. 다만, 합병비율은 자산가치 이외에 시장가치, 수익가치, 상대가치 등의 다양한 요소를 고려하여 결정되어야 할 것인 만큼 엄밀한 객관적 정확성에 기하여 유일한 수치로 확정할 수 없고, 그 제반요소의 고려가 합리적인 범위 내에서 이루어진 것이라면 결정된 합병비율이 현저하게 부당하다고 할 수 없다. 따라서 합병당사회사의 전부 또는 일부가 주권상장법인인 경우 증권거래법(현재는 폐지된 법률임)과 그 시행령 등 관련 법령이 정한 요건과 방법 및 절차 등에 기하여 합병가액을 산정하고 그에 따라 합병비율을 정하였다면 그 합병가액 산정이 허위자료에 의한 것이라거나 터무니없는 예상 수치에 근거한 것이라는 등의 특별한 사정이 없는 한, 그 합병비율이 현저하게 불공정하여 합병계약이 무효로 된다고 볼 수 없다.

2. 소의 당사자

(1) 원 고

합병무효의 소제기권자는 각 회사마다 규정을 두고 있다. 합명회사·합자회사·유한책임회사에 있어서는 각 회사의 사원·청산인·파산관재인·합병을 승인하지 않은 회사채권자에 한하며(제236조 제1항, 제269조, 제287조의41), 주식회사·유한회사에 있어서는 각 회사의 사원(주주)·이사·감사·청산인·파산관재인·합병을 승인하지 않은 회사채권자이다(제529조 제1항, 제603조). 공정거래법을 위반한 경우 공정거래위원회도 합병무효의 소를 제기할 수 있다(독점규제법 제16조 제2항).

(2) 피 고

피고는 존속회사 또는 신설회사이다.

3. 소절차

합병무효의 소는 합병등기 후 6월 내에 제기하여야 한다(제236조 제2항, 제269조, 제287조의41, 제529조 제2항, 제603조). 기타 관할, 소제기의 공고, 소의 병합심리, 하자가 보완된 경우의 법원의 자유재량권, 패소원고의 책임 등은 회사설립무효의 소에 관한 규정이 준용된다(제240조, 제186조부터 제189조까지). 회사채권자가 소를 제기한 경우 회사는 원고의 악의를 소명하고 법원에 담보제공명령을 내릴 것을 청구할 수 있다(제237조, 제269조, 제287조의41, 제530조, 제603조, 제176조 제3항·제4항).

4. 무효판결의 효과

(1) 원고승소의 경우

① **대세적 효력**: 합병무효의 판결은 원고·피고뿐만 아니라 제3자에게도 효력이 미친다. 따라서 무효판결이 확정된 후에는 누구도 새로이 그 효력을 다투지 못한다.

② **불소급효**: 합병무효의 판결은 소급효가 제한되고 장래에 대해서만 그 효력이 있다. 이는 합병무효의 효력의 소급에 따른 법률관계의 혼란을 방지하기 위해 인정되는 효력이다.

③ **합병 전의 상태로의 환원**: 합병무효판결이 확정되면 당사회사들은 합병 전의 상태로 환원된다. 존속회사 또는 신설회사는 소멸회사로부터 승계한 권리·의

무가 당연히 부활된 소멸회사에 복귀한다. 그러나 합병무효판결의 소급효가 제한되므로 합병 이후 존속회사나 신설회사가 권리를 처분하였거나 의무를 이행한 때에는 그 가액에 따른 현존가치로 환산하여 청산하여야 한다. 소멸회사의 주주는 부활한 소멸회사의 주주가 되지만, 단주처리에 의해 대가를 지급받은 주주, 주식매수청구권을 행사한 주주는 당연히 부활한 회사의 주주가 되지 못한다. 합병 후 존속회사나 신설회사가 부담한 채무에 대해서는 합병당사회사가 연대책임을 부담하고, 합병 후 존속회사나 신설회사가 취득한 재산은 합병당사회사의 공유로 한다(제239조, 제269조, 제287조의41, 제530조, 제603조).

④ **합병무효의 등기**: 합병무효의 판결이 확정되면 본점 또는 지점소재지에서 존속회사는 변경등기, 신설회사는 해산등기, 소멸회사는 회복등기를 하여야 한다(제238조, 제269조, 제287조의41, 제530조, 제603조). 이 등기는 수소법원(受訴法院)의 촉탁에 의한다(비송사건절차법 제99조, 제98조).

(2) **원고패소의 경우**

원고에게 악의 또는 중대한 과실이 있는 때에는 회사에 대하여 손해를 배상할 책임을 진다(제240조, 제269조, 제287조의41, 제530조, 제603조, 제191조).

제5절 회사의 분할

Ⅰ. 의의 및 법적 성질

회사분할이라 함은 하나의 회사의 영업을 둘 이상으로 분리하고 분리된 영업재산을 자본금으로 하여 회사를 신설하거나 다른 회사와 합병시키는 조직법적 행위를 말한다. 상법은 회사가 분할하여 1개 또는 수개의 회사를 신설하는 경우를 분할이라 하고(제530조의2 제1항), 회사가 분할하여 1개 또는 수개의 회사와 합병하는 경우를 분할합병이라고 하고 있으나(제530조의2 제2항), 보통은 이들 양자를 모두 포함하여 회사의 분할이라 한다. 분할의 법적 성질에 대해서는 인격분할설과 현물출자설의 대립이 있다.

사실상의 분할

일반적으로 양도회사의 영업재산에 대한 포괄방식을 취하지 않으면서 양도회사의 적극재산과 소극재산 및 사원이 하나 또는 둘 이상의 양수회사로 이전됨으로써 부분적 포괄승계를 본질로 하는 회사법상의 분할과 동일한 경제적 효과를 거둘 수 있는 우회적인 방법의 회사분할 형태를 강학상 사실상의 분할이라 한다.

Ⅱ. 회사분할의 경제적 효용

회사의 분할은 품질향상을 통한 경쟁력 강화, 경영의 전문화와 효율화 도모, 경영의 위험부담범위 한정, 특정한 영업부문의 타 기업과의 제휴, 불필요한 영업부분의 분리, 기업구조조정 등의 경제적 효용성을 갖는다.

Ⅲ. 분할의 방법

1. 단순분할과 분할합병

(1) 단순분할

단순분할은 분할회사의 영업을 분할하고 이를 출자하여 2개 이상의 회사를 신설하면서 분할회사는 해산하는 소멸분할과 분할회사의 영업 중 일부를 신설회사에 출자하고 분할회사는 나머지 영업을 가지고 존속하는 존속분할이 있다.

(2) 분할합병

분할합병에는 분할회사가 자신의 영업을 존속 중인 2개 이상의 회사에 출자하고 분할회사는 해산하는 소멸분할합병과, 분할회사가 자신의 영업의 일부를 다른 회사에 출자하고 자신은 나머지 영업으로 존속하는 존속분할합병이 있다. 또한 분할회사의 영업의 일부를 다른 기존의 회사에 출자하여 그 다른 회사의 일부로 만들어 자기 사업을 분할하는 흡수분할합병과, 분할회사의 영업의 일부와 다른 기존 회사의 영업의 전부 또는 일부를 합하여 새로운 회사를 설립하는 신설분할합병이 있다.

2. 인적 분할과 물적 분할

인적 분할은 분할하는 회사의 주주가 분할 후에 신설되는 회사 또는 출자를 받는 기존회사의 주식을 배정받는 경우를 말하고, 물적 분할은 분할회사가 자신이 분할 후에 신설되는 회사 또는 출자를 받는 기존회사의 주식을 모두 취득하는 경우를 말한다. 물적 분할에 대해서는 회사법 제11절의 규정을 준용한다(제530조의12).

Ⅳ. 분할의 제한

회사의 분할은 주식회사에서만 인정되며, 합명회사·합자회사·유한책임회사·유한회사에서는 인정되지 않는다. 그리고 해산 후의 회사는 존립 중의 회사를 존속하는 회사로 하여 합병하거나 새로 회사를 설립하는 경우에만 분할할 수 있다(제530조의2 제4항). 즉, 소멸분할과 흡수분할합병만이 가능하다.

Ⅴ. 분할절차

1. 분할계획서 등의 작성과 공시

회사가 분할하기 위해서는 먼저 일정한 법정기재사항(제530조의5, 제530조의6)을 기재한 분할계획서와 분할합병계약서를 작성하고(제530조의3 제1항), 분할계획서와 분할합병계약서는 주주총회의 회일의 2주 전부터 분할의 등기를 한 날 또는 분할합병을 한 날 이후 6개월간 본점에 비치하여야 한다. 분할되는 부분의 대차대조표, 분할합병의 경우 분할합병의 상대방회사의 대차대조표, 분할 또는 분할합병을 하면서 신주가 발행되거나 자기주식이 이전되는 경우에는 분할회사의 주주에 대한 신주의 배정 또는 자기주식의 이전에 관하여 그 이유를 기재한 서면도 주주총회 회일의 2주 전부터 분할의 등기를 한 날 또는 분할합병을 한 날 이후 6개월간 본점에 비치하여야 한다(제530조의7 제1항).

2. 분할결의

(1) 주주총회의 특별결의

회사의 분할은 주주총회의 특별결의에 의한 승인을 얻어야 한다(제530조의3 제

1항·제2항). 주주총회의 특별결의에는 의결권 없는 주식을 가진 주주도 의결권을 행사할 수 있다(제530조의3 제3항). 이를 위한 주주총회를 소집할 때에는 분할계획 또는 분할합병계약의 요령을 소집통지에 기재하여야 한다(제530조의3 제4항).

(2) 종류주주총회

분할회사가 종류주식을 발행한 경우, 분할로 인하여 어느 종류의 주주에게 손해를 미치게 될 때에는 종류주주총회의 결의를 얻어야 한다(제530조의3 제5항).

(3) 주주부담을 가중시키는 경우의 특수결의

분할 또는 분할합병으로 인하여 분할에 관련된 각 회사의 주주의 부담이 가중되는 경우에는 주주총회의 특별결의와 종류주주총회 이외에 주주 전원의 동의를 얻어야 한다(제530조의3 제6항).

(4) 간이분할합병·소규모분할합병의 경우

간이분할합병의 경우 분할회사의 주주총회를 분할회사의 이사회의 결의로 갈음할 수 있고(제530조의11 제2항, 제527조의2), 소규모분할합병의 경우 존속회사의 주주총회의 결의는 존속회사의 이사회의 결의로 갈음할 수 있다(제530조의11 제2항, 제527조의3).

3. 채권자보호절차

(1) 단순분할의 경우

단순분할의 경우에는 분할회사의 재산의 일부가 분할회사에 남고 일부가 분할신설회사에 옮겨지거나 분할회사의 재산이 2개 이상의 분할신설회사로 나누어져 전부 옮겨지게 되므로, 분할회사의 채권자를 위한 책임재산이 줄어드는 것 같지만, 분할신설회사들이 분할회사의 채권자에 대해 연대책임을 지므로 채권자보호절차가 필요하지 않다. 그러나 신설회사가 분할회사의 채무에 대해 출자한 재산에 관한 채무만을 부담하기로 정한 경우(제530조의9 제2항), 분할회사의 주주에게 교부금을 지급하는 경우(제530조의5 제1항 5호)에는 채권자보호절차가 필요하다.

(2) 분할합병의 경우

분할합병의 경우에는 분할합병의 당사회사의 채권자가 책임재산을 공유하게 되므로 분할회사의 채권자에게 있어서는 담보재산과 책임주체에 중대한 변화를 가져온다. 따라서 당사회사의 채권자보호절차가 필요하다.

4. 주식매수청구권

단순분할의 경우에는 반대주주에게 주식매수청구권을 인정하지 않지만, 분할합병의 경우에는 반대주주의 주식매수청구권을 인정하고 있다(제530조의11 제2항, 제522조의3). 다만, 소규모 분할합병의 경우에는 존속회사의 반대주주에게 주식매수청구권을 인정하지 않는다(제530조의11 제2항, 제527조의3 제5항).

5. 기타 절차

분할합병 신설회사 또는 단순분할 신설회사의 창립총회와 보고총회는 합병의 규정(제527조, 제526조 제3항)이 준용된다(제530조의11 제1항). 단순분할에 의하여 설립되는 신설회사는 분할회사의 영업재산의 출자만으로도 설립할 수 있는데, 이 경우에 분할회사의 주주에게 그 주주가 보유하고 있는 분할회사의 주식에 비례하여 신설회사의 주식이 발행되는 경우 검사인의 설립조사 및 법원에 대한 보고절차는 배제된다(제530조의4 제2항). 그러나 분할합병의 경우에는 특별규정이 없기 때문에 검사인의 조사 및 법원에 대한 보고가 있어야 한다.

Ⅵ. 분할등기

분할의 효력은 분할등기를 함으로써 발생한다. 분할당사회사의 등기에 관해서는 회사의 합병등기에 관한 규정(제528조)이 준용된다(제530조의11 제1항). 따라서 신설되는 회사는 설립등기, 분할회사는 존속분할의 경우 변경등기와 소멸분할의 경우 해산등기, 흡수분할합병의 경우 분할승계회사는 변경등기를 하여야 한다. 또한 회사의 분할 이후에 존속하는 회사나 설립되는 회사가 회사의 분할 또는 분할합병으로 인하여 전환사채나 신주인수권부사채를 승계한 때에는 분할등기와 동시에 사채의 등기를 하여야 한다.

Ⅶ. 분할의 효과

1. 법인격의 동일성 상실

회사의 합병의 경우에는 법인격이 합일(合一)되므로 합병 전의 회사의 법인격은 합병 후의 회사에서 그 동일성이 유지되지만, 분할의 경우에는 법인격의 승계라는 것은 생기지 않는다.

2. 분할에 의한 회사의 설립

회사의 분할에 의하여 회사를 설립하는 경우에는 주식회사의 설립에 관한 규정을 준용한다. 다만, 분할되는 회사(분할회사)의 출자만으로 회사가 설립되는 경우에는 법원의 변태설립사항에 대한 조사 규정인 상법 제299조를 적용하지 않는다(제530조의4).

3. 권리·의무의 포괄적 이전

회사의 분할은 분할계획서나 분할합병계약서에서 정한 바에 의하여 분할회사의 적극 및 소극재산이 분할등기시에 단순분할 신설회사, 분할합병 신설회사, 분할합병 승계회사에 법률상 당연히 승계된다(제530조의10). 따라서 분할회사의 재산은 별도의 이전행위나 공시방법을 요하지 않고 분할로 인한 등기를 한 때에 이전되는 것으로 본다. 분할계획 또는 분할합병계약에 의해 이전된 영업재산에 관한 소송은 신설회사가 수계할 수 있고 분할합병의 경우에는 분할합병의 상대회사가 이를 인수할 수 있다(판례). 한편, 존속분할의 경우 분할회사가 신설회사에 이전한 영업에 관하여는 분할회사와 신설회사를 보호하기 위하여 상호 경업금지의무를 부담한다.

4. 분할회사의 채무승계와 책임

(1) 채무의 승계

단순분할 신설회사, 분할합병 승계회사, 분할합병 신설회사는 분할계획 또는 분할합병계약에 의해 특정된 채무만을 인수할 뿐이다(제530조의10). 분할합병의 경우에는 채권자이의절차를 거치므로 이의를 제기하지 않는 채권자는 채무자의 변경을 승낙한 것으로 볼 수 있다. 단순분할의 경우에는 분할 전의 회사채무에 관하여 신설회사가 연대책임을 부담하므로(제530조의9 제1항), 채권자는 채무의 승계로 인하여 특별히 불이익을 받지 않기 때문에 채권자의 승낙을 요하지 않는다. 또한 소멸분할(완전분할)의 경우에는 채무의 승계에 채권자가 승낙한다는 것은 무의미하다. 따라서 소멸분할의 경우에 있어서 회사분할로 인한 채무의 승계에는 채권자의 승낙을 요하지 않는다.

(2) 연대책임

분할회사, 단순분할 신설회사, 분할승계회사 또는 분할합병 신설회사는 분할 또는 분할합병 전의 회사채무(분할 전에 발생한 채무라면 변제기가 도래하지 않은 채무 포함)에 관하여 연대하여 변제할 책임이 있으나(제530조의9 제1항), 분할 후에 발생한 분할회사의 채무는 연대책임의 대상이 되지 않는다(판례). 한편, 분할되는 회사가 상법 제530조의3 제2항 또는 제3항의 규정에 의한 결의로 분할 또는 분할합병에 의하여 회사를 설립하는 경우 단순분할 신설회사, 분할합병 승계회사 또는 분할합병 신설회사가 분할되는 회사의 채무 중에서 출자한 재산에 관한 채무만을 부담하게 할 수 있다(제530조의9 제2항·제3항).

【판례】 대법원 2004.7.9.선고 2004다17191판결

회사분할에 있어서 분할계획서상 분할기준일 이전의 분할 전의 회사채무에 관하여 신설회사의 연대책임원칙을 배제하는 규정을 두고 있음에도, 분할기준일 후의 분할 전의 회사채무에 대하여 분할계획서에 특별한 규정을 두고 있지 아니하는 경우, 회사분할에 있어서 신설회사는 원칙적으로 분할 전의 회사채무에 관하여 연대하여 변제할 책임이 있고(상법 530조의9 제1항), 회사가 상법 제530조의3 제2항의 규정에 의한 특별결의로 분할에 의하여 회사를 설립하면서, 신설회사가 분할되는 회사의 채무 중에서 출자한 재산에 관한 채무만을 부담할 것을 정함으로써 출자한 재산에 관한 채무 외의 채무에 대하여는 부담하지 아니할 것을 정할 수 있으나(상법 제530조의9 제2항), 출자한 재산에 관한 채무에 관하여는 위 규정에 의하더라도 신설회사가 그 책임을 면할 수 없는 것이 원칙이므로, 특별한 사정이 없는 한 신설회사에 출자한 재산에 관한 채무는 그것이 분할기준일 후부터 분할 전까지 발생한 것이라도 신설회사에 승계되는 것으로 보아야 한다.

5. 이사·감사의 선임 및 정관변경

단순분할의 경우 또는 신설분할합병의 경우 각각 분할계획서 또는 분할합병계약서에서 신설회사의 이사와 감사를 정할 수 있다(제530조의5 제1항 9호, 제530조의6 제2항 1호). 흡수분할합병의 경우 분할합병계약서에 상대방회사의 이사와 감사를 정할 수 있다(제530조의6 제1항 10호). 또한 흡수분할합병계약서에 상대방회사의 정관 변경사항을 기재할 수 있다(제530조의6 제1항 11호).

6. 주식의 귀속

분할회사의 주주들은 분할계획서 또는 분할합병계약서에서 정한 바에 따라 신설회사 또는 흡수분할합병의 상대방회사의 주식을 교부받게 된다. 물적 분할의 경우에는 신설회사 또는 기존회사의 증가된 자본금에 해당하는 주식은 분할회사 자신이 발행받게 된다.

7. 법정준비금의 승계

분할 또는 분할합병으로 인하여 설립된 회사 또는 존속하는 회사에 출자된 재산의 가액이 출자한 회사로부터 승계한 채무액, 출자한 회사의 주주에게 지급한 금액과 설립된 회사의 자본금액 또는 존속하는 회사의 자본금 증가액을 초과한 때에는 그 초과금액 중 분할되는 회사의 이익준비금 기타 법정준비금은 분할·분할합병 후 존속 또는 신설되는 회사가 이를 승계할 수 있다(제459조 제2항).

8. 자기주식의 취득

분할승계회사가 분할합병을 하면서 분할회사의 주주에 대하여 자기주식을 이전하는 경우에는 자기주식을 취득할 수 있다(제530조의6 2호).

9. 모회사 주식의 취득 및 처분

분할합병의 경우 분할합병 승계회사가 분할회사의 주주에게 신주배정 또는 자기주식의 이전의 대가로 전부 또는 일부를 금전 또는 그 밖의 재산으로 제공하는 경우, 그 재산이 분할합병 승계회사의 모회사 주식을 포함하는 경우에는 분할합병 승계회사는 모회사의 주식을 취득할 수 있고, 분할합병 후에도 계속 보유하는 경우에는 분할합병의 효력이 발생하는 날부터 6개월 이내에 그 주식을 처분하여야 한다(제530조의6 제4항·제5항).

Ⅷ. 분할무효의 소

1. 무효의 원인

회사분할의 무효에 관해서는 합병무효의 소에 관한 규정이 준용되며(제530조의11 제1항, 제529조, 제237조 내지 제240조), 그 원인으로는 분할계획서 또는 분할합병계약서의 내용이 강행법규에 위반되거나 현저하게 불공정한 경우를 들 수 있다.

2. 소의 당사자

(1) 원 고

분할무효의 소는 분할절차에 중대한 하자가 있는 경우에 각 회사의 주주·이사·감사·청산인·파산관재인·분할을 승인하지 않은 채권자가 제기할 수 있다(제530조의11 제1항, 제529조). 여기서 주주·이사는 존속하는 분할회사나 신설회사 또는 분할합병에 있어서의 상대방회사의 주주·이사를 말한다.

(2) 피 고

분할무효판결의 효력은 회사조직의 변동을 초래하므로 당연히 회사를 피고로 하여야 하며, 회사는 분할로 인해 신설된 회사, 존속하는 회사 모두를 공동피고로 하는 필요적 공동소송이 되어야 한다.

3. 기타의 소송절차

기타 소제기절차는 회사합병무효의 소에 관한 규정이 준용된다(제530조의11 제1항, 제240조, 제186조 내지 제191조).

4. 무효판결의 효력

분할무효의 판결의 효력은 당사자 이외에 제3자에 대해서도 효력이 있고(대세적 효력), 판결의 효력은 소급하지 않는다. 그 이외의 무효판결의 효력은 합병무효의 판결의 효력에 관한 규정(제239조)을 준용하고 있다(제530조의11 제1항). 그리고 단순분할의 경우 무효판결은 바로 분할에 의해 신설된 회사의 설립이 무효로 되어 분할당사회사간의 법률관계가 회복된다. 또한 분할합병의 무효의 경우 신설회사가 분할회사 및 상대방회사로부터 승계한 재산과 채무는 각기 분할 전의 상태로 복귀한다.

따라서 분할합병 후에 신설회사가 취득한 재산은 분할회사 및 그 상대방회사의 공유로 하고, 분할 후의 회사가 부담한 채무는 쌍방회사의 연대채무로 한다(제239조).

제6절 회사의 해산

Ⅰ. 의의 및 사유

1. 의 의

회사의 해산이란 회사의 법인격을 소멸시키는 원인이 되는 법률요건을 말한다. 해산에 의해 회사는 청산의 목적범위 내에서 존속하게 되고(제245조, 제542조), 청산절차가 종료한 때에 법인격을 소멸하게 된다. 해산 후의 회사의 법적 성질에 대해서는 해산 전의 회사와 동일성을 갖는다는 견해(동일회사의 존속설)가 통설이다.

2. 해산사유 및 등기

(1) 해산사유

해산사유에 대해서는 회사의 종류에 따라 각기 다르게 규정하고 있다(제227조, 제269조, 제285조 제1항, 제287조의38, 제517조, 제609조).

① **합명회사**: 합명회사의 해산사유는 존립기간의 만료 기타 정관으로 정한 해산사유의 발생, 총사원의 동의, 사원이 1인이 된 때, 합병, 파산, 법원의 해산명령 또는 해산판결 등이다(제227조).

② **합자회사**: 합자회사의 해산사유는 합명회사와 같지만(제269조, 제227조), 무한책임사원 또는 유한책임사원의 전원이 퇴사한 때에도 당연히 해산하게 된다(제285조 제1항).

③ **유한책임회사**: 유한책임회사는 존립기간의 만료 기타 정관으로 정한 사유의 발생, 총사원의 동의, 합병, 파산, 법원의 해산명령 또는 해산판결, 사원이 없게 된 경우에 해산한다(제287조의38).

④ **주식회사**: 주식회사는 존립기간의 만료 기타 정관으로 정한 사유의 발생, 합

병, 파산, 분할·분할합병, 해산명령, 해산판결, 주주총회의 특별결의 등의 사유에 의해 해산한다(제517조). 그리고 휴면회사의 해산의제가 인정된다(제520조의2).

⑤ **유한회사**: 유한회사는 존립기간의 만료 기타 정관으로 정한 사유의 발생, 합병, 파산, 해산명령, 해산판결, 사원총회의 특별결의에 의하여 해산한다(제609조).

(2) 해산등기

해산한 때에는 합병과 파산의 경우를 제외하고는 해산사유가 있는 날로부터 본점소재지에서는 2주간 내에, 지점소재지에서는 3주간 내에 해산등기를 하여야 한다(제228조, 제521조의2). 한편, 주식회사가 해산한 때에는 이사는 지체없이 주주에 대하여 그 통지를 하여야 한다(제521조).

Ⅱ. 해산명령과 해산판결

1. 해산명령

(1) 의 의

모든 회사에 공통적으로 적용되는 해산사유로서 법원의 해산명령제도가 있다. 이 제도는 회사제도가 남용되어 공익을 해(害)하게 되어 회사의 존속을 허용할 수 없을 때 그 법인격을 박탈하기 위해 인정된 것이다. 해산명령은 이해관계인이나 검사의 청구 또는 법원의 직권으로 할 수 있다(제176조 제1항).

(2) 사 유

① **회사의 설립목적이 불법인 경우**(제176조 제1항 1호): 정관에 기재된 목적 자체가 불법한 경우 또는 설립의 배후 기도가 불법인 경우를 포함한다(예 정관에 숙박업으로 되어 있으나 실제로는 도박업을 목적으로 하는 경우).

② **회사가 정당한 사유 없이 설립 후 1년 내에 영업을 개시하지 아니하거나 1년 이상 영업을 휴지한 때**(제176조 제1항 2호): 정당한 사유 없이 영업을 하지 않을 경우 해산시킬 수 있으므로 「정당한 사유」의 유무를 판단하는 것이 중요한 문제이다. 사업자금의 부족, 영업실적의 부진과 같은 내부적 여건은 정당한 사유가 있다고 할 수 없고, 개업준비에 1년 이상 소요되거나 영업의 성질로 보

아 장기간 준비가 불가피하다면 정당한 사유가 있다고 보아야 한다. 「영업의 개시」는 회사의 목적인 사업 자체를 개시하는 것을 말하며, 영업의 전부를 개업하지 않더라도 중요한 일부를 개업한 때에는 해산명령의 사유가 되지 않는다.

③ **이사 또는 회사의 업무를 집행하는 사원이 법령 또는 정관에 위반하여 회사의 존속을 허용할 수 없는 행위를 한 때**(제176조 제1항 3호): 이 경우로는 이사 등의 기관의 지위에서 법령 또는 정관에 위반되는 행위를 한 경우뿐만 아니라 그 지위를 남용하여 자기의 이익을 위하여 법령 또는 정관에 위반하는 행위를 한 경우도 포함된다.

(3) 절 차

법원은 이해관계인이나 검사의 청구에 의하여 또는 직권으로 해산을 명할 수 있다. 여기서 이해관계인이란 사원·임원·회사채권자·이사 등의 위법행위로 피해를 입은 자 등 회사존립에 직접 법률상 이해관계가 있는 자를 말한다(판례). 이해관계인의 청구에 의하여 진행되는 해산명령절차는 비송사건절차법에 의한다. 해산명령의 청구가 있는 경우 회사의 청구에 의하여 해산청구인인 이해관계인에게 상당한 담보의 제공을 명할 수 있다(제176조 제3항). 이때 회사는 이해관계인의 청구가 악의임을 소명(疏明)하여야 한다(제176조 제4항). 그리고 해산명령의 청구가 있는 때에는 법원은 이해관계인이나 검사의 청구에 의하여 또는 직권으로 관리인의 선임 기타 회사재산의 보전에 필요한 처분을 할 수 있다(제176조 제2항).

(4) 효 과

해산명령재판의 확정으로 회사는 해산하고, 소정기간 내에 해산등기를 하여야 한다(제228조, 제269조, 제530조, 제613조 제1항).

2. 해산판결

(1) 의 의

해산판결제도는 사원의 이익을 보호하기 위하여 인정되고, 사원에 한하여 청구할 수 있고, 일반 소송사건으로서 판결에 의하는 점에서 해산명령제도와 다르다.

(2) 사 유

① **인적회사**: 합명회사와 합자회사 또는 유한책임회사의 사원은 부득이한 사유

가 있을 때에 법원에 회사의 해산을 청구할 수 있다(제241조 제1항, 제269조, 제287조의42). 여기서 「부득이한 사유」란 사원간의 불화가 극심하여 더 이상 업무집행이 이루어질 수 없는 상태에 있는 등 회사의 목적을 달성할 수 없거나 회사의 존속이 불가능한 경우라고 할 수 있다.

② **물적회사**: 주식회사와 유한회사는 회사의 업무가 현저한 정돈상태를 계속하여 회복할 수 없는 손해가 생긴 때 또는 생길 염려가 있는 때, 회사재산의 관리 또는 처분의 현저한 실당(失當)으로 인하여 회사의 존립을 위태롭게 한 때 등 부득이한 사유가 있는 때에 소수사원(발행주식총수의 100분의 10 이상의 주식을 가진 주주 또는 자본금 총액의 100분의 10 이상의 출자좌수를 가진 사원)은 법원에 회사의 해산을 청구할 수 있다(제520조, 제613조 제1항). 부득이한 사유란 모든 사정을 고려하여 회사를 해산하는 것이 회사 및 사원의 이익을 보호할 수 있는 최선의 방법으로 인정되는 경우를 말한다.

【판례】 대법원 2015.10.29.선고 2013다53175판결

'회사의 업무가 현저한 정돈상태를 계속하여 회복할 수 없는 손해가 생긴 때 또는 생길 염려가 있는 때'란 이사 간, 주주 간의 대립으로 회사의 목적사업이 교착상태에 빠지는 등 회사의 업무가 정체되어 회사를 정상적으로 운영하는 것이 현저히 곤란한 상태가 계속됨으로 말미암아 회사에 회복할 수 없는 손해가 생기거나 생길 염려가 있는 경우를 말하고, '부득이한 사유가 있는 때'란 회사를 해산하는 것 외에는 달리 주주의 이익을 보호할 방법이 없는 경우를 말한다.

(3) 절 차

해산판결청구사건은 소송사건으로 형성의 소에 해당하며, 회사의 본점소재지를 관할하는 지방법원에 전속한다(제241조 제1항, 제269조, 제287조의42, 제520조 제2항, 제613조, 제186조).

(4) 효 과

원고가 승소하면 회사는 해산하여 청산절차에 들어가며, 원고가 패소한 경우 악의 또는 중과실이 있는 때에는 회사에 대하여 손해배상책임을 진다(제241조 제2항, 제269조, 제287조의42, 제520조 제2항, 제613조, 제191조).

Ⅲ. 휴면회사의 해산의제

1. 의 의

휴면회사란 사실상 영업을 폐쇄하고 존재하지 않는 회사로서 등기부상으로만 존재하는 회사를 말한다. 이러한 휴면회사는 타인의 상호사용을 제한하거나, 등기업무의 번잡 등의 폐해를 가져올 수 있기 때문에, 상법은 해산 또는 청산을 의제하고 있다.

2. 해산의제·청산의제

(1) 해산의제

법원행정처장이 최후의 등기 후 5년을 경과한 회사는 본점의 소재지를 관할하는 법원에 아직 영업을 폐지하지 아니하였다는 뜻의 신고를 할 것을 관보로써 공고한 경우에, 그 공고한 날에 이미 최후의 등기 후 5년을 경과한 회사로서 공고한 날로부터 2월 이내에 대통령령이 정하는 바에 의하여 신고하지 아니한 때에는 그 회사는 신고기간이 만료하면 해산한 것으로 본다. 그러나 그 기간 내에 등기를 하는 것은 신고한 것과 같은 효력이 있다(제520조의2 제1항). 공고가 있는 때에는 법원은 해당 회사에 대하여 공고가 있었다는 뜻의 통지를 하여야 한다(제520조의2 제2항).

(2) 청산의제

휴면회사가 해산의제된 날로부터 3년 이내에 회사계속결의에 의해 계속하지 않는 한 그 회사는 해산의제 이후 3년이 경과하면 청산이 종결된 것으로 본다(제520조의2 제3항, 제4항).

제7절 회사의 계속

Ⅰ. 계속의 의의

회사의 계속이란 일단 해산된 회사가 청산 중에 해산 전의 상태로 복귀하여 해산 전의 회사와 동일성을 유지하면서 존속 중의 회사로서 존속하는 것을 말한다.

Ⅱ. 각 회사의 계속형태

1. 합명회사

(1) 사원의 동의에 의한 계속

회사의 존립기간 만료시 또는 정관의 사유가 발생하여 해산한 경우, 총사원의 동의로 해산한 때에는 사원의 전부 또는 일부의 동의로 회사를 계속할 수 있고, 이 때 동의하지 아니한 사원은 퇴사한 것으로 본다(제229조 제1항). 그리고 회사설립의 무효 또는 취소판결이 확정된 경우에는 무효·취소의 원인이 있는 특정 사원을 제외한 다른 사원 전원의 동의로써 회사를 계속할 수 있고, 무효·취소원인이 있는 사원은 퇴사한 것으로 본다(제194조).

(2) 사원의 가입에 의한 계속

사원이 1인이 되어 해산한 때에는 새로운 사원을 가입시켜서 회사를 계속할 수 있다(제229조 제2항). 이때에는 유한책임사원을 가입시켜 합자회사로 조직변경을 하여 계속할 수 있다(제242조 제2항).

(3) 파산폐지결정에 의한 계속

회사가 파산선고에 의하여 해산한 경우, 파산폐지결정에 따라 회사를 계속할 수 있다.

2. 합자회사

합자회사가 해산한 경우에도 합명회사의 계속사유인 사원의 동의에 의한 계속이 인정된다(제269조). 그리고 합자회사는 무한책임사원과 유한책임사원 중 어느 한 종류의 사원이 전원 퇴사하여 해산한 경우(제285조 제1항) 잔존한 사원들은 다른 종류의 사원을 새로 가입시킴으로써 회사를 계속할 수 있고(제285조 제2항), 무한책임사원만 존재하는 경우에는 전원의 동의로 합명회사로 조직을 변경하여 회사를 계속할 수 있다(제286조 제2항). 파산의 경우 파산폐지결정에 따라 회사를 계속할 수 있다.

【판례】 대법원 2017.8.23.선고 2015다70341판결

합자회사가 정관으로 정한 존립기간의 만료로 해산한 경우에도(상법 제269조, 제227조 제1호), 사원의 전부 또는 일부의 동의로 회사를 계속할 수 있다(상법 제269조, 제229조 제1항). 이 경우 존립기간에 관한 정관의 규정을 변경 또는 폐지할 필요가 있는데, 특별한 사정이 없는 한 합자회사가 정관을 변경함에는 총사원의 동의가 있어야 할 것이나(상법 제269조, 제204조), 합자회사가 존립기간의 만료로 해산한 후 사원의 일부만 회사계속에 동의하였다면 그 사원들의 동의로 정관의 규정을 변경하거나 폐지할 수 있다. 그리고 회사계속 동의 여부에 대한 사원 전부의 의사가 동시에 분명하게 표시되어야만 회사계속이 가능한 것은 아니므로, 일부 사원이 회사계속에 동의하였다면 나머지 사원들의 동의 여부가 불분명하더라도 회사계속의 효과는 발생한다.

3. 유한책임회사

유한책임회사가 존립기간의 만료나 기타 정관에 정한 사유의 발생, 총사원의 동의에 의하여 해산한 경우에는 사원의 전부 또는 일부의 동의로 회사를 계속할 수 있고, 이때 동의하지 아니한 사원은 퇴사한 것으로 본다(제287조의40, 제229조 제1항 및 제3항). 파산의 경우 파산폐지결정에 따라 회사를 계속할 수 있다.

4. 주식회사

주식회사가 존립기간 만료나 기타 정관에 정한 사유의 발생, 주주총회의 결의에 의하여 해산한 경우에는 주주총회의 특별결의에 의해 계속할 수 있다(제519조). 또 휴면회사로 의제된 회사도 3년 내에 주주총회의 특별결의에 의해 계속할 수 있다(제520조의2 제3항). 회사의 파산으로 인한 경우에는 합명회사와 같이 파산폐지결정에 의해 계속할 수 있다.

5. 유한회사

유한회사가 존립기간의 만료나 기타 정관에 정한 사유의 발생, 사원총회의 결의에 의하여 해산한 경우에는 사원총회의 특별결의에 의해 회사를 계속할 수 있다(제610조 제1항). 파산의 경우에는 합명회사와 같이 파산폐지결정에 의해 계속할 수 있다.

Ⅲ. 계속등기

회사의 해산등기를 하고 사원 또는 주주의 결의에 의해 회사를 계속할 경우에는 본점소재지에서는 2주간 내, 지점소재지에서는 3주간 내에 계속등기를 하여야 한다(제229조 제3항, 제194조 제3항, 제285조 제3항, 제530조 제1항, 제611조).

Ⅳ. 계속의 효과

해산 전의 회사로 복귀하더라도 그 효과는 소급하지 않기 때문에 청산 중에 한 청산인의 행위는 효력을 상실하지 않는다. 또한 계속의 결과 청산인은 지위를 잃고 해산 전의 기관은 그 권한을 회복한다. 다만, 이사는 해산으로 자격을 상실하였으므로 새로이 선임되어야 한다.

제8절 회사의 청산

Ⅰ. 인적회사의 청산

인적회사인 합명회사와 합자회사의 청산방법은 회사재산처분방법을 정관 또는 총사원의 결의로 정하고 있는지의 여부에 따라 정함이 있는 임의청산과 정함이 없는 법정청산으로 나누어진다. 사원이 1인이 된 때, 해산명령·해산판결의 경우에는 반드시 법정청산에 의하여야 한다.

1. 임의청산

(1) 원 칙

합명회사의 청산방법은 임의청산을 원칙으로 한다. 즉, 해산한 회사의 재산처분방법은 정관 또는 총사원의 동의로 정할 수 있다(제247조 제1항).

(2) 일반채권자의 보호절차

임의청산을 하는 경우 재산의 처분이 불공정하게 행하여질 우려가 있기 때문에 상법은 채권자보호절차를 요구하고 있다. 회사는 해산사유가 있는 날로부터 2주간 내에 재산목록과 대차대조표를 작성하여야 하고, 이 기간 내에 채권자에 대하여 이의가 있으면 1월 이상의 일정한 기간 내에 이의를 제출할 것을 공고하고, 회사가 알고 있는 채권자에 대하여는 각별로 최고하여야 한다(제247조 제3항, 제232조 제1항). 채권자가 이의를 제출한 경우에는 변제 또는 상당한 담보를 제공하거나 이를 목적으로 하여 상당한 재산을 신탁회사에 신탁하여야 한다(제247조 제3항, 제232조 제3항). 이러한 절차에 위반하여 회사재산을 처분하여 회사채권자를 해(害)한 때에는 회사채권자는 그 위반함을 안 날로부터 1년 내, 그 처분이 있은 날로부터 5년 내에 재산처분취소를 법원에 청구할 수 있다(제248조 제1항).

(3) 지분압류채권자의 보호절차

사원의 지분을 압류한 채권자가 있을 경우에는 압류채권자의 동의를 얻어야 하며(제247조 제4항), 회사가 동의를 얻지 않고 재산을 처분한 때에는 압류채권자는 회사에 대하여 그 지분에 상당하는 금액의 지급을 청구할 수 있으며 또한 상법 제248조에 의하여 재산처분의 취소를 청구할 수 있다(제249조).

(4) 청산등기

회사는 그 재산의 처분을 완료한 날로부터 본점소재지에서는 2주간 내에, 지점소재지에서는 3주간 내에 청산종결의 등기를 하여야 한다(제247조 제5항).

(5) 장부 등의 보존

회사의 장부와 영업 및 청산에 관한 중요서류는 청산등기 후 10년간 보존하여야 하고, 전표 기타 서류는 5년간 보존하여야 하며, 보존인과 보존방법은 총사원의 과반수로 정한다(제266조).

2. 법정청산

(1) 사 유

법정청산은 청산인이 법정절차에 따라서 하는 청산으로, 사원이 1인이 된 경우나 법원의 해산명령 또는 해산판결을 받은 경우에는 반드시 법정청산에 의하여야 한다(제247조 제2항). 또한 정관이나 총사원의 동의로 재산의 처분방법을 정하지 아니한 때에도 법정청산에 의하여야 한다(제250조).

(2) 청산인

① **청산인의 선임**: 청산인은 법정청산절차에 있어서 청산사무를 집행하고 청산 중의 회사를 대표하는 자를 말한다. 청산인은 총사원의 과반수의 결의로 선임하며(제251조 제1항), 별도의 선임절차가 없는 경우 업무집행사원이 청산인이 된다(제251조 제2항). 그러나 회사가 사원이 1인이 된 때와 해산명령·해산판결에 의하여 해산한 때에는 반드시 사원 기타 이해관계인이나 검사의 청구에 의하여 법원이 선임하거나 법원이 직권으로 청산인을 선임한다(제252조). 선임한 때에는 등기하여야 한다(제253조 제1항). 합자회사의 경우에는 원칙적으로 무한책임사원이 청산인이 되지만, 무한책임사원 과반수의 결의로 청산인을 선임할 수 있다(제287조).

② **청산인의 해임**: 사원에 의해 선임된 청산인은 총사원의 과반수 결의로 해임할 수 있으며(제261조), 청산인이 그 직무를 집행함에 현저하게 부적임하거나 중대한 임무를 위반한 행위가 있는 때에는 법원은 사원 기타 이해관계인의 청구에 의하여 청산인을 해임할 수 있다(제262조). 청산인의 해임시 변경등기를 하여야 한다(제253조 제2항).

③ **청산인의 권한**: 청산인은 청산사무를 집행하며, 청산인이 수인이면 과반수 결의로 청산사무를 집행한다(제254조 제1항·제2항). 청산인은 청산사무에 관하여 재판상·재판외의 모든 행위를 할 수 있다(제254조 제3항). 수인의 청산인이 있는 경우 대표청산인을 정하거나 공동대표청산인으로 할 수 있다. 대표청산인의 권한에 대한 제한은 선의의 제3자에게 대항할 수 없다.

④ **청산인의 책임**: 청산인이 임무해태로 인하여 회사에 손해를 가하거나 제3자에게 손해가 발생한 때에는 손해배상책임을 진다. 또한 대표청산인이 청산사무집행으로 제3자에게 손해를 가한 때에는 회사와 연대하여 손해배상책임을 진다(제265조, 제210조).

⑤ **청산인의 직무**

㉠ 현존사무의 종결: 회사의 해산 전부터 계속되고 있는 모든 사무를 종결하여야 하며, 새로운 행위를 할 수 없다. 그러나 청산사무 종결을 위해서는 새로운 법률행위를 할 수 있다.

㉡ 채권의 추심: 회사의 채권을 추심하여야 하며, 회사에 현존하는 재산이

회사의 채무를 변제함에 부족한 경우에는 청산인은 각 사원에 대하여 그의 지분에 비례하여 출자를 청구할 수 있다(제258조).

㉢ 재산의 환가처분: 청산인은 채무의 변제와 잔여재산분배를 위하여 회사재산을 처분하거나 총사원의 과반수의 결의로 영업의 전부 또는 일부를 일괄하여 양도할 수 있다(제257조).

㉣ 채무의 변제: 청산사무 종결을 위해 변제기가 도래하지 않은 채무도 변제할 수 있다(제259조 제1항). 이 경우 이자 없는 채권에 관하여는 변제기까지의 법정이자를 가산하여 그 채권액에 달할 금액을 변제하면 되고(제259조 제2항), 이자 있는 채권으로서 그 이율이 법정이율에 달하지 못하는 것에 대하여는 법정이자와 약정이자의 차액도 가산하여 변제하여야 한다(제259조 제3항). 그리고 조건부채권이나 존속기간이 불명확한 채권 또는 가액이 불확정한 채권에 대하여는 법원이 선임한 감정인의 평가에 의하여 변제하여야 한다(제259조 제4항).

㉤ 잔여재산의 분배: 청산인은 회사채무를 완제(完濟)한 후 사원에게 회사재산을 분배할 수 있으며, 다툼이 있는 채무가 있을 때에는 그 변제에 필요한 재산을 유보하고 분배하여야 한다(제260조).

⑥ **청산의 종결**: 청산인은 그 임무가 종료한 때에는 지체없이 계산서를 작성하여 각 사원에게 교부하고 총사원의 승인을 얻어야 한다(제263조 제1항). 사원이 계산서를 받은 날로부터 1월 내에 이의를 하지 않은 때에는 부정행위가 없는 한 그 계산을 승인한 것으로 본다(제263조 제2항). 계산서의 승인이 있은 때에는 승인한 날로부터 본점소재지에서는 2주간 내, 지점소재지에서는 3주간 내에 청산종결의 등기를 하여야 한다(제264조).

⑦ **장부·서류의 보존**: 총사원의 과반수의 결의로 회사의 장부와 영업 및 청산에 관한 중요한 서류의 보존인과 보존방법을 정하고, 청산등기 후 장부는 10년간 보존하여야 하고, 전표 또는 이와 유사한 서류는 5년간 보존하여야 한다(제266조).

Ⅱ. 물적회사의 청산

물적회사인 주식회사와 유한회사는 반드시 법정청산에 의하여 회사를 청산하여야 한다. 법정청산은 법정절차에 따라 청산인에 의하여 청산사무가 집행되고, 주주총회 또는 사원총회의 청산승인으로 사실상 청산이 종료하게 된다. 이하에서는 유한회사의 청산은 주식회사의 규정을 준용하므로(제613조), 주식회사의 규정을 중심으로 설명하고자 한다.

1. 총 설

주식회사가 해산하면 합병·파산·분할·분할합병의 경우를 제외하고는 청산을 하여야 한다(제531조 제1항). 주식회사에 있어서의 청산의 의의, 청산 중의 회사의 성질은 합명회사에서 본 바와 같으며, 청산절차에 관해서는 합명회사의 청산규정이 준용된다.

2. 청산인

(1) 의 의

주식회사가 청산에 들어가면 업무집행과 관계없는 주주총회와 감사는 그대로 존속하지만, 이사·이사회·대표이사는 그 지위를 상실하고 청산인·청산인회·대표청산인이 각각 이에 갈음하여 청산업무를 행한다.

(2) 청산인의 선임·해임

합병·분할 또는 분할합병·파산의 경우를 제외하고는 원칙적으로 이사가 청산인이 되지만, 정관 또는 주주총회의 결의로 이사 이외의 자를 청산인으로 정할 수 있다(제531조 제1항). 그러나 청산인이 될 자가 없는 때에는 법원이 이해관계인의 청구에 의하여 청산인을 선임한다(제531조 제2항). 청산인은 법원이 선임한 경우를 제외하고는 언제든지 주주총회의 보통결의에 의해 해임할 수 있으며(제539조 제1항), 발행주식총수의 100분의 3(상장회사는 1만분의 50) 이상을 가진 주주는 청산인 해임청구를 할 수 있다(제539조 제2항). 청산인의 선임과 해임은 등기사항이다.

(3) 원수·자격·임기

청산인은 이사와는 달리 법률상 정원에 관한 규정이 없으므로 1인 또는 수인이라도 무방하다. 청산인이 1인인 경우에는 그 1인의 청산인이 당연히 대표청산인이 된다(판례). 결원시의 퇴임청산인의 권리·의무 및 청산인의 직무를 행할 자의 선임은 이사의 경우와 같다.

3. 청산인회·대표청산인

청산인회는 청산사무의 집행에 대한 의사결정을 하고(제542조 제2항, 제393조), 대표청산인이 청산인회의 의사결정에 따라 청산사무에 관한 재판상·재판외의 일체의 집행을 담당한다(제542조 제2항, 제389조 제3항, 제209조). 대표청산인은 청산인이 법정청산인인 경우(이사가 청산인이 되는 경우)는 해산 전의 대표이사가 되며, 법원이 청산인을 정한 경우에는 법원이 대표청산인을 정하고, 기타의 경우는 청산인회의 결의로써 대표청산인을 정한다(제542조 제2항, 제289조 제1항).

4. 청산사무

(1) 주된 사무

청산인이 해야 할 청산사무 중 주된 사무는 현존사무의 종결, 채권의 추심과 채무의 변제, 재산의 환가처분, 잔여재산의 분배로서 합명회사와 같으나, 다만 채무의 변제와 잔여재산의 분배에 관해 특별규정을 두고 있다.

① **채권자에 대한 최고**: 청산인은 취임한 날로부터 2월 내에 회사채권자에 대하여 일정한 기간 내에 채권을 신고할 것과 그 기간 내에 신고하지 아니하면 청산에서 제외된다는 뜻을 2회 이상 공고로써 최고하여야 한다(제535조 제1항 본문). 신고기간은 2월 이상으로 하여야 한다(제535조 제1항 단서). 회사가 알고 있는 채권자에 대하여는 각별로 채권신고를 최고하여야 하며, 그 채권자가 신고하지 아니한 때에도 이를 청산에서 제외하지 못한다(제535조 제2항).

② **신고기간 내의 변제금지**: 채권자의 채권신고기간 내에는 변제기가 도래한 채권이라도 변제하지 못한다(제536조 제1항 본문). 그러나 소액의 채권, 담보 있는 채권, 기타 변제로 인하여 다른 채권자를 해할 염려가 없는 채권에 대하여는 신고기간 내라도 법원의 허가를 얻어 이를 변제할 수 있다(제536조 제2항).

③ **잔여재산분배**: 채무를 완제하고 남은 재산은 주주에게 분배하여야 하며, 이 경우 주주평등의 원칙에 따라 주식수에 비례하여 분배한다(제538조 본문). 그러나 잔여재산분배에 관해 내용이 다른 주식을 발행한 경우에는 그에 따른다(제538조 단서).

④ **제외된 채권자의 권리**: 채권신고기간 내에 신고하지 아니하여 청산에서 제외된 채권자는 주주에게 분배되지 않은 재산의 범위 내에서만 변제를 청구할 수

있다(제537조 제1항). 그러나 이미 일부의 주주에게 재산의 분배를 한 경우에는 그와 동일한 비율로 다른 주주에게 분배하는 데 필요한 재산을 잔여재산에서 공제하고 남는 재산이 있을 때에만 변제를 청구할 수 있다(제537조 제2항).

(2) 부수적 사무

① **청산인의 신고:** 청산인은 취임한 날로부터 2주간 내에 해산의 사유와 그 연월일, 청산인의 성명과 주민등록번호 및 주소를 법원에 신고하여야 한다(제532조).

② **청산재산 보고:** 청산인은 취임 후 지체없이 회사의 재산상태를 조사하여 재산목록과 대차대조표를 작성하고, 이를 주주총회에 제출하여 승인을 얻은 후 지체없이 법원에 제출하여야 한다(제533조).

③ **청산대차대조표 등의 제출:** 청산인은 정기총회일로부터 4주간 전에 대차대조표 및 그 부속명세서와 사무보고서를 작성하여 감사에게 제출하여야 한다(제543조 제1항). 감사는 이 서류에 관한 감사보고서를 정기총회일 1주간 전에 청산인에게 제출하여야 한다(제543조 제2항). 청산인은 정기총회일 1주간 전부터 대차대조표·부속명세서·사무보고서·감사보고서를 본점에 비치하여야 한다(제543조 제3항). 주주와 회사채권자는 이러한 서류를 열람할 수 있고 등·초본의 교부를 청구할 수 있다(제543조 제4항). 청산인은 대차대조표 및 사무보고서를 정기총회에 제출하여 그 승인을 요구하여야 한다(제543조 제5항).

5. 청산의 종결

(1) 결산보고서의 제출, 청산종결의 등기

청산사무가 종결한 때에는 청산인은 지체없이 결산보고서를 작성하고 이를 주주총회에 제출하여 그 승인을 얻어야 한다(제540조 제1항). 승인을 한 때에는 부정행위가 없는 한 청산인의 책임을 해제한 것으로 본다(제540조 제2항). 청산인은 승인을 받은 후 청산종결의 등기를 하여야 한다(제542조 제1항, 제264조).

(2) 서류의 보존

회사의 장부 기타 영업과 청산에 관한 서류는 청산인 기타 이해관계인의 청구에 의하여 법원이 정하는 보존인과 보존방법에 의하여(제541조 제2항), 청산종결의 등기 후 10년간 보존하여야 하지만, 다만 전표 기타 이와 유사한 서류는 5년간 보존하면 된다(제541조 제1항).

Chapter COMMERCIAL LAW

03 합명회사

제1절 합명회사의 개념

Ⅰ. 합명회사의 특색

합명회사란 회사의 채무에 관해 직접·무한·연대책임을 지는 사원(무한책임사원)들로만 구성되는 회사이다. 그 결과 사원 개개인의 신용은 회사채권자와 사원 상호간에 중대한 영향을 미치게 된다. 따라서 회사는 소수의 사원으로 구성되며, 사원 상호간은 신뢰관계를 바탕으로 결합된다. 그리고 사원이 직접 업무집행을 하는 기관(자기기관)을 구성하게 된다. 이러한 합명회사는 그 형식에 있어서는 법인이지만 실질적으로는 조합적 성격이 짙다.

Ⅱ. 법률관계

합명회사의 법률관계에 대해서는 내부관계와 외부관계로 나누어 규정하고 있다. 내부관계는 사원과 사원 간 및 사원과 회사의 관계를 말하며, 사원들의 이익과 관련되기 때문에 임의법규의 성질이 강하고 또한 조합적 성질을 갖고 있기 때문에 민법의 조합에 관한 규정이 준용된다(민법 제195조). 그러나 외부관계는 회사와 제3자 및 사원과 제3자의 관계를 말하며, 거래안전을 위하여 강행법규의 성질을 갖는다.

제2절 회사의 설립

Ⅰ. 설립의 특색

합명회사의 사원은 무한책임을 지기 때문에 설립절차가 간단하며, 사원이 되고자 하는 자 2인 이상이 정관을 작성하고(제178조), 설립등기를 함으로써 회사는 성립한다(제172조).

Ⅱ. 설립절차

1. 정관의 작성

합명회사의 정관은 법정기재사항을 기재하고 총사원의 기명날인 또는 서명에 의하여 효력이 발생하며(제179조), 주식회사의 경우와 달리 공증인의 인증을 필요로 하지 않는다.

2. 설립등기

정관의 작성이 완료된 후 언제든지 본점소재지에서 설립등기를 함으로써 회사가 성립된다. 설립등기는 총사원의 공동신청으로 하며, 목적·상호, 사원의 성명과 주민등록번호 및 주소(대표사원을 등기하는 때에는 사원의 주소는 제외된다), 본점 및 지점소재지, 기타 사항을 등기하여야 한다(제180조).

Ⅲ. 설립의 무효와 취소

1. 설립의 무효

(1) 무효원인

설립무효의 원인으로는 설립에 관한 객관적 하자, 설립행위를 한 각 사원의 의사무능력, 상대방이 알고 있는 비진의표시·허위표시 등의 주관적 하자 등을 들 수 있다.

(2) 소의 절차 및 효과

설립무효는 사원만이 회사가 성립한 날로부터 2년 내에 소에 의하여 주장할 수 있다(기타 절차 및 효과에 대해서는 회사법 총론에 서술하였음).

2. 설립의 취소

설립취소의 원인으로는 금치산자가 설립행위를 한 때, 미성년자가 법정대리인의 동의를 얻지 않고 설립행위를 한 때, 사기·강박·착오에 의해 의사표시를 한 때, 사원이 채권자를 해할 것을 알고 의사표시를 한 때 등을 들 수 있다. 설립취소의 소 제기권자는 취소권이 있는 자로서 무능력자, 사기·강박·착오에 의해 의사표시를 한 자, 사해행위를 한 사원의 채권자이다(제184조, 제185조). 설립취소의 소절차와 효과는 무효의 경우와 같다.

제3절 회사의 내부관계

Ⅰ. 출 자

1. 출자의 의의 및 종류

사원은 정관에 의해 정해진 출자액의 이행책임을 진다(제179조 4호). 출자란 사원이 회사의 목적사업을 운영하는 데 필요한 재산을 출연(出捐)하는 것으로, 금전 기타 재산뿐만 아니라 노무·신용을 출자할 수 있다. 여기서 노무출자는 회사를 위하여 사원이 노무를 제공하는 것을 말하며, 신용의 출자는 사원이 자기의 신용을 회사로 하여금 이용케 하는 것(예 회사채무보증, 어음담보배서 등)을 말한다.

2. 출자의무의 발생과 소멸

(1) 추상적 출자의무

사원의 출자의무는 추상적 출자의무와 구체적 출자의무로 나눌 수 있다. 추상적 출자의무는 회사의 설립계약 또는 입사계약에 의하여 발생하고, 이 의무는 사원의 자격에서 회사에 대해 부담하는 것이다. 따라서 출자청구권은 양도 또는 강제집행의 목적이 될 수 없다. 추상적 출자의무는 의무이행 또는 사원자격의 상실에 의해 소멸한다.

(2) 구체적 출자의무

구체적 출자의무는 회사의 청구 또는 회사정관에 의한 출자기한의 도래에 의하여 구체화된 하나의 채무이다. 이 의무는 사원의 자격으로부터 독립하여 존재하므로, 양도할 수 있고 강제집행의 목적이 될 수 있다. 구체적 출자의무는 사원이 퇴사한 후에도 존속한다.

3. 출자의 이행

출자의무의 이행은 정관에 정한 때에는 그에 따르고 정관에 정함이 없는 때에는 회사의 청구에 의해 이행하여야 한다. 이행의 청구는 업무집행의 방법으로 자유로이 정하고, 이행은 사원평등의 원칙에 따라야 한다. 회사가 청산할 경우에 회사에 현존하는 재산이 회사채무를 완제하기 불가능할 때에는 청산인은 이행기가 도래하기 전이라도 사원으로 하여금 출자하게 할 수 있다(제258조).

출자의무의 불이행은 일반채무불이행의 효과를 발생시키는 동시에 당해 사원의 제명, 업무집행권 및 대표권상실의 원인이 된다(제220조 제1항 1호, 제205조 제1항, 제216조).

Ⅱ. 업무집행·의사결정

1. 업무집행

(1) 의 의

업무집행이란 회사의 목적이 되는 사업을 수행하기 위하여 직접 또는 간접으로 관련되는 모든 활동을 말하며, 법률행위나 사실행위 또는 대내적 행위나 대외적 행위도 포함된다. 그러나 업무집행은 영업의 존재를 전제로 하여 영업상의 사무를 집행하는 것이므로, 정관변경·영업양도·해산·조직변경 등 회사의 존립의 기초에 영향을 주는 행위는 제외된다.

(2) 업무집행기관

합명회사의 각 사원은 정관에 다른 정함이 없거나 업무집행권이 박탈되는 경우가 아닌 한 회사의 업무를 집행할 권리와 의무가 있다(제200조 제1항). 즉, 각 사원은 별도로 선임행위를 거치지 않고 당연히 업무집행기관을 구성한다. 따라서 정관의 규정이나 총사원의 동의가 있더라도 사원 아닌 자에게 업무집행을 맡길 수 없다. 그러나 청산 중의 회사는 사원이 아닌 자를 청산인으로 선임할 수 있다(제251조 제1항).

(3) 업무집행권의 제한과 상실

① **업무집행권의 제한**: 각 사원은 업무집행권을 갖지만, 정관으로 특히 어떤 사원을 업무집행사원으로 제한할 수 있다(제200조 제1항). 업무집행권이 없는 사원이라 하더라도 정관에 다른 정함이 없는 한 지배인의 선임과 해임의 결의에는 참가할 수 있다(제203조 참조). 그리고 정관으로 모든 사원 또는 수인의 사원이 그 전원의 동의로만 업무를 집행하도록 할 수 있다(제202조).

② **업무집행권의 상실**: 사원이 업무를 집행함에 있어서 현저하게 부적임하거나 중대한 의무에 위반한 행위가 있는 때에는 법원은 사원의 청구에 의하여 업무집행권의 상실을 선고할 수 있고(제205조 제1항), 이 경우 판결이 확정된 때에는 본점과 지점의 소재지에서 등기하여야 한다.

③ **업무집행정지가처분**: 사원의 업무집행을 정지하거나 직무대행자를 선임하는 가처분을 하거나 그 가처분을 변경·취소하는 경우에는 본점 및 지점이 있는 곳의 등기소에서 이를 등기하여야 한다(제183조의2). 직무대행자는 가처분명령에 다른 정함이 있는 경우와 법원의 허가를 얻은 경우 외에는 법인의 통상업무에 속하지 아니하는 행위를 할 수 없다(제200조의2 제1항). 이에 위반한 경우라도 회사는 선의의 제3자에게 책임을 진다(제200조의2 제2항).

(4) 업무감시권

업무집행권이 없는 사원은 회사의 업무와 재산상태를 언제든지 검사할 수 있는 업무감시권이 있다(제195조; 민법 제710조).

2. 업무집행의 의사결정

원칙적으로 각 사원이 업무를 집행하지만, 다른 사원의 이의가 있는 때에는 곧 그 행위를 중지하고 총사원의 과반수 결의에 의하여야 하며(제200조 제2항), 수인의 업무집행사원이 있는 경우 다른 업무집행사원이 이의를 제기할 때에는 그 행위를 중지하고 업무집행사원 과반수의 결의에 의하여 결정한다(제201조 제2항). 다만, 지배인의 선임과 해임은 정관에 다른 정함이 없으면 업무집행사원이 있는 경우에도 총사원 과반수의 결의에 의하여야 한다(제203조). 이 경우 사원의 의결권은 정관에 다른 정함이 없는 한 1인 1의결권주의(두수주의)에 의한다.

Ⅲ. 경업피지의무·자기거래제한

1. 경업피지의무

사원은 다른 사원의 동의가 없으면 자기 또는 제3자의 계산으로 회사의 영업부류에 속하는 거래를 할 수 없으며, 동종영업을 목적으로 하는 다른 회사의 무한책임사원 또는 이사가 되지 못한다(제198조 제1항). 경업피지의무에 위반한 경우에는 회사는 개입권을 행사할 수 있고(제198조 제2항·제3항·제4항), 또 회사는 다른 사원의 과반수의 결의로써 위반행위를 한 사원의 제명의 선고나 업무집행권 또는 대표권의 상실선고를 법원에 청구할 수 있다(제220조 제1항, 제205조, 제216조).

2. 자기거래제한

사원은 다른 사원 과반수의 결의가 있는 때에 한하여 자기 또는 제3자의 계산으로 회사와 거래를 할 수 있다(제199조). 이 경우 제한되는 거래는 직접거래뿐만 아니라 회사에 의한 사원의 채무보증과 같은 간접거래도 포함된다. 이 제한에 위반한 사원은 손해배상의 책임을 지고, 제명의 대상이 되며, 업무집행권 또는 대표권의 상실선고청구의 대상이 된다.

Ⅳ. 손익분배

1. 손익의 의의

대차대조표상 순자산액으로부터 채무를 공제한 잔여의 순자산액을 회사의 자본금액인 사원의 재산출자의 총액과 비교하여 전자가 후자를 초과하는 액을 이익이라 하고, 후자가 전자를 초과하는 경우를 손해라 한다.

2. 손익분배의 기준

손익분배의 기준은 정관이나 총사원의 동의로써 정할 수 있으나, 정함이 없는 때에는 각 사원은 이행한 출자가액에 비례하여 분배를 받으며, 이익 또는 손실에 대하여 분배의 비율을 정한 때에는 그 비율은 이익과 손실에 공통된 것으로 추정한다.

3. 손익분배의 시기와 방법

손익분배의 시기에 관해서는 정관에 정한 바가 있으면 이에 따르고, 없으면 회사는 매 결산기에 대차대조표를 작성하여야 하므로, 이 시기에 분배하는 것으로 볼 수 있다. 분배의 방법에 대해 정관에 특별한 정함이 없는 한 매 결산기에 금전으로 한다. 손익분배에 있어 특히 회사는 사원이 무한·연대책임을 지므로 이익이 없어도 배당할 수 있다.

V. 정관변경

정관은 회사의 본질 또는 강행법규에 위반하지 않는 한 자유로이 변경할 수 있다. 그 변경에는 정관에 다른 규정이 없는 한 총사원의 동의를 요한다(제204조). 정관변경은 결의로써 그 효력이 발생하지만, 정관변경사항이 등기사항일 때 변경등기를 하지 않으면 선의의 제3자에게 대항하지 못한다.

VI. 지분의 변경

1. 지분의 의의

지분이란 첫째로 사원의 지위를 뜻하는 사원권을 의미하며, 둘째로 사원이 퇴사하거나 회사가 해산하는 경우에 사원자격에 기하여 회사로부터 환급받거나 회사에 지급할 금전적인 수액(數額)을 의미한다. 사원권을 의미하는 점에서 업무집행권·대표권·감시권 등 공익권과 이익배당청구권·잔여재산분배청구권 등 자익권을 갖는다.

2. 지분의 양도

지분은 사원권을 의미하므로, 그 일부 또는 전부를 양도할 수 있다. 지분의 양도는 총사원의 동의를 얻어야 한다(제197조). 지분의 전부를 양도한 때에는 사원자격을 상실하고, 일부를 양도한 경우에는 그 양도인의 지분이 감소된다. 지분의 양도에 의해 사원이 변경된 때에는 사원변경의 등기를 하여야 선의의 제3자에게 대항할 수 있다. 또한 지분의 전부를 양도한 사원은 지분양도에 따른 변경등기가 됨으로써 회사채무에 대해 등기 후 2년이 경과하면 책임을 면한다(제225조 제2항).

3. 지분의 입질

지분의 입질에 대해 상법은 규정을 두고 있지 않지만, 통설은 총사원의 동의로 입질을 인정하고 있다.

4. 지분의 압류

사원의 채권자는 지분의 압류가 가능하며, 특히 상법은 회사채권자를 보호하기 위하여 지분의 압류는 사원이 장래에 갖는 이익배당권·지분환급청구권에 대하여도 그 효력이 있는 것으로 하고 있다(제233조). 그리고 임의청산시에는 압류채권자의 동의를 얻도록 하고(제247조 제4항), 압류채권자는 회사 및 사원에게 6월 전에 예고하고 영업연도 말에 그 사원을 퇴사시킬 수 있도록 하고 있다(제224조 제1항).

5. 지분의 상속

합명회사는 사원의 개성이 중시되므로 원칙적으로 지분의 상속은 인정되지 않으며, 사원의 사망은 퇴사의 원인이 된다(제218조 3호). 다만 정관으로 지분을 상속할 수 있음을 정한 때에는 상속인이 사원의 지분을 승계할 수 있으며, 이 경우 상속인은 상속개시일로부터 3월 내에 회사에 대하여 승계 또는 포기의 통지를 발송하여야 한다(제219조 제1항). 3월 내에 통지를 발송하지 않은 경우 상속을 포기한 것으로 본다(제219조 제2항). 그러나 청산 중에 사원이 사망한 경우에는 당연히 지분을 상속한다(제246조).

Ⅶ. 사원의 입사와 퇴사

1. 사원의 입사

사원이 되고자 하는 자는 회사와의 입사계약에 의하여 입사하게 되며, 입사는 정관의 절대적 기재사항의 변동을 가져오므로 총사원의 동의가 있어야 한다. 새로이 입사한 사원은 기존의 회사채무에 대하여 다른 사원과 동일하게 직접·무한·연대책임을 부담한다(제213조).

2. 사원의 퇴사

(1) 의 의

퇴사는 주식회사와 유한회사에는 없는 제도로, 회사의 존속 중에 특정 사원이 그 사원으로서의 지위를 절대적으로 상실하는 것을 말한다.

(2) 퇴사원인

① **임의퇴사**: 정관으로 회사의 존립기간을 정하지 않았거나 어느 사원의 종신까지 존립하도록 한 경우에는 사원의 자유를 속박하지 않도록 사원의 자유의사에 의해 퇴사할 수 있으며, 이 경우 원칙적으로 6월 전에 예고를 하고 영업연도 말에 한하여 퇴사할 수 있다(제217조 제1항). 다만, 사원으로 계속 회사에 관여하기 어려운 개인사정 등 부득이한 사유가 있는 경우에는 언제든지 퇴사할 수 있다(제217조 제2항).

② **당연퇴사**: 당연퇴사 사유에 대해서는 상법 제218조 각호에서 다음과 같은 것을 들고 있다. 즉, 정관에 정한 사유의 발생(1호), 총사원의 동의가 있는 때(2호), 사원이 사망한 때(3호), 사원이 성년후견개시심판을 받은 때(4호), 사원이 파산선고를 받은 때(5호) 등이다. 다만, 사원이 사망한 경우 또는 금치산선고를 받은 경우에 대해 정관에 정함이 있는 경우에는 퇴사하지 않을 수 있다.

③ **제명에 의한 퇴사**(제218조 6호)

㉠ 의의: 제명이란 어느 사원이 그의 의사에 반하여 강제적으로 지위를 박탈당하는 것을 말한다. 제명은 회사의 존속을 전제로 하여 인정되므로 사원이 2인인 경우에는 제명이 있을 수 없다.

㉡ 사유: 제명은 타인의 의사에 반하여 지위를 박탈하는 것이므로, 그 사유가 한정된다. 즉 사원이 출자의무를 이행하지 아니한 때, 경업피지의무를 위반한 때, 회사의 업무집행 또는 대표행위에 관하여 부정한 행위가 있는 때, 기타 중요한 사유가 있는 때이다.

㉢ 절차: 제명은 다른 사원의 과반수의 결의에 의하여 법원에 제명의 선고를 청구할 수 있다(제220조 제1항 본문).

㉣ 효과: 법원의 판결에 의해 제명의 효과가 발생하고, 퇴사하게 된다.

④ **채권자에 의한 퇴사**: 사원의 지분을 압류한 채권자는 회사와 채무자인 사원에 대하여 6월 전에 예고하고 그 사원을 영업연도 말에 퇴사시킬 수 있다(제224조 제1항). 그러나 채무자인 사원이 변제를 하거나 상당한 담보를 제공한 때에는 그 예고는 효력을 잃는다(제224조 제2항).

⑤ **기타 퇴사원인**: 설립무효·취소의 판결이 확정된 후 회사계속의 결의를 하는 경우 설립무효·취소의 원인이 있던 사원(제194조 제2항), 회사해산 후 사원의 동의로 회사계속을 결의하는 경우 동의하지 않는 사원(제229조 제1항 단서)은 퇴사한 것으로 본다.

(3) 퇴사의 효과

① **지분환급청구권**: 퇴사원은 회사에 대해 지분환급청구권을 가지며, 노무나 신용을 출자한 자도 정관에 다른 정함이 없는 한 금전으로 지분환급을 받을 수 있다. 이때 지분계산은 정관에 정함에 의하나, 정관에 정함이 없으면 퇴사일의 재산상태를 기준으로 계산을 한다. 다만, 제명의 경우에는 제명의 소를 제기한 날의 재산상태를 기준으로 계산을 하고 그 때부터의 이자를 붙인다(제221조). 그러나 만약 지분환급의 계산에서 채무가 더 많은 경우에는 회사에 대해 그 전액을 납입하여야 한다.

② **상호변경청구권**: 회사상호 중에 퇴사원의 성명이 사용된 경우에는 그 사원은 회사에 대하여 그 사용의 폐지를 청구할 수 있다(제226조).

③ **회사채권자에 대한 책임**: 퇴사원은 본점소재지에서 퇴사등기를 한 후 2년 내에는 퇴사 전의 회사채무에 대하여 다른 사원과 동일한 책임을 진다(제225조 제1항).

제4절 회사의 외부관계

Ⅰ. 회사의 대표

1. 대표권자

각 사원은 원칙적으로 회사를 대표할 수 있으나, 정관으로 업무집행사원을 정한 경우에는 대표권에 관한 정함이 없더라도 업무집행사원이 당연히 회사를 대표한다(제207조 본문). 업무집행사원이 수인인 경우 원칙적으로 각자 회사 대표권을 가지며, 정관 또는 총사원의 동의에 의해 회사를 대표할 자를 정할 수 있다(제207조 단서). 이 경우 대표사원은 등기하여야 한다(제180조 4호).

2. 대표권의 범위 및 제한

회사의 대표사원은 회사의 영업에 관하여 재판상·재판외의 모든 행위를 할 수 있다(제209조 제1항). 그러나 정관 또는 총사원의 동의로써 제한할 수 있으며, 대표권의 제한으로 선의의 제3자에게 대항하지 못한다(제209조 제2항). 회사와 사원 간의 소송에 대해서는 대표할 사원이 없는 때에는 다른 사원 과반수의 결의로 회사를 대표할 자를 선정하여야 한다(제211조). 업무집행권 없는 사원과 대표권상실선고를 받은 사원은 대표권이 없다. 대표사원이 그 업무를 집행함에 있어서 타인에게 손해를 가했을 때에는 회사는 그 사원과 연대하여 배상책임을 진다(제210조).

3. 공동대표

정관 또는 총사원의 동의로 수인의 사원이 공동으로 회사를 대표할 것을 정할 수 있다(제208조 제1항). 이 경우 대표행위는 대표사원 공동의 의사로 하여야 하며, 단독으로 한 행위는 권한 없는 대표행위가 된다. 그러나 회사에 대한 상대방의 의사표시는 대표사원 1인에 대하여 하더라도 회사에 대하여 효력이 있다(제208조 제2항). 공동대표를 두는 경우에는 등기하여야 한다(제180조 5호).

4. 대표권의 상실

대표사원의 업무집행을 함에 현저하게 부적임하거나 중대한 업무에 위반한 때에는 법원은 사원의 청구에 의하여 대표권의 상실을 선고할 수 있고(제216조, 제205조), 다른 사원 전원의 동의에 의해 해임할 수 있다.

Ⅱ. 사원의 책임

1. 의 의

합명회사의 사원은 회사채권자에 대하여 직접·무한·연대책임을 진다(제212조). 여기서 직접이란 채권자가 회사를 거치지 않고 사원에게 바로 변제를 청구할 수 있다는 뜻이며, 연대란 사원들 간의 연대를 말하고, 무한이란 출자액에 관계없이 회사채무의 전액을 변제할 책임이 있다는 뜻이다.

2. 책임의 성질

사원의 책임은 회사의 재산으로 회사의 채무를 완제할 수 없는 때와 회사재산에 대한 강제집행이 주효하지 못한 때에 하게 되는 것으로(제212조 제1항·제2항), 보증채무와 유사하다. 따라서 사원은 회사에 변제의 자력이 있으면 집행이 용이한 것을 증명하여 그 변제를 거부할 수 있다(제212조 제3항). 변제의 청구를 받은 사원은 회사가 갖는 항변권으로 회사채권자에 대항할 수 있으며, 이러한 항변권을 이유로 채권자에 대하여 이행을 거절할 수 있다(제214조).

【판례】 대법원 2012.4.12.선고 2010다27847판결

상법 제212조 제1항에서 정한 "회사의 재산으로 회사의 채무를 완제할 수 없는 때"란 회사의 부채총액이 회사의 자산총액을 초과하는 상태, 즉 채무초과 상태를 의미하는데, 이는 회사가 실제 부담하는 채무총액과 실제가치로 평가한 자산총액을 기준으로 판단하여야 하고, 대차대조표 등 재무제표에 기재된 명목상 부채 및 자산총액을 기준으로 판단할 것은 아니며, 나아가 회사의 신용·노력·기능(기술)·장래 수입 등은 원칙적으로 회사의 자산총액을 산정하면서 고려할 대상이 아니다.

3. 책임의 내용

사원의 책임의 대상이 되는 회사의 채무는 계약상의 채무이든, 불법행위로 인한 손해배상책임과 같은 법정채무이든, 조세든 공법상의 채무이든 발생원인을 묻지 아니하고 모든 채무가 포함된다. 다만 그 성질상 대체성 있는 채무여야 한다(판례).

4. 책임이행의 효과

사원이 회사채권자에게 채무를 변제한 경우에는 회사채무는 소멸하므로 회사에 대해 구상권을 갖고, 회사채권자에 대위한다. 변제를 한 사원은 다른 사원에 대해서도 그 부담부분에 대하여 구상권을 갖는다.

5. 책임의 소멸

사원의 책임은 해산의 경우에는 그 등기 후 5년이 경과하면 소멸하며(제267조 제1항), 이 기간이 경과한 후의 채권자는 분배하지 않은 잔여재산에 대하여만 변제를 청구할 수 있다(제267조 제2항). 또한 퇴사 또는 지분의 전부를 양도한 경우에는 퇴사등기 또는 정관변경등기 후 2년이 경과하면 소멸한다(제225조).

6. 자칭사원의 책임

사원이 아닌 자가 타인에게 자기를 사원으로 오인시키는 행위를 하였을 때에는 오인으로 인하여 회사와 거래를 한 자에 대하여 사원과 동일한 책임을 진다(제215조). 자칭사원은 회사의 채무변제에 있어 회사가 갖는 항변권으로 대항할 수 있으나, 다른 사원이 갖는 항변으로는 연대관계가 없기 때문에 대항할 수 없다.

Chapter COMMERCIAL LAW

04 합자회사

제1절 합자회사의 의의 및 특성

Ⅰ. 의 의

합자회사는 기능자본가인 무한책임사원과 지분자본가인 유한책임사원으로 구성되는 회사를 말한다(제268조). 따라서 합자회사는 합명회사에 자본적 결합성이 가미된 회사라 할 수 있다.

Ⅱ. 특 성

합자회사는 합명회사의 조직을 기초로 하여 유한책임사원을 가미한 것으로 2원적 조직을 가지고 있기 때문에, 약간의 특별규정을 두고 있을 뿐이며 그 이외에는 합명회사에 관한 규정이 준용된다(제269조). 무한책임사원은 자연인이어야 하지만, 유한책임사원은 회사 기타 법인도 될 수 있다.

제2절 합자회사의 설립

합자회사는 무한책임사원이 될 자 1인 이상과 유한책임사원이 될 자 1인 이상이 정관을 작성하고 설립등기를 함으로써 성립한다. 정관의 기재사항은 합명회사와 같으나, 사원이 무한책임사원인가 유한책임사원인가를 기재하고 등기하여야 하는 점에서 다르다(제270조, 제271조 제1항). 기타 내용은 합명회사에 관한 규정이 준용된다.

제3절 내부관계

Ⅰ. 출 자

무한책임사원은 합명회사와 같이 금전 기타 재산뿐만 아니라 노무·신용의 출자가 가능하지만, 유한책임사원은 금전 기타 재산의 출자만 가능하다(제272조).

Ⅱ. 업무집행

1. 업무집행권자

합자회사의 업무집행은 정관에 다른 정함이 없는 한 각 무한책임사원에게 그 권리와 의무가 있다(제273조). 지배인의 선임과 해임은 업무집행사원이 있는 경우에도 무한책임사원 과반수의 결의로 한다(제274조). 유한책임사원은 회사의 업무집행권이 없다(제278조).

2. 업무집행권의 상실

업무집행사원의 권한상실선고는 유한책임사원도 청구할 수 있으며, 판례는 무한책임사원이 1인뿐인 경우에는 업무집행권을 박탈한다면 업무집행을 담당할 자가 없게 되므로 업무집행권의 상실선고는 허용될 수 없다고 한다.

3. 유한책임사원의 업무감시권

유한책임사원은 회사의 업무집행에서 배제되므로 업무감시권을 갖는다. 유한책임사원은 영업연도 말에 있어서의 영업시간 내에 회사의 회계장부, 대차대조표, 기타의 서류를 열람할 수 있고 회사의 업무와 재산상태를 검사할 수 있다(제277조 제1항). 다만, 중요한 사유가 있는 때에는 언제든지 법원의 허가를 얻어 열람과 검사를 할 수 있다(제277조 제2항).

Ⅲ. 경업피지의무·자기거래제한

유한책임사원은 업무집행권을 갖지 못하므로 경업피지의무를 부담하지 않는다(제275조). 다만, 정관에 정함에 의하여 경업피지의무를 지울 수 있다. 한편 견해의 차이는 있으나 유한책임사원도 회사와의 거래에 대한 제한은 받게 된다고 본다(제269조, 제199조).

Ⅳ. 손익의 분배

정관에 다른 정함이 없으면 손익은 합명회사와 같이 출자액에 비례하여 분배한다. 다만 유한책임사원은 출자액을 한도로 하여 손실을 분담할 수 있다.

Ⅴ. 사원의 변동

1. 지분양도와 사원의 지위변경

무한책임사원의 지분양도는 총사원의 동의를 요한다(제269조, 제197조). 그러나 유한책임사원의 지분양도는 무한책임사원 전원의 동의만 얻으면 되고, 지분의 양도에 따라 정관을 변경하여야 할 경우에도 같다(제276조). 무한책임사원이 유한책임사원이 되거나, 유한책임사원이 무한책임사원이 되는 경우에는 총사원의 동의를 얻어야 한다. 이때 사원의 책임에 대해 전자는 상법 제225조가 준용되고, 후자는 상법 제213조가 준용된다(제282조).

2. 유한책임사원의 사망·금치산

유한책임사원의 사망은 퇴사의 원인이 되지 않으며, 그 상속인이 지분을 승계한다(제283조 제1항). 유한책임사원의 상속인이 수인인 때에는 사원의 권리를 행사할 자 1인을 정하여야 하며, 정하지 아니한 때에는 회사의 통지 또는 최고는 그 중의 1인에 대하여 하면 전원에 대하여 효력이 있다(제283조 제2항). 유한책임사원의 성년후견개시도 퇴사의 원인이 되지 않는다(제284조).

제4절 외부관계

Ⅰ. 회사의 대표

유한책임사원은 회사의 업무집행권을 갖지 못하므로 회사의 대표권도 갖지 못한다(제278조). 이것은 강행법규로 정관 또는 총사원의 동의로도 유한책임사원의 대표권을 인정할 수 없다(판례).

Ⅱ. 유한책임사원의 책임

합자회사의 무한책임사원의 책임은 합명회사의 사원과 같으나, 유한책임사원은 출자가액을 한도로 하여 회사채권자에게 직접·연대책임을 진다(제279조 제1항). 다만, 회사에 이익이 없음에도 불구하고 배당을 받은 경우에는 변제책임을 정함에 있어 그 금액을 가산한다(제279조 제2항). 정관변경에 의해 유한책임사원의 출자액이 감소되었다 하더라도 본점소재지에서 등기하기 전에 생긴 회사채무에 대하여 등기 후 2년 내에는 책임을 면하지 못한다(제280조).

그리고 유한책임사원이 타인에게 자기를 무한책임사원이라고 오인시키고 행위를 한 때에는 오인으로 인하여 회사와 거래를 한 자에 대하여 무한책임사원과 동일한 책임을 지며(제281조 제1항), 유한책임사원이 그 책임의 한도를 오인시키는 행위를 한 경우에도 오인시킨 범위에서 책임을 진다(제281조 제2항).

Chapter 05 COMMERCIAL LAW

유한책임회사

Ⅰ. 의의 및 특성

1. 의 의

유한책임회사란 유한책임사원만으로 구성되는 회사라는 점에서는 주식회사나 유한회사와 같다. 그러나 주식회사나 유한회사와 달리 기관의 구성을 필요로 하지 않고, 회사의 설립이나 운영 등의 면에서 유한회사보다 사적자치가 폭넓게 인정되는 형태의 회사이다. 유한책임회사는 인적회사에 가깝고, 출자지분의 양도제한규정을 두고 있고, 정관변경이 총사원의 동의를 얻어야 하며, 업무집행자는 원칙적으로 각 사원(또는 사원 아닌 자)이라는 점에서 유한회사와 차이가 있다.

2. 특 성

유한책임회사는 현행법상의 합명회사, 합자회사, 주식회사, 유한회사의 특성을 조합한 형태의 회사로서 부동산, 첨단기술, 외국과의 합작투자사업뿐만 아니라 컨설팅, 회계법인, 법무법인, 사모펀드 등 전문서비스 업종인 소규모기업에 많이 활용될 수 있는 형태의 회사에 해당한다.

Ⅱ. 설 립

1. 정관의 작성

유한책임회사를 설립함에서는 사원은 정관을 작성하여야 한다(제287조의2). 설립시 사원의 수에는 제한이 없으므로, 1인 이상이면 가능하며, 1인설립이 인정된다. 이러한 점에서 합명회사나 합자회사와 차이가 있다.

정관에는 목적, 상호, 사원의 성명과 주소 및 주민등록번호, 본점소재지, 정관작성연월일, 사원의 출자목적 및 가액, 자본금의 액, 업무집행자의 성명(법인인 경우에는 명칭)과 주소를 기재하여야 한다(제287조의3). 자본금의 액을 기재하는 점에서 주식회사와 차이가 있다. 자본금의 액은 사원이 출자한 금전 그 밖의 재산의 가액으로 한다(제287조의35).

2. 출자의 이행

(1) 출자목적물

유한책임회사의 사원은 신용 또는 노무를 출자의 목적으로 하지 못한다(제287조의4 제1항). 따라서 유한책임회사의 사원은 금전 기타 재산의 출자만이 가능하다.

(2) 출자시기

사원은 정관의 작성 후 설립등기를 하는 때까지 금전 그 밖에 재산의 출자를 전부 이행하여야 한다(제287조의4 제2항). 사원이 현물출자를 하는 경우에는 주식회사의 설립시 현물출자와 같이 납입기일에 지체없이 유한책임회사에 출자의 목적인 재산을 인도하고, 등기나 등록 그 밖의 권리의 설정이나 이전이 필요한 경우에는 이를 위한 서류를 모두 갖추어 교부하여야 한다(제287조의4 제3항). 유한책임회사의 사원의 현물출자의 경우에는 주식회사와는 달리 검사인의 조사절차를 필요로 하지 않는다.

(3) 출자의 불이행

유한책임사원이 출자의무를 이행하지 아니하는 경우에 대해서는 특별한 규정이 없다. 그러나 사원이 정관에 기재되므로 주식회사의 설립시 주식인수의 실효절차규정이 준용될 수 없다. 따라서 회사는 민법상 채무불이행에 따른 강제집행을 할 수 있고, 이것이 불가능하다면 회사불성립이 된다고 본다.

3. 설립등기와 지점설치 등의 등기

(1) 설립등기

사원의 출자의 이행이 완료된 후에는 설립등기를 함으로써 유한책임회사가 성립한다(제287조의5 제1항). 설립등기를 함에는 ① 목적, ② 상호, ③ 본점소재지, ④ 지점을 둔 때에는 그 소재지, ⑤ 존립기간 기타 해산사유를 정한 때에는 그 기간 또는 사유, ⑥ 자본금의 액, ⑦ 업무집행자의 성명과 주소(유한책임회사를 대표할 업무집행자를 정한 경우에는 그 외의 업무집행자의 주소는 제외된다) 및 주민등록번호(법인인 경우에는 명칭, 주소 및 법인등록번호), ⑧ 유한책임회사를 대표할 자를 정한 때에는 그 성명과 주소 및 주민등록번호(법인인 경우에는 명칭, 주소 및 법인등록번호), ⑨ 정관으로 공고방법을 정한 때에는 그 공고방법, ⑩ 둘 이상의 업무집행자가 공동으로 회사를 대표할 것을 정한 경우에는 그 규정 등을 본점소재지에서 등기하여야 한다(제287조의5 제1항). 등기기간에는 제한이 없다.

(2) 지점의 설치 등의 등기

지점의 설치 및 본점·지점의 이전에 관해서는 상법 제181조와 제182조의 합명회사의 지점설치 및 본점·지점의 이전에 관한 규정이 준용된다(제287조의5 제2항·제3항). 등기사항의 변경등기는 본점소재지에서는 2주간 내, 지점소재지에서는 3주간 내에 하여야 한다(제287조의5 제4항). 유한책임회사의 업무집행자의 업무집행을 정지하거나, 직무대행자를 선임하는 가처분을 하거나, 그 가처분을 변경 또는 취소하는 경우에 본점 및 지점이 있는 곳의 등기소에서 등기하여야 한다(제287조의5 제5항).

4. 설립무효와 취소

설립무효와 취소에 관해서는 합명회사의 설립무효와 취소에 관한 상법 제184조 내지 제194조의 규정이 준용된다(제287조의6). 다만, 설립무효의 소를 제기할 수 있는 자에는 사원뿐만 아니라 업무집행자도 포함이 된다.

Ⅲ. 내부관계

유한책임회사의 내부관계에 대해서는 정관 또는 법률에 다른 규정이 없으면 합명회사에 관한 규정이 준용된다(제287조의18).

1. 사원의 책임

사원은 법에 다른 규정이 있는 경우 외에는 그 출자가액의 범위 내에서만 책임을 진다(제287조의7).

2. 지 분

(1) 지분의 양도

사원의 지분의 전부 또는 일부의 양도는 정관에 다른 정함이 없는 한 다른 사원 전원의 동의를 얻어야 한다(제287조의8 제1항 및 제3항). 다만, 업무집행을 하지 아니한 사원은 업무를 집행하는 사원 전원의 동의가 있으면 지분의 전부 또는 일부를 타인에게 양도할 수 있으나, 업무를 집행하는 사원이 없는 경우에는 사원 전원의 동의를 얻어야 한다(제287조의8 제2항). 이에 대해서 정관으로 달리 정할 수 있다(제287조의8 제3항).

(2) 자기지분의 취득금지

유한책임회사는 그 지분의 전부 또는 일부를 양수할 수 없으며, 지분을 취득하는 경우에 그 지분은 취득한 때에 소멸한다(제287조의9 제1항·제2항).

(3) 지분의 압류

사원의 지분은 압류할 수 있고, 지분의 압류는 잉여금의 배당을 청구하는 권리에 대하여도 그 효력이 있다(제287조의37 제6항).

(4) 지분의 상속

사원의 사망은 퇴사의 사유에 해당하므로, 사원의 지분은 원칙적으로 상속이 인정되지 않는다(제287조의25, 제218조). 다만, 정관에 정함이 있는 때에는 상속이 가능하다(제287조의26, 제219조).

3. 업무집행자의 경업피지의무

업무집행자는 사원 전원의 동의를 받지 아니하고는 자기 또는 제3자의 계산으로 회사의 영업부류에 속한 거래를 하지 못하며, 같은 종류의 영업을 목적으로 하는 다른 회사의 업무집행자·이사 또는 집행임원이 되지 못한다(제287조의10 제1항). 업무집행자가 경업피지의무를 위반한 경우에는 합명회사 사원의 경업피지의무 위반에 관한 규정(제198조 제2항부터 제4항까지)이 준용된다(제287조의10 제2항).

4. 업무집행자의 자기거래

업무집행자는 다른 사원 과반수의 결의가 있는 경우에만 자기 또는 제3자의 계산으로 회사와 거래할 수 있으며, 이 경우 민법 제124조(자기계약, 쌍방대리의 금지)는 적용하지 아니한다(제287조의11).

5. 업무집행

(1) 업무집행자의 선임

정관으로 사원 또는 사원이 아닌 자를 업무집행자로 정하여야 한다(제287조의12 제1항). 업무집행자는 법인도 가능하다(제287조의3 4호)는 점이 특징이다.

(2) 업무집행권 행사

1명 또는 둘 이상의 업무집행자를 정한 경우에는 업무집행자 각자가 회사의 업무를 집행할 권리와 의무가 있다(제287조의12 제2항 본문). 다만, 다른 업무집행자의 이의가 있는 때에는 업무집행을 중단하고, 업무집행자의 과반수 결의로 결정하여야 한다(제287조의12 제2항 단서, 제201조 제2항). 한편, 업무집행권이 없는 사원은 합자회사 유한책임사원의 업무감시권에 관한 규정(제277조)이 준용된다(제287조의14).

(3) 공동업무집행자

정관에서 둘 이상의 공동업무집행자를 정할 수 있고, 이 때에는 그 전원의 동의가 없으면 업무집행에 관한 행위를 하지 못한다(제287조의12 제3항).

(4) 업무집행자가 법인인 경우 직무수행자 선임

법인이 업무집행자인 경우에는 당해 법인은 당해 업무집행자의 직무를 행할 자를 선임하여야 하고, 그 자의 성명과 주소를 다른 사원에게 통지하여야 한다(제287조의15 제1항). 업무집행자의 직무를 행할 직무수행자에 대해서는 자기거래제한이 인정된다(제287조의15 제2항, 제287조의11).

(5) 업무집행권 상실

업무집행자의 업무집행권의 상실에 관해서는 합명회사 사원의 업무집행권상실에 관한 규정(제205조)이 준용된다(제287조의17 제1항). 업무집행권상실의 소를 제기하는 때 그 소는 본점소재지를 관할하는 지방법원의 관할에 전속한다(제287조의18 제2항).

업무집행자의 선임무효나 업무집행권 상실의 소가 제기되어 업무집행자의 직무집행정지가처분 및 직무대행자선임가처분이 있는 경우, 직무대행자의 권한에 대해서는 합명회사의 규정(제200조의2)이 준용된다(제287조의13).

6. 정관변경

정관에 다른 정함이 없으면 총사원의 동의가 있어야 정관을 변경할 수 있다(제287조의16).

Ⅳ. 외부관계

1. 회사의 대표

업무집행자는 회사를 대표하며(제287조의19 제1항), 업무집행자가 둘 이상인 경우 정관 또는 총사원의 동의로 회사를 대표할 업무집행자를 정할 수 있다(제287조의19 제2항). 회사는 정관 또는 총사원의 동의로 둘 이상의 업무집행자가 공동으로 회사를 대표할 것을 정할 수도 있고(제287조의19 제3항), 공동대표를 정한 경우에도 제3자의 회사에 대한 의사표시는 공동대표의 권한이 있는 자 1인에 대하여 이를 함으로써 그 효력이 생긴다(제287조의19 제4항). 대표업무집행자의 대표권에 대해서는 합명회사의 규정(제209조)이 준용된다(제287조의19 제5항).

2. 유한책임회사와 사원 간의 소송

유한책임회사와 사원 간 또는 유한책임회사와 업무집행자(업무집행자는 사원이든 아니든 불문하고 모두 포함된다) 간의 소에 대해서는 유한책임회사를 대표할 사원이 없을 때에는 다른 사원 과반수의 결의로 대표할 사원을 선정하여야 한다(제287조의21).

3. 제3자에 대한 책임

유한책임회사를 대표하는 업무집행자가 그 업무집행으로 인하여 타인에게 손해를 입힌 경우에는 회사와 그 업무집행자가 연대하여 손해를 배상할 책임이 있다(제287조의20).

4. 대표소송

사원은 회사에 대하여 업무집행자의 책임을 추궁하는 소의 제기를 청구할 수 있고(제287조의22 제1항), 이에 대해 회사가 업무집행자의 책임을 추궁하는 소를 제기하지 아니하는 경우 사원은 대표소송을 제기할 수 있다. 이러한 대표소송에 대해서는 주식회사의 대표소송에 관한 규정(제403조 제2항부터 제4항까지, 제6항, 제7항 및 제404조부터 제406조까지)이 준용된다(제287조의22 제2항).

Ⅴ. 사원의 가입 및 탈퇴

1. 사원의 가입

정관을 변경하여 새로운 사원을 가입시킬 수 있다(제287조의23 제1항). 따라서 사원 전원의 동의가 있어야 사원으로 가입이 가능하다. 그리고 사원의 가입은 정관을 변경한 때에 효력이 발생한다(제287조의23 제2항 본문). 다만, 정관을 변경한 때에 당해 사원이 출자에 관한 납입 또는 재산의 전부 또는 일부의 출자를 이행하지 아니한 경우에는 당해 납입 또는 이행을 완료한 때에 사원이 된다(제287조의23 제2항 단서). 사원으로 가입하는 자의 현물출자의 경우에는 직접 이행을 하여야 하나, 등기나 등록 기타 권리의 설정 또는 이전이 필요한 경우에는 그 서류를 제출하면 된다(제287조의23 제3항, 제287조의4 제3항).

2. 사원의 탈퇴

(1) 퇴사사유

① **사원의 임의퇴사:** 사원은 정관에 다른 정함이 없는 경우 임의퇴사할 수 있으며, 이 때에는 합명회사의 규정(제217조 제1항)이 준용된다(제287조의24).

② **당연퇴사:** 사원은 정관의 규정에 의한 경우 등 합명회사의 당연퇴사 규정(제218조)이 준용된다(제287조의25). 사원의 사망은 퇴사의 원인에 해당하지만, 정관의 정함이 있는 경우에는 퇴사사유에서 제외할 수 있으며, 권리승계에 관해서는 합명회사의 규정(제219조)이 준용된다(제287조의26).

③ **제명:** 사원은 제명에 의하여 퇴사할 수 있으며, 이 때에는 합명회사 사원의

제명규정(제220조)이 준용된다. 다만 사원의 제명에 필요한 결의는 정관에서 달리 정할 수 있다(제287조의27).

④ **지분압류채권자에 의한 퇴사**: 사원의 지분을 압류한 채권자가 그 사원을 퇴사시키는 경우에는 합명회사의 규정(제224조)이 준용된다(제287조의29).

(2) 퇴사효과

① **퇴사원의 지분환급**: 퇴사사원은 정관에 다른 정함이 없는 한 그 지분의 환급을 금전으로 받을 수 있으며(제287조의28 제1항·제3항), 이때 퇴사사원에 대한 환급금액은 퇴사시의 회사의 재산상황에 따라 정한다(제287조의28 제2항).

② **채권자의 이의**: 회사의 채권자는 퇴사하는 사원에게 환급하는 금액이 대차대조표상의 순자산액으로부터 자본금의 액을 공제한 잉여금을 초과한 때에는 그 환급에 대하여 회사에 이의를 제기할 수 있다(제287조의30 제1항, 제287조의37). 채권자의 이의제기에 대해서는 합명회사의 채권자이의규정(제232조)이 준용된다(제287조의30 제2항 본문). 다만, 지분을 환급하더라도 채권자를 해할 우려가 없는 경우에는 채권자를 보호하기 위한 담보제공이나 신탁을 할 필요는 없다(제287조의30 제2항 단서).

③ **퇴사원의 상호변경청구권**: 퇴사한 사원의 성명이 유한책임회사의 상호 중에 사용된 경우에는 그 사원은 유한책임회사에 대하여 그 사용의 폐지를 청구할 수 있다(제287조의31).

Ⅵ. 회계 등

1. 회계원칙

유한책임회사의 회계는 법률과 대통령령으로 규정한 것을 제외하고는 일반적으로 공정·타당한 회계관행에 의한다(제287조의32).

2. 재무제표의 작성 및 보존

업무집행자는 매 결산기에 대차대조표, 손익계산서 그 밖에 유한책임회사의 재무상태와 경영성과를 표시하는 것으로서 대통령령에서 정하는 서류를 작성하여야 한다(제287조의33). 업무집행자는 재무제표 등의 서류를 본점에 5년간, 그 등본을 지점에 3년간 갖추어 두어야 하고(제287조의34 제1항), 사원과 유한책임회사의 채권자는 회사의 영업시간 내에는 언제든지 열람과 등사를 청구할 수 있다(제287조의34 제2항).

3. 자본금의 감소

유한책임회사의 자본금은 사원이 출자한 금전이나 그 밖의 재산의 가액이며(제287조의35), 회사는 정관변경의 방법으로 자본금을 감소할 수 있다(제287조의36 제1항). 자본금을 감소하는 경우에는 채권자보호절차를 거쳐야 한다(제287조의36 제2항 본문). 다만, 자본금의 감소 후에도 자본금의 액이 순자산액에 미달하지 않는 경우에는 채권자보호절차를 요하지 않는다(제287조의36 제2항 단서).

4. 잉여금의 분배

(1) 분배금액의 한도 및 위법분배

회사는 대차대조표상의 순자산액으로부터 자본금의 액을 뺀 액(잉여금)을 한도로 하여 잉여금의 분배를 할 수 있다(제287조의37 제1항). 이에 위반하여 잉여금을 분배한 때에는 회사채권자는 이를 회사에 반환할 것을 청구할 수 있고(제287조의37 제2항), 반환청구의 소를 제기하는 경우에는 본점소재지를 관할하는 지방법원에 하여야 한다(제287조의37 제3항).

(2) 잉여금 분배의 기준

잉여금은 정관에 달리 정함이 없으면 각 사원이 출자한 가액에 비례하여 분배한다(제287조의37 제4항).

(3) 분배청구의 방법

잉여금의 분배를 청구하는 방법이나 그 밖에 잉여금의 분배에 관한 사항은 정관에서 정할 수 있다(제287조의37 제5항).

Chapter COMMERCIAL LAW

06 주식회사

제1절 총 설

Ⅰ. 주식회사의 의의와 본질

1. 의 의

주식회사란 일정한 자본금을 중심으로 하고, 자본금이 주식으로 세분화되어 있으며, 주식인수가액을 한도로 출자의무를 이행할 뿐 회사채권자에 대해 직접 책임을 지지 않는 사원(주주)으로 구성된 회사를 말한다. 따라서 주식회사는 자본금·주식·주주의 유한책임 등 세 가지를 본질로 하는 회사이다.

2. 본 질

(1) 자본금

① 의의: 자본금이란 액면주식을 발행하는 경우에는 회사가 발행한 주식의 액면총액을 의미하며, 무액면주식을 발행하는 경우에는 주식발행가액의 2분의 1 이상의 금액으로서 이사회에서 자본금으로 계상하기로 한 금액의 총액을 말한다(제451조 제1항·제2항).

② 자본금 3원칙

㉠ 자본금 확정의 원칙: 회사설립시에 자본금이 정관으로 확정되고 자본금

액 전부에 대한 주식인수가 확정되어야 한다는 원칙이다. 현행상법은 수권자본금제도를 채택하고 있기 때문에 자본금 확정의 원칙은 사실상 폐기되었다고 할 수 있다. 그러나 설립시에는 액면주식을 발행하는 경우 정관에 설립시 발행주식총수와 1주의 금액이 기재되고, 설립시 발행주식총수의 전부가 인수되어야 하므로 이 한도 내에서는 자본금 확정의 원칙이 존속한다고 할 수 있다.

㉡ 자본금 유지의 원칙: 회사는 자본금액에 상당하는 순재산을 실질적으로 유지하여야 한다는 원칙으로 자본금 구속의 원칙 또는 자본금 충실의 원칙이라고도 한다. 자본금 유지의 원칙은 주주의 유한책임제도하에서 채권자보호를 위해 중요한 원칙이므로 상법상 이 원칙을 반영한 규정이 많다. 이러한 규정으로는 주금액의 전액납입주의(제295조, 제303조, 제305조 등), 변태설립사항에 대한 엄격한 조사절차(제299조, 제310조, 제313조 등), 발기인과 이사의 자본금 충실의 책임(제321조, 제428조), 액면미달발행의 제한(제417조 등), 자기주식취득의 제한(제341조, 제341조의2 등), 법정준비금제도(제458조 등), 이익배당의 제한 및 위법배당금의 반환청구(제462조) 등이 그 예이다.

㉢ 자본금 불변의 원칙: 일단 확정된 자본금을 엄격한 법정절차에 의하지 않고는 감소시키지 못하도록 하는 원칙이다.

(2) 주 식

주식회사의 자본금은 주식으로 분할되며, 주식은 사원(주주)의 출자단위가 된다. 이러한 주식은 첫째로는 자본금의 구성단위를 의미하고, 둘째로는 권리발생의 기초인 독립된 사원의 지위 또는 자격을 의미한다.

(3) 주주의 유한책임

주식회사의 사원인 주주는 회사에 대하여 주식의 인수가액을 한도로 출자의무를 부담할 뿐 회사채무에 대하여 아무런 책임도 부담하지 않는다(간접유한책임). 주주의 유한책임제도는 주식회사의 본질적인 요소로서 정관이나 주주총회의 결의로도 가중시킬 수 없다.

Ⅱ. 주식회사의 특성

1. 강행법규성

외부적으로는 회사채권자와 공공의 이익을 보호하고, 내부적으로는 이사의 전횡·배임행위 또는 대주주의 권한남용 등으로부터 회사와 일반주주를 보호하기 위하여 외부관계나 내부관계에 대해 강행법규로 규정하고 있다.

2. 공시주의의 강화

회사에 관한 중요한 사항을 공개함으로써 이해관계인들의 이익을 보호하도록 공시주의를 채택하고 있다. 즉, 정관이나 주주총회 의사록을 공시하도록 하고(제396조), 재무제표 등의 공시를 강화하고(제448조), 대차대조표를 공고토록 하고 있다(제449조 제3항).

3. 법률관계의 획일성

주식회사는 다수의 주주로써 구성되므로 법률관계의 집단적·획일적 처리가 요구된다. 이를 위해 회사의 설립무효, 주주총회의 결의취소, 신주발행무효, 자본금감소무효, 회사의 합병 및 분할의 무효주장에 대해서는 반드시 소(訴)에 의하도록 하고 있다(제328조, 제376조, 제429조, 제445조, 529조, 제530조의11 제1항).

4. 벌칙의 강화

주식회사의 발기인·이사 등이 그의 임무를 해태하였거나 위법행위를 함으로써 회사 또는 제3자에게 손해를 가한 때에는 손해배상책임을 부담하도록 하고, 또 그 위반행위에 대해서는 엄중한 형벌규정을 두고 있다(제622조 이하).

제2절 주식회사의 설립

제1관 총 설

Ⅰ. 주식회사 설립절차의 특색

합명회사나 합자회사, 유한책임회사 또는 유한회사의 경우에는 설립시 정관의 작성으로 사원이 확정되고 회사의 실체가 형성되어(유한책임회사와 유한회사는 사원의 출자이행을 요한다) 설립등기만 하면 법인격을 취득하게 된다. 그러나 주식회사는 사원이 정관에 의해 확정되는 것이 아니기 때문에 주주확정을 위한 주식인수절차를 필요로 한다. 또 회사재산이 회사채권자의 유일한 담보가 되므로 설립 전에 담보재산의 확보를 위한 출자의 이행 등이 필요하다. 이와 같이 주식회사는 정관의 작성 이외에 실체형성의 절차를 필요로 한다.

Ⅱ. 설립의 방법

1. 발기설립

발기설립은 발기인들에 의해서만 회사가 만들어지고, 발기인들만으로 주주를 구성하는 설립방법이다. 따라서 발기인들이 발행주식의 전부를 인수하고 납입하며, 발기인들에 의해 이사·감사가 선임된다. 또 선임된 이사·감사에 의해 설립경과에 대한 조사가 이루어지고 조사내용은 발기인에게 보고한다.

2. 모집설립

모집설립은 발기인들이 주식의 일부를 인수하고 나머지는 모집주주로 하여금 인수하도록 하여 회사를 성립시키는 방법이다. 모집설립에 의해 설립된 회사는 발기인과 모집주주들로 구성된다. 그리고 인수주식의 주금액납입이 완료된 후에 바로 주식인수인들로 구성되는 창립총회를 소집하여 이사·감사를 선임하고, 이들로 하여금 설립경과 조사·보고를 받는다.

Ⅲ. 발기인·발기인조합

1. 발기인

(1) 의 의

발기인이란 실질적으로 회사설립을 기획하고 그 절차를 담당하는 자를 말하지만, 법률적으로는 정관에 발기인으로서 기재되고 기명날인 또는 서명한 자를 말한다. 따라서 실제 회사설립에 참여하고 있지만 정관에 기명날인 또는 서명하지 않은 자로서 발기인으로 오인하게 한 자는 유사발기인으로서 발기인과 동일한 책임을 진다(제327조). 유사발기인제도는 간접적으로 주식회사의 설립을 촉진시키는 의미를 갖는다. 발기인은 설립중의 회사의 기관으로서 설립사무를 관장하고, 설립에 대한 엄격한 책임을 진다(제321조 등).

(2) 자격과 수

① 발기인의 자격에는 제한이 없으며 법인도 발기인이 될 수 있고, 무능력자도 발기인이 될 수 있다. 그러나 합명회사나 합자회사의 무한책임사원은 회사와 독립하여 발기인이 될 수 없고, 민법상의 조합이나 권리능력 없는 사단도 발기인이 될 수 없다.

② 발기인의 수에는 제한이 없다. 즉, 1인의 발기인에 의한 회사의 설립이 가능하다.

(3) 의 무

발기인이 된 자는 적어도 1주 이상의 주식을 인수하여야 한다(제293조). 발기인의 주식인수는 발기인이 되기 위한 요건이 아니라 발기인의 의무이다.

(4) 지 위

발기인은 대외적으로 설립중의 회사의 업무집행기관에 해당하며, 대내적으로는 발기인 조합의 구성원으로서 설립사무에 종사한다.

2. 발기인조합

발기인들 간에는 설립을 목적으로 하는 계약을 체결하고, 그의 이행으로서 정관의 작성 등 설립에 관한 행위를 하게 된다. 이 경우에 발기인들 간의 계약은 조합계약이며, 이 계약에 의하여 발기인조합이 성립한다. 발기인조합은 민법상의 조합으로서 조합에 관한 민법규정의 적용을 받으며, 정관작성·주식인수 등 설립에 필요한 발기인의 일련의 행위는 발기인조합계약의 이행으로써 행해진다는 것이 통설의 입장이다.

Ⅳ. 설립중의 회사

1. 의의 및 법적 성질

회사는 설립등기에 의하여 성립하지만, 회사설립에 착수하여 어느 정도 회사의 실체가 이루어졌을 때부터 설립등기에 이르기까지의 단계에 대해 사회적 실재성을 인정하고 강의학상 이를 설립중의 회사라고 한다. 설립중의 회사는 주로 주식회사의 설립과정에서 발기인이 회사설립을 위하여 취득한 권리·의무가 발기인 등 출자자에게 귀속되지 않고 성립 후의 회사에 귀속되는 관계를 설명하기 위해 인정된다. 설립중의 회사는 설립된 회사와 동일성을 갖는 존재로서 권리능력 없는 사단이라는 것이 판례·통설의 입장이다.

2. 설립중의 회사의 성립시기·존속시기

(1) 성립시기

설립중의 회사의 성립시기에 대하여는 학설의 대립이 있으나 정관을 작성하고 발기인이 적어도 1주 이상의 주식을 인수한 때로 보는 것이 판례·통설의 입장이다.

(2) 존속시기

설립중의 회사는 설립등기에 의하여 회사가 성립될 때까지 존속하며, 회사가 불성립하는 경우에는 설립중의 회사가 해산하여 청산이 종결될 때까지 존속한다.

3. 설립중의 회사의 법률관계

① 발기인이 설립중의 회사의 명의로 회사설립을 위해 수행한 행위로 인하여 발생한 권리·의무를 설립중의 회사가 취득하고, 이것이 설립중의 회사에 총유적으로 귀속하였다가 회사가 성립하면 특별한 이전행위를 요하지 않고 회사에 귀속된다. 이러한 효과가 발생하는 것은 발기인이 설립중의 회사의

기관으로서 한 행위에 한한다는 것이 통설의 입장이다. 따라서 설립중의 회사의 실질적인 권리능력의 범위는 발기인이 회사설립을 위해 할 수 있는 행위의 범위와 일치한다.

② 설립중의 회사와 무관하게 발기인 개인 또는 발기인조합에 귀속되었던 권리·의무는 별도의 이전절차를 거쳐 회사에 귀속하게 된다.

4. 설립중의 회사의 능력

설립중의 회사는 권리능력이 없는 사단이므로 원칙적으로 형식상의 권리능력은 갖지 못하지만, 민사소송법상 당사자능력이 인정되고(제48조), 부동산등기법상 등기능력(제30조)·어음능력이나 예금능력이 인정된다.

5. 설립중의 회사의 기관

(1) 창립총회

창립총회는 모집설립에만 있는 기관으로, 회사의 설립에 관한 모든 사항을 결의할 수 있다. 창립총회의 소집절차는 주주총회에 관한 규정이 많이 준용된다(제308조 제2항).

(2) 업무집행기관

설립중의 회사의 업무집행기관은 발기인이며, 판례는 발기인은 그의 권한 범위(설립중의 회사의 행위능력의 범위) 내에서 설립에 관한 설립행위뿐만 아니라 개업준비행위를 할 권한을 갖는다고 한다. 이 판례에 따르면 상법 제290조의 재산인수행위는 발기인의 권한남용을 방지하기 위하여 상법이 제한하고 있다고 한다.

(3) 감독기관

설립중의 회사의 감독기관은 설립시 선임된 이사와 감사이며, 이들은 설립에 관한 사항을 조사하여 발기설립의 경우에는 발기인에게, 모집설립의 경우에는 창립총회에 보고하게 된다.

6. 제3자에 대한 책임

설립중의 회사가 제3자에게 부담하는 채무에 대해서는 설립중의 회사는 법인격이 없으므로 주식인수인과 발기인이 책임을 부담해야 한다. 주식인수인은 자기주식의 인수가액의 범위 내에서, 그리고 발기인은 개인적으로 연대하여 무한책임을 진다.

제2관 정관의 작성

Ⅰ. 정관의 의의 및 효력

1. 의 의

정관이란 회사가 제정한 자치법규로서 회사의 조직 및 활동에 관한 단체법상의 근본규칙을 정한 서면을 말한다. 회사설립의 첫 단계로 발기인이 정관(원시정관)을 작성하고 기명날인 또는 서명하여 공증인의 인증을 받음으로써 효력이 생긴다(제292조 본문). 다만, 자본금 총액이 10억원 미만인 회사를 발기설립하는 경우에는 각 발기인이 정관에 기명날인 또는 서명함으로써 효력이 생긴다(제292조 단서).

2. 효 력

정관은 발기인뿐만 아니라 회사의 사원·기관을 구속하는 효력이 있으나, 제3자에 대하여는 효력이 미치지 않는다.

Ⅱ. 정관의 기재사항

정관의 기재사항은 절대적 기재사항, 상대적 기재사항, 임의적 기재사항으로 구분할 수 있다.

1. 절대적 기재사항

정관의 절대적 기재사항은 상법이 정관의 유효요건으로 정한 사항으로서 하나라도 기재하지 않거나 내용이 위법하면, 정관이 무효가 되고 회사설립의 무효사유가 된다.

(1) 목 적

목적은 회사가 존재이유로 삼아 수행하고자 하는 사업을 말하며, 제3자에 대해서는 회사를 상대로 거래함에 있어서 회사에 대해 기대할 수 있는 반대급부의 범위를 예측하는 기준이 된다.

(2) 상 호

상호는 회사를 나타내는 명칭이며, 상호에 주식회사라는 문자를 사용하여야 한다(제19조). 회사는 수개의 영업을 하더라도 1개의 상호만을 사용할 수 있을 뿐이다.

(3) 회사가 발행할 주식의 총수

수권자본금제도를 도입함으로써 회사가 발행할 주식의 총수(발행예정주식총수)를 기재하여야 한다.

(4) 액면주식을 발행하는 경우 1주의 금액

액면주식을 발행하는 경우 1주의 금액은 100원 이상 균일하여야 한다(제329조 제2항·제3항). 회사는 원칙적으로 자본금 유지의 원칙상 액면가 이하로 주식을 발행할 수 없다(제330조). 액면가에 발행주식총수를 곱하면 자본금이 된다(제451조 제1항).

(5) 회사가 설립시에 발행하는 주식의 총수

회사가 설립시에 발행하는 주식의 전부에 대해 인수가 확정되어야 한다.

(6) 본점의 소재지

본점은 주된 영업소를 말하며, 회사의 주소가 있는 곳이다. 본점은 최소행정구역단위와 지번으로 특정되어야 한다.

(7) 회사가 공고하는 방법

주식회사는 특히 공시해야 할 사항들이 많으며, 주주와 회사채권자 등 이해관계인을 보호하기 위하여 공고는 관보 또는 시사를 게재하는 일간신문에 하여야 하지만, 정관의 정함에 의해 전자적 방법으로 공고할 수 있다(제289조 제3항). 따라서 방송이나 일정한 장소에 게시하는 것은 공고방법이 될 수 없다.

(8) 발기인의 성명·주민등록번호·주소

발기인은 정관을 작성하고 기명날인 또는 서명하여야 하므로 기명날인 또는 서명한 발기인의 성명·주민등록번호·주소를 정관에 기재하게 하는 것이다.

2. 상대적 기재사항

상대적 기재사항은 정관에 기재하지 아니하더라도 정관의 효력에는 영향이 없다. 다만, 정관에 기재하지 않은 경우에는 그러한 행위를 하더라도 그 효력이 없다.

(1) 변태설립사항

변태설립사항은 회사 설립 당시에 발기인에 의해 남용되어 자본금 충실을 해칠 우려가 있는 사항으로서, 특별히 이러한 사항을 실행하고자 하는 경우에는 정관에 기재하고 주식청약서에 기재하여야 하며, 별도의 엄격한 검사절차를 받도록 하고 있다(제299조, 제310조).

① **발기인이 받을 특별이익과 이를 받을 자의 성명**(제290조 1호)

㉠ 특별이익의 의의: 회사설립의 발기인으로서 위험을 부담하고 활동한 공로에 대한 보상으로 특정한 발기인 또는 그 전원에게 인정하는 이익으로 자본금 충실의 원칙에 위배되는 이익(예 무상주교부나 납입의무의 면제 등), 주주평등의 원칙에 반하는 이익(예 발기인의 주식에 복수의 의결권을 부여하는 것 등), 단체법적 질서에 위배되는 이익(예 이사나 감사 등 일정 지위를 약속하는 것 등)의 경우에는 인정되지 않는다. 특별이익의 예로는 이익배당·신주발행 등의 경우에 우선권 부여, 회사설비의 무상이용권, 회사제품 지역총판매권 부여 등을 들 수 있다.

㉡ 특별이익의 성질: 특별이익은 발기인이었던 자에 대해 인정하는 채권자적 권리로서 회사의 성립과 동시에 인정되고, 그 성질에 반하지 않는 한 특별이익만의 양도나 상속이 인정된다.

② **현물출자**: 현물출자를 하는 자의 성명과 그 목적인 재산의 종류·수량·가격과 이에 대하여 부여할 주식의 종류와 수를 변태설립사항으로 하고 있다(제290조 2호).

㉠ 현물출자의 의의: 현물출자는 금전 이외의 재산으로 하는 출자를 말한다. 현물출자는 단체법상의 유상·쌍무계약이라 할 수 있다. 따라서 현물출자에는 위험부담·하자담보책임에 관한 민법규정(제537조, 제570조 이하)이 적용 또는 유추적용될 수 있다.

㉡ 현물출자자: 현물출자자에는 제한이 없으나, 정관에 정한 자여야 한다. 따라서 현물출자자는 발기인에 한정되는 것은 아니다.

㉢ 현물출자의 목적물: 현물출자의 목적물은 경제적 가치를 확정할 수 있고 양도가 가능하며 대차대조표의 자산의 부에 계상할 수 있는 재산이면 가능하다. 동산·부동산·채권·유가증권·무체재산권·다른 회사의 주식·영업상의 비결 등 재산적 가치가 있는 사실관계와 영업의 전부 또는 일부도 될 수 있다. 그러나 노무와 신용은 출자의 목적물이 될 수 없다.

㉣ 현물출자의 부당평가: 현물출자가 과대평가된 경우 이를 시정하지 않은 채 설립등기를 한 경우, 그 정도가 경미하다면 발기인과 임원의 손해배상책임의 추궁으로 해결하고, 그 정도가 큰 경우 현물출자를 무효로 보아야 한다.

㉤ 현물출자의 이행불능·이행지체: 이행불능의 경우 정관을 변경하여 설립절차를 속행할 수 있고, 이행지체의 경우 강제집행을 하거나 정관변경으로 설립절차를 속행할 수 있다.

③ **재산인수**: 발기인이 특정 재산의 소유자와 회사성립 후에 회사가 그 재산을 양수할 것을 약정하는 경우 그 재산의 종류·수량·가격과 그 양도인의 성명을 정관에 기재하여야 한다(제290조 3호).

㉠ 재산인수의 의의: 발기인이 설립중의 회사를 대표하여 특정인과 회사성립 후 그 특정인으로부터 일정한 재산을 회사가 양수하기로 약정하는 개인법상의 계약이다. 발기인의 재산인수행위는 개업준비행위로서 회사의 영업개시를 위한 준비행위에 속한다. 이 경우에도 현물출자와 같은 재산에 대한 과대평가로 인하여 자본금 유지를 해할 염려가 있기 때문에 변태설립사항으로 정한 것이다.

㉡ 재산인수의 목적물: 현물출자와 같이 대차대조표의 자산의 부에 계상할 수 있는 목적물이면 모두 가능하다.

㉢ 재산인수의 양도인: 재산인수의 양도인에는 제한이 없으므로, 설립중의 회사의 대표인 발기인과 인수계약을 하는 자라면 발기인·주식인수인 기타 제3자 등 누구나 양도인이 될 수 있다.

㉣ 재산인수의 효력: 원시정관에 기재되지 않은 재산인수는 무효로서(판례), 회사가 성립하여도 발기인이 한 재산인수 행위의 효과는 당연히 회사에 귀속되지 않는다. 이 무효는 회사뿐만 아니라 양도인도 주장할 수 있다.

④ **회사가 부담할 설립비용과 발기인이 받을 보수액**(제290조 4호)

㉠ 설립비용: 설립비용이란 회사설립절차의 실행에 소요되는 비용(예 사무실

의 임차비용, 통신비, 정관이나 주식청약서의 인쇄비, 광고비, 납입금 취급은행의 수수료 등)을 말한다. 그러나 설립 후의 회사의 사업상 필요한 공장·건물 등의 구입비는 개업준비비로서 포함되지 않는다. 판례는 개업준비를 위한 금전차입도 포함되지 않는다고 한다. 정관에 기재하지 않고 지출한 비용은 회사에 대하여 구상할 수 없고, 발기인 개인이 책임을 져야 한다. 정관에 정한 설립비용의 범위를 초과한 경우 회사가 설립된 후에는 회사가 전액 책임을 부담하고 그 초과분에 대해서는 발기인에게 구상할 수 있다(판례).

㉡ 발기인의 보수: 발기인이 설립사무를 위하여 제공한 노무의 대가를 말한다. 발기인의 보수는 설립중의 기관으로서 제공한 노무의 대가이므로 설립 전에 그 원인이 발생하고 설립중의 회사가 부담해야 한다.

(2) 기타 상대적 기재사항

기타의 상대적 기재사항은 상법전 전반에 걸쳐 산재해 있으나, 대표적인 예를 들면 주식매수선택권의 부여(제340조의2 제1항), 종류주식발행(제344조 제2항), 전환주식의 발행(제346조 제1항), 서면결의의 채택(제368조의3 제1항), 감사위원회 등 이사회내 위원회의 설치(제393조의2, 제415조의2), 자격주(제387조), 이사회소집기간의 단축(제390조 제2항), 제3자의 신주인수권(제418조 제1항), 중간배당(제462조의3 제1항), 현물배당(제462조의4 제1항) 등을 들 수 있다.

3. 임의적 기재사항

주식회사의 본질에 반하지 않고 강행법규에 위반되지 않는 사항이라면 상법이 허용하는 범위 내에서 필요한 사항을 기재할 수 있다. 이러한 예로는 이사의 수, 영업연도의 시기·종기, 주주총회 의장, 의결권 대리행사, 이익처분방법 등을 들 수 있다.

제3관 자본금 형성 및 기관의 구성

Ⅰ. 주식발행사항 결정

회사가 설립시에 발행하는 주식의 총수와 액면주식의 경우 1주의 금액은 정관에 기재하여야 하는 필요적 기재사항이므로 이미 정해지지만, 주식발행을 실천하기 위해서는 발기인들이 주식발행에 대한 구체적인 계획을 결정하여야 한다. 그 주된 내용으로서 주식의 종류와 수, 액면주식의 경우에 액면 이상의 가액으로 주식을 발행하는 때에 그 수와 금액에 관한 사항, 무액면주식을 발행하는 경우에는 주식의 발행가액과 주식의 발행가액 중 자본금으로 계상하는 금액의 결정은 발기인 전원의 동의를 요한다(제291조 본문). 그리고 기타 주식발행사항으로 청약기간, 납입기관(장소), 납입기일 등의 결정은 발기인 과반수의 동의를 얻으면 된다. 주식발행사항의 결정은 발기인에 의한 주식인수 전이어야 하며, 발기인의 동의를 설립등기 전까지 얻지 못하면 설립무효의 사유가 된다.

Ⅱ. 발기설립

1. 발기인의 주식인수

발기설립은 발기인들만으로 주주를 구성하는 설립방법이므로 발기인들이 설립시에 발행하는 주식의 총수를 인수하여야 하며(제295조 제1항), 주식의 인수는 서면으로 하여야 한다(제293조). 서면에 의하지 않은 주식인수는 무효라는 것이 통설의 입장이다.

2. 출자의 이행

(1) 금전납입

발기인이 설립시에 발행하는 주식의 총수를 인수한 때에는 지체없이 각 주식에 대하여 그 인수가액의 전액을 납입하여야 한다(제295조 제1항). 납입은 발기인들에 의해 정해진 은행 기타 금융기관에 하여야 한다(제302조 제2항 9호). 발기인이 납입을 하지 않은 경우에는 실권제도가 없으므로 강제집행을 하거나, 발기인 전원의 동의로 다른 발기인이 인수하여 납입하게 할 수 있다. 그렇지 않은 경우에는 회사불성립에 그치게 될 것이다.

(2) 현물출자

현물출자를 하는 경우에도 납입기일에 지체없이 현물출자를 이행하여야 한다(제295조 제2항, 제305조 제3항). 이행이 있기 위해서는 재산의 종류별로 권리이전방식에 의한 재산권의 이전이 있어야 한다. 그러나 등기·등록 기타 권리의 설정 또는 이전을 요할 경우에는 이에 관한 서류를 완비하여 교부하면 된다(제295조 제2항). 현물출자에 관한 위험부담·하자담보 등에 관하여는 민법의 규정이 유추적용된다. 한편, 현물출자의 불이행이 있는 경우에는 실권절차는 인정되지 않으므로 강제집행의 방법을 취할 수 있고, 정관변경에 의해 설립절차를 속행할 수 있다.

3. 이사·감사의 선임 및 의사록 작성

발기인이 인수한 주식에 대하여 출자가 이행되면 발기인은 지체없이 의결권의 과반수로 이사와 감사를 선임하여야 한다(제296조 제1항). 의결권은 인수주식 1주에 대하여 1개씩 인정된다(제296조 제2항). 여기서 선임된 이사·감사는 설립중의 회사의 감독기관이 되고 설립등기와 더불어 바로 회사의 기관이 된다. 발기인은 의사록을 작성하여 의사의 경과와 그 결과를 기재하고 기명날인 또는 서명하여야 한다(제297조).

4. 설립경과의 조사

이사와 감사는 취임 후 지체없이 회사의 설립에 관한 모든 사항이 법령 또는 정관의 규정에 위반되지 아니하는지의 여부를 조사하여 발기인에게 보고하여야 한다(제298조 제1항). 이사와 감사 중 발기인이었던 자, 현물출자자, 회사성립 후 양수할 재산의 계약당사자인 자는 설립경과의 조사·보고에 참가하지 못한다(제298조 제2항). 만일 이사와 감사 전원이 이러한 제척사유에 해당하는 때에는 이사는 공증인으로 하여금 조사·보고하게 하여야 한다(제298조 제3항).

5. 변태설립사항의 조사

정관에 변태설립사항이 있는 경우에는 이사는 선임 후 지체없이 이에 관한 조사를 하게 하기 위하여 검사인의 선임을 법원에 청구하여야 한다(제298조 제4항 본문). 법원에서 선임된 검사인은 변태설립사항과 현물출자의 이행에 관한 사항을 조사하여 서면으로 법원에 보고하여야 하며(제299조 제1항), 보고서의 등본을 지체없이 각 발기인에게 교부하여야 한다(제299조 제3항). 이 보고서에 사실과 상위한 사항이 있을 때에는 발기인은 그에 대한 설명서를 법원에 제출할 수 있다(제299조 제4항).

보충

현물출자 및 재산인수의 재산총액이 자본금의 5분의 1을 초과하지 아니하고 대통령령으로 정한 금액을 초과하지 아니하는 경우, 현물출자 및 재산인수의 재산이 거래소에서 시세가 있는 유가증권인 경우로서 정관에 적힌 가격이 대통령령으로 정한 방법으로 산정된 시세를 초과하지 아니하는 경우, 그 밖에 이에 준하는 경우로 대통령령으로 정하는 경우에는 검사인의 조사·보고를 필요로 하지 않는다(제299조 제2항).

법원에서 선임된 검사인의 조사·보고는 발기인에게 특별이익을 부여하는 경우와 설립비용·발기인의 보수에 관해서는 공증인의 조사·보고로, 현물출자나 재산인수에 관해서는 감정인의 감정·보고로 갈음할 수 있다(제299조의2).

6. 법원의 변경처분

법원은 검사인의 보고 또는 공증인의 보고나 감정인의 감정결과, 발기인의 설명서를 심사하여 변태설립에 관한 사항이 부당하다고 인정한 때에는 이를 변경하여 각 발기인에게 통고할 수 있다(제300조 제1항). 이러한 변경에 불복하는 발기인은 법원의 변경결정에 대하여 즉시 항고하거나 그 주식의 인수를 취소할 수 있다(제300조 제2항).

법원의 변경에 불복하는 발기인은 주식인수를 취소할 수 있다. 주식인수를 취소한 발기인이 있더라도 다른 발기인이 이를 인수하거나 정관을 변경하여 설립절차를 계속할 수 있다(제300조 제2항). 그러나 법원의 통고가 있은 후 2주간 내에 주식의 인수를 취소한 발기인이 없는 때에는 정관은 통고에 따라 변경된 것으로 본다(제300조 제3항).

Ⅲ. 모집설립

1. 발기인의 주식인수

발기인은 반드시 주식 중 일부를 서면으로 인수하여야 한다(제293조).

2. 주주의 모집

발기인이 인수한 주식 이외의 주식에 대해서는 주주를 모집하여야 한다(제301

조). 주주의 모집방법에는 제한이 없으며, 공모에 의하든 연고모집에 의하든 관계없다. 주주모집의 경우에 우리 상법은 주식청약서주의를 택하고 있으므로, 주식청약서에 의하지 않은 주식인수의 청약은 무효이다.

(1) 주식인수의 청약

주주모집시 주식인수의 청약은 주식청약서 2통에 인수할 주식의 종류 및 수와 주소를 기재하고 기명날인 또는 서명하여(제302조 제1항) 발기인에게 하여야 한다. 주식청약서에는 정관의 절대적 기재사항, 변태설립사항, 회사설립의 개요를 알 수 있는 사항을 기재하여야 한다(제302조 제2항).

주식인수의 청약시 가설인의 명의나 타인의 승낙 없이 그의 명의로 주식인수의 청약을 하는 경우에는 실제의 인수인이 주식인수인으로서의 책임을 지며(제332조 제1항), 타인의 승낙을 얻어 그의 명의로 주식인수의 청약을 한 경우에는 그 명의를 대여한 자는 실제의 인수인과 연대하여 납입할 책임을 진다(제332조 제2항).

【판례】 대법원 2017.12.5.선고 2016다265351판결

상법 제332조 제1항은 가설인(假設人)의 명의로 주식을 인수하거나 타인의 승낙 없이 그 명의로 주식을 인수한 자는 주식인수인으로서의 책임이 있다고 정하고, 제2항은 타인의 승낙을 얻어 그 명의로 주식을 인수한 자는 그 타인과 연대하여 납입할 책임이 있다고 정한다. 이처럼 상법은 가설인(이는 현실로는 존재하지 않고 외형만을 꾸며낸 사람을 가리킨다)이나 타인의 이름으로 주식을 인수할 수도 있다는 것을 전제로 그 납입책임을 부과하고 있지만, 누가 주주인지에 관해서는 규정을 두고 있지 않다.

타인의 명의로 주식을 인수한 경우에 누가 주주인지는 결국 주식인수를 한 당사자를 누구로 볼 것인지에 따라 결정하여야 한다. 발기설립의 경우에는 발기인 사이에, 자본의 증가를 위해 신주를 발행할 경우에는 주식인수의 청약자와 회사 사이에 신주를 인수하는 계약이 성립한다. 이때 누가 주식인수인이고 주주인지는 결국 신주인수계약의 당사자 확정 문제이므로, 원칙적으로 계약당사자를 확정하는 법리를 따르되, 주식인수계약의 특성을 고려하여야 한다.

발기인은 서면으로 주식을 인수하여야 한다(상법 제293조). 주식인수의 청약을 하고자 하는 자는 주식청약서 2통에 인수할 주식의 종류·수와 주소를 기재하고 기명날인하거나 서명하여야 한다(상법 제302조 제1항, 제425조). 이와 같이 상법에서 주식인수의 방식을 정하고 있는 이유는 회사가 다수의 주주와 관련된 법률관계를 형식적이고도 획일적인 기준으로 처리할 수 있도록 하여 이와 관련된 사무처리의 효율성과 법적 안정성을 도모하기 위한 것이다. 주식인수계약의 당사자를 확정할 때에도 이러한 특성을 충분히 반영하여야 한다.

타인 명의로 주식을 인수하는 경우에 주식인수계약의 당사자 확정 문제는 다음과 같이 두 경우로 나누어 살펴보아야 한다.

첫째, 가설인 명의로 또는 타인의 승낙 없이 그 명의로 주식을 인수하는 약정을 한 경우이다. 가설인은 주식인수계약의 당사자가 될 수 없다. 한편 타인의 명의로 주식을 인수하면서 그 승낙을 받지 않은 경우 명의자와 실제로 출자를 한 자(이하 '실제 출자자'라 한다) 중에서 누가 주식인수인인지 문제되는데, 명의자는 원칙적으로 주식인수계약의 당사자가 될 수 없다. 자신의 명의로 주식을 인수하는 데 승낙하지 않은 자는 주식을 인수하려는 의사도 없고 이를 표시한 사실도 없기 때문이다. 따라서 실제 출자자가 가설인 명의나 타인의 승낙 없이 그 명의로 주식을 인수하기로 하는 약정을 하고 출자를 이행하였다면, 주식인수계약의 상대방(발기설립의 경우에는 다른 발기인, 그 밖의 경우에는 회사)의 의사에 명백히 반한다는 등의 특별한 사정이 없는 한, 주주의 지위를 취득한다고 보아야 한다.

둘째, 타인의 승낙을 얻어 그 명의로 주식을 인수하기로 약정한 경우이다. 이 경우에는 계약 내용에 따라 명의자 또는 실제 출자자가 주식인수인이 될 수 있으나, 원칙적으로는 명의자를 주식인수인으로 보아야 한다. 명의자와 실제 출자자가 실제 출자자를 주식인수인으로 하기로 약정한 경우에도 실제 출자자를 주식인수인이라고 할 수는 없다. 실제 출자자를 주식인수인으로 하기로 한 사실을 주식인수계약의 상대방인 회사 등이 알고 이를 승낙하는 등 특별한 사정이 없다면, 그 상대방은 명의자를 주식인수계약의 당사자로 이해하였다고 보는 것이 합리적이기 때문이다.

(2) 주식의 배정

주식인수의 청약이 이루어진 후 발기인이 이에 대해 주식을 배정한다. 배정은 발기인들의 자유배정에 의하며, 배정에는 특별한 방법을 필요로 하지 않으며 구두로 하여도 관계없다. 배정이 이루어진 경우 발기인은 주식청약인에 대한 배정결과를 통지하고 주식인수인에 대해 납입을 최고하고, 창립총회의 소집을 통지하여야 한다. 이 통지·최고는 주식청약서에 기재된 주소 또는 청약인이 회사에 통지한 주소로 하면 되고(제304조 제1항), 그 통지·최고는 보통 도달할 시기에 도달한 것으로 본다(제304조 제2항).

(3) 주식인수의 무효·취소

회사성립 후에도 통정허위표시에 의한 주식인수의 무효, 의사무능력자의 주식인수의 무효, 무권대리에 의한 주식인수의 무효주장은 가능하며, 행위무능력자의 주식인수취소도 언제든지 가능하다. 또한 채무자의 사해행위에 대한 채권자취소권의 행사도 인정되므로, 채권자를 해할 목적으로 한 채무자의 주식인수도 채권자가 취소할 수 있다. 다만, 주식인수인은 창립총회에 출석하여 권리를 행사한 후 또는 회사성립 후에는 주식청약서의 요건 흠결에 의한 인수의 무효를 주장하거나 사기·강박 또는 착오를 이유로 하여 인수를 취소하지 못한다(제320조 제1항·제2항).

(4) 출자의 이행

① **납입의무**: 주식인수인은 배정된 주식의 수에 따라 인수가액을 납입할 의무를

지며(제303조), 발기인은 주식의 총수가 인수된 때에는 지체없이 각 주식에 대한 인수가액의 전액을 납입시켜야 한다(제305조 제1항). 주식인수인의 납입은 대물변제·경개(更改) 등은 허용되지 않는다. 한편, 어음·수표에 의한 납입의 경우에는 실제 지급인에 의하여 지급되어야만 유효하게 납입이 이루어진 것이 된다(판례).

② **납입장소**: 발기인은 주식청약서에 주금액을 납입할 은행 기타 금융기관을 기재하여야 한다(제302조 제2항 9호). 주식인수인은 납입장소에서 납입하여야 한다(제305조 제2항). 납입금보관자 또는 납입장소를 변경할 때에는 법원의 허가를 얻어야 한다(제306조).

③ 가장납입

㉠ 가장납입의 의의: 가장납입이란 주금을 실제 납입함이 없이 납입된 것으로 가장하고 설립등기를 마치는 것을 말한다.

㉡ 가장납입의 유형: 납입가장행위는 납입취급은행과의 공모에 의하여 하는 가장납입(예합)과, 발기인이 의도적으로 납입취급은행 이외의 제3자로부터 납입금 전액을 차입하여 주금을 납입하여 회사를 설립한 다음 납입금 전액을 인출하여 반환하는 일시차입금에 의한 가장납입(견금납입)이 있다.

㉢ 가장납입의 효과

ⓐ 공모에 의한 가장납입: 이 경우에는 주금의 현실적 납입이 없고 설립 후에 납입금의 사용이 제한되므로 납입의 효력이 없다. 그런데 상법은 납입금보관은행 기타 금융기관은 납입금보관증명을 발급하여 증명한 보관금액에 대하여는 납입의 부실 또는 그 금액의 반환에 제한이 있음을 이유로 하여 회사에 대항하지 못한다고 규정하고 있으므로(제318조 제2항), 사실상 공모에 의한 가장납입은 거의 이루어지기 어렵다.

ⓑ 일시차입금에 의한 가장납입: 일시차입금으로 납입한 경우의 효력에 관해서는 학설의 대립이 있으나, 판례는 견금납입의 경우에도 유효하다는 견해를 취하고 있다. 판례의 견해에 따르면 회사가 주주를 위하여 납입금을 체당한 것이므로 주주는 회사에 대하여 주금액을 상환할 책임이 있다고 한다.

【판례】 대법원 1983.5.24.선고 82누522판결

회사의 설립이나 증자의 경우에 당초부터 진정한 주금의 납입으로서 회사자금을 확보할 의도 없이 일시적인 차입금으로 단지 주금납입의 외형을 갖추고 회사설립이나 증자절차 후 곧바로 그 납입금을 인출하여 차입금을 변제하는 주금의 가장납입, 소위 「견금」에 의한 주금납입의 경우에도 금원의 이동에 따른 현실의 불입이 있는 것이고, 설령 그것이 실제로는 납입의 가장수단으로 이용된 것이라 하더라도, 이는 당해 납입을 하는 발기인 등의 주관적 의도의 문제에 불과하고 회사가 관여하는 바는 아니므로, 이러한 발기인 등의 내심적 사정에 의하여 회사의 설립이나 증자와 같은 집단적 절차의 일환을 이루는 주금납입의 효력을 좌우함은 타당하지 아니하다.

ⓒ 발기인 등의 책임: 납입가장행위를 한 발기인이나 이사는 공동불법행위를 한 자로서 회사에 대해 손해배상책임을 부담하고, 악의 또는 중대한 과실이 있는 때에는 제3자에 대해서도 손해배상책임을 진다. 또한 발기인이나 이사 등은 상법 제628조 제1항의 납입가장죄, 형법상 공정증서원본부실기재죄와 동행사죄(형법 제228조 제1항, 제229조)가 성립할 수 있다. 납입가장죄가 인정되는 한 횡령죄는 성립되지 않는다(판례).

㉣ 가장납입과 발기인의 자본금 충실책임: 가장납입의 경우에도 주금납입의 효력을 부인할 수 없으므로 발기인의 자본금 충실책임은 인정하지 않는다(판례).

④ **납입의 불이행:** 주식인수인이 납입하지 아니한 때에는 발기인은 일정한 기일을 정하여 그 기일 내에 납입하지 아니하면 그 권리를 잃는다는 뜻을 기일의 2주간 전에 그 주식인수인에게 통지하여야 한다(제307조 제1항). 이 통지를 받은 주식인수인이 그 기일 내에 납입의 이행을 하지 아니한 때에는 그 권리는 당연히 실권하며, 실권된 주식에 대하여 발기인은 주주를 재모집할 수 있고(제307조 제2항), 실권된 주식을 발기인이 인수할 수도 있다. 그러나 현물출자의 불이행은 사실상 재모집이 불가능하므로 강제집행의 방법을 취할 수밖에 없다. 납입의 불이행시 주식인수인에 대하여 손해배상을 청구할 수 있다(제307조 제3항).

3. 변태설립사항의 조사

정관에 변태설립사항이 기재된 때에는 발기인은 이에 관한 조사를 하기 위하여 법원에 검사인의 선임을 청구하여야 하고, 선임된 검사인은 조사보고서를 창립총회에 제출하여야 한다(제310조 제1항·제2항). 발기인은 검사인의 조사·보고에 갈음하여 변태설립사항 중 발기인의 특별이익과 발기인의 보수·설립비용에 관한 사항은 공증인의 조사·보고로, 현물출자와 재산인수에 관해서는 감정인의 감정서로 할 수 있다(제310조 제3항).

4. 창립총회

(1) 의 의

창립총회는 회사설립의 최종적 단계에서 주식인수인으로 구성된 설립중의 회사의 최고의 의사결정기관이며, 주주총회의 전신이다. 따라서 창립총회의 소집, 의결권, 결의하자 등에 대해서는 주주총회에 관한 규정이 준용된다(제308조 제2항).

(2) 소집·결의

발기인은 주금의 납입과 현물출자의 이행이 완료한 때에 지체없이 창립총회를 소집하여야 한다(제308조 제1항). 창립총회의 결의는 출석한 주식인수인의 의결권의 3분의 2 이상이며 인수된 주식총수의 과반수에 해당하는 다수로 한다(제309조). 이러한 창립총회의 결의요건에 있어서 인수된 주식총수 또는 출석한 주식인수인의 의결권에는 의결권 없는 주식도 산입한다.

(3) 권 한

① **발기인의 회사창립에 관한 보고**: 발기인은 주식인수와 납입에 관한 제반 사항 및 변태설립사항에 관한 실태를 명확히 기재한 서면에 의하여 회사창립에 관한 사항을 창립총회에 보고하여야 한다(제311조 제1항·제2항).

② **이사·감사의 선임**: 창립총회에서는 장래에 설립될 회사의 기관이며, 설립중의 회사의 설립경과를 조사할 이사와 감사를 선임하여야 한다.

③ **설립경과의 조사**: 이사와 감사는 취임 후 지체없이 회사의 설립에 관한 모든 사항이 법령 또는 정관의 규정에 위반하지 아니하는 지의 여부를 조사하여 창립총회에 보고하여야 한다(제313조 제1항). 이때 이사와 감사가 발기인이나 현물출자자 또는 재산인수의 당사자인 때에는 이 조사·보고에 참가하지 못한다. 특히 이사와 감사 전원이 이 제척사유에 해당될 때에는 이사는 공증인으로 하여금 설립경과를 조사·보고하게 하여야 한다(제313조 제2항).

④ **변태설립사항의 변경:** 법원에서 선임된 검사인 또는 공증인의 조사·보고나 감정인의 감정·보고된 변태설립사항이 부당하다고 인정한 때에는 이를 변경할 수 있다(제314조 제1항). 이 변경에 불복하는 발기인은 주식인수를 취소할 수 있고, 또 정관을 변경하여 설립절차를 속행할 수 있다(제314조 제2항, 제300조 제2항). 창립총회에서의 변경이 있은 후 2주 내에 주식의 인수를 취소한 발기인이 없는 때에는 정관은 결의에 따라 변경된 것으로 본다(제314조 제2항, 제300조 제3항). 그러나 주식인수인은 주식의 인수를 취소할 수 없다. 변태설립사항에 대한 창립총회의 변경결의가 있더라도 발기인에 대한 손해배상청구에 영향을 미치지 않는다(제315조).

⑤ **정관변경·설립폐지:** 창립총회에서는 정관변경 또는 설립폐지의 결의를 할 수 있다(제316조 제1항). 창립총회소집통지서에 이런 뜻의 기재가 없는 경우에도 가능하다(제316조 제2항).

제4관 설립등기

Ⅰ. 등기시기

회사는 설립등기에 의해 성립하므로(제172조), 발기설립의 경우에는 법원의 변경처분절차가 끝난 때로부터, 모집설립의 경우에는 창립총회가 종료한 때로부터 본점소재지에서 2주간 내에 상법 제317조 제2항의 소정의 사항들을 등기하여야 한다(제317조 제1항).

Ⅱ. 등기사항

설립등기사항은 목적, 상호, 발행예정주식총수, 액면주식을 발행하는 경우 1주금액, 본점소재지, 회사가 공고하는 방법, 자본금의 총액, 주식매수선택권 부여 규정, 지점소재지, 전환주식에 관한 사항, 사내이사·사외이사·그 밖에 상무에 종사하지 아니하는 이사·감사 및 집행임원의 성명과 주민등록번호, 대표이사 또는 대표집행임원의 성명과 주민등록번호 및 주소, 감사위원회 위원의 성명 및 주민등록번호 등이다(제317조 제2항).

Ⅲ. 등기효력

1. 본래적 효력

설립등기로 인하여 회사는 법인격을 취득하고 권리능력을 갖게 된다. 따라서 설립중의 회사의 기관으로서의 발기인이 설립을 위하여 한 행위에 의하여 취득 또는 부담한 권리·의무는 당연히 회사에 귀속하게 되고, 주식인수인은 주주가 된다.

2. 부수적 효력

설립등기를 하여 회사가 성립하면 주식인수인은 주식청약서의 요건흠결에 따른 주식인수의 무효주장이나 사기·강박 또는 착오를 이유로 한 주식인수의 취소를 하지 못한다(제320조 제1항). 창립총회에 출석하여 그 권리를 행사한 주식인수인은 회사성립의 전후를 불문하고 주식인수의 취소를 하지 못한다(제320조 제2항). 또한 권리주란 상태가 종식되므로 권리주의 양도제한에 관한 규정이 적용되지 않고(제319조 참조), 회사는 주권을 발행할 수 있으며(제355조 제2항), 발기인 등의 자본금 충실의 책임·손해배상책임 문제가 제기될 수 있다. 또한 설립등기시 상호가 등기되므로 등기상호의 등기배척권(제22조), 등기상호의 부정목적 추정(제23조 제4항) 등의 효력이 인정된다.

제5관 설립에 관한 책임

Ⅰ. 발기인의 책임

1. 회사성립의 경우

(1) 회사에 대한 책임

① 자본금 충실의 책임

㉠ 인수담보책임: 회사설립시에 발행한 주식으로서 회사성립 후에 아직 인수되지 아니한 주식이 있거나(예 의사무능력자의 주식인수 또는 무권대리에

의한 주식인수가 무효가 된 경우), 주식인수의 청약이 취소된 때(예 행위무능력자의 주식인수가 취소되는 경우)에는 발기인이 이를 공동으로 인수한 것으로 본다(제321조 제1항). 그 예로는 행위무능력자가 한 주식인수의 취소를 들 수 있다.

ⓐ 책임의 성질: 법정책임으로서 무과실책임이다.

ⓑ 책임의 형태: 발기인이 공동으로 인수한 것으로 본다. 따라서 발기인간에서는 인수가 간주된 주식에 관하여 공유관계가 성립한다.

ⓒ 책임의 효과: 발기인이 주식을 인수한 것으로 보기 때문에, 발기인의 의사와 관계없이 또 발기인의 인수행위를 별도로 요하지 않고, 발기인이 주식을 인수한 것으로 의제되고 그 결과 납입의무를 진다. 이러한 납입을 완료한 발기인은 인수된 주식에 대해 주주의 자격을 갖게 된다.

ⓓ 설립무효와의 관계: 설립무효판결이 확정되더라도 발기인의 인수담보책임은 소멸하지 않는다. 무효판결을 받은 사실상의 회사의 청산을 위해서는 자본금 충실이 요구되기 때문이다.

㉡ 납입담보책임: 회사성립 후 납입이 완료되지 않은 주식이 있는 때에는 발기인이 연대하여 납입하여야 한다(제321조 제2항).

ⓐ 책임의 성질: 무과실책임이다.

ⓑ 책임의 형태: 주식의 인수는 있었으나 설립등기 후에도 납입되지 않은 주식에 대해 발기인은 연대하여 납입할 책임을 진다. 발기인 각자의 부담부분은 균등한 것으로 추정해야 할 것이다.

ⓒ 책임의 효과: 발기인이 납입담보책임을 이행하더라도 주주가 되는 것이 아니고 주식인수인의 채무를 이행한 결과가 될 뿐이다. 따라서 발기인은 주식인수인에 대하여 회사를 대위하여 변제를 청구할 수 있다.

② **손해배상책임**: 발기인이 회사의 설립에 관하여 그 임무를 해태한 때에는 그 발기인은 회사에 대하여 연대하여 손해배상책임을 진다(제322조 제1항).

㉠ 책임의 성질: 발기인의 손해배상책임은 계약상의 책임이 아니고 상법이 인정하는 특수한 손해배상책임으로서 과실책임이다.

㉡ 책임의 범위: 임무해태로 인하여 발생한 상당인과관계가 있는 모든 손해에 대하여 배상책임을 진다.

㉢ 설립무효와의 관계: 회사설립의 무효가 되더라도 사실상의 회사가 존재하므로 발기인의 손해배상책임은 소멸하지 않는다.

③ **책임의 추궁·면제·소멸**: 회사가 발기인에 대한 자본금 충실의 책임과 손해배상책임을 묻지 않는 경우 발행주식총수의 100분의 1(상장회사는 1만분의 1) 이상을 가진 소수주주가 회사를 위하여 대표소송을 제기하여 책임을 추궁할 수 있다(제324조, 제403조부터 제406조까지 및 제406조의2). 그리고 발기인의 책임은 10년의 시효기간의 경과로 소멸한다. 발기인의 손해배상책임은 총주주의 동의로 면제할 수 있으나, 자본금 충실의 책임은 총주주의 동의로도 면제할 수 없다.

(2) 제3자에 대한 책임

① **의의·성질**: 회사의 설립에 관하여 악의 또는 중대한 과실로 인하여 그 임무를 해태한 발기인은 제3자에 대하여 연대하여 손해배상책임을 진다(제322조 제2항). 따라서 경과실로 인한 제3자의 손해에 대해서는 책임을 지지 않는다.

② **책임의 요건**: 발기인에게 회사에 대한 임무해태가 있고, 이로 인하여 제3자에게 손해가 발생하여야 한다.

③ **이사·감사와의 연대책임**: 발기인과 더불어 이사·감사도 제3자에 대해 손해배상책임을 지는 경우에는 발기인은 이들과 연대하여 배상할 책임이 있다(제323조).

2. 회사불성립의 경우

(1) 회사불성립의 의의·성질

회사의 불성립이란 설립절차에 착수하였으나 설립등기에 이르지 못할 것으로 확정된 것을 말한다. 따라서 회사설립등기 후 설립무효판결이 난 경우에는 회사가 성립한 경우의 책임을 지는 것이지, 불성립의 책임을 지는 것은 아니다.

(2) 책임의 성질

회사불성립에 관한 발기인의 책임은 무과실책임이며, 불성립에 관하여 발기인의 고의·과실을 요하지 않는다.

(3) 책임의 내용

회사불성립의 경우 설립에 관한 행위에 대하여 연대하여 책임을 지며, 설립비용을 부담한다(제326조 제1항·제2항). 여기서 「설립에 관한 행위」에 대한 책임이란 주로 주식인수인에 대한 주금액의 반환을 말하며, 「설립비용」은 변태설립사항으로 정관에 기재된 것에 한하지 않고 광고비, 사무실 임차비, 사무원의 고용비용 등을 말한다.

(4) 임무해태로 인한 책임

회사불성립의 경우에는 발기인은 임무해태로 인한 책임은 지지 않는다.

Ⅱ. 이사·감사, 검사인·공증인·감정인의 책임

1. 이사·감사의 책임

이사 및 감사는 설립절차에 대한 조사·보고의무를 게을리한 경우 회사에 손해배상책임을 부담하며, 발기인도 책임을 질 때에는 연대하여 손해를 배상하여야 한다(제323조). 이들에 대한 책임은 총주주의 동의로 면제할 수 있다. 이사·감사의 제3자에 대한 책임은 악의 또는 중대한 과실이 있는 때에만 진다. 이사·감사의 임무해태로 인한 손해의 발생에 대한 입증책임은 회사 또는 제3자가 부담한다.

2. 검사인·공증인·감정인의 책임

검사인이 변태설립사항의 조사·보고에 있어 악의 또는 중대한 과실이 있었을 때에는 회사 또는 제3자에 대하여 손해배상책임을 진다(제325조).

Ⅲ. 유사발기인의 책임

1. 유사발기인의 의의

주식청약서 기타 주식모집에 관한 서면에 성명과 회사의 설립에 찬조한다는 뜻의 기재를 승낙한 자는 발기인은 아니지만 실질적으로 설립에 관여한 외관을 갖추었기 때문에 그 외관을 신뢰한 자를 보호하기 위하여 발기인과 동일한 책임을 부담한다(제327조). 이러한 책임을 지는 자를 유사발기인이라 하고, 금반언의 원칙에 따라 인정한 책임이다.

2. 책임의 범위

유사발기인은 회사성립의 경우 자본금 충실의 책임을 지고, 불성립의 경우 주식인수인에 대하여 납입금 및 증거금액의 반환에 관하여 발기인과 동일한 책임을 진다. 다만, 유사발기인은 발기인으로서의 직무권한이 없기 때문에 임무해태로 인한 책임은 부담하지 않는다.

3. 책임의 추궁·면제

유사발기인의 책임추궁을 위하여 소수주주의 대표소송이 인정되며, 자본금 충실의 책임은 총주주의 동의로 면제될 수 없다.

Ⅳ. 납입금 보관자의 책임

1. 납입증명서 발급의무

납입금을 보관한 은행이나 그 밖의 금융기관은 발기인 또는 이사의 청구를 받으면 그 보관금액에 관하여 증명서를 발급하여야 한다(제318조 제1항). 다만, 자본금 총액이 10억원 미만인 회사를 발기설립하는 경우에는 증명서를 은행이나 그 밖의 금융기관의 잔고증명서로 대체할 수 있다(제318조 제3항).

2. 납입금 반환책임

납입금을 보관한 은행이나 그 밖의 금융기관은 증명한 보관금액에 대하여는 납입이 부실하거나 그 금액의 반환에 제한이 있다는 것을 이유로 회사에 대항하지 못한다(제318조 제2항).

제6관 설립의 무효

Ⅰ. 무효의 원인

설립무효의 원인은 정관의 절대적 기재사항의 하자, 설립목적이 위법하거나 사회질서에 어긋날 때, 정관에 발기인의 기명날인 또는 서명이 없거나 공증인의 인증이 없는 때, 주식발행사항의 결정이 없거나 위법한 때, 창립총회를 소집하지 않은 때, 설립등기가 무효인 때 등 설립절차상에 하자가 있거나 강행법규에 위반된 경우 또는 주식회사의 본질에 반하는 경우이다.

Ⅱ. 무효의 소

회사설립무효의 소는 회사가 성립한 날로부터 2년 내에 주주·이사·감사만이 제기할 수 있다(제328조). 기타 설립무효의 소제기절차와 효과는 회사법 총론에서 서술한 바와 같다.

제7관 회사의 부존재·사후설립

Ⅰ. 회사의 부존재

회사의 부존재란 설립등기만 있고 설립절차가 전혀 없는 경우를 말하며, 이러한 경우에는 누구든지 언제라도 어떠한 방법으로든 회사의 부존재를 주장할 수 있다. 회사부존재는 설립무효와 같은 사실상의 회사의 존재를 인정할 여지가 없다.

Ⅱ. 사후설립

회사설립 후의 계약으로 회사가 성립 후 2년 내에 그 성립 전부터 존재하는 재산으로서 영업을 위하여 계속하여 사용하여야 할 것을 자본금의 100분의 5 이상에 해당하는 대가로 취득하는 계약을 하는 경우에는 주주총회의 특별결의가 있어야 한다(제375조). 여기서 사후설립의 규제대상인 재산은 회사성립 전부터 존재하는 것이어야 하지만 회사성립 후에 창설이 예정된 재산도 포함된다.

제3절 주식·주주·주권·주주명부

제1관 주 식

Ⅰ. 주식의 개념

주식회사의 사원인 주주가 회사에 갖는 출자지분을 주식이라고 한다. 이 점에서 주식은 인적회사에 있어서의 지분과 그 뜻이 같다. 그러나 주식은 지분복수주의를 취하고 있기 때문에 합명회사·합자회사·유한책임회사의 지분과 그 성격을 달리하고 있다.

주식이란 자본금의 구성분자로서의 의미를 가지며, 발행주식의 액면총액은 자본금이 된다(제451조 제1항). 그리고 주식은 회사에 대한 권리·의무의 기초인 사원의 지위 또는 자격을 의미한다. 주식은 불가분의 성질을 가지고 있으므로 주식이 표창하는 권리와 분리하여 양도할 수 없다.

Ⅱ. 주식의 종류

1. 기명주식·무기명주식

기명주식은 주주의 성명이 주권과 주주명부에 표시되는 주식이며, 무기명주식은 주주의 성명이 주권과 주주명부에 표시되지 않는 주식이다. 우리 법상으로는 기명주식만을 발행할 수 있고(제352조 제1항), 무기명주식을 발행할 수 없다.

2. 액면주식·무액면주식

액면주식은 1주의 금액이 정관에 정해지고 또 그것이 주권에 표시되는 주식을 말하며, 무액면주식은 1주의 금액이 표시되지 않고 주권에는 주식수만이 기재되는 주식이다. 회사는 정관에서 정한 경우에는 주식의 전부를 무액면주식으로 발행할 수 있고, 무액면주식을 발행하는 경우에는 액면주식을 발행할 수 없다(제329조 제1항). 회사는 정관에서 정하는 바에 따라 발행된 액면주식을 무액면주식으로 전환하거나 무액면주식을 액면주식으로 전환할 수 있다(제329조 제4항). 이 경우에는 상법 제440조, 상법 제441조 본문, 상법 제442조가 준용된다(제329조 제5항).

3. 단 주

단주란 1주 미만의 주식을 말하며, 주식배당·무상주의 교부·주식의 병합·회사의 합병의 경우 각각 단주처리방법이 법정되어 있으므로 그에 의하고(제462조의2 제3항, 제461조 제2항, 제443조 제1항, 제530조 제3항), 신주발행의 경우에는 규정이 없으나 주식병합의 경우의 단주처리와 동일한 방법으로 처리하여야 한다.

4. 상법상 종류주식

(1) 종류주식의 의의

종류주식이란 이익의 배당, 잔여재산의 분배, 주주총회에서의 의결권의 행사, 상환 및 전환 등에 관하여 내용이 다른 주식을 말한다(제344조 제1항). 이와 같은 다양한 종류주식의 발행을 허용하는 것은 투자자들이 투자할 수 있는 다양한 주식을 제공함으로써 기업의 원활한 자금조달을 지원하기 위하는 데 있다.

(2) 종류주식의 발행

종류의 주식을 발행하는 경우에는 정관에서 각 종류의 주식의 내용과 수를 정하여야 한다(제344조 제2항). 각 종류의 주식을 발행하는 경우 그 내용은 등기하여야 하며(제317조 제2항 3호), 주식청약서나 주주명부·주권 등에 이를 기재하여야 한다(제302조 제2항, 제352조, 제356조).

(3) 종류주식에 관한 특칙

① **신주배정에 관한 특수한 정함**: 회사가 종류주식을 발행하는 때에는 정관에 다른 정함이 없는 경우에도 주식의 종류에 따라 신주의 인수, 주식의 병합·분할·소각 또는 회사의 합병·분할로 인한 주식의 배정에 관하여 특수하게 정할 수 있다(제344조 제3항).

② **종류주주총회**: 상법 제344조 제3항에 따라 주식의 종류에 따라 특수하게 정하는 경우(어느 종류의 주주에게 손해가 있는 경우)와 정관변경, 회사합병, 회사분할, 주식의 포괄적 교환이나 이전, 자본금 감소 등의 경우 어느 종류주식의 주주에게 손해를 미치게 될 때에는 그 종류주식의 주주들이 모인 종류주

주총회 결의가 있어야 한다(제435조, 제436조). 이때 그 종류주식 주주의 종류 주주총회 결의는 출석한 주주의 의결권의 3분의 2 이상의 수와 그 종류의 발행 주식총수의 3분의 1 이상의 수로써 하여야 한다(제344조 제4항, 제435조 제2항).

③ **주주평등의 원칙의 예외**: 종류주식을 발행한 경우 이익배당이나 잔여재산의 분배 등의 경우에 각 종류의 주식간에는 주주평등의 원칙의 예외가 인정된다(제464조 단서, 제538조 단서).

5. 이익배당, 잔여재산분배에 관한 종류주식

(1) 개 념

이익배당이나 잔여재산의 분배에 있어서 내용이 다른 종류의 주식을 말한다. 즉, 주주의 재산적 내용(자익권)이 다른 종류의 주식을 말한다. 「내용이 다른 종류의 주식」이란 이익배당이나 잔여재산의 분배에 있어서 순서에 차등을 두거나 배당재산 또는 배당액에 차등을 두는 주식(1% 배당우선주)을 말한다. 일반적인 경우로 배당순서에 따라 우선주·보통주·후배주·혼합주로 분리할 수 있다.

(2) 유 형

① **보통주**: 이익배당이나 잔여재산의 분배에 있어서 어떠한 제한이나 우선권도 주어지지 않는 주식을 말한다.

② **우선주**: 이익배당이나 잔여재산의 분배에 있어서 보통주에 비해 우선적으로 소정의 배당 또는 분배를 받을 수 있는 주식이다.

③ **후배주**: 이익배당이나 잔여재산의 분배에 있어서 보통주보다 불리한 지위를 갖는 주식이다.

④ **혼합주**: 잔여재산의 분배에 있어서는 보통주보다 우선적 지위가 인정되고, 이익배당에서는 보통주보다 불리한 지위가 인정되는 주식이다.

(3) 발 행

① **회사가 이익의 배당에 관하여 내용이 다른 종류주식을 발행하는 경우**: 정관에 그 종류주식의 주주에게 교부하는 배당재산의 종류, 배당재산의 가액의 결정방법, 이익을 배당하는 조건 등 이익배당에 관한 내용을 정하여야 한다(제344조의2 제1항).

② **회사가 잔여재산의 분배에 관하여 내용이 다른 종류주식을 발행하는 경우**: 정관에

잔여재산의 종류, 잔여재산의 가액의 결정방법, 그 밖에 잔여재산 분배에 관한 내용을 정하여야 한다(제344조의2 제2항).

6. 의결권의 배제·제한에 관한 종류주식

(1) 의 의

의결권의 배제에 관한 종류주식이란 주주총회에서 의결권을 행사할 수 있는 사항 전부에 관하여 의결권 없는 주식을 말하며, 의결권이 제한되는 주식은 이사의 선임, 정관의 변경 등과 같은 주주총회에서 의결권을 행사할 수 있는 특정한 사항에 한하여 의결권이 없는 주식을 말한다. 의결권이 제한되는 주식의 경우 그 발행을 근거로 하여 부분의결권(1주에 대해 0.5만큼의 의결권만을 부여하는 것)을 부여할 수 있다는 것은 아니다.

(2) 발행의 요건

회사가 의결권이 없는 주식이나 의결권이 제한되는 종류주식을 발행하는 경우에는 정관에 의결권을 행사할 수 없는 사항과 의결권행사 또는 부활의 조건을 정한 경우에는 그 조건 등을 정하여야 한다(제344조의3 제1항).

(3) 발행주식수의 제한

의결권이 없거나 제한되는 종류주식의 총수는 발행주식총수의 4분의 1을 초과하지 못하며, 의결권이 없거나 제한되는 종류주식이 발행주식총수의 4분의 1을 초과하여 발행된 경우에는 회사는 지체없이 그 제한을 초과하지 아니하도록 하기 위하여 필요한 조치를 하여야 한다(제344조의3 제2항). 여기서 필요한 조치란 의결권 없는 주식의 총수가 발행주식의 총수에 대한 비율이 4분의 1을 초과하는 법인은 그 비율 이내에서 신주인수권의 행사, 준비금의 자본금 전입 또는 주식배당 등의 방법으로 의결권 있는 주식을 발행하도록 하는 것을 들 수 있다.

(4) 의결권의 부활

의결권 없는 주식도 총주주의 동의를 요하는 사항, 의결권 없는 주식을 가진 주주만이 출석하는 종류주주총회결의, 창립총회의 결의, 회사의 분할결의(제530조의3 제3항)에 있어서는 의결권이 있다. 그리고 정관에서 의결권 부활의 조건을 정한 경우 그 조건에 따라 의결권이 인정될 수 있다.

7. 주식의 상환에 관한 종류주식

(1) 의 의

주식의 상환에 관한 종류주식(상환주식)은 회사의 이익으로써 소각할 수 있는 종류의 주식을 말하며, 회사가 상환권을 갖는 주식과 주주가 상환권을 갖는 주식이 발행될 수 있다.

(2) 발행의 요건

① 회사가 상환권을 갖는 주식의 발행

㉠ 정관의 규정: 정관에서 정하는 바에 따라 회사가 상환권을 갖는 상환주식을 발행하는 경우 회사는 정관에 상환가액, 상환기간, 상환의 방법과 상환할 주식의 수를 정하여야 한다(제345조 제1항).

㉡ 종류주식의 발행: 회사가 상환권을 갖는 상환주식은 종류주식(상환과 전환에 관한 것은 제외한다. 즉, 상환주식은 이익배당이나 잔여재산 분배에 관한 종류주식, 의결권 배제·제한에 관한 종류주식에 한하여 발행할 수 있다)에 한정하여 발행할 수 있다(제345조 제5항).

② 주주가 상환권을 갖는 주식의 발행

㉠ 정관의 규정: 정관에서 정하는 바에 따라 주주가 상환권을 갖는 상환주식을 발행하는 경우 회사는 정관에서 주주가 회사에 대하여 상환을 청구할 수 있다는 뜻, 상환가액, 상환청구기간, 상환방법을 정하여야 한다(제345조 제3항).

㉡ 종류주식의 발행: 주주가 상환권을 갖는 상환주식은 종류주식(상환과 전환에 관한 것은 제외한다)에 한정하여 발행할 수 있다(제345조 제5항).

㉢ 주식청약서 등의 기재 및 등기: 상환주식의 발행내용을 주식청약서 등에 기재하고(제302조 제2항 6호), 설립등기시에 이를 등기하여야 한다(제317조 제2항 3호).

(3) 상 환

상환주식의 상환은 배당 가능한 이익이 있는 때에만 가능하며, 정관 소정의 방법에 의하여 상환하여야 한다. 상환주식의 일부 상환은 인정되지 않으며, 상환시 주주평등의 원칙을 지켜야 한다. 회사의 상환권행사 또는 주주의 상환권행사의 경우 상환의 방법으로, 회사는 주식의 취득의 대가로 현금 이외에 유가증권(다른 종류주식은 제외한다)이나 그 밖의 자산을 교부할 수 있다(제345조 제4항 본문). 다만, 이 경우에는 자산의 장부가액이 상법 제462조에 따른 배당가능이익을 초과하여서는 아니된다(제345조 제4항 단서).

(4) 주주 및 질권자 등에 대한 통지

회사가 상환권을 갖는 상환주식을 발행하여 상환하는 때에는 회사는 상환대상인 주식의 취득일부터 2주 전에 정관에 정한 사실(상환가액, 상환기간, 상환방법 등)을 그 주식의 주주 및 주주명부에 적힌 권리자에게 따로 통지하여야 하며, 이는 공고로 갈음할 수 있다(제345조 제2항).

(5) 상환의 효력발생시기와 상환의 효과

① **효력발생시기**: 회사가 상환권을 갖는 주식의 상환의 경우(임의상환)에는 상환기간 내에 상환주식의 소각에 의한 주권실효절차가 종료(주주로부터 주식을 취득한 때)한 때에 그 효력이 발생하고, 주주가 상환권을 갖는 주식의 상환(의무상환)의 경우에는 상환청구기간이 만료한 때(제441조 본문의 기간만료시)에 그 효력이 발생한다.

【판례】 대법원 2020.4.9.선고 2017다251564판결

상법 제345조 제3항에서 정한 종류주식의 주주가 회사에 대하여 상환권을 행사한 이후에도 상환금을 지급받을 때까지는 여전히 주주의 지위에 있는지 여부(원칙적 적극)

회사는 정관으로 정하는 바에 따라 주주가 회사에 대하여 상환을 청구할 수 있는 종류주식을 발행할 수 있다. 이 경우 회사는 정관에 주주가 회사에 대하여 상환을 청구할 수 있다는 뜻, 상환가액, 상환청구기간, 상환의 방법을 정하여야 한다(상법 제345조 제3항). 주주가 상환권을 행사하면 회사는 주식 취득의 대가로 주주에게 상환금을 지급할 의무를 부담하고, 주주는 상환금을 지급받음과 동시에 회사에게 주식을 이전할 의무를 부담한다. 따라서 정관이나 상환주식인수계약 등에서 특별히 정한 바가 없으면 주주가 회사로부터 상환금을 지급받을 때까지는 상환권을 행사한 이후에도 여전히 주주의 지위에 있다.

② **상환의 효과**: 상환의 효과는 배당가능이익의 범위에서 상환이 이루어지므로 발행주식수는 감소하지만 자본금의 변동이 없다. 따라서 채권자보호절차를 거칠 필요가 없다. 상환주식의 상환으로 회사가 발행한 주식총수와 각 종류주식의 내용과 수에 변경이 있으므로 변경등기를 하여야 한다(제317조 제2항 3호).

8. 주식의 전환에 관한 종류주식

(1) 의 의

주식의 전환에 관한 종류주식(전환주식)이란 어느 종류의 주식이 다른 종류의 주식으로 전환될 수 있는 성질을 갖는 주식이다. 회사가 종류주식을 발행하는 경우 정관으로 주주에게 어느 종류의 주식에 대하여 다른 종류의 주식으로 전환할 것을 청구할 수 있는 권리를 부여한 주식과, 회사가 주주의 인수주식을 다른 종류주식으로 전환할 수 있는 주식이 발행될 수 있다.

(2) 발행의 요건

① 주주가 전환권을 갖는 주식

㉠ 정관의 규정: 주주가 전환권을 갖는 종류주식을 발행하는 경우에는 정관에 그 규정이 있어야 한다. 정관에는 전환의 조건, 전환의 청구기간, 전환으로 인하여 발행할 주식의 수와 내용을 정하여야 한다(제346조 제1항).

㉡ 종류주식의 발행: 전환권이 있는 종류주식의 발행은 상법 제344조 제1항에 따른 종류주식의 발행이 있는 경우에 가능하다.

㉢ 주식청약서 등의 기재 및 등기: 주식청약서, 신주인수권증서, 주주명부에 전환의 뜻, 전환의 조건, 전환으로 인하여 발행할 주식의 내용, 전환청구기간을 기재하여야 하고(제347조, 제352조 제3항, 제356조 8호), 설립등기시에 이를 등기하여야 한다(제317조 제2항 7호).

② 회사가 전환권을 갖는 주식

㉠ 정관의 규정: 일정한 사유가 발생할 때 회사가 주주의 인수주식을 다른 종류주식으로 전환할 수 있음을 정관에 정하여야 한다. 정관에는 전환의 사유, 전환의 조건, 전환의 기간, 전환으로 인하여 발행할 주식의 수와 내용을 정하여야 한다(제346조 제2항).

㉡ 종류주식의 발행: 전환권이 있는 종류주식의 발행은 상법 제344조 제1항에 따른 종류주식의 발행이 있는 경우에 가능하다.

㉢ 주식청약서 등의 기재 및 등기: 주식청약서, 신주인수권증서, 주주명부에 전환의 뜻, 전환의 조건, 전환으로 인하여 발행할 주식의 내용, 전환기간을 기재하여야 하고(제347조), 등기하여야 한다(제317조 제2항 7호).

(3) 전환권의 행사

① **회사가 전환권을 갖는 경우**: 회사가 전환권을 갖는 주식을 발행하여 회사가 전환권을 행사하는 경우에는 전환을 위한 일정한 사유가 발생하여야 한다. 그 이후에 이사회(이사회가 없는 경우에는 각 이사)는 전환할 주식, 2주 이상의 일정한 기간 내에 그 주권을 회사에 제출하여야 한다는 뜻, 그 기간 내에 주권을 제출하지 아니할 때에는 그 주권이 무효로 된다는 뜻을 주주 및 주주명부에 적힌 권리자에게 따로 통지하여야 한다(제346조 제3항 본문). 다만, 통지는 공고로 갈음할 수 있다(제346조 제3항 단서).

② **주주가 전환권을 갖는 경우**: 전환을 청구하는 주주는 청구서 2통에 주권을 첨부하여 회사에 제출하여야 하며(제349조 제1항), 청구서에는 전환하고자 하는 주식의 종류와 수 및 청구연월일을 기재하고 기명날인 또는 서명하여야 한다(제349조 제2항).

③ **미발행주식의 보유**: 정관으로 정한 각 종류주식의 수(제344조 제2항) 중 새로 발행할 주식의 수는 전환청구기간 또는 전환기간 내에는 그 발행을 유보하여야 한다(제346조 제4항).

④ **신주식의 발행가액**: 전환으로 인하여 신주식을 발행하는 경우에는 전환 전의 주식의 발행가액을 신주식의 발행가액으로 한다(제348조).

(4) 전환의 효력발생

주식의 전환은 주주가 전환을 청구한 경우에는 그 청구한 때에, 회사가 전환을 한 경우에는 주권제출기간(제346조 제3항 2호)이 끝난 때에 그 효력이 발생한다(제350조 제1항).

(5) 전환의 효과

주주명부의 폐쇄기간 중에 전환된 주식의 주주는 그 기간 중의 주주총회의 결의에 관하여는 신주의 의결권을 행사할 수 없다(제350조 제2항). 전환주식을 목적으로 하는 질권은 전환으로 인하여 발행되는 신주에 대하여 존재하게 되고(제339조), 등록질권자는 회사에 대하여 신주권의 교부를 청구할 수 있다(제340조 제3항).

(6) 전환의 등기

주식의 전환으로 인한 변경등기는 전환을 청구한 날 또는 주권제출기간이 끝난 날이 속하는 달의 마지막 날부터 2주 내에 본점소재지에서 하여야 한다(제351조).

제2관 주 주

Ⅰ. 총 설

1. 주주의 자격 취득과 상실

(1) 자격 취득

주주란 주식회사의 사원을 말하며, 주식의 원시취득 또는 승계취득에 의하여 주주자격을 취득하게 된다. 이에 대한 예외는 있을 수 없으며, 이와 다른 약정은 무효이다(판례).

(2) 자격 상실

주주의 지위는 사망, 주식의 양도, 주식의 소각, 단주의 처리, 해산 등에 의하여 상실하며, 주식인수인은 실권절차에 의하여 그 지위를 상실하게 된다(제307조). 그러나 주주가 주권을 멸각하거나 회사에 주식포기의 의사표시를 하고 주권을 반환하였더라도 주주의 지위를 상실하지 않는다(판례). 합명회사의 사원의 제명에 관한 규정을 물적회사인 주식회사에 유추적용하여 주주의 제명을 할 수는 없다(판례).

2. 공유주주

공유주주란 일정한 주식을 수인이 공유하는 경우를 말한다. 이러한 주식공유가 발생하는 경우로는 수인이 일정한 주식을 공동으로 인수하거나 양수하는 경우 또는 주식의 상속인이 수인인 경우 등을 들 수 있다. 수인이 공동으로 주식을 인수한 경우에는 수인이 연대하여 납입책임을 지고(제333조 제1항), 공유주식에 대한 권리는 공유주주들이 직접 공동으로 할 수는 없으며 이들을 위하여 권리를 행사할 자를 정하여야 한다(제333조 제2항). 권리행사자가 없는 때에는 공유자에 대한 회사의 통지나 최고는 그 1인에게 하면 된다(제333조 제3항).

3. 주주의 자격·수

주주의 자격에는 제한이 없으므로 자연인이나 법인도 주주가 될 수 있고, 능력자나 무능력자 및 외국인과 외국법인도 주주가 될 수 있다. 주주의 수에는 아무런 제한이 없으므로, 주주가 1인이 되더라도 무방하다.

Ⅱ. 주주평등의 원칙

1. 의 의

주주평등의 원칙이란 주주가 회사와의 법률관계에서 그가 가진 주식의 수에 따라 평등하게 권리를 가지는 것을 말하며, 주주평등의 원칙은 동일한 내용의 주식에 대하여 동일한 취급을 하여야 한다는 원칙이다.

【판례】 대법원 2020.8.13.선고 2018다236241판결

주주평등의 원칙이란, 주주는 회사와의 법률관계에서는 그가 가진 주식의 수에 따라 평등한 취급을 받아야 함을 의미한다. 이를 위반하여 회사가 일부 주주에게만 우월한 권리나 이익을 부여하기로 하는 약정은 특별한 사정이 없는 한 무효이다.

회사가 신주를 인수하여 주주의 지위를 갖게 되는 자와 사이에 신주인수대금으로 납입한 돈을 전액 보전해 주기로 약정하거나, 상법 제462조 등 법률의 규정에 의한 배당 외에 다른 주주들에게는 지급되지 않는 별도의 수익을 지급하기로 약정한다면, 이는 회사가 해당 주주에 대하여만 투하자본의 회수를 절대적으로 보장함으로써 다른 주주들에게 인정되지 않는 우월한 권리를 부여하는 것으로서 주주평등의 원칙에 위배되어 무효이다. 이러한 약정의 내용이 주주로서의 지위에서 발생하는 손실의 보상을 주된 내용으로 하는 이상, 그 약정이 주주의 자격을 취득하기 이전에 체결되었다거나, 신주인수계약과 별도의 계약으로 체결되는 형태를 취하였다고 하여 달리 볼 것은 아니다.

2. 내용과 예외

주주평등의 원칙은 선언적 규정은 없으나, 이익배당이나 잔여재산 분배에 있어서의 평등, 의결권의 평등, 신주인수권, 준비금의 자본금 전입 등에 있어서 구체화된다. 그러나 주주평등의 원칙도 종류주식, 의결권 없는 주식, 감사의 선임(제409조), 소수주주권, 단주의 처리 등에 관해서는 적용되지 않는다.

3. 주주평등의 원칙의 위반효과

주주평등의 원칙은 강행법적 성격을 갖기 때문에 이에 위반되는 정관의 규정이나 주주총회 또는 이사회의 결의는 무효이다. 다만, 불이익을 받은 주주의 동의가 있는 경우에는 그 무효가 치유된다.

Ⅲ. 주주의 권리

1. 의 의

주주는 회사에 대하여 여러 가지 구체적이고 개별적인 권리를 갖는다. 즉, 경제적 이익의 확보를 위한 재산적 권리인 자익권과 업무집행에 대한 행정적 권리인 공익권을 갖는다. 이러한 주주의 권리는 주주의 회사에 대한 일반채권자로서의 권리인 채권자적 권리와는 다르다. 주주의 권리는 주주의 자격과 분리하여 양도·입질·압류할 수 없고, 시효에 걸리지도 않는다.

2. 권리의 분류

(1) 자익권

주주가 회사로부터 경제적 이익이나 기타 편익을 받는 것을 목적으로 하는 권리를 자익권이라 하며, 자익권에는 이익배당청구권·주권교부청구권·주식전환청구권·명의개서청구권·신주인수권·준비금의 자본금 전입시 신주배정청구권·잔여재산분배청구권 등이 있다.

(2) 공익권

공익권은 회사의 운영에 참가하는 것을 목적으로 하거나 이와 관련하여 행사하는 권리로서, 크게 단독주주권과 소수주주권으로 구분된다.

① 단독주주권: 1주를 소유하고 있는 주주라도 행사할 수 있는 권리를 말하며, 의결권, 각종의 소제기권, 신주발행유지청구권, 정관이나 재무제표 등의 열람청구권 등이 있다.

② 소수주주권: 일정수의 주식소유를 권리행사의 요건으로 하는 주주의 권리를 말한다. 소수주주의 요건은 1인의 주주가 소수주주의 요건을 갖추거나 수인의 주주들이 소유하는 주식을 합하여 소수주주의 요건을 갖추면 된다. 이러한 소수주주의 요건은 재판상 행사될 때에는 판결이 확정될 때까지 유지되어야 하지만, 대표소송의 경우에는 예외적으로 제소 후에는 그 요건을 갖추지 못하더라도 제소의 효력에 영향이 없다(제403조 제5항).

 소수주주권의 분류(비상장회사)

① 발행주식총수의 100분의 1 이상을 가진 주주에게 인정되는 권리: 이사의 위법행위에 대한 유지청구권, 대표소송제기권, 주주총회 소집절차나 결의방법의 적법성 조사를 위한 검사인선임청구권
② 발행주식총수의 100분의 3 이상을 가진 주주에게 인정되는 권리: 주주총회 소집청구권, 주주제안권, 집중투표청구권, 이사·감사·청산인의 해임청구권, 회계장부 열람청구권, 회사의 업무와 재산상태의 조사를 위한 검사인선임청구권
③ 발행주식총수의 100분의 10 이상을 가진 주주에게 인정되는 권리: 회사의 해산판결청구권

 보충

상장회사의 소수주주권: 주주총회소집청구권 및 재산상태조사를 위한 검사인선임청구권(1천분의 15), 주주제안권(1천분의 10), 대표소송제기권(1만분의 1), 회계장부열람청구권(1만분의 10), 이사·감사·청산인의 해임청구권(1만분의 50), 이사의 위법행위유지청구권(10만분의 50)이 있고, 이러한 권리를 행사하기 위해서는 6개월 이상 계속 보유하여야 한다. 한편, 주주제안권, 회계장부열람청구권, 이사 등 해임청구권, 이사의 위법행위유지청구권의 경우 자본금 1천억원 이상의 회사에서는 그 지주비율이 줄어든다.

Ⅳ. 주주의 의무

상법상 주주의 의무는 주금액의 납입의무뿐이다(제331조). 그러나 납입의무는 주식인수인의 의무에 불과하므로 실질적으로 주주의 의무는 아니다.

제3관 주권과 주주명부

Ⅰ. 주 권

1. 주권의 의의 및 성질

주권이란 주식(사원권)을 표창하는 유가증권이다. 주권은 이미 발생한 사원권

을 표창하는 것이므로 비설권증권이며, 비문언증권이고, 요인증권이고, 요식증권이며, 비상환증권으로서 불완전유가증권에 해당한다.

2. 주권의 종류

(1) 기명주권·무기명주권

주주의 성명이 표시되어 있는 주권을 기명주권, 성명이 표시되지 않은 주권을 무기명주권이라 한다. 상법상 무기명주권은 인정되지 않는다.

(2) 단일주권·병합주권

한 개의 주식을 표창하는 주권을 단일주권이라 하고, 수개의 주식을 표창하는 주권을 병합주권이라 한다. 회사는 정관의 규정으로 1주권·10주권·100주권 등을 발행할 수 있다.

3. 주권의 발행

(1) 주권의 기재사항

주권은 요식증권이므로 상법 제356조 제1호에서부터 제6호의2까지의 사항과 주권번호를 기재하고 대표이사가 기명날인 또는 서명하여야 한다(제356조). 그 이외에 주권이 표창하는 주식의 수량을 기재하여야 하며, 주주의 성명도 기재하여야 한다. 이러한 기재사항 중 본질적인 것이 아닌 한 일부를 결(缺)하더라도 유효하다. 주주의 성명은 기재하지 않았다 하더라도 주권의 효력에는 영향이 없다(판례).

(2) 주권의 발행의무·제한

① **발행의무**: 회사는 성립 후 또는 신주의 납입기일 후 지체없이 주권을 발행하여야 한다(제355조 제1항). 회사의 주권발행의무에 관한 상법 제355조 제1항은 보통의 신주발행뿐만 아니라 특수한 신주발행의 경우에도 적용된다. 회사의 주권발행의무는 곧 주주의 주권교부청구권에 해당하고, 주권교부청구권은 대리행사 또는 채권자의 대위행사가 가능하다(판례). 주주의 주권교부청구권 행사가 있는 때에 회사가 주권을 발행하지 않는 경우 이사는 회사 및 주주에 대하여 손해배상책임을 진다. 주권발행은 대표이사의 권한에 해당하므로 이사회나 주주총회의 결의 없이 단독으로 발행하더라도 주권은 무효가 되지 않는다(판례).

② **발행제한:** 회사성립 전 또는 신주의 납입기일 전에는 주권을 발행하지 못한다(제355조 제2항). 이에 위반하여 발행한 주권은 무효이며(제355조 제3항), 회사성립 또는 납입기일의 경과로 치유되지 않는다. 상법 제355조 제2항에 위반하여 주권을 발행한 발기인·이사는 과태료의 제재를 받는다(제635조 제1항 19호).

(3) 주권의 효력발생시기

주권의 효력발생시기에 대해 학설의 대립이 있으나 판례·통설은 대표이사가 주권을 작성하고 기명날인 또는 서명하여 그 주권을 주주에게 교부한 때에 주권으로서의 효력이 발생한다고 한다.

(4) 주권의 전자등록

회사는 주권을 발행하는 대신 정관에서 정하는 바에 따라 전자등록기관의 전자등록부에 주식을 등록할 수 있으며, 전자등록부에 등록된 주식의 양도나 입질은 전자등록부에 등록하여야 효력이 발생한다(제356조의2 제1항·제2항). 전자등록부에 주식을 등록한 자는 그 등록된 주식에 대한 권리를 적법하게 보유한 것으로 추정하며, 이러한 전자등록부를 선의로 중대한 과실 없이 신뢰하고 전자등록부에 등록하여 권리를 취득한 자는 그 권리를 적법하게 취득한다(제356조의2 제3항). 전자등록의 절차·방법 및 효과, 전자등록기간의 지정·감독 등 주식의 전자등록에 관하여 필요한 사항은 대통령령으로 정한다(제356조의2 제4항).

4. 주권불소지제도

(1) 불소지신고

① **허용요건:** 주권불소지는 정관에 이를 금지하는 규정이 없어야 한다(제358조의2 제1항).

② **신고자격:** 주주뿐만 아니라 회사설립 중이나 신주발행의 효력발생 전의 신주인수인도 불소지신고를 할 수 있다. 또한 주주는 일부주식에 대해서만 불소지신고를 할 수도 있다.

③ **신고방법:** 주권이 발행되지 않은 경우에는 주주는 회사에 주권의 불소지를 신고하기만 하면 되고, 주권이 발행된 경우에는 이를 회사에 제출하여 주권불소지를 신고할 수 있다(제358조의2 제3항). 따라서 주권의 제출은 신고를

위한 효력요건이다. 회사가 명의개서대리인을 둔 경우에는 그에 대해서도 불소지신고를 할 수 있다.

④ **신고시기:** 회사가 주권을 발행하기 전이든 후이든 신고를 할 수 있으며, 주주명부폐쇄기간 중이라도 신고할 수 있다.

(2) 신고의 효력

주권발행 전에 신고한 경우에는 회사는 지체없이 주권을 발행하지 아니한다는 뜻을 주주명부와 그 복본에 기재하고 그 사실을 주주에게 통지하여야 하며, 이에 의해 회사는 불소지신고된 주식에 관하여 주권을 발행하지 못한다(제358조의2 제2항).

주권발행 후에 신고한 경우에는 회사는 제출된 주권을 무효로 하거나 명의개서대리인을 둔 경우에는 그에게 임치하여야 한다(제358조의2 제3항). 주권을 임치하는 경우에는 주주명부에 주권발행을 하지 않는다는 뜻을 기재할 수 없고, 임치된 주권이 유통된다면 선의취득도 가능하다.

(3) 주권의 발행·반환청구

주권불소지를 신고한 주주는 주식의 양도나 입질을 위하여 주권이 필요한 경우에는 언제든지 회사에 대하여 주권의 발행 또는 반환을 청구할 수 있다(제358조의2 제4항). 주권의 발행·반환의 청구는 주주명부폐쇄기간 중에도 할 수 있다.

5. 주권의 상실

(1) 주권의 상실과 공시최고

주권이 도난·분실·멸실 등에 의하여 상실되더라도 주주의 지위는 반드시 소멸하지 않으므로 주권의 재발행이 요청되지만, 회사가 상실의 사실을 확인하지 않고 주권을 재발행한다면 동일한 주식에 대해 복수의 주권이 유통될 위험이 있다. 따라서 상법은 민사소송법에 의하여 공시최고절차에 따라 상실한 주권을 무효로 하는 제권판결을 얻은 다음에 회사에 대하여 그 주권의 재발행을 청구할 수 있도록 하고 있다(제360조 제2항).

(2) 주권의 재발행

주권을 상실한 자는 제권판결을 얻지 않은 때에는 회사에 대하여 주권의 재발행을 청구할 수 없다(제360조 제2항). 따라서 제권판결을 얻지 않은 때에는 주권을 상실한 자가 재발행을 청구할 수 없으며 회사가 이를 승인하여도 재발행하는 것은 허용되지 않는다. 또 주주가 주권을 분실한 것이 아니고 회사가 주권을 보관하던 중 분실하였다 하더라도 제권판결이 없는 한 주주는 재발행을 청구할 수 없다(판례).

Ⅱ. 주주명부

1. 개 념

(1) 의 의

주주명부란 주주 및 주식에 관한 현황을 나타내기 위하여 작성·비치하는 장부이다(제396조 제1항). 정관의 규정에 의한 전자주주명부를 작성할 수 있다(제352조의2 제1항).

(2) 비치·공시

이사는 주주명부를 작성하여 본점에 비치하여야 하며, 명의개서대리인을 둔 때에는 대리인의 영업소에 주주명부 또는 복본을 둘 수 있다(제396조 제1항). 주주명부를 명의개서대리인의 영업소에 두기로 한 때에는 본점에 비치하지 않아도 된다. 주주 및 회사채권자는 영업시간 내에는 언제든지 주주명부 또는 그 복본의 열람 또는 등사를 청구할 수 있다(제396조 제2항). 그러나 그 청구가 부당한 목적을 위한 것으로 권리남용으로 인정되는 경우에는 회사는 목적의 부당함을 입증하고 청구를 거절할 수 있다(판례).

(3) 기재사항

① **주식을 발행한 경우**: 주주명부에 주주의 성명과 주소, 각 주주가 가진 주식의 종류와 수, 각 주주가 가진 주식의 주권을 발행한 때에는 그 주권의 번호, 각 주식의 취득연월일을 기재한다.

② **전환주식을 발행한 경우**: 전환주식에 대한 소정사항(제347조)을 기재한다.

③ **기타**: 질권의 등록, 신탁재산의 표시, 주식공유의 경우 주주권행사자의 표시, 불소지신고 등을 기재한다.

2. 주주명부의 효력

(1) 주주의 권리추정력

주주명부에 명의개서를 한 자는 그 기재의 자격수여적 효력에 의하여 주주로 추정되어 실질적인 권리를 증명하지 않고도 권리행사가 가능하다. 주주명부의 권리추정력이 인정되더라도 주주명부에 주주로 등재되어 있다는 사실 자체는 주주권을 주장하는 자가 입증하여야 한다(판례). 한편, 회사는 주주에게 실질적인 권리가 없음을 증명하고 권리행사를 거절할 수 있다. 그러나 회사는 입증함이 없이 실질적 권리의 상실을 이유로 양도인의 권리행사를 거절할 수 없다(판례).

(2) 회사의 면책력

회사는 주주명부에 기재된 자를 주주로 취급함으로써 그 책임을 면한다. 그러나 회사가 주주명부상의 주주가 진정한 주주가 아님을 알았고 그것을 용이하게 증명할 수 있었던 경우나 중대한 과실로 진정한 주주가 아님을 알지 못한 때에는 면책되지 않는다.

(3) 회사에 대한 대항력

주식양수인은 주주명부에 명의개서를 하지 않으면 회사에 대해 주주권을 행사할 수 없다(제337조 제1항). 즉, 주주명부에 명의개서를 함으로써 주주의 자격에서 권리를 행사할 수 있게 된다.

【판례】 대법원 2020.6.11.자 2020마5263결정

채무자가 채무담보 목적으로 주식을 채권자에게 양도하여 채권자가 주주명부상 주주로 기재된 경우, 그 양수인이 주주로서 주주권을 행사할 수 있고 회사 역시 주주명부상 주주인 양수인의 주주권 행사를 부인할 수 없다.

(4) 기타의 효력

주주의 주권불소지신고에 의해 회사가 주주명부에 주권을 발행하지 아니한다는 뜻을 기재하면 주권을 발행할 수 없고, 주주가 제출한 주권은 무효가 된다(제358조의2 제3항). 또한 질권설정자의 청구로 질권자의 성명과 주소를 주주명부에 기재하고, 그 성명을 주권에 기재한 때에는 등록질의 효력이 생긴다(제340조).

3. 주주명부의 폐쇄와 기준일

(1) 주주명부의 폐쇄

① **의의:** 주주명부의 폐쇄란 회사가 의결권을 행사하거나 이익배당을 받을 주주 또는 질권자로서 권리를 행사할 자를 정하기 위하여 일정 기간 주주명부

의 기재를 정지하는 것을 말한다.

② **폐쇄기간**: 폐쇄기간은 3월을 초과하지 못한다(제354조 제2항). 초과하는 기간은 무효이며, 폐쇄의 시기가 분명하지 않은 때에는 그 전부가 무효가 된다. 폐쇄기간을 정한 때에는 그 기간의 2주간 전에 이를 공고하여야 하나, 정관으로 폐쇄기간을 정한 때에는 공고는 필요하지 않다(제354조 제4항).

③ **폐쇄의 효과**: 주주명부의 폐쇄에 대하여 폐쇄 직전에 주주명부에 기재된 자가 주주권을 행사할 자로 확정된다. 그리고 주주명부의 폐쇄기간 중에는 명의개서나 질권의 등록·말소, 신탁재산의 표시·말소 등 주주 또는 질권자의 권리를 변동시키는 기재는 할 수 없다. 그러나 주주권의 변동과 관계없는 주주의 주소변경, 주주인 회사의 상호변경, 주권불소지신고 등은 할 수 있고, 폐쇄기간 중이라도 전환주식 또는 전환사채의 전환청구와 신주인수권부사채의 신주인수권 행사, 주식매수선택권 행사 등은 인정된다.

(2) 기준일

회사는 일정한 날을 정하여 그 날에 주주명부에 기재되어 있는 주주 또는 질권자를 권리행사자로서 일률적으로 확정할 수 있는데, 그 날을 기준일 또는 등록일이라 한다(제354조 제1항). 기준일은 주주 또는 질권자로서 권리를 행사할 날에 앞선 3월 내의 날로 정하여야 한다(제354조 제3항). 회사가 기준일을 정한 경우에는 기준일과 그 설정의 목적을 기준일의 2주간 전에 공고하여야 하지만, 정관에 기준일을 정한 경우에는 공고할 필요가 없다(제354조 제4항). 기준일은 주주명부의 폐쇄와 병용할 수 있다.

제4관 주식의 양도

Ⅰ. 주식양도의 개념

1. 의 의

주식의 양도란 사원의 지위인 주식을 법률행위에 의하여 이전하는 것을 뜻한다. 주식의 양도로 인해 양수인은 양도인으로부터 주주권을 특정승계한다. 따라서 선의취득·신주인수와 같은 원시적 취득과 구별되고, 상속이나 합병과 같은 포괄승계와 구별된다.

2. 양도제한

주식양도자유의 원칙은 주식회사의 중요한 특성 중 하나라 할 수 있으므로 원칙적으로 주식양도는 자유이다. 그러므로 주식은 법령·정관에 의하지 않고는 양도를 제한하지 못한다. 다만, 주식양도를 정관에 의해 전면적으로 금지할 수는 없다(판례).

【판례】 대법원 2000.9.26.선고 99다48429판결

[1] 상법 제335조 제1항 단서는 주식의 양도를 전제로 하고, 다만 이를 제한하는 방법으로서 이사회의 승인을 요하도록 정관에 정할 수 있다는 취지이지 주식의 양도 그 자체를 금지할 수 있음을 정할 수 있다는 뜻은 아니기 때문에 정관의 규정으로 주식의 양도를 제한하는 경우에도 주식양도를 전면적으로 금지하는 규정을 둘 수 없다.

[2] 회사와 주주들 사이에서, 혹은 주주들 사이에서 회사의 설립일로부터 5년 동안 주식의 전부 또는 일부를 다른 당사자 또는 제3자에게 매각·양도할 수 없다는 내용의 약정을 한 경우, 그 약정은 주식양도에 이사회의 승인을 얻도록 하는 등 그 양도를 제한하는 것이 아니라 설립 후 5년간 일체 주식의 양도를 금지하는 내용으로 이를 정관으로 규정하였다고 하더라도 주주의 투하자본회수의 가능성을 전면적으로 부정하는 것으로서 무효라는 이유로 정관으로 규정하여도 무효가 되는 내용을 나아가 회사와 주주들 사이에서 혹은 주주들 사이에서 약정하였다고 하더라도 이 또한 무효라고 할 것이다.

Ⅱ. 정관에 의한 주식양도의 제한

1. 양도제한의 요건

(1) 정관의 규정

주식의 양도제한은 주주의 권리에 대한 중대한 단체법적 구속을 가하는 것이므로 반드시 정관에 규정을 두어야 한다(제335조 제1항 단서).

(2) 양도제한의 공시

① 주주와 주식거래를 하는 자들에게 중대한 이해관계가 있으므로 다수인에게 양도제한 사실을 공시하여야 한다. 따라서 주식의 양도제한은 등기하여야 한다(제317조 제2항 3호의2). 정관에 규정을 두더라도 등기하지 않은 경우에는 선의의 제3자에게 대항하지 못한다.

② 양도제한 사실은 주식의 취득 당시부터 공시되어야 할 것이므로 주식청약서에 기재하여야 하고(제302조 제2항 5호의2), 주권에도 기재하여야 한다(제356조 6호의2). 그리고 전환사채와 신주인수권부사채의 청약서, 채권 그리고 신주인수권증권에도 기재하여야 한다. 주식청약서에 주식양도제한의 사항을 기재하지 않은 경우에는 주식청약서의 요건흠결로서 주식인수의 무효주장사유가 된다.

2. 양도제한의 방법

주식의 양도는 정관에 정함으로 이사회의 승인을 얻도록 할 수 있다(제335조 제1항 단서). 그 밖의 다른 제한방법은 인정되지 않는다. 즉, 이사회 이외의 주주총회의 결의나 대표이사의 승인을 요구하는 것은 인정되지 않는다.

3. 적용범위

정관에 의한 주식양도 제한규정은 주식의 양도에 한해 적용되며, 상속·합병과 같은 포괄승계나 입질 등 담보제공행위에 대해서는 적용되지 않는다. 주주의 채권자가 주식을 압류할 때에는 이사회의 승인을 요하지 않지만, 담보권자나 압류채권자가 채권의 실현을 위해 주식을 경매할 때에는 이사회의 승인을 얻어야 한다. 한편, 상장회사의 주식에 대하여는 정관에 의한 주식양도의 제한규정이 적용되지 않는다.

4. 승인 없는 양도의 효력

정관에 의하여 주식양도는 이사회의 승인을 얻도록 한 경우에 이사회의 승인이 없이 한 주식의 양도는 회사에 대하여 효력이 없지만(제335조 제2항 단서), 당사자간에는 유효하다.

5. 양도승인절차

(1) 양도의 승인청구

주식의 양도를 하고자 하는 주주는 회사에 대하여 양도의 상대방 및 양도하려는 주식의 종류와 수를 기재한 서면으로 양도의 승인을 청구할 수 있다(제335조의2 제1항). 또한 양도의 제한이 있는 주식의 양수인도 주식의 종류와 수를 기재한 서면으로 그 취득의 승인을 청구할 수 있다(제335조의7 제1항). 양도승인청구는 서면에 의하여야 하지만, 구두에 의한 승인청구에 대해 회사가 양도의 승인을 하는 것은 무방하다. 양도승인의 청구는 주주명부의 폐쇄기간 중이라도 가능하나, 명의개서는 폐쇄기간이 종료한 후에 하여야 한다.

(2) 승인의 시기

회사는 승인청구가 있는 날로부터 1월 이내에 양도주주 또는 주식의 양수인에게 그 승인 여부를 서면으로 통지하여야 하며(제335조의2 제2항, 제335조의7 제2항), 위 기간 내에 양도주주 또는 주식의 양수인에게 거부의 통지를 하지 아니한 때에는 주식의 양도를 승인한 것으로 본다(제335조의2 제3항, 제335조의7 제2항).

(3) 양도승인 거부시 절차

① 양도상대방의 지정청구

㉠ 지정청구: 양도승인의 거부통지를 받은 양도주주 또는 주식의 양수인은 통지를 받은 날로부터 20일 내에 회사에 대하여 양도상대방을 지정해 줄 것을 청구할 수 있다(제335조의2 제4항, 제335조의7 제2항). 양도상대방의 지정청구는 서면이나 구두로도 가능하다. 회사는 이러한 청구가 있은 날로부터 2주간 내에 이사회의 결의로 상대방을 지정하고, 양도주주 또는 주식의 양수인 및 지정된 상대방에게 서면으로 이를 통지하여야 한다(제335조의3 제1항, 제335조의7 제2항). 이 기간 내에 청구인에게 양도상대방 지정의 통지를 하지 않은 때에는 주식의 양도에 관하여 이사회의 승인이 있는 것으로 본다(제335조의3 제2항).

㉡ 지정상대방의 매도청구권: 이사회의 결의에 의해 양도상대방으로 지정된 자는 지정통지를 받은 날로부터 10일 내에 지정청구인에 대해 서면으로 당해 주식을 자기에게 매도할 것을 청구할 수 있다(제335조의4 제1항, 제335조의7 제2항). 이러한 매도청구권은 형성권이며, 따라서 지정청구권자의 승낙을 요하지 않으며 지정매수인에게 주식을 양도해야 할 의무를 부담한다. 지정매수인은 매도청구권을 포기할 수 있고, 이로 인해 지정통지를 받은 날로부터 10일 내에 청구자에게 통지하지 못한 경우에는 매도청구권을 상실하고 회사가 양도를 승인한 것으로 간주된다(제335조의4 제2항).

㉢ 매수가액의 결정: 주식의 매수가액은 양도주주 또는 주식의 양수인과 지정상대방 간의 합의에 의해 결정하며, 협의가 이루어지지 않은 때에는 양

도주주 또는 주식의 양수인 및 지정상대방이 청구를 받은 날로부터 30일 이내에 법원에 대하여 매수가액의 결정을 청구할 수 있다(제335조의5 제2항, 제335조의7 제2항).

② 주식의 매수청구

㉠ 매수청구: 회사가 주식양도의 승인을 거부한 경우에, 회사에 대하여 양도주주나 주식의 양수인은 회사에 대하여 그 주식의 매수를 청구할 수 있다(제335조의2 제4항). 회사는 청구를 받은 날로부터 2월 내에 그 주식을 매수하여야 한다(제335조의6, 제374조의2 제2항).

㉡ 매수가액의 결정: 주식매수청구의 경우 회사와 주주 간의 협의에 의해 매수가액을 결정하고, 그 협의가 이루어지지 않는 경우 회사 또는 주식의 매수를 청구한 주주가 매수청구한 때로부터 30일 내에 법원에 매수가액의 결정을 청구할 수 있다(제335조의6, 제374조의2 제4항).

Ⅲ. 법률에 의한 주식양도의 제한

1. 권리주 양도의 제한

회사설립시 설립등기 전 또는 신주발행시 납입기일까지는 주주란 있을 수 없고, 주식의 인수로 인한 주식인수인으로서의 지위를 가질 뿐이다. 이러한 주식인수인의 지위를 권리주라 한다. 상법 제319조에서는 회사설립시 「주식의 인수로 인한 권리의 양도는 회사에 대하여 효력이 없다」고 규정하고, 상법 제425조 제1항에서는 제319조의 규정을 준용하고 있다.

권리주의 양도는 회사에 대해서는 효력이 없으므로, 회사가 권리주 양도의 승인을 하더라도 효력이 없다(통설·판례). 그러나 권리주의 양도는 당사자간에는 효력이 있다.

2. 주권발행 전 주식양도의 제한

(1) 개 념

주권발행 전의 주식이란 회사설립시에는 설립등기를 필한 때로부터 주권을 발행할 때까지, 그리고 신주발행시에는 신주의 납입기일의 다음 날로부터 주권을 발행할 때까지의 상태에 있는 주식을 말한다.

상법 제335조 제3항은 「주권발행 전에 한 주식의 양도는 회사에 대하여 효력이 없다. 그러나 회사성립 후 또는 신주의 납입기일 후 6월이 경과한 때에는 그러하지 아니하다」라고 규정하고 있다.

(2) 회사의 성립 후 또는 신주의 납입기일 후 6월이 경과하기 전의 양도

회사의 성립 후 또는 신주의 납입기일 후 6월이 경과되기까지 회사가 주권을 발행하지 않은 경우에는 6월이 경과하기 전에 한 주식의 양도는 회사에 대하여 효력이 없다.

주권발행 전 주식양도가 회사에 대하여 효력이 없다 하더라도 양도당사자간에는 양도의 효력이 있다(판례).

주권발행 전 주식양도의 경우에 회사가 이러한 양도를 승인하고 명의개서까지 하더라도 그 양도는 무효이고 양수인은 회사에 대하여 주권의 발행·교부를 청구할 수 없다(판례). 따라서 주권의 발행이 없는 주식의 양수인이 주주총회를 개최하여 새로이 이사를 선임하더라도 그 효력이 없고, 이러한 주주총회는 결의부존재의 사유가 된다(판례). 한편, 주권발행 전 주식양도가 이루어진 후에 회사성립 후 6월이 경과하였으나 여전히 주권발행이 되지 않는 경우에는 그 양도는 하자가 치유되어 유효한 양도가 된다(판례).

(3) 회사의 성립 후 또는 신주의 납입기일 후 6월이 경과한 후의 양도

회사의 성립 후 또는 신주의 납입기일 후 6월이 경과하도록 회사가 주권을 발행하지 않을 경우에는 주권 없이 주식을 양도할 수 있다. 주권발행 전의 양도방법은 지명채권양도의 일반원칙에 따라 당사자의 의사표시에 의해 양도할 수 있다(판례).

주식양수인이 회사에 대하여 계속적으로 주주권을 행사하기 위해서는 명의개서를 하여야 하고, 회사 및 제3자에게 대항력을 갖기 위해서는 회사에 대한 통지 또는 회사의 승낙을 얻어야 한다(판례).

【판례】 대법원 2012.2.9.선고 2011다62076·62083(병합)판결

주식병합이 있어 구주권이 실효되었음에도 주식병합 후 6월이 경과할 때까지 회사가 신주권을 발행하지 않은 경우에는 주권의 교부가 없더라도 당사자의 의사표시만으로 주식양도의 효력이 생긴다고 볼 것이다. 그리고 이는 당사자 사이의 주식양도에 관한 의사표시가 주권의 발행 후 주식병합이 있기 전에 있었다고 하더라도 마찬가지로서, 주식병합으로 실효되기 전에 구주권의 교부가 없는 상태에서 주식병합이 이루어지고 그로부터 6월이 경과할 때까지 회사가 신주권을 발행하지 않았다면 주식병합 후 6월이 경과한 때에 주식병합 전의 당사자 사이의 의사표시만으로 주식양도의 효력이 생긴다고 보아야 할 것이다.

3. 자기주식의 취득 제한

(1) 자기주식의 의의

상법상 자기주식이란 주식회사가 이미 발행한 주식을 그 발행회사가 다시 일정한 사유로 취득하여 보유하는 주식을 말한다. 이러한 자기주식의 취득은 주주평등의 원칙의 위반, 자본금 충실의 원칙의 위반, 회사 지배관계의 왜곡 등의 문제로 인하여 금지되어 왔지만, 세계적 추세를 감안하고 주식시장의 활성화 등의 이유에서 현행법은 자기주식의 취득의 자유를 허용하고 있다. 다만, 자기주식 취득의 폐해를 줄이기 위한 일정한 제한을 두고 있다.

(2) 자기주식의 취득

① 배당가능이익에 의한 자기주식의 취득

㉠ 취득의 범위: 회사는 상법 제462조 제1항에 의한 배당가능이익의 범위(직전결산기 대차대조표의 순자산액으로부터 자본금의 액, 그 결산기까지 적립된 자본준비금과 이익준비금의 합계액, 당해 영업연도에 적립할 이익준비금, 대통령령으로 정하는 미실현금액을 공제한 액) 내에서 자기의 명의와 계산으로 자기주식을 취득할 수 있다(제341조 제1항).

㉡ 취득의 방법: 자기주식의 취득의 방법으로는 거래소의 시세 있는 주식의 경우에는 거래소에서 취득하는 방법, 주식의 상환에 관한 종류의 주식(상환주식)의 경우를 제외하고 각 주주가 가진 주식 수에 따라 균등한 조건으로 취득하는 것으로서 대통령령이 정하는 방법 등이 있다(제341조 제1항 1호 및 2호). 이에 위반하여 자기주식을 취득한 경우의 효력에 대해서는 유효설과 무효설의 대립이 있으나, 강행법규위반·주주평등원칙위반에 해당하므로 무효로 본다.

㉢ 취득의 절차: 배당가능이익의 범위 내에서 자기주식을 취득하고자 하는 회사는 미리 주주총회의 결의로 취득할 수 있는 주식의 종류 및 수, 취득가액의 총액의 한도, 1년을 초과하지 않는 범위에서 자기주식을 취득할

수 있는 기간을 결정하여야 한다(제341조 제2항 본문). 다만, 이사회의 결의로 이익배당을 할 수 있다고 정관에서 정하고 있는 경우에는 이사회의 결의로 주주총회의 결의를 갈음할 수 있다(제341조 제2항 단서).

㉣ 취득의 제한: 회사는 당해 영업연도의 결산기의 대차대조표상의 순자산액이 상법 제462조 제1항 각호의 금액의 합계액에 미치지 못할 우려가 있는 경우에는 배당가능이익에 의한 자기주식취득이 인정되지 않는다(제341조 제3항).

㉤ 취득제한의 위반의 효과: 해당 영업연도의 결산기에 배당가능이익이 없음에도 불구하고 회사가 자기주식을 취득한 경우에 이사는 회사에 대하여 연대하여 배상할 책임을 진다(제341조 제4항 본문). 다만, 이사가 해당 영업연도의 결산기에 대차대조표상의 순자산액에서 상법 제462조 제1항의 각 호의 금액의 합계액에 미치지 못할 우려가 없다고 판단하는 때에 주의를 게을리하지 아니하였음을 증명한 경우에는 책임이 없다(제341조 제4항 단서).

② **특정 목적에 의한 자기주식의 취득**: 회사는 배당가능이익에 의한 자기주식의 취득이 허용되는 경우를 제외하고, ① 회사의 합병 또는 다른 회사의 영업전부의 양수로 인한 경우, ② 회사의 채권실행을 하려 하나 채무자에게 회사발행의 주식 이외에 다른 재산이 없으므로 그 주식을 대물변제로 받거나 또는 그 주식이 경매될 때 이를 경락하는 경우(판례)와 같이 회사의 권리를 실행함에 있어 그 목적을 달성하기 위하여 필요한 경우, ③ 통상의 신주발행이나 전환주식의 전환, 전환사채의 전환 및 신주인수권부사채의 신주인수권행사로 인한 신주발행의 경우와 같이 단주처리방법이 법정되어 있지 않은 경우에 단주처리를 위하여 필요한 경우, ④ 정관에 의한 주식양도제한의 경우 이사회의 주식양도 승인이 거부된 경우나 주주총회의 특별결의사항 중 합병결의나 영업양도 결의, 분할합병의 결의, 주식의 포괄적 교환이나 이전의 경우에 반대주주가 주식매수청구권을 행사한 경우에도 자기주식의 취득이 가능하다(제341조의2). 이에 위반하여 자기주식을 취득하는 경우에는 무효가 된다(판례).

③ **해석상의 자기주식의 취득**: 배당가능이익에 의한 자기주식의 취득의 허용이나 특정 목적에 의한 자기주식의 취득의 경우 외에 회사의 자본적 기초를 위태롭게 할 염려가 없는 무상행위에 의하여 자기주식을 취득하는 경우(판례),

자기채권의 담보를 위한 점유의 경우, 위탁매매업을 하는 회사가 위탁의 실행으로 타인의 계산으로 자기주식을 취득하는 경우(판례), 신탁회사가 자기주식의 신탁을 받는 경우 등의 경우에는 예외적으로 자기주식의 취득이 인정된다.

④ **특별법상의 예외**: 자본시장과 금융투자업에 관한 법률상 투자회사 등은 담보권의 실행 등 권리행사에 필요한 경우, 주식투자자로부터 투자회사 등이 집합투자증권을 환매하는 경우, 정관변경이나 합병 등에 대한 투자회사의 반대주주의 주식매수청구에 따라 주식을 매수하는 경우에는 자기의 계산으로 자기가 발행한 집합투자증권을 취득할 수 있다(동법 제186조 제1항).

(3) 자기주식의 지위

회사가 유효하게 취득한 자기주식은 의결권이 없다(제369조 제2항). 그 이외의 이익배당청구권이나 잔여재산분배청구권, 주식배당청구권, 신주인수권, 준비금의 자본금 전입시 신주배정을 받을 권리 등이 인정되는가에 대해서는 학설의 대립이 있으나 자기주식에는 그러한 권리가 인정되지 않는다는 것이 통설적 입장이다.

(4) 자기주식의 처분

회사가 보유하는 자기주식을 처분하는 경우에는 처분할 주식의 종류와 수, 처분할 주식의 처분가액과 납입기일을 정관으로 정하여야 하며, 정관에 그 규정이 없는 때에는 이사회가 이를 결정한다(제342조).

(5) 자기주식의 소각

회사는 이사회의 결의(이사회가 없는 경우 각 이사가 결정)에 의하여 회사가 보유하는 자기주식을 소각할 수 있다(제343조 제1항 단서). 회사가 배당가능이익의 범위 내에서 자기주식을 취득하여 이를 소각하는 경우에는 발행주식수의 감소는 가져오지만, 자본금의 감소는 가져오지 않는다. 따라서 이러한 경우에는 채권자보호절차를 필요로 하지 않는다.

4. 주식의 상호보유 규제

(1) 의 의

상호주보유란 두 개의 독립된 회사가 상대방회사에 대해 출자하고 교환적으로 주식을 취득하고 있는 것을 말한다.

(2) 모회사주식의 취득금지

① **원칙**: 상법 제342조의2 제1항에서 자회사는 모회사의 주식을 취득할 수 없다고 규정하고 있다. 여기서 어떤 회사가 다른 회사의 발행주식총수 중 100분의 50을 초과하여 주식을 취득하고 있는 경우 어떤 회사를 모회사, 다른 회사를 자회사라 한다. 자회사가 모회사주식 취득금지규정에 위반하여 모회사주식을 취득한 경우의 효과에 관해서는 학설이 대립되고 있으나, 무효로 본다.

② **예외적 취득**: 자회사는 주식의 포괄적 교환이나 이전의 경우, 회사의 합병 또는 다른 회사의 영업 전부를 양수하는 때, 회사의 권리실행을 함에 있어서 그 목적을 달성하기 위하여 필요한 때에는 예외적으로 모회사의 주식을 취득할 수 있다(제342조의2 제1항). 예외적으로 취득한 모회사의 주식은 취득한 날로부터 6개월 내에 처분하여야 한다(제342조의2 제2항). 한편, 주식의 포괄적 교환의 경우 완전자회사가 되는 회사, 흡수합병시 소멸회사, 분할합병의 경우 분할회사의 주주에게 제공하는 재산이 존속하는 회사의 모회사주식을 포함하는 경우에도 존속하는 회사는 그 지급을 위하여 모회사주식을 취득할 수 있다(제360조의3 제6항, 제523조의2 제1항, 제530조의6 제4항). 주식의 포괄적 교환 등을 위하여 취득한 모회사의 주식은 그 효력이 발생한 날로부터 6개월 이내에 처분하여야 한다(제360조의3 제7항, 제523조의2 제2항, 제530조의6 제5항). 예외적으로 취득한 모회사의 주식의 지위는 자기주식의 지위와 같다.

(3) 비모자회사간의 주식상호보유규제

어떤 회사(A)가 다른 회사(B)의 발행주식총수의 10분의 1을 초과하여 취득한 경우, 다른 회사(B)가 가진 어떤 회사(A)의 주식은 의결권이 없으며(제369조 제3항), 취득한 후 지체없이 그 다른 회사(B)에 통지하여야 한다(제342조의3). 양 당사회사가 서로 상대방회사의 발행주식총수의 10분의 1을 초과하여 취득하고 있는 경우에는 서로 의결권을 행사할 수 없다. 10분의 1을 계산하는 때에는 당사회사의 자회사가 취득한 주식도 포함된다. 취득사실을 통지함에는 특별한 제한이 없으며 어떤 방법으로든 취득한 주식의 종류와 수를 알려주면 되나, 통지와 관련한 입증책임은 주식을 취득한 회사가 부담한다. 이러한 통지를 위반한 경우에 대해서는 특별한 규정을 두고 있지 않다.

Ⅳ. 주식의 양도방법 및 대항요건

1. 주식의 양도방법

(1) 주권발행 전의 주식양도

회사성립 후 또는 신주의 납입기일 후 6월이 경과한 후에 회사가 주권을 발행하지 않았기 때문에 주권 없이 한 주권발행 전 주식의 양도는 당사자간의 의사표시만으로 가능하다. 이러한 주식양도는 당사자간에서뿐만 아니라 회사에 대해서도 그 효력이 있다(제335조 제3항 단서).

(2) 주권발행 후의 주식양도

주권발행 후의 주식양도는 주권의 교부에 의하여야 한다(제336조 제1항). 주권의 교부는 주식양도의 효력발생요건이다(성립요건이라고도 한다). 주권의 교부는 현실의 인도뿐만 아니라 간이인도(민법 제188조 제2항), 목적물반환청구권의 양도(민법 제190조)에 의하여 할 수 있다(판례).

한편, 상속·유증, 합병 등 포괄승계의 경우에는 주권의 교부 없이 이전의 효력이 발생한다.

(3) 전자등록된 주식의 양도

전자등록부에 등록된 주식의 양도는 전자등록부에 등록하여야 그 효력이 발생한다(제356조의2 제2항). 전자등록의 절차·방법 및 효과 등에 관하여 필요한 사항은 대통령령으로 정한다(제356조의2 제4항).

2. 주식의 양도의 대항요건

(1) 명의개서

① **의의**: 주식의 경우 주식양수인이 회사에 대해 주주의 권리를 행사하려면 주주명부에 자기의 성명과 주소 등을 기재하여야 하며, 이를 명의개서라 한다. 주식의 이전은 명의개서를 하지 않으면 회사에 대항하지 못한다(제337조 제1항).

② **주권의 제시**: 명의개서를 청구하는 자는 실질적 권리를 증명할 필요없이 주권을 점유하고 있는 한 회사에 대하여 주권을 제시하여 명의개서를 청구할 수 있다. 그러나 주권발행 전 주식양도의 경우에는 주식을 양수한 자는 주식의 양수를 증명함으로써 회사에 대하여 명의개서를 청구할 수 있다(판례).

③ **회사의 조사권**: 회사는 명의개서의 청구가 있는 때에 주식양도의 적법성을 형식적으로 심사하여 명의개서를 하였을 때에는 그 청구자가 실질적 권리자가 아닌 경우라도 사기 또는 중대한 과실이 없는 한 회사는 책임을 면한다.

④ **명의개서의 효력**: 주식양수인 등 취득자는 명의개서를 함으로써 회사에 대하여 주주권을 행사할 수 있다. 명의개서를 한 경우 주주명부의 효력과 같이 권리추정력·대항력·회사의 면책력 등이 인정된다.

⑤ **명의개서의 부당거부**: 회사는 명의개서청구자의 실질적 무권리를 입증하지 못하는 한 명의개서를 거절할 수 없다. 회사가 주권소지인의 명의개서를 부당하게 거절한 경우나 중대한 과실 또는 경과실로 인하여 명의개서를 하지 않은 때에는 예외적으로 주식양수인은 명의개서와 관계없이 주주의 권리를 행사할 수 있다.

⑥ **명의개서 미필주주의 지위**: 명의개서를 하지 않은 양수인은 주주권을 행사할 수 없고 양도인이 권리를 행사할 수 있다. 주식양도계약의 내용에 따라 양수인은 양도인에 대해 권리행사의 결과를 이전해 줄 것을 청구할 수 있는 채권자로서의 지위를 가질 뿐이다(판례). 명의개서를 하지 않은 경우 주식취득자가 주주임을 주장할 수 없을 뿐만 아니라 회사도 주주명부 미필주주를 주주로 인정할 수 없다(판례).

【판례】 대법원 2017.3.23.선고 2015다24834 전원합의체 판결

주식을 양수하였으나 아직 주주명부에 명의개서를 하지 아니하여 주주명부에는 양도인이 주주로 기재되어 있는 경우뿐만 아니라, 주식을 인수하거나 양수하려는 자가 타인의 명의를 빌려 회사의 주식을 인수하거나 양수하고 타인의 명의로 주주명부에의 기재까지 마치는 경우에도, 회사에 대한 관계에서는 주주명부상 주주만이 주주로서 의결권 등 주주권을 적법하게 행사할 수 있다.

이는 주주명부에 주주로 기재되어 있는 자는 특별한 사정이 없는 한 회사에 대한 관계에서 주식에 관한 의결권 등 주주권을 적법하게 행사할 수 있고, 회사의 주식을 양수하였더라도 주주명부에 기재를 마치지 아니하면 주식의 양수를 회사에 대항할 수 없다는 법리에 비추어 볼 때 자연스러운 결과이다.

또한 언제든 주주명부에 주주로 기재해 줄 것을 청구하여 주주권을 행사할 수 있는 자가 자기의 명의가 아닌 타인의 명의로 주주명부에 기재를 마치는 것은 적어도 주주명부상 주주가 회사에 대한 관계에서 주주권을 행사하더라도 이를 허용하거나 받아들이려는 의사였다고 봄이 합리적이다.

그렇기 때문에 주주명부상 주주가 주식을 인수하거나 양수한 사람의 의사에 반하여 주주권을 행사한다 하더라도, 이는 주주명부상 주주에게 주주권을 행사하는 것을 허용함에 따른 결과이므로 주주권의 행사가 신의칙에 반한다고 볼 수 없다.

⑦ **실기주**: 주식양수인이 명의개서를 하지 않은 상태에서 신주발행이나 배당금 또는 청산금에 대해 권리행사를 하지 못하는 주식을 실기주(失期株) 또는 실념주(失念株)라 한다. 이러한 경우 회사는 주식양도인에게 신주배정을 하거나 배당금 또는 청산금을 지급하게 될 것이다. 이 때 주식양수인은 양도인이 배정받은 주식이나 배당금 또는 청산금의 반환을 청구할 수 있다.

(2) 명의개서대리인

① **자격**: 명의개서는 회사가 함이 원칙이나, 정관이 정하는 바에 의하여 명의개서대리인을 둘 수 있다(제337조 제2항). 명의개서대리인은 회사와의 관계에서 위임관계에 있으므로, 쌍방의 계약에 의해 선임된다. 명의개서대리인은 한국예탁결제원과 주무장관의 허가를 받은 주식회사만이 영위할 수 있다.

② **공시**: 명의개서대리인을 둔 때에는 그 성명·주소·영업소를 등기하여야 하고(제317조 제2항 11호), 주식청약서·신주인수권증서·사채청약서 등에도 기재하여야 한다.

③ **권한**: 명의개서대리인은 명의개서의 대행뿐만 아니라(제337조 제2항 후단), 질권의 등록(제340조 제1항) 및 사채원부에의 명의개서를 할 수 있는 권한이 있다(제479조 제2항). 또한 배당·이자지급·상환금지급의 대행, 주권·채권 등 유가증권의 발행을 대행하는 업무를 영위할 수 있다.

④ **책임**: 명의개서대리인은 회사에 대한 관계에서 선량한 관리자로서의 주의의무를 다해야 하고, 또 정당한 사유 없이 명의개서를 하지 않거나 주주명부 또는 그 복본에 기재할 사항을 기재하지 않거나 또는 부실기재한 때에는 500만원 이하의 과태료의 적용을 받는다(제635조 제1항 7호·9호).

Ⅴ. 주권의 선의취득

1. 의의 및 효과

주권에 관하여 수표법 제21조의 규정을 준용하여, 주권의 양수인이 양도의 하자에 관하여 악의 또는 중대한 과실이 없는 한 주권의 선의취득을 인정하고 있다. 선의취득을 하게 되면 주주의 지위를 취득하게 되고, 주식의 경우 명의개서를 하여야 대항력이 생긴다.

2. 요 건

선의취득이 인정되기 위해서는 ① 주권을 교부에 의하여 취득하였어야 하며, 승계취득(예 상속·합병)은 인정되지 않는다. ② 양도인이 무권리자이거나 대리권이 흠결된 경우 또는 처분권이 없는 경우여야 한다(판례). 이에 대해 무능력자나 주식 양도에 관하여 의사표시의 하자가 있는 경우에도 선의취득을 인정하는 견해와 부정하는 견해가 있다. ③ 양수인에게 악의 또는 중대한 과실이 없어야 한다. ④ 주권이 유효하여야 한다. 제권판결을 받은 주권, 회사성립 전 또는 신주의 효력이 발생하기 전에 발행된 주권, 상환에 의해 회사에 반환된 주권 등은 무효이므로 선의취득이 인정되지 않는다.

Ⅵ. 주식매수선택권

1. 의 의

주식매수선택권이란 정관에 정한 바에 따라 회사의 설립, 경영과 기술혁신 등에 기여하거나 기여할 수 있는 회사의 이사·집행임원·감사 또는 피용자인 임·직원에게 미리 정한 가액으로 신주를 인수하거나 자기의 주식을 매수할 권리를 부여하는 것을 말한다(제340조의2 제1항).

2. 법적 성질

주식매수선택권은 형성권에 해당하는 권리이며, 주식매수선택권이 부여되었다고 하여 반드시 행사하여야 할 의무는 없으며 포기할 수도 있다.

3. 주식매수선택권자

(1) 범 위

주식매수선택권을 갖는 자는 회사의 설립과 경영, 기술혁신 등에 기여하였거나 기여할 능력을 갖춘 당해 회사의 이사·집행임원·감사 또는 피용자이다(제340조의2 제1항). 의결권 없는 주식을 제외한 발행주식총수의 100분의 10 이상의 주식을 가진 주주와 이사·집행임원·감사의 선임과 해임 등 회사의 주요경영사항에 대하여 사실상 영향력을 행사하는 자 및 이들의 배우자와 직계존·비속에 대하여는 주식매수선택권을 부여할 수 없다(제340조의2 제2항).

보충

[상장회사의 경우] 상장회사는 이사, 집행임원, 감사, 피용자 외에도 대통령령이 정하는 관계회사의 이사, 집행임원, 감사 또는 피용자에게도 주식매수선택권을 부여할 수 있으나, 의결권 없는 주식을 제외한 발행주식총수를 기준으로 본인 및 그와 대통령령으로 정하는 특수한 관계에 있는 자가 소유하는 주식의 수가 가장 많은 경우 그 본인 및 그의 특수관계인 등 대통령령으로 정하는 자에게는 주식매수선택권을 부여할 수 없다(제542조의3 제1항).

(2) 매수선택권의 취소

회사는 정관의 정함에 따라 이사회의 결의(1인의 이사를 둔 회사는 주주총회의 결의)로 매수선택권의 부여를 취소할 수 있다(제340조의3 제1항 5호).

보충

[상장회사의 경우] ㉠ 매수선택권을 부여받은 자가 본인의 의사에 따라 사임 또는 사직한 경우, ㉡ 매수선택권을 부여받은 자가 고의 또는 과실로 회사에 중대한 손해를 입힌 경우, ㉢ 해당 회사의 파산 등으로 주식매수선택권 행사에 응할 수 없는 경우, ㉣ 그 밖에 주식매수선택권을 부여받은 자와 체결한 주식매수선택권 부여계약에서 정한 취소사유가 발생한 경우에는 이사회 결의에 의하여 주식매수선택권의 부여를 취소할 수 있다(상법 시행령 제9조 제6항).

4. 부여절차

(1) 정관의 규정

임·직원에게 주식매수선택권을 부여하기 위해서는 정관에 다음과 같은 사항에 관해 규정이 있어야 한다(제340조의3 제1항). 즉 일정한 경우 선택권을 부여할 수 있다는 뜻, 선택권의 행사로 발행하거나 양도할 주식의 종류와 총수, 선택권을 부여받을 자의 자격요건, 행사기간, 일정한 경우 이사회의 결의로 선택권의 부여를 취소할 수 있다는 뜻을 기재하여야 한다.

(2) 주주총회의 특별결의

임·직원에게 선택권을 부여하려면 정관의 규정 이외에 주주총회의 특별결의가 있어야 한다(제340조의2 제1항). 주주총회의 결의에서는 선택권을 부여받을 자의 성명, 선택권의 부여방법, 선택권의 행사가액과 조정에 관한 사항, 행사기간, 선택권을 부여받을 자 각각에 대하여 선택권의 행사로 발행하거나 양도할 주식의 종류와 수 등을 결정하여야 한다(제340조의3 제2항).

(3) 부여계약

회사는 선택권을 부여받을 자와 계약을 체결하고 상당한 기간 내에 계약서를 작성하여(제340조의3 제3항), 이를 선택권의 행사기간이 종료할 때까지 본점에 비치하고 주주가 영업시간 내에 열람할 수 있도록 하여야 한다(제340조의3 제4항).

5. 부여방법

(1) 부여방식

① **자기주식 양도방식**: 회사가 보유하는 자기주식을 예정된 가격으로 양수할 수 있는 권리를 부여하는 방식이다(제340조의2 제1항 본문).

② **신주발행방식**: 선택권의 행사에 응하여 행사가액으로 회사가 신주를 발행하는 방식이다(제340조의2 제1항 본문). 이 경우에는 임·직원이 선택권을 행사하여 행사가액을 납입한 경우에는 회사는 그만큼의 신주를 발행하여 교부하여야 한다.

(2) 차액정산

이상 2가지 중 어느 방식으로 선택권을 부여하든 선택권의 행사에 응한 회사는 자기주식양도나 신주발행에 갈음하여 주식의 실질가액과 행사가액의 차액을 정산하는 방법을 취할 수 있다. 즉 선택권의 행사시점에서 주식의 실질가액이 행사가액을 상회할 경우, 그 차액을 회사가 선택권자에게 금전으로 지급하거나 차액상당액의 자기주식을 이전해 주는 것이다(제340조의2 제1항 단서). 이때 이전해 주는 자기주식은 선택권의 행사시점에서의 실질가액으로 평가하여야 한다(제340조의2 제1항 후단).

6. 부여한도

회사가 선택권을 부여할 수 있는 주식은 회사의 발행주식총수의 100분의 10을 초과할 수 없다(제340조의2 제3항).

보충

[상장회사의 경우] 발행주식총수의 100분의 20의 범위 내에서 대통령령으로 정하는 한도(발행주식총수의 100분의 15)까지 주식매수선택권을 부여할 수 있다(제542조의3 제2항). 정관에서 정하는 바에 따라 발생주식총수의 100분의 10 범위에서 대통령령으로 정하는 한도까지 이사회가 매수선택권을 부여할 수 있고, 이 경우 주식매수선택권을 부여한 후 처음으로 소집되는 주주총회의 승인을 받아야 한다(제542조의3 제3항).

7. 매수선택권의 양도와 상속

선택권은 양도할 수 없다(제340조의4 제2항 본문). 그러나 선택권을 행사할 수 있는 자가 사망한 경우에는 그 상속인이 선택권을 행사할 수 있다(제340조의4 제2항 단서).

8. 매수선택권의 행사 및 효과

(1) 행사기간

선택권자가 선택권을 행사하기 위해서는 매수선택권을 부여하는 주주총회 결의일로부터 2년 이상 재임 또는 재직하여야 한다(제340조의4 제1항).

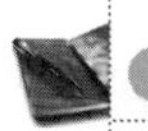
보충

[상장회사의 경우] 주식매수선택권을 부여받은 자는 대통령령으로 정하는 경우를 제외하고는 주식매수선택권을 부여하기로 한 주주총회 또는 이사회의 결의일로부터 2년 이상 재임하거나 재직하여야 매수선택권을 행사할 수 있다(제542조의3 제4항).

(2) 행사가액

선택권의 행사가액은 신주를 발행하는 경우에는 선택권의 부여일을 기준으로 한 주식의 실질가액과 주식의 권면액 중 높은 금액(다만, 무액면주식을 발행한 경우에는 자본금으로 계상되는 금액 중 1주에 해당하는 금액을 권면액으로 본다), 자기주식을 양도하는 경우에는 선택권의 부여일을 기준으로 한 주식의 실질가액 이상이어야 한다(제340조의2 제4항).

(3) 행사절차

① **청구**: 선택권을 행사하려는 자는 청구서 2통에 선택권을 행사할 주식의 종류와 수를 기재하고 기명날인 또는 서명하여 회사에 제출하여야 한다(제340조의5, 제516조의9 제1항·제3항).

② **회사의 결정**: 회사는 선택권의 행사에 대해 자기주식 또는 신주를 발행할 것인지, 아니면 이에 갈음하여 차액을 정산할 것인지를 결정하여야 한다.

③ **납입**: 회사의 결정에 의해 선택권의 행사가 자기주식양도청구권 또는 신주인수권으로 확정된 경우 선택권자는 행사가액 전액을 납입하여야 한다(제340조의5, 제516조의9 제1항·제3항).

(4) 행사의 효력발생시기

신주발행방식의 경우에는 행사가액을 납부한 때(제340조의5, 제516조의10 전단), 자기주식교부방식의 경우에는 주식매수선택권을 행사(납입)하고 주권교부를 받은 때 주식매수선택권 행사의 효력이 발생한다.

(5) 행사의 효과

회사는 선택권의 행사에 따라 임·직원이 그 대금을 납입기일까지 납입한 경우에는 지체없이 신주 또는 자기주식을 교부하여야 하며, 선택권의 행사가격과 시가와의 차액을 현금으로 교부하는 경우에는 신속하게 이를 교부하여야 한다. 주주명부폐쇄기간 중에 선택권을 행사한 경우에는 폐쇄기간 중의 주주총회의 결의에서는 의결권을 행사할 수 없다(제340조의5, 제350조 제2항). 신주발행방식의 경우 선택권의 행사로 인하여 발행주식수와 자본금이 변동된다. 따라서 선택권을 행사한 날이 속하는 달의 마지막 날로부터 2주간 내에 그 변경등기를 하여야 한다(제340조의5, 제351조).

제5관 주식의 담보

Ⅰ. 주식의 입질

1. 의 의

주식은 재산적 가치를 가지며 양도 가능하므로 당연히 채권의 담보가 될 수 있으며, 상법이 정하는 바에 따라 질권의 목적으로 할 수 있다.

2. 자기주식의 질취제한

회사는 발행주식총수의 20분의 1을 초과하지 않는 범위 내에서 자기주식의 질취를 인정하고 있다(제341조의3 본문). 다만, 회사합병 또는 다른 회사의 영업의 전부를 양수하는 경우나 회사의 권리를 실행함에 있어서 그 목적을 달성하기 위하여 필요한 때에는 제한 없이 자기주식의 질취가 인정된다(제341조의3 단서).

질취제한의 위반으로 인하여 회사에 손해가 발생한 때에는 이사는 연대하여 손해배상책임을 지고(제399조), 악의 또는 중대한 과실이 있는 때에는 제3자에 대하여도 연대하여 손해배상책임을 진다(제401조).

3. 주식의 입질방법

(1) 약식질

질권설정의 합의와 주권의 교부에 의하여 그 효력이 발생한다(제338조 제1항). 주권의 교부는 현실의 인도뿐만 아니라 간이인도·목적물반환청구권의 양도에 의한 방법으로 가능하나, 점유개정에 의한 인도는 민사질에 관하여 이를 금하는 민법상의 원칙(민법 제332조)을 유추적용하여 인정되지 않는다고 본다. 제3자에 대한 대항요건으로서는 주권을 계속하여 점유하고 있어야 한다(제338조 제2항).

(2) 등록질

등록질이란 질권설정자인 주주의 청구에 의하여 질권자의 성명과 주소를 주주명부에 기재하고 또 그 성명을 주권에 기재하는 방법의 입질이다(제340조 제1항). 이 경우 제3자에 대한 대항요건으로서는 주권을 계속하여 점유하고 있어야 한다(제338조 제2항). 등록질권자는 회사에 대한 관계에서는 주권을 제시하거나 그 밖의 방법으로 권리를 입증할 필요 없이 질권자로서의 권리를 행사할 수 있다.

4. 질권의 효력

(1) 물상대위

질권자는 주식의 소각·병합·전환이 있는 때에는 이로 인하여 종전의 주주가 받을 금전이나 주식에 대하여도 종전의 주식을 목적으로 한 질권을 행사할 수 있다

(제339조). 등록질은 주주가 회사로부터 받을 이익배당, 잔여재산의 분배 그리고 주식배당에 관해 물상대위가 인정된다. 등록질권자는 물상대위의 대상이 주식인 때에는 압류할 필요 없이 회사에 대해 주권의 교부를 청구할 수 있고(제340조 제3항), 금전인 때에는 직접 지급받아 채권의 변제에 충당할 수 있다(제340조 제1항). 그러나 약식질권자는 주식 또는 금전에 대해 그 교부 또는 지급 전에 압류하여야 한다.

(2) 우선변제권

질권이 설정된 주식을 경매하여 우선변제를 받을 수 있고, 물상대위의 목적물이 금전일 때에는 질권자의 채권이 변제기도래 전일 때 금전의 공탁을 청구할 수 있고 그 금전으로 우선변제에 충당할 수 있다(제340조 제2항; 민법 제353조 제3항).

(3) 기 타

질권자는 주주권을 취득하는 것은 아니므로 의결권 등 주주의 권리를 행사하지 못한다(판례). 회사는 질권자가 적시에 권리를 행사할 수 있도록 물상대위할 사항이 발생한 경우에는 회사로 하여금 질권자에게 통지하도록 규정하고 있다(제440조, 제431조 제2항, 제343조 제2항, 제461조 제5항, 제462조의2 제5항).

【판례】 대법원 2017.8.18.선고 2015다5569판결

주식에 대해 질권이 설정되었다고 하더라도 질권설정계약 등에 따라 질권자가 담보제공자인 주주로부터 의결권을 위임받아 직접 의결권을 행사하기로 약정하는 등의 특별한 약정이 있는 경우를 제외하고 질권설정자인 주주는 여전히 주주로서의 지위를 가지고 의결권을 행사할 수 있다.

Ⅱ. 주식의 양도담보

1. 의 의

양도담보란 채무의 담보를 위해 채무자가 주식을 양도한 후 채무를 변제하면 채권자가 주식을 반환하고, 채무를 변제하지 않을 경우에는 채권자가 확정적으로 주식을 취득하기로 약정하는 경우를 말한다. 주식의 양도담보는 주권발행 후 뿐만 아니라 주권을 발행하여야 할 때로부터 6월이 경과한 경우에는 주권발행 전이라도 가능하다(판례). 양도담보에는 주권을 교부하고 명의개서는 하지 않는 약식양도담보와 명의개서까지 마치는 등록양도담보가 있다. 양도담보에 의한 소유권의 이전은 이른바 신탁형 양도이므로 목적물의 소유권을 취득하는 유담보(流擔保)는 허용되지 않는다(통설 · 판례).

2. 양도담보의 효력

양도담보는 당사자간의 합의와 주권의 교부에 의하여 그 효력이 발생하고, 양도담보권자는 대외적으로 주식의 소유자이므로, 명의개서를 마친 등록양도담보권자는 모든 주주권을 행사할 수 있다(판례).

제6관 주식의 소각 · 병합 · 분할

Ⅰ. 주식의 소각

1. 의 의

주식의 소각이란 회사의 존속 중에 발행주식의 일부를 절대적으로 소각시키는 회사의 행위를 말한다. 주식 자체가 소각된다는 점에서 주식에는 영향이 없고 그를 표창하는 주권만을 무효화시키는 제권판결과는 다르다.

2. 소각의 종류와 방법

(1) 임의소각과 강제소각

주식의 소각이 주주의 의사에 의하는 경우를 임의소각, 주주의 의사에 관계없이 회사의 일방적 행위에 의하는 경우를 강제소각이라 한다. 특히 강제소각의 경우에는 주주평등의 원칙에 따라야 한다.

(2) 유상소각과 무상소각

주식의 소각에 대한 대가를 지급하는 경우를 유상소각, 아무런 대가를 지급하지 않는 경우를 무상소각이라 한다. 자기주식의 소각(특정 목적에 의하여 취득하는 상법 제341조의2의 경우는 제외하고 상법 제341조에 따라 배당가능이익 범위 내에서 취득한 자기주식의 소각)이나 상환주식의 소각과 같이 소각의 재원이 이익인 경우와 자본금 감소에 의한 소각과 같이 소각의 재원이 자본금인 경우가 있다.

(3) 자기주식의 소각과 자본금감소규정에 따른 소각

① **자기주식의 소각**: 이사회의 결의에 의하여(배당가능이익의 범위 내에서 취득하여) 회사가 보유하는 자기주식을 소각할 수 있다(제343조 제1항 단서). 이 경우에는 자본금의 감소를 가져오지 않고, 이는 상환주식의 상환과 같은 주식소각의 효력이 생긴다.

② **자본금감소규정에 의한 소각**: 자본금 감소에 의한 주식소각의 경우에는 주주총회의 특별결의와 채권자보호절차를 거쳐야 한다. 자본금 감소에 관한 규정에 따라 주식을 소각하는 경우에는 상법 제440조의 절차에 따른다(제343조 제2항).

3. 소각의 효력발생시기

소각의 효력은 강제소각의 경우에는 원칙적으로 주권제출기간이 만료한 때에, 임의소각의 경우에는 회사가 주권실효절차를 밟은 때에 효력이 발생한다. 그러나 자본금 감소의 경우에는 채권자보호절차가 종료한 때에 그 효력이 생긴다(제343조 제2항, 제441조).

4. 소각의 효과

이익소각의 경우에는 자본금은 감소하지 않고 발행주식수가 감소하게 되지만, 자본금 감소의 경우에는 자본금이 감소하게 된다. 이 경우에는 변경등기를 하여야 한다. 소각된 주식수는 발행예정주식수 중에 미발행주식으로 다시 부활하지 않으므로 소각된 만큼의 주식을 재발행하지 못한다.

Ⅱ. 주식의 병합

1. 의 의

주식의 병합이란 수개의 주식을 합하여 그보다 적은 수의 주식으로 하는 것으로 자본금 감소의 경우, 합병시 당사회사의 재산상태가 다른 경우, 1주의 권면액을 인상하는 경우 등을 위해서 하게 된다.

2. 병합의 절차

(1) 구주권 제출의 통지·공고 등

주식을 병합하는 경우에는 회사는 1월 이상의 기간을 정하여 그 뜻과 그 기간 내에 주권을 회사에 제출할 것을 공고하고, 주주명부에 기재된 주주와 등록질권자에 대하여 각별로 통지를 하여야 한다(제440조). 다만, 구주권을 회사에 제출할 수 없는 자가 있는 때에는 회사는 그 자의 청구에 의하여 3월 이상의 기간을 정하고, 이해관계인에 대하여 그 주권에 대한 이의가 있으면 그 기간 내에 제출할 뜻을 청구자의 부담으로 공고하고, 그 기간이 경과한 후에 신주권을 청구자에게 교부할 수 있다(제442조).

(2) 단주의 처리

병합에 적당하지 아니한 수의 주식이 있는 때에는 그 부분에 대하여 발행한 주식을 경매하여 각 주수에 따라 그 대금을 종전의 주주에게 지급하여야 한다. 그러나 거래소의 시세 있는 주식은 거래소를 통하여 매각하고, 거래소의 시세 없는 주식은 법원의 허가를 얻어 경매 이외의 방법으로 임의매각할 수 있다(제443조 제1항). 이 경우 병합에 적당하지 아니한 구주권을 제출할 수 없는 자에게는 이의최고절차(제442조)가 끝난 다음에 대금을 교부하면 된다(제443조 제2항).

(3) 등 기

주식병합의 결과 회사의 발행주식총수가 변경되므로 회사는 이에 관한 변경등기를 하여야 한다(제317조 제2항, 제183조).

3. 병합의 효력·효과

주식병합의 효력은 주권제출기간이 만료한 때에 그 효력이 생기지만(제441조 본문), 채권자보호를 위한 절차가 종료하지 않은 때에는 그 절차가 종료한 때에 효력이 생긴다(제441조 단서). 주식병합으로 인해 회사가 발행한 주식총수는 감소하고, 주권을 제출한 주주는 신주권을 교부받고, 구주식의 권리는 신주식에 존속하게 된다.

Ⅲ. 주식의 분할

1. 의 의

주식의 분할이란 주식의 병합에 반대되는 것으로 회사의 자본금이나 자산의 변경 없이 기존의 주식을 세분화하여 발행주식총수를 증가시키는 것이다. 주식분할은 주가의 상승으로 인해 주식의 유통성이 둔화되는 경우 그 유통성을 원활히 하기 위하여 인정된 제도이다.

2. 분할의 요건·절차

주식의 분할은 주금액의 변동을 가져오게 되므로 정관변경절차를 거쳐야 한다. 따라서 주식분할시에는 주주총회의 특별결의가 있어야 한다(제329조의2 제1항). 주식을 분할하더라도 그 액면가는 100원 미만으로 하는 것은 불가능하다(제329조의2 제2항). 이 이외의 절차는 주식병합에 관한 규정(제440조부터 제444조까지)이 준용된다(제329조의2 제3항). 주식분할로 인하여 발행주식총수의 변경을 가져오므로 변경등기를 하여야 한다(제317조 제2항, 제183조).

3. 분할의 효과

주식분할의 효력은 주식병합과 마찬가지로 주권제출기간이 만료된 때에 발생하고, 주식분할로 인하여 발행주식총수의 증가를 가져온다. 그러나 자본금·재산에는 변동이 없고, 주주의 지분에도 실질적인 변동은 없다. 그리고 구주식에 대한 질권은 물상대위에 의하여 신주식에 대하여 행사할 수 있다(제339조). 주식분할이 위법인 때에는 신주발행유지청구권과 신주발행무효의 소에 관한 규정이 유추적용될 수 있다.

제7관 주식의 포괄적 교환·포괄적 이전

Ⅰ. 주식의 포괄적 교환

1. 의 의

甲회사(완전자회사가 되는 회사)의 주주가 가지는 甲회사의 주식을 주식교환에 의하여 乙회사(완전모회사가 되는 회사)에 이전하고, 甲회사의 주주는 乙회사가 주식교환을 위하여 발행하는 신주의 배정을 받거나 그 회사 자기주식의 이전을 받음으로써 乙회사의 주주가 되는 것을 말한다(제360조의2 제2항).

2. 절 차

① **주식교환계약서 등의 사전공시**: 주주총회 회일의 2주 전부터 주식교환의 날 이후 6개월이 경과하는 날까지 주식교환계약서 등의 서류를 본점에 비치하여야 한다(제360조의4).

② **주주총회의 승인**: 주식교환을 하고자 하는 회사는 주식교환계약서에 일정사항(제360조의3 제3항)을 작성하여 주주총회의 특별결의로 승인을 얻어야 한다(제360조의3 제1항·제2항).

주식의 포괄적 교환에 관한 주주총회의 승인결의시 특정 종류의 주식을 가진 주주에게 손해가 발생할 염려가 있다면 종류주주총회를 거쳐야 한다(제436조, 제435조). 한편, 주식의 포괄적 교환으로 인하여 주식교환에 관련되는 각 회사의 주주의 부담이 가중되는 경우에는 주주 전원의 동의가 있어야 한다(제360조의3 제5항).

③ **반대주주의 주식매수청구권**: 주식교환을 위한 주주총회결의에 반대하는 주주(의결권 없는 주식 포함)는 주주총회 결의일로부터 20일 이내에 주식매수를 청구할 수 있다(제360조의5). 간이주식교환의 경우에는 주식매수청구권을 인정하지만, 소규모 주식교환의 경우에는 인정되지 않는다.

④ **주권실효절차**: 주식교환에 의하여 완전자회사가 되는 회사는 주주총회에서 승인한 때에는 주식교환의 날 1월 전에 주식교환승인·구주권제출 등의 공고를 하고, 주주와 질권자에게 통지하여야 한다(제360조의8).

⑤ **단주처리**: 주식교환의 경우 발생하는 단주처리는 주식병합의 경우 단주처리 규정(제443조)을 준용한다(제360조의11).

⑥ **사후공시**: 이사는 주식교환의 날로부터 6월간 주식교환의 날, 주식교환의 날에 완전자회사가 되는 회사에 현존하는 순자산액, 주식교환으로 인하여 완전모회사에 이전한 완전자회사의 주식 수, 그 밖의 주식교환에 관한 사항을 기재한 서면을 본점에 비치하여야 한다(제360조의12).

3. 효 과

① **완전모·자회사 관계성립**: 주식교환에 의하여 완전자회사와 완전모회사의 관계가 성립되며, 완전자회사가 되는 회사의 주주는 완전모회사의 주주가 된다.

② **신주발행에 갈음한 자기주식의 이전**: 완전모회사가 되는 회사는 주식교환시 신주발행에 갈음하여 회사가 소유하는 자기주식으로서 완전자회사가 되는 회사의 주주에게 이전할 수 있다(제360조의2 제2항, 제360조의3 제3항 2호).

③ **완전모회사의 자본금 증가의 한도액**: 완전모회사가 되는 회사의 자본금은 주식교환의 날에 자회사가 되는 회사에 현존하는 순자산에서 일정금액(제360조의7 제1항 각호)을 뺀 금액을 초과하여 증가시킬 수 없다(제360조의7).

④ **완전모회사의 이사·감사의 임기**: 주식교환에 의하여 완전모회사가 되는 회사의 이사 및 감사로서 주식교환 전에 취임한 자는 주식교환계약서에 다른 정함이 있는 경우를 제외하고는 주식교환 후 최초로 도래하는 결산기에 관한 정기총회가 종료한 때에 퇴임한다(제360조의13).

⑤ **모회사주식의 취득 및 처분**: 주식의 포괄적 교환으로 완전모회사가 되는 회사가 완전자회사가 되는 회사의 주주에게 신주배정 또는 자기주식의 이전의 대가의 전부 또는 일부로서 금전이나 그 밖의 재산(완전모회사가 되는 회사의 모회사주식 포함)을 제공할 수 있다(제360조의3 제3항 4호). 완전자회사가 되는 회사의 주주에게 제공하는 재산이 완전모회사가 되는 회사의 모회사주식을 포함하는 경우에는 완전모회사가 되는 회사는 그 지급을 위하여 그 모회사주식을 취득할 수 있고(제360조의3 제6항), 모회사주식을 주식교환 후에도 계속 보유하는 경우 주식교환의 효력이 발생하는 날부터 6개월 이내에 그 주식을 처분하여야 한다(제360조의3 제7항).

4. 무 효

(1) 절 차

① **소제기권자**: 주식교환의 무효의 소제기권자는 각 회사의 주주·이사·감사·감사위원회의 위원 또는 청산인에 한한다.

② **소제기기간**: 주식교환의 날부터 6월 내에 소만으로 주식교환의 무효를 주장할 수 있다(제360조의14 제1항).

③ **관할법원:** 주식교환 무효의 소는 완전모회사가 되는 회사의 본점소재지의 지방법원의 관할에 전속한다(제360조의14 제2항).

④ **기타 규정의 준용:** 소제기공고, 소의 병합심리, 법원의 자유재량권에 관해서는 상법 제187조 내지 제189조, 제소주주의 담보제공의무에 관해서는 상법 제377조가 준용된다(제360조의14 제4항).

(2) 효 과

① **판결의 불소급효:** 주식교환 무효의 판결은 장래에 대하여 그 효력이 발생한다(제360조의14 제4항, 제431조).

② **주식의 이전:** 주식교환을 무효로 하는 판결이 확정된 때에는 완전모회사가 된 회사는 주식교환을 위하여 발행할 신주 또는 자기주식을 이전받은 주주에 대하여 그가 소유하였던 완전자회사가 된 회사의 주식을 이전하여야 한다(제360조의14 제3항).

③ **기타 규정의 준용:** 상법 제191조, 상법 제192조, 상법 제339조, 상법 제340조 제3항은 주식교환무효의 소에 준용한다(제360조의14 제4항).

Ⅱ. 주식의 포괄적 이전

1. 의 의

甲회사(완전자회사가 되는 회사)의 주주가 소유하는 甲회사의 주식은 주식이전에 의하여 설립하는 乙회사(완전모회사)가 되는 회사에 이전하고, 甲회사의 주주는 乙회사가 주식이전을 위하여 발행하는 주식의 배정을 받음으로서 乙회사의 주주가 되는 것을 말한다(제360조의15).

2. 절 차

① **주식이전계획서의 승인:** 주식이전을 하고자 하는 회사는 일정사항(제360조의16 제1항)을 기재한 주식이전계획서를 작성하여 주주총회 특별결의로 승인을 얻어야 한다(제360조의16 제1항·제2항). 주주총회 결의로 특정 종류의 주주에게 손해가 발생할 염려가 있는 때에는 종류주주총회를 거쳐야 하며(제436조), 주식이전에 관련되는 각 회사의 주주의 부담이 가중되는 경우에는 주주

총회 특별결의와 종류주주총회결의 외에 주주 전원의 동의를 얻어야 한다(제360조의16 제4항). 주식이전 승인결의에 반대하는 주주에게는 주식매수청구권이 인정된다(제360조의22, 제360조의5).

② **서류의 공시**: 주식이전 승인을 위한 주주총회 회일의 2주 전부터 주식이전의 날 이후 6월이 경과하는 날까지 주식이전계획서, 주식배정에 관한 이유를 기재한 서면, 완전자회사의 대차대조표 및 손익계산서 등의 서류를 본점에 비치하여야 한다(제360조의17).

③ **주권의 실효절차**: 완전자회사가 되는 회사는 주식이전 결의를 할 때에는 결의를 한 뜻, 주권 제출의 뜻 등을 공고하고, 주주명부상의 주주와 질권자에게 통지하여야 한다(제360조의19).

④ **단주의 처리**: 주식이전시 발생하는 단주의 처리에는 주식교환에 관한 규정(제360조의11)이 준용된다(제360조의22).

3. 주식이전의 등기 및 효력발생시기

① **주식이전의 등기**: 완전모회사는 주식이전 후 본점소재지에서는 2주 내에, 지점소재지에서는 3주 내에 주식이전의 등기(설립등기)를 하여야 한다(제360조의20).

② **주식이전의 효력발생시기**: 주식이전의 효력은 주식이전의 등기를 함으로써 발생한다(제360조의21).

4. 효 과

① **완전모·자회사관계 성립**: 주식의 이전으로 완전모회사가 설립되고 주식의 포괄적 이전을 한 회사는 완전자회사가 되며, 완전자회사가 되는 회사의 주주는 주식이전을 위해 발행하는 주식의 배정을 받음으로써 완전모회사의 주주가 된다.

② **완전모회사의 자본금의 한도액**: 설립하는 완전모회사의 자본금은 주식이전의 날에 완전자회사가 되는 회사에 현존하는 순자산액에서 그 회사의 주주에게 제공할 금전 및 그 밖의 재산의 가액을 공제한 액을 초과하지 못한다(제360조의18).

5. 주식의 이전의 무효

(1) 절 차

① **소제기권자**: 주식이전의 무효의 소제기권자는 각 회사의 주주·이사·감사·감사위원회의 위원 또는 청산인에 한한다(제360조의23 제1항).

② **소제기기간**: 주식이전의 날로부터 6개월 내에 소만으로 주식이전의 무효를 주장할 수 있다(제360조의23 제1항).

③ **관할법원**: 주식이전무효의 소는 완전모회사가 되는 회사의 본점소재지의 지방법원의 관할에 전속한다(제360조의23 제2항).

④ **기타 규정의 준용**: 소제기의 공고, 소의 병합심리, 법원의 자유재량권에 관해서는 상법 제187조 내지 제189조가 준용되고, 제소주주의 담보제공의무에 관해서는 상법 제377조가 준용된다(제360조의23 제4항).

(2) 효 과

① **불소급효**: 주식이전을 무효로 하는 판결은 불소급의 효력이 있다(제360조의23 제4항, 제190조 단서).

② **주식의 이전**: 주식이전을 무효로 하는 판결이 확정된 때에는 완전모회사가 된 회사는 주식이전을 위하여 발행한 주식의 주주에 대하여 그가 소유하였던 완전자회사가 된 회사의 주식을 이전하여야 한다(제360조의23 제3항).

③ **기타 규정의 준용**: 상법 제191조 내지 제193조, 상법 제339조, 상법 제340조 제3항의 규정은 주식이전무효의 소에 준용한다(제360조의23 제4항).

제8관 지배주주에 의한 소수주식 전부취득

Ⅰ. 지배주주의 소주주주에 대한 주식매도청구권

1. 지배주주의 매도청구권의 의의

회사의 발행주식총수의 100분의 95 이상을 자기의 계산으로 보유하고 있는 지배주주는 회사의 경영상 목적을 달성하기 위하여 필요한 경우(다른 소수주주가 회사의 원만한 운영을 의도적으로 방해하는 경우)에는 회사의 다른 소수주주에게 그 보유하는 주식의 매도를 청구할 수 있다(제360조의24 제1항). 여기서 보유하는 주식수를 산정함에 있어서는 모회사와 자회사가 보유한 주식을 합산한다. 이 경우 회사가 아닌 주주가 발행주식총수의 100분의 50을 초과하는 주식을 가진 회사가 보유하는 주식도 그 주주가 보유하는 주식과 합산한다(제360조의24 제2항).

【판례】 대법원 2017.7.14.자 2016마230결정

자회사의 소수주주가 상법 제360조의25 제1항에 따라 모회사에게 주식매수청구를 한 경우에 모회사가 지배주주에 해당하는지 여부를 판단함에 있어, 상법 제360조의24 제1항은 회사의 발행주식총수를 기준으로 보유주식의 수의 비율을 산정하도록 규정할 뿐 발행주식총수의 범위에 제한을 두고 있지 않으므로 자회사의 자기주식은 발행주식총수에 포함되어야 한다. 또한 상법 제360조의24 제2항은 보유주식의 수를 산정할 때에는 모회사와 자회사가 보유한 주식을 합산하도록 규정할 뿐 자회사가 보유한 자기주식을 제외하도록 규정하고 있지 않으므로 자회사가 보유하고 있는 자기주식은 모회사의 보유주식에 합산되어야 한다.

2. 매도청구의 절차

(1) 주주총회의 승인

지배주주가 주식매도청구권을 행사하기 위해서는 주주총회의 승인을 얻어야 한다(제360조의24 제3항). 주주총회의 소집을 통지할 때에는 지배주주의 회사 주식의 보유현황, 매도청구의 목적, 매매가액의 산정근거와 적정성에 관한 공인된 감정인의 평가 및 매매가액의 지급보증 등에 관한 사항을 기재하여야 한다(제360조의24 제4항).

(2) 지배주주의 매도청구내용 설명

지배주주는 매도청구권을 행사하기 위한 주주총회에서 소집통지에 기재한 사항들을 설명하여야 한다(제360조의24 제4항).

(3) 주주와 질권자에 대한 통지 및 공고

지배주주는 매도청구의 날 1개월 전까지 소수주주는 매매가액의 수령과 동시에 주권을 지배주주에게 교부하여야 한다는 뜻, 교부하지 않을 경우 매매가액을 수령하거나 지배주주가 매도가액을 공탁한 날에 주권은 무효가 된다는 뜻을 공고하여야 하고, 주주명부에 적힌 주주와 질권자에게 따로 그 통지를 하여야 한다(제360조의24 제5항).

(4) 소수주주의 주식매도

지배주주의 매도청구를 받은 소수주주는 매도청구를 받은 날로부터 2개월 내에 지배주주에게 그 주식을 매도하여야 한다(제360조의24 제5항).

3. 매도가액의 결정

지배주주의 매도청구가 있는 경우 그 매매가액은 매도청구를 받은 소수주주와 매도를 청구한 지배주주의 협의로 결정한다(제360조의24 제7항). 그러나 매도청구를 받은 날로부터 30일 내에 매도가격에 대한 협의가 이루어지지 아니한 경우에는 매도청구를 받은 소수주주 또는 매도청구를 한 지배주주는 법원에 매도가액의 결정을 청구할 수 있고(제360조의24 제8항), 법원은 회사의 제반 사정을 참작하여 공정한 가액으로 매도가액을 산정하여야 한다(제360조의24 제9항).

Ⅱ. 소수주주의 지배주주에 대한 주식매수청구권

1. 소수주주의 매수청구권의 의의

회사의 발행주식총수의 100분의 95 이상을 자기의 계산으로 보유하는 지배주주가 있는 회사의 소수주주는 언제든지 지배주주에게 그 보유주식의 매수를 청구할 수 있고(제360조의25 제1항), 이 경우 매수청구를 받은 지배주주는 매수를 청구한 날을 기준으로 2개월 내에 매수를 청구한 주주로부터 그 주식을 매수하여야 한다(제360조의25 제2항).

【판례】 대법원 2020.6.11.선고 2018다224699판결

상법 제360조의24 제1항은 회사의 발행주식총수의 100분의 95 이상을 자기의 계산으로 보유하고 있는 주주(이하 '지배주주'라고 한다)는 회사의 경영상 목적을 달성하기 위하여 필요한 경우에는 회사의 다른 주주(이하 '소수주주'라고 한다)에게 그 보유하는 주식의 매도를 청구할 수 있다고 규정하고 있다. 이는 95% 이상의 주식을 보유한 지배주주가 소수주주에게 공정한 가격을 지급한다면, 일정한 요건하에 발행주식 전부를 지배주주 1인의 소유로 할 수 있도록 함으로써 회사 경영의 효율성을 향상시키고자 한 제도이다. 이러한 입법 의도와 목적 등에 비추어 보면, 지배주주가 본 조항에 따라 매도청구권을 행사할 때에는 반드시 소수주주가 보유하고 있는 주식 전부에 대하여 권리를 행사하여야 한다.

2. 매수청구의 절차 및 매매가액의 결정

소수주주가 매수청구를 하는 경우에 대해서는 특별한 절차의 규정이 없으므로, 소수주주의 매수청구의 의사표시만 있으면 된다.

지배주주에 대하여 매수를 청구한 경우, 그 매매가액은 매수를 청구한 주주와 매수청구를 받은 지배주주 간의 협의로 이를 결정한다(제360조의25 제3항). 그러나 지배주주가 매수청구를 받은 날부터 30일 내에 매매가액에 대한 협의가 이루어지지 아니한 경우에는 매수청구를 받은 지배주주 또는 매수청구를 한 소수주주는 법원에 대하여 매매가액의 결정을 청구할 수 있다(제360조의25 제4항). 이때 법원은 회사의 재산상태와 그 밖의 사정을 고려하여 공정한 가액으로 매매가액을 산정하여야 한다(제360조의25 제5항).

Ⅲ. 지배주주의 주식취득과 주식의 이전

소수주주에 대한 지배주주의 주식매도청구나 지배주주에 대한 소수주주의 주식매수청구에 의하여 주식을 취득한 지배주주가 매매가액을 소수주주에게 지급한 때 주식의 이전이 이루어진 것으로 본다(제360조의26 제1항). 매매가액을 지급할 소수주주를 알 수 없거나 소수주주가 수령을 거부할 경우에는 지배주주는 그 가액을 공탁할 수 있다. 이 경우 주식은 공탁한 날에 지배주주에게 이전된 것으로 본다(제360조의26 제2항).

【판례】 대법원 2020.6.11.선고 2018다224699판결

상법 제360조의26 제1항은 상법 제360조의24에 따라 주식을 취득하는 지배주주는 매매가액을 소수주주에게 지급한 때에 주식이 이전된 것으로 본다고 규정하고, 같은 조 제2항은 제1항의 매매가액을 지급할 소수주주를 알 수 없거나 소수주주가 수령을 거부할 경우에는 지배주주는 그 가액을 공탁할 수 있다고 규정하고 있다. 이때의 '매매가액'은 지배주주가 일방적으로 산정하여 제시한 가액이 아니라 소수주주와 협의로 결정된 금액 또는 법원이 상법 제360조의24 제9항에 따라 산정한 공정한 가액으로 보아야 한다. 이유는 다음과 같다.

① 지배주주의 일방적인 매도청구권 행사로 소수주주가 그 의사에 반하여 회사로부터 축출될 수 있기 때문에, 공정한 가격을 지급함으로써 소수주주를 보호할 필요성이 인정된다. 상법에서 '지배주주의 매도청구권이 주주총회에서 승인된 때' 또는 '소수주주가 매도청구권의 통지를 수령한 때'가 아니라 '지배주주가 매매가액을 지급한 때'에 비로소 주식이 이전된다고 규정하고, 또 지배주주의 매도청구권에 대응하는 권리로 상법 제360조의25에서 소수주

주에게도 매수청구권을 부여한 점에 비추어 보더라도 그러하다.
② 상법 제360조의26은 상법 제360조의24에 따라 지배주주가 매도청구권을 행사한 경우뿐 아니라 상법 제360조의25에 따라 지배주주가 있는 회사의 소수주주가 지배주주를 상대로 매수청구권을 행사한 경우에도 동일하게 적용된다. 그런데 후자의 경우, 지배주주가 일방적으로 산정하여 제시하는 매매가액이라는 개념은 상정하기 어렵다.

제4절 주식회사의 기관

제1관 기관의 구조

Ⅰ. 기관의 구성

1. 기관의 의의

회사의 의사를 결정하고 행위를 실천하는 회사조직상의 지위를 기관이라 한다. 주식회사는 회사의 대내적 의사를 결정하는 의사결정기관으로서 주주총회와 이사회, 대표기관이며 업무집행기관으로서 대표이사나 대표집행임원, 감독기관으로서 감사 등의 필요적 기관으로 분화되고, 임시기관으로서 검사인을 선임할 수 있다.

2. 기관의 분화와 기능

(1) 주주총회

주주총회는 주주들로 구성되며 이사·감사의 선임, 정관변경 등 법정 주요사항에 관하여 최고의 의사결정을 하는 기관이다(제361조).

(2) 이사·이사회·대표이사·집행임원

주주총회에서 선임되는 이사들로 구성된 이사회는 회사의 업무집행에 관한 의사결정권을 갖는다(제393조 제1항). 이러한 이사회의 결정사항을 집행하는 기관이 대표이사이다. 즉, 대표이사는 대외적으로 회사를 대표하여 조직법적 및 거래법적 법률관계를 형성한다. 이사회는 업무집행의 결정을 하는 권한이 있으므로, 대표이사의 집행행위를 감독한다(제393조 제2항). 회사의 업무집행이나 의사결정, 회사대표권을 갖는 집행임원을 선임할 수 있고(제408조의2), 집행임원을 두는 경우에는 대표이사를 선임할 수 없다.

(3) 감사·감사위원회·검사인·외부감사인

감사 및 감사위원회는 이사회 및 대표이사의 업무집행을 감사하는 기관이다. 감사는 주주총회가 선임하는 기관이며, 감사위원회는 이사회 내부에 두어 이사들로 구성되는 회의체이다. 따라서 감사는 독립된 감독기관이지만, 감사위원회는 이사회의 감독하에 기능하는 기관이다. 검사인은 회사설립시 현물출자 등 변태설립사항의 검사나 회사의 재산 및 영업상태 조사 등의 경우에 필요에 따라 선임되는 임시감독기관이다. 그리고 외부감사인은 자산총액 100억원 이상인 회사의 회계감사를 위해 선임되는 임시감독기관이다.

Ⅱ. 소유와 경영의 분리

주식회사는 주주들이 유한책임을 지므로 회사에 현존하는 재산만이 회사채권자에 대한 담보가 될 뿐이다. 따라서 회사채권자를 보호하기 위해 회사재산을 건전하게 유지하도록 하기 위해 회사경영의 객관성을 유지하고 재산을 독립적으로 관리할 수 있도록 소유와 경영이 분리되어 있다. 또한 소유와 경영을 분리하여 전문경영인에게 경영을 위임함으로써 경영의 효율을 기할 수 있다.

제2관 주주총회

Ⅰ. 의 의

주주총회란 회사의 기본조직과 경영에 관한 중요사항에 관하여 주주들이 의사를 표시함으로써 회사의 의사를 결정하는 필요기관이며, 법률과 정관에 정하여진 사항에 대해 결의할 수 있는 최고의사결정기관이다.

Ⅱ. 주주총회의 권한

1. 의 의

상법이 규정하고 있는 주주총회의 권한은 그 중요도에 따라 특별결의사항·보통결의사항·특수결의사항으로 나누어지며, 정관에 정함에 따라 주주총회의 권한은 추가된다. 그리고 법령이나 정관에 의해 주주총회의 권한으로 되어 있는 것은 반드시 주주총회에서 결의하여야 하며 다른 기관이나 개인에게 위임할 수 없다.

2. 법령에 의해 주어진 권한

(1) 특별결의사항과 요건

① **특별결의 사항**: 정관의 변경, 영업의 전부 또는 중요한 일부의 양도, 영업 전부의 임대 또는 경영위임, 회사의 영업에 중대한 영향을 미치는 다른 회사 영업 전부 또는 일부 양수, 주식의 포괄적 이전과 교환, 손익공동계약 등의 체결 및 변경 또는 해약, 다른 회사의 영업 전부의 양수, 이사 또는 감사의 해임, 자본금 감소, 사후설립, 임의해산, 회사의 계속, 주식의 분할, 주식의 할인발행, 주주 이외의 자에 대한 전환사채 및 신주인수권부사채의 발행, 신설합병의 경우 설립위원의 선임, 합병계약서의 승인, 분할계획서 및 분할합병계약서의 승인, 휴면회사의 계속, 주식매수선택권의 부여 등이 있다.

보충

[간이영업양도 등] 영업의 전부 또는 중요한 일부의 양도, 영업 전부의 임대 또는 경영위임, 회사의 영업에 중대한 영향을 미치는 다른 회사의 영업 전부 또는 일부 양수의 경우 해당 행위를 하는 회사의 총주주의 동의가 있거나 그 회사의 발행주식총수의 100분의 90 이상을 해당 행위의 상대방이 소유하고 있는 경우에는 그 회사의 주주총회의 승인은 이를 이사회의 승인으로 갈음할 수 있다(제374조의3 제1항).

② **특별결의 요건**: 특별결의는 출석한 주주의 의결권의 3분의 2 이상의 수와 발행주식총수의 3분의 1 이상의 수로 한다(제434조). 주주총회의 특별결의 요건은 정관규정으로도 완화할 수 없으나 가중은 가능하다.

(2) 보통결의 사항과 요건

① **보통결의 사항**: 자기주식취득, 지배주주에 의한 소수주식 전부취득, 이사·감사의 선임, 청산인의 선임·해임, 이사·감사·청산인의 보수결정, 재무제표의 승인, 이익배당, 주식배당, 배당금지급시기의 특정, 총회의 연기 또는 속행의 결정, 결손보전을 위한 자본금 감소, 법정준비금의 감소, 청산인의 청산종료의 승인, 외부감사인의 선임 등이 있다.

② **보통결의 요건**: 보통결의는 상법 또는 정관에 다른 정함이 없는 한 출석한 주주의 의결권의 과반수와 발행주식총수의 4분의 1 이상의 수로써 한다(제368조).

【판례】 대법원 2017.1.12.선고 2016다217741판결

상법 제368조 제1항은 주주총회의 보통결의요건에 관하여 "총회의 결의는 이 법 또는 정관에 다른 정함이 있는 경우를 제외하고는 출석한 주주의 의결권의 과반수와 발행주식총수의 4분의 1 이상의 수로써 하여야 한다"라고 규정하여 주주총회의 성립에 관한 의사정족수를 따로 정하고 있지는 않지만, 보통결의요건을 정관에서 달리 정할 수 있음을 허용하고 있으므로, 정관에 의하여 의사정족수를 규정하는 것은 가능하다.

(3) 특수결의 사항과 요건

총주주의 동의가 필요한 결의사항으로 이사·감사·발기인의 회사에 대한 손해배상책임면제, 주식회사의 유한책임회사나 유한회사로의 조직변경 등이 있다.

3. 정관에 의한 권한

정관의 규정에 의하여 주주총회의 권한을 추가할 수 있다. 이러한 결의사항에 대한 결의요건에 대해 정관에 아무런 정함이 없는 때에는 보통결의에 의한다.

Ⅲ. 주주총회의 소집

1. 소집결정

(1) 이사회의 결의

주주총회의 소집은 상법에 다른 규정이 있는 경우를 제외하고는 이사회 또는 청산인회가 이를 결정한다(제362조, 제542조 제2항). 이사회는 주주총회의 일시·장소·의안 등을 정하며, 그 소집결정의 집행은 업무집행권을 가진 대표이사가 한다. 그러나 자본금 10억원 미만의 회사로서 이사가 1명 또는 2명인 경우에는 대표이사를 정한 때에는 대표이사, 대표이사를 정하지 아니한 때에는 이사가 주주총회의 소집을 결정하여 집행한다(제383조 제6항). 이사회의 소집결정 없이 대표이사에 의해 소집된 주주총회의 결의는 취소의 사유가 되며, 이사회의 소집결정 없이 대표권이 없는 이사나 감사에 의하여 소집된 주주총회 결의는 부존재의 사유가 된다(판례).

(2) 소수주주에 의한 소집

발행주식총수의 100분의 3 이상을 가진 주주는 회의의 목적사항과 소집의 이유를 기재한 서면 또는 전자문서를 이사회에 제출하여 임시주주총회의 소집을 청구할 수 있다(제366조 제1항). 여기서 발행주식총수에는 자기주식과 의결권 없는 주식은 포함되지 않는다. 소수주주의 청구가 있을 때에는 이사회는 지체없이 주주총회소집의 절차를 밟아야 한다(제366조 제2항). 소수주주의 청구가 있음에도 불구하고 소집절차를 밟지 않을 때에는 소집을 청구한 주주는 법원의 허가를 얻어 직접 총회를 소집할 수 있다. 이 경우 주주총회의 의장은 법원이 이해관계인의 청구나 직권으로 선임할 수 있다(제366조 제2항). 소수주주의 청구에 의하여 총회가 소집된 경우 총회는 회사의 업무와 재산상태를 검사하기 위하여 검사인을 선임할 수 있다(제366조 제3항).

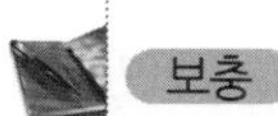

보충

상장회사의 경우에는 6월 전부터 보유하고 있는 발행주식총수의 1,000분의 15 이상의 주식을 가진 주주에게 주주총회 소집청구권이 인정된다(제542조의6 제1항).

(3) 감사 또는 감사위원회에 의한 소집

감사 또는 감사위원회는 회의의 목적사항과 소집의 이유를 기재한 서면을 이사회에 제출하여 주주총회의 소집을 청구할 수 있고, 이사회가 소집을 게을리하는 때에는 법원의 허가를 얻어 직접 주주총회를 소집할 수 있다(제412조의3).

(4) 법원의 명령에 의한 소집

발행주식총수의 100분의 3 이상을 가진 주주는 회사의 업무집행에 관하여 부정행위 또는 법령이나 정관에 위반한 중대한 사실을 의심할 사유가 있음을 이유로 회사의 업무와 재산상태를 조사하게 하기 위하여 법원에 검사인의 선임을 청구할 수 있고(제467조 제1항), 이 검사인의 조사·보고에 의해 필요하다고 인정될 때에는 법원은 주주총회의 소집을 명할 수 있다(제467조 제3항). 이 때에는 대표이사가 바로 소집하여야 한다. 대표이사가 법원의 명령에 의한 주주총회 소집을 하지 아니하는 때에는 과태료의 제재를 받는다(제635조 제1항 20호).

2. 주주총회의 시기

주주총회는 정기주주총회와 임시주주총회로 나누어진다. 정기주주총회는 매 결산기에 1회에 일정한 시기에 소집하여야 하고, 결산기가 1년을 넘더라도 매년 1회는 반드시 소집하여야 한다(제365조 제1항·2항). 정기주주총회는 소집시기를 정관에 규정하지만, 규정이 없는 때에는 매 결산기 후 3월 내에 소집되어야 한다(제354조 제2항·3항 참조). 임시주주총회는 필요에 따라 수시로 소집할 수 있다(제365조 제3항).

3. 소집의 통지

(1) 통지의 기간 및 방법

주주총회를 소집하기 위해서는 주주에게는 개별적으로 서면으로 통지를 발송하거나 각 주주의 동의를 받아 전자문서에 의해 총회일의 2주 전에 통지를 발송하여야 한다(제363조 제1항). 이 기간은 정관의 규정으로 늘릴 수는 있으나 줄일 수는 없다. 주주총회 소집 통지의 불도달로 인한 불이익은 주주의 부담으로 하지만, 통지 자체 및 기간준수 여부에 관한 입증책임은 회사가 부담한다. 그리고 주주총회 회일·총회장소·회의의 목적사항을 통지하여야 한다(제363조 제2항). 정관변경, 자본금 감소, 회사의 합병, 회사의 분할, 제3자에 대한 전환사채나 신주인수권부사채의 발행 등의 경우에는 소집통지에 의안의 요령도 기재하여야 한다.

보충

1. 상장회사가 주주총회 소집을 하는 경우: 발행주식총수의 100분의 1 이하의 주식을 소유하는 주주에게는 정관에 정하는 바에 따라 주주총회일의 2주 전에 주주총회를 소집한다는 뜻과 회의의 목적사항을 둘 이상의 일간신문에 2회 이상 공고하거나 대통령령으로 정하는 바에 따라 전자적 방법으로 공고함으로써 소집통지에 갈음할 수 있다(제542조의4 제1항).2. 소규모회사가 주주총회 소집을 하는 경우: 자본금총액이 10억원 미만인 회사가 주주총회를 소집하는 경우에는 주주총회일의 10일 전에 각 주주에게 서면으로 통지를 발송하거나 각

주주의 동의를 받아 전자문서로 통지를 발송할 수 있다(제363조 제3항). 그리고 주주 전원의 동의가 있을 경우에는 소집절차 없이 주주총회를 개최할 수 있고, 서면에 의한 결의로써 주주총회의 결의를 갈음할 수 있다. 결의의 목적사항에 대하여 주주 전원이 서면으로 동의를 한 때에는 서면에 의한 결의가 있는 것으로 본다(제363조 제4항). 이러한 소규모 회사의 서면에 의한 결의는 주주총회의 결의와 같은 효력이 있고(제363조 제5항), 주주총회에 관한 규정을 준용한다(제363조 제6항).

(2) 소집통지의 해태

회사가 총회소집의 통지를 게을리하거나 부적법하게 한 때에는 소집절차가 법령 또는 정관에 위반한 것이 되어 결의취소의 사유가 된다(제376조 제1항). 소집통지를 일부주주에게 하지 아니한 경우에는 결의취소의 사유가 되고, 일부주주에게만 한 경우에는 결의부존재의 사유가 된다(판례). 그리고 이사 또는 청산인은 과태료의 처분을 받는다(제635조 제1항 2호).

(3) 소집통지의 생략

① 회사는 의결권 없는 주주에 대해서는 통지를 할 필요가 없다. 다만 반대주주의 주식매수청구권이 인정되는 사항이 포함된 경우에는 통지를 하여야 한다(제363조 제7항).

② 회사가 주주에게 주주총회의 소집을 통지하는 경우 주주명부에 기재된 주소 혹은 주주가 회사에 통지한 주소에 3년간 도달하지 아니한 때에는 회사는 당해 주주에게 총회소집의 통지를 하지 않아도 된다(제363조 제1항 단서).

③ 1인회사의 주주가 출석한 경우나 회사의 모든 주주가 총회를 개최할 것을 동의하여 출석한 전원출석총회의 경우에는 소집통지를 하지 않은 때에도 총회는 유효하게 성립한다는 것이 통설·판례의 입장이다. 전원출석총회는 주주의 대리인이 출석한 경우도 포함된다(판례).

4. 소집지·소집장소

주주총회는 정관에 다른 정함이 없는 한 본점소재지 또는 이에 인접한 지에서 소집하여야 한다(제364조). 본점소재지란 최소행정구역단위(시·군·구)를 말하고, 인접지란 본점소재지와 인접하고 있는 최소행정구역단위를 말한다. 소집장소는 소집지 내에 있는 총회소집장소로서 회사의 본점의 소집장소를 말한다. 따라서 총회소집을 소집지를 벗어난 장소에서 한다면 결의취소의 사유가 된다. 소집통지에 소집 장소의 기재가 없으면 본점이 소집장소가 된다.

5. 주주제안권

(1) 상법의 규정

의결권 없는 주식을 제외한 발행주식총수의 100분의 3 이상에 해당하는 주식을 가진 주주는 이사에 대하여 일정한 사항을 주주총회의 목적사항으로 할 것을 제안할 수 있다(제363조의2 제1항). 주주제안권은 공익권에 해당한다.

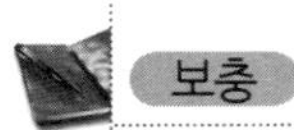

보충

상장회사는 6개월 전부터 계속하여 발행주식총수의 1,000분의 10(자본금 1천억원 이상인 회사 : 1,000분의 5) 이상에 해당하는 주식을 보유한 주주가 주주제안권을 행사할 수 있다.

(2) 제안내용

주주제안권은 이미 소집이 결정된 주주총회의 안건에 관하여 행사하므로 이사회에서 정한 회의의 목적사항에 안건을 추가할 것을 요구하는 것으로, 의제제안권과 의안제안권이 있다.

(3) 제안권행사의 절차

소수주주는 총회일의 6주 전까지 이사에게 서면 또는 전자문서로 제안내용을 제출하여야 하며(제363조의2 제1항), 소수주주는 의안제안을 하는 경우에는 회의의 목적으로 할 사항에 추가하여 당해 주주가 제출하는 의안의 요령을 소집통지에 기재할 것을 청구할 수 있다(제363조의2 제2항). 이사는 주주제안이 있는 경우 이를 이사회에 보고하고, 이사회는 제안내용이 법령·정관에 위반되지 않고, 대통령령으로 정하는 일정한 경우(예 주주 개인의 고충에 관한 제안, 발행주식총수의 100분의 10 미만의 찬성으로 부결된 사항을 3년 내에 다시 제안하는 경우, 소수주주권에 해당하는 사항의 제안, 회사가 실현할 수 없는 사항 또는 제안이유가 명백히 거짓이거나 특정인의 명예를 훼손하는 사항, 상장회사의 임기 중에 있는 임원의 해임에 관한 사항)를 제외하고는 주주총회의 목적사항으로 상정하여야 하며, 제안한 자의 요청이 있을 경우에는 주주총회에서 당해 의안을 설명할 수 있는 기회를 주어야 한다(제363조의2 제3항).

(4) 주주제안을 무시한 결의의 효력

회사가 주주의 의안제안을 무시한 경우, 제안된 의안과 대응하는 결의가 이루어진 경우에는 그 결의는 결의방법에 하자가 있는 것으로 보아 결의취소의 사유가 된다.

6. 총회의 연기와 속행

주주총회에서는 회의의 속행 또는 연기를 결의할 수 있고(제372조 제1항), 특별한 통지의 절차를 요하지 않는다(제372조 제2항). 그러나 속행 또는 연기의 기일과 장소의 정함이 없는 경우가 있던 때에는 그 후에 기일과 장소의 통지를 하여야 한다.

Ⅳ. 주주의 의결권

1. 의결권의 의의·성질

의결권이란 주주가 주주총회에 출석하여 의사표시를 통하여 주주 공동의 의사결정의 표결에 참가할 수 있는 권리를 말한다. 그러므로 의결권은 주주의 가장 중요한 공익권이며, 고유권의 일종으로서 법률에 의하지 아니하고는 이를 박탈하거나 제한할 수 없다. 그리고 주주도 주식과 분리하여 이를 포기하지 못하며, 주식과 분리하여 양도하는 것이 불가능하다.

2. 의결권의 수

주주의 의결권은 주주평등의 원칙에 따라 1주마다 1개만이 주어진다(제369조 제1항). 이러한 1주1의결권의 원칙은 강행법규이므로 법이 특별히 인정하는 예외의 경우를 제외하고는 정관 또는 주주총회의 결의로도 이에 반하는 규정을 두지 못한다. 즉, 법에 의하여 의결권행사가 제한될 수 있다. 주주총회의 결의시 정족수 및 의결권수의 계산에 있어서 의결권 없는 주식이나 자기주식은 회사의 발행주식총수에 산입하지 않고(제371조 제1항), 감사 선임이나 자산 2조원 이상의 상장회사의 감사위원회위원의 선·해임시 의결권이 제한되는 주식은 주주총회 출석주주의 의결권수에 산입하지 아니한다(제371조 제2항).

3. 의결권의 제한

(1) 의결권 없는 주식

의결권 배제 또는 제한 종류주식은 주주총회에서 의결권을 행사할 수 없고, 의결권 없는 주식의 수는 발행주식수에 산입하지 않는다(제371조 제1항).

(2) 자기주식 및 자회사가 취득한 모회사주식

회사가 가진 자기주식은 의결권이 없다(제369조 제2항). 그리고 자회사가 예외적으로 취득한 모회사주식도 의결권이 없다.

(3) 상호보유주식

어떤 회사가 다른 회사의 발행주식총수 중 100분의 10을 초과하여 보유하는 경우, 다른 회사가 가진 어떤 회사의 주식은 의결권이 없다(제369조 제3항). 쌍방이 서로 100분의 10을 초과하여 보유한다면 양쪽이 다 의결권을 행사할 수 없다.

(4) 특별이해관계인의 소유주식

주주총회의 결의에 관하여 특별한 이해관계가 있는 자는 의결권을 행사하지 못한다(제368조 제3항). 특별이해관계에 있는 자의 의결권의 수는 총회결의에 있어서 발행주식총수에는 산입되나 출석한 주주의 의결권에는 산입되지 않는다(제371조 제2항). 특별한 이해관계 있는 자가 의결권을 행사한 때에는 결의취소의 사유가 된다(제376조 제1항). 특별이해관계 있는 자가 특별한 이해관계 없는 대리인을 통하여 의결권을 행사할 경우에도 주주의 이해관계가 대리의사에 화체된다고 보아 상법 제368조 제3항이 적용된다.

특별이해관계인의 범위

특별이해관계는 특정한 주주가 주주로서의 지위와 관계없이 개인적으로 이해관계를 갖는 것을 의미하며(통설), 이러한 의미에서 특별이해관계가 있다고 볼 수 있는 주주는 발기인·이사·감사의 책임을 면제하는 결의를 할 때의 발기인·이사·감사인 주주, 영업양도의 결의시 양수인인 주주, 임원의 보수를 결정할 때의 임원인 주주 등을 들 수 있다.

그러나 주주인 지위에서 회사지배와 관련되는 결의(예 이사·감사의 선·해임, 재무제표의 승인)나 회사의 합병 결의 등에서 당사자이며 주주인 이사·감사는 특별이해관계인이라 할 수 없다.

(5) 감사선임시의 제한

감사를 선임하는 결의에서는 의결권 없는 주식을 제외한 발행주식총수의 100분의 3을 초과하는 수의 주식을 가진 주주는 그 초과하는 수의 주식을 가지고 의결권을 행사하지 못하며, 출석한 주주의 의결권 수에 산입하지 아니한다(제409조 제2항, 제371조 제2항). 이 제한비율에 있어서 정관으로 법정비율보다 낮은 비율을 정하는 것은 허용되지만(제409조 제2항), 높은 비율로 정하는 것은 허용되지 않는다.

(6) 주주명부폐쇄기간 내 전환된 주식 등

주주명부의 폐쇄기간 중에 전환된 주식의 주주는 그 기간 중의 총회의 결의에 관하여는 의결권을 행사하지 못한다(제350조 제2항). 주주명부의 폐쇄기간 중의 전환사채의 전환권행사나 신주인수권부사채의 신주인수권행사 또는 주식매수선택권의 행사의 경우에도 같다.

(7) 의결권행사정지 가처분이 있는 경우

주식의 효력에 관하여 다툼이 있는 경우에 의결권행사정지의 가처분이 있는 때에는 의결권의 행사가 제한된다. 가처분결정에 의하여 의결권행사가 제한된 주식은 발행주식총수에는 산입하여야 한다(판례).

(8) 상장회사의 특례규정에 의한 제한

① 상장회사가 정관으로 집중투표를 배제하거나 그 배제된 정관을 변경하려는 경우에는 의결권 없는 주식을 제외한 발행주식총수의 100분의 3을 초과하는 수의 주식을 가진 주주는 그 초과하는 주식에 관하여 의결권을 행사하지 못한다. 다만, 정관으로 이보다 낮은 주식보유비율을 정할 수 있다(제542조의7 제3항).

② 자산 2조원 이상의 상장회사가 주주총회에서 감사위원회 위원을 선임 또는 해임하거나, 상장회사가 감사를 선임 또는 해임하는 때에는 상장회사의 의결권 없는 주식을 제외한 발행주식총수의 100분의 3(정관에서 더 낮은 주식보유비율을 정할 수 있으며, 정관에서 더 낮은 주식보유비율을 정한 경우에는 그 비율로 한다)을 초과하는 수의 주식을 가진 주주(최대주주인 경우에는 사외이사가 아닌 감사위원회 위원을 선임 또는 해임할 때 또는 감사를 선임 또는 해임할 때에 그의 특수관계인, 그 밖에 대통령령으로 정하는 자가 소유하는 주식을 합산한다)는 그 초과하는 주식에 관하여 의결권을 행사하지 못한다(제542조의12 제4항·제7항).

4. 의결권의 행사

(1) 주주의 의결권행사

주주는 자기의 의사에 의하여 자유로이 의결권을 행사할 수 있다. 기명주식의 소유자인 주주는 총회 당시에 주주명부상의 주주임이 확인되면 주권을 제시할 필요 없이 의결권을 행사할 수 있다. 따라서 주식의 양수인이라도 주주명부의 명의개서를 하지 않으면 의결권을 행사할 수 없다(판례).

【판례】 대법원 2002.12.24.선고 2000다69927판결

기명주식이 양도된 후 주식회사의 주주명부상 양수인 명의로 명의개서가 이미 이루어졌다면 그 후 그 주식양도약정이 해제되거나 취소되었다 하더라도 주주명부상의 주주명의를 원래의 양도인 명의로 복구하지 않는 한 양도인은 주식회사에 대한 관계에 있어서는 주주총회에서 의결권을 행사하기 위하여 주주로서 대항할 수 없다.

(2) 의결권 대리행사

① 주주는 의결권을 대리인으로 하여금 행사하게 할 수 있다(제368조 제2항). 이는 주주권행사의 편의를 보장해 주는 동시에 주식이 널리 분산된 회사에서 의결정족수의 확보를 용이하게 해 주는 의미도 있다. 그러므로 정관으로도 의결권의 대리행사를 금지할 수 없다. 다만, 의결권 대리행사로 말미암아 주주총회의 개최가 부당하게 저해되거나 또는 회사의 이익을 부당하게 침해될 염려가 있는 등의 특별한 사정이 있는 경우에는 회사는 대리행사를 거절할 수 있다(판례).

② 대리인의 자격에 대해서는 특별한 제한을 받지 않고, 무능력자나 법인도 대리인이 될 수 있다. 다만, 주주의 대리인의 자격을 제한할 만한 합리적인 이유가 있는 경우 정관으로 대리인의 자격을 주주로 제한하는 것이 가능하다(판례).

③ 의결권을 대리행사하고자 하는 대리인은 대리권을 증명하는 서면을 총회에 제출하여야 한다(제368조 제3항 후단). 대리권을 증명하는 서면(위임장)은 원본이어야 한다(판례).

④ 의결권의 대리행사의 경우 대리권은 포괄적으로 위임할 수 있다(판례). 이 경우 한 번의 포괄적 위임으로 1회의 주주총회의 의결권의 포괄적 대리만 인정된다는 견해도 있으나, 한 번의 포괄적 위임으로 수회의 총회의 의결권

의 포괄적 대리도 가능하다고 본다. 대리인이 본인의 이익에 반하는 의결권 행사를 하더라도 유효하다(판례).

⑤ 주주는 수인의 대리인을 선임하여 각자에게 일부씩 대리권을 행사시킬 수 있고, 의결권불통일행사의 요건을 갖춘 경우에는 주주 자신이 일부의 주식의 의결권을 행사하고 나머지 일부는 대리인에게 행사시킬 수도 있다.

⑥ 의결권의 대리행사를 위임받은 대리인은 본인의 반대의 의사표시가 없는 한 제3자에게 의결권행사를 재위임할 수 있다(판례).

(3) 서면에 의한 의결권행사

주주는 정관에 규정이 있는 경우에 한하여 총회에 출석하지 아니하고 서면에 의하여 의결권을 행사할 수 있다(제368조의3 제1항). 이 경우 회사는 소집통지서에 서면에 의한 의결권행사에 필요한 서면과 참고자료를 첨부하여야 한다(제368조의3 제2항). 서면에 의하여 의결권을 행사하려는 주주는 회사가 소집통지를 첨부한 서면에 필요한 사항을 기재하고 총회 회일의 전일까지 회사에 제출하여야 한다. 서면에 의한 의결권행사에 있어서도 의결권의 불통일행사가 인정된다. 서면에 의한 의결권 행사의 효력은 총회에서 표결에 의하여 결의가 성립한 때이다. 이사회의 결의에 의한 전자적 방법에 의한 의결권행사와 정관에 의한 서면에 의한 의결권행사가 모두 가능한 경우에는 둘 중 어느 하나를 선택하여야 한다.

(4) 전자적 방법에 의한 의결권행사

① 회사는 이사회의 결의로 주주가 총회에 출석하지 아니하고 전자적 방법으로 의결권을 행사할 수 있음을 정할 수 있고(제368조의4 제1항), 이 경우에는 주주총회의 소집통지에 기재하여야 한다(제368조의4 제2항).

② 회사가 이사회의 결의로 전자적 방법에 의하여 의결권행사를 할 수 있음을 정한 경우에 주주는 주주확인절차 등 대통령령으로 정하는 바에 따라 의결권을 행사하여야 한다. 이 경우 회사는 의결권행사에 필요한 양식과 참고자료를 주주에게 전자적 방법으로 제공하여야 한다(제368조의4 제3항).

③ 동일한 주식에 관하여 전자적 방법으로 의결권을 행사하거나 서면에 의하여 의결권을 행사하는 경우 전자적 방법 또는 서면 중 어느 하나의 방법을 선택하여야 한다(제368조의4 제4항).

④ 회사는 의결권행사에 관한 전자적 기록을 총회가 끝난 날부터 3개월간 본점

에 갖추어 두어 열람하게 하고 총회가 끝난 날부터 5년간 보존하여야 한다(제368조의4 제5항).

⑤ 주주 확인절차 등 전자적 방법에 의한 의결권행사의 절차와 그 밖에 필요한 사항은 대통령령으로 정한다(제368조의4 제6항).

5. 의결권의 불통일행사

(1) 의 의

주주가 2개 이상의 의결권을 가지고 있는 때에는 이를 통일하지 아니하고 행사할 수 있다(제368조의2 제1항 전단). 회사는 주주가 주식의 신탁을 인수하였거나 기타 타인을 위하여 주식을 가지고 있는 경우 외에는 의결권의 불통일행사를 거부할 수 있으므로(제368조의2 제2항), 의결권의 불통일행사는 주주가 주식의 신탁을 인수하였거나 기타 타인을 위하여 주식을 가지고 있는 경우에 한해 허용된다(제368조의2 제2항). 회사의 불통일행사의 거부는 총회일 전에 하여야 한다.

(2) 절 차

주주가 의결권을 불통일행사하기 위하여는 주주총회일의 3일 전에 회사에 대하여 서면 또는 전자문서로 그 뜻과 이유를 통지하여야 한다(제368조의2 제1항 후단). 통지는 3일 전에 회사에 도달하여야 한다. 불통일행사를 통지하더라도 통일행사하는 것은 무방하다.

【판례】 대법원 2009.4.23.선고 2005다22701판결

상법 제368조의2 제1항은 “주주가 2 이상의 의결권을 가지고 있는 때에는 이를 통일하지 아니하고 행사할 수 있다. 이 경우 회일의 3일 전에 회사에 대하여 서면(또는 전자문서)으로 그 뜻과 이유를 통지하여야 한다”고 규정하고 있는 바, 여기서 3일의 기간이라 함은 의결권의 불통일행사가 행하여지는 경우에 회사측에 그 불통일행사를 거부할 것인가를 판단할 수 있는 시간적 여유를 주고, 회사의 총회 사무운영에 지장을 주지 아니하도록 하기 위하여 부여된 기간으로서 그 불통일행사의 통지는 주주총회 회일의 3일 전에 회사에 도달할 것을 요한다. 다만, 위와 같은 3일의 기간이 부여된 취지에 비추어 보면 비록 불통일행사의 통지가 주주총회 회일의 3일 전이라는 시한보다 늦게 도착하였다고 하더라도 회사가 스스로 총회 운영에 지장이 없다고 판단하여 이를 받아들이기로 하고 이에 따라 의결권의 불통일행사가 이루어진 것이라면, 그것이 주주평등의 원칙을 위반하거나 의결권행사의 결과를 조작하기 위하여 자의적으로 이루어진 것이라는 등의 특별한 사정이 없는 한, 그와 같은 의결권의 불통일행사를 위법하다고 볼 수는 없다.

(3) 효 과

불통일행사된 의결권은 각기 전부 유효한 찬부의 표가 되어 정족수계산에 산입된다. 주주가 불통일행사의 통지를 하지 않고 의결권을 불통일행사한 경우, 회사는 불통일행사를 승인할 수 없으며 주주가 통지 없이 의결권을 불통일행사하여 이루어진 결의는 결의취소의 원인이 된다.

Ⅴ. 주주총회의 의사진행과 결의

1. 주주총회의 의사진행

(1) 의사의 방법과 공정질서

주주총회의 의사방법에 관해 명문의 규정이 없으므로, 주주총회 의사(議事)의 운영은 회의의 관행과 일반원칙에 따른다.

(2) 의 장

① **의장의 선임**: 총회에는 의사진행을 맡을 의장이 있어야 하며, 정관의 규정이 없으면 총회에서 주주들이 의장을 선출하여야 한다(제366조의2 제1항). 의장의 선임은 보통결의에 의한다. 다만, 소수주주가 법원의 허가를 얻어 주주총회를 소집한 때에는 이해관계인의 청구나 직권으로 법원이 선임할 수 있다(제366조 제2항).

② **의장의 의사정리권 및 질서유지권**: 의장은 총회의 질서를 유지하고 의사를 정리한다(제366조의2 제2항). 또한, 총회장에서 고의로 의사진행을 방해하기 위한 언동을 하거나 현저히 질서를 문란케 하는 자에 대하여 그 발언의 정지 또는 퇴장을 명할 수 있다(제366조의2 제3항).

③ **의장의 의사록 작성의무**: 의장은 주주총회의 의사에 관하여 의사록을 작성하고, 이 의사록에는 의사의 경과요령과 그 결과를 기재하고, 의장과 출석한 이사가 기명날인 또는 서명하여야 한다(제373조 제2항).

2. 주주총회의 결의

주주총회의 결의는 주주들의 표결을 통해 형성된 주주총회의 의사표시이다. 따라서 결의의 구성요소인 주주의 의결권행사와는 구별해야 한다. 총회의 결의는 주주 개개인의 의사와는 관계없이 주주 전원을 구속함은 물론 회사의 각 기관 등 관계자 전원을 법적으로 구속한다.

【판례】 대법원 2020.6.4.선고 2016다241515,241522판결

주식회사의 총주식을 한 사람이 소유하는 이른바 1인회사의 경우에는 그 주주가 유일한 주주로서 주주총회에 출석하면 전원 총회로서 성립하고 그 주주의 의사대로 결의가 될 것이 명백하다. 이러한 이유로 주주총회 소집절차에 하자가 있거나 주주총회의사록이 작성되지 않았더라도, 1인주주의 의사가 주주총회의 결의내용과 일치한다면 증거에 의하여 그러한 내용의 결의가 있었던 것으로 볼 수 있다. 그러나 이는 주주가 1인인 1인회사에 한하여 가능한 법리이다. 1인회사가 아닌 주식회사에서는 특별한 사정이 없는 한, 주주총회의 의결정족수를 충족하는 주식을 가진 주주들이 동의하거나 승인하였다는 사정만으로 주주총회에서 그러한 내용의 결의가 이루어질 것이 명백하다거나 또는 그러한 내용의 주주총회 결의가 있었던 것과 마찬가지라고 볼 수는 없다.

Ⅵ. 반대주주의 주식매수청구권

1. 의 의

반대주주의 주식매수청구권이란 주주의 이해관계에 중대한 영향을 미치는 일정한 의안이 주주총회에서 결의되었을 때, 그 결의에 반대했던 주주(의결권이 없거나 제한되는 주주 포함)가 자신의 소유주식을 회사로 하여금 매수하게 할 수 있는 권리를 말한다.

2. 매수청구의 요건

(1) 매수청구를 인정하는 결의사항

반대주주의 주식매수청구권은 영업양도 등을 위한 특별결의, 합병계약과 분할합병계약의 승인을 위한 특별결의, 주식의 포괄적 교환과 포괄적 이전을 위한 특별결의에 있어서만 인정된다. 해산 후의 영업양도에는 주식매수청구권이 인정되지 않는다.

(2) 주주의 반대

주식매수청구권은 결의에 반대한 주주에게 그 반대에도 불구하고 가결되었을 때에만 주어진다(제374조의2 제1항, 제530조). 사전에 반대의 의사를 통지한 주주가 주주총회에 출석하여 그 결의에 찬성한 때에는 주식매수청구권을 포기한 것으로 본다.

3. 주주의 반대절차

영업양도 등의 결의를 하는 경우 주주총회 소집의 통지 또는 공고에서는 주식매수청구권의 내용 및 행사방법을 명시하여야 한다(제374조 제2항). 그리고 결의에 반대하는 주주는 주주총회 전에 당해 회사에 대하여 서면으로 그 결의에 반대하는 의사를 통지하여야 한다(제374조의2 제1항). 통지는 총회일 전에 회사에 도달하여야 하며, 통지사실은 주주가 입증하여야 한다. 결의에 반대하는 의사를 통지한 주주는 반드시 주주총회에 출석하여 반대를 하여야 하는 것은 아니다.

4. 매수청구

총회 전에 반대의 통지를 한 주주는 총회의 결의 후 20일 내에 서면으로 매수청구를 하여야 한다. 매수청구주식은 소유주식의 전부든 일부든 가능하다. 주주가 매수청구권을 행사할 경우 회사는 매수청구기간이 종료하는 날부터 2월 이내에 당해 주식을 매수하여야 한다(제374조의2 제2항).

5. 매수가액의 결정

주식매수가액의 결정은 주주와 회사 간의 협의에 의함을 원칙으로 하고, 협의가 이루어지지 않을 경우에는 매수청구기간이 종료하는 날부터 30일 내에 주주 또는 회사가 법원에 대하여 매수가액의 결정을 청구할 수 있다(제374조의2 제4항). 이때 회사의 재산상태 그 밖의 사정을 참작하여 공정한 가액으로 산정하여야 한다(제374조의2 제5항).

Ⅶ. 종류주주총회

회사가 종류주식을 발행하고 있는 경우에 주주총회와는 별도로 개최되는 일정한 종류의 주식을 가진 주주들의 총회를 말한다. 종류주주총회의 결의는 출석한 주주의 의결권의 3분의 2 이상의 수와 그 종류의 발행주식의 총수의 3분의 1 이상의 수로써 하여야 한다(제435조 제2항). 종류주주총회의 소집 등에 대해서는 주주총회에 관한 규정이 준용된다(제435조 제3항). 주주총회의 결의를 위하여 종류주주총회의 결의를 필요로 하는 경우(예 종류주식이 발행된 경우, 신주인수 등의 경우 주식의 종류에 따라 특수한 정함을 하는 경우, 회사의 합병·분할 또는 분할합병, 자본금 감소, 정관변경, 주식의 포괄적 교환·이전 등)에 이 결의가 유효하게 성립하지 않으면 주주총회의 결의는 효력이 발생하지 않는다(판례).

Ⅷ. 주주총회 결의의 하자

1. 결의취소의 소

(1) 취소의 원인

결의취소의 소제기 원인은 소집절차 또는 결의방법이 법령·정관에 위반하거나 현저히 불공정한 경우, 결의내용이 정관에 위반한 경우이다.

결의취소의 소제기 원인에 대한 판례의 예

① 소집절차의 하자의 예: 이사회의 소집결의의 하자, 이사회결의 없이 대표이사가 소집한 경우, 일부주주에게 소집통지를 하지 않은 경우, 통지기간을 준수하지 않은 경우, 구두에 의한 통지, 통지사항이 미비한 경우, 소집목적 이외의 사항에 대한 결의 등

② 결의방법의 하자의 예: 주주 아닌 자의 결의참가, 의결권이 제한되는 주주의 의결권 행사, 정족수·의결권의 계산이 위법한 경우, 의장자격이 없는 자의 의사진행, 종류주주총회의 흠결 등

③ 결의방법이 현저히 불공정한 경우의 예: 부당하게 주주의 발언을 제한하거나 주주를 퇴장시키는 경우, 총회꾼을 동원하여 결의하는 경우, 결의에 반대가 예상되는 주주의 출석을 지연시키는 경우 등

④ 결의내용의 정관위반의 예: 정관이 정한 이사의 자격에 미달하는 자를 이사로 선임하는 경우, 정관이 정하는 정원을 초과하여 이사를 선임하는 경우, 정관에 정한 이사의 보수액 이상을 지급하는 결의의 경우 등

(2) 소의 성질

주주총회 결의취소의 소는 형성의 소라는데 이설(異說)이 없다.

(3) 소제기권자

① 주주총회 결의취소의 소제기권자는 주주·이사·감사에 한한다(제376조 제1항).

② 주주는 결의 당시의 주주임을 요하지 않으며 제소 당시의 주주명부상의 주주이면 되며, 이사·감사는 제소 당시의 이사·감사여야 한다. 제소권자는 소제기 후 변론종결시까지 그 자격을 유지하여야 한다(판례). 다만, 소송계속 중에 원고인 주주가 사망한 경우에는 상속인이 소송을 승계한다.

③ 이사가 그 지위에 기하여 주주총회결의 취소의 소를 제기하였다가 소송계속 중에 사망하였거나 사실심 변론종결 후에 사망하였다면 그 소송은 이사의 사망으로 중단되지 않고 그대로 종료된다(판례).

(4) 소의 제기

① **피고:** 결의취소의 소의 경우 피고는 명문의 규정은 없으나 회사이다.

② **제소기간:** 결의취소의 소는 결의가 있은 날로부터 2월 내에 제기하여야 한다(제376조 제1항).

【판례】 대법원 2010.3.11.선고 2007다51505판결

주주총회결의 취소의 소는 상법 제376조 제1항에 따라 그 결의의 날로부터 2개월 내에 제기하여야 하고, 이 기간이 지난 후에 제기된 소는 부적법하다. 그리고 주주총회에서 여러 개의 안건이 상정되어 각기 결의가 행하여진 경우 위 제소기간의 준수 여부는 각 안건에 대한 결의마다 별도로 판단되어야 한다.

③ **합병무효의 소 및 감자(減資)무효의 소와의 관계:** 회사의 합병이나 자본금 감소의 결의에 관하여 절차상의 하자가 있는 때에는 합병이나 자본금 감소의 등기 전에는 결의취소의 소를 제기할 수 있으나, 등기일 이후에는 합병무효 또는 자본금감소무효의 소에 흡수되어 별도로 제기할 수 없다.

④ **소의 관할 등의 절차:** 결의취소의 소는 본점소재지의 지방법원의 관할에 전속하고, 소가 제기된 때에는 회사는 지체없이 공고하여야 하며, 수개의 소가 제기된 때에는 법원은 이를 병합심리하여야 한다. 법원은 회사의 청구에 의하여 제소주주에게 상당한 담보를 제공할 것을 명할 수 있다(제377조 제1항 본문). 이때 회사는 제소주주가 악의임을 소명하여야 한다. 소를 제기한 주주가 이사·감사인 경우에는 담보제공명령제도가 적용되지 않는다(제377조

제1항 단서). 이사·감사의 소제기는 그들의 직무에 의하는 것이기 때문이다.

⑤ **법원의 자유재량권**: 결의취소의 소가 제기된 경우 결의의 내용 및 회사의 현황과 제반 사정을 참작하여 그 취소가 부적당한 때에는 법원은 그 청구를 기각할 수 있다(제379조).

(5) 판결의 효력

① **원고승소의 경우**: 결의취소의 효력이 당사자 이외의 제3자에 대해서도 미치는 대세적 효력과 소급효(遡及效)가 인정된다.

② **원고패소의 경우**: 원고패소의 경우에는 대세적 효력이 없으며, 원고에게 악의 또는 중대한 과실이 있는 경우에는 회사에 대하여 연대하여 손해배상책임을 진다.

2. 결의무효·부존재의 소

(1) 무효·부존재의 원인

주주총회 결의의 내용이 법령에 위반하는 경우 무효가 되며, 주주총회 소집절차나 결의방법에 총회결의가 존재한다고 볼 수 없을 정도의 중대한 하자가 있는 경우에는 결의부존재의 사유가 된다(제380조).

결의무효·부존재의 소제기 원인에 대한 판례의 사례

① 무효의 원인: 유한책임의 원칙에 위반한 결의, 회사채권자의 이익에 반하는 결의, 주주평등의 원칙에 위반한 결의, 결의 내용이 선량한 풍속 기타 사회질서에 위반하는 경우 등

② 부존재의 원인: 이사회결의 없이 소집권한이 없는 이사 또는 감사에 의한 총회의 소집, 총회의 산회선언 후 일부 주주들이 별도의 장소에서 한 결의의 경우, 전혀 소집절차를 거치지 않은 경우, 대부분 주주 아닌 자들로 이루어져 결의한 경우, 대부분의 주주에게 소집통지를 하지 않은 경우 등

(2) 소의 성질

주주총회 결의 무효 또는 부존재의 소의 성질에 대해서는 형성소송설과 확인소송설(다수설·판례)로 나누어지고 있다. 확인의 소라고 본다면 주주총회 결의 무효

또는 부존재는 소 이외의 방법으로도 주장할 수 있다.

(3) 제소권자

주주총회 결의의 무효 또는 부존재의 소를 제기할 수 있는 제소권자에는 제한이 없으며, 소의 이익이 있는 자는 소를 제기할 수 있다. 따라서 의결권 없는 주식을 가진 주주나 총회결의에 찬성한 주주도 제소권을 갖는다. 그러나 명의개서를 하지 않은 주주는 소제기권이 없다. 회사의 채권자도 소의 이익이 있다면 소를 제기할 수 있다.

(4) 소의 절차

① **제소기간:** 제소기간의 제한이 없다.

② **소의 절차:** 주주총회 결의 무효 또는 부존재의 소의 제기절차에 대해서는 결의취소에 관한 규정이 그대로 준용된다. 다만, 결의무효 또는 부존재의 소의 경우에는 상법 제379조의 자유재량권에 관한 규정이 준용되지 않는다.

③ **합병무효의 소 및 감자(減資)무효의 소와의 관계:** 합병등기나 자본금 변경 등기 전에는 결의무효의 소를 제기할 수 있으나, 등기 후에는 합병무효의 소나 감자무효의 소에 흡수되어 독립적인 소를 제기할 수 없다.

④ **판결의 효력:** 결의취소 판결의 효력과 같다.

3. 부당결의 취소·변경의 소

결의에 관하여 특별한 이해관계가 있는 주주가 그 결의에 의결권을 행사하지 못하여 현저하게 부당한 결의가 되었고, 그 주주가 의결권을 행사하였더라면 이를 저지할 수 있었을 때에는 그 결의의 날로부터 2월 내에 결의의 취소 또는 변경의 소를 제기할 수 있다(제381조 제1항). 부당결의 취소·변경의 소는 형성의 소이며, 제소권자는 특별이해관계인으로서 의결권을 행사하지 못한 주주에 한한다. 이 소의 절차와 효력에 관해서는 결의취소의 내용과 같다(제381조 제2항). 다만, 결의취소의 소에 대한 법원의 자유재량권(제379조)이 인정되지 않는다.

제3관 이사·이사회·대표이사·집행임원

Ⅰ. 이 사

1. 의 의

이사란 회사의 수임인으로서의 지위를 가지며, 이사회의 구성원으로서 회사의 업무집행의 의사결정에 참여하는 자를 말한다. 이사는 주주총회에서 선임하지만, 주주총회 또는 주주의 대리인이나 사용인이 아니고 회사의 수임인이다. 회사와 이사의 관계에 대해서는 민법상의 위임에 관한 규정을 준용한다(제382조 제2항).

2. 이사의 선임과 종임

(1) 이사의 선임

① **선임기관**: 이사는 주주총회에서 보통결의에 의하여 선임한다(제382조 제1항). 이사의 선임은 주주총회의 전속권한이며 정관의 규정 또는 주주총회의 특별결의로도 제3자나 다른 기관에 위임할 수 없다. 회사설립 전의 이사선임의 경우에는 발기설립시에는 발기인들이 호선하며, 모집설립시에는 창립총회에서 선임한다. 이사의 선임은 주주총회의 결의에 의하여 그 효력이 발생하지만, 결의 후 이사의 동의가 있어야 취임이 가능하다.

【판례】 대법원 2017.3.23.선고 2016다251215판결

이사·감사의 지위가 주주총회의 선임결의와 별도로 대표이사와 사이에 임용계약이 체결되어야만 비로소 인정된다고 보는 것은, 이사·감사의 선임을 주주총회의 전속적 권한으로 규정하여 주주들의 단체적 의사결정 사항으로 정한 상법의 취지에 배치된다. 또한 상법상 대표이사는 회사를 대표하며, 회사의 영업에 관한 재판상 또는 재판 외의 모든 행위를 할 권한이 있으나(제389조 제3항, 제209조 제1항), 이사·감사의 선임이 여기에 속하지 아니함은 법문상 분명하다. 그러므로 이사·감사의 지위는 주주총회의 선임결의가 있고 선임된 사람의 동의가 있으면 취득된다고 보는 것이 옳다.

보충

상장회사가 이사, 감사의 선임에 관한 사항을 목적으로 하는 주주총회의 소집통지 또는 공고하는 경우에는 이사 및 감사 후보자의 성명, 약력, 추천인 그 밖에 대통령령으로 정하는 후보자에 관한 사항을 통지하거나 공고하여야 하며, 이러한 통지 또는 공고한 후보자 중에서 이사 또는 감사를 선임하여야 한다(제542조의4 제2항).

② **이사자격:** 이사의 자격에 관해 상법은 특별한 제한을 두고 있지 않으며, 감사는 이사를 겸임하지 못한다는 정도의 규정을 두고 있을 뿐이다(제411조). 그러나 정관으로 이사의 자격을 제한하는 것은 그 내용이 사회질서에 반하지 않는 한 유효하다(통상 이사는 주주여야 한다는 제한을 둔다). 정관으로 이사가 가져야 할 주식(자격주)의 수를 정한 때에는 다른 규정이 없는 한 이사는 주권을 감사에게 공탁하여야 한다(제387조). 파산선고를 받은 자는 이사가 될 수 없다.

③ **사외이사:** 사외이사란 전문적인 지식과 능력을 갖추고 경영실무를 담당하지 않으면서 업무집행기관으로부터 독립적인 지위에서 이사회의 구성원으로서 활동하는 이사를 말한다. 사외이사의 선임에 대해 강제적 규정을 일반적으로 두고 있지 않으나, 감사위원회를 설치하는 경우에는 그 위원의 3분의 2 이상은 사외이사여야 한다(제415조의2 제2항). 사외이사도 상법상 이사이므로 이사의 의무와 책임에 관한 규정의 적용을 받는다.

사외이사가 될 수 없는 자

① 회사의 상무에 종사하는 이사·집행임원 및 피용자 또는 최근 2년 이내에 회사의 상무에 종사한 이사·감사·집행임원 및 피용자
② 최대주주가 자연인인 경우 본인과 그 배우자 및 직계존·비속
③ 최대주주가 법인인 경우 그 법인의 이사·감사·집행임원 및 피용자
④ 이사·감사·집행임원의 배우자 및 직계존·비속
⑤ 회사의 모회사 또는 자회사의 이사·감사·집행임원 및 피용자
⑥ 회사와 거래관계 등 중요한 이해관계에 있는 법인의 이사·감사·집행임원 및 피용자
⑦ 회사의 이사 및 피용자가 이사로 있는 다른 회사의 이사·감사·집행임원 및 피용자 등

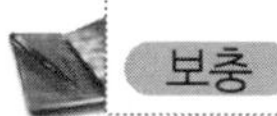
보충

[상장회사의 특례] ① 사외이사의 수: 상장회사는 원칙적으로 이사총수의 4분의 1 이상을 사외이사로 하여야 하나, 최근사업연도 말 현재의 자산총액이 2조원 이상인 상장회사의 사외이사는 3인 이상이어야 하며 이사총수의 과반수가 되도록 하여야 한다(제542조의8 제1항).

② 사외이사의 자격제한: ㉠ 미성년자, 피성년후견인 또는 피한정후견인, ㉡ 파산선고를 받은 사람으로서 복권되지 아니한 자, ㉢ 금고 이상의 형을 선고받고 그 집행이 끝나거나 집행이 면제된 후 2년이 지나지 아니한 자, ㉣ 대통령령으로 별도로 정하는 법률에 위반하여 해임되거나 면직된 후 2년이 지나지 아니한 자, ㉤ 상장회사의 주주로서 의결권 없는 주식을 제외한 발행주식총수를 기준으로 본인 및 그와 대통령령으로 정하는 특수한 관계에 있는 자가 소유하는 주식의 수가 가장 많은 경우 그 본인 및 그의 특수관계인, ㉥ 누구의 명의로 하든지 자기의 계산으로 의결권 없는 주식을 제외한 발행주식총수의 100분의 10 이상의 주식을 소유하거나 이사·집행임원·감사의 선임과 해임 등 상장회사의 주요 경영사항에 대하여 사실상의 영향력을 행사하는 주주 및 그의 배우자와 직계존·비속, ㉦ 그 밖에 사외이사로서의 직무를 충실하게 수행하기 곤란하거나 상장회사의 경영에 영향을 미칠 수 있는 자로서 대통령령으로 정하는 자

③ 사외이사의 선임: 자산 2조원 이상인 상자회사가 사외이사를 선임하려는 경우에는 사외이사후보를 추천하기 위하여 이사회내 위원회로 사외이사가 총위원의 과반수인 '사외이사 후보추천위원회'를 설치하고, '사외이사 후보추천위원회'에서 추천을 받은 자 중에서 주주총회에서 선임하여야 한다. 이 경우 사외이사 후보추천위원회가 사외이사 후보를 추천할 때에는 발행주식총수의 1,000분의 10(자본금 1천억원 이상인 회사 : 발행주식총수의 1,000분의 5) 이상의 주식을 가진 주주가 주주총회일의 6주 전에 추천한 사외이사 후보를 포함시켜야 한다.

④ 사외이사의 결원: 상장회사는 사외이사의 사임·사망 등의 사유로 인하여 사외이사의 수가 이사회 구성요건에 미달하게 되면 그 사유가 발생한 후 처음으로 소집되는 주주총회에서 사외이사를 선임하여야 한다.

④ 집중투표제도

㉠ 의의: 집중투표란 이사선임에 있어 1주당 선임하고자 하는 이사수에 상당하는 복수의 의결권을 부여하는 방법을 말한다.

㉡ 요건: 집중투표제도는 2인 이상의 이사를 선임할 때에 정관에 다른 정함이 없는 경우에 한하여 채택할 수 있다(제382조의2 제1항). 의결권 없는 주식을 제외한 발행주식총수의 100분의 3 이상에 해당하는 주식을 보유한 주주가 총회일의 7일 전까지 서면 또는 전자문서로 집중투표를 청구

하여야 한다(제382조의2 제2항). 집중투표를 청구할 수 있는 소수주주의 지주요건은 그 청구시로부터 선임결의를 할 때까지는 유지되어야 한다. 집중투표의 청구서면은 주주총회가 종결될 때까지 본점에 비치하고 주주로 하여금 열람할 수 있게 하여야 한다(제382조의2 제6항). 그리고 주주총회의 의장은 주주총회에서 이사선임결의를 하기 전에 집중투표의 청구가 있음을 알려야 한다(제382조의2 제5항).

보충

[상장회사의 경우] 집중투표의 청구는 주주총회일의 6주 전까지 서면 또는 전자문서로 회사에 청구하여야 하며, 최근 사업연도말 현재 자산총액이 2조원 이상인 상장회사의 경우에는 의결권 없는 주식을 제외한 발생주식총수의 100분의 1 이상에 해당하는 주식을 보유한 주주는 집중투표의 방법으로 이사를 선임할 것을 청구할 수있다(제452조의7 제1항·제2항).

㉢ 집중투표의 예외: 집중투표의 청구는 회사성립 후 주주총회에서 2인 이상의 이사를 선임하는 경우에만 인정되고, 회사설립시에 발기인 또는 창립총회에 의하여 선임되는 최초의 이사에 대하여는 집중투표가 인정되지 않는다.

㉣ 이사선임방법: 주주는 소유주식수에 선임하고자 하는 이사의 수를 곱한 수의 의결권을 가지고 동일한 이사후보에게 투표할 수도 있고, 분산하여 수인의 이사후보에게 투표할 수도 있다(제382조의2 제3항). 그 결과 최다수의 표를 얻은 자의 순으로 이사가 된다(제382조의2 제4항).

⑤ **이사의 수·임기**: 이사는 원칙적으로 3인 이상이어야 하나, 자본금의 총액이 10억원 미만의 회사는 1명 또는 2명의 이사를 둘 수 있다(제383조 제1항). 이사의 임기는 3년을 초과하지 못하지만(제383조 제2항), 정관의 규정으로 임기 중의 최종의 결산기에 관한 정기주주총회의 종결에 이르기까지 연장할 수 있다(제383조 제3항).

(2) 이사의 종임

① **종임사유**: 이사는 위임의 일반적 종료사유(이사의 사망·파산·성년후견개시, 회사의 해산, 회사의 파산)에 의해 종임하며, 또 임기의 만료, 정관소정의 자격상실, 총회의 해임결의, 소수주주의 청구에 의한 법원의 해임판결 등에 의해

종임한다. 이사는 언제든지 사임할 수 있다.

② **해임결의:** 주주총회는 언제든지 중대한 사유가 없는 경우에도 특별결의로써 이사를 해임할 수 있다(제385조 제1항). 회사가 정당한 사유 없이 임기만료 전에 주주총회의 결의로 이사를 해임한 때에는 그 이사는 회사에 대하여 해임으로 인한 손해의 배상을 청구할 수 있다(제385조 제1항 단서). 그러나 이사의 임기를 정하지 아니한 경우에는 해임되더라도 손해배상을 청구할 수 없다.

③ **소수주주의 해임청구:** 이사가 그 직무에 관하여 불법행위 또는 법령이나 정관에 위반한 중대한 사실이 있음에도 불구하고 주주총회에서 그 해임을 부결한 때에는 발행주식총수의 100분의 3 이상을 가진 주주는 총회결의가 있은 날로부터 1월 내에 그 이사의 해임을 법원에 청구할 수 있다(제385조 제2항).

보충

[상장회사의 경우] 6개월 전부터 계속하여 발행주식총수의 1만분의 50(자본금 1천억원 이상의 회사 : 1만분의 25) 이상에 해당하는 주식을 보유한 주주가 이사의 해임청구를 할 수 있다.

④ **사임:** 이사는 언제든지 사임할 수 있으며, 사임은 단독행위로서 회사에 대한 일방적 의사표시에 의하여 효력이 발생한다. 사임의 의사표시는 대표이사에게 하여야 하며, 대표이사에게 도달함으로써 그 효력이 발생한다.

(3) 등 기

이사의 선임과 해임은 등기하여야 한다. 즉, 선임시에는 이사의 성명과 주민등록번호를 등기하여야 하며, 해임시에는 등기사항의 변동을 가져오므로 변경등기를 하여야 한다.

(4) 이사의 결원

① **퇴임이사·가이사(假理事):** 법률 또는 정관에 정한 이사의 원수를 결한 경우에는 임기의 만료 또는 사임으로 인하여 퇴임한 이사는 새로 선임된 이사가 취임할 때까지 이사의 권리·의무가 있다(제386조 제1항). 또 이사의 사망·파산 등에 의해 이사의 정원을 결(缺)한 경우 법원이 필요하다고 인정할 때에는 이사·감사 기타 이해관계인의 청구에 의하여 일시 이사의 직무를 행할 자를 선임할 수 있다(제386조의2 제2항). 퇴임이사나 가이사는 정상적인 이사

의 모든 권리·의무에 미친다(판례).

② **직무집행정지 가처분과 직무대행자:** 이사선임결의의 무효나 취소 또는 이사해임의 소가 제기된 경우에는 법원은 당사자의 신청에 의하여 가처분으로서 이사의 직무집행을 정지하거나 직무대행자를 선임할 수 있다(제407조 제1항). 특히 이사의 직무집행이 계속되는 경우에 회사재산의 상실이 우려되는 등 급박한 사정이 있는 때에는 본안소송의 제기 전이라도 법원은 가처분을 할 수 있다(제407조 제1항). 법원은 당사자의 신청(피신청인은 이사로 한다)에 의하여 이러한 가처분을 변경 또는 취소할 수 있다(제407조 제2항). 당사자의 신청에 의하여 법원으로부터 가처분 또는 그의 변경이나 취소의 처분이 있는 때에는 본점과 지점의 소재지에서 등기하여야 한다(제407조 제3항). 이사의 직무대행자는 가처분명령에 다른 정함이 있거나 법원의 허가를 얻은 경우가 아니면 회사의 상무에 속하지 아니한 행위를 하지 못한다(제408조 제1항). 그러나 회사는 이를 위반한 직무대행자의 행위에 대해서도 선의의 제3자에 대하여 책임을 진다(제408조 제2항).

【판례】 대법원 2014.3.27.선고 2013다39551판결

주식회사 이사의 직무집행을 정지하고 직무대행자를 선임하는 가처분은 성질상 당사자 사이뿐만 아니라 제3자에 대한 관계에서도 효력이 미치므로 가처분에 반하여 이루어진 행위는 제3자에 대한 관계에서도 무효이므로 가처분에 의하여 선임된 이사직무대행자의 권한은 법원의 취소결정이 있기까지 유효하게 존속한다. 또한 등기할 사항인 직무집행정지 및 직무대행자선임 가처분은 상법 제37조 제1항에 의하여 이를 등기하지 아니하면 위 가처분으로 선의의 제3자에게 대항하지 못하지만 악의의 제3자에게는 대항할 수 있고, 주식회사의 대표이사 및 이사에 대한 직무집행을 정지하고 직무대행자를 선임하는 법원의 가처분결정은 그 결정 이전에 직무집행이 정지된 주식회사 대표이사의 퇴임등기와 직무집행이 정지된 이사가 대표이사로 취임하는 등기가 경료되었다고 할지라도 직무집행이 정지된 이사에 대하여는 여전히 효력이 있으므로 가처분결정에 의하여 선임된 대표이사 및 이사 직무대행자의 권한은 유효하게 존속하고, 반면에 가처분결정 이전에 직무집행이 정지된 이사가 대표이사로 선임되었다고 할지라도 그 선임결의의 적법 여부에 관계없이 대표이사로서의 권한을 가지지 못한다.

3. 이사의 보수

(1) 보수의 의의

이사의 보수란 그 명칭이나 형식과는 관계없이 이사의 직무집행의 대가로 지급되는 금전이나 현물급여를 모두 포함한다. 그러므로 퇴직금·퇴직위로금도 보수에 속한다(판례).

(2) 보수의 결정·분배의 위임

이사의 보수는 그 금액을 정관에서 정하지 않은 때에는 주주총회의 결의로 정한다(제388조). 따라서 주주총회의 결의가 없는 한 보수청구권을 행사할 수 없다(판례).

【판례】 대법원 2020.6.4.선고 2016다241515,241522판결

[1] 상법 제388조는 "이사의 보수는 정관에 그 액을 정하지 아니한 때에는 주주총회의 결의로 이를 정한다."라고 규정하고 있고, 위 규정의 보수에는 연봉, 수당, 상여금 등 명칭을 불문하고 이사의 직무수행에 대한 보상으로 지급되는 모든 대가가 포함된다. 이는 이사가 자신의 보수와 관련하여 개인적 이익을 도모하는 폐해를 방지하여 회사와 주주 및 회사채권자의 이익을 보호하기 위한 강행규정이다.

[2] 상법 제361조는 "주주총회는 본법 또는 정관에 정하는 사항에 한하여 결의할 수 있다."라고 규정하고 있는데, 이러한 주주총회 결의사항은 반드시 주주총회가 정해야 하고 정관이나 주주총회의 결의에 의하더라도 이를 다른 기관이나 제3자에게 위임하지 못한다. 따라서 정관 또는 주주총회에서 임원의 보수 총액 내지 한도액만을 정하고 개별 이사에 대한 지급액 등 구체적인 사항을 이사회에 위임하는 것은 가능하지만, 이사의 보수에 관한 사항을 이사회에 포괄적으로 위임하는 것은 허용되지 아니한다. 그리고 주주총회에서 이사의 보수에 관한 구체적 사항을 이사회에 위임한 경우에도 이를 주주총회에서 직접 정하는 것도 상법이 규정한 권한의 범위에 속하는 것으로서 가능하다.

(3) 퇴직금청구권의 발생

이사의 보수청구권에 해당하는 퇴직금청구권은 이사가 퇴직할 때 유효하게 적용되는 정관의 퇴직금 규정에 의하거나 주주총회의 퇴직금 지급결의가 있을 때에 비로소 발생한다(판례).

(4) 보수의 박탈·감액 금지

일단 보수가 결정되면 동일이사에 관한 한 정관변경이나 주주총회의 결의에 의하여 박탈하거나 감액하지 못한다(판례).

Ⅱ. 이사회

1. 의 의

이사회는 회사의 업무집행에 관한 의사결정을 위해 전원의 이사로 구성되는 회사의 필요적 독립기관이다(제393조 제1항 참조). 이사회는 회의체기관이며, 업무집행에 관해 의사를 결정하고 그 구체적인 실천은 대표이사가 행한다. 다만 업무집행의 적정을 기하기 위하여 이사회는 대표이사를 포함한 모든 이사의 집무집행을 감독한다(제393조 제2항). 이사회는 독립된 기관이므로 이사회가 결의한 사항을 주주총회의 결의로 번복하거나 무효로 할 수 없다(판례).

2. 이사회의 권한

(1) 업무집행결정권

회사의 업무집행은 이사회의 결의로 한다(제393조 제1항). 업무집행이란 회사의 운영에 관련되는 모든 사무를 말하지만, 이사회는 정관 또는 법령에 의하여 주주총회의 결의사항으로 하는 것을 제외한 사항을 결의할 수 있다.

이사가 1인 또는 2인인 회사

이사가 1인 또는 2인인 회사는 이사회가 없으므로, 이사회의 결의사항은 다음과 같이 결의가 달라진다.

① 주주총회의 결의에 의하는 사항(예 신주발행, 사채발행, 이사에 대한 경업승인, 이사와 회사 간의 거래승인, 전환사채의 발행, 준비금의 자본금 전입, 신주인수권부사채의 발행 등)이 있다(제383조 제4항).

② 대표이사가 없는 때에는 각 이사가 결정하는 사항(예 자기주식소각의 결정, 중요한 자산의 처분 및 양도, 대규모 재산의 차입, 지배인의 선임과 해임, 지점의 설치와 이전 및 폐지, 주주총회의 소집결정, 주주제안의 채택, 전자적 방법에 의한 의결권행사의 결정, 중간배당 등)이 있다(제383조 제6항).

③ 자기주식취득의 결정, 재무제표의 사전승인, 이사회의 소집 등 이사회와 관계된 일부 규정은 이사가 1인 또는 2인인 회사에는 적용하지 않는다(제383조 제5항).

(2) 이사회의 감독권

이사회는 이사의 직무의 집행을 감독한다(제393조 제2항). 이사회는 업무집행에 관한 결정권을 가지고, 그 집행을 대표이사 또는 업무담당이사에게 맡기는 것이므로 이사회는 당연히 이사의 업무집행을 감독할 권한을 갖는다.

(3) 대표이사 및 이사, 집행임원의 업무보고

이사는 대표이사 또는 대표집행임원으로 하여금 다른 이사나 다른 집행임원 또는 피용자의 업무에 관하여 이사회에 보고할 것을 요구할 수 있고(제393조 제3항, 제408조의6 제3항), 이사 또는 집행임원은 3월에 1회 이상 업무의 집행상황을 이사회에 보고하여야 한다(제393조 제4항, 제408조의6 제1항). 한편, 집행임원은 이사회의 요구가 있으면 언제든지 이사회에 출석하여 요구한 사항을 보고하여야 한다(제408조의6 제2항).

3. 이사회의 소집

(1) 소집권자

① **이사**: 이사회의 소집은 원칙적으로 각 이사가 하지만, 이사회의 결의로 소집할 이사를 정한 때에는 그 이사가 소집한다(제390조 제1항). 그러나 다른 이사가 소집권자인 이사에게 이사회의 소집을 요구할 수 있고, 이를 정당한 이유 없이 거절한 때에는 다른 이사도 이사회를 소집할 수 있다(제390조 제2항).

② **감사**: 감사는 필요하면 회의의 목적사항과 소집이유를 서면에 적어 이사(소집권자가 있는 경우 소집권자)에게 제출하여 이사회의 소집을 청구할 수 있고(제412조의4 제1항), 이사가 지체없이 소집하지 아니하면 감사가 이사회를 소집할 수 있다(제412조의4 제2항).

③ **집행임원**: 집행임원은 필요하면 회의의 목적사항과 소집이유를 서면에 적어 이사(소집권자가 있는 경우 소집권자)에게 제출하여 이사회의 소집을 청구할 수 있고(제408조의7 제1항), 이사가 소집하지 않은 경우 법원의 허가를 받아 집행임원이 이사회를 소집할 수 있다(제408조의7 제2항).

(2) 소집절차

이사회를 소집함에는 소집권자가 회일의 1주간 전에 각 이사에 대하여 통지를 발송하여야 하며, 이 기간은 정관으로 단축할 수 있다(제390조 제3항). 감사를 둔 경우에는 감사도 이사회에 출석할 권한이 있으므로 감사에게도 소집통지를 하여야 한다(제391조의2, 제390조 제3항). 소집통지의 방법은 구두에 의하든 서면에 의하든 관계 없으며, 이사회의 소집시기에 대해서도 특별한 규정이 없다. 일부의 이사에게 소집통지를 하지 않고 소집한 이사회의 결의는 무효이지만, 일체 경영에 참가한 일이 없는 이사에게 항상 소집통지를 하지 않고 개최한 이사회결의는 유효하다(판례). 이사회는 이사 및 감사 전원의 동의가 있는 때에는 소집절차 없이 언제든지 회의를 개최할 수 있다(제390조 제4항).

4. 이사회의 결의

(1) 결의요건

이사회의 결의는 총이사 과반수의 출석과 출석이사의 과반수로 하여야 한다(제391조 제1항). 다만, 이사의 회사사업기회 이용허락(제397조의2 제1항), 이사 등의 자기거래승인(제398조), 감사위원의 해임(제415조의2 제3항) 등은 총이사 3분의 2 이상의 결의로 해야 한다. 이사회의 결의요건은 정관으로 가중할 수 있으나, 완화하지 못한다(제391조 제1항 단서).

(2) 의결권행사 및 제한

① **의결권행사**: 이사회에서의 의결권은 1인에게 1개의 의결권이 주어지므로, 의결권 불통일행사가 허용되지 않는다. 그리고 이사는 의결권의 행사에 대해 회사에 책임을 져야 하며(제399조 제2항), 또 이사회는 회사가 기대하는 이사 개개인의 능력과 고도의 신뢰관계에 기초해서 구체적인 업무집행의 결정을 하는 기관이므로 이사는 직접 의결권을 행사하여야 하고 그 대리행사는 허용되지 않는다(판례). 이사의 의결권행사의 경우 서면투표나 무기명투표는 허용되지 않는다.

② **의결권 제한**: 이사회의 결의에 대해 특별한 이해관계를 갖는 이사는 의결권을 행사할 수 없다(제391조 제2항, 제368조 제4항). 특별이해관계를 갖는 이사는 이사회에서 의결권을 행사할 수는 없으나, 의사정족수 산정의 기초가 되는 총 이사의 수에는 포함되고 다만 의결성립에 필요한 출석이사에는 산입되지 않는다(제391조 제2항, 제371조 제2항).

(3) 결의방법

이사회는 적법하게 개최된 회의에서 결의하여야 하며, 서면결의는 인정되지 않는다. 정관에 다른 규정이 없는 한 음성을 동시에 송·수신하는 원격통신수단에 의한 회의가 가능하다(제391조 제2항).

5. 이사회의 의사록 작성과 공시의 제한

이사회의 의사에 관하여 의사록을 작성하여야 하며(제391조의3 제1항), 의사록에는 의사의 안건, 경과요령, 그 결과, 반대하는 자와 그 반대이유를 기재하고 출석한 이사 및 감사가 기명날인 또는 서명하여야 한다(제391조의3 제2항). 주주는 영업시간 내에 이사회 의사록의 열람 또는 등사를 청구할 수 있으나(제391조의3 제3항), 회사가 이사회 의사록의 열람 또는 등사를 거부하는 경우에는 주주는 법원의 허가를 얻어 이사회 의사록을 열람 또는 등사할 수 있다(제391조의3 제4항).

【판례】 대법원 2014.7.21.자 2013마657결정

상법 제391조의3 제3항, 제466조 제1항에서 규정하고 있는 주주의 이사회 의사록 또는 회계장부와 서류 등에 대한 열람·등사청구가 있는 경우, 회사는 청구가 부당함을 증명하여 이를 거부할 수 있는데, 주주의 열람·등사권 행사가 부당한 것인지는 행사에 이르게 된 경위, 행사의 목적, 악의성 유무 등 제반 사정을 종합적으로 고려하여 판단하여야 하고, 특히 주주의 이와 같은 열람·등사권 행사가 회사업무의 운영 또는 주주 공동의 이익을 해치거나 주주가 회사의 경쟁자로서 취득한 정보를 경업에 이용할 우려가 있거나, 또는 회사에 지나치게 불리한 시기를 택하여 행사하는 경우 등에는 정당한 목적을 결하여 부당한 것이라고 보아야 한다.

6. 이사회결의의 하자

(1) 하자 있는 결의의 효력

이사회의 결의에 관하여 소집절차·결의방법이 법령 또는 정관에 위반하거나 현저하게 불공정한 때, 또는 결의내용이 법령·정관·사회질서에 반하거나 불공정한 때에 관하여 주주총회의 경우와 달리 그 하자 주장방법이 상법상 규정이 없다. 따라서 이사회결의의 하자에 대해서는 일반무효의 법리에 따라 해결하여야 한다.

(2) 결의의 하자와 대표행위의 효력

무효인 이사회의 결의에 의하여 한 대표이사의 행위의 효력에 관해서 상법상 아무런 규정이 없다. 해석상 대표이사의 선임이나 지배인의 선·해임 등 내부적 문제에 그치는 행위는 무효이고, 사채의 발행·제3자와의 거래행위 등 대외적 거래행위는 상대방이 선의인 경우에는 유효하고, 상대방이 악의·중과실이 있는 경우에는 무효라는 것이 통설·판례의 입장이다. 이때 상대방의 악의·중과실은 거래행위의 무효를 주장하는 자(회사)가 입증하여야 한다(판례).

7. 이사회내 위원회

(1) 위원회 구성

이사회는 정관이 정하는 방법에 의하여 위원회를 둘 수 있다(제393조의2 제1항). 위원회는 2인 이상의 이사로 구성된다(제393조의2 제3항). 그러나 감사위원회는 3인 이상의 이사로 구성되고, 위원의 3분의 2는 사외이사여야 한다(제415조의2 제2항).

(2) 위원회의 권한

위원회는 이사회로부터 위임받은 사항에 대하여 결정할 권한을 갖는다. 그러나 주주총회의 승인을 요하는 사항의 제안, 대표이사의 선임 및 해임, 위원회의 설치와 그 위원의 선임 및 해임, 정관에서 정하는 사항 등은 위원회에 위임할 수 없다(제393조의2 제2항).

(3) 위원회의 소집과 결의

위원회의 소집과 결의에 관해서는 이사회의 소집과 결의에 관한 절차가 준용된다. 위원회의 결의는 이사회의 결의와 같은 효력이 있다. 그러므로 모든 이사에게 주지시키기 위하여 위원회는 결의된 사항을 각 이사에게 통지하여야 한다(제393조의3 제4항 전단). 이 경우 통지를 받은 각 이사는 이사회의 소집을 요구할 수 있고, 이사회는 위원회가 결의한 사항에 대하여 감사위원회의 결의를 제외하고는 다시 결의할 수 있다(제393조의3 제4항 후단, 제415조의2 제6항). 이사회의 다른 결의가 있으면 위원회의 결의는 효력을 잃는다.

(4) 부당결의의 감독책임

위원회의 결의를 통지받은 이사가 위원회의 결의가 부당함에도 불구하고 이사회의 소집을 게을리하거나 소집된 이사회에서 이사들이 위원회 결의와 다른 결의를 하는데 반대하는 것은 임무해태에 해당하므로 회사 또는 제3자에 대하여 손해배상책임을 진다(제399조, 제401조).

Ⅲ. 대표이사

1. 의 의

대표이사는 회사를 대표하고 업무를 집행하는 권한을 가진 이사이며, 주식회사의 필요적 상설기관이다. 다만, 집행임원을 둔 때에는 대표이사를 둘 수 없다(제408조의2 제1항).

2. 선임과 종임

(1) 선 임

대표이사는 이사 중에서 선임하며, 정관으로 주주총회에서 선정할 것을 정하지 않은 때에는 이사회에 선임권이 있다(제389조 제1항). 주주총회에서 선임하는 경우에는 보통결의에 의한다. 대표이사는 이사회 또는 주주총회의 결의에 의하지 않는 다른 방법으로는 선임할 수 없다. 그러나 이사가 1인 또는 2인인 회사에서는 각 이사가 회사를 대표하나, 정관으로 대표이사를 정할 수 있다(제393조 제6항).

(2) 대표이사의 원수·임기·자격

대표이사의 원수(員數)에는 특별한 제한이 없으며, 임기에 대해서도 별도의 규정이 없다. 그러나 대표이사는 이사여야 하므로, 이사의 임기를 초과할 수 없다.

(3) 종 임

대표이사는 이사임을 전제로 하므로, 이사의 임기만료·해임·사임 등의 원인에 의해 이사의 자격이 종임됨으로써 당연히 대표이사의 지위도 상실한다. 대표이사는 그 선임기관에 의해 언제든지 해임될 수 있고, 대표이사는 언제든지 사임할 수 있다.

(4) 대표이사의 결원

대표이사의 종임으로 대표이사가 없게 되거나 정관상의 정원을 결한 경우에, 종임된 대표이사는 새로운 대표이사가 취임할 때까지 대표이사로서의 권리·의무가 있고, 법원이 필요하다고 인정할 때에는 이해관계인의 청구로 일시 대표이사의 직무를 행할 자를 선정할 수 있음은 이사의 경우와 같다(제389조 제3항, 제386조).

3. 대표이사의 권한

(1) 업무집행권

대표이사는 대내적으로뿐만 아니라 대외적으로 회사의 업무를 집행할 권한을 갖는다. 대표이사의 직무는 주권과 채권(債券)상의 기명날인 또는 서명, 본점에 정관·주주총회 의사록·주주명부·사채원부의 비치, 주식청약서·사채청약서의 작성,

신주인수권증서의 발행, 신주인수권증권의 발행, 재무제표와 그 부속명세서의 작성·비치·공시·제출, 영업보고서의 작성·제출·보고, 대차대조표의 공고 등이다.

(2) 대표권

① **범위:** 대표이사는 회사의 영업에 관하여 재판상 또는 재판외의 모든 행위를 할 권한이 있다(제389조 제3항, 제209조 제1항). 따라서 대표이사의 대표권은 회사의 권리능력의 범위와 일치한다. 대표이사의 대표행위는 대리와 달리 사실행위·불법행위에도 미친다. 대표이사의 대표권은 지배인의 대리권과 유사하지만 대리권의 범위 등에 차이가 있다.

대표이사와 지배인의 비교

① 대표이사의 불법행위책임에는 민법 제35조(법인의 불법행위책임)가 적용되지만, 지배인의 불법행위책임에는 민법 제756조(사용자의 불법행위책임)가 적용된다.
② 대표이사의 대표권은 회사의 모든 영업에 인정되지만, 지배인의 대리권은 일정한 영업에 한정된다.

---

② **제한:** 대표권의 제한은 법률에 의해 제한되는 경우와 회사 내부적으로 제한하는 경우가 있다.

㉠ 법률상 제한: 첫째, 회사와 이사 간의 소송에 있어서는 감사가 회사를 대표하며(제394조 제1항 1문), 회사가 소수주주로부터 이사의 책임추궁을 청구받는 경우나 자회사가 모회사의 소수주주로부터 자회사 이사의 책임추궁을 청구받는 경우에도 감사가 회사를 대표한다(제394조 제1항 2문). 감사위원회의 위원이 회사와의 소의 당사자인 경우에는 감사위원회 또는 이사가 법원에 회사를 대표할 자를 선임해 줄 것을 신청하여야 하고(제394조 제2항), 자본금 총액 10억원 미만인 회사로서 감사를 선임하지 아니한 경우에는 회사·이사 또는 이해관계인은 법원에 회사를 대표할 자를 선임하여 줄 것을 신청하여야 한다(제409조 제5항). 둘째, 영업양도·신주발행·사채발행·사후설립 등의 사항에 대해서는 대표이사는 주주총회 또는 이사회의 결의가 있는 경우에만 회사를 대표할 수 있고, 이에 위반한 대

표행위는 무효이다.

㉡ 내부적 제한: 정관이나 기타 사규, 주주총회나 이사회의 결의에 의해 대표이사의 대표권을 제한할 수 있으나, 이러한 제한으로는 선의의 제3자에게는 대항하지 못한다(제389조 제3항, 제209조 제2항).

③ 대표권의 남용

㉠ 의의: 대표권의 남용이란 외관상으로는 대표이사의 권한 내의 적법한 행위이지만, 실제로는 자기 또는 제3자의 이익을 위하여 하는 행위로서 회사에 손실을 가져오는 것을 말한다.

㉡ 대내적 효력: 대표이사가 대표권의 남용행위로 인하여 대내적으로 회사에 손해를 준 때에는 회사에 대하여 손해배상책임을 진다.

㉢ 대외적 효력: 대표권의 남용행위는 상대방이 남용행위임을 안 때에는 회사는 무효를 주장할 수 있지만, 알지 못한 때(선의에 중과실이 없는 것)에는 유효하다는 것이 통설과 판례의 일치된 견해이다. 어음행위의 남용의 경우에도 같다. 다만, 어음행위 이후의 취득자와의 관계에서는 대표권의 남용은 인적 항변사유가 될 뿐이다.

㉣ 입증책임: 대표권 남용을 이유로 대표행위의 무효를 주장할 때에는 그 무효를 주장하는 자가 대표권의 남용이라는 사실, 상대방이 악의라는 사실을 입증하여야 한다(판례).

【판례】 대법원 2009.3.26.선고 2006다47677판결

[1] 주식회사의 대표이사가 이사회의 결의를 거쳐야 할 대외적 거래행위에 관하여 이를 거치지 아니한 경우라도 이와 같은 이사회결의사항은 회사의 내부적 의사결정에 불과하므로 그 거래상대방이 그와 같은 이사회결의가 없었음을 알았거나 알 수 있었을 경우가 아니라면 그 거래행위는 유효하고, 이때 거래상대방이 이사회결의가 없음을 알았거나 알 수 있었던 사정은 이를 주장하는 회사가 주장·증명하여야 할 사항에 속하므로 특별한 사정이 없는 한 거래상대방으로서는 회사의 대표자가 거래에 필요한 회사의 내부절차는 마쳤을 것으로 신뢰하였다고 보는 것이 일반경험칙에 부합하는 해석이다.

[2] 주식회사의 대표이사가 이사회결의 절차를 거치지 아니하고 타인의 채무에 대하여 보증 기타 이와 유사한 약정(이하 '보증'이라고 한다)을 한 경우 채권자가 이사회결의가 없음을 알지 못한 데 대하여 과실이 있는 경우에는 그 보증은 무효이지만, 이 경우 그 대표이사가 상법이 정한 이사회결의 절차를 거치지 아니하여 채권자와의 보증계약이 효력을 갖지 못하게 한 것은 업무의 집행자로서의 주의의무를 다하지 못한 과실행위이고, 그 대표이사가 위와 같이 이사회결의의 절차를 거치지 아니하여 그 보증계약이 무

효임에도 불구하고 그 보증이 유효한 것으로 오신한 채권자로 하여금 그 거래를 계속하게 하여 손해를 입게 한 경우에는 이는 주식회사의 대표이사가 그 업무집행으로 인하여 타인에게 손해를 가한 때에 해당하므로 당해 주식회사는 상법 제389조 제3항에 의하여 준용되는 상법 제210조에 의하여 그 대표이사와 연대하여 손해를 배상할 책임이 있다. 위와 같은 경우 이사회결의의 부존재를 이유로 주식회사에 대한 보증계약의 효력을 부정하면서 회사의 손해배상책임을 인정한다고 하여 상법 제393조 제1항의 규정 취지를 몰각하였다고 볼 수는 없다. 또한 불법행위의 피해자가 제3자에 대하여 채권을 가지게 되어 그의 변제를 받는다면 손해가 생기지 않게 되는 경우에도 피해자는 불법행위자에 대하여 손해배상청구권을 행사할 수 있으므로 위의 경우에 채권자가 채무자로부터 변제를 받을 경우 손해를 회복할 수 있게 된다 하더라도 그러한 사정만으로 보증계약을 한 주식회사 및 그 대표이사에 대하여 보증의 무효로 인한 손해배상을 청구하지 못하는 것은 아니다.

④ 위법한 대표행위의 효력

㉠ 법률에 의하여 주주총회의 결의를 얻어야 하는 행위를 주주총회 결의 없이 대표이사가 행한 경우에는 회사의 이익을 위하여 중요하므로 제3자의 선·악의를 불문하고 언제나 무효이다.

㉡ 법률에 의하여 이사회의 결의를 얻어야 하는 경우나 정관에 의해 이사회 또는 주주총회의 결의를 얻어야 하는 경우에 이것을 얻지 않고 한 대표이사의 행위(또는 결의가 있는 경우에도 그 결의에 위반하여 한 대표이사의 행위)가 대내적 행위일 경우에는 언제나 무효이지만, 대외적 행위일 경우에는 상대방이 선의이고 중과실이 없는 경우에는 유효하다(판례).

4. 대표이사의 불법행위

대표이사가 업무집행으로 인하여 타인에게 손해를 가한 때에는 회사는 대표이사와 연대하여 배상할 책임이 있다(제389조 제3항, 제210조). 여기서 「업무집행으로 인하여」란 「대표행위로 인하여」라는 뜻으로 해석할 수 있다. 타인에게 악의 또는 중대한 과실이 있는 때에는 손해배상책임이 발생하지 않는다.

5. 공동대표이사

(1) 의 의

원칙적으로 대표이사가 수인인 경우에도 1인인 경우와 마찬가지로 각자가 단독으로 업무집행권을 행사하고 각자가 회사를 대표한다. 그러나 이사회의 결의로 공동대표이사를 정한 때에는 수인의 대표이사가 공동의 의사표시로써만 회사를 대표하여야 한다(제389조 제2항). 따라서 공동대표이사란 2인 이상이 공동으로써만 회사를 대표할 수 있는 대표이사를 말한다. 공동대표이사를 정한 때에는 그 내용을 등기하여야 한다(제317조 제2항 10호).

(2) 공동대표이사의 지위

① **능동대표**: 회사가 제3자에게 하는 의사표시, 즉 능동대표는 대표이사들이 공동으로만 회사를 대표할 수 있다(제389조 제2항). 따라서 공동대표이사 중 1인이 다른 공동대표이사의 동의 없이 단독으로 대표행위를 한 경우에는 그 대표행위는 무효가 된다. 무효가 된 대표행위에 대해서는 추인할 수 있다.

② **수동대표**: 거래상대방이 회사에 대하여 하는 의사표시는 공동대표이사 중 1인에게만 하여도 효력이 있다(제389조 제3항, 제208조 제2항). 즉, 수동대표는 공동대표이사가 각자 할 수 있는 것이다.

③ **불법행위**: 공동대표제도는 거래행위에만 적용되고 불법행위에는 적용되지 않는다.

④ **대내적 업무집행**: 공동대표이사는 대내적인 업무집행도 공동으로 행하는 것이 원칙이지만, 순수한 대내적 업무집행이라면 단독으로 하더라도 문제가 없다.

(3) 대표권의 위임

공동대표이사의 경우 대표권의 위임에 대해, 일반적이고 포괄적으로 대표권의 행사를 위임하는 것은 허용되지 않고, 개별적 위임은 인정된다(판례·다수설). 개별적 위임의 경우, 소송행위나 어음행위와 같은 엄격한 형식을 요하는 법률행위에 대해서도 가능하다(다수설).

(4) 공동대표제도와 제3자의 보호

공동대표이사 중 1인의 단독행위는 무효이지만 이를 추인할 수 있고, 표현대표이사의 요건을 충족하는 경우 회사의 책임이 인정될 수 있다. 표현대표이사의 요건을 충족하지 못하게 되는 경우 상대방은 그 1인의 대표이사에게 개인적인 불법행위 책임을 물어 손해배상청구를 할 수 있다.

6. 표현대표이사

(1) 취 지

대표이사의 대외적 행위만이 회사의 행위가 되고, 대표이사만이 회사를 대표할 수 있다. 그러나 실제로는 대표이사가 아닌 자가 회사의 승인 아래 대표이사로 오인할 만한 명칭을 사용하여 대표행위를 하는 경우에 이를 믿고 거래한 상대방을 보호하기 위하여 거래안전의 도모를 위해 특칙으로 표현대표이사(表見代表理事) 제도를 두고 있다.

【판례】 대법원 2004.2.27.선고 2003다49399판결[동지: 대법원 2005.9.9.선고 2004다17702판결]

상법 제395조는 표시에 의한 금반언의 법리나 외관이론에 따라 대표이사로서의 외관을 신뢰한 제3자를 보호하기 위하여 그와 같은 외관의 존재에 대하여 귀책사유가 있는 회사로 하여금 선의의 제3자에 대하여 그들의 행위에 관한 책임을 지도록 하려는 것이므로, 회사가 이사의 자격이 없는 자에게 표현대표이사의 명칭을 사용하게 허용한 경우는 물론, 이사의 자격이 없는 사람이 임의로 표현대표이사의 명칭을 사용하고 있는 것을 회사가 알면서도 아무런 조치를 취하지 아니한 채 그대로 방치하여 소극적으로 묵인한 경우에도 위 규정이 유추적용되는 것으로 해석함이 상당하나(대법원 1998.3.27.선고 97다34709판결 등 참조), 위 상법규정에 의하여 회사가 표현대표자의 행위에 대하여 선의의 제3자에게 책임을 지는 것은 회사가 사장, 부사장, 전무, 상무 기타 회사를 대표할 권한이 있는 것으로 인정될 만한 표현대표자의 명칭사용을 명시적으로나 묵시적으로 승인 또는 용인하거나 방임하는 등으로 그와 같은 외관의 존재에 대하여 귀책사유가 있는 경우에 한하고, 나아가 위 상법소정의 '선의'란 표현대표이사가 대표권이 없음을 알지 못한 것을 말한다(대법원 1999.2.26.선고 98다55529판결 등 참조).

(2) 다른 제도와의 관계

① **상업등기와의 관계:** 상법 제37조에서는 등기사항이 등기된 후에는 그 사항에 관해 제3자의 악의가 의제된다. 그렇다면 대표이사에 대해서는 등기사항이므로 회사에서 대표이사를 등기한 경우 제3자의 악의가 의제되어 제3자는 보호를 받을 수 없다. 따라서 상법 제395조는 제37조의 예외적 규정에 해당한다.

② **표현지배인과의 관계:** 이사의 자격이 없는 회사의 사용인이나 이사직을 사임한 자가 회사를 대표할 권한이 있는 것으로 인정될 만한 명칭을 사용한 경우 상법 제395조를 유추적용할 수 있다.

(3) 적용요건

① **외관의 존재:** 대표이사가 아닌 이사가 회사를 대표할 만한 권한이 있는 것으

로 인정할 만한 외관을 갖추었어야 한다. 외관이란 대표권이 존재하는 것과 같은 명칭을 말하며, 사장·부사장·전무·상무 기타 회장·부회장 같은 명칭 등을 들 수 있다.

표현대표이사가 되기 위해서는 이사의 자격이 있어야 하지만, 이사의 자격이 없는 자의 행위라도 상법 제395조가 유추적용된다는 것이 통설과 판례의 입장이다.

② 외관에 대한 회사의 귀책사유

㉠ 명칭사용의 허용: 표현대표이사가 성립하기 위해서는 회사가 명시적 또는 묵시적으로 명칭의 사용을 허락했어야 한다. 표현대표이사가 한 계약을 이의 없이 이행한다든지 또는 명칭사용의 사실을 알고도 제지하지 않고 방치한 경우, 또는 적법한 대표이사가 장기간 회사업무를 방치하고 이사 1인이 실질적으로 대표이사로서 대외거래를 한 경우 등은 묵시적으로 승인한 것으로 보아야 한다(판례). 한편, 표현대표이사의 명칭을 임의로 사용한 때에는 상법 제395조가 적용되지 않는다(판례).

㉡ 명칭사용의 허용기관: 회사가 허용하였다고 보기 위하여는 주주총회나 이사회에서 결의하거나 대표이사가 명의사용을 허용하여야 한다. 이사회의 결의는 총이사의 과반수가 명시적 또는 묵시적으로 명칭사용을 허용한 경우를 말한다(판례).

③ 표현대표이사의 대표행위: 표현대표이사가 대표이사의 권한 내에 속하는 대표행위를 하였어야 한다. 즉, 제395조가 적용되는 행위는 대표행위에 국한되며, 불법행위와 소송행위에는 적용되지 않는다.

④ 외관에 대한 제3자의 신뢰

㉠ 선의의 제3자의 범위: 상법 제395조가 적용되는 것은 선의의 제3자에 대해서 만이다. 여기서 「선의의 제3자」란 표현대표이사가 대표권을 갖지 않음을 알지 못한 표현대표이사의 행위의 직접의 상대방뿐만 아니라 그 행위에 관련하여 표현적 명칭을 신뢰한 당사자를 모두 포함한다. 따라서 표현대표이사가 한 어음행위를 믿고 이 어음을 취득한 제3자도 보호된다(판례).

㉡ 제3자의 무과실 요부: 제3자가 중대한 과실로 인하여 대표권의 흠결을 알지 못한 때에는 제3자가 악의인 경우에 준하여 회사는 책임을 지지 않지만, 제3자가 선의이지만 경과실이 있는 경우에는 회사가 책임을 진다. 그

러나 표현대표이사의 행위가 이사회의 결의가 필요한 행위이고, 거래의 상대방인 제3자가 이사회의 결의가 없었음을 알았거나 알 수 있었을 때에는 회사는 그 행위에 대한 책임을 면한다.

(4) 적용범위

① **공동대표와 표현대표이사**: 공동대표이사 중 1인이 사장 등 단독으로 대표할 권한이 있는 듯한 명칭을 회사로부터 허락받아 사용하면서 단독으로 회사를 대표하여 행위한 때에는 이를 표현대표이사의 행위로 본다(판례).

② **선임이 무효·취소된 대표이사의 행위**: 이사선임에 관한 주주총회의 결의가 무효 또는 취소된 경우나 대표이사를 선임한 이사회의 결의가 무효인 경우에는 회사가 그러한 외관을 야기하였고, 그에 대해 귀책사유가 있는 때에는 상법 제395조가 적용 또는 유추적용될 수 있다는 견해와 부실등기의 책임에 관한 상법 제39조가 적용된다는 견해(최근 판례)가 있다.

③ **표현대표이사가 진정한 대표이사의 이름으로 한 행위**: 일단 표현대표이사로서의 요건을 갖춘 자가 정작 대표행위는 자기의 이름으로 하지 않고 진정한 대표이사의 이름으로 한 경우 상법 제395조가 적용된다(판례).

④ **이사의 자격이 없는 사용인이나 사임이사의 행위**: 이사의 자격이 없는 사용인이나 이사직을 사임한 이사가 표현대표이사로서의 요건을 갖추고 표현대표이사의 명칭을 사용하고 있는 것을 회사가 알면서도 묵인한 경우 상법 제395조가 유추적용된다(판례).

(5) 적용효과

회사는 표현대표이사의 행위에 대해 대표이사가 한 행위와 마찬가지로 제3자에 대하여 책임을 진다(제395조). 표현대표이사의 행위로 인하여 회사가 책임을 진 결과 손해를 입은 경우에 회사는 당해 표현대표이사에 대하여 손해배상청구권을 행사할 수 있다.

Ⅳ. 집행임원

1. 집행임원의 의의

회사는 집행임원을 둘 수 있고, 집행임원을 둔 회사는 대표이사를 둘 수 없다

(제408조의2 제1항). 집행임원을 둔 회사와 집행임원의 관계는 민법 중 위임에 관한 규정이 준용된다(제408조의2 제2항). 집행임원이란 이사회에서 선임되어 이사회의 경영방침에 따라 업무집행을 맡는 회사의 집행기관으로서, 경영·재무·기술 등 분야별 집행임원이 경영 전반에 권한을 갖고 책임을 지는 자로서 흔히 CEO(최고집행임원), CFO(재무집행임원), CTO(기술집행임원), COO(운영집행임원) 등이 있다.

2. 집행임원의 선임과 종임

(1) 선 임

집행임원은 이사회에서 선임한다(제408조의2 제3항 1호). 이사가 1명 또는 2명인 자본금 총액 10억원 미만의 회사는 집행임원을 둘 수 없다(제383조 제5항 참조). 집행임원의 성명 및 주민등록번호는 등기하여야 한다(제317조 제2항 8호). 집행임원을 선임하는 회사는 대표이사를 두지 못한다(제408조의2 제1항).

(2) 종 임

집행임원 설치회사와 집행임원의 관계에는 민법 중 위임에 관한 규정이 준용되므로(제408조의2 제2항), 집행임원의 사망·파산·성년후견개시나 회사의 해산 및 청산에 의하여 종임한다. 또한 사임이나 이사회의 해임에 의하여 종임한다(제408조의2 제3항 1호). 집행임원의 선임 무효나 취소 또는 해임의 소가 제기된 경우에는 이사의 직무집행정지가처분 및 직무대행자의 직무에 관한 규정이 준용된다(제408조의9, 제407조, 제408조).

3. 집행임원의 수와 임기 및 자격

(1) 집행임원의 수

집행임원의 수에는 특별한 제한이 없으므로, 이사회의 결의에 따라 1인 이상의 집행임원을 둘 수 있다. 2명 이상의 집행위원이 선임된 경우에는 이사회에서 집행임원 설치회사의 대표집행위원을 선임하여야 한다(제408조의5 제1항 본문). 다만, 집행임원이 1명인 경우에는 그 집행임원이 대표집행임원이 된다(제408조의5 제1항 단서).

(2) 집행임원의 임기

집행임원의 임기는 정관에 다른 규정이 없으면 2년을 초과하지 못한다(제408조의3 제1항). 다만, 정관으로 그 임기 중의 최종 결산기에 관한 정기주주총회가 종결한 후

가장 먼저 소집하는 이사회의 종결시까지로 정할 수 있다(제408조의3 제2항).

(3) 집행임원의 자격

집행임원의 자격에 관하여 특별한 규정이 없으므로, 자연인이면 가능하다. 집행임원의 기능상 법인은 집행임원이 될 수 없다고 본다. 집행임원은 사외이사가 될 수 없고, 집행임원이 되는 경우 사외이사의 직을 상실한다(제382조 제3항).

4. 집행임원의 보수

집행임원의 보수는 정관에 규정이 없거나 주주총회의 승인이 없는 경우에는 이사회에서 결정한다(제408조의2 제3항 6호). 이 점에서 정관이나 주주총회의 승인으로 정하는 이사와 감사의 보수 결정과 차이가 있다.

5. 대표집행임원

(1) 대표집행임원의 선임

2인 이상의 집행임원이 선임된 경우에는 이사회의 결의로 집행임원 설치회사를 대표할 집행임원을 선임하여야 한다. 다만, 집행임원이 1인인 경우에는 그 집행임원이 대표집행임원이 된다(제408조의5 제1항). 대표집행임원이 선임되는 경우 그 대표집행임원의 성명과 주민등록번호 및 주소를 등기하여야 한다(제317조 제2항 9호).

(2) 대표집행임원의 지위

대표집행임원에 관하여 상법에 다른 규정이 없으면 주식회사의 대표이사에 관한 규정이 준용된다(제408조의5 제2항). 집행임원 설치회사에 있어서도 표현대표이사에 관한 규정(제395조)이 준용된다(제408조의5 제3항).

(3) 공동대표집행임원

2인 이상의 공동대표집행임원으로 선임될 수 있고, 공동대표집행임원이 공동으로 회사를 대표할 것을 정한 경우, 그 규정은 이를 등기하여야 한다(제317조 제2항 10호). 공동대표집행임원의 권한에 대해서는 공동대표이사의 규정이 준용된다(제408조의5 제2항).

6. 집행임원의 권한, 의무와 책임

(1) 집행임원의 권한

① **업무집행에 관한 의사결정권**: 집행임원은 집행임원 설치회사의 업무집행과 정관이나 이사회의 결의에 의하여 위임받은 업무집행에 관한 의사결정을 할 권한을 갖는다(제408조의4).

② **이사회소집청구권**: 집행임원은 필요하면 회의의 목적사항과 소집이유를 서면에 적어 이사(소집권자가 있는 경우에는 소집권자)에게 제출하여 이사회의 소집을 청구할 수 있다(제408조의7 제1항). 집행임원이 이사회의 소집 청구를 한 후 이사가 지체없이 이사회 소집의 절차를 밟지 아니하면 소집을 청구한 집행임원은 법원의 허가를 받아 이사회를 소집할 수 있다(제408조의7 제2항 전문). 이 경우 이사회 의장은 법원이 이해관계인의 청구에 의하여 또는 직권으로 선임할 수 있다(제408조의7 제2항 후문).

(2) 집행임원의 의무 및 책임

① 집행임원의 의무

㉠ 이사회에 대한 보고의무: 집행임원은 3개월에 1회 이상 업무의 집행상황을 이사회에 보고하여야 한다(제408조의6 제1항). 집행임원은 이사회의 요구가 있으면 언제든지 이사회에 출석하여 요구한 사항을 보고하여야 한다(제408조의6 제2항). 이사는 대표집행임원으로 하여금 다른 집행임원 또는 피용자의 업무에 관하여 이사회에 보고할 것을 요구할 수 있다(제408조의6 제3항).

㉡ 기타: 집행임원에게는 이사의 충실의무(제382조의3), 기업비밀유지의무(제382조의4), 경업금지의무(제397조), 회사의 사업기회유용금지의무(제397조의2), 자기거래제한(제398조)에 관한 규정이 준용된다(제408조의9). 그리고 정관 등의 비치·공시의무(제396조), 감사에 대한 이사의 보고의무(제412조의2)의 규정이 준용된다(제408조의9).

② 집행임원의 책임

㉠ 회사에 대한 책임: 집행임원이 고의 또는 과실로 법령이나 정관을 위반한 행위를 하거나 그 임무를 게을리한 경우에는 그 집행임원은 집행임원 설치회사에 손해를 배상할 책임이 있다(제408조의8 제1항). 이때 다른 집행

임원·이사 또는 감사도 그 책임이 있으면 이들과 연대하여 배상할 책임이 있다(제408조의8 제3항). 회사에 대한 책임은 총주주의 동의로 면제할 수 있다(제408조의9, 제400조 제1항). 집행임원의 책임에 대해서는 대표소송(또는 다중대표소송)에 의하여 추궁할 수 있다(제408조의9, 제403조부터 제406조까지, 제406조의2).

㉡ 제3자에 대한 책임: 집행임원이 고의 또는 중대한 과실로 그 임무를 게을리한 경우에는 그 집행임원은 제3자에게 손해를 배상할 책임이 있다(제408조의8 제2항). 이에 다른 집행임원·이사 또는 감사도 책임이 있으면 이들도 연대하여 배상할 책임이 있다(제408조의8 제3항).

㉢ 업무집행지시자 등의 책임: 집행임원에 대하여 업무집행을 지시하거나 집행임원의 명의로 업무집행을 한 자 또는 집행임원으로 오인할 수 있는 일정한 명칭(예 회장, 부회장 등)을 사용하는 자의 업무집행에 대해서는 집행임원의 책임에 관한 규정이 준용된다(제408조의9, 제401조의2).

7. 집행임원 설치회사의 이사회

(1) 이사회의 권한

집행임원을 설치한 회사의 이사회는 집행임원과 대표집행임원의 선임 및 해임, 집행임원의 업무감독, 집행임원과 집행임원 설치회사의 소송에서 집행임원 설치회사를 대표할 자의 선임, 집행임원에게 업무집행에 관한 의사결정의 위임(상법에서 이사회 권한사항으로 정한 경우는 제외한다), 집행임원이 여러 명인 경우 집행임원의 직무 분담 및 지휘·명령관계, 그 밖에 집행임원의 상호관계에 관한 사항의 결정, 정관에 규정이 없거나 주주총회의 승인이 없는 경우 집행임원의 보수 결정 등의 권한을 갖는다(제408조의2 제3항).

(2) 이사회의 의장

집행임원 설치회사는 이사회의 회의를 주관하기 위하여 이사회 의장을 두어야 한다. 이 경우 이사회의 의장은 정관의 규정이 없으면 이사회 결의로 선임한다(제408조의2 제4항). 다만, 법원의 허가를 얻어 집행임원이 이사회를 소집하는 경우에는 이해관계인의 청구나 직권으로 법원이 선임할 수 있다(제408조의7 제2항).

8. 집행임원에 대한 기타 준용규정

집행임원에 대해서도 감사의 업무감사권(제412조), 이사의 위법행위에 대한 유지청구권(제402조)에 관한 규정이 준용된다(제408조의9).

Ⅴ. 이사의 의무

1. 선관주의의무·충실의무

이사는 회사와 위임관계에 있으므로, 이사는 회사에 대해 선량한 관리자로서의 주의의무를 다해 회사의 사무를 처리하여야 하며, 이러한 의무로 상법은 이사는 법령과 정관의 규정에 따라 회사를 위하여 직무를 충실하게 수행하여야 한다(제382조의3)고 규정하고 있다.

이사 또는 임원이 성실하게 그리고 자신의 독자적이고 합리적인 판단에 의해 회사에 최선의 이익이라고 생각되는 방법으로 임무를 수행하였다면 법원은 그 판단의 잘못을 탓할 수 없다는 경영판단의 법칙은 임무해태에 국한하여 적용할 수 있고, 법령에 위반한 행위에는 적용될 수 없다(판례). 따라서 충실의무위반행위는 경영판단의 법칙이 적용되지 않는다(판례).

2. 경업피지의무

(1) 의 의

이사는 이사회의 승인이 없으면 자기 또는 제3자의 계산으로 회사의 영업부류에 속하는 거래를 하거나 동종영업을 목적으로 하는 다른 회사의 무한책임사원이나 이사가 되지 못한다(제397조 제1항).

(2) 이사회의 승인

이사는 사전에 이사회에 대하여 승인의 대상인 사항에 관하여 중요한 사실을 밝히고 승인을 얻어야 한다. 경업적 거래의 승인은 원칙적으로 구체적인 거래에 대하여 개별적으로 하여야 한다. 경업의 승인을 구하는 이사는 이사회의 경업승인결의에서 그의 의결권을 행사하지 못한다.

(3) 금지내용

① **경업**: 자기 또는 제3자의 계산으로 회사의 영업부류에 속하는 거래를 하는 것을 말한다.

② **겸직**: 이사는 동종영업을 목적으로 하는 다른 회사의 무한책임사원이 되지 못한다. 아직 개업을 준비하는 단계에 있는 회사의 이사를 겸하더라도 겸직금지의무를 위반한 것이 된다(판례).

(4) 위반의 효과

① **손해배상책임**: 경업금지의무 위반으로 회사에 손해가 발생한 경우에 이사는 회사에 대하여 손해배상책임을 진다(제399조).

② **해임**: 경업 또는 겸직의무 위반은 이사해임의 사유가 되며, 소수주주가 법원에 해임을 청구할 수 있는 사유가 된다.

③ **거래의 효과**: 경업금지에 위반한 거래도 그 자체는 유효하다.

④ **개입권**

㉠ 의의: 이사가 경업을 한 경우에만 인정되는 회사의 권리이다. 회사는 경업거래가 이사 자신의 계산으로 한 것인 때에는 이를 회사의 계산으로 한 것으로 볼 수 있고, 제3자의 계산으로 한 것인 때에는 그 이사에 대하여 이로 인한 이득의 양도를 청구할 수 있다(제397조 제2항).

㉡ 성질 및 행사기간: 개입권은 형성권이며, 개입권은 거래가 있은 날로부터 1년을 경과하면 소멸한다(제397조 제3항).

㉢ 내용: 회사가 개입권을 행사하면 이사가 자기의 계산으로 한 경우에는 이사는 그 거래의 경제적 효과를 회사에 귀속시켜야 하고, 제3자의 계산으로 한 경우에는 이사는 회사에 그 거래로 인하여 취득한 이득, 즉 제3자로부터 받은 보수를 인도하여야 한다.

3. 이사의 기회 및 자산의 유용 금지

(1) 의 의

이사는 이사회의 승인 없이 현재 또는 장래에 회사의 이익이 될 수 있는 회사의 사업기회를 자기 또는 제3자의 이익을 위하여 이용하여서는 아니된다(제397조의2 제1항 전문). 이를 이사의 사업기회의 유용금지의무라 한다. 여기서 사업기회의 유용이란 회사에 대하여 충실의무를 부담하는 이사나 임원이 정당하게 회사에 귀속되어야 할 영업기회를 이사나 임원 또는 제3자의 이익을 위하여 편취하는 것을 말한다. 회사의 사업기회유용으로 인하여 회사에 손해를 끼치는 것뿐만 아니라 대표이사나 지배주주들이 지배권을 강화하거나 경영권을 승계하는 방법으로 악용하는 것을 방지하기 위하여 이사의 의무로서 규정한 것이다.

【판례】 대법원 2013.9.12.선고 2011다57869판결

이사는 이익이 될 여지가 있는 사업기회가 있으면 이를 회사에 제공하여 회사로 하여금 이를 이용할 수 있도록 하여야 하고, 회사의 승인 없이 이를 자기 또는 제3자의 이익을 위하여 이용하여서는 아니된다. 그러나 회사의 이사회가 그에 관하여 충분한 정보를 수집·분석하고 정당한 절차를 거쳐 회사의 이익을 위하여 의사를 결정함으로써 그러한 사업기회를 포기하거나 어느 이사가 그것을 이용할 수 있도록 승인하였다면 그 의사결정에 현저한 불합리가 없는 한 그와 같이 결의한 이사들의 경영판단을 존중되어야 할 것이므로, 이 경우에는 어느 이사가 그러한 사업기회를 이용하게 되었더라도 그 이사나 이사회의 승인결의에 참여한 이사들이 이사로서 선량한 관리자의 주의의무 또는 충실의무를 위반하였다고 할 수 없다.

(2) 금지의무의 내용

① **이사회의 승인**: 이사가 회사의 사업기회를 이용하기 위해서는 이사회의 승인을 얻어야 한다. 이 경우 이사회의 승인은 이사 3분의 2 이상의 수로써 하여야 한다(제397조의2 제1항 후문).

② **사업기회**: 이사회의 승인이 없이 이사는 회사의 사업기회를 이용하여서는 아니된다. 사업기회에 관하여 상법은 현재 또는 장래에 회사의 이익이 될 수 있는 직무를 수행하는 과정에서 알게 되거나 회사의 정보를 이용한 사업기회, 회사가 수행하고 있거나 수행할 사업과 밀접한 관계가 있는 사업기회를 예시하고 있다(제397조의2 제1항 1호·2호).

③ **자기 또는 제3자의 이익**: 자기 또는 제3자의 이익을 위하여 이용하여서는 아니된다. 자기 또는 제3자의 이익은 곧 회사의 손해로 추정되어 회사는 손해배상청구를 할 수 있다.

(3) 의무위반의 효과

이사회의 승인을 얻지 않고 사업기회를 이용하여 회사에 손해를 발생시킨 이사는 손해배상책임을 지며, 이사회에서 승인을 얻어 사업기회를 이용하더라도 회사에 손해가 있는 때에는 그 이사와 이사회에서 승인한 이사는 연대하여 손해를 배상할 책임을 부담한다(제399조 제2항). 회사의 사업기회의 이용으로 얻은 이사 또는 제3자의 이익은 회사의 손해로 추정한다(제397조의2 제2항).

4. 자기거래의 제한

(1) 의 의

이사 등은 미리 이사회의 승인을 얻은 경우에 한하여 자기 또는 제3자의 계산으로 회사와 거래를 할 수 있다(제398조 전단). 이사 등의 회사와의 거래내용과 절차는 공정하여야 한다(제398조 후단).

보충

1. 자기거래의 제한을 받는 자는 이사뿐만 아니라 ① 상법 제542조의8 제2항 6호에 따른 주요주주, ② 이사나 주요주주의 배우자 및 직계존·비속, 이사나 주요주주의 배우자의 직계존·비속, ③ 앞의 ①과 ②의 자들이 단독 또는 공동으로 의결권 있는 발행주식총수의 100분의 50 이상을 가진 회사 및 그 자회사, ④ 앞의 ①과 ②의 자가 ③의 회사와 합하여 의결권 있는 발행주식총수의 100분의 50 이상을 가진 회사 등이다.
2. 상장회사의 경우에는 주요주주 등 이해관계자와의 거래에 관해 신용공여(자금대출 등)금지 및 예외(복리후생 등)를 규정하고 있고(제542조의9 제1항·제2항), 주요주주 등 이해관계자와의 거래제한 및 예외규정을 두고 있다(제542조의9 제3항·제4항).

(2) 제한되는 거래의 내용

① **직접거래와 간접거래**: 제한되는 거래는 이사와 회사의 이해가 상충되어 회사의 이익을 해할 염려가 있는 모든 재산적 거래이다. 이사와 회사 간의 직접거래(이사가 직접 회사의 상대방이 된 경우)뿐만 아니라 간접거래(회사의 거래로 인한 결과적인 이득이 이사에 귀속되는 경우)도 포함된다.

② **어음행위**: 이사와 회사 간의 어음행위도 자기거래의 제한을 받는가에 대해서는 학설의 대립이 있으나, 어음행위로 인하여 원인관계와 별개의 새로운 채무를 부담하게 된 때에는 어음행위도 자기거래의 제한을 받는다고 본다(판례).

③ **기타**: 이사가 제3자의 대리인으로 또는 제3자의 위탁을 받아 회사와 거래하는 것, 이사가 제3자와 회사의 거래를 중개하는 것, 이사가 제3자에게 위탁하여 회사와 거래하는 것 등은 자기거래가 된다. 그리고 2개 회사의 대표이

사를 겸하면서 이해관계가 상반된 양 회사의 대표이사로서 쌍방대표행위를 한 경우에도 자기거래가 된다(판례).

(3) 제한되지 않는 거래

형식상은 이사와 회사 간의 거래라도 실질상의 이해충돌을 가져올 염려가 없는 거래 또는 행위의 성질상 회사에 불이익이 생길 염려가 없는 거래, 즉 회사에 대한 무이자·무담보자금대여, 상계, 채무의 이행, 보통거래약관에 의한 거래, 회사채무의 보증, 회사의 명의로 해 두었던 명의신탁의 해지, 회사가 부담 없이 무상증여를 받는 계약 등과 같은 거래는 자기거래에 포함되지 않는다(판례).

(4) 이사회의 승인

① **승인기관 및 승인시기**: 이사 등의 자기거래는 미리 이사회의 승인을 받아야 하고, 승인은 이사 3분의 2 이상의 수로써 하여야 한다(제398조). 그리고 이사가 1인인 회사의 경우는 주주총회의 결의에 의한다.

【판례】 대법원 2020.7.9.선고 2019다205398판결

상법 제398조는 이사 등이 그 지위를 이용하여 회사와 거래를 함으로써 자기 또는 제3자의 이익을 도모하고 회사와 주주에게 예기치 못한 손해를 끼치는 것을 방지하기 위한 것으로, 이사와 지배주주 등의 사익추구에 대한 통제력을 강화하고자 적용대상을 이사 외의 주요주주 등에게까지 확대하고 이사회 승인을 위한 결의요건도 가중하여 정하였다. 다만 상법 제383조에서 2인 이하의 이사만을 둔 소규모회사의 경우 이사회의 승인을 주주총회의 승인으로 대신하도록 하였다. 이 규정을 해석·적용하는 과정에서 이사 등의 자기거래를 제한하려는 입법 취지가 몰각되지 않도록 해야 한다.

일반적으로 주식회사에서 주주총회의 의결정족수를 충족하는 주식을 가진 주주들이 동의하거나 승인하였다는 사정만으로 주주총회에서 그러한 내용의 주주총회 결의가 있는 것과 마찬가지라고 볼 수 없다. 따라서 자본금 총액이 10억원 미만으로 이사가 1명 또는 2명인 회사의 이사가 자기 또는 제3자의 계산으로 회사와 거래를 하기 전에 주주총회에서 해당 거래에 관한 중요사실을 밝히고 주주총회의 승인을 받지 않았다면, 특별한 사정이 없는 한 그 거래는 무효라고 보아야 한다.

② **승인방법**: 이사회의 승인은 개개의 거래에 대하여 이루어져야 하고, 원칙적으로 포괄적인 승인은 허용되지 않는다. 이사회의 승인을 얻기 위해서는 해당 거래에 관한 중요 사실을 밝혀야 한다.

③ **이사회의 승인과 이사의 책임**: 이사회의 승인을 얻어 거래한 결과 그 거래이사가 회사에 손해를 가했을 때에는 이사는 회사에 대해 손해배상책임을 지며,

이사회에서 승인결의에 찬성한 이사도 연대하여 책임을 진다(제399조 제2항 · 제3항).

【판례】 대법원 2017.8.18.선고 2015다5569판결

구 상법(2011. 4. 14. 법률 제10600호로 개정되기 전의 것, 이하 같다) 제398조는 "이사는 이사회의 승인이 있는 때에 한하여 자기 또는 제3자의 계산으로 회사와 거래를 할 수 있다. 이 경우에는 민법 제124조의 규정을 적용하지 아니한다."라고 정하고 있다. 그러나 회사의 채무부담행위가 구 상법 제398조에서 정한 이사의 자기거래에 해당하여 이사회의 승인이 필요하다고 할지라도, 위 규정의 취지가 회사와 주주에게 예기치 못한 손해를 끼치는 것을 방지함에 있으므로, 그 채무부담행위에 대하여 주주 전원이 이미 동의하였다면 회사는 이사회의 승인이 없었음을 이유로 그 책임을 회피할 수 없다(다만 2011. 4. 14. 법률 제10600호로 개정되어 2012. 4. 15.부터 최초로 체결된 거래부터 적용되는 현행 상법 제398조는 '상법 제542조의8 제2항 제6호에 따른 주요주주의 경우에도 자기 또는 제3자의 계산으로 회사와 거래를 하기 위해서는 미리 이사회에 해당 거래에 관한 중요사실을 밝히고 이사회의 승인을 받아야 한다'고 정하고 있다).

(5) 위반거래의 효과

이사가 이사회의 승인 없이 자기거래를 한 경우에 그 효력에 대해서는 유효설과 무효설이 대립되고 있다. 그러나 판례는 이사와 회사 간에는 무효이나, 자기거래에 관련되는 제3자(예 자기거래의 행위 중 간접거래의 경우)와의 사이에서는 회사가 제3자의 악의를 입증하지 못하는 때에는 (즉, 제3자가 선의이고 중대한 과실이 없는 때에는) 유효하다는 입장이다. 한편, 이사의 자기거래의 무효는 회사가 주장할 수 있으며, 이사나 제3자(예 전득자)는 무효를 주장할 수 없다. 이사가 이사회의 승인 없이 자기거래를 한 경우 이로 인하여 회사에 손해가 있는 때에는 손해배상책임을 진다(제399조 제1항).

【판례】 대법원 2020.7.9.선고 2019다205398판결

상법 제398조는 이사 등이 그 지위를 이용하여 회사와 거래를 함으로써 자기 또는 제3자의 이익을 도모하고 회사와 주주에게 예기치 못한 손해를 끼치는 것을 방지하기 위한 것으로, 이사와 지배주주 등의 사익추구에 대한 통제력을 강화하고자 적용대상을 이사 외의 주요주주 등에게까지 확대하고 이사회 승인을 위한 결의요건도 가중하여 정하였다. 다만 상법 제383조에서 2인 이하의 이사만을 둔 소규모회사의 경우 이사회의 승인을 주주총회의 승인으로 대신하도록 하였다. 이 규정을 해석·적용하는 과정에서 이사 등의 자기거래를 제한하려는 입법 취지가 몰각되지 않도록 해야 한다.

일반적으로 주식회사에서 주주총회의 의결정족수를 충족하는 주식을 가진 주주들이 동의

> 하거나 승인하였다는 사정만으로 주주총회에서 그러한 내용의 주주총회 결의가 있는 것과 마찬가지라고 볼 수 없다. 따라서 자본금 총액이 10억원 미만으로 이사가 1명 또는 2명인 회사의 이사가 자기 또는 제3자의 계산으로 회사와 거래를 하기 전에 주주총회에서 해당 거래에 관한 중요사실을 밝히고 주주총회의 승인을 받지 않았다면, 특별한 사정이 없는 한 그 거래는 무효라고 보아야 한다.

5. 보고의무

(1) 감사에 대한 보고의무

이사는 회사에 현저하게 손해를 미칠 염려가 있는 사실을 발견한 때에는 이를 즉시 감사에게 보고하여 이에 대한 감사의 감사를 촉구함으로써 회사의 손해를 가급적 미연에 방지하도록 하여야 한다(제412조의2 참조). 이사가 이러한 보고의무를 위반한 때에는 그로 인하여 생긴 회사의 손해를 배상할 책임을 면하지 못한다(제399조 제1항).

(2) 이사회에 대한 보고의무

이사는 3월에 1회 이상 업무의 집행사항을 이사회에 보고하여야 하며(제393조 제4항), 보고방법은 구두에 의하든 서면에 의하든 제한이 없다.

6. 기업비밀준수의무

이사는 재임 중 뿐만 아니라 퇴직 후에도 그 직무와 관련하여 알게 된 회사의 영업상 비밀을 누설하여서는 아니된다(제382조의4). 따라서 이사는 기업비밀을 지킬 의무와 기업비밀을 개인적 이익을 위해 사용하지 않을 의무를 진다.

7. 감시의무

대표이사는 다른 이사의 직무집행을 감시할 의무가 있고, 공동대표이사의 경우 각 대표이사는 다른 대표이사의 직무집행을 상호 감시하여야 할 의무가 있다. 업무담당이사는 다른 이사의 직무집행에 대해 감시의무를 진다. 업무집행권이 없는 평이사도 감시의무를 부담한다(판례). 감시의무를 위반한 이사는 회사에 대하여 임무해태로 인한 손해배상책임을 지며, 악의 또는 중과실이 있는 경우에는 제3자에 대하여도 손해배상책임을 진다.

Ⅵ. 이사의 책임

1. 이사의 회사에 대한 책임

(1) 손해배상책임

① **의의**: 이사가 고의 또는 과실로 법령 또는 정관에 위반한 행위를 하거나 그 임무를 해태한 때에는 회사에 대하여 연대하여 손해를 배상할 책임을 진다(제399조 제1항).

② **책임의 원인**

㉠ 법령 또는 정관의 위반: 법령 또는 정관에 위반한 행위는 이사가 단독으로 법령 또는 정관에 위반한 행위(예 이사회의 승인 없이 경업을 하거나 자기거래를 한 경우), 이사들이 이사회에서 법령 또는 정관에 위반한 결의를 한 경우(예 위법한 신주발행을 결의한 경우), 대표이사가 법령 또는 정관에 위반하여 업무집행 또는 대표행위를 한 경우(예 정관상의 제한을 위반하여 업무집행을 한 경우, 공동대표가 단독으로 대표하는 것, 대표권을 남용한 경우 등)의 세 가지 형태로 나누어질 수 있다.

㉡ 임무해태: 임무해태란 이사가 직무수행과 관련하여 선량한 관리자로서의 주의의무를 게을리함으로써 회사에 손해를 가하거나 손해를 방지하지 못한 경우를 뜻한다.

【판례】 대법원 2008.4.10.선고 2004다68519판결

상법 제399조는 이사가 법령을 위반한 행위를 한 경우에 회사에 대하여 손해배상책임을 지도록 규정하고 있는데, 이사가 임무를 수행하면서 위와 같이 법령을 위반한 행위를 한 때에는 그 행위 자체가 회사에 대한 채무불이행에 해당하므로, 그로 인하여 회사에 손해가 발생한 이상 특별한 사정이 없는 한 손해배상책임을 면할 수 없고, 법령에 위반한 행위에 대하여는 원칙적으로 경영판단의 원칙이 적용되지 않는다.

③ **공동행위자의 책임형태**: 고의 또는 과실로 법령 또는 정관에 위반한 행위 또는 임무해태가 수인의 이사에 의하여 이루어진 경우에는 연대책임을 지며(제399조 제1항), 감사도 책임질 경우에는 이사와 연대책임을 진다(제414조 제3항). 이들의 연대책임은 부진정연대책임이다.

④ **찬성이사의 책임**: 고의 또는 과실로 법령 또는 정관에 위반한 행위 또는 임무

해태가 이사회의 결의에 의한 것인 때에는 그 결의에 찬성한 이사도 연대하여 책임을 진다(제399조 제2항). 이사회의 결의에 참가한 이사로서 이의를 한 기재가 의사록에 없는 자는 그 결의에 찬성한 것으로 추정한다(제399조 제3항).

⑤ **책임의 범위:** 이사의 책임은 손해배상의 일반원칙에 따라 법령 또는 정관위반이나 임무해태와 상당인과관계가 있는 손해에 한하여 책임을 진다.

(2) 자본금충실책임

이사는 신주발행의 경우에 설립시의 발기인의 책임과 같은 자본금충실의 책임을 진다. 그 결과 신주의 발행으로 인한 변경등기가 있은 후에 아직 인수하지 아니한 주식이 있거나 주식인수의 청약이 취소된 때에는 이사가 이를 공동으로 인수한 것으로 본다(제428조 제1항). 이는 이사에 대한 손해배상청구에 영향을 미치지 않는다(제428조 제2항). 자본금충실의 책임은 무과실책임이며, 회사채권자의 보호를 위하여 법정한 특별책임이다.

(3) 책임의 추궁

이사의 회사에 대한 손해배상책임과 자본금충실의 책임은 회사가 추궁하여야 하지만, 발행주식총수의 100분의 1(상장회사는 1만분의 1) 이상의 주식을 가진 소수주주도 대표소송에 의하여 이를 추궁할 수 있다(제403조).

(4) 책임의 소멸

① **책임의 면제:** 이사의 손해배상책임은 의결권 없는 주식을 포함하여 총주주의 동의가 없으면 면제하지 못한다(제400조 제1항). 총주주의 동의는 명시적·적극적으로 이루어질 필요는 없으며 묵시적으로 이루어질 수도 있다(판례). 그러나 이사의 자본금충실의 책임은 총주주의 동의로도 면제되지 않는다. 한편, 회사는 정관에서 정하는 바에 따라 상법 제399조에 따른 이사의 책임을 이사가 불법행위를 한 날 이전 최근 1년간의 보수액(상여금과 주식매수선택권의 행사로 인한 이익 등을 포함한다)의 6배(사외이사의 경우는 3배)를 초과하는 금액에 대하여 면제할 수 있다. 다만, 이사가 고의 또는 중대한 과실로 손해를 발생시킨 경우와 경업피지의무 위반, 자기거래 제한에 위반한 경우, 회사의 사업기회유용금지의무에 위반한 경우에는 그러하지 아니한다(제400조 제2항).

② **책임의 해제:** 정기주주총회에서 재무제표를 승인한 때에는 이사·감사의 부

정행위가 있는 경우를 제외하고는 2년 내에 다른 결의가 없으면 이사와 감사의 책임은 해제된다(제450조).

③ **책임의 시효:** 이사의 책임을 법정책임 또는 위임계약의 불이행책임으로 본다면 채권의 일반시효인 10년의 소멸시효가 적용된다(판례).

2. 이사의 제3자에 대한 책임

이사가 고의 또는 중대한 과실로 인하여 그 임무를 해태한 때에는 그 이사는 제3자에 대하여 연대하여 손해를 배상할 책임이 있다(제401조 제1항).

【판례】 대법원 2012.12.13.선고 2010다77743판결

회사의 재산을 횡령한 이사가 악의 또는 중대한 과실로 부실공시를 하여 재무구조의 악화 사실이 증권시장에 알려지지 아니함으로써 회사 발행주식의 주가가 정상주가보다 높게 형성되고, 주식매수인이 그러한 사실을 알지 못한 채 주식을 취득하였다가 그 후 그 사실이 증권시장에 공표되어 주가가 하락한 경우에는 주주는 이사의 부실공시로 인하여 정상주가보다 높은 가격에 주식을 매수하였다가 주가가 하락함으로써 직접 손해를 입은 것이므로, 이사에 대하여 상법 제401조 제1항의 손해배상을 청구할 수 있다.

(1) 손해의 범위

이사의 임무해태(예 다른 이사의 업무집행이 위법하다고 의심할 만한 사유가 있음에도 이를 방치한 경우, 회사의 대규모 분식회계에 가담한 경우 등)로 인한 손해는 직접손해(직접 제3자가 입은 손해)와 간접손해(회사가 입은 손해로 인해 다시 제3자가 입은 손해)가 있을 수 있다.

(2) 제3자의 범위

이사가 책임을 지는 제3자는 회사와 책임을 지는 이사 이외의 자를 말하며, 이 경우 주주도 제3자에 포함되는가에 대해 직접손해의 경우에는 주주도 포함된다는 점에 이설(異說)이 없지만, 간접손해에 대해서는 제3자에 주주가 포함된다는 설과 포함되지 않는다는 설의 대립이 있다. 판례는 직접손해의 경우에만 제3자에 주주가 포함되며, 회사가 입은 손해로 인하여 간접적으로 주주가 손해를 입는 경우에는 제3자에 주주는 포함되지 않는다고 한다.

(3) 입증책임

이사의 임무해태에 관한 고의 또는 중대한 과실은 제3자가 입증하여야 한다. 고의 또는 중대한 과실은 회사의 임무에 관하여 요구된다는 것이 판례의 입장이다.

(4) 책임의 소멸

이사의 제3자에 대한 책임은 그 이행과 소멸시효의 완성에 의하여 소멸될 뿐, 책임의 해제나 면제는 인정되지 않는다.

(5) 제3자에 대한 책임의 기능

이사의 제3자에 대한 책임이 법인격부인의 대체적 기능을 할 수 있다. 즉, 주로 지배주주가 이사를 겸하고 지배주주의 개인사업처럼 운영되는 소규모의 회사에서 회사재산의 부족으로 채권자가 채권회수를 하지 못할 때, 상법 제401조가 작용된다면 제3자의 보호를 가져올 수 있다.

(6) 제3자에 대한 책임의 소멸시효

제3자에 대한 책임을 불법행위책임으로 보아 3년의 시효로 소멸한다는 견해가 있으나, 제3자에 대한 책임은 법정책임으로 채권의 일반시효인 10년의 소멸시효가 적용된다(판례).

3. 업무집행지시자 등의 책임

우리나라에서는 대부분의 회사에 지배주주가 존재하고, 이러한 지배주주가 기관이 아니면서 이사에 대해 사실상의 영향력을 행사하여 적정하지 않은 방법으로 업무를 집행하게 하여 회사에 손해를 끼치는 경우가 많다. 이와 같이 회사에 대한 영향력을 기화로 회사의 업무집행에 관여하는 자에 대해 상법 제401조의2는 상법 제399조, 상법 제401조, 상법 제403조, 제406조의2의 적용에 있어서 이사로 본다고 규정하였다.

(1) 업무집행지시자

① 요건: 회사에 대한 자신의 영향력을 이용하여 이사에게 업무집행을 지시한 자는 그 지시한 업무에 관하여 이사로 본다(제401조의2 제1항 1호).

㉠ 회사에 대한 자신의 영향력을 이용하여야 한다. 회사에 대한 영향력이란 회사의 의사결정을 자신이 의도하는 바대로 유도할 수 있는 힘을 말한다.

㉡ 자신의 영향력을 이용하여 대표이사나 이사에게 업무집행을 지시하였어야 한다. 영향력의 행사란 직접적이든 간접적이든 불문한다. 그리고 업무집행의 지시는 적극적으로 행하여져 회사 및 이사나 사용인 등에 대해

구속력을 가지는 경우를 말한다.

② **책임**: 회사에 대한 자신의 영향력을 이용하여 업무를 집행한 자는 상법 제399조, 상법 제401조 및 상법 제403조의 적용에 있어서 이사로 간주되므로, 임무해태로 인한 이사의 손해배상책임, 제3자에 대한 손해배상책임에 있어서 이사와 연대책임을 부담하게 된다.

(2) 이사의 이름으로 직접 회사의 업무를 집행한 자

이사의 이름으로 직접 회사의 업무를 집행한 자(제401조의2 제1항 2호)란 명목상의 이사를 두고 특정인이 그 이사의 명의로 실제의 업무집행을 하는 자를 말하며, 무권대행자라고도 한다. 이에 대해서도 업무집행지시자와 마찬가지로 상법 제399조, 상법 제401조, 상법 제403조의 적용에 있어서 이사로 간주된다.

(3) 표현이사

이사가 아니면서 명예회장, 회장, 사장, 부사장, 전무, 상무, 이사 기타 회사의 업무를 집행할 권한이 있는 것으로 인정될 만한 명칭을 사용하는 자가 회사의 업무를 집행한 때에는 그 집행한 업무에 관하여는 이사와 같은 책임을 진다(제401조의2 제1항 3호). 이러한 책임을 지는 자를 표현이사라 한다.

구 분	표현대표이사	표현이사
책임주체의 차이	회사	표현이사 개인
제3자의 외관신뢰 여부	신뢰가 있어야 한다.	신뢰가 없어도 된다.
명칭사용의 허락	사용허락이 있어야 한다.	사용허락이 없어도 된다.
이사 요건	이사여야 한다(법문규정상).	이사일 필요는 없다.
책임추궁	대표소송에 의한 추궁이 인정되지 않는다.	대표소송에 의한 추궁이 가능하다.

Ⅶ. 주주의 이사견제와 책임추궁

1. 이사의 위법행위유지청구권

(1) 의 의

이사의 법령 또는 정관에 위반한 행위로 인하여 회사에 회복할 수 없는 손해가 생길 염려가 있는 경우에 감사(감사위원회를 두는 경우에는 감사위원회)와 발행주식총수의 100분의 1 이상을 가진 소수주주는 회사를 위하여 이사에 대하여 그 행위를 유지할 것을 청구할 수 있다(제402조). 유지청구권은 주주의 공익권에 해당한다. 유지청구는 손해발생의 염려가 있는 경우 사전적 예방수단으로 인정되는 점에서, 이미 발생한 손해의 회복을 위한 사후적 구제수단인 대표소송과 차이가 있다.

(2) 유지청구의 당사자

유지청구를 할 수 있는 자는 감사(또는 감사위원회)와 발행주식총수의 100분의 1 이상에 해당하는 주식을 가진 소수주주에 한한다. 소수주주에는 의결권 없는 주식을 가진 주주도 포함된다. 유지청구의 상대방은 법령 또는 정관에 위반한 행위를 하려는 이사(집행임원에도 준용)이다.

보충

[상장회사의 경우] 6개월 전부터 보유하는 발행주식총수의 10만분의 50(자본금 1천억원 이상의 회사 : 10만분의 25) 이상에 해당하는 주식을 가진 주주가 이사의 위법행위유지청구권을 갖는다.

(3) 유지청구의 요건

① **법령 또는 정관에 위반한 행위:** 이사가 법령 또는 정관에 위반한 행위로, 그 행위는 목적범위 내·외를 불문하며 불법행위·법률행위·준법률행위·사실행위도 포함된다.

② **회복할 수 없는 손해의 발생:** 회복할 수 없는 손해의 여부는 사회통념에 따라 판단할 문제이다. 회복은 법률적으로 불가능한 것만을 말하는 것이 아니며, 회복을 위한 비용이나 절차 등으로 보아 회복이 곤란하거나 상당한 시일을 요하는 경우에도 유지청구가 가능하다.

(4) 유지청구의 방법

유지청구는 반드시 소송에 의할 필요는 없으며, 위법행위를 하는 이사에 대하여 그 행위를 중지할 것을 재판외의 방법으로 청구할 수 있다. 그러나 재판외의 청구에도 불구하고 이사가 그 행위를 중지하지 않는 경우 유지청구의 소를 제기할 수 있다. 소를 제기하는 경우에는 이행의 소 또는 장래의 이행의 소가 된다. 더불어 가처분으로 이사의 행위를 중지시킬 수도 있다. 유지청구를 위한 소는 회사를 위하여 제기된 것이므로 판결의 효과는 당연히 회사에 미친다.

(5) 유지청구의 소(訴)의 절차

유지청구의 소는 대표소송과 마찬가지로 주주가 회사의 대표기관적 지위에서 제기하는 것이므로 소의 관할, 회사의 참가, 승소주주의 권리, 패소주주의 책임 등에 관하여 대표소송에 관한 규정을 유추적용할 수 있다.

(6) 유지청구의 효과

유지청구를 소에 의하는 때에는 판결에 따라 효과가 주어지지만, 소에 의하지 않는 경우에는 이사는 자신의 행위를 유지할 것인가에 대해 선량한 관리자의 주의로 결정하여야 한다. 이사가 유지청구를 받고도 법령 또는 정관에 위반한 행위를 유지하지 않음으로 인하여 회사에 손해가 생기면 임무해태로 인한 손해배상책임을 지게 된다(제399조 제1항).

2. 대표소송

(1) 의 의

대표소송이란 회사가 이사에 대한 책임추궁을 게을리할 경우에 주주가 회사를 위하여 이사의 회사에 대한 책임을 추궁하기 위하여 제기하는 소송이다(제403조).

(2) 성 질

대표소송은 회사의 채무자가 이사라는 특수한 관계로 인해 회사의 권리구제가 소홀해질 염려가 있으므로 특히 인정되는 대위소송에 해당한다. 대표소송은 주주의 개별적 이익을 위한 것이 아니고 회사와 주주 전체의 이익을 위한 것이므로 주주의 공익권에 해당한다.

(3) 소제기 당사자

① **제소권자:** 발행주식총수의 100분의 1 이상의 주식을 가진 소수주주(상장회사의 경우에는 6개월 전부터 계속하여 발행주식총수의 1만분의 1 이상의 주식을 보유한 주주)에 한하여 제소권을 갖는다. 상법상 제소요건주식은 소제기시점에서 보유하면 족하고, 제소 후에는 지주수(持株數)가 100분의 1 이하로 감소하여도 무방하다(제403조 제5항). 상장회사의 경우에는 요건주식(발행주식총수의 1만분의 1 이상)을 제소 전에 6월간 보유하여야 한다(상법 제542조의6 제6항).

【판례】 대법원 2010.4.15.선고 2009다98058판결

상법 제403조 제1항, 제3항, 제4항에 의하면, 발행주식총수의 100분의 1 이상에 해당하는 주식을 가진 주주는 회사에 대하여 이사의 책임을 추궁할 소의 제기를 청구할 수 있는데, 회사가 위 청구를 받은 날로부터 30일 내에 소를 제기하지 아니하거나 위 기간의 경과로 인하여 회사에 회복할 수 없는 손해가 생길 염려가 있는 경우에는 발행주식총수의 100분의 1 이상에 해당하는 주식을 가진 주주가 즉시 회사를 위하여 소를 제기할 수 있다는 취지를 규정하고 있는 바, 이는 주주의 대표소송이 회사가 가지는 권리에 바탕을 둔 것임을 고려하여 주주에 의한 남소를 방지하기 위해서 마련된 제소요건에 관한 규정에 해당한다. 따라서 회사에 회복할 수 없는 손해가 생길 염려가 없음에도 불구하고 회사에 대하여 이사의 책임을 추궁할 소의 제기를 청구하지 아니한 채 발행주식총수의 100분의 1 이상에 해당하는 주식을 가진 주주가 즉시 회사를 위하여 소를 제기하였다면 그 소송은 부적법한 것으로서 각하되어야 한다. 여기서 회복할 수 없는 손해가 생길 염려가 있는 경우라 함은 이사에 대한 손해배상청구권의 시효가 완성된다든지 이사가 도피하거나 재산을 처분하려는 때와 같이 이사에 대한 책임추궁이 불가능 또는 무익해질 염려가 있는 경우 등을 의미한다.

② **피고**: 대표소송의 피고는 회사에 대하여 책임이 있는 이사 또는 이사였던 자이다.

(4) 대표소송의 제기

소수주주는 먼저 대표소송을 제기하기 전에 이유를 기재한 서면으로 회사에 대하여 이사의 책임을 추궁할 소를 제기할 것을 청구할 수 있다(제403조 제1항·제2항). 소수주주의 청구가 있은 날로부터 30일 내에 회사가 소를 제기하지 아니한 때에 비로소 소수주주가 직접 소를 제기할 수 있다(제403조 제3항). 그러나 이 기간의 경과로 인하여 회사에 회복할 수 없는 손해(㉮ 시효의 완성, 이사의 도피나 재산의 은닉 등)가 생길 염려가 있는 경우에는 회사에 대해 청구하지 아니하고, 또 청구를 했더라도 30일을 기다릴 필요없이 즉시 소를 제기할 수 있다(제403조 제4항).

(5) 대표소송에 의한 책임추궁의 범위

대표소송은 이사의 회사에 대한 책임을 추궁하는 것이므로 주주 자신의 손실회복을 위한 때에는 제기할 수 없다. 대표소송은 이사의 지위에 있는 동안에 발생한 책임에 대해 가능하며, 이사가 퇴임하더라도 시효가 완성되기 전의 책임은 대표소송에 의한 추궁이 가능하다.

(6) 소의 절차

① **관할**: 대표소송은 회사의 본점소재지의 지방법원의 관할에 전속한다.

② **고지와 참가**: 주주가 대표소송을 제기한 때에는 지체없이 회사에 대하여 소

송의 고지를 하여야 하며(제404조 제2항), 회사는 주주의 대표소송에 참가할 수 있다. 회사의 소송참가는 공동소송참가에 해당된다.

③ **주주의 담보제공:** 소수주주권자가 소를 제기한 경우에 피고인 이사는 주주가 악의임을 소명하고 주주로 하여금 상당한 담보를 제공할 것을 법원에 청구할 수 있다(제403조 제7항, 제176조 제3항·제4항).

④ **소의 취하, 청구의 포기, 화해 등:** 제소주주는 소송물에 관한 처분권이 없으므로 법원의 허가를 얻지 아니하고는 소의 취하, 청구의 포기·인낙, 소송상의 화해 등을 할 수 없다(제403조 제6항). 소수주주의 청구에 의하여 회사가 이사의 책임을 추궁하는 경우에도 같다.

(7) 판결의 효과

① **원고승소의 경우:** 대표소송에 의한 판결의 효과는 회사에 대하여 그 효력이 미친다. 대표소송에서 승소한 주주는 패소한 피고로부터 소송비용을 청구할 수 있고, 회사에 대해 피고인 이사로부터 보상받지 못한 소송비용 이외의 소송으로 인한 상당한 금액의 지급을 회사에 대하여 청구할 수 있다(제405조 제1항). 이를 지급한 회사는 피고인 이사에게 구상할 수 있다.

② **원고패소의 경우:** 주주가 패소한 때에는 악의가 있는 경우에 한하여 회사에 대해 손해를 배상할 책임을 진다(제405조 제2항). 악의란 회사에 손해를 끼칠 목적이나 회사를 해(害)하려는 고의가 있는 것을 말한다.

(8) 재심의 소

대표소송에서 원고와 피고의 공모로 인하여 소송의 목적인 회사의 권리를 사해(詐害)할 목적으로서 판결을 하게 한 때에는 회사 또는 주주는 확정된 종국판결에 대하여 재심의 소를 제기할 수 있다(제406조). 재심의 소를 제기할 수 있는 주주는 소수주주가 아니라도 무방하며 재심청구 당시의 주주이면 족하다.

3. 다중대표소송

(1) 소제기 전 절차

모회사의 발행주식총수의 100분의 1(상장회사는 1만분의 50) 이상에 해당하는 주식을 가진 주주는 이유를 기재한 서면으로 자회사에 대하여 자회사의 이사의 책임을 추궁할 소의 제기를 청구할 수 있다(제406조의2 제1항·제3항, 제542조의6 제7항).

모회사 소수주주가 자회사에 대하여 자회사 이사의 책임을 추궁할 소의 제기를 청구한 후 모회사가 보유한 자회사의 주식이 자회사 발행주식총수의 100분의 50 이하로 감소한 경우(발행주식을 보유하지 아니하게 된 경우를 제외한다)에도 제소의 효력에는 영향이 없다(제406조의2 제4항).

(2) 소제기절차

① 모회사의 소수주주는 자회사가 이사의 책임추궁할 것을 청구받은 날부터 30일 내에 소를 제기하지 아니한 때에는 즉시 자회사를 위하여 소를 제기할 수 있다(제406조의2 제2항).

② 다중대표소송의 경우에는 자회사의 본점소재지의 지방법원의 관할에 전속한다(제406조의2 제5항).

③ 대표소송에 관한 제403조 제4항부터 제6항, 제404조의 규정이 준용되며, 담보제공명령청구에 관한 제176조 제3항·제4항이 준용된다(제406조의2 제3항).

(3) 판결의 효과

다중대표소송의 판결의 효과에 대해서는 제405조 및 제406조의 규정이 준용된다(제406조의2 제3항).

제4관 감사·감사위원회·준법지원인

Ⅰ. 감 사

1. 의 의

감사(監事)란 회사의 회계 및 업무의 감사를 직무로 하는 주식회사의 필요적 상설기관이다. 감사는 감사위원회를 두지 않는 경우에만 둘 수 있다(제415조의2 제1항). 그리고 자본금 10억원 미만의 회사는 감사를 두지 않아도 된다(제409조 제4항).

【판례】 대법원 2017.3.23.선고 2016다251215 전원합의체 판결

감사는 이사의 직무의 집행을 감사하는 주식회사의 필요적 상설기관이며(제412조 제1항), 회사와 감사의 관계에 대해서는 이사에 관한 상법 규정이 다수 준용된다(제415조, 제382조

제2항, 제388조). 이사의 선임과 달리 특히 감사의 선임에 대하여 상법은 제409조 제2항에서 "의결권 없는 주식을 제외한 발행주식총수의 100분의 3을 초과하는 수의 주식을 가진 주주는 그 초과하는 주식에 관하여는 의결권을 행사하지 못한다."라고 규정하고 있다. 따라서 감사선임결의에도 불구하고 대표이사가 임용계약의 청약을 하지 아니하여 감사로서의 지위를 취득하지 못한다고 하면 위 조항에서 감사 선임에 관하여 대주주의 의결권을 제한한 취지가 몰각되어 부당하다. 이사의 직무집행에 대한 감사를 임무로 하는 감사의 취임 여부를 감사의 대상인 대표이사에게 맡기는 것이 단체법의 성격에 비추어 보아도 적절하지 아니함은 말할 것도 없다.

결론적으로, 주주총회에서 이사나 감사를 선임하는 경우, 선임결의와 피선임자의 승낙만 있으면, 피선임자는 대표이사와 별도의 임용계약을 체결하였는지와 관계없이 이사나 감사의 지위를 취득한다.

2. 선임·종임 등

(1) 선임 및 자격

① **감사의 선임:** 감사는 주주총회에서 보통결의로 선임한다(제409조 제1항). 다만 회사가 전자적 방법에 의한 의권권행사가 가능하도록 한 경우에는 출석주주 의결권의 과반수로써 선임을 결의할 수 있다(제409조 제3항). 의결권 없는 주식을 제외한 발행주식총수의 100분의 3을 초과하는 수의 주식을 가진 주주는 그 초과하는 주식에 관하여는 의결권을 행사하지 못한다(제409조 제2항). 정관의 정함으로 이 비율은 낮추는 것은 가능하지만, 높이는 것은 인정되지 않는다.

② **감사의 자격:** 감사의 자격에는 제한이 없으나, 다만 감사는 당해 회사 및 자회사의 이사, 지배인 또는 그 밖의 사용인을 겸하지 못한다(제411조).

(2) 감사의 수와 임기

감사의 수에는 제한이 없으므로 1인 또는 수인을 둘 수 있다. 감사의 임기는 취임 후 3년 내의 최종의 결산기에 관한 정기주주총회의 종결일까지이다(제410조). 임기는 취임을 한 때(주주총회의 결의와 선임된 감사의 동의로 감사지위를 취득한다: 판례)로부터 기산한다.

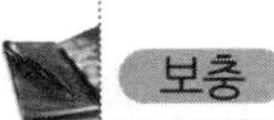

보충

[상장회사의 경우] 최근 사업연도 말 현재 자산총액이 1천억원 이상인 상장회사는 주주총회 결의에 의하여 회사에 상근하면서 감사업무를 수행하는 상근감사 1인 이상을 두어야 한다. 다

만, 감사위원회를 설치한 회사는 상근감사를 두지 않아도 된다(제542조의10 제1항).

(3) 종 임

감사는 임기만료와 위임의 종료사유로 퇴임한다. 또한 특별결의에 의한 이사의 해임, 소수주주에 의한 해임청구의 소, 직무집행정지 등에 의해 종임하는 것은 이사의 경우와 같다(제415조, 제385조, 제407조). 그러나 회사가 해산하여도 이사의 경우와는 달리 그 자격을 잃지 않는다.

(4) 보 수

감사의 보수도 이사의 보수와 같이 정관으로 정하거나 주주총회에서 정하여야 한다(제415조, 제388조). 그러나 이사와 감사를 위한 보수총액을 주주총회에서 결정하고 그 배분을 이사회에 위임하는 것은 인정되지 않는다.

(5) 선임·종임의 등기

감사의 선임절차가 끝나면 감사의 성명과 주민등록번호를 등기하여야 하며, 종임의 경우에도 그 사실을 등기하여야 한다.

3. 감사의 권한

(1) 회계 및 업무감사권

감사는 회계감사의 업무 이외에 이사의 직무의 집행을 감사(監査)한다(제412조 제1항). 감사는 언제든지 이사 또는 집행임원에 대하여 영업에 관하여 보고를 요구하거나 회사의 업무와 재산상태를 조사할 수 있고(제412조 제2항, 제408조의9), 이때 회사의 비용으로 전문가의 도움을 구할 수 있다(제412조 제3항).

(2) 자회사의 감사권

모회사의 감사는 그 직무를 수행하기 위하여 필요한 때에는 자회사에 대하여 영업의 보고를 요구할 수 있다(제412조의5 제1항). 이러한 권리는 모회사의 감사를 위하여 필요한 때에만 행사할 수 있다. 모회사의 감사가 자회사에 대하여 영업에 관한 보고를 요구하였으나, 자회사가 지체없이 보고를 하지 않거나 보고를 하였더라도 보고의 전부를 확인할 필요가 있는 때에는 자회사의 업무와 재산상태를 조사할 수 있다(제412조의5 제2항). 자회사는 정당한 사유가 없는 한 감사의 보고요구 및 조사를 거부할 수 없다(제412조의5 제3항).

(3) 이사회 소집청구권

감사는 회의의 목적사항과 소집이유를 기재한 서면을 이사에게 제출하여 이사회 소집을 청구할 수 있고(제412조의4 제1항), 이사가 지체없이 이사회를 소집하지 아니하면 그 청구한 감사가 이사회를 소집할 수 있다(제412조의4 제2항).

(4) 이사회출석권·의견진술권

감사는 이사회에 출석하여 의견을 진술할 수 있다(제391조의2 제1항). 따라서 이사회를 소집할 때에는 감사에게도 소집통지를 하여야 하며, 소집통지를 생략하고자 할 때에는 감사의 동의도 얻어야 한다(제390조 제2항·제3항).

(5) 이사회 의사록의 기명날인 또는 서명권

이사회에 출석한 감사는 이사회의 의사록에 기명날인 또는 서명하여야 한다(제391조의3 제2항). 이것은 감사의 출석을 보장하고 의사록작성의 공정·정확을 기하기 위함이다.

(6) 이사의 보고수령권

이사는 회사에 현저한 손해를 미칠 염려가 있는 사실을 발견한 때에는 즉시 감사에게 이를 보고하여야 한다(제412조의2). 감사를 선임하지 아니한 소규모회사의 경우에는 회사의 이사는 주주총회에 이를 보고하여야 한다(제409조 제6항). 감사는 보고받은 사실을 조사하고 이사회와 주주총회에 의견을 진술하여야 한다.

(7) 주주총회소집청구권

감사는 회의의 목적사항과 소집의 이유를 기재한 서면을 이사회에 제출하여 임시총회의 소집을 청구할 수 있다(제412조의3 제1항).

(8) 감사해임에 관한 의견진술권

감사는 주주총회에서 감사의 해임에 관하여 의견을 진술할 수 있다(제409조의2). 감사는 자신의 해임에 관해서는 물론 다른 감사의 해임에 관해서도 의견을 진술할 수 있다.

(9) 회사와 이사 간의 소송시 회사대표권

회사가 이사에 대하여 또는 이사가 회사에 대하여 소송을 제기하는 경우 또는 소수주주가 회사에 대하여 이사의 책임추궁을 위한 소제기를 청구할 경우에 감사는 그 소에 관하여 회사를 대표한다(제394조).

(10) 위법행위유지청구권

이사 또는 집행임원이 법령·정관에 위반된 행위로 회사에 회복할 수 없는 손해가 발생할 염려가 있는 때에는 이사의 행위에 대하여 유지를 청구할 수 있다(제402조, 제408조의9).

(11) 각종의 소제기권

감사에게는 각종의 소제기권이 인정된다. 즉 회사설립무효의 소, 총회결의취소의 소, 신주발행무효의 소, 자본금감소무효의 소, 합병무효의 소 등에 있어 원고가 될 수 있다.

4. 감사의 의무

(1) 이사회에 대한 보고의무

감사는 이사가 법령 또는 정관에 위반한 행위를 하거나 그 행위를 할 염려가 있다고 인정한 때에는 이사회에 이를 보고하여야 한다(제391조의2 제2항).

(2) 주주총회에서의 의견진술의무

감사는 이사가 주주총회에 제출할 의안 및 서류를 조사하여 법령 또는 정관에 위반하거나 현저하게 부당한 사항이 있는지의 여부에 관하여 주주총회에서 그 의견을 진술하여야 한다(제413조).

(3) 감사록의 작성의무

감사는 감사(監査)에 관하여 감사록을 작성하여야 한다(제413조의2 제1항). 감사록에는 감사의 실시요령과 그 결과를 기재하고 감사를 실시한 감사(監事)가 기명날인 또는 서명하여야 한다(제413조의2 제2항).

(4) 감사보고서의 작성의무

감사는 이사로부터 정기총회일의 6주간 전에 재무제표와 그 부속명세서 및 영업보고서를 제출받아, 이를 받은 날로부터 4주간 내에 감사보고서를 이사에게 제출하여야 한다(제447조의4 제1항). 감사보고서의 기재사항에 대해서는 상법 제447조의4 제2항 각호에서 규정을 두고 있다.

5. 감사의 책임

(1) 회사에 대한 책임

감사는 그 임무를 해태한 때에는 그 감사는 회사에 대하여 연대하여 손해를 배상할 책임이 있다(제414조 제1항). 감사의 회사에 대한 손해배상책임도 총주주의 동의로 면제할 수 있고, 이사의 경우와 같이 대표소송 및 다중대표소송에 의한 책임추궁이 인정된다(제415조, 제403조부터 제406조까지, 제406조의2). 감사의 불법행위책임은 총주주가 면제의 의사표시를 하여도 면제되지 않는 점도 이사의 경우와 같다.

(2) 제3자에 대한 책임

감사가 직무를 수행함에 있어서 악의 또는 중대한 과실이 있는 때에는 제3자에 대하여도 연대하여 손해배상책임을 부담한다(제414조 제2항). 이 경우 이사도 책임이 있는 때에는 감사와 이사는 연대하여 손해배상책임을 진다(제414조 제3항).

Ⅱ. 감사위원회

1. 의 의

회사는 정관의 정하는 바에 따라 감사에 갈음하여 이사회의 위원회로서 감사위원회를 둘 수 있고, 감사위원회를 설치하는 경우에는 감사를 둘 수 없다(제415조의2 제1항). 감사위원회는 감사의 권한을 행사한다(제415조의2 제6항).

2. 감사위원회의 설치와 구성

(1) 설 치

회사는 정관의 정하는 바에 따라 이사회 내 위원회의 하나로서 감사에 갈음하여 감사위원회를 설치할 수 있다(제415조의2 제1항).

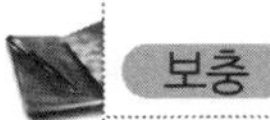

보충

[상장회사의 경우] 최근 사업연도 말 현재 자산총액 2조원 이상의 상장회사는 감사위원회를 설치하여야 하며(제542조의12 제1항), 감사위원회의 위원 중 1인 이상은 대통령령으로 정하는 회계 또는 재무전문가여야 하고, 감사위원회의 대표는 사외이사여야 한다(제542조의12 제2항).

(2) 감사위원회의 원수와 자격

감사위원회는 3인 이상의 이사로 구성된다. 따라서 감사위원회를 두기 위해서는 최소한 4인 이상의 이사가 있는 경우에만 인정된다. 감사위원회의 감사위원의 자격에 관해서는 특별한 규정을 두고 있지 않다. 다만 감사위원회의 중립성과 객관성을 확보하기 위하여 사외이사가 감사위원회 위원의 3분의 2 이상이어야 한다(제415조의2 제2항).

(3) 감사위원의 선임·해임

감사위원은 정관에 다른 정함이 없는 한 이사회의 결의로 선임하며, 감사위원의 해임은 이사 총수의 3분의 2 이상의 결의로 하여야 한다(제415조의2 제3항). 정관 또는 이사회의 정함이 없는 한 감사위원의 임기는 이사의 지위의 종료와 함께 종료된다.

보충

[상장회사의 경우] ① 최근 사업연도 말 현재 자산총액 2조원 이상의 상장회사의 경우 감사위원회 위원의 선임·해임은 주주총회의 권한사항이며, 감사위원회 위원은 주주총회에서 이사를 선임한 후 선임된 이사 중에서 선임하여야 한다(제542조의12 제1항·제2항). 다만 감사위원회 위원 중 1명(정관에서 2명 이상으로 정할 수 있다)은 주주총회 결의로 다른 이사들과 분리하여 감사위원회 위원이 되는 이사로 선임하여야 한다(제542조의12 제2항 단서).

② 주주총회에서 선임된 감사위원회 위원은 주주총회 특별결의로 해임할 수 있고, 이 경우 다른 이사들과 분리하여 감사위원회 위원이 된 자는 이사와 감사위원회 위원의 지위를 모두 상실한다(제542조의12 제3항).

3. 감사위원회의 운영

감사위원회는 회의체기관이므로 권한행사는 위원회의 결의를 통하여 한다. 감사위원회의 소집 등 운영은 이사회 내 위원회의 운영방법에 따라야 한다(제393조의2 참조). 감사위원회의 대표는 감사위원회의 결의로 선정하며, 대표위원은 수인을 선정하여 공동으로 대표하게 할 수 있다(제415조의2 제4항). 감사위원회는 회사의 비용으로 전문가의 조력을 구할 수 있다(제415조의2 제5항). 감사위원회의 결의내용에 대해서는 이사회가 재결의를 할 수 없다(제415조의2 제6항).

4. 감사위원회의 권한과 책임

감사위원회는 감사와 동등한 권한과 의무를 부담한다(제415조의2 제7항). 감사위원회의 감사의 범위에 대해서도 감사의 경우와 같이 다툼이 있다. 감사위원도 회사와 제3자에 대하여 감사와 동일한 책임을 진다(제415조의2 제7항, 제414조). 감사위원의 회사에 대한 책임은 총주주의 동의로 면제할 수 있다(제415조의2 제7항, 제400조).

Ⅲ. 준법지원인 제도

1. 준법지원인의 의의

준법지원인이란 대통령령으로 정하는 일정한 규모 이상의 상장회사의 경우 준법통제기준의 준수에 관한 업무를 담당하는 자를 말한다(제542조의13 제2항). 여기서 준법통제기준이란 법령을 준수하고 회사경영을 적정하게 하기 위하여 임직원이 그 직무를 수행할 때 따라야 할 준법통제에 관한 기준 및 절차를 말한다(제542조의13 제1항). 준법통제기준과 준법지원인에 관하여 필요한 사항은 대통령령으로 정한다(제542조의13 제12항).

보충

도입취지: 최근 기업의 준법·윤리경영 및 사회적 책임에 대한 국민들의 기대와 관심이 어느 때보다 높아지고 있는 상황에서 정부와 기업은 선진적인 기업문화와 제도를 정착시키고자 다각적인 측면에서 노력하고 있다. 기업의 준법·윤리경영은 그 임직원의 직무수행에 있어서 준법성과 적정성을 확보할 수 있는 기준을 마련하고, 기업의 의사결정 및 업무집행 과정에서 법률전문가가 상시적으로 법적 위험을 진단하고 분쟁을 사전에 예방하는 선진적인 경영체제를 도입하는 것으로부터 시작될 것이다. 현재 다국적기업들은 이러한 준법통제 프로그램을 도입하고 준법지원부서를 설치하며 변호사 등 법률전문가를 준법지원인으로 임명하고 있고, 선진외국에서는 기업이 효과적인 준법통제 프로그램을 운영하고 있는 경우 기업 관련 범죄에 있어서 처벌수위를 대폭 낮추어 주고 있다. 그러나 우리나라의 경우 금융기관을 제외한 대부분의 기업에서는 법적 분쟁이 발생한 후 사후적으로 이를 해결하고 있을 뿐 사전에 변호사 등 법률전문가의 개입이 이루어져 위법행위나 법적 분쟁을 미리 예방하도록 하는 장치가 없다. 따라서 상장기업에 준법통제기준 및 준법지원인 제도를 도입하여 기업이 법률전문가의 충분한 법률지원을 받아 준법경영·윤리경영을 실현할 수 있도록 하고, 이를 통하여 주주나 상장회사의 고객, 거래상대방 등을 보호하고, 나아가 자본시장을 더욱 건전하게 하며 기업이 국제적 기준

에 맞춘 준법통제 제도를 완비하여 국제경쟁력을 강화하고 대외적 명성과 이미지도 높이도록 하려는데 그 도입취지가 있다.

2. 준법지원인의 선임 및 자격

준법지원인은 이사회의 결의를 거쳐 임면하며(제542조의13 제4항), 준법지원인으로 임면 가능한 자는 변호사 자격이 있는 자, 고등교육법 제2조에 따른 학교의 법률학 조교수 이상의 직에 5년 이상 근무한 자, 그 밖에 법률적 지식과 경험이 풍부한 사람으로서 대통령령으로 정하는 자여야 한다(제542조의13 제5항).

3. 준법지원인의 수와 임기

대통령령으로 정하는 일정한 규모(자산 5천억원) 이상의 상장회사의 경우에는 준법지원인 1인 이상을 두어야 하며, 준법지원인의 임기는 3년으로 하고 상근으로 한다(제542조의13 제6항). 준법지원인의 임기에 대하여 다른 법률의 규정이 3년보다 단기로 정하고 있는 경우에는 상법의 규정을 우선하여 적용한다(제542조의13 제11항).

4. 준법지원인의 권한과 의무

(1) 준법지원인의 권한

① **직무의 수행**: 준법지원인이 그 직무를 독립적으로 수행할 수 있도록 회사는 협조하여야 하고, 회사의 임직원은 준법지원인이 그 직무를 수행할 때 자료나 정보의 제출을 요구하는 경우 이에 성실하게 응하여야 한다(제542조의13 제9항).

② **준법지원인의 인사상 불이익금지**: 회사는 준법지원인이었던 자에 대하여 그 직무수행과 관련된 사유로 부당한 인사상의 불이익을 주어서는 아니된다(제542조의13 제10항).

(2) 준법지원인의 의무

① **선관주의의무**: 준법지원인은 선량한 관리자의 주의로 그 직무를 수행하여야 한다(제542조의13 제7항).

② **이사회에 보고의무**: 준법지원인은 준법통제기준의 준수 여부를 점검하고 그 결과를 회사에 보고하여야 한다(제542조의13 제3항).

③ **비밀유지의무:** 준법지원인은 재임 중 뿐만 아니라 퇴임 후에도 직무상 알게 된 회사의 영업상의 비밀을 누설하여서는 아니된다(제542조의13 제8항).

제5절 신주의 발행

제1관 신주발행의 개념과 종류

Ⅰ. 신주발행의 개념

1. 자본금 조달방법

주식회사의 자본금 조달의 방법은 신주를 발행하여 자기자본금을 조달하는 방법과 사채를 발행하여 타인자본을 조달하는 방법이 있다. 신주발행은 회사가 주식을 소각하지 않는 한 반환의 부담이 없고 이익이 없을 때에는 배당을 하지 않아도 되지만, 사채의 발행은 상환의 기일이 도래하면 반드시 상환하여야 하고 이익이 없어도 일정한 이자를 지급하여야 한다는 점에 차이가 있다.

2. 신주발행의 의의

신주의 발행이란 발행예정주식총수(수권주식의 범위) 내에서 이미 발행하고 남은 미발행주식 중에서 주식을 발행하여 회사의 자본금을 증가시키는 것을 말한다. 미발행주식 중에서 새로이 주식을 발행하는 것은 이사회의 권한사항이므로 이사회의 의사결정만으로 신속하게 자본금을 조달할 수 있다(제416조 본문).

Ⅱ. 신주발행의 종류

1. 통상의 신주발행

통상의 신주발행이란 상법 제416조 이하의 규정에 따라서 신주를 발행하는 것을 말한다. 통상의 신주발행은 미발행주식 중에서 유상으로 신주를 발행하는 것으로 자본금이 증가하고, 그에 따라 순재산도 증가한다. 그리고 통상의 신주발행은 주식인수인을 정하는 방법에 따라 주주배정·공모·제3자배정으로 구분할 수 있다.

2. 특수한 신주발행

특수한 신주발행은 전환주식 또는 전환사채의 전환, 신주인수권부사채의 신주인수권의 행사, 준비금의 자본금 전입, 주식배당, 주식의 병합·분할, 회사의 합병이나 분할 등의 경우에 신주를 발행하는 것이다.

제2관 신주인수권

Ⅰ. 의 의

신주인수권이란 회사가 신주를 발행하는 경우에 그 신주를 타인에 우선하여 인수할 수 있는 권리를 말한다.

Ⅱ. 주주의 신주인수권

1. 의의 및 성질

주주의 신주인수권이란 주주가 소유주식의 수에 비례하여 우선적으로 신주의 배정을 받을 수 있는 권리를 말한다(제418조). 주주의 신주인수권에는 추상적 신주인수권과 구체적 신주인수권이 있다. 추상적 신주인수권은 주주의 자격에서 당연히 갖는 권리로 주식과 불가분의 관계에 있지만, 구체적 신주인수권은 이사회의 결의로 주주가 취득한 권리로서 주식과 별개의 독립된 권리(채권적 권리)이다.

2. 신주인수권의 제한

주주의 신주인수권은 신기술의 도입, 재무구조의 개선 등 회사의 경영상 목적을 달성하기 위하여 필요한 경우에 한하여 제한될 수 있으며(제418조 제2항, 제420조 5호), 제한 가능한 범위 내에서 박탈이 가능하다는 것이 통설의 입장이다.

3. 신주인수권과 주주평등의 원칙

모든 주주는 원칙적으로 그가 소유하는 주식의 수에 비례하여 평등하게 신주인수권이 인정된다. 그러나 종류주식간에는 신주의 인수에 관하여 정관에 특수한 정함을 둘 수 있고(제344조 제3항), 자기주식은 원칙적으로 신주인수권이 없다.

4. 주주의 신주인수권의 무시와 그 효과

주주에게 신주인수권이 있음에도 이를 무시하고 회사가 신주를 발행하려고 하는 때에는 주주는 신주발행유지청구권을 행사할 수 있고, 신주발행무효의 원인이 된다.

【판례】 대법원 2009.1.30.선고 2008다50776판결[동지: 대법원 2015.12.10.선고 2015다202919판결]

상법 제418조 제1항, 제2항의 규정은 주식회사가 신주를 발행하면서 주주 아닌 제3자에게 신주를 배정할 경우 기존 주주에게 보유주식의 가치하락이나 회사에 대한 지배권상실 등 불이익을 끼칠 우려가 있다는 점을 감안하여 신주를 발행할 경우 원칙적으로 기존 주주에게 이를 배정하고 제3자에 대한 신주배정은 정관이 정한 바에 따라서만 가능하도록 하면서 그 사유도 신기술의 도입이나 재무구조개선 등 기업경영의 필요상 부득이한 예외적인 경우로 제한함으로써 기존 주주의 신주인수권에 대한 보호를 강화하고자 하는 데 그 취지가 있다. 따라서 주식회사가 신주를 발행함에 있어 신기술의 도입, 재무구조의 개선 등 회사의 경영상 목적을 달성하기 위하여 필요한 범위 안에서 정관이 정한 사유가 없는데도 회사의 경영권 분쟁이 현실화된 상황에서 경영진의 경영권이나 지배권 방어라는 목적을 달성하기 위하여 제3자에게 신주를 배정하는 것은 상법 제418조 제2항을 위반하여 주주의 신주인수권을 침해하는 것이다.

Ⅲ. 제3자의 신주인수권

1. 의 의

제3자의 신주인수권이란 주주 이외의 자가 신주발행의 경우에 일정한 신주에 대하여 우선적으로 배정받을 수 있는 권리를 말한다.

2. 신주인수권의 부여요건

(1) 정관의 규정·공시

제3자에게 신주인수권이 주어지기 위해서는 정관의 규정이 있어야 한다(제418

조 제1항). 제3자에게 신주인수권을 부여하는 것은 신기술의 도입, 재무구조의 개선 등 회사의 경영상 목적을 달성하기 위하여 필요한 경우에 한한다(제418조 제2항). 제3자에게 신주인수권을 부여하는 경우에는 주식청약서에 그 뜻을 기재하여야 한다(제420조 5호).

(2) 제3자의 구체성

제3자에게 신주인수권이 부여되기 위해서는 정관에 구체적으로 제3자의 범위를 설정하여야 한다. 즉, 임원·발기인·종업원·공모 등으로 그 범위가 명확하여야 한다. 따라서 제3자배정의 구체적 합리성을 보장할 수 없는 정관의 정함은 무효가 된다.

3. 제3자의 신주인수권의 무시와 효과

회사가 제3자의 신주인수권을 무시하더라도 신주발행의 유지를 청구하거나 신주발행의 무효를 주장할 수 없으며, 단지 회사에 대해 채무불이행에 따른 손해배상을 청구할 수 있을 뿐이다.

Ⅳ. 신주인수권의 양도

1. 양도요건

주주의 신주인수권의 양도는 정관의 규정이나 정관으로 주주총회에서 결정하기로 정한 경우가 아니면 이사회의 결의에 의하여 인정할 수 있다(제416조 5호). 제3자의 신주인수권은 회사와 제3자 간의 계약상의 권리이므로, 성질상 양도할 수 없다는 것이 다수설의 입장이다.

2. 양도방법

신주인수권의 양도를 정관 또는 이사회의 결의로 정한 때에는 신주인수권증서의 교부에 의해서만 가능하게 된다(제420조의3 제1항). 따라서 증서의 점유자는 적법한 권리자로 추정되며(제420조의3 제2항, 제336조 제2항), 이러한 소지인으로부터 악의 또는 중대한 과실이 없이 신주인수권증서를 양수한 경우는 선의취득이 인정된다(제420조의3 제2항; 수표법 제21조).

3. 신주인수권증서

(1) 의 의

신주인수권증서란 주주의 신주인수권을 표창한 유가증권으로서, 주주의 신주인수권에 대해서만 발행할 수 있고 제3자의 신주인수권에 대해서는 발행할 수 없다. 신주인수권증서는 유가증권이며, 요식증권·비설권증권·무기명증권이다.

(2) 발 행

이사회가 신주의 발행사항으로 신주의 신주인수권을 양도할 수 있음을 정한 경우에 한하여, 신주인수권증서의 청구기간을 정한 때에는 그 기간 내에 청구한 주주에 대하여 신주인수권증서를 발행하여야 하며, 그 청구기간을 정하지 아니한 때에는 신주청약기일의 2주간 전에 주주의 청구와 관계 없이 신주인수권증서를 발행하여야 한다(제420조의2 제1항).

(3) 기재사항

신주인수권증서에는 신주인수권증서라는 뜻의 표시, 주식청약서 소정의 사항, 신주인수권의 목적인 주식의 종류와 수, 일정기일까지 주식의 청약을 하지 아니할 때에는 그 권리를 잃는다는 뜻을 기재하고(제420조의2 제1항 1호 내지 4호), 이사가 기명날인 또는 서명하여야 한다(제420조의2 제2항).

(4) 상실과 신주청약

신주인수권증서를 상실한 경우 제권판결에 의하여 재발행을 받을 수 없기 때문에 신주청약은 주식청약서에 의한다. 이때 주식청약서에 의한 청약과 상실했던 신주인수권증서에 의한 청약이 중복하면 주식청약서에 의한 청약은 효력을 잃는다(제420조의4 제2항 단서).

제3관 신주발행의 절차

Ⅰ. 신주발행사항의 결정

1. 결정기관

발행예정주식의 범위 내에서의 신주발행, 즉 통상의 신주발행은 정관에 규정을 두어 주주총회의 결의사항으로 하지 않는 한 이사회에서 결정한다(제416조).

2. 결정사항

(1) 신주의 종류와 수

정관으로 종류주식의 발행을 예정하고 있는 경우 보통주·우선주 등의 발행할 주식을 결정하여야 한다. 그 종류와 수는 정관에 정해진 발행예정주식 중 미발행주식수의 범위 내에서 정하여야 한다.

(2) 신주의 발행가액과 납입기일

신주발행시 액면주식을 발행하는 경우에는 액면가액 이상의 금액으로 발행가액을 정하는 경우 그 발행가액을 정하여야 한다. 발행가액은 종류가 다른 주식은 가치가 다르므로 각기 발행가액을 달리 정할 수 있다. 액면미달발행은 회사성립 후 2년이 경과한 회사가 일정한 법정절차에 따라 발행할 수 있다(제417조 제1항). 주금의 납입 또는 현물출자의 이행을 위한 납입기일을 정하여야 한다. 무액면주식을 발행하는 경우에는 신주의 발행가액과 발행가액 중 자본금으로 계상하는 금액을 정하여야 한다(제416조 제2의2호).

(3) 신주의 인수방법

주식의 청약단위와 실권주나 단주의 처리방법을 정하고, 정관에 의해 제3자가 신주를 인수할 수 있는 경우에는 그 인수권을 주는 방법을 정하여야 한다.

(4) 현물출자에 관한 사항

현물출자를 받을 경우 출자자의 성명과 그 목적인 재산의 종류·수량·가액과 이에 대하여 부여할 주식의 종류와 수를 정하여야 한다.

(5) 주주의 신주인수권을 양도할 수 있는 것에 관한 사항

주주의 신주인수권의 양도를 인정하는 경우에는 이에 관한 사항을 정하여야 한다. 이는 회사가 임의로 정하는 것이므로 신주인수권이 양도되는 것을 원하지 않을 경우에는 이를 정하지 않을 수 있다.

(6) 주주의 청구가 있는 때에만 신주인수권증서를 발행한다는 것과 그 청구기간

신주인수권을 양도할 수 있게 하는 경우 그 양도는 신주인수권증서를 교부하는 방법에 의하여야 하므로(제420조의3 제1항), 회사는 신주인수권증서를 발행한다는 것과 그 청구기간을 정하여야 한다. 그리고 신주인수권증서는 청구기간 중에 청구를 한 주주에게만 발행한다. 그러나 이사회가 신주인수권증서의 발행에 관하여 아무런 정함을 하지 않은 때는 신주청약기일의 2주 전에 모든 주주에게 신주인수권증서를 발행하여야 한다(제420조의2 제1항).

(7) 배정기준일

회사는 일정한 날을 정하여 그 날에 주주명부에 기재된 주주를 그가 가진 주식수에 따라서 주식의 배정을 받을 수 있는 신주인수권자로 확정하기 위한 배정기준일을 정하여야 한다.

Ⅱ. 기타 발행절차

1. 신주배정일의 공고

(1) 주주에게 신주를 발행하는 경우

신주배정일을 정하여 그 배정일의 2주간 전에 공고하여야 한다(제418조 제3항 본문). 이러한 공고에서는 신주배정일날에 주주명부에 기재된 주주가 그가 가진 주식수에 따라서 주식의 배정을 받을 권리를 가진다는 뜻과 신주인수권을 양도할 수 있을 경우에는 그 뜻을 공고하여야 한다. 신주배정일이 주주명부의 폐쇄기간 중인 때에는 그 기간의 초일의 2주간 전에 공고하여야 한다(제418조 제3항 단서). 이사가 배정일의 공고를 해태한 때에는 손해배상의 책임을 진다(제401조).

(2) 주주 외의 자에게 신주를 발행하는 경우

주주 외의 자에게 신주를 배정하는 경우 회사는 신주의 종류와 수, 신주의 발행가액과 납입기일, 무액면주식을 발행하는 경우 발행가액 중 자본금으로 계상하는 금액, 신주인수방법, 현물출자에 대하여 정하는 사항을 그 납입기일의 2주 전까지 주주에게 통지하거나 공고하여야 한다(제418조 제4항).

2. 신주인수권자에 대한 최고

회사는 일정한 기일(청약기일)을 정하고 그 기일의 2주간 전에 신주인수권자에게 그가 인수권을 가지는 신주의 종류와 수, 그 기일까지 주식인수의 청약을 하지 아니하면 그 권리를 잃는다는 뜻, 신주인수권의 양도를 인정한 때에는 그 뜻과 주주의 청구가 있는 때에만 신주인수권증서를 발행한다는 것과 그 청구기간을 통지하여야 한다(제419조 제1항·제2항). 회사가 통지를 해태한 때에는 과태료의 제재를 받게 되지만(제635조 제1항 2호), 신주인수권에는 영향을 미치지 않는다. 신주인수권자가 청약기일까지 청약을 하지 않으면 신주인수권을 상실하게 되어(제419조 제3항) 실권주가 생긴다. 실권주에 대해서는 주주를 모집할 수 있다.

【판례】 대법원 2012.11.15.선고 2010다49380판결

회사가 주주배정방식에 의하여 신주를 발행하려는 데 주주가 인수를 포기하거나 청약을 하지 아니함으로써 그 인수권을 잃은 때에는(상법 제419조 제4항) 회사는 이사회 결의로 인수가 없는 부분에 대하여 자유로이 이를 제3자에게 처분할 수 있고, 이 경우 실권된 신주를 제3자에게 발행하는 것에 관하여 정관에 반드시 근거 규정이 있어야 하는 것은 아니다.

3. 주식인수

(1) 청 약

현물출자의 경우를 제외하고 주식인수의 청약을 하고자 하는 자는 법정사항(제420조)을 기재한 주식청약서 2통에 인수할 주식의 종류와 수 및 주소 기타 소정의 사항을 기재하고 기명날인 또는 서명하여야 한다(제425조, 제302조 제1항). 그러나 신주인수권증서를 발행한 경우에는 이에 의하여 청약하여야 한다(제420조의5 제1항 2문). 다만 신주인수권증서를 상실한 경우에는 주식청약서에 의하여 청약할 수 있으나, 주식청약서에 의한 청약과 신주인수권증서에 의한 청약이 중복되는 경우에는 주식청약서에 의한 청약은 효력을 잃는다(제420조의5 제2항).

(2) 배정·인수

신주인수의 청약에 대하여 이사가 배정하고, 주주이든 제3자이든 신주인수권을 가지는 자에 대한 배정에 있어서는 이사의 재량이 있을 수 없다. 즉, 신주인수권자에 대해서 이사는 배정의무를 지게 된다. 배정에 의하여 신주인수는 완결되고 신주인수인은 납입의 의무를 부담한다(제425조, 제303조).

(3) 납 입

신주인수인은 인수가액을 납입할 의무를 지며, 이사는 신주인수인으로 하여금 그 배정한 주식수에 따라 납입기일에 그 인수한 주식에 대한 인수가액의 전액을 납입시켜야 한다(제421조 제1항). 이때 신주의 인수인은 회사의 동의 없이 주금납입채무와 주식회사에 대한 채권을 상계할 수 없다(제421조 제2항). 현물출자자는 납입기일에 출자의 목적인 재산을 인도하고 등기·등록 기타 권리의 설정 또는 이전을 필요로 할 경우에는 그에 필요한 서류를 완비하여 교부하여야 한다(제425조, 제305조 제3항, 제295조 제2항). 납입장소 등에 관한 절차는 모집설립시와 같으나, 다만 신주인수권증서에 의한 청약의 경우에 납입은 신주인수권증서에 기재된 납입장소에서 하여야 한다. 인수인이 납입기일에 납입하지 아니한 때에는 인수인으로서의 권리를 잃게 된다(제423조 제2항). 실권한 주식인수인에 대하여는 손해배상을 청구할 수 있다(제423조 제3항).

(4) 현물출자의 검사

현물출자가 있는 경우 상법 제422조 제2항의 각호의 경우를 제외하고는 이사는 이를 조사하게 하기 위하여 법원에 검사인의 선임을 청구할 수 있으나, 공인된 감정인의 감정으로 갈음할 수 있다(제422조 제1항). 법원은 검사인의 조사보고서 또는 감정인의 감정결과를 심사하여 현물출자가 부당하다고 인정한 때에는 이를 변경하여 이사와 현물출자자에게 통고할 수 있다(제422조 제3항). 현물출자자는 이에 불복하여 주식의 인수를 취소할 수 있고, 통고 후 2주간 내에 취소가 없으면 통고한 내용대로 변경된 것으로 본다(제422조 제4항·제5항).

(5) 실권주와 단주의 처리

신주인수권자가 청약을 하지 않았거나 신주인수인이 납입기일에 납입하지 않음으로써 발생한 실권주는 미발행주식 부분으로 유보된다. 그러나 이사회의 결의로 달리 처리할 수도 있다.

(6) 신주발행의 효력발생시기

신주인수인이 납입 또는 현물출자의 이행을 한 때에는 이사회가 정한 납입기일의 다음날로부터 신주의 효력이 발생한다(제423조 제1항 본문).

(7) 등 기

신주의 효력이 발생하게 되면 회사의 발행주식총수와 자본금 총액이 증가하므로 회사는 납입기일로부터 본점소재지에서는 2주간 내, 지점소재지에서는 3주간 내에 변경등기를 하여야 한다(제317조 제4항, 제183조). 이 때에는 미상각액을 등기하여야 한다(제426조). 변경등기 후 1년이 경과하거나 주식에 대하여 주주권을 행사한 신주인수인은 주식청약서 또는 신주인수권증서의 요건의 흠결을 이유로 하여 그 인수의 무효를 주장하거나 사기·강박·착오를 이유로 하여 주식의 인수를 취소하지 못한다(제427조).

Ⅲ. 신주의 액면미달발행

1. 의 의

회사의 실적부진 등으로 신주에 대한 투자자들의 수요가 낮거나 현재의 주가가 액면가액을 하회하는 경우에는 액면가액 이상으로 발행한다는 것은 현실적으로 불가능하게 되고, 회사의 자본금 조달에 차질을 가져오게 된다. 따라서 상법은 일정한 요건하에서 액면미달발행을 예외적으로 인정하고 있다(제417조).

2. 요 건

신주의 액면미달발행은 다음과 같은 요건하에서만 인정된다.

① 회사가 성립한 날로부터 2년이 경과한 경우에만 발행할 수 있다(제417조 제1항).

② 액면미달발행은 주주총회의 특별결의가 있어야 하고, 여기서는 최저발행가액을 정하여야 한다(제417조 제2항).

③ 법원의 인가를 얻어야 한다. 법원은 회사의 현황과 제반 사정을 참작하여 최저발행가액을 변경하여 인가할 수 있으며, 이 경우 법원은 회사의 재산상태 기타 필요한 사항을 조사하기 위하여 검사인을 선임할 수 있다(제417조 제3항).

④ 법원의 인가를 얻은 날로부터 1월 내에 발행하여야 하나, 법원은 이 기간을 연장하여 인가할 수 있다(제417조 제4항).

3. 공 시

할인발행의 경우에 주식청약서에는 발행조건과 그 미상각액을 기재하여야 하며(제420조 4호), 할인발행의 변경등기에는 미상각액도 등기하여야 한다(제426조).

Ⅳ. 신주발행과 이사의 책임

1. 자본금충실책임

신주의 발행으로 인한 변경등기가 있은 후에 인수되지 아니한 주식이 있거나 주식인수의 청약이 취소된 때에는 이사가 이를 공동으로 인수한 것으로 본다(제428조 제1항). 따라서 이사는 공동인수인으로서 연대하여 납입할 책임을 진다(제333조 제1항). 이사의 자본금충실의 책임은 법정특별책임으로서 무과실책임이며, 총주주의 동의로도 면제할 수 없다.

2. 손해배상책임

이사가 연대하여 인수담보책임을 지는 것과는 별도로 회사에 손해가 발생하면 회사는 이사에 대하여 손해배상을 청구할 수 있다(제428조 제2항). 이사의 손해배상책임은 과실책임이며, 총주주의 동의로 면제할 수 있다.

제4관 신주발행의 불공정과 무효

Ⅰ. 신주발행유지청구

1. 의 의

회사가 법령 또는 정관에 위반하거나 현저하게 불공정한 방법에 의하여 주식을 발행함으로써 주주가 불이익을 받을 염려가 있는 때에는 그 주주는 회사에 대하여 그 발행을 유지할 것을 청구할 수 있다(제424조).

2. 유지청구원인

회사가 법령 또는 정관에 위반하거나 현저하게 불공정한 방법에 의하여 주식을 발행하였어야 한다(제424조).

3. 신주발행유지청구의 절차

(1) 청구권자

신주발행으로 불이익을 받을 염려가 있는 주주가 회사에 대하여 청구할 수 있다.

(2) 청구방법·청구시기

특별한 규정이 없으므로, 주주는 재판외의 방법으로 신주발행유지를 청구하거나, 필요에 따라 회사를 피고로 하여 신주발행유지의 소를 제기할 수 있다.

4. 유지청구를 무시한 신주발행의 효력

신주발행의 유지청구가 재판상의 방법에 의한 경우에는 이에 위반하여 신주를 발행한 경우 그 발행은 무효이다. 그러나 재판외의 방법에 의한 경우에는 이에 위반하여 신주를 발행한 경우 그 자체는 유효하며, 다만 이사의 책임이 생길 뿐이라는 것이 통설의 입장이다.

Ⅱ. 불공정가액의 신주인수인의 책임

1. 책임발생의 요건

신주인수인이 이사와 통모하여 현저하게 불공정한 발행가액으로 주식을 인수한 때에는 회사에 대하여 공정한 발행가액과의 차액에 해당하는 금액을 지급할 의무가 있다(제424조의2 제1항).

2. 책임의 내용·성질

신주인수인은 공정한 발행가액과의 차액에 해당하는 금액을 지급하여야 할 의무를 지며, 신주인수인이 지급한 차액은 자본준비금으로 적립하여야 한다. 신주인수인의 책임은 회사가 추궁하는 것이 원칙이지만 회사가 이를 게을리하는 경우에는 주주가 대표소송을 제기할 수 있다(제424조의2 제2항). 한편, 신주인수인과 통모한 이사는 회사 또는 주주에 대한 손해배상책임을 진다(제424조의2 제3항).

Ⅲ. 신주발행의 무효

1. 무효원인

신주발행의 무효사유에 대해 상법은 규정을 두고 있지 않다. 따라서 신주발행이 법령·정관에 위반하였거나 현저하게 불공정하게 이루어진 경우에도 일괄적으로 무효라고 할 수 없고, 신주발행이 무효가 되었을 때의 법률관계의 혼란을 고려하여 가급적 무효원인을 엄격하게 인정하여야 할 것이다. 이로 인해 각종의 무효원인에 대해서는 학설이 대립하고 있다.

2. 무효의 소

(1) 제소기간

신주발행의 무효는 신주를 발행한 날로부터 6월 내에 소만으로 주장할 수 있다.

【판례】 대법원 2012.11.15.선고 2010다49380판결

상법 제429조는 신주발행의 무효는 주주·이사 또는 감사에 한하여 신주를 발행한 날부터 6월 내에 소만으로 주장할 수 있다고 규정하고 있는데, 이는 신주발행에 수반되는 복잡한 법률관계를 조기에 확정하고자 하는 것으로서, 새로운 무효사유를 출소기간 경과 후에도 주장할 수 있도록 하면 법률관계가 불안정하게 되어 위 규정의 취지가 몰각된다는 점에 비추어, 위 규정은 무효사유의 주장시기도 제한하고 있는 것이라고 해석함이 타당하므로, 신주발행 무효의 소에서 신주를 발행한 날부터 6월의 출소기간이 경과한 후에는 새로운 사유를 추가하여 주장할 수 없다.

(2) 제소권자 및 상대방

신주발행무효의 소제기권자는 주주·이사·감사에 한하고, 제3자는 포함되지 않는다. 소의 피고는 회사이다.

(3) 소의 절차 등

소의 절차, 청구의 기각, 패소원고의 책임, 등기 등에 대해서는 설립무효의 소의 규정이 준용되고, 제소주주의 담보제공의무는 주주총회 결의취소의 소에 관한 규정이 준용된다.

(4) 다른 소송과의 관계

이사회의 결의 또는 주주총회의 결의에 하자가 있는 경우에는 그 하자는 신주발행의 하자에 흡수되어 신주발행무효의 소만을 제기할 수 있다(판례).

(5) 무효판결의 효력

① **대세적 효력**: 신주발행의 무효판결은 법률관계의 획일적 확정을 위해 제3자에 대하여도 그 효력이 미친다.

② **불소급효**: 신주발행은 무효판결이 확정된 때로부터 장래에 대하여 그 효력을 잃는다(제431조 제1항).

③ **등기의 경정**: 신주발행 무효로 인해 자본금액이 감소하고 미발행주식 수가 증가하게 되므로 등기의 경정을 하여야 한다.

④ **신주권의 회수**: 무효판결이 확정된 때에는 회사는 지체없이 그 뜻과 3월 이상의 일정한 기간 내에 신주의 주권을 회사에 제출할 것을 공고하고, 주주명부에 기재된 주주와 질권자에 대하여는 각별로 통지하여야 한다(제431조 제2항).

⑤ **주금액의 반환**: 회사는 신주의 주주에 대하여 그 납입한 금액을 반환하여야 한다(제432조 제1항). 현물출자자에 대해서는 그 평가액을 금전으로 반환하여야 한다. 그러나 회사가 반환할 금액이 판결확정시에 회사의 재산상태에 비추어 현저하게 부당한 때에는 법원은 회사 또는 신주의 주주의 청구에 의하여 그 금액의 증감을 명할 수 있다(제432조 제2항).

⑥ **질권의 물상대위**: 신주발행 무효로 주금액의 반환이 있게 되는 경우에 실효한 신주의 질권자는 주금액에 대해 물상대위권을 갖는다(제432조 제3항, 제339조, 제340조 제1항 · 제2항).

제6절 정관의 변경

Ⅰ. 정관변경의 의의

1. 정관의 의의

정관이란 사업목적, 자본금에 관한 사항을 규정한 회사의 조직과 활동에 관한 근본규칙을 실질적 의의의 정관이라 하며, 기재사항의 서면을 형식적 의의의 정관이라 한다.

2. 정관변경의 의의

정관의 기재사항을 추가하거나 삭제하거나 수정하는 것을 정관변경이라 한다. 정관의 간단한 자구나 구두점의 수정·가감도 정관변경이며, 절대적 기재사항이건 상대적 기재사항이건 또는 임의적 기재사항이건 정관에 기재된 사항의 변경은 모두 정관변경에 해당한다. 정관변경은 실질적 의의의 정관의 변경을 말한다.

3. 정관변경의 범위

정관변경의 범위에는 특별한 제한이 없다. 따라서 발기인의 성명, 설립시 발행주식총수 등 역사적 사실을 제외한 목적·상호 등 어떠한 사항도 변경할 수 있다. 원시정관에 정관변경을 금지하고 있는 경우에도 이 규정을 변경하여 정관변경은 가능하다. 그런데, 정관변경을 하더라도 사회질서나 강행법규에 위반한 내용으로의 변경은 인정되지 않으며, 주주의 고유권을 침해하거나 주주평등의 원칙에 반하는 정관변경은 인정되지 않는다.

Ⅱ. 정관변경의 절차

1. 주주총회의 특별결의

정관변경은 발행주식총수의 3분의 1 이상의 수와 출석한 주주의 의결권의 3분의 2 이상의 수로써 하여야 한다. 즉, 정관변경은 주주총회의 특별결의사항이다(제

433조 제1항, 제434조). 정관변경을 위한 주주총회를 소집할 경우에는 정관변경에 관한 의안의 요령을 기재하여 통지하여야 한다(제433조 제2항).

2. 종류주주총회

회사가 종류주식을 발행한 경우에 정관을 변경함으로써 어느 종류주식의 주주에게 손해를 미치게 될 때에는 주주총회의 결의 외에 그 종류주식의 주주의 총회의 결의가 있어야 한다(제435조 제1항).

3. 등 기

정관변경 자체는 등기를 필요로 하지 않지만, 정관변경으로 등기사항이 변동되는 때에는 변경등기를 하여야 한다. 등기가 정관변경의 효력발생요건은 아니다.

Ⅲ. 정관변경의 주요 내용

1. 발행예정주식총수의 변경

회사설립 후에 정관변경으로 발행예정주식총수를 증가시키는 경우 그 수에 제한이 없다. 발행예정주식총수를 감소시키는 것도 가능하지만, 감소의 경우에는 발행주식총수 이하로는 감소시킬 수 없다.

2. 주금액의 변경

(1) 주금액의 인하

정관의 절대적 기재사항 중 하나인「1주의 금액」을 인하하여 자본금을 감소시키는 경우에는 정관변경이 필요하다. 주금액의 인하는 최저액면가인 100원 미만으로 인하할 수는 없다(제329조 제3항).

(2) 주금액의 인상

주금액의 인상으로 주주에게 추가출자의무를 부담시키는 것은 주주의 유한책임의 원칙에 반하므로 총주주의 동의를 필요로 하지만, 주식의 병합에 의한 주금액의 인상의 경우에는 주주총회의 특별결의에 의해 가능하다.

Ⅳ. 정관변경의 효력발생

정관변경은 주주총회의 결의로 효력이 발생하며, 변경된 내용을 문서화하거나 등기할 때에 효력이 생기는 것은 아니다. 주주총회에서 정관변경의 소급적용을 결의하는 경우 그 소급효는 인정되지 않는다.

Ⅴ. 변경등기

정관변경 자체의 등기는 필요하지 아니하나, 액면주식의 1주금액 변경, 발행주식총수의 변경 등은 변경등기를 필요로 한다.

제7절 자본금의 감소

Ⅰ. 의 의

자본금 감소란 회사의 자본금의 금액을 일정한 방법에 의하여 감소시키는 것을 말한다. 자본금액의 감소에 따른 순재산의 감소 여부를 기준으로 통상 실질적 자본금 감소와 명목상의 자본금 감소로 분류한다. 실질적 자본금 감소란 감소된 자본금을 실제로 주주에게 반환하는 경우를 말하고, 명목상의 자본금 감소는 주주에게 감소된 자본금을 현실로 반환하지 않고 계산상으로만 자본금을 감소시키는 것을 말한다.

Ⅱ. 자본금 감소의 방법

1. 주금액의 감소

주금액의 감소에 의한 자본금의 감소는 발행주식수를 줄이지 않고 주식의 액면가액을 낮추는 방법이다. 이 방법은 주금액이 100원 이상인 경우에만 가능하다.

2. 주식수의 감소

(1) 주식의 소각

주식의 소각이란 회사가 일정한 주식을 절대적으로 소멸시키는 것을 말한다. 주식의 소각은 동의한 주주의 주식에 대해서만 소각할 수 있는 임의소각과, 주주의 의사와 관계없이 주식을 소멸시킬 수 있는 강제소각이 있다. 또 주식의 소각으로 주주에게 주금(株金)을 지급하는 유상소각과 지급하지 않는 무상소각이 있다. 주주총회에서 정한 자본금 감소의 방법이 주주평등의 원칙에 위반하는 때에는 무효이다.

(2) 주식의 병합

주식병합은 여러 주식을 합하여 그보다 적은 수의 주식을 발행하는 것을 말한다. 주권을 회사에 제출한 자에 대해서는 신주권을 교부한다.

 단주의 처리

병합에 적당하지 않은 부분에 대해서는 발행한 신주를 경매하여 각 주식수에 따라 그 대금을 종전의 주주에게 지급하여야 한다(제443조 제1항 본문). 그러나 거래소의 시세가 있는 주식은 거래소를 통하여 매각하고, 거래소의 시세가 없는 주식은 법원의 허가를 받아 경매 외의 방법으로 매각할 수 있다(제443조 제1항 단서).

Ⅲ. 자본금 감소의 절차

1. 주주총회의 결의

자본금 감소는 회사의 자본금 구조의 변화를 초래하고 주주의 이해관계에 중대한 영향을 미치므로 주주총회의 특별결의를 요한다(제438조 제1항). 자본금 감소를 위한 주주총회의 소집시에는 의안의 요령도 통지하여야 한다(제438조 제3항). 다만, 결손의 보전(補塡)을 위한 자본금 감소는 주주총회의 보통결의에 의한다(제438조 제2항). 주주총회의 결의에서는 자본금 감소의 방법을 정하여야 한다(제439조 제1항).

2. 종류주주총회의 결의

회사가 종류주식을 발행하고 있은 경우에 어느 종류주식의 주주에게 손해를 미치게 될 때에는 주주총회의 결의 외에 그 종류주주총회의 결의가 있어야 한다(제435조 제1항).

3. 채권자보호절차

자본금 감소는 회사채권자를 위한 담보액의 감소를 초래하므로 회사는 자본금 감소의 결의일로부터 2주간 내에 회사채권자에 대하여 자본금 감소에 이의가 있으면 1월 이상의 일정한 기간 내에 이의를 제출할 것을 공고하고 알고 있는 채권자에 대하여는 각별로 최고하여야 한다(제439조 제2항 본문, 제232조 제1항). 일반채권자의 이의제출에는 특별한 방식을 필요로 하지 않는다. 그러나 사채권자가 이의를 제기하려면 사채권자집회의 결의가 있어야 하며, 이 경우 법원은 이해관계인의 청구로 이의기간을 연장할 수 있다(제439조 제3항). 이의를 제기한 채권자에 대하여 회사는 채무를 변제하거나, 상당한 담보를 제공하거나, 또는 이를 목적으로 하여 상당한 재산을 신탁회사에 신탁하여야 한다(제439조 제2항, 제232조 제3항). 한편, 결손의 보전을 위하여 자본금을 감소하는 경우에는 채권자보호절차를 필요로 하지 않는다(제439조 제2항 단서).

4. 기타 절차

(1) 주식병합절차

주식병합에 의한 자본금 감소의 경우 회사는 1월 이상의 기간을 정하여 그 기간 내에 주권을 회사에 제출할 것을 공고하고 주주명부에 기재된 주주와 질권자에 대해서는 각별로 통지하여야 한다(제440조).

(2) 주식소각절차

주식소각절차에 대해 별도의 규정을 두고 있지 않고 주식병합절차에 관한 규정을 준용하고 있다(제342조 제2항, 제440조, 제441조).

(3) 변경등기

자본금 감소로 인해 등기사항에 변동이 생기므로 변경등기를 하여야 한다(제317조 제3항, 제183조).

Ⅳ. 자본금 감소의 효력발생과 효과

(1) 효력발생시기

주권제출기간이 만료한 때에 주식병합의 효력이 발생한다(제441조 본문). 그러나 채권자의 이의기간 및 이의에 따른 변제 등의 조치가 종료하지 않은 때에는 그 기간 또는 절차가 종료한 때에 효력이 발생한다(제441조 단서).

(2) 효 과

주식의 소각이나 병합으로 인해 받는 주식이나 금액에 대해 질권의 물상대위권이 인정된다. 주식의 소각이나 병합으로 인해 자본금 감소가 되는 경우 감소된 주식수만큼 재발행이 가능한가에 대하여 학설의 대립이 있으나, 다수설은 재발행이 가능하지 않다고 한다.

Ⅴ. 자본금 감소의 무효

1. 무효원인

자본금 감소를 위한 주주총회 결의의 하자, 채권자보호절차의 흠결, 자본금 감소의 방법 기타 절차에 있어 주주평등의 원칙 위반, 법령·정관에 위반하거나 현저하게 불공정한 자본금 감소는 무효의 원인이 된다.

2. 무효의 소

(1) 당사자

자본금 감소 무효의 소제기권자는 주주·이사·감사·청산인·파산관재인·자본금 감소를 승인하지 않은 채권자에 한하며(제445조), 회사를 피고로 한다.

(2) 제소기간

자본금 감소 무효의 소는 자본금 감소로 인한 변경등기가 있은 날로부터 6월 내에만 제기할 수 있다(제445조).

(3) 소의 절차

자본금 감소 무효의 소에 관한 절차에 대해서는 설립무효에 관한 규정(제186조부터 제189조까지)을 준용하며, 채권자나 주주가 소를 제기한 경우의 담보제공의무에 관하여는 주주총회결의취소의 소에 관한 규정(제377조)을 준용한다(제446조).

(4) 다른 소(訴)와의 관계

자본금 감소의 효력이 발생하기 전에는 총회결의 취소·무효확인 또는 부존재의 소를 제기할 수 있으나, 자본금 감소의 효력이 발생한 후에는 자본금 감소 무효의 소에 흡수된다.

(5) 판결의 효과

① **원고승소의 경우**: 자본금 감소 무효의 판결이 확정되면 자본금 감소는 무효가 되고, 그 효과는 제3자에 대해서도 미친다(대세적 효력).
무효판결이 확정된 때에는 본점과 지점의 소재지에서 등기를 하여야 한다(제446조, 제192조). 자본금 감소의 무효판결 후 주주로부터 감소대가의 회수가 불가능하여 회사가 손해를 보는 경우에는 이사의 책임이 발생하고(제399조), 주주나 회사채권자에게 손해가 생기는 경우에는 회사 또는 이사에 대하여 손해배상을 청구할 수 있다(제389조 제3항, 제210조, 제401조).

② **원고패소의 경우**: 판결의 효과는 원고에 대해서만 미치고(대인적 효력), 원고에게 악의 또는 중대한 과실이 있는 경우에 한하여 회사에 대하여 연대하여 손해를 배상할 책임이 있다(제446조, 제191조).

제8절 회사의 회계

제1관 총 설

회사의 회계란 회사가 주체가 되어 일정한 결산기를 단위로 하여 회사의 재산상태와 손익을 평가하고, 이익 또는 손실을 처리하기 위한 의사결정을 하는 일련의 행위를 말하며, 이는 회사와 이해관계인들에게 다각적인 의미를 갖기 때문에 회사의 회계의 중요성을 고려하여 독립된 절(節)을 두어 상세하게 규정하고 있다.

제2관 재무제표 등

Ⅰ. 의 의

1. 재무제표

상법상 재무제표란 주식회사의 결산을 위해 작성하고 주주총회의 승인을 받아 확정되는 회계서류이다. 대차대조표, 손익계산서, 그 밖에 회사의 재무상태와 경영성과를 표시하는 것으로서 대통령령으로 정하는 서류(예 자본변동표, 현금흐름표 등)를 말한다. 주식회사의 이사는 매 결산기에 재무제표와 그 부속명세서를 작성하여야 한다(제447조 제1항). 대통령령으로 정하는 회사의 이사는 연결재무제표를 작성하여야 한다(제447조 제2항).

2. 부속명세서

재무제표의 부속명세서란 대차대조표와 손익계산서의 중요한 항목에 관하여 내역명세를 기재한 것을 말한다.

3. 영업보고서

영업보고서는 당해 영업연도 내에 있어서의 영업의 개요, 영업소의 명칭·위치와 수의 증감, 주주총회에 관한 사항, 자본금, 준비금, 기타 중요한 사항을 기재하여 회사의 개요를 나타내는 보고서를 말하며, 대표이사가 작성하여 이사회의 승인을 얻어(제447조의2 제1항), 주주총회에 보고하여야 한다(제449조 제2항).

Ⅱ. 재무제표의 승인절차

1. 작성·제출

이사는 재무제표(대통령령으로 정하는 회사는 연결재무제표)와 그 부속명세서 및 영업보고서를 작성하여 이사회의 승인을 얻어야 한다(제447조, 제447조의2 제1항). 이사는 이사회의 승인을 얻은 후 정기주주총회일의 6주간 전에 감사에게 제출하여야 하며(제447조의3), 또한 이사는 재무제표를 주주총회의 승인을 얻기 위해 제출하여야 한다(제449조 제1항).

2. 감 사

감사는 이사로부터 재무제표 등의 서류를 받은 날로부터 4주간 내에 법정기재사항(제447조의4 제2항)을 기재한 감사보고서를 이사에게 제출하여야 한다(제447조의4 제1항). 감사를 하기 위하여 필요한 조사를 할 수 없었던 경우에는 감사는 감사보고서에 그 뜻과 이유를 적어야 한다(제447조의4 제3항).

보충

상장회사의 감사 또는 감사위원회는 이사에게 감사보고서를 주주총회일의 1주 전까지 제출할 수 있다(제542조의12 제6항).

3. 공 시

이사는 정기주주총회 회일의 1주간 전부터 대차대조표, 영업보고서, 감사보고서를 본점에 5년간, 그 등본을 지점에 3년간 비치하여야 한다(제448조 제1항). 주주와 회사채권자는 영업시간 내에 언제든지 재무제표 등의 서류를 열람할 수 있으며 회사가 정한 비용을 지급하고 그 서류의 등본이나 초본의 교부를 청구할 수 있다(제448조 제2항).

4. 승 인

(1) 절 차

이사는 이사회의 승인과 감사(監事)의 감사를 경유한 후 재무제표를 정기주주총회에 제출하여 승인을 요구하여야 한다(제449조 제1항). 재무제표의 승인은 주주총회의 보통결의에 의하며, 주주총회에서는 재무제표의 승인을 거부하거나 수정하여 승인할 수 있다. 영업보고서는 주주총회에 제출하고 그 내용을 보고하여야 한다(제449조 제2항). 다만, 상법 제447조의 각 서류가 법령 및 정관에 따라 회사의 재무상태 및 경영성과를 적정하게 표시하고 있다는 외부감사인의 의견이 있고, 감사(감사위원) 전원의 동의가 있는 경우에는 정관에서 정하는 바에 따라 재무제표는 이사회의 결의로 승인할 수 있다(제449조의2 제1항). 이사회가 승인한 경우에는 이사는 재무제표와 부속명세서 내용을 주주총회에 보고하여야 한다(제449조의2 제2항).

(2) 승인의 효력

① **재무제표의 확정:** 주주총회의 승인을 얻은 경우에 재무제표는 확정된다.

② **이익배당청구권 발생:** 재무제표의 승인으로 주주는 회사에 대하여 확정된 이익배당청구권을 갖게 된다.

③ **이사 또는 감사의 책임해제:** 정기주주총회에서 재무제표의 승인이 있은 후 2년 내에 다른 결의가 없으면 회사는 이사와 감사(또는 감사위원회 위원)의 책임을 해제한 것으로 본다(제450조 본문, 제415조의2 제6항).
이사 또는 감사가 책임해제를 주장하려면 승인결의가 있었다는 것뿐만 아니라 그 서류에 책임사유가 기재되었다는 사실을 입증하여야 한다(판례).

④ **대차대조표의 공고:** 이사는 정기주주총회에서 재무제표의 승인이 있었을 때에는 지체없이 대차대조표를 공고하여야 한다(제449조 제3항).

제3관 준비금제도

Ⅰ. 의의 및 종류

1. 의 의

순재산액 중 자본금액을 초과하는 금액으로서 회사가 주주에게 배당하지 않고 회사에 유보하여 적립하는 금액을 준비금이라 한다.

2. 종 류

준비금 중에서 상법 또는 특별법의 규정에 의하여 의무적으로 적립하는 것을 법정준비금이라 하고, 정관 또는 총회의 결의에 의하여 특정한 목적을 위하여 적립하는 것을 임의준비금이라 한다. 법정준비금은 매 결산기의 이익을 재원(財源)으로 하여 그 일부를 적립하는 이익준비금과 자본거래에서 생긴 잉여금을 재원으로 하여 그 적립한도 없이 모두 적립하여야 하는 자본준비금으로 나누어진다.

Ⅱ. 법정준비금

1. 이익준비금·자본준비금

(1) 이익준비금

회사는 자본금의 2분의 1에 달할 때까지 매 결산기에 주식배당의 경우를 제외하고는 이익배당액의 10분의 1 이상의 금액을 이익준비금으로 적립해야 한다(제458조).

(2) 자본준비금

매 결산기의 영업이익 이외의 이익을 재원으로 적립하는 법정준비금으로, 그 재원이 되는 이익은 자본거래에서 생기는 것으로 대통령령으로 정하는 바에 따라 주주에게 배당할 수 있는 이익이 못되므로 무제한 적립하여야 한다(제459조 제1항).

2. 법정준비금의 용도

(1) 결손전보

매 결산기 말의 회사의 순재산액이 자본금과 법정준비금에 미달하는 결손이 난 경우, 그 보전을 위하여 사용된다(제460조).

(2) 자본금 전입

① **의의·성질**: 자본금 전입이란 법정준비금의 일부 또는 전부를 자본금으로 전입하는 것이다(제461조 제1항). 자본금 전입이 가능한 준비금은 법정준비금에 한한다.

② **절차**: 자본금 전입의 결정은 원칙적으로 이사회의 결의에 의한다(제461조 제1항 본문). 다만, 정관으로 주주총회에서 결의하기로 정할 수 있다(제461조 제1항 단서). 준비금의 자본금 전입에 관한 이사회의 결의가 있는 때에는 회사는 일정한 날을 정하여 그 날에 주주명부에 기재된 주주가 무상신주의 주주가 된다는 뜻을 그 날의 2주간 전에 공고하여야 한다. 그러나 그 날이 주주명부의 폐쇄기간 중인 때에는 그 기간의 초일의 2주간 전에 이를 공고하여야 한다(제461조 제3항).

③ **효 과**

㉠ 신주발행: 준비금의 자본금 전입 결의가 있은 때에는 주주에 대하여 그가 가진 주식수에 따라 무상으로 신주를 발행하여야 한다(제461조 제2항 1

문). 이 경우에 단주가 생길 경우에는 이를 경매를 통해 매각한 금액을 단주의 주주에게 분배하여야 한다. 그러나 거래소의 시세 있는 주식은 거래소를 통해, 거래소의 시세 없는 주식은 법원의 허가를 얻어 경매 이외의 방법으로 매각할 수 있다(제461조 제2항 2문, 제443조 제1항).

㉡ 신주의 효력발생시기: 이사회의 결의에 의하여 준비금을 자본금에 전입하여 신주를 발행하는 때에는 신주의 배정일 날의 주주명부의 주주가 신주의 주주가 되며(제461조 제3항), 주주총회에서 준비금의 자본금 전입을 결의한 때에는 그 결의가 있은 날의 주주명부상의 주주가 신주의 주주가 된다(제461조 제4항).

㉢ 질권의 물상대위: 종전의 주식을 목적으로 하는 질권은 등록질이건 약식질이건 질권의 물상대위가 인정되어 신주의 발행으로 주주가 받을 주식이나 금전에 대해서도 질권을 행사할 수 있다(제461조 제7항, 제339조).

④ **위법한 자본금 전입**: 이사회의 결의 없이 준비금의 자본금 전입이 이루어지는 경우, 결의가 있더라도 하자 있는 결의에 의한 경우, 발행예정주식총수를 초과하여 자본금 전입을 한 경우 등 준비금의 자본금 전입이 위법하게 이루어지는 경우에 주주는 통상의 신주발행과 같이 신주발행의 유지를 청구하거나 신주발행무효의 소를 제기할 수 있다.

(3) 준비금의 감소

회사는 적립된 자본준비금 및 이익준비금의 총액이 자본금의 1.5배를 초과하는 경우에 주주총회의 결의에 따라 그 초과한 금액 범위에서 자본준비금과 이익준비금을 감액할 수 있다(제461조의2).

제4관 배당제도

Ⅰ. 이익배당

1. 의의·성질

주식회사에서는 이익이 없으면 배당이란 생각할 수 없다. 따라서 이익배당이란 회사가 경영활동을 통해 얻은 이익을 주주총회의 결의로 주주에게 분배하는 것으로, 출자자인 주주의 고유권에 해당한다.

2. 요 건

(1) 배당 가능한 이익의 존재

이익배당은 이익이 있어야 하며, 이익은 배당 가능한 이익을 말한다. 배당가능이익이란 대차대조표상의 순재산액으로부터 자본금액, 그 결산기까지 적립된 법정준비금, 그 결산기에 적립하여야 할 이익준비금, 대통령령으로 정하는 미실현이익의 합계액을 공제한 금액이며, 이를 한도로 이익배당을 할 수 있다(제462조 제1항).

(2) 주주총회 또는 이사회의 승인

이익배당은 주주총회의 결의로 정한다. 다만, 재무제표를 이사회가 승인하는 경우에는 이사회의 결의로 정한다(제462조 제2항).

3. 이익배당의 기준과 원칙

(1) 주식수에 비례한 배당

이익배당은 주주평등의 원칙에 의하여 각 주주가 가진 주식의 수에 따라 지급하여야 한다(제464조 본문). 다만, 종류주식을 발행한 경우에는 그러하지 아니하다(제464조 단서).

(2) 대소주주의 차등배당

주주의 차등배당률은 주주총회에서 결의할 성질의 것이 못되므로 대주주에 대한 차등은 대주주 스스로의 배당포기라고 해석할 수 있는 경우에 한해 유효하다.

4. 배당금지급시기

주주는 주주총회의 재무제표승인결의가 있으면 이에 의해 주주는 구체적인 배당금지급청구권을 갖게 된다. 회사는 주주총회의 재무제표 승인결의가 있은 날로부터 1월 내에 배당금을 지급해야 하고, 중간배당의 경우에는 이사회의 결의가 있은 날로부터 1월 내에 지급하여야 한다(제464조의2 제1항 본문). 다만 승인결의시 배당금의 지급시기를 따로 정할 수 있다(제464조의2 제1항 단서). 배당금지급청구권은 5년간 행사하지 아니하면 시효소멸하게 된다(제464조의2 제2항). 시효기간은 배당결의가 있은 날로부터 1개월이 경과한 때 또는 배당결의시에 따로 정한 기한이 경과한 때로부터 기산한다.

5. 위법배당

(1) 의 의

위법배당이란 회사가 배당 가능한 이익이 없음에도 이익배당을 하거나, 배당 가능한 이익이 있더라도 그 액을 초과하여 이익배당을 한 경우를 말한다.

(2) 회사에 대한 반환청구

위법배당은 무효이므로 회사는 주주의 선의·악의를 불문하고 주주에 대하여 부당이득의 반환을 청구할 수 있고, 주주가 스스로 반환하지 않거나 회사가 반환청구를 하지 않으면 회사채권자도 주주에 대하여 위법배당금을 회사에 반환할 것을 청구할 수 있다(제462조 제3항).

(3) 이사·감사 등의 손해배상책임

재무제표를 작성한 이사 및 이사회의 승인결의에 찬성한 이사 및 이에 대한 허위의 감사보고를 한 감사는 회사에 대하여 위법배당으로 인한 손해를 연대하여 배상할 책임이 있다. 또한 이사·감사가 고의 또는 중대한 과실로 인한 임무해태로 제3자에게 손해를 발생시킨 때에는 연대하여 배상책임을 진다. 고의 또는 과실로 법령 또는 정관의 규정에 위반하여 이익을 배당한 때에는 위법배당죄가 성립한다(제625조 3호).

6. 중간배당

(1) 의 의

중간배당이란 영업연도를 1년으로 하여 연 1회의 결산기를 정한 회사가 정관에 의하여 이사회의 결의로 영업연도 중 1회에 한하여 일정한 날을 정하여 그날의 주주에게 이익을 배당하는 것을 말한다(제462조의3 제1항). 1인의 이사를 둔 회사에서는 그 이사의 결정으로 중간배당을 할 수 있다.

(2) 중간배당의 요건

중간배당은 ① 영업연도를 1년으로 하는 회사에서만 인정되고, ② 정관에 정함이 있어야 하며, ③ 이사회의 결의가 있어야 하고, ④ 이익배당(금전 또는 현물로 가능, 주식배당은 불가)으로 하여야 하며, ⑤ 영업연도 중 1회에 한하여 할 수 있다. 이

때 중간배당의 한도액은 직전 결산기의 대차대조표의 순재산액에서 직전 결산기의 자본금의 액, 직전 결산기까지 적립된 자본준비금과 이익준비금, 직전 결산기의 주주총회에서 이익으로 배당하거나 지급하기로 정한 금액, 상법 제462조의3 제1항의 배당에 따라 당해 결산기에 적립하여야 할 이익준비금 등을 공제한 금액이다(제402조의2 제2항).

(3) 위법한 중간배당의 효과

중간배당의 한도액을 초과한 배당의 경우 이익배당과 마찬가지로 회사의 채권자는 위법한 중간배당으로 받은 금액을 회사에 반환할 것을 청구할 수 있다. 그리고 이사·감사는 고의 또는 과실로 법령·정관의 위반으로 인한 임무해태로 인하여 위법한 중간배당에 따른 회사의 손해가 있는 때에는 연대하여 배상책임을 진다. 이사의 책임은 총주주의 동의에 의해서 면책된다.

Ⅱ. 주식배당

1. 의의·성질

주식배당이란 금전 대신 새로이 발행하는 주식으로 하는 배당을 말한다. 주식배당은 특수한 신주발행의 한 형태이며, 그 법적 성질에 대해서는 주식분할설과 이익배당설로 견해가 나누어지고 있다.

2. 주식배당의 요건

(1) 배당 가능한 이익의 존재

주식배당은 이익배당과 마찬가지로 주주에게 배당할 수 있는 금액에 상당하는 신주를 발행하는 것이다. 따라서 당해 연도에 발생한 배당 가능한 이익이 있어야 한다.

(2) 주식배당의 한도

주식배당은 이익배당액의 2분의 1에 상당하는 금액을 초과하지 못한다(제462조의2 제1항 단서).

(3) 미발행주식의 존재

주식배당을 하면 그만큼 발행주식수가 증가하므로, 이 증가분이 발행예정주식총수의 범위 내여야 하며, 회사가 종류주식을 발행한 때에는 각각 그와 같은 종류의 주식으로 배당할 수 있다(제462조의2 제2항). 따라서 회사에 미발행주식이 존재하여야 하며, 만약 발행예정주식총수를 초과하는 주식발행이 되는 경우에는 정관의 변경으로 회사의 발행예정주식총수를 증가시켜야 한다.

(4) 신주의 발행가액

주식배당은 주식의 권면액으로 하여야 한다(제462조의2 제2항). 발행가액은 권면액의 이하뿐만 아니라 초과도 인정되지 않는다.

3. 주식배당의 절차

(1) 주주총회의 결의

주식배당은 주주총회의 보통결의에 의하여 한다(제462조의2 제1항 본문). 재무제표의 승인결의와 주식배당의 결의는 동시에 이루어져도 무방하다.

(2) 배당의 통지

주식배당을 한다는 주주총회의 결의가 있는 때에는 지체없이 배당을 받을 주주와 주주명부에 기재된 질권자에게 그 주주가 받을 주식의 종류와 수를 통지하여야 한다(제462조의2 제5항).

(3) 단주의 처리

주식으로 배당할 이익의 금액 중 주식의 권면액에 미달하는 단주가 있는 때에는 그 부분에 대하여는 자본금 감소시의 단주처리에 관한 상법 제443조 제1항을 준용한다(제462조의2 제3항).

(4) 등 기

주식배당을 한 경우 회사의 자본금도 증가하고, 주식수도 증가하므로 주주총회의 종결시로부터 본점소재지에서는 2주간 내, 지점소재지에서는 3주간 내에 변경등기를 하여야 한다.

(5) 주권의 발행

주식배당에 의하여 주주가 취득한 신주에 관해 회사는 주권을 발행하여야 한다.

4. 주식배당의 효과

(1) 신주의 효력발생시기

주식배당을 받은 주주는 주식배당의 결의를 한 주주총회의 종결시로부터 신주의 주주가 된다(제462조의2 제4항).

(2) 질권의 효력

등록질의 경우 질권자는 주식배당에 의하여 주주가 받을 주식에 대하여 질권을 행사할 수 있고, 따라서 질권자는 회사에 대하여 그 주권의 교부를 청구할 수 있다(제462조의2 제6항, 제340조 제3항).

(3) 위법주식배당의 효과

주식배당의 요건을 위반한 경우 신주발행의 무효를 주장할 수 있고, 주식배당이 있기 전에는 신주발행의 유지를 청구할 수 있다. 또한 위법주식배당으로 인해 회사에 손해가 발생한 때에는 이사·감사는 손해배상책임을 지고 형벌의 제재를 받는 것은 이익배당과 같다.

Ⅲ. 현물배당

1. 의 의

현물배당이란 금전 이외의 재산으로 배당하는 것을 말한다(제462조의4 제1항).

2. 요 건

현물배당을 위하여는 정관에 그 규정이 있어야 한다. 회사는 주주가 배당되는 금전 외의 재산 대신 금전의 지급을 회사에 청구할 수 있도록 할 경우에는 그 금액 및 청구할 수 있는 기간과 일정수 미만의 주식을 보유한 주주에게 금전 외의 재산 대신 금전을 지급하기로 한 경우에는 그 일정수 및 금액을 정할 수 있다.

제5관 기 타

Ⅰ. 주주·채권자의 재무제표 등에 대한 권리

1. 재무제표 등의 열람권

주주와 회사채권자는 영업시간 내에는 언제든지 재무제표 및 그 부속명세서·영업보고서·감사보고서 등을 열람할 수 있으며, 회사가 정한 비용을 지급하고 그 서류의 등본이나 초본의 교부를 청구할 수 있다(제448조 제2항).

2. 주주의 회계장부열람권

발행주식총수의 100분의 3 이상의 소수주주(상장회사는 6개월 전부터 계속하여 발행주식총수의 1만분의 10(자본금 1천억원 이상 회사 : 1만분의 5) 이상의 주식을 보유한 주주)는 이유를 붙인 서면으로 직접 회계의 장부와 서류를 열람할 수 있다(제466조 제1항). 회사는 주주의 열람청구가 부당함을 증명하지 아니하면 이를 거부할 수 없다(제466조 제2항). 열람·등사의 청구의 대상이 되는 '회계의 장부와 서류'는 소수주주가 열람·등사를 구하는 이유와 실질적으로 관련이 있는 회계장부와 그 근거자료가 되는 회계서류이다(판례).

3. 검사인 선임청구권

업무집행에 관하여 부정행위 또는 법령이나 정관을 위반한 중대한 사실이 있음을 의심할 사유가 있는 때에는 발행주식총수의 100분의 3 이상을 가진 소수주주(상장회사는 6개월 전부터 계속하여 발행주식총수의 1천분의 15 이상의 주식을 보유한 주주)는 회사의 업무 및 재산의 상태를 조사하기 위하여 법원에 검사인의 선임을 청구하여 적극적인 조사를 꾀할 수 있다(제467조 제1항). 법원이 검사인을 선임한 경우 검사인은 업무와 재산상태를 조사하고 그 결과를 법원에 보고하여야 하며(제467조 제2항), 법원은 검사인의 보고에 의하여 필요하다고 인정한 때에는 대표이사에게 주주총회의 소집을 명할 수 있다(제467조 제3항). 이 경우에 검사인은 보고서를 총회에 제출하여야 하며, 이사와 감사는 이 보고서를 조사하여 총회에 보고하여야 한다(제467조 제3항, 제310조 제2항).

Ⅱ. 이익공여의 금지

1. 의 의

회사는 누구에게든지 주주의 권리행사와 관련하여 재산상의 이익을 공여할 수 없으며(제467조의2 제1항), 이에 위반하여 이익을 얻은 자는 그 이익을 회사에 반환하여야 한다(제467조의2 제3항). 이 규정은 이른바 총회꾼과 회사의 불건전한 거래를 근절시키고자 하는 취지에서 둔 것이다.

【판례】 대법원 2017.1.12.선고 2015다68355, 68362판결

[1] 상법 제467조의2 제1항에서 정한 '주주의 권리'란 법률과 정관에 따라 주주로서 행사할 수 있는 모든 권리를 의미하고, 주주총회에서의 의결권, 대표소송 제기권, 주주총회결의에 관한 각종 소권 등과 같은 공익권뿐만 아니라 이익배당청구권, 잔여재산분배청구권, 신주인수권 등과 같은 자익권도 포함하지만, 회사에 대한 계약상의 특수한 권리는 포함되지 아니한다. 그리고 '주주의 권리행사와 관련하여'란 주주의 권리행사에 영향을 미치기 위한 것을 의미한다.

[2] 甲 주식회사가 운영자금을 조달하기 위해 乙과 체결한 주식매매약정서에서 乙이 甲 회사의 주식을 매수하는 한편 甲 회사에 별도로 돈을 대여하기로 하면서 乙이 '甲 회사의 임원 1명을 추천할 권리'를 가진다고 정하였는데, 주식매매약정 직후 乙이 임원추천권을 행사하지 아니하는 대신 甲 회사가 乙에게 매월 돈을 지급하기로 하는 내용의 지급약정을 체결한 사안에서, 乙이 가지는 임원추천권은 주식매매약정에 정한 계약상의 특수한 권리이고 이를 주주의 자격으로 가지는 공익원이나 자익권이라고 볼 수는 없으므로 상법 제467조의2 제1항에서 정한 '주주의 권리'에 해당하지 아니하고, 지급약정은 乙이 甲 회사에 운영자금을 조달하여 준 것에 대한 대가를 지급하기로 한 것일 뿐 주주의 권리행사에 영향을 미치기 위하여 돈을 공여하기로 한 것이라고 할 수 없으므로, 지급약정이 상법 제467조의2 제1항에 위배된다고 볼 수 없다.

2. 금지내용

(1) 주주권행사와의 관련성

회사는 주주의 권리행사와 관련하여 재산상의 이익을 공여하였어야 한다. 주주권의 행사는 적법하든 위법하든 관계없다. 그리고 주주권의 행사와 관련하여 이익을 공여하였다는 것은 주주권의 행사·불행사·행사방법 등을 합의하고, 이에 관해 이익이 공여됨을 뜻한다.

(2) 이익공여의 상대방

이익공여의 상대방에는 제한이 없다. 즉, 상법 제467조의2 제1항에서 「누구에게

든지」 회사는 이익공여를 할 수 없다고 하고 있으므로, 주주 이외의 자가 주주권의 행사와 관련하여 이익을 제공받는 경우도 이익공여금지행위가 된다.

(3) 회사에 의한 이익공여

이익공여금지는 회사의 계산으로 이익이 제공되는 것을 금지하는 것이므로, 회사 이외의 자가 이익을 제공하는 것은 관계없다.

(4) 이익의 공여

재산상의 이익공여란 금전·물품·용역의 제공이나 채무의 면제, 채권의 포기 등 재산상의 이익이 따르는 것이면 제한이 없다. 회사가 특정한 주주에게 무상으로 재산상의 이익을 공여한 경우와 이익공여가 유상이라도 회사가 얻은 이익이 공여한 이익에 비하여 현저하게 적은 경우에는 주주의 권리행사와 관련하여 공여한 것으로 추정한다(제467조의2 제2항). 주주 이외의 자에게 이익을 무상으로 공여한 때에는 상법 제467조의2 제2항에 따른 추정이 인정되지 않으므로, 그 책임을 추궁하는 자가 주주의 권리행사와 관련된 이익공여라는 것을 입증하여야 한다.

3. 위반의 효과

(1) 이익반환의무

주주의 권리행사와 관련하여 회사가 재산상의 이익을 공여한 때에는 그 이익공여를 받은 자는 이를 회사에 반환하여야 한다(제467조의2 제3항 1문). 이 의무는 상법상 특별의무에 해당한다. 회사가 이익반환을 청구하지 않는 경우 소수주주는 대표소송을 통해 반환청구를 할 수 있다(제467조의2 제4항).

(2) 회사의 대가반환

이익공여가 위법한 경우에 상대방이 회사에 대하여 대가를 지급한 때에는 회사는 그 대가를 반환하여야 한다(제467조의2 제3항 2문). 이 경우 회사의 반환의무와 이익공여를 받은 자의 반환의무는 동시이행의 관계에 있다.

(3) 주주권행사의 효력

이익공여와 관련하여 주주권이 행사되더라도 주주권행사 자체의 효력에는 영향이 없다.

(4) 벌 칙

이사가 이익공여금지규정에 위반하여 이익을 공여한 때에는 회사에 대해 손해배상책임을 지고, 감사가 이익공여에 대하여 그 임무해태를 한 때에는 역시 회사에 대해 손해배상책임을 진다. 뿐만 아니라 이사와 감사는 이익공여금지규정을 위반한 경우 이익공여죄의 벌칙이 적용된다(제634조의2).

Ⅲ. 사용인의 우선변제권

사용인이 고용관계로 인하여 회사에 대해 갖는 채권에 대하여는 근로자 보호를 위한 정책적 배려에서 우선변제권을 인정한다. 신용보증금의 반환을 받을 채권 기타 회사와 사용인 간의 고용관계로 인한 채권이 있는 자는 회사의 총재산에 대하여 우선변제를 받을 권리가 있다(제468조 본문). 그러나 채권의 발생의 선후를 불문하고 질권이나 저당권에는 우선하지 못한다(제468조 단서).

제9절 사 채

Ⅰ. 사채의 개념

1. 사채의 의의

사채란 주식회사가 일반투자자로부터 비교적 장기에 걸치는 거액의 자금을 집단적·정형적으로 조달하기 위하여 채권발행의 형식으로 부담하며, 액면가에 따라 단위화된 채무이다.

2. 주식과 사채의 비교

(1) 차이점

① 출자자의 지위: 사채는 사채권자의 입장에서 보면 일종의 금전채권임에 반하여, 주식은 구성원으로서의 지위를 뜻하는 사원권이다.

② **출자의 과실(果實)**: 사채권자는 이익의 유무에 관계없이 일정한 이자를 받지만, 주식은 배당 가능한 이익이 있어야만 배당할 수 있다.

③ **출자의 회수**: 사채권자는 기한이 도래하면 상환을 받을 수 있으며 해산의 경우 주주에 우선하여 회사재산에서 변제를 받지만, 주주는 회사에 대하여 투자의 반환을 청구할 수 없고, 다만 회사가 해산한 경우에 일반채권자보다 후순위로 잔여재산의 분배를 받을 수 있을 뿐이다.

④ **납입의 방법**: 사채의 경우에는 분할납입이 가능하나, 주식의 경우에는 전액납입주의에 의한다.

⑤ **자본금의 구성**: 사채는 타인자본으로 회사의 채무일 뿐이지만, 주식은 자기자본을 구성하므로 회사의 자본금이 증가한다.

⑥ **액면미달발행**: 사채는 액면미달발행이 허용되지만, 주식의 경우에는 원칙적으로 인정되지 않는다.

(2) 공통점

사채와 주식은 어느 것이나 경제적으로 주식회사가 공중으로부터 대량의 장기자금을 조달하는 수단이다. 이로 말미암아 사채와 주식은 모두 발행의 결정, 증권의 발행, 액면의 최저금액 등이 법정되어 있다.

(3) 상호 접근

주식 중 비참가적·누적적 우선주식, 의결권 없는 주식, 상환주식 등은 사채와 유사한 주식이며, 반면에 전환사채와 신주인수권부사채는 주식과 같은 성질을 갖는 것으로 주식화된 사채라고 할 수 있다.

Ⅱ. 사채발행

1. 사채발행의 방법

(1) 총액인수

특정인이 회사와의 계약에 의하여 사채총액을 인수하는 방법으로서 사채청약서의 작성을 요하지 않는다(제475조 1문).

(2) 직접 또는 위탁모집 발행

사채를 일반공중으로부터 모집하는 방법으로서 원칙적으로 사채청약서의 사용을 요한다(제474조). 공모에는 발행회사가 직접 공중으로부터 모집하는 직접공모, 모집절차를 타인에 위탁하는 방법으로서 위탁모집이 있다. 위탁모집의 경우 수탁회사는 사채의 발행회사를 위하여 자기명의로 타인으로부터 청약을 받고 이에 대해 배정하고 납입을 할 수 있다(제476조 제2항).

(3) 채권매출

일정 기간을 정하여 미리 작성된 채권을 매출하는 방법으로서 일반공모에 있어서와 같은 사채청약서의 작성, 배정, 납입, 채권교부 등의 절차를 요하지 않으며, 특별법에 의한 특수회사에 한해 허용된다(㉠ 한국산업은행법 제25조 이하에 의한 산업금융채권).

2. 사채발행의 절차

(1) 이사회의 결의

사채의 발행은 정관에 의하여 주주총회의 권한으로 하지 않는 한 이사회의 결의만으로 한다(제469조 제1항). 이 결의에서 사채의 종류·총액, 각 사채의 금액·이율·상환방법·발행방법 등을 정한다. 정관에서 정하는 바에 따라 이사회는 대표이사에게 사채의 금액 및 종류를 정하여 1년을 초과하지 아니하는 기간 내에 사채를 발행할 것을 위임할 수 있다(제469조 제4항).

(2) 사채계약의 성립

사채모집에 응하고자 하는 자는 사채청약서 2통에 사채의 수와 주소를 기재하고 기명날인 또는 서명하여야 한다(제474조 제1항). 사채청약서는 이사가 작성하고, 법정사항을 기재하여야 한다(제474조 제2항, 제476조 제2항). 사채청약서에 의하지 않은 사채청약은 효력이 없다. 다만, 사채총액의 인수, 수탁회사의 사채잔액의 인수의 경우에는 그러하지 아니하다(제475조).

(3) 납 입

사채의 모집이 완료하면 대표이사는 지체없이 인수인에 대하여 각 사채의 전액 또는 제1회의 납입을 시켜야 하고, 위탁모집의 경우에는 수탁회사가 이를 할 수 있다(제476조).

Ⅲ. 사채의 유통과 상환

1. 사채의 유통

(1) 채권의 발행

사채에 대하여는 그 유통을 원활히 하기 위하여 채권(債券)이 발행된다. 채권은 사채금액의 납입이 완료한 후가 아니면 이를 발행하지 못한다(제478조 제1항). 채권은 요식증권으로서 법정기재사항을 기재하고 대표이사가 기명날인 또는 서명하여야 한다(제478조 제2항). 채권은 기명식과 무기명식으로 발행할 수 있으며, 두 가지 방법을 병행하는 때에는 상호전환권이 인정된다(제480조 본문). 채권을 상실한 때에는 공시최고의 신청을 할 수 있고, 제권판결을 얻지 못하면 채권의 재발행을 청구할 수 없다. 회사는 채권을 발행하는 대신 정관에서 정하는 바에 따라 전자등록기관의 전자등록부에 채권(債權)을 등록할 수 있다(제478조 제3항).

(2) 사채원부

사채원부란 사채권자 및 채권에 관한 사항을 기재한 장부로서, 일정한 사항(제488조)을 기재하여야 한다. 회사는 사채원부를 작성·비치하여야 한다(제396조 제1항). 회사채권자와 주주는 영업시간 내에는 언제든지 그 열람 또는 등사를 청구할 수 있다(제396조 제2항). 사채원부는 기명사채이전의 대항요건(제479조), 사채권자에 대한 통지·최고(제489조 제1항, 제353조), 신탁의 공시 등의 경우에 중요한 의의를 갖는다.

(3) 사채의 양도·입질

① **무기명사채**: 상법에 규정이 없으므로 민법의 규정에 따라 양도는 채권을 교부함으로써, 입질은 질권자에게 채권을 교부함으로써 그 효력이 생기고, 점유함으로써 제3자에게 대항할 수 있다.

② **기명사채**

㉠ 기명사채의 양도: 양도는 지시식으로 되어 있지 않는 한 당사자의 의사표시와 사채권의 인도로써 효력이 생기지만, 회사 기타 제3자에게 대항하기 위하여는 취득자의 성명과 주소를 사채원부에 기재하고 그 성명을 채권에 기재하여야 한다(제479조 제1항). 명의개서대리인이 있는 경우에는 명의개서대리인을 통해 이 절차를 밟을 수 있다(제479조 제2항).

ⓛ 기명사채의 입질: 당사자간의 의사표시와 사채권을 채권자에게 교부함으로써 질권설정의 효력이 생긴다.

(4) 기명식, 무기명식사채 간의 전환

사채권자는 채권을 기명식 또는 무기명식에 한할 것으로 정해지지 아니한 때에는 기명식의 채권을 무기명식으로, 무기명식의 채권을 기명식으로 할 것을 회사에 청구할 수 있다(제480조).

2. 이자지급과 상환

(1) 이자와 이권

① **이자**: 사채의 이자액, 이자의 지급기한 및 방법은 사채계약에서 정한 이율에 의하여 결정된다. 이율은 중요한 발행요건이므로 사채청약서·채권·사채원부에 기재하여야 한다(제474조 제2항 7호, 제478조 제2항 2호, 제488조 3호).

② **이권**: 이권(利券)은 이자지급기에 있어서의 이자지급청구권을 표창하는 유가증권으로, 독립적으로 유통의 대상이 된다. 이자의 지급은 이권과 상환으로 한다.

③ **이자청구권의 소멸시효**: 사채의 이자지급청구권과 이권소지인의 공제액지급청구권은 5년간 행사하지 아니하면 소멸시효가 완성한다(제487조 제3항).

④ **이자지급의 해태**: 회사가 사채의 이자지급을 해태하거나 사채의 일부 상환을 지체한 때에는 사채계약에서 기한이익의 상실사유로 정할 수 있다.

(2) 사채의 상환

① **의의**: 사채의 상환이란 발행회사가 사채권자에게 채무를 변제하여 사채의 법률관계를 종료시키는 것을 말한다.

② **방법**: 상환방법은 사채계약에 의하여 정하여지나, 일정 기간 후 일시상환의 방법과 일정기간 거치 후 분할상환하는 방법이 있다.

③ **매입소각**: 사채에는 자기사채를 매입하여 소각하는 것이 자유로우며, 사채의 시세가 하락했을 때 매입소각이 만기상환보다 회사에 유리하다.

④ **불공정한 변제의 취소의 소**: 발행회사가 어느 사채권자에 대하여 한 변제, 화해 기타의 행위가 현저하게 불공정한 때에는 사채관리회사는 그 행위의 취소를 청구할 수 있다(제511조 제1항). 이 취소는 소에 의해서만 할 수 있다.

소는 사채관리회사가 취소의 원인을 안 때로부터 6월, 행위가 있는 때로부터 1년 내에 제기하여야 한다(제511조 제2항).

⑥ **사채상환청구권의 소멸시효**: 사채의 상환청구권과 사채권자의 사채관리회사에 대한 상환액지급청구권은 10년간 행사하지 아니하면 소멸시효가 완성한다(제487조 제1항).

3. 사채관리회사의 사채관리

(1) 사채관리회사의 지위

① **성격**: 사채관리회사는 발행회사에 대하여 위임관계에 있다.

② **자격**: 은행, 신탁회사 그 밖에 대통령령으로 정하는 자가 아니면 사채관리회사가 될 수 없고, 사무승계자도 같다(제480조의3 제1항). 사채의 인수인은 그 사채의 사채관리회사가 될 수 없다(제480조의3 제2항). 사채를 발행한 회사와 특수한 이해관계가 있는 자로서 대통령령으로 정하는 자는 사채관리회사가 될 수 없다(제480조의3 제3항).

③ **지정·위탁**: 회사는 사채를 발행하는 경우에 사채관리회사를 정하여 변제의 수령, 채권의 보전, 그 밖에 사채의 관리를 위탁할 수 있다(제480조의2).

④ **사임과 해임**: 사채관리회사는 발행회사와 사채권자집회의 동의를 얻어야만 사임할 수 있다. 다만 부득이한 사유가 있는 경우에는 법원의 허가를 얻어 사임할 수 있다(제481조). 사채관리회사가 사무처리에 부적임하거나 기타 정당한 사유가 있을 때에는 법원은 발행회사 또는 사채권자집회의 청구에 의하여 이를 해임할 수 있다(제482조).

⑤ **사무승계자의 선정**: 사채관리회사가 사임하거나 해임된 경우 발행회사는 사무승계자를 선임할 수 있으며, 이 경우 회사는 지체없이 사채권자집회를 소집하여 동의를 받아야 한다(제483조 제1항). 부득이한 사유가 있을 경우 법원이 이해관계인의 청구에 의해 선임할 수 있다(제483조).

⑥ **사채관리회사의 보수·비용**: 사채관리회사에 대한 보수와 그 사무처리에 요할 비용은 특별한 약정이 없으면 법원의 허가를 얻어 발행회사로 하여금 이를 부담하게 할 수 있고, 또한 사채관리회사는 상환을 받을 금액에서 사채권자에 우선하여 그 보수와 비용의 변제를 받을 수 있다(제507조).

(2) 사채관리회사의 권한·의무

① **사채모집의 권한:** 사채관리회사는 그 명의로 위탁회사를 위하여 사채를 모집할 수 있다(제476조 제2항).

② **상환을 위한 권한:** 사채관리회사는 사채권자를 위하여 사채에 관한 채권을 변제받거나 채권의 실현을 보전하기 위하여 필요한 재판상·재판외의 모든 행위를 할 권한이 있다(제484조 제1항). 사채관리회사가 두 개 이상의 회사인 경우에는 그 권한에 속하는 행위는 공동으로 하여야 한다(제485조 제1항). 따라서 그 중 한 회사만의 단독행위는 효력이 없다. 또한 각 회사는 사채권자에 대하여 연대하여 변제액을 지급할 의무가 있다(제485조 제2항).

③ **사채상환의무:** 사채관리회사가 사채의 상환을 받은 때에는 지체없이 그 뜻을 공고하고, 알고 있는 사채권자에 대하여는 각별로 이를 통지하여야 한다(제484조 제2항). 사채관리회사가 상환액을 수령한 때에는 발행회사의 상환의무가 소멸하므로, 사채권자는 사채관리회사에 대하여 사채상환액 및 이자의 지급을 청구할 수 있다. 이 경우 사채권이 발행된 때에는 사채권과 상환하여 상환액지급청구를 하고, 이권과 상환하여 이자지급청구를 하여야 한다(제484조 제3항). 사채관리회사가 사채에 관한 채권을 변제받거나 채권의 실현을 보전하기 위한 행위를 제외한 ① 해당 사채 전부에 대한 지급유예, 그 채무에 불이행으로 발생한 책임의 면제 또는 화해, ② 해당 사채 전부에 관한 소송행위 또는 채무자회생 및 파산에 관한 절차에 속하는 행위를 하는 경우에는 사채권자집회의 결의에 의하여야 한다. 다만, ②의 행위는 사채권자집회의 결의에 의하지 아니하고 할 수 있음을 사채발행회사는 정할 수 있다(제484조 제4항). 사채관리회사는 그 관리를 위탁받은 사채에 관하여 필요하면 법원의 허가를 받아 사채발행회사의 업무와 재산상태를 조사할 수 있다(제484조 제7항).

④ **기타의 권한:** 사채권자집회의 소집·운영·결의의 집행을 위한 권한(제491조 제1항, 제493조 제1항, 제501조), 발행회사의 불공정한 행위의 취소에 대한 소권(제511조) 등이 인정된다.

Ⅳ. 사채권자집회

1. 의의·성질

사채권자집회는 사채권자의 이해관계에 영향을 미치는 사항에 대하여 결의를 하며, 동일한 종류의 사채권자의 집약된 의사를 결정하는 임시적인 의결기관이다.

2. 소 집

(1) 소집권자

발행회사 또는 사채관리회사가 소집하며(제491조 제1항), 사채총액의 10분의 1 이상에 해당하는 사채권자도 회의의 목적사항과 소집의 이유를 기재한 서면 또는 전자문서로 발행회사 또는 사채관리회사에 사채권자집회의 소집을 청구할 수 있다(제491조 제2항). 이러한 소집청구에 발행회사가 응하지 않을 때에는 소집을 청구하였던 사채권자는 법원의 허가를 얻어 사채권자집회를 소집할 수 있다(제491조 제3항).

(2) 소집통지·공고

사채권자집회를 소집하는 경우 기명채권자에게는 집회회일의 2주 전에 서면 또는 각 채권자의 동의를 받아 전자문서로 통지하여야 하며, 그 통지에는 집회의 목적사항을 기재하여야 한다(제491조의2 제1항, 제363조 제1항 및 제2항). 무기명식의 채권을 발행하는 경우에는 집회회일의 3주(자본금 총액이 10억원 미만인 회사는 2주) 전에 소집한다는 뜻과 회의의 목적사항을 공고하여야 한다(제491조의2 제2항).

3. 권 한

결의사항은 법률로 정해져 있다. 자본금 감소의 이의, 합병의 이의, 사채권자집회의 대표자 및 결의집행자의 선임과 해임, 발행회사의 불공정한 행위를 취소하기 위한 소제기, 사채관리회사의 사임동의, 해임청구, 사무승계자 결정 등이다(제439조 제3항, 제481조, 제482조, 제483조 제1항, 제494조, 제500조 제1항, 제504조, 제505조 제1항, 제511조). 이 밖에도 법원의 허가를 얻어 사채권자의 이해에 중대한 관계가 있는 사항에 관하여 결의할 수 있다(제490조).

4. 결 의

(1) 의결권

각 사채권자는 그가 가지는 해당 종류의 사채금액의 합계액(상환받은 액은 제외한다)에 따라 의결권을 가진다(제492조 제1항). 무기명식의 사채권자는 회일로부터 1주간 전에 채권을 공탁하여야만 의결권을 행사할 수 있다(제492조 제2항).

(2) 결의방법

출석한 사채권자의 의결권의 3분의 2 이상의 찬성과 총사채권자 의결권의 3분의 1 이상으로 하나(제495조 제1항), 사채관리회사의 사임동의·해임청구 그리고 사무승계자 결정 등의 사항은 출석한 의결권의 과반수의 찬성만으로 할 수 있다(제495조 제2항). 특별이해관계 있는 사채권자의 의결권은 출석 사채권자의 의결권 수에 산입하지 않는다(제495조 제6항).

(3) 서면에 의한 의결권행사

사채권자 집회에 출석하지 아니한 사채권자는 서면에 의하여 의결권을 행사할 수 있고(제495조 제3항), 서면에 의한 의결권행사는 의결권행사 서면에 필요한 사항을 적어 사채권자집회 전일까지 의결권행사 서면을 소집자에게 제출하여야 한다(제495조 제4항). 서면에 의하여 행사한 의결권의 수는 출석한 의결권자의 의결권 수에 포함한다(제495조 제5항).

(4) 전자적 방법에 의한 의결권 행사

사채권자의 의결권 행사에 관해서 제368조의4의 규정을 준용한다.

(5) 결의의 효력발생

사채권자집회의 결의는 결의한 날로부터 1주간 내에 법원의 인가를 청구하여야 하며(제496조), 법원의 인가를 얻어야 그 효력이 생긴다. 다만, 그 종류의 사채권자 전원이 동의한 결의는 법원의 인가가 필요하지 아니하다(제498조 제1항). 사채권자집회의 결의는 그 종류의 사채를 가진 모든 사채권자에게 그 효력이 있다(제498조 제2항). 법원은 ① 집회의 소집절차 또는 그 결의방법이 법령이나 사채모집의 계획서의 기재를 위반한 때, ② 결의가 부당한 방법에 의하여 성립하게 된 때, ③ 결의가 현저하게 불공정한 때, ④ 결의가 사채권자 일반의 이익에 반하는 때에는 결의를 인가하지 못한다(제497조 제1항). 그러나 ①과 ②의 경우에는 법원은 결의내용 기타 모든 사정을 참작하여 결의를 인가할 수 있다(제497조 제2항). 사채권자집회의 결의에 대하여 인가 또는 불인가의 결정이 있는 때에는 사채를 발행한 회사는 지체없이 그 뜻을 공고하여야 한다(제499조).

(6) 비용의 부담

사채권자집회의 결의의 인가청구에 필요한 비용은 사채의 발행회사가 부담한다. 그러나 법원은 결의의 인가청구에 관한 비용을 이해관계인의 신청에 의하여 또는 직권으로 그 전부 또는 일부에 관하여 따로 부담자를 정할 수 있다(제508조).

5. 대표자와 결의의 집행

(1) 대표자

사채권자집회는 사채총액(상환받은 금액은 제외한다)의 500분의 1 이상을 가진 사채권자 중에서 1인 또는 수인의 대표자를 선임하여 그 결의할 사항의 결정을 위임할 수 있다(제500조 제1항). 수인의 대표자를 선임한 때에는 그 결정은 그 과반수로 한다(제500조 제2항).

(2) 결의의 집행

사채권자집회의 결의는 사채관리회사가 집행하고, 사채관리회사가 없는 경우에는 대표자가 집행하지만, 사채권자집회의 결의로 따로 집행자를 선임할 수도 있다(제501조). 사채권자집회는 언제든지 대표자나 집행자를 해임할 수 있고 위임한 사항을 변경할 수도 있다(제504조).

Ⅴ. 특수사채

1. 전환사채

(1) 의의·성질

전환사채란 사채권자에게 일정한 조건에 따라 사채를 주식으로 전환할 수 있는 권리를 인정하는 사채를 말하며, 전환사채권은 그 발행 이후 전환권을 행사하기 전까지는 채권적 유가증권이라 할 수 있고 전환권을 행사하면 사원권적 유가증권이 된다.

(2) 발 행

① 발행의 결정

㉠ 주주에의 발행: 전환사채의 발행 및 발행사항(전환사채의 총액, 전환조건, 전환으로 발행한 주식의 내용, 전환을 청구할 수 있는 기간, 주주에게 전환사채의 인수권을 준다는 뜻과 인수권의 목적인 전환사채의 액, 주주 외의 자에게 전환사채를 발행하는 것과 이에 대하여 발행할 전환사채의 액)은 정관으로 정한 경우 외에는 이사회가 결정한다(제513조 제2항 본문). 그러나 정관으로 주주총회의 결의사항으로 할 수 있다(제513조 제2항 단서).

㉡ 제3자에의 발행: 회사가 주주 이외의 자에 대하여 전환사채를 발행하는 경우에는 그 발행할 수 있는 전환사채의 액, 전환의 조건, 전환으로 인하여 발행할 주식의 내용과 전환청구를 할 수 있는 기간에 관하여 정관에 규정이 없으면 주주총회의 특별결의로써 이를 정하여야 한다(제513조 제3항 1문). 주주총회의 결의에 있어서 전환사채의 발행에 관한 의안의 요령은 주주총회의 소집통지 및 공고시에 기재하여야 한다(제513조 제4항). 주주총회의 결의 없이 주주 이외의 자에게 전환사채를 발행한 경우에는 대표이사의 업무집행이 법령에 위반되는 행위이므로 그 발행은 무효가 된다. 제3자에 대한 전환사채의 발행은 신기술의 도입, 재무구조의 개선 등 회사의 경영상 필요한 경우에 한한다(제513조 제3항 2문).

② **배정일 지정·공고**: 주주가 인수할 전환사채의 액이 결정됨에 따라 주주는 그가 가진 주식의 수에 따라 전환사채를 배정받을 권리를 가진다(제513조의2 제1항 본문). 따라서 인수권을 행사할 주주를 확정하기 위하여 배정기준일을 정하고, 그 2주간 전에 배정기준일에 주주명부에 기재된 주주가 인수권을 갖는다는 뜻을 공고하여야 한다(제513조의2 제2항, 제418조 제2항). 배정기준일의 경과로 인수권을 갖는 주주 및 각 주주가 인수권을 갖는 사채총액이 확정되는데, 이 때 전환사채의 최저액에 미달하는 단수에 대하여는 인수권이 미치지 않는다(제513조의2 제1항 단서).

③ **주주에 대한 최고·실권**: 배정기준일에 의해 인수권이 확정된 주주에게 청약일까지 전환사채의 청약을 하지 아니하면 권리를 잃는다는 뜻을 청약일의 2주간 전에 통지하여야 한다. 회사가 정한 청약기일에 청약을 하지 아니하면 실권(失權)한다(제513조의3 제2항, 제419조 제2항 및 제3항).

④ **사채청약서 등의 기재사항:** 전환사채의 청약서·채권·사채원부에는 ㉠ 사채를 주식으로 전환할 수 있다는 뜻, ㉡ 전환조건, ㉢ 전환으로 인하여 발행하는 주식의 내용, ㉣ 전환청구기간, ㉤ 주식양도에 관하여 이사회의 승인을 얻도록 정한 때에는 그 규정을 기재하여야 한다(제514조).

⑤ **발행가액의 제한:** 전환사채의 총발행가액과 전환으로 인해 발행할 주식의 총발행가액은 동액(同額)이어야 한다(제516조 제2항, 제348조).

⑥ **전환사채의 불공정발행**

㉠ 발행의 유지청구: 회사가 법령 또는 정관에 위반하거나 현저하게 불공정한 방법에 의하여 전환사채를 발행함으로써 주주가 불이익을 받을 염려가 있는 때에는 그 주주는 회사에 대하여 전환사채의 발행을 유지할 것을 청구할 수 있다(제516조 제1항, 제424조).

㉡ 불공정 가액으로 전환사채를 인수한 자의 차액지급의무: 이사와 통모하여 현저하게 불공정한 발행가액으로 전환사채를 인수한 자는 회사에 대하여 공정한 발행가액과의 차액에 상당한 금액을 지급할 의무가 있다(제516조 제1항, 제424조의2 제1항). 이 경우 이사도 회사 또는 주주에 대한 손해배상책임을 면치 못하며, 주주는 대표소송을 제기하여 이사책임을 추궁할 수 있다(제516조 제2항, 제424조의2 제2항·제3항).

㉢ 전환사채 발행무효: 전환사채의 발행이 법령·정관에 위반하거나 현저히 불공정한 경우에 그것이 주식회사의 본질이나 회사법의 기본원칙에 반하거나 기존주주들의 이익과 회사의 경영권 내지 지배권에 중대한 영향을 미치는 경우로서 전환사채와 관련된 거래의 안전, 주주 기타 이해관계인의 이익 등을 전부 고려하더라도 도저히 묵과할 수 없을 정도라고 평가되는 경우에 한하여 전환사채의 발행 또는 그 전환권 행사에 의한 주식의 발행을 무효로 할 수 있다(판례). 이때에는 신주발행무효의 소에 관한 규정이 준용된다(판례).

⑦ **전환사채의 등기:** 회사가 전환사채를 발행한 때에는 사채의 전액 또는 제1회의 납입이 완료된 날로부터 본점소재지에서 2주간 내에 전환사채의 등기를 하여야 한다(제514조의2 제1항). 등기할 사항은 전환사채의 총액, 각 전환사채의 금액, 각 전환사채의 납입금액, 상법 제514조 1호 내지 5호에 정한 사항 등이다(제514조의2 제2항). 그리고 외국에서 전환사채를 모집한 경우에 등기

할 사항이 외국에서 생긴 때에는 등기기간은 그 통지가 도달한 날로부터 기산하여 2주간 내에 전환사채의 등기를 하여야 한다(제514조의2 제4항).

(3) 전환사채의 전환

① **전환권의 성질**: 전환사채의 전환권은 사채권자의 지위를 주주로 변경시키는 효력을 생기게 하는 일종의 형성권이다.

② **전환의 청구**: 전환사채의 사채권자가 전환을 청구하려면 청구서 2통에 채권을 첨부하여 회사에 제출하여야 하며(제515조 제1항), 이 청구서에는 전환하고자 하는 사채와 청구의 연월일을 기재하고 기명날인 또는 서명하여야 한다(제515조 제2항). 한편, 주주명부의 폐쇄기간 중에도 전환청구가 가능하지만, 그 기간 중에 전환된 주식의 주주는 그 기간 중의 총회의 결의에 관하여 의결권을 행사할 수 없다(제516조 제2항, 제350조 제2항).

③ **전환의 효력**: 전환청구가 있는 때에 전환의 효력이 발생한다(제516조 제2항, 제350조 제1항). 그러나 이익배당에 관하여는 그 청구를 한 때가 속한 영업연도 말에 전환된 것으로 보지만(제516조 제2항, 제350조 제3항 전단), 정관에 의하여 주주에 대한 이익배당에 관하여는 그 청구를 한 때가 속하는 영업연도의 직전 영업연도 말에 전환된 것으로 할 수 있다(제516조의2 제2항, 제350조 제3항 후단).

④ **전환의 효과**: 회사에 제출된 채권은 그 효력을 상실하고, 전환사채를 목적으로 하는 채권자에 대하여는 전환에 의하여 주주가 받을 주식에 대하여 물상대위가 인정된다(제516조 제2항, 제339조).

⑤ **변경등기**: 전환사채는 그 전환에 의하여 등기사항에 변경이 생기므로 전환을 청구한 날이 속한 달의 마지막 날부터 2주간 내에 본점소재지에서 변경등기를 하여야 한다(제516조 제2항, 제351조).

2. 신주인수권부사채

(1) 의 의

신주인수권부사채란 사채권자에게 사채의 발행 이후 회사가 신주를 발행하는 경우에 미리 확정된 가액에 따라 신주인수권을 부여하는 사채이다. 사채는 사채대로 존속하여 만기에 상환되므로 보통의 사채와 다름이 없고, 다만 신주인수권이 부여되어 있다는 점에서 사채의 주식으로서의 전환권을 인정하는 전환사채와 다르다.

(2) 종 류

신주인수권부사채는 채권과 신주인수권을 함께 표창하는 채권을 발행하여 양자를 분리하여 양도할 수 없는 비분리형과, 양자를 분리하여 각각 채권을 표창하는 채권과 신주인수권을 표창하는 신주인수권증권을 발행하여 따로 양도할 수 있는 분리형이 있다.

(3) 발 행

① **주주에 대한 발행**: 신주인수권부사채의 인수권을 주주에게만 주는 경우에는 정관에 이에 관한 규정이 있거나 정관의 규정에 의해 주주총회가 결정하기로 한 경우가 아니면 이사회가 그 발행을 결정하고, 신주인수권부사채의 총액, 신수인수권을 행사할 수 있는 기간, 신주인수권만을 양수할 수 있는 것에 관한 사항 등의 발행사항도 정한다(제516조의2 제2항).

② **제3자에 대한 발행**: 주주 이외의 자에 대하여 발행하는 경우 그 발행할 수 있는 신주인수권부사채의 액, 신주인수권의 내용과 신주인수권을 행사할 수 있는 기간에 관하여 정관에 규정이 없으면 주주총회의 특별결의로써 이를 정하여야 한다(제516조의2 제4항 1문). 이를 위한 주주총회의 소집통지는 신주인수권부사채의 발행에 관한 의안의 요령도 기재하여야 한다(제516조의2 제5항, 제513조 제4항). 주주총회 결의 없이 제3자에게 신주인수권부사채를 발행하는 경우 대표이사의 업무집행은 법령에 위반된 행위로서 무효가 된다. 제3자에 대한 신주인수권부사채의 발행은 신기술의 도입, 재무구조의 개선 등 회사의 경영상 필요한 경우에 한한다(제516조의2 제4항 2문).

③ **신주의 발행가액 제한**: 사채권자의 신주인수권의 행사로 인하여 발행할 주식의 발행가액의 합계액은 각 신주인수권부사채의 금액을 초과하지 못한다(제516조의2 제3항).

④ **주주에 대한 최고**: 주주가 신주인수권부사채의 인수권을 갖는 경우에 그 발행사항이 결정된 때에는 이사회는 각 주주에 대하여 상법 제516조의2 제2항 각호의 내용을 일정기일의 2주간 전에 통지하여야 한다(제516조의3 제1항·제2항).

⑤ **주주의 인수권**: 회사가 신주인수권부사채를 발행하는 경우에 그 배정비율과

배정일의 공고 기타 주주의 실권 등에 대하여는 전환사채에 관한 규정이 준용된다(제516조의11, 제513조의2 제1항, 제513조의3, 제419조 제4항).

⑥ **사채청약서 등의 기재사항:** 회사가 신주인수권부사채를 발행하는 때에는 사채청약서·채권·사채원부에 일정사항을 기재하여야 한다(제516조의4 본문). 그러나 신주인수권부사채가 분리형인 경우에 상법 제516조의5 제1항의 신주인수권증권을 발행할 때에는 채권에는 이를 기재하지 아니한다(제516조의4 단서).

⑦ **신주인수권부사채의 불공정발행:** 신주인수권부사채의 불공정발행의 경우 발행유지 및 불공정가액으로 발행한 경우 그 차액의 지급의무에 대하여는 전환사채에 관한 규정이 준용된다(제516조의11, 제516조 제1항).

⑧ **신주인수권부사채의 등기:** 신주인수권부사채를 발행한 경우에는 일정사항(제516조의7 제1항)을 그 납입이 완료한 날로부터 2주간 내에 본점소재지에서 등기하여야 한다(제516조의8 제2항, 제514조의2 제1항·제4항).

(4) 신주인수권의 양도

신주인수권의 양도방법은 분리형의 경우와 비분리형의 경우에 따라 다르다. 비분리형의 경우 신주인수권은 채권의 교부에 의하여 사채권과 함께 양도한다. 분리형의 경우 신주인수권증권을 발행한 경우 신주인수권의 양도는 채권과 별도로 신주인수권증권의 교부에 의한다(제516조의6 제1항). 신주인수권증권은 일정한 법정사항을 기재하고 이사가 기명날인 또는 서명하여 발행하는(제516조의5 제2항) 신주인수권을 표창하는 유가증권이다. 따라서 신주인수권증권의 점유자는 자격수여적 효력이 인정되고, 선의취득이 인정된다. 신주인수권증권의 상실시에는 공시최고에 의한 제권판결을 얻어 재발행을 청구할 수 있다(제516조의6 제2항, 제336조 제2항, 제360조; 수표법 제21조).

(5) 신주인수권의 행사

① **방법:** 신주인수권을 행사하려는 자는 청구서 2통을 회사에 제출하고 신주발행가액 전액을 납입하여야 한다(제516조의9 제1항). 신주인수권증권이 발행된 때에는 이를 첨부하고 발행하지 아니한 때에는 채권을 제시하여야 한다(제516조의9 제2항).

② **납입:** 신주의 발행가액은 전액을 납입하여야 한다. 납입은 금전으로 하여야

하며 현물출자는 있을 수 없다.

③ **효력발생시기:** 신주인수권을 행사한 자는 신주의 발행가액의 전액을 납입한 때에 주주가 된다(제516조의10 전단). 그리고 주금을 대용납입한 경우에는 신주인수권의 행사를 위한 청구서에 신주인수권증권이나 채권을 첨부하여 회사에 제출한 때에 주주가 된다.

④ **질권의 효력:** 신주인수권부사채의 경우 원칙적으로 신주인수권의 행사로 사채가 소멸하는 것이 아니므로 신주인수권의 행사로 발행되는 주식에 대한 물상대위는 인정되지 않는다.

(6) 변경등기

신주인수권의 행사에 의하여 등기사항이 변경되는 때에는 변경등기를 하여야 한다. 신주발행으로 인한 변경등기는 납입기일이 속하는 달의 마지막 날부터, 대용납입의 경우에는 신주인수권의 행사를 위한 청구시에 신주인수권증권이나 채권을 첨부하여 회사에 제출한 날이 속하는 달의 마지막 날로부터 2주간 내에 본점소재지에서 이를 하여야 한다(제516조의11, 제351조).

3. 기타 상법상 특수사채

사채권자가 사채의 이율에 따른 이자를 받는 외에 이익배당에도 참가할 수 있는 이익배당참가부 사채, 사채권자가 유가증권과 교환 또는 상환을 청구할 수 있는 권리가 부여된 교환사채, 유가증권이나 통화 또는 그 밖에 대통령령으로 정하는 자산이나 지표 등의 변동과 연계하여 미리 정하여진 방법에 따라 상환 또는 지급금액이 결정되는 파생결합사채 등이 있다(제469조 제2항).

4. 담보부사채

물적 담보가 제공된 사채를 담보부사채라 한다. 상법의 사채규정은 일반적으로 무담보사채를 예상한 것으로 담보부사채에 관하여는 담보부사채신탁법이 제정되어 있다. 담보부사채는 발행회사가 신탁회사와의 신탁계약에 의하여 후자를 사채관리회사로 해서 발행하며, 사채에 붙일 수 있는 담보는 동산질, 채권질, 주식질, 부동산저당 기타 법령이 정하는 각종 저당에 한한다. 보증사채는 담보부사채가 아니다.

Chapter COMMERCIAL LAW

07 유한회사

제1절 유한회사의 특성

1. 자본단체성

유한회사의 모든 사원은 주식회사의 주주와 같이 간접 유한책임을 지기 때문에 회사채권자를 보호하기 위하여는 회사의 자본금이 중요한 의의를 갖는다. 따라서 자본금에 관한 3원칙, 즉 자본금 확정의 원칙, 자본금 유지의 원칙, 자본금 불변의 원칙이 적용된다. 그러나 유한회사의 사원은 주식회사의 주주와는 달리 설립시 사원 또는 자본금 증가의 결의에 동의한 사원은 회사에 대해 자본전보책임을 진다(제550조, 제551조, 제593조). 유한회사의 자본금이 정관의 절대적 기재사항인 점에서 주식회사의 경우와 차이가 있다.

2. 폐쇄성

유한회사는 주식회사와 달리 폐쇄적 성격을 갖기 때문에 사원의 공모가 인정되지 않는다(제589조 제2항). 또한 사원의 지분에 관하여 증권을 발행하지 못하며(제555조), 대차대조표의 공고의무가 없다.

제2절 유한회사의 설립

Ⅰ. 설립절차

1. 정관의 작성

(1) 정관의 작성

유한회사의 설립에는 1인 이상의 사원이 공동으로 정관을 작성하고(제543조 제1항), 각 사원이 기명날인 또는 서명하여야 한다(제543조 제2항). 원시정관은 공증인이 인증을 함으로써 그 효력이 생긴다(제543조 제3항, 제292조).

(2) 정관의 기재사항

① **절대적 기재사항:** 목적, 상호, 자본금의 총액, 출자 1좌의 금액, 각 사원의 출자좌수, 사원의 성명·주민등록번호 및 주소, 본점소재지 등을 기재하여야 한다(제543조 제2항). 그리고 출자 1좌의 금액은 100원 이상 균일하여야 한다(제546조).

② **상대적 기재사항:** 상대적 기재사항으로서 먼저 변태설립사항으로 현물출자·재산인수·설립비용 등이 있고, 기타 지분양도의 요건 가중, 감사의 선임, 총회보통결의요건의 완화, 1좌1의결권의 예외, 법정 이외의 해산사유 등이 있다.

③ **임의적 기재사항:** 강행법규나 선량한 풍속 기타 사회질서 및 유한회사의 본질에 반하지 않는 범위 내에서 필요한 사항을 기재할 수 있다.

2. 이사·감사의 선임

정관으로 초대이사를 선정할 수 있는 것이 특색이다(제547조 제1항). 정관으로 미리 정하지 아니한 때에는 회사성립 전에 사원총회를 열어 이를 선임하여야 한다(제547조 제1항). 회사성립 전의 사원총회는 각 사원이 소집한다(제547조 제2항).

유한회사의 감사는 임의기관이지만, 정관에 감사를 두기로 한 때에는 초대감사도 이사의 선임과 같은 방법으로 선임한다(제568조 제2항).

3. 출자의 이행

이사는 회사성립 전에 사원으로 하여금 출자금액의 납입 또는 현물출자의 목적인 재산 전부를 납입시켜야 한다(제548조). 출자는 재산출자만 인정되며, 노무 또는 신용출자는 허용되지 않는다.

4. 설립등기

출자의 이행이 있은 뒤 2주간 내에 설립등기를 하여야 하며(제549조), 이로써 회사가 성립한다. 사원의 성명·주민등록번호·주소 및 각 사원의 출자좌수는 정관의 절대적 기재사항이지만 설립등기사항은 아니다(제549조 제2항 참조).

유한회사의 지점설치 및 이전시 지점소재지 또는 신지점 소재지에서 등기를 하는 때에는 본점소재지에 등기할 사항인 상법 제549조 제2항 3호부터 6호까지 규정된 사항과 상법 제179조 1호·2호·5호에 규정된 사항을 등기하여야 한다. 다만, 회사를 대표할 이사를 정한 때에는 그 외의 이사는 등기하지 아니한다(제549조 제3항).

Ⅱ. 설립에 관한 책임

1. 현물출자 등에 대한 사원의 책임

현물출자 또는 재산인수의 목적인 재산의 회사성립 당시의 실가(實價)가 정관에 정한 가격에 현저하게 부족한 때에는 회사성립시의 사원은 회사에 대하여 부족액을 연대하여 지급할 책임이 있다(제550조 제1항). 이러한 사원의 전보책임은 무과실책임으로 어떠한 사유로든 이를 면제하지 못한다(제550조 제2항).

2. 출자미필액에 대한 사원·이사·감사의 책임

회사성립 후에 출자금액의 납입 또는 현물출자의 이행이 완료되지 않았음이 발견된 때에는 회사성립 당시의 사원·이사·감사는 그 출자미필액을 연대하여 지급할 책임이 있다(제551조 제1항). 출자미필액에 대한 책임은 무과실책임이며, 사원·이사·감사는 부진정연대채무관계에 있게 된다. 사원의 책임은 면제하지 못하지만(제551조 제2항), 이사·감사의 책임은 총사원의 동의로 면제할 수 있다(제551조 제3항).

Ⅲ. 설립의 무효·취소

유한회사의 설립무효는 사원·이사·감사에 한하여, 설립취소는 그 취소권이 있는 자에 한하여 회사성립의 날로부터 2년 내에 소로써만 이를 주장할 수 있다(제552조 제1항). 설립무효·취소의 소에 관하여는 합명회사의 규정을 준용한다(제552조 제2항).

제3절 유한회사의 사원

1. 사원의 자격·원수

사원이 될 수 있는 자의 자격에는 특별한 제한이 없으므로, 자연인이든 법인이든 가능하다. 사원의 인원수는 역시 제한이 없으므로, 1인 이상이면 된다.

2. 사원의 권리·의무

(1) 사원의 권리

① **자익권**: 사원은 이익배당청구권(제580조), 잔여재산분배청구권(제612조), 증자시의 출자인수권(제588조) 등의 자익권을 갖는다.

② **공익권**: 공익권 중 단독사원권으로 의결권(제575조), 사원총회결의취소의 소 및 결의무효확인의 소, 결의부존재확인의 소 등 각종의 소제기권 등이 있다. 자본금 총액의 100분의 3 이상에 해당하는 출자좌수를 가진 사원만이 행사할 수 있는 소수사원권으로 사원총회소집청구권(제572조), 이사해임청구권(제567조, 제385조), 회계장부열람·등사청구권(제583조, 제466조), 회사의 업무 및 재산상태 조사를 위한 검사인 선임청구권(제582조), 대표소송제기권(제565조), 이사의 위법행위유지청구권(제564조의2) 등이 있으며, 자본금 총액의 100분의 10 이상에 해당하는 출자좌수를 가진 사원만이 행사할 수 있는 권리로 회사의 해산판결청구권이 있다.

(2) 사원의 의무

사원은 재산출자의무를 진다. 이 의무는 회사성립 후 또는 자본금 증가의 효력이 발생하기 전에 전부 이행되어야 한다(제548조, 제596조). 사원은 출자금액을 한도로 회사에 대하여 책임을 지며 회사채권자에 대한 직접책임은 없다(제553조).

3. 사원명부

이사는 사원명부에 사원의 성명·주소와 그 출자좌수를 기재하여 본점에 비치하여야 하며, 사원과 회사채권자는 영업시간 내에 언제든지 사원명부의 열람 또는 등사를 청구할 수 있다(제566조). 기타 사원명부의 효력 등은 주주명부에서의 내용과 같다.

4. 사원의 지분

(1) 의 의

유한회사의 사원은 자본금의 총액을 균일한 단위로 분할하여 그 출자의 좌수에 따라 지분을 갖는다. 유한회사의 사원의 지분에 관하여 증권을 발행하지 못하는 점에서(제555조) 주식을 표창하는 주권을 발행할 수 있는 주식회사의 경우와 다르다.

(2) 지분의 양도

유한회사 사원은 지분의 그 전부 또는 일부를 양도하거나 상속할 수 있다. 다만, 정관에서 지분의 양도를 제한할 수 있다(제556조). 지분의 양도는 취득자의 성명·주소와 그 목적이 되는 출자좌수를 사원명부에 기재하지 아니하면 회사와 제3자에게 대항하지 못한다(제557조).

(3) 지분의 입질

유한회사의 지분은 질권의 목적으로 할 수 있다(제559조 제1항). 그러나 지분의 입질로 회사와 제3자에게 대항하기 위해서는 사원명부에 그 사실을 기재하여야 한다(제559조 제2항). 지분의 증권화가 불가능하므로 약식질은 인정되지 않는다.

(4) 자기지분취득의 제한

유한회사도 주식회사와 같이 자기지분의 취득 및 질취, 자기지분의 처분에 있어서는 주식회사의 경우와 같다(제560조, 제341조의2, 제341조의3).

제4절 유한회사의 기관

Ⅰ. 이 사

1. 선임·해임 및 보수

유한회사는 1인 또는 수인의 이사를 둘 수 있고(제561조), 초대이사는 정관으로 정할 수 있으나(제547조), 그 후의 이사는 사원총회에서 선임하게 된다(제567조, 제382조). 이사는 회사와 위임관계에 있으므로 위임의 일반적 종료사유에 의해 종임하며, 사원총회의 해임결의나 소수사원에 의한 해임청구가 인정되는 것은 주식회사의 경우와 같다. 또한 이사의 보수에 관하여도 주식회사의 이사에 관한 규정이 준용된다.

【판례】 대법원 2017.3.30.선고 2016다21643판결

유한회사에서 상법 제567조, 제388조에 따라 정관 또는 사원총회결의로 특정 이사의 보수액을 구체적으로 정하였다면, 보수액은 임용계약의 내용이 되어 당사자인 회사와 이사 쌍방을 구속하므로, 이사가 보수의 변경에 대하여 명시적으로 동의하였거나, 적어도 직무의 내용에 따라 보수를 달리 지급하거나 무보수로 하는 보수체계에 관한 내부규정이나 관행이 존재함을 알면서 이사직에 취임한 경우와 같이 직무내용의 변동에 따른 보수의 변경을 감수한다는 묵시적 동의가 있었다고 볼만한 특별한 사정이 없는 한, 유한회사가 이사의 보수를 일방적으로 감액하거나 박탈할 수 없다. 따라서 유한회사의 사원총회에서 임용계약의 내용으로 이미 편입된 이사의 보수를 감액하거나 박탈하는 결의를 하더라도 이러한 사원총회결의는 결의 자체의 효력과 관계없이 이사의 보수청구권에 아무런 영향을 미치지 못한다.

2. 직무·권한

(1) 업무집행권

이사는 업무집행권이 있다. 이사가 수인인 경우 정관에 다른 정함이 없으면 업무집행과 지배인의 선임 또는 해임과 지점의 설치·이전·폐지는 이사 과반수의 결의에 의하여야 한다(제564조 제1항). 그러나 이러한 규정에도 불구하고 사원총회는 지배인의 선임 또는 해임을 결의할 수 있다(제564조 제2항).

(2) 대표권

이사가 1인인 경우에는 그 이사가 회사를 대표하고, 이사가 수인인 경우에는 정관에 다른 정함이 없는 한 사원총회에서 회사를 대표할 이사를 선정하여야 한다(제562조 제2항). 정관 또는 사원총회는 수인의 이사를 공동대표이사로 정할 수 있다(제562조 제3항·제4항). 회사와 이사 간의 소송에 있어서는 사원총회에서 그 소에 관하여 회사를 대표할 자를 선정하여야 한다(제563조).

3. 의무·책임

유한회사의 이사는 주식회사의 이사와 같이 선관주의의무, 경업피지의무, 회사와의 자기거래제한 등의 규정의 적용을 받는다. 그리고 이사가 경업피지의무 등에 위반한 때 또는 법령·정관에 위반한 행위를 하거나 그 임무를 해태한 때에는 회사에 대하여 손해배상책임이 있다. 이러한 책임은 총사원의 동의로 면제할 수 있다. 또 이사는 회사설립, 자본금 증가 등의 경우에 자본금충실의 책임을 진다(제551조, 제594조).

Ⅱ. 사원총회

1. 의 의

사원총회는 회사의 의사를 결정하는 기관이며, 법령 또는 정관에 반하지 아니하는 한 회사에 관한 모든 사항에 대하여 결의할 수 있는 점에서 주식회사의 주주총회와 다르지만, 주주총회에 관한 규정이 대부분 준용된다(제578조).

2. 소 집

(1) 소집권자

소집권자는 원칙적으로 이사이지만(제571조 제1항 본문), 임시총회는 감사도 소집할 수 있다(제571조 제1항 단서). 또한 자본금 총액의 100분의 3 이상에 해당하는 출자좌수를 가진 소수사원도 총회의 소집을 청구할 수 있으며(제572조 제1항), 법원의 명령에 의하여 감사·이사가 소집하는 경우도 있다(제582조 제3항).

(2) 소집절차

사원총회일의 1주간 전에 회의의 목적사항을 기재하여 각 사원에 대하여 서면으로 통지서를 발송하거나 각 사원의 동의를 받아 전자문서로 통지서를 발송하여야 한다(제571조 제2항). 그리고 총사원의 동의가 있으면 소집절차를 생략할 수 있다(제573조).

3. 의결권

각 사원은 출자 1좌마다 1개의 의결권을 가지나 정관으로 달리 정할 수 있다(제575조). 특정 사원에 대해 다수의 의결권을 인정할 수 있지만, 특정 사원의 의결권을 박탈하는 것은 인정되지 않는다.

4. 결의요건 · 결의사항

(1) 보통결의

보통결의는 총사원의 의결권의 과반수를 가지는 사원이 출석하고 그 의결권의 과반수로 한다(제574조). 보통결의사항으로는 이사의 선임, 공동대표이사의 정함, 이사와 회사 간의 소에 있어서 회사대표자의 선정, 재무제표의 승인, 이사의 경업승인, 청산의 승인 등이 있다.

(2) 특별결의

특별결의는 총사원의 반수 이상이며 의결권의 4분의 3 이상을 가진 자의 동의로 하며, 의결권을 행사할 수 없는 사원은 이를 총사원의 수에, 행사할 수 없는 의결권은 의결권의 수에 산입하지 않는다(제585조). 특별결의사항으로는 정관의 변경, 이사 또는 감사의 해임, 영업양도, 사후설립, 사원의 법정출자인수권의 제한, 회사의 해산, 회사의 합병, 회사의 계속, 자본금 감소 등이다.

(3) 특수결의

총사원의 동의에 의하는 결의를 특수결의라 하며, 이에 해당하는 것으로는 조직변경과 서면에 의한 결의 등이 있다.

5. 서면결의

사원총회의 결의와 동일한 효력을 갖는 서면에 의한 결의를 인정하고 있다(제

577조 제3항). 서면결의에 의한 결의는 ① 미리 일정한 사항에 관하여 총사원이 서면으로 결의할 것에 동의한 경우(제577조 제1항), ② 미리 서면결의에 의한다고 하는 동의가 없더라도 결의의 목적사항에 관하여 총사원의 동의가 있는 경우(제577조 제2항)에 한하여 인정된다.

Ⅲ. 감사·검사인

1. 감 사

(1) 선임·해임

유한회사의 감사는 주식회사의 경우와 달리 임의기관으로서 정관에 의하여 둘 수 있을 뿐이다(제568조 제1항). 최초의 감사는 정관으로 정할 수 있지만 정관에서 정하지 않은 때에는 회사성립 전에 사원총회의 보통결의에 의해 선임한다(제570조, 제382조 제1항). 감사의 임기와 수에는 제한이 없다. 한편, 감사는 사원총회에 의해 언제든지 해임할 수 있다. 그러나 주식회사와 같이 소수사원에 의한 감사의 해임청구가 인정되지 않는다.

(2) 권 한

감사는 언제든지 회사의 업무와 재산상태를 조사할 수 있고 이사에 대하여 영업에 관한 보고를 요구할 수 있다(제569조). 그리고 임시총회의 소집청구권(제571조 제1항), 설립무효 및 증자무효의 소권(제552조, 제595조), 이사와 회사 간의 거래의 승인(제564조 제3항) 등에 관한 규정이 있다.

(3) 책임·의무

감사는 회사성립 후의 출자미필액과 자본금 증가 후의 미인수출자 등에 관한 전보책임(제551조, 제594조), 감사보고서의 제출의무(제579조 제3항) 등을 부담한다. 기타 사항은 주식회사의 감사에 관한 규정이 준용된다(제570조).

2. 검사인

임시기관으로서의 검사인을 사원총회에서 선임할 수 있고(제578조, 제367조), 소수사원의 청구로 법원이 선임할 수 있다(제582조 제1항). 그러나 회사설립의 경우에는 주식회사와 달리 검사인의 선임이 필요하지 않다.

제5절 유한회사의 회계

회사의 회계에 관해서는 주식회사의 규정이 대부분 준용된다. 그러나 유한회사는 사채발행을 할 수 없으며, 법정준비금의 자본금 전입에 관한 규정도 준용되지 않는다. 대차대조표의 공고도 요구되지 않고, 주식배당제도가 인정되지 않는다. 준비금의 자본금 전입이나 이익공여금지의 규정이 준용되지 않는다. 그리고 회계장부열람권은 소수사원권이지만 단독사원권으로 할 수 있고, 이 경우에는 재무제표와 부속명세서의 작성·비치가 면제된다(제581조 제2항). 그리고 이익의 배당은 각 사원의 출자좌수에 비례하는 것이 원칙이지만, 정관에 이와 다른 기준을 둘 수 있다(제580조).

제6절 정관의 변경

Ⅰ. 정관변경의 의의·절차

정관변경의 의의 등에 관해서는 주식회사의 경우와 같다. 다만, 정관의 변경은 총사원의 반수 이상이며 총사원의 의결권의 4분의 3 이상을 가진 자의 동의가 필요하고(제585조 제1항), 서면결의에 의해서도 정관변경이 가능하다(제577조).

Ⅱ. 자본금의 증가

1. 의 의

유한회사의 자본금은 정관의 절대적 기재사항이므로 자본금의 증가는 정관의 변경으로만 가능하며, 출자 1좌의 금액의 증가, 출자좌수의 증가 또는 양자의 병용의 방법을 사용할 수 있다. 그러나 출자 1좌의 금액을 증가하여 증자하는 경우에는 각 사원의 동의를 요한다.

2. 절 차

(1) 사원총회의 증자결의

자본금 증가는 정관변경의 한 예이므로 사원총회의 특별결의를 요한다. 이 결의에서는 증자방법·현물출자·재산인수 또는 증자할 자본금에 대한 출자인수권자를 정할 수 있다(제586조).

(2) 사원의 출자인수권

사원은 그가 가진 지분에 따라 인수권을 가지지만, 사원의 출자인수권은 제한 또는 박탈할 수 있다(제588조). 또한 회사가 정관 또는 사원총회의 특별결의로 출자인수권을 특정한 자에게 부여할 수 있다(제586조 3호 참조). 출자인수권자가 인수권을 행사하지 않는 때에는 제3자에게 인수시킬 수 있지만 광고 기타의 방법에 의하여 인수인을 공모하지 못한다(제589조 제2항). 증가된 출자좌수의 전부에 대한 인수가 있는 때에는 이사는 인수인으로 하여금 출자 전액의 납입 또는 현물출자의 목적인 재산 전부의 납입을 시켜야 한다(제596조, 제548조).

(3) 변경등기

출자의 이행이 완료된 때에는 본점소재지에서 2주간 내에 자본금 증가로 인한 변경등기를 하여야 하며(제591조), 증자등기로 인하여 그 효력이 생긴다(제592조).

(4) 자본금 전보책임

사원은 현물출자와 재산인수의 목적인 재산의 실가가 현저하게 부족한 때에 그 부족액에 대한 지급책임이 있다(제593조 제1항). 그리고 이사와 감사는 자본금 증가 후에 인수되지 아니한 출자가 있는 경우에 출자의 인수책임을 지며(제594조 제1항), 자본금 증가 후에 납입미필재산의 가액에 대한 지급책임이 있다(제594조 제2항).

Ⅲ. 자본금의 감소

자본금 감소는 출자 1좌의 금액을 감소시키는 방법, 출자좌수를 감소시키는 방법, 그리고 양자를 병용하는 방법이 있다. 출자좌수를 감소하는 방법을 택할 경우에는 지분의 소각 또는 병합에 의하게 된다. 자본금 감소도 정관변경사항이므로 사원총회의 특별결의가 있어야 하며, 이 결의에서 감소의 방법을 정한다(제597조, 제439

조 제1항). 자본금 감소의 경우 채권자보호절차를 거쳐야 하며, 변경등기를 하여야 한다. 자본금 증가의 경우와 달리 자본금 감소는 등기가 효력발생요건이 아니다.

Ⅳ. 자본금 증가·감소의 무효

자본금 증가의 무효는 사원·이사·감사에 한하여 증자등기일로부터 6월 내에 소만으로 이를 주장할 수 있으며(제595조 제1항), 주식회사의 신주발행무효의 소에 관한 규정이 준용된다.

자본금 감소의 무효는 주식회사의 자본금 감소 무효의 소에 관한 규정이 준용된다(제597조, 제445조, 제446조).

Chapter COMMERCIAL LAW

08 외국회사

Ⅰ. 외국회사에의 상법 적용

외국회사는 법률에 다른 규정이 있는 경우 외에는 대한민국에서 설립된 동종 또는 가장 유사한 회사로 본다(제621조). 외국에서 설립된 회사라도 대한민국에 본점을 설치하거나 대한민국에서 영업할 것을 주된 목적으로 하는 때에는 대한민국에서 설립된 회사와 같은 규정에 의하여야 한다(제617조).

Ⅱ. 외국회사의 계속적 거래와 등기

외국회사가 대한민국 내에서 영업을 하기 위해서는 대표자를 정하여야 하고, 영업소를 설치하거나 대표자 중 1명 이상이 대한민국에 그 주소를 두어야 한다(제614조 제1항). 대한민국에서 설립되는 동종의 회사 또는 가장 유사한 회사의 지점과 동일한 등기를 하여야 한다(제614조 제2항). 이 경우 회사설립의 준거법과 국내대표자의 성명과 주소도 등기하여야 한다(제614조 제3항). 외국회사는 대표자 및 영업소의 등기를 하기 전에는 계속적 거래행위를 하지 못하며, 이에 위반하여 거래한 자는 그 거래에 대하여 회사와 연대하여 책임을 진다(제616조 제1항·제2항).

Ⅲ. 외국회사 대표자의 지위

외국회사의 대표자는 국내의 영업에 관한 재판상·재판외의 모든 행위를 할 수 있으며, 대표자의 대표권의 제한으로 선의의 제3자에게 대항하지 못한다(제614조 제4항, 제209조 제2항). 그리고 대표자의 업무집행으로 인하여 타인에게 손해를 가한 때에는 회사는 그 대표자와 연대하여 배상할 책임을 진다(제614조 제4항, 제210조).

Ⅳ. 외국회사의 대차대조표 등의 공고

외국회사로서 상법에 따라 등기한 외국회사가 주식회사인 경우 재무제표의 승인절차가 종결된 후 지체없이 대차대조표 또는 이에 상당하는 것으로서 대통령령으로 정하는 것을 대한민국에서 공고하여야 한다(제616조의2 제1항). 다만, 정관의 정함으로 전자적 방법으로 공고할 수 있다(제616조의2 제2항).

Ⅴ. 외국회사의 주권 또는 채권의 발행과 유통

외국회사가 국내에서 주권 또는 채권의 발행, 이전 등을 하는 경우에는 상법 제335조 등 주식 및 사채에 관한 규정이 준용된다(제618조).

Ⅵ. 외국회사의 폐쇄명령

법원은 외국회사에 대해서 해산명령을 내릴 수 없고, 일정한 사유가 있는 때에 이해관계인이나 검사의 청구에 의하여 국내영업소에 대한 폐쇄명령을 할 수 있다(제619조 제1항). 폐쇄명령사유에 해당할 경우 법원은 폐쇄명령 전이라도 영업소 재산의 보전에 필요한 처분을 할 수 있고, 외국회사는 법원에 이해관계인의 폐쇄명령청구가 악의임을 소명하고 이해관계인에게 담보제공을 명령할 것을 청구할 수 있다.

Ⅶ. 외국회사의 청산

법원의 명령으로 또는 외국회사가 스스로 영업소를 폐쇄한 경우 법원은 이해관계인의 신청에 의하거나 직권으로 국내에 있는 그 외국회사의 재산 전부에 대해 청산의 개시를 명할 수 있으며, 이 경우 법원은 청산인을 선임하여야 한다(제620조 제1항·제3항). 외국회사의 청산에 관하여는 그 성질이 허용하지 않는 경우를 제외하고는 주식회사의 청산에 관한 규정을 준용한다(제620조 제2항).

Part 04

어음법·수표법

Chapter COMMERCIAL LAW

01 서 론

제1절 유가증권의 개념 및 종류

Ⅰ. 유가증권의 개념

1. 유가증권의 의의

유가증권의 개념에 대해서는 학설이 다양하게 대립되고 있으나, 재산적 가치 있는 사권(私權)을 표창하는 증권으로서 권리의 발생·행사·이전의 전부 또는 일부가 증권을 통하여 이루어지는 것이라는 설이 다수설이다.

2. 유가증권과 구별되는 증권

(1) 증거증권

증거증권이란 사법상의 실질적인 법률관계의 존부 또는 그 내용을 단순히 증명하는 증권으로서, 유가증권이 아니다(예 차용증서, 매매계약서, 영수증, 운송장, 보험증권 등). 유가증권은 증거증권으로서의 성질도 가지고 있다.

(2) 면책증권

면책증권이란 증권의 소지인이 권리자의 자격을 갖는 것으로 인정되는 증권으로서, 채무자가 증권의 소지인에게 이행을 하면 악의·중과실이 없는 한 면책되는 증권으로 유가증권이 아니다(예 예금통장, 신발표, 휴대품보관증, 수하물상환증 등). 유가증권은 면책증권으로서의 성질도 가지고 있다.

(3) 금액권

금액권이란 금전에 갈음하는 효력을 가지는 증권으로서, 유가증권은 아니다(예 은행권 지폐, 우표, 수입인지 등).

3. 유가증권의 기능

유가증권은 공통적으로 권리양도절차의 간이화의 기능과 권리양도효력의 강화의 기능을 갖는다. 한편 개별적으로 보면 수표의 경우 지급수단으로서의 기능이 제1차적 경제적 기능에 해당하며 어음의 경우 신용수단으로서의 기능이 제1차적 기능에 해당한다. 그러고 화물상환증·선하증권·창고증권 등은 재화의 유통을 촉진시키는 기능을 가지며, 주권과 무기명채권 등은 자본조달과 투자의 수단으로서의 기능을 갖는다.

Ⅱ. 유가증권의 종류

유가증권은 증권과 권리의 결합 정도 또는 유통성의 강약을 기준으로 완전유가증권과 불완전유가증권으로 구분할 수 있고, 증권상의 권리자를 지정하는 방법에 따라 지시증권(배서에 의해 권리자를 지시하는 증권), 소지인출급식증권(단순 교부에 의하여 권리를 이전하는 증권), 선택무기명식증권, 기명증권(지명채권 양도방법에 의해 권리를 이전하는 증권)으로 분류할 수 있다.

또한 증권에 표창된 권리의 종류에 따라 채권적 유가증권, 물권적 유가증권, 사원권적 유가증권으로 나눌 수 있으나, 우리나라에서는 물권적 유가증권은 존재하지 않는다.

증권상의 권리와 원인과의 관련 여부에 따라 요인증권·무인증권, 권리의 증권화의 정도에 따라 문언증권·비문언증권, 증권의 특수성과 증권상의 권리발생관계를 기준으로 설권증권·비설권증권으로 나눌 수 있다.

기타 인도증권·처분증권·상환증권 등이 있다.

제2절 어음법·수표법의 의의 및 지위

Ⅰ. 유가증권법의 의의

1. 실질적 의의의 유가증권법

실질적 의의의 유가증권법은 유가증권에 관한 통일적인 법으로서, 유가증권의 실체적 법률관계를 규율하는 사법적 규정을 말한다. 실질적 의의의 유가증권법을 협의의 유가증권법이라 한다.

2. 형식적 의의의 유가증권법

우리나라에서는 통일적인 형식적 의의의 유가증권법은 없으며, 어음법·수표법·민법 등에 유가증권에 관한 규정이 산재하고 있을 뿐이다.

Ⅱ. 어음법·수표법의 의의

실질적 의의의 어음법·수표법은 어음·수표에 관한 모든 법규를 말한다. 따라서 이에는 어음법과 수표법 이외에 어음·수표의 법률관계에 적용되는 일반 민·상법도 포함되며, 형법(유가증권의 위조·변조에 관한 규정), 부정수표단속법 등 공법적 규정도 포함된다.

형식적 의의의 어음법·수표법은 성문법으로서 1962년 1월 20일 공포되어 1963년 1월 1일부터 시행되고, 1995년과 2007년, 2010년에 일부개정이 있은 「어음법」·「수표법」을 말한다.

Ⅲ. 어음법·수표법의 지위

1. 어음법·수표법과 상법의 관계

상법은 기업의 생활관계를 규율하는 법이므로, 어음법과 수표법은 상법에 속하는 법이라고는 할 수 없으나, 어음과 수표가 기업과 관련하여 많이 이용되고 있으며, 각종의 어음행위에 대해 상법의 규정이 적용되고 있다(예 어음행위에 대한 명의대여자의 책임(상법 제24조), 표현대표이사의 어음행위에 대한 회사의 책임(상법 제395조) 등). 따라서 상법의 규정에는 어음법과 수표법을 보충하는 규정이 있다.

2. 어음법·수표법과 민법의 관계

어음행위능력에 관한 문제에 대해서는 민법 제5조 이하의 규정, 어음행위자의 의사의 하자(瑕疵)에 관한 문제에 대해서는 민법 제103조, 제107조 내지 제110조의 규정, 표현대리에 관한 문제에 대해서는 민법 제125조, 제126조, 제129조 등이 적용된다. 이러한 면에서 민법의 규정에는 어음법과 수표법을 보충하는 규정이 있다.

제3절 어음법·수표법의 특성

Ⅰ. 강행법적 성질

어음과 수표는 객관적인 거래의 대상으로서, 유통성의 확보와 지급의 확실이라는 목적을 위하여 이용되고 있으므로, 그에 관한 법규제도 객관적으로 강행법화할 수밖에 없다.

Ⅱ. 기술적 성질

어음과 수표는 금전지급의 수단으로서 역할을 담당하는 기술적인 제도이므로, 그에 관한 법규제도 기술적인 성질을 가지게 된다. 특히 유통성의 확보와 지급의 확실이라는 이념을 실천하기 위한 합목적적인 배려는 그에 관한 법규제를 한층 더 기술화하게 된다.

Ⅲ. 형식적 성질

어음과 수표는 일반적으로 실질적인 법률관계의 수단으로서 이용되고 또 유통되며, 그에 관한 법률관계는 그 증권을 중심으로 하여 형식적으로 해결될 것이 요구되고 있기 때문에 어음법과 수표법은 형식적인 성질을 가지게 된다.

Ⅳ. 통일적 성질

어음법과 수표법은 기술적·형식적인 성질을 가지므로 그 자체 세계통일법적인 경향을 지니고 있고, 또 국제적으로 어음과 수표가 이용되는 점에서 특히 어음법과 수표법은 통일적 성질이 강하다.

Chapter COMMERCIAL LAW

02 어음법·수표법 총론

제1절 어음(수표)의 개념

Ⅰ. 어음(수표)의 의의

1. 환어음

환어음이란 어음의 발행인이 제3자(지급인)에게 일정한 어음금액을 일정일(만기)에 어음상의 권리자에게 지급할 것을 무조건으로 위탁하는 유가증권을 말한다. 환어음에는 발행인·지급인·수취인의 3당사자가 필요하고, 지급인은 인수를 한 때에 인수인으로서 주채무자의 지위에 있게 된다.

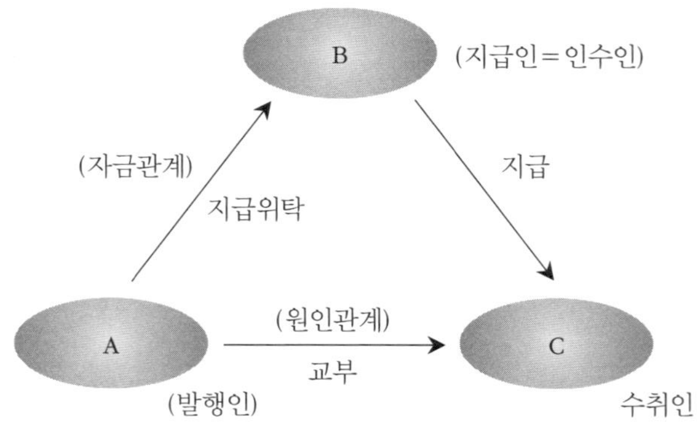

No.

환어음

(내국 신용장용)

귀하

내국 신용장 번 호
내국 신용장 개설일자

금 (₩)

(U$.)

위의 금액을 이 환어음과 상환하여 그 지시인에게 지급하여 주십시오 또는

거절증서 작성불요

발행일 년 월 일
발행지
주 소
발행인 ㊞

지 급 지
지급장소 한국외환은행 ○○지점

2. 약속어음

약속어음이란 발행인이 일정일에 어음금액을 어음상의 권리자에게 지급할 것을 무조건으로 약속하는 유가증권이다. 약속어음에는 발행인과 수취인의 2당사자를 필요로 한다.

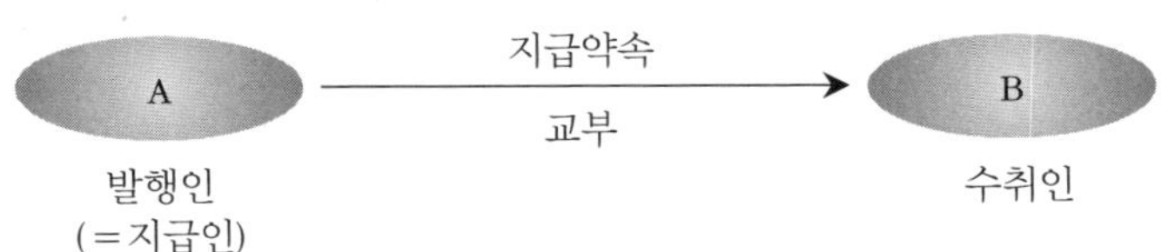

약 속 어 음

○○은행

귀하 00000000

금 (₩)

위의 금액을 귀하 또는 귀하의 지시인에게 이 약속어음과 상환하여 지급하겠습니다

지급기일 년 월 일
지 급 지
지급장소 주식회사 ○○은행

발행일 년 월 일
발행지
주 소
발행인 ㊞

3. 수 표

수표는 수표의 발행인이 지급인(은행)에게 일정한 수표금액을 수표상의 권리자에게 지급할 것을 무조건으로 위탁하는 유가증권이다. 수표에는 발행인·지급인(은행)·수취인의 3당사자가 필요하며, 지급인은 은행에 한정된다.

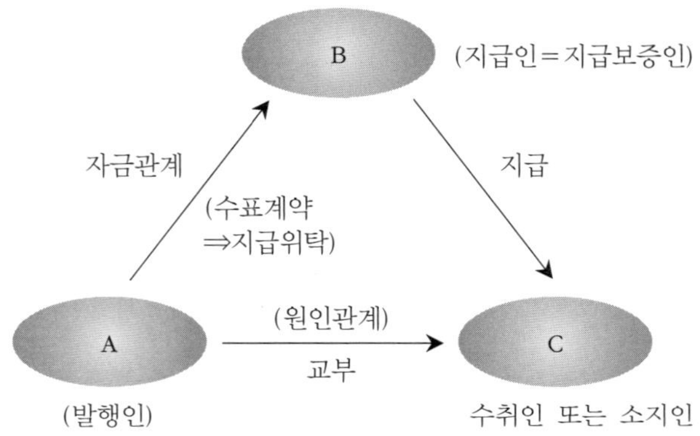

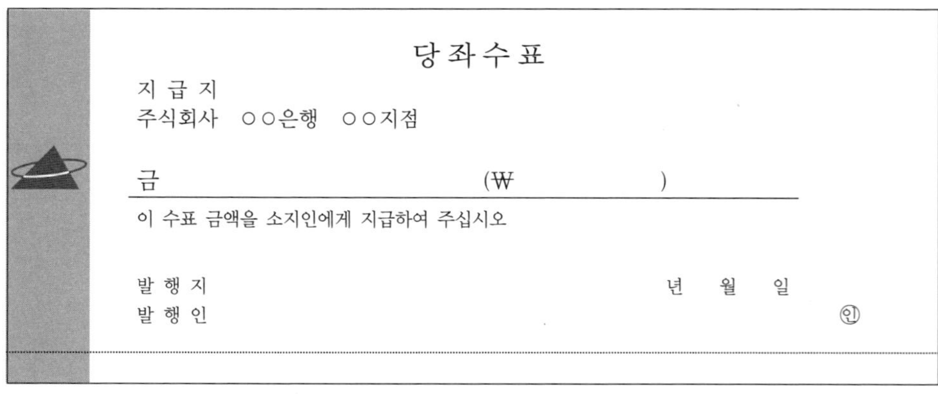
당 좌 수 표

지 급 지
주식회사 ○○은행 ○○지점

금 (₩)

이 수표 금액을 소지인에게 지급하여 주십시오

발 행 지 년 월 일
발 행 인 ㉞

Ⅱ. 어음(수표)의 법률적 성질

1. 완전유가증권성

어음(수표)은 권리의 발생·행사·이전의 모든 경우에 증권의 소지를 요하는 완전유가증권에 속한다.

2. 금전채권증권성

환어음과 수표는 금전의 지급을 위탁하는 증권이고, 약속어음은 금전의 지급을 약속하는 증권이다. 따라서 금전채권 이외의 종류물이나 특정물에 관한 채권을 표창하는 어음(수표)은 발행할 수 없다.

3. 무인증권성

어음(수표)은 무인증권(無因證券)이다. 즉, 어음(수표)상의 권리는 매매 기타 어음행위를 하게 된 원인인 법률관계와는 독립하여 존재하며, 그 권리의 행사에 있어서는 원인관계의 입증을 요하지 않는다. 어음(수표)은 무인증권이므로 지급위탁 또는 약속은 무조건이어야 하며, 인적 관계에 관한 사유는 어음(수표)의 선의취득자에게 대항하지 못한다.

4. 설권증권성

어음(수표)상의 권리는 어음(수표)의 작성에 의하여 비로소 발생하므로, 설권증권의 성질을 갖는다.

5. 요식증권성

어음(수표)은 엄격한 요식증권의 성질을 가지고 있다. 어음(수표)은 일정한 법정기재사항을 기재하여야 하며, 기재사항에 흠결이 있는 어음(수표)은 그 효력이 없다.

6. 문언증권성

어음(수표)상의 권리관계는 오로지 증권에 기재된 문언에 의하여 정하여 지므로, 문언증권성이 있다. 따라서 어음(수표)에 기재되지 않은 사항은 어음(수표)상의 채무자로부터 대항받지 않는다.

7. 지시증권성

어음(수표)은 지시식으로 발행할 수 있으나, 기명식으로 발행된 경우에도 법률상 당연히 배서에 의하여 양도할 수 있는 이른바 법률상 당연한 지시증권이다. 다만 지시금지어음의 경우는 지명채권양도의 방법에 의해서만 양도할 수 있고, 소지인출급식의 수표는 수표의 교부만으로 양도할 수 있다.

8. 제시증권성

어음(수표)상의 채무자는 소지인이 어음(수표)의 제시를 하지 않는 한 어음(수표)채무를 이행할 필요가 없다. 따라서 어음(수표)은 제시증권에 해당한다.

9. 상환증권성

어음(수표)상의 채무자는 어음(수표)과 상환(相換)으로써만 어음(수표)의 지급을 요한다. 이것은 어음(수표)증권과 어음(수표)채무는 일체불가분의 관계에 있기 때문이며, 채무자가 이중지급을 강요당할 위험을 피하기 위한 것이다.

제2절 어음(수표)의 종류

Ⅰ. 어음의 종류

1. 기본어음(원시어음)

발행인이 어음요건인 법정 기재사항을 기재하고 기명날인 또는 서명하여 수취인에게 교부하여 발행되는 어음을 기본어음이라 하고, 이 기본어음을 바탕으로 배서·보증·인수 등의 부속적 어음행위가 이루어지게 된다.

2. 완전어음·불완전어음·미완성어음

어음요건인 법정 사항이 모두 기재된 어음을 완전어음이라 하고, 그러한 요건이 갖추어지지 않은 어음을 불완전어음이라 한다. 불완전어음은 유효한 어음으로서의 효력이 없다. 이에 대해 요건이 흠결되어도 그 흠결부분이 소지인에 의하여 보충기재될 것이 예정되어 있는 어음을 미완성어음이라 한다. 미완성어음은 장래 흠결부분이 보충기재됨으로써 완전어음이 된다.

3. 단명어음·복명어음

발행인·수취인·지급인의 세 가지 자격을 한 사람이 겸한 어음을 단명어음이라 하고, 어음당사자가 2인 이상인 어음을 복명어음이라 한다.

4. 연기어음·구어음

기존어음의 만기가 도래하였을 때, 당사자의 합의에 의하여 그 지급을 연기하기 위하여 발행하는 어음을 연기어음이라 하고 기존의 어음을 구어음이라 한다.

5. 담보어음·대부어음·담보부어음

채무가 현재 발생하고 있거나 장차 발생할 경우에 그 채무의 이행을 담보하기 위하여 발행하는 어음을 담보어음이라 하고, 금전대차의 경우에 그 지급을 확보하기 위하여 차용증서에 대신하는 목적에서 채무자가 채권자에게 교부하는 어음을 대부어음이라 한다. 그리고 어음채무의 이행을 확보하기 위하여 물적 담보가 있는 어음을 담보부어음이라 한다.

6. 상업어음·융통어음

(1) 상업어음

실제의 상거래가 있고 이 상거래를 원인으로 하여 발행하는 어음을 상업어음(진정어음 또는 실어음)이라 한다.

(2) 융통어음

융통어음이란 어음발행의 원인에 현실적인 상거래가 없이 오직 자금융통의 목적을 위하여 발행된 어음을 말한다. 또한 융통어음이란 타인에게 신용을 줄 목적으로 발행하는 어음으로, 자기가 자금을 융통하기 위하여 대가관계 없이 발행 또는 양도하는 어음(기업어음이나 할인어음)과는 구별된다.

【판례】 대법원 1996.5.14.선고 96다3449판결

융통어음이라 함은 타인으로 하여금 어음에 의하여 제3자로부터 금융을 얻게 할 목적으로 수수되는 어음을 말하는 것이고, 이러한 융통어음에 관한 항변은 그 어음을 양수한 제3자

> 에게 대하여는 선의·악의를 불문하고 대항할 수 없는 것이므로 어떠한 어음이 위에서 말하는 융통어음에 해당하는지 여부는 당사자의 주장만에 의할 것은 아니고 구체적 사실관계에 따라 판단하여야 하는데, 어음의 발행인이 할인을 의뢰하면서 어음을 교부한 경우, 이는 원인관계 없이 교부된 어음에 불과할 뿐이고 악의의 항변에 의한 대항을 인정하지 아니하는 이른바 융통어음이라고 할 수는 없다.

7. CP어음(기업어음)

CP어음이란 할인기관에 의하여 선정된 적격업체가 자금융통의 목적으로 발행한 어음을 할인기관이 매입하여 다시 일반투자가에게 매출하는 어음을 말한다. 즉, CP어음은 기업이 자금조달을 위하여 단자회사 또는 투자금융회사를 통하여 발행하는 융통어음의 일종이다.

8. 전도금(前渡金)어음

공사의 도급 또는 물품의 제조가공을 의뢰할 때 미리 전도금으로서 교부하는 어음을 전도금어음이라 하고, 이 어음의 교부는 현실적인 대금지급은 아니고, 일의 착수에 필요한 자금의 조달을 위하여 신용을 제공할 목적으로 교부되는 것으로 이 점에서 융통어음과 같다.

Ⅱ. 수표의 종류

1. 당좌수표·가계수표

사업을 하는 자가 은행과 당좌거래계약을 체결하고 은행에 있는 수표자금의 범위 내에서 발행하는 수표를 당좌수표라 하고, 개인이 은행과 가계당좌거래계약을 체결하고 은행에 있는 수표자금의 범위 내에서 발행하는 수표를 가계수표라 한다.

2. 자기앞수표

자기앞수표는 수표의 지급인인 은행이 동시에 발행인으로 되어 있는 수표를 말하며 보증수표라고도 한다.

3. 선일자수표

발행일보다 장래의 일자를 발행일자로 기재한 수표를 선일자수표라 하고, 이 수표에 기재된 발행일 이전에 지급제시를 할 수 있으며, 그 제시된 날에 지급하여야 한다(수표법 제28조 제2항).

4. 횡선수표

횡선수표는 수표의 표면에 2조의 평행선을 그은 수표로서 은행 또는 지급인의 거래선에 대하여서만 지급할 수 있다. 횡선수표에는 일반횡선수표와 특정횡선수표가 있다.

5. 송금수표

송금수표란 은행이 그 본·지점 또는 그 거래은행을 지급인으로 하여 송금의 목적으로 발행하는 수표이다.

6. 우편수표

우편수표란 우편대체법에 의하여 우체국을 지급인으로 하여 발행한 수표를 말한다. 우편대체관서(우체국)는 우편수표의 소지인의 지급청구가 있을 때에는 현금으로 지급하지 않고 우편대체관서의 자기앞수표를 발행·교부할 수 있는데 이것을 자기앞우편수표라 한다.

7. 여행자수표

여행자수표란 해외여행자가 현금의 휴대로 인한 분실·도난 등의 위험을 피하기 위하여 고안된 수표이며, 여행자로 하여금 여행지에서 이 수표와 상환하여 여행지의 화폐로 현금화할 수 있게 하는 수표이다.

제3절 어음(수표)의 기능과 남용

Ⅰ. 어음(수표)의 경제적 기능

1. 환어음의 경제적 기능

(1) 신용기능

환어음은 제1차적으로 신용기능을 수행한다. 신용기능이란 환어음의 만기까지의 신용을 이용하는 기능을 말하며, 이러한 신용기능으로 인하여 자금의 시간적 장애가 극복된다.

(2) 송금기능

환어음은 국제거래의 송금수단으로 많이 이용된다. 그러나 최근의 전자자금이체제도, 은행 지로(Giro)제도 등으로 인해 송금기능이 점차 상실되어 가고 있지만, 국제거래에서는 여전히 중요한 기능을 하고 있다.

(3) 추심기능

환어음은 국제거래에 있어서 매도인이 매수인에 대한 대금추심을 위하여 이용될 수도 있다. 특히 매도인은 매수인을 지급인으로 하는 환어음을 발행하고, 그 어음상의 권리를 담보하기 위하여 운송 중의 운송물을 표창하는 선하증권 등의 운송증권을 함께 교부하는 경우 이 환어음을 하환(荷換)어음이라 한다.

(4) 지급기능

환어음의 수취인이 지급인으로부터 어음금을 지급받으면 동 어음의 발행인·지급인 간 및 발행인·수취인 간의 대금지급이 자동적으로 종료되는 효과를 가져오는 지급기능을 갖는다.

2. 약속어음의 경제적 기능

(1) 신용기능

약속어음도 환어음과 같이 신용기능을 갖는다. 특히 국내거래에서는 신용기능을 수행하기 위하여 약속어음을 이용하는 것이 보편적이다.

(2) 추심기능

약속어음의 추심기능도 국내거래에서 많이 이용된다. 즉, 상품을 외상으로 판매한 매도인이 매수인으로부터 약속어음을 수취인 또는 피배서인의 자격으로 취득한 경우에 매도인이 그 어음을 자기의 거래은행으로부터 할인받는 형태로 이용된다.

(3) 지급기능

약속어음은 그 자체만으로는 지급기능을 수행하는 경우가 드물고, 통상 신용기능·추심기능과 결합하여 지급기능을 수행한다.

3. 수표의 경제적 기능

수표는 금융거래에 있어서 현금수수에 따르는 불편과 위험을 제거하는 지급기능을 수행하기 때문에 널리 이용되고 있다. 수표의 송금기능은 환어음의 경우와 같다.

Ⅱ. 어음(수표)의 남용

1. 무인성(추상성)의 남용

어음(수표)은 원인관계에 의하여 아무런 영향을 받지 않는 추상성(무인성)을 갖고 있기 때문에, 이를 악용하여 도박채권이나 폭리행위에 의한 채권과 같은 반사회적이거나 법의 금지에 반하는 행위로 인한 채권을 은폐하는 일이 있다.

2. 신용기능의 남용

가공의 인물을 지급인으로 한 어음을 발행하거나 또는 무자력자가 서로 상대방을 지급인으로 하는 어음을 발행하여 이것에 인수 또는 배서를 함으로써 부당한 신용의 남용을 하기도 한다.

3. 요식성의 남용

어음법의 형식을 중요시하고 있는 것을 악용하여 간악한 채무자가 고의로 요건이 불비한 어음을 교부해 두고, 후일에 청구를 받았을 때에는 형식의 흠결을 이유로 하여 어음채무의 이행을 거부하는 경우도 있다.

제4절 어음(수표)행위

제1관 어음(수표)행위 총설

Ⅰ. 어음(수표)행위의 의의

1. 형식적 의의

어음(수표)행위란 강의학상의 용어로서, 어음(수표)이라는 증권상에 행하여지는 법률행위를 말한다. 이러한 어음(수표)행위의 형식적 의의는 「기명날인 또는 서명을 불가결의 요건으로 하는 요식의 증권적 법률행위」를 말하며 이에 대해서는 이설(異說)이 거의 없다.

2. 실질적 의의

어음(수표)행위의 실질적 의의에 관해서는 부정하는 견해도 있으나, 긍정하는 견해에 의하면 어음상의 채무의 발생의 원인이 되는 법률행위 또는 어음행위의 결과 어음상의 채무를 부담하게 하는 행위라고 할 수 있다.

Ⅱ. 어음(수표)행위의 종류

어음(수표)행위로서는 환어음에 있어서는 발행·배서·보증·인수·참가인수가 있고, 약속어음에 있어서는 발행·배서·보증·참가인수(통설의 입장에서는 약속어음에도 참가인수가 인정되고 있다)가 있고, 수표에 있어서는 발행·배서·보증·지급보증이 있다.

Ⅲ. 어음(수표)행위의 해석

1. 어음(수표)외관해석의 원칙

어음(수표)외관해석의 원칙은 어음면의 기재가 의사표시의 내용이 되는 법률행위이므로 어음(수표)행위의 해석은 오로지 어음(수표)면에 기재된 문언에 따라서 하여야 할 것이며, 어음(수표)면에 나타나지 아니한 사실에 의하여 당사자의 의사를 추지하거나 또는 어음(수표)의 기재를 보충변경할 수는 없다는 원칙이다. 이러한 어음(수표)외관해석의 원칙은 어음(수표)엄정의 원칙의 한 내용으로 이에 의하여 어음의 유통성이 보장된다.

2. 어음(수표)유효해석의 원칙

어음(수표)유효해석의 원칙은 어음을 무효라고 해석하는 것보다는 신의성실의 원칙에 따라 유효로 해석하여야 한다는 원칙으로 판례·통설이 인정하고 있다.

 어음유효해석의 원칙의 예

[유효해석의 원칙과 관련된 규정]

① 만기의 기재가 없는 어음은 일람출급어음으로 본다(어음법 제2조 1호).

② 지급지의 기재가 없는 때에는 지급인의 명칭에 부기한 지가 지급지이며 지급인의 주소지로 본다(어음법 제2조 2호).

③ 발행지의 기재가 없으면 발행인의 부기지에서 발행한 것으로 본다(어음법 제2조 3호; 수표법 제2조 3호).

④ 어음(수표)보증에서 피보증인의 표시가 없는 경우에는 발행인을 위하여 보증한 것으로 본다(어음법 제31조 제4항; 수표법 제26조 제4항).

⑤ 환어음에서 참가인수 또는 참가지급을 하는 경우에 피참가인을 표시하지 않은 때에는 발행인을 위하여 참가인수 또는 참가지급을 한 것으로 본다(어음법 제57조, 제62조 제1항).

[유효해석의 원칙과 관련한 판례]

① 세력이 없는 날을 발행일로 기재한 어음은 그 달의 말일에 발행된 유효어음으로 본다.

② 지급지 내의 장소가 아닌 다른 장소를 지급장소로 기재한 어음은 지급장소의 기재가 없는 유효한 어음으로 본다.

Ⅳ. 어음(수표)행위의 특성

1. 어음(수표)행위의 추상성(무인성)

어음(수표)행위를 함에는 보통 매매·소비대차 등의 원인이 있기 마련이지만, 어음(수표)행위는 이러한 원인관계의 부존재·무효·취소 등에 의하여 영향을 받지 않고 어음(수표)행위 그 자체에 의하여 효력이 생긴다. 어음(수표)행위의 이러한 특성을 무인성·추상성이라고 한다. 다만, 원인관계는 직접적인 당사자간, 그리고 악의의 취득자에 대한 관계에 있어서 인적 항변사유가 된다. 어음(수표)행위의 무인성의 실정법상의 근거는 각종 어음행위의 무조건성(어음법 제1조 2호, 제76조 2호; 수표법 제1조 2호 등)과 이득상환청구권(어음법 제79조; 수표법 제68조)에 관한 규정에서 나타난다.

2. 어음(수표)행위의 요식성

어음(수표)행위는 요식성을 갖는다. 즉, 모든 어음(수표)행위는 어음(수표)법이 각각의 어음(수표)행위에 대하여 규정한 법정의 형식을 갖추어야 하며, 이러한 형식을 갖추지 못하면 어음(수표)행위로서의 효력이 없다.

3. 어음(수표)행위의 설권성

어음(수표)행위에 의하여 비로소 어음(수표)상의 권리·의무가 증권면에 발생하는 점에서 어음(수표)행위는 설권성을 갖는다. 어음(수표)행위의 설권성은 무인성을 전제로 하는 어음(수표)행위의 속성이다.

4. 어음(수표)행위의 문언성

어음(수표)행위의 내용은 어음(수표)상의 기재에 의해서만 정하여지고, 어음(수표) 외의 실질관계에 의하여 영향을 받지 않는 성질을 어음(수표)행위의 문언성이라 한다. 따라서 어음(수표)면의 문언과 실제행위자의 진실과의 불일치는 직접적인 당사자 사이와 악의의 취득자에 대한 관계에서만 인적 항변사유가 될 뿐이다.

5. 어음(수표)행위의 독립성

(1) 의 의

동일한 어음(수표)면에 하여진 여러 어음(수표)행위는 다른 어음(수표)행위의 실질적인 효력의 영향을 받지 않고 독립하여 그 효력이 생긴다. 이러한 것을 어음(수표)행위의 독립성 또는 어음(수표)행위독립의 원칙이라 한다.

(2) 근 거

① **성문법적 근거:** 대표적인 규정은 어음법 제7조, 수표법 제10조이고, 보증에 대하여는 피담보채무와의 관계에서 어음법 제32조 제2항, 수표법 제27조 제2항이 별도로 규정하고 있다. 변조의 효력을 규정한 어음법 제69조, 수표법 제50조도 어음(수표)채무범위의 면에서 어음(수표)행위독립의 원칙을 규정한 것이라고 할 수 있다.

② **이론적 근거:** 어음(수표)행위독립의 원칙의 이론적 근거에 관해서는 학설이 대립되고 있으나, 정책적으로 어음(수표)행위독립의 원칙을 규정하여 어음(수표)거래의 안전과 유통을 보호하고자 하는 것(법률행위의 예외법칙으로 본다)이라고 할 수 있다.

(3) 적용범위

① **적용되지 않는 경우:** 어음(수표)행위독립의 원칙은 선행행위의 실질적 무효 등에 따라 후속하는 어음(수표)행위가 영향을 받지 않는다는 것이므로, 선행의 어음(수표)행위가 없거나 선행의 어음(수표)행위가 형식적 무효인 경우에는 어음(수표)행위독립의 원칙이 적용될 여지가 없다. 또한 어음(수표)행위독립의 원칙은 어음(수표)행위의 효력발생에 관한 원칙이므로, 일단 유효하게 성립한 어음(수표)채무가 소멸한 때에는 이 원칙이 적용될 여지가 없다. 어음(수표)의 발행에는 어음(수표)행위독립의 원칙이 적용되지 않는다.

② **적용되는 경우:** 선행의 어음(수표)행위가 존재하는 참가인수·보증·배서에 대해서는 어음(수표)행위독립의 원칙이 당연히 적용된다. 환어음의 인수나 수표의 지급보증의 경우에도 선행행위는 발행이라는 점에서 어음(수표)행위독립의 원칙이 적용된다.

(4) 악의취득자에 대한 적용 여부

어음(수표)의 취득자가 악의인 경우에 어음(수표)행위독립의 원칙이 적용되는가에 대해서는 부정하는 견해도 있으나, 어음(수표)행위독립의 원칙은 선의취득자 보호뿐만 아니라 어음(수표)행위의 확실성을 보장하여 어음(수표)의 신용을 높이기 위한 것이므로 선의·악의에 관계없이 적용된다는 것이 다수의 입장이다.

제2관 어음(수표)행위의 요건

Ⅰ. 서 설

어음(수표)행위는 요식성을 갖추어야 한다. 그러므로 어음(수표)행위가 유효하게 성립하기 위해서는 증권의 유효한 작성행위와 작성된 증권의 유효한 교부행위가 있어야 한다. 유효한 작성행위가 성립하기 위해서는 일정한 형식적 요건과 실질적 요건이 갖추어져야 한다.

Ⅱ. 어음(수표)행위의 형식적 요건

1. 법정사항의 기재

어음(수표)행위는 그 종류에 따라 고유한 방식, 즉 기재사항이 정하여져 있다(예 어음법 제1조·제13조·제31조; 수표법 제1조·제16조·제26조 등). 그리고 어떠한 어음(수표)행위가 다른 어음(수표)행위를 전제로 하는 경우에는 전제가 되는 어음(수표)행위의 방식도 구비하여야 한다. 따라서 어느 한쪽의 방식이 결여된 경우 당해 어음(수표)행위는 무효가 된다. 그리고 모든 어음(수표)행위의 공통된 최소한의 형식적 요건은 어음(수표)행위자의 기명날인 또는 서명이다.

2. 기명날인 또는 서명

(1) 자연인의 경우

① 기명날인: 기명날인에서 「기명」이란 어음행위자의 명칭을 타이프라이터·인쇄·고무인 등으로 기재하는 것으로 타인에 의한 기재도 가능하다. 행위자

의 명칭은 반드시 그 성명과 일치하여야 하는 것은 아니며(판례), 상호·아호·예명이라도 거래자 사이에 자기를 표시하는 명칭이면 무방하다.

「날인」은 어음(수표)행위자의 의사에 의하여 그의 인장을 찍는 것을 말한다. 인장은 은행 등에 신고된 인감인장임을 요하지 아니하며, 행위자가 일상 사용하지 않는 것이든 행위자의 아호를 나타내는 것이든 행위자의 동일성이 인정될 수가 있는 것이면 무방하다.

② **서명:** 「서명」이란 어음(수표)행위자의 자서의 성명서명을 의미한다. 성명의 전부가 나타나지 않고 이름 및 아호에서 따온 개별적인 철자만을 단순히 수서(手書)하는 것은 서명으로 인정되지 않는다. 또한 스템프·타이프라이터 등으로 하는 어음행위자의 성명의 표시도 서명으로 볼 수 없다.

③ **기명무인의 효력:** 무인(拇印)은 그 감별을 육안으로 할 수 없고, 또 기계의 힘을 빌려서 특수한 기능을 가진 자가 아니면 이를 감별할 수 없으며, 대비감별의 절차가 간단하지 아니하므로 유통증권으로서 신속히 전전함을 그 사명으로 하는 어음·수표에 있어서는 그 증권의 성질상 허용되지 않는다는 것이 판례·통설의 입장이다.

(2) 회사 기타 법인의 경우

회사 기타 법인이 어음(수표)행위를 하는 경우에는 그 대표기관자가 법인의 명칭을 기재하고 대표관계를 표시하여 대표기관 자신이 기명날인 또는 서명을 하여야 한다. 따라서 법인의 명칭을 기재하고 법인인만 찍고 그 대표자의 기명날인 또는 서명을 하지 아니한 어음(수표)행위는 무효가 된다. 그러나 법인명과 대표자의 성명을 기재하고 등록된 법인대표직인을 사용한 경우에는 그 법인은 어음상의 책임을 진다(판례). 회사가 어음을 발행한 후에 그 상호를 변경한 경우에도 동일한 법인체로 인정되는 한, 발행인으로서의 책임은 져야 한다(판례).

(3) 권리능력 없는 사단

권리능력 없는 사단의 어음권리능력을 인정하는 견해(판례)에 따르면 권리능력 없는 사단의 명의와 대표관계를 표시하고 대표자의 기명날인 또는 서명으로써 어음행위가 이루어진다.

(4) 조 합

조합의 경우에는 어음권리능력이 없으므로, 어음(수표)행위에 의하여 권리를 취득하고 의무를 부담하는 자는 조합이 아니고 조합원이다. 따라서 어음(수표)행위는 조합원 전원의 기명날인 또는 서명에 의하여야 할 것이지만, 실제로는 대표조합원이 그 대표자격을 표시하고 조합원을 대리하여 기명날인 또는 서명하는 방법을 취하고 있으며, 유효한 어음(수표)행위의 방식으로 인정된다(판례).

Ⅲ. 어음(수표)행위의 실질적 요건

1. 서 설

어음(수표)행위가 유효하게 성립하기 위하여는 실질적 요건으로서 어음(수표)권리능력이 있는 자가 어음(수표)행위능력을 가지고 어음(수표)행위에 관한 의사로써 어음(수표)행위가 이루어져야 한다.

2. 어음(수표)권리능력

(1) 자연인·법인

어음(수표)권리능력은 어음(수표)상의 권리·의무의 주체가 될 수 있는 능력을 말한다. 자연인은 생존하는 동안 어음(수표)권리능력이 있으므로(민법 제3조) 특별히 문제될 것이 없다. 그러나 법인은 법률의 규정에 좇아 정관으로 정한 목적의 범위 내에서 권리능력이 있으므로(민법 제34조) 어음(수표)권리능력도 이와 동일한 것으로 보아야 하는가에 대해 논란이 있을 수 있지만, 어음(수표)행위는 회사를 포함한 모든 법인의 목적범위 내의 행위에 속하는 것으로 보고, 구체적으로 어음(수표)행위가 법인의 목적범위 외의 행위에 관한 것인 때에는 인적 항변이 성립할 수 있다.

(2) 권리능력 없는 사단·조합

권리능력 없는 사단은 어음권리능력이 있고, 조합의 어음(수표)권리능력은 없다는 것이 판례의 입장이다. 또한 책임의 귀속에 관해서 판례는 권리능력 없는 사단의 경우 어음채무는 권리능력 없는 사단의 구성원에게 총유적으로 귀속하므로 그 채무에 대해서는 사단의 재산으로만 책임을 지며, 조합의 경우에는 전 조합원이 공동어음행위자로서 합동책임을 진다는 것이 판례의 입장이다.

3. 어음(수표)행위능력

어음(수표)행위능력이란 자기의 행위에 의하여 유효한 어음(수표)행위를 할 수 있는 능력을 말하므로 어음(수표)행위자의 정신적 능력이 전제가 되고, 법인보다는 자연인의 경우에 특히 문제가 된다.

(1) 의사무능력자

의사능력이 없는 자는 행위능력이 없으므로 어음(수표)행위능력도 없으며, 따라서 의사무능력자의 어음(수표)행위는 당연히 무효가 된다. 그러므로 어음(수표)행위에 있어서도 법정대리인에 의하여 행하여질 수밖에 없다.

(2) 제한능력자

① **미성년자**: 미성년자가 법정대리인의 동의를 얻지 아니하고 어음(수표)행위를 한 때에는 원칙적으로 그 어음(수표)행위는 취소할 수 있다. 이때 취소는 직접상대방뿐만 아니라 어음소지인에 대해서도 가능하다(통설). 행위무능력자의 어음행위의 취소는 물적 항변 사유에 해당한다.

② **피한정후견인**: 피한정후견인은 행위능력이 인정된다. 다만 가정법원이 피한정후견인이 한정후견인의 동의를 받아야 하는 행위의 범위를 정한 때에는 이 한도에서 제한능력자가 된다.

③ **피성년후견인**: 피성년후견인이 한 어음(수표)행위는 언제나 이를 취소할 수 있다(민법 제13조). 따라서 피성년후견인을 위하여 어음(수표)행위를 하고자 할 때에는 성년후견인이 이를 대리하는 수밖에 없다.

4. 어음(수표)행위에 관한 의사

어음(수표)행위도 법률행위로서 의사표시를 요소로 하기 때문에 민법상의 의사표시의 요건을 갖추어야 하며, 민법 제107조(비진의표시)·제108조(허위표시)·제109조(착오로 인한 의사표시)·제110조(사기 또는 강박에 의한 의사표시)에 관한 규정이 적용된다. 따라서 어음(수표)행위가 비진의표시에 의한 경우 상대방이 어음(수표)행위자가 진의 아님을 알았거나 알 수 있었을 경우에는 무효가 되고, 상대방과 통정한 허위의 어음(수표)행위는 무효가 된다(판례). 그리고 어음(수표)행위가 착오·사기·강박에 의한 경우에는 취소할 수 있다. 그러나 어음행위 자체에는 의사표시의 흠결이나 하자가 없고 그 원인행위만 하자 또는 흠결이 있는 경우에는 어음행위의 무효 또는 취소를 주장할 수 없고, 인적 항변사유가 될 뿐이다. 의사표시의 흠결이나 하자로 인한 어음행위의 무효 또는 취소는 이로써 선의의 제3자에게 대항하지 못한다(민법 제107조 제2항 등). 여기에서 선의의 의미에 대해서는 학설의 대립이 있으나, 판례는 어음법 제17조 단서(인적 항변의 부절단: 악의의 항변)와 같이 해석한다. 한편, 어음행위 자체에 대한 의사표시의 착오나 하자가 있어 어음(수표)행위를 취소하는 경우에 취소의 상대방은 직접의 상대방뿐 아니라 채무자를 해할 것을 알고 있는 현재의 어음소지인을 포함한다(판례).

Ⅳ. 어음(수표)의 교부(어음학설)

요식의 어음(수표)증권이 능력자에 의하여 작성되고, 상대방에게 교부되기 마련인데 이 교부행위가 어음행위의 성립요건의 하나가 되느냐 하는 것은 어음이론의 가장 중요한 문제이며, 어느 설을 취하느냐에 따라 어음상의 채권·채무가 어떠한 법률상의 이유에서 발생하는가에 대한 설명방법이 달라진다.

판례는 발행설 또는 권리외관설을 따르고 있다. 발행설의 입장에 따르면 어음(수표)의 작성이 이루어진 후 발행인의 의사에 따라 상대방에게 교부되었을 때에 그 효력이 발생한다. 이 설에 의하면 교부흠결의 어음은 어음수령자의 의사의 흠결이 있더라도 이는 인적 항변사유에 불과하고 어음채무는 성립하므로, 교부흠결어음의 선의취득자에게 어음발행인은 어음상의 책임을 진다. 권리외관설의 입장에 따르면 어음(수표)의 작성이 이루어진 후 교부계약에 의하여 상대방에게 교부되었을 때에 그 효력이 발생한다. 이 설에 의하면 교부흠결의 어음은 효력이 없는 것이 되지만, 어음교부흠결의 어음에 배서가 연속되어 있는 경우 그 어음의 외관을 신뢰하고 취득한 소지인에 대하여는 그 소지인이 악의 또는 중과실에 의하여 그 어음을 취득하였음을 주장·입증하지 아니하는 한 발행인으로서의 어음상의 채무를 부담한다.

제3관 어음(수표)행위의 대리

Ⅰ. 어음(수표)행위의 대리의 방식

어음(수표)행위는 재산법적 법률행위이므로 대리에 친한 법률행위로서 실제에 있어서 대리인에 의하여 행해지는 경우가 많다. 어음(수표)행위는 어음(수표)상의 효과가 귀속되는 본인이 하는 것이 원칙이지만 타인에 의하여 이루어지는 경우도 있다. 타인에 의한 어음(수표)행위는 대리방식과 대행방식의 두 가지가 있다. 대리방식은 대리관계를 표시하고 어음(수표)상의 대리인의 기명날인 또는 서명으로 하는 것이고, 대행방식은 타인이 본인명의의 기명날인 또는 서명을 하는 것이다.

Ⅱ. 어음(수표)행위의 대리의 요건

1. 형식적 요건

어음(수표)행위의 대리로서 효력을 발생하기 위한 형식적 요건으로는 본인의 표시, 대리관계의 표시, 대리인의 기명날인 또는 서명의 세 가지가 필요하다.

(1) 본인의 표시

어음(수표)행위를 대리할 때에는 반드시 본인을 표시하여야 한다. 자연인의 경우에는 성명·아호 등으로 표시하고, 법인이나 조합 등은 법인명이나 조합명만 표시하면 된다. 본인을 표시하지 않고 어음(수표)행위를 한 경우에는 그 대리인 자신만이 어음행위자로서 책임을 질 뿐 본인에게는 그 행위의 효과가 귀속되지 않는다(민법 제115조 본문).

민법 제115조 단서 및 상법 제48조의 적용 여부

어음(수표)행위에는 그 문언성으로 인하여 민법 제115조 단서 및 상법 제48조의 규정이 적용되지 않는다. 따라서 상대방이 대리인으로서 어음(수표)행위를 한 것임을 알았거나 알 수 있었을 경우에도 본인은 어음상의 책임을 부담하지 않으며, 영업상의 대리권을 가진 지배인이 영업주의 영업을 위하여 어음행위를 하면서 영업주를 표시하지 않은 경우 영업주는 책임이 없다. 대리인은 상대방이 악의인 경우 인적항변으로 주장할 수 있을 뿐이다.

(2) 대리관계의 표시

대리관계의 표시는 기재의 전체로 보아 본인을 위한 어음(수표)행위로 인식될 수 있을 정도이면 되고, 반드시 대리인이라는 직접적인 표현을 요하지 않는다. 따라서 지배인·지점장·후견인 등의 표시도 대리관계의 표시로 충분하다.

(3) 대리인의 기명날인 또는 서명

대리인이 자기의 기명날인 또는 서명을 하여야 한다. 이러한 점에서 대리인이 직접 본인의 기명날인 또는 서명을 하는 대행과 구별된다.

2. 실질적 요건

(1) 대리권의 존재

어음(수표)행위가 대리행위로서 유효하게 성립하기 위한 실질적 요건으로서는 대리인에게 실질적 대리권을 필요로 한다. 즉, 대리인이 된 자가 본인을 위하여 어음(수표)행위를 할 수 있는 권한이 주어져야 한다.

(2) 대리권의 제한

대리인이 대리권을 갖고 있는 경우에도 일정한 경우에는 본인의 이익을 위하여 그 행위에 대하여 대리권이 제한되는 경우가 있다. 이때 민법 제124조 또는 상법 제398조의 적용에 대해서는 학설의 대립이 있으나 적용 가능하다는 것이 통설·판례의 입장이다. 어음(수표)행위가 민법 제124조 또는 상법 제398조를 위반한 경우 위반행위가 대내적 행위인 경우에는 무효로 보고, 대외적 행위인 경우에는 상대방인 제3자의 악의(이사회의 승인이 없음을 안 경우; 중대한 과실 있는 경우를 포함함)를 회사가 입증하지 못하는 한 유효하다(다수설·판례).

(3) 대리권의 남용

주식회사의 대표이사가 외형상으로는 회사를 대표하여 어음행위를 하였으나 실제는 자기의 채무변제를 위하여 한 경우와 같은 대표권 남용의 경우, 상대방에게 악의 또는 중대한 과실이 있는 때에는 회사는 어음채무를 부담할 필요가 없다(판례).

Ⅲ. 무권대리

1. 표현대리

(1) 민법상 표현대리규정의 적용

민법의 표현대리에 관한 제125조(본인이 제3자에 대하여 타인에게 어음행위의 대리권을 수여하였음을 표시하였으나 사실은 그 타인에게 어음행위의 대리권을 수여하지 않은 경우), 제126조(대리인이 대리권의 범위를 넘어 어음행위를 대리한 경우), 제129조(대리인이 대리권 소멸 후에 대리행위를 한 경우) 등은 어음(수표)행위에도 적용된다. 이 때 표현대리인과 거래한 제3자는 거래상대방에 한정된다는 것이 판례의 입장이며, 민법상 표현대리규정이 적용되기 위해서는 제3자에게 「악의 또는 중과실」이 없어야 한다.

(2) 상법상 표현대리규정의 적용

상법상 표현대리에 관한 규정인 제14조(표현지배인)·제395조(표현대표이사) 등도 어음(수표)행위에 적용된다. 상법 제14조나 제395조가 적용되기 위해서는 제3자(상대방)는 선의이고 중과실이 없어야 하며, 제3자는 직접의 상대방뿐만 아니라 그 후의 어음취득자도 포함된다(판례).

(3) 표현대리의 효과

어음(수표)행위에 표현대리가 성립하면 본인은 민·상법의 규정에 의하여 당연히 어음상의 책임을 지고, 표현대리인은 무권대리인으로서 어음법 제8조 1문에 의하여 어음상의 책임을 진다.

(4) 월권대리

월권대리의 경우, 즉 대리권이 있는 대리인이 그 대리권의 범위를 초월하여 어음행위를 한 경우에 본인 및 월권대리인의 책임범위가 어떠한가가 문제된다. 이에 대해 민·상법상 표현대리가 성립하지 않는 경우에 본인은 수권범위 내에서만 책임을 부담하고 월권대리인은 전액에 대하여 책임을 부담한다고 보는 것이 통설·판례의 입장이다.

2. 협의의 무권대리

(1) 협의의 무권대리의 성립요건

어음(수표)행위의 협의의 무권대리가 성립하기 위해서는 ① 어음(수표)행위의 대리의 형식적 요건을 구비하여야 하고, ② 본인은 협의의 무권대리인에게 대리권을 수여하지도 않고 또 표현대리가 성립하지도 않으며 추인을 하지 않았어야 하고, ③ 상대방 또는 어음(수표)소지인이 선의인 경우라야 한다. 상대방이 악의인 경우에는 어음법 제8조 및 수표법 제11조를 적용할 여지가 없으나, 상대방이 선의라면 과실이 있더라도 무권대리인은 책임을 져야 한다. 다만 상대방에게 악의 또는 과실이 있는 때에는 무권대리인은 원인관계에서의 인적 항변으로 주장할 수 있게 된다. 따라서 무권대리인이 직접의 상대방에게 어음상의 책임을 부담하기 위해서는 상대방이 선의이고 무과실이어야 한다.

(2) 무권대리의 효과

① **무권대리인의 책임**: 어음(수표)행위의 협의의 무권대리가 성립하면 협의의 무권대리인은 어음소지인에 대하여 언제나 어음상의 책임을 부담한다(어음법 제8조 1문; 수표법 제11조 제1항). 무권대리인은 그가 대리권을 가졌으면 본인이 부담하게 되었을 의무와 동일한 내용의 의무를 진다.

② **어음(수표)상의 책임을 이행한 무권대리인의 권리**: 협의의 무권대리인이 어음(수표)금액을 지급한 때에는 본인과 동일한 권리를 갖는다(어음법 제8조 2문 및 수표법 제11조 2문). 무권대리인의 권리취득은 법의 규정에 의하여 독립적 취득이며, 본인의 권리의 법률적 이전은 아니다.

③ **입증책임**: 무권대리인과 그의 책임을 추궁하는 어음소지인 사이의 다툼에서 어음소지인은 본인이 무권대리를 이유로 이행을 거절한 사실을 입증하여야 한다.

④ **무권대리인의 책임과 시효의 중단**: 어음(수표)소지인의 무권대리인에 대한 권리행사는 시효기간 내에 하여야 한다. 즉, 약속어음의 발행인 또는 환어음의 인수인의 무권대리인에 대해서는 만기로부터 3년, 환어음의 발행인 또는 어음의 배서인의 무권대리인에 대해서는 상환청구권보전을 위한 기간 내에 권리행사를 하여야 시효중단의 효력이 있게 된다.

Ⅳ. 어음행위의 대행

1. 기명날인의 대행

(1) 대행의 의의

기명날인의 대행은 대행자가 단순히 본인의 표시기관 내지 수족으로 본인의 기명날인을 기계적으로 대행하는 고유의 대행과, 대행자가 본인으로부터 일정한 범위의 기본적인 대리권을 수여받고 그 범위 내에서 개개의 어음(수표)행위에서는 스스로 결정하여 본인의 기명날인을 대행하는 대리적 대행이 있다.

(2) 대행의 효과

유권대행의 경우에는 본인 자신의 어음(수표)행위가 되어 본인이 당연히 어음상의 책임을 부담하지만, 무권대행의 경우에는 원칙적으로 위조가 되어 본인은 어음상의 책임을 부담하지 않는다.

2. 명의대여에 의한 어음(수표)행위

타인에게 자기의 성명 또는 상호를 사용하여 영업을 할 것을 허락하고, 타인이 그 영업에 관하여 자기의 성명 또는 상호로 어음행위를 하는 경우에는 상법 제24조에 의하여 명의대여자로서 명의차용자와 함께 어음(수표)상의 합동책임을 부담한다(판례).

제4관 어음(수표)의 위조·변조

Ⅰ. 어음(수표)의 위조

1. 위조의 개념

(1) 의 의

어음(수표)의 위조란 타인의 명의를 위용(僞用)하여 어음(수표)행위를 하는 것을 말한다. 즉, 권한 없는 자가 직접 타인 명의의 기명날인 또는 서명을 위작(僞作)하여 마치 그 타인이 어음행위를 한 것과 같이 외관을 조작하는 것을 말한다. 타인, 즉 그 명의를 위용당한 자(피위조자)는 실재인이든 가설인이든 관계없다. 그리고 위용은 타인의 인장을 도용하든 다른 목적으로 된 타인의 기명날인 또는 서명을 어음의 기명날인 또는 서명에 악용하든 그 방법에는 제한이 없다. 또한 어음(수표)의 위조는 사실행위이기 때문에 위조자에게 고의 또는 과실이 있음을 요하지 않는다. 위조의 대상에는 제한이 없으므로 발행·배서·보증·인수·참가인수·지급보증 등의 모든 어음(수표)행위에 위조가 가능하다.

(2) 타 개념과의 차이

① **변조와의 차이**: 위조는 기명날인 또는 서명을 위작하는 것인데 반하여, 변조는 권한 없이 기명날인 또는 서명 이외의 기재사항을 변경하는 것이다. 따

라서 위조는 어음(수표)행위의 주체를 속이는 것이고, 변조는 어음(수표)행위의 내용을 속이는 것이다. 즉, 위조는 어음채무의 성립에 관한 허위이고, 변조는 어음채무의 내용에 관한 허위이다.

② **무권대리와의 차이**: 위조와 무권대리는 권한 없이 한다는 점에서 공통되나, 그 방식에 있어서 구별된다. 즉, 위조는 피위조자의 기명날인 또는 서명만 있고 위조행위자의 기명날인 또는 서명이 나타나지 않지만, 무권대리의 경우에는 대리권의 수여사실만 없고 대리의 방식을 구비한다는 점에서 차이가 있다.

2. 위조의 효과

(1) 피위조자의 책임

① **원칙**: 피위조자는 스스로 어음(수표)행위를 한 것도 아니고 또 타인(위조자)에게 대행권한을 부여한 것도 아니기 때문에 누구에 대하여도 어음(수표)상의 책임을 지지 아니한다(어음법 제7조; 수표법 제10조). 따라서 위조의 항변은 물적 항변에 해당한다.

② 예 외

㉠ 추인에 의한 책임: 위조된 기명날인 또는 서명을 추인할 수 있는가에 대해 어음법·수표법 및 민법·상법의 어디에도 규정이 없기 때문에 학설이 대립되고 있으나, 판례는 추인에 의한 책임을 인정하고 있다.

㉡ 표현책임: 피위조자의 표현책임을 인정할 것인가에 대해 학설의 대립이 있으나, 판례는 피위조자의 표현책임을 인정하고 있다.

㉢ 사용자배상책임: 위조자가 피위조자의 사용인이고 사무집행에 관하여 위조한 것인 때에는 민법 제756조에 의하여 피위조자는 불법행위로 인한 책임을 진다는 것이 통설·판례의 입장이다. 이 경우 사용인의 책임범위에 대해서는 어음금 전액이 아니라 위조어음의 취득의 대가로 지급한 금액(할인금액)이라는 것이 판례의 입장이다.

한편, 어음행위와 전혀 무관한 직무에 종사하는 피용자의 위조에 대해서는 피위조자의 사용자배상책임이 인정되지 않는다(판례). 그리고 어음취득자가 사용인의 어음행위가 그의 직무에 속하지 아니하는 것을 알았거나 알 수 있었을 경우에는 사용인의 위조행위에 대하여 사용자인 피위조자는 손해배상책임을 지지 않는다(판례). 이 경우 위조행위를 한 사용인은 불법행위상의 책임을 진다.

㉣ 신의성실의 책임: 피위조자의 위조의 항변이 신의성실의 원칙에 반하는 경우에는 피위조자는 어음(수표)상의 책임을 져야 한다.

㉤ 피위조자의 어음(수표)금 지급: 피위조자가 위조임을 알면서 어음(수표)금을 지급한 경우에는 위조의 법정추인이 되어(민법 제146조 1호) 그 지급이 유효하게 된다. 이에 반해 피위조자가 위조임을 모르고 지급한 경우에는 원칙적으로 지급한 금액의 반환을 청구할 수 있지만(판례의 입장), 그러나 지급이 있었기 때문에 어음(수표)상의 권리의 보전절차를 밟지 않고 이로 인하여 어음(수표)상의 권리를 잃은 자에 대하여는 피위조자는 착오로 인하여 지급하였음을 이유로 하여 어음(수표)금의 반환을 청구할 수 없게 된다.

(2) 위조자의 책임

위조자가 민법·형법상의 책임을 지는 외에 어음(수표)상의 책임을 지는지 여부에 대하여 어음(수표)의 문언증권성과 관련하여 학설의 대립이 있으나, 종래의 통설과 판례는 책임을 부정하고 있다.

(3) 위조어음(수표)에 기명날인 또는 서명한 자의 책임

위조어음(수표) 위에 기명날인 또는 서명한 자는 어음(수표)행위독립의 원칙에 의하여 어음(수표)상의 책임을 진다(어음법 제7조; 수표법 제10조). 위조어음(수표) 위에 기명날인 또는 서명한 자가 위조어음(수표)이라는 사실을 알고 기명날인 또는 서명한 경우라도 어음(수표)상의 책임을 지고, 이때 어음(수표)소지인이 위조임을 안 경우에도 같다.

(4) 위조어음(수표)의 지급인의 책임

위조발행된 어음(수표)의 소지인에 대하여 지급인이 지급한 경우에 지급인의 면책 유무에 관해서는 학설의 대립이 있으나, 특별법규·면책약관 또는 상관습 등에 근거하여 지급인의 면책 유무를 결정하고 이때 지급인의 면책이 인정되기 위해서는 지급인이 선의·무과실이어야 한다고 본다. 지급인이 면책된 때에 피위조자의 손실부담으로 어음금을 지급한 경우에는 피위조자는 부당이득법리에 의하여 어음소지인에게 지급한 어음금의 반환청구권을 행사할 수 있다(판례).

3. 위조의 입증책임

위조의 입증책임이 어음(수표)소지인에게 있는가 피위조자에게 있는가에 대해 학설의 대립이 있으나, 판례와 다수설은 소지인입증설을 취하고 있다.

Ⅱ. 어음(수표)의 변조

1. 변조의 의의

어음(수표)의 변조란 권한 없이 기명날인 또는 서명 이외의 기존문언을 변경하는 것을 말한다. 어음(수표)상의 효력을 가진 문언이면 어음(수표)요건이든 그 밖의 유익적 기재사항이든 불문한다. 권한 있는 자가 어음(수표)상의 기재내용을 변경하는 것은 변조가 되지 않으나, 이미 어음(수표)상에 다른 권리 또는 의무를 가진 자가 있는 경우에는 이러한 자의 동의를 얻지 않고 자기의 기재내용을 변경하는 것은 변조가 된다. 변조의 경우 변조자에게 고의 또는 과실이 있음을 요하지 않는다.

2. 변조의 방법·태양

(1) 변조의 방법

변조의 방법에는 제한이 없으며 현재 문언의 변개(變改)뿐만 아니라 말소·도말에 의한 제거, 신문언의 부가 등 모두 이에 포함된다. 그러나 변조 후에도 형식상 어음(수표)요건은 구비되어 있어야 하며, 변조로 인하여 어음(수표)요건이 흠결된 때에는 어음(수표)의 훼멸(毁滅)이지 변조가 아니다.

(2) 변조의 태양

① **인지첩부에 의한 변조**: 제3자가 고의로 인지를 약속어음에 기재된 「지시금지」의 문구 위에 첩부한 경우 이는 어음의 기재내용을 일부 변조한 것으로 볼 수 있다(판례).

② **기존의 기명날인 또는 서명의 변경**: 어음(수표)면의 기존의 진정한 기명날인 또는 서명을 변경한 경우 이를 변조로 볼 것인가 위조로 볼 것인가에 대해 학설의 대립이 있으나, 기존의 진정한 기명날인 또는 서명의 면에서 보면 변조에 해당하고 권한 없이 변경된 새로운 기명날인 또는 서명의 면에서는 위

조가 된다는 견해가 다수설이다.

③ **백지어음(수표)의 보충권의 남용과 변조:** 백지어음(수표)의 보충권의 남용은 변조와 구별된다. 그 근거로는 첫째, 변조의 대상은 어음(수표)상의 모든 기재사항이지만, 보충권의 남용은 백지부분에 한정된다. 둘째, 변조는 물적 항변사유이지만, 보충권의 남용은 인적 항변사유에 해당한다. 백지어음(수표)의 경우에도 백지어음(수표) 중의 유효한 기재사항을 권한 없이 변경하는 것은 보충권의 남용이 아니라 어음(수표)의 변조에 해당한다.

④ **수취인란의 변조:** 어음소지인이 발행인의 동의를 얻지 않고 수취인란을 변경하는 경우에도 변조에 해당한다는 것이 판례의 입장이다.

3. 변조의 효과

(1) 변조 전의 기명날인자 또는 서명자의 책임

변조 전에 기명날인 또는 서명한 자는 원문언, 즉 기명날인 또는 서명 당시의 어음(수표)문언에 따라 책임을 진다(어음법 제69조; 수표법 제50조). 원문언이 변조 후의 문언보다 무겁거나 또는 변조의 결과 어음(수표)이 훼멸된 경우에도 원문언에 따라 어음(수표)상의 책임을 부담한다.

(2) 변조 후의 기명날인자 또는 서명자의 책임

변조 후의 어음(수표)에 기명날인 또는 서명한 자는 변조된 문언에 따라 책임을 진다(어음법 제69조; 수표법 제50조). 그러나 변조로 인하여 어음(수표)요건이 결여된 후의 어음(수표)에 기명날인 또는 서명을 한 자는 아무런 어음(수표)상의 책임이 없다.

(3) 변조자의 책임

변조자가 변조 후의 어음(수표)상에 기명날인 또는 서명한 경우에는 변조 후의 문언에 따라 어음(수표)상의 책임을 져야 하지만, 변조만 하고 어음(수표)상에 기명날인 또는 서명을 하지 않은 경우에는 위조에서와 같이 책임을 부정하는 견해와 책임을 긍정하는 견해가 있다. 변조자가 어음(수표)소지인인 경우에 변조 전의 문언에 따른 어음(수표)상의 권리를 상실하지 않으므로, 변조 전의 기명날인자 또는 서명자에게 어음(수표)상의 권리를 취득하는 것은 당연하다.

(4) 변조어음(수표)의 지급인의 책임

변조어음(수표)의 지급인의 책임은 위조어음(수표)의 지급인의 책임과 같다.

4. 변조의 입증책임

변조가 명백한 경우에는 어음(수표)소지인은 어음(수표)채무자의 기명날인 또는 서명이 변조 전인가 또는 변조 후인가를 증명하면 되지만, 변조가 명백하지 아니한 경우에 대해서는 그 주장하는 자(어음·수표의 채무자)가 입증하여야 한다는 것이 통설·판례의 입장이다.

제5절 어음(수표)상의 권리

제1관 어음(수표)상의 권리와 어음(수표)법상의 권리

Ⅰ. 어음(수표)상의 권리

어음(수표)상의 권리는 직접 어음(수표)의 목적을 달성하기 위하여 인정된 권리와 이에 갈음할 권리를 말한다. 이러한 어음(수표)상의 권리로는 환어음의 인수인 또는 약속어음의 발행인에 대한 어음금액청구권, 전자에 대한 상환청구권, 어음(수표)보증인에 대한 권리, 채무를 이행한 보증인이 주채무자 및 그 전자에 대하여 가지는 권리, 참가인수인에 대한 지급청구권, 참가인수인이 환어음의 인수인 또는 약속어음의 발행인 또는 피참가인 및 그 전자에 대하여 가지는 권리 등이 이에 속한다.

Ⅱ. 어음(수표)법상의 권리

어음(수표)법상의 권리는 어음(수표)상의 권리와 구별되며, 이는 어음(수표)법상 인정된 권리이다. 이러한 권리로는 어음(수표)의 악의취득자에 대한 어음(수표)의 반환청구권·지급거절의 통지를 하지 않음으로써 생기는 손해배상청구권, 복본교부청구권, 이득상환청구권 등이 있다.

제2관 어음(수표)상의 권리의 취득

Ⅰ. 취득방법

어음(수표)상의 권리의 취득에는 승계취득과 원시취득이 있다. 승계취득의 방법으로는 어음(수표)의 양도방법에 의한 취득(예 배서, 지명채권의 양도방법, 교부 등)과 상속·합병·전부명령 등에 의한 취득이 있고, 원시취득의 방법으로는 어음(수표)의 발행, 선의취득 등이 있다. 어음(수표)의 발행 등 기타 사항에 대해서는 어음(수표)법 각론에서 설명하고 여기에서는 선의취득에 관한 내용만 다루도록 한다.

Ⅱ. 선의취득

1. 의 의

어음(수표)의 선의취득이란 어음(수표)의 취득자가 배서에 의하여 양도받은 경우에 그 배서가 무효일지라도 선의이고 중과실이 없는 때에는 어음(수표)의 권리를 원시취득하는 제도를 말한다. 즉, 연속된 배서의 피배서인으로부터 어음법 및 수표법이 규정하는 유통방법에 의하여 어음 또는 수표를 취득한 자는 악의 또는 중과실이 없는 이상, 무권리자로부터 취득한 경우에도 어음(수표)상의 권리를 취득하게 된다(어음법 제16조 제2항; 수표법 제21조).

민법상 동산의 선의취득과의 차이

민법에 의하면 동산의 점유가 선의이며 무과실이어야 하지만, 어음 및 수표에 있어서는 악의 또는 중과실이 없어야 한다. 그리고 민법은 도품(盜品)·유실물에 관하여 특칙을 두고 있으나(제250조, 제251조), 어음 및 수표에는 이러한 특칙이 없다.

2. 선의취득의 요건

(1) 유효한 어음일 것

어음이 유효한 것이어야 하므로 완전어음 또는 백지어음은 선의취득이 인정된다. 그러나 불완전어음·제권판결받은 어음 등 무효인 어음은 선의취득이 인정되지 않는다.

(2) 어음(수표)법적 유통방법에 의하여 취득하였을 것

어음(수표)취득자는 배서 또는 인도 등 어음(수표)법이 정하는 어음(수표)상의 권리의 양도방법에 의하여 어음(수표)을 취득하였어야 한다. 그러나 입질배서의 경우 선의취득이 인정되는 것은 질권이며 어음상의 권리가 아니다. 또한 기한후배서·추심위임배서의 경우 선의취득이 인정되지 않으며, 배서금지어음의 경우에도 선의취득이 인정되지 않는다.

(3) 형식적 자격이 있을 것

어음 및 수표의 취득자가 형식적 자격이 있어야 한다. 즉, 배서가 연속되어 있거나 또는 최후의 백지식 배서의 어음(수표)을 소지하고 있는 경우라야 한다.

(4) 무권리자로부터 취득하였을 것

선의취득이 인정되기 위해서는 취득자의 상대방(양도인)이 무권리자여야 한다. 무권리자의 범위에 대해서는 학설의 대립이 있으나, 판례는 무권리자뿐만 아니라 대표권의 흠결, 처분권이 없는 경우에도 선의취득이 인정된다고 한다.

(5) 취득자에게 악의 또는 중과실이 없을 것

어음(수표)의 선의취득이 인정되기 위해서는 취득자에게 악의 또는 중대한 과실이 없어야 한다. 여기서 「악의」란 양도인이 무권리자임을 알고 있음을 말하며, 「중대한 과실」이란 그것을 모르는 것에 대한 부주의의 정도가 현저한 것을 말한다. 이러한 악의 또는 중대한 과실은 어음(수표)의 취득 당시에 있으면 된다. 취득자의 악의 또는 중대한 과실은 어음(수표)의 반환을 청구하는 자가 입증하여야 한다.

(6) 취득자가 취득에 관하여 경제적 이익을 가질 것

선의취득이 인정되기 위해서는 취득자가 그 취득에 관하여 독자적인 경제적 이익을 가지는 경우라야 한다. 따라서 추심위임배서는 피배서인에게 독자적인 경제적 이익이 없으므로 선의취득이 인정되지 않는다.

3. 효 과

(1) 어음(수표)상의 권리의 취득

어음(수표)의 선의취득의 요건을 갖춘 어음(수표)취득자는 양도인이 무권리자

임에도 불구하고 어음(수표)상의 권리를 원시적으로 취득하여 누구에게도 어음(수표)을 반환할 의무가 없다(어음법 제16조 제2항).

(2) 어음(수표)항변과의 관계

선의취득자의 권리는 어음법 제17조 및 수표법 제22조의 인적 항변의 절단에 관한 규정에 의하여 보충되기는 하지만, 선의취득과 어음(수표)항변의 절단은 별개의 요건을 구비하여야 하는 것으로 구별된다. 따라서 항변권이 부착된 것은 알고 있었지만, 무권리자임을 알지 못하고 어음(수표)을 취득한 경우에는 그 취득자는 항변권이 붙어 있는 어음(수표)상의 권리를 선의취득한 것이 된다.

(3) 제권판결과의 관계

어음(수표)을 분실·도난당한 자가 공시최고절차를 거쳐 제권판결을 받은 경우에 어음(수표)의 선의취득자와 제권판결취득자 중 누가 실질적 권리자인지가 문제되는데, 이에 대해서는 제권판결자가 우선해야 한다는 견해와 선의취득자가 우선해야 한다는 견해로 나누어지고 있으나, 제권판결자가 우선한다는 것이 판례의 입장이다.

제3관 어음(수표)상의 권리의 행사(어음항변)

어음(수표)은 원래 금전지급수단으로서의 기능을 가지고 있으므로 그에 표창된 채권의 실행이 확실하고 또 유통성이 강하게 요청된다. 이러한 것을 어음(수표)엄정이라고 하고, 어음(수표)엄정은 어음에 특유한 간이·신속한 소송절차를 말하는 형식적 엄정과 어음(수표)채무의 추상성 또는 어음(수표)항변의 제한을 뜻하는 실질적 엄정이 있다.

Ⅰ. 의의 및 종류

1. 의 의

어음(수표)항변은 어음(수표)채무자로서 청구를 받은 자가 그 청구권에 대하여 주장할 수 있는 항변을 말한다. 어음(수표)항변은 어음(수표)채무자가 주장할 수 있는 것이므로 어음(수표)채무자가 아닌 환어음의 지급인·지급담당자, 수표의 지급은행이 소지인에게 형식적·실질적 자격이 없다는 이유로 또는 어음(수표)자금이 없다는 이유로 지급을 거절하는 것은 어음항변이 아니다.

2. 종 류

어음(수표)항변은 크게 물적 항변과 인적 항변으로 구분된다. 물적 항변사유는 모든 어음(수표)소지인에 대하여 대항할 수 있는 항변이므로 어음(수표)거래의 안전을 해치게 되며, 따라서 너무 넓게 인정하는 것은 바람직하지 못하다고 본다.

Ⅱ. 물적 항변

1. 물적 항변의 의의

물적 항변이란 어음(수표)채무자가 모든 어음(수표)소지인에 대하여 대항할 수 있는 항변을 말하며, 객관적 또는 절대적 항변이라고도 한다.

2. 물적 항변사유의 예

(1) 어음(수표)행위의 효력에 관한 항변

행위자의 무능력을 이유로 하는 무효·취소, 대리권의 흠결, 어음(수표)의 위조·변조, 제권판결에 의한 어음(수표)의 무효, 공탁 등의 항변이 이에 해당한다.

(2) 어음(수표)의 기재상의 항변

어음(수표)요건의 불비, 무익적 또는 유해적 기재사항, 어음만기일의 미도래, 어음(수표)금의 일부지급의 기재, 인수제시의 명령 또는 금지, 무담보배서, 환어음발행인의 인수무담보의 기재, 배서금지의 기재, 시효의 완성 등이 이에 해당한다.

Ⅲ. 인적 항변

1. 인적 항변의 의의

인적 항변이란 특정된 또는 모든 어음(수표)채무자가 특정된 어음(수표)소지인에 대하여서만 대항할 수 있는 항변으로 주관적 또는 상대적 항변이라고도 한다.

2. 인적 항변의 예

(1) 실질관계에 관한 항변

당사자간의 원인관계의 부존재·무효·취소·해제의 항변, 당사자간의 원인관계가 공서양속 기타 사회질서에 반하는 항변, 어음과 상환하지 아니한 지급·지급유예·면제·상계 등의 항변, 동시이행의 항변 등이 이에 속한다.

(2) 어음(수표)행위의 성립에 관한 항변

의사의 흠결 또는 의사표시의 하자(사기·강박·착오 등)에 관한 항변, 부당보충된 백지어음(수표)을 악의 또는 중대한 과실로 취득한 소지인에 대한 어음행위자의 부당보충의 항변, 대리인 내지 대표자의 권한남용 등의 항변 등이 이에 속한다.

(3) 무권리의 항변

특정 어음(수표)소지인의 권리를 부정하는 항변으로, 어음(수표)을 도취 또는 습득하였다는 항변, 소지인이 어음(수표)에 기재된 자와 동일한 자가 아니라는 항변 등이 이에 속한다.

(4) 융통어음의 항변

융통어음은 타인의 자금융통을 목적으로 자기의 신용을 이용시키는 방법으로 발행하는 어음을 말한다. 이러한 융통어음을 피융통자(수취인)가 소지하고 있는 동안에는 피융통자(수취인)가 어음지급청구를 하더라도 융통자(발행인)는 인적 항변으로 대항할 수 있다. 그러나 제3자가 어음을 취득하여 융통자(발행인)에게 어음지급청구를 하는 때에는 비록 제3자가 융통어음임을 알고 취득한 경우에도 융통자(발행인)는 융통어음임을 이유로 이를 거절할 수 없다. 다만, 피융통자(수취인)가 융통자(발행인)에게 교환어음을 교부한 경우에 그 교환어음이 지급거절된 사실을 알고 융통어음을 취득한 소지인에 대하여는 융통어음의 항변으로 대항할 수 있다(판례).

3. 인적 항변의 절단과 악의의 항변

(1) 인적 항변의 절단

① 의의: 인적 항변의 절단이란 어음(수표)에 의하여 청구를 받은 자는 발행인 또는 종전의 소지인에 대한 인적 관계로 인한 항변으로서 소지인에게 대항하지 못하는 것을 말한다(어음법 제17조 본문; 수표법 제22조 본문). 이러한 인

적 항변의 절단을 인정하는 것은 어음(수표)거래의 안전을 보호하기 위한 것이다.

② **요건:** 인적 항변의 절단이 인정되기 위해서는 어음(수표)이 본래의 유통방법(예 발행, 배서 또는 양도)에 의하여 유통되어야 하고, 피배서인이 취득한 권리에 관하여 고유한 경제적 이익이 있어야 한다. 기한후배서·추심위임배서에 의한 경우 인적 항변이 절단되지 않으며, 상속·합병·전부명령 등의 사유로 취득한 경우에도 인적 항변이 절단되지 않는다.

(2) 악의의 항변

① **의의:** 악의의 항변이란 어음(수표)소지인이 그 채무자를 해할 것을 알고 어음(수표)을 취득한 때에 어음(수표)채무자가 어음소지인에 대하여 가지는 항변을 말한다(어음법 제17조 단서; 수표법 제22조 단서).

② **내용:** 「채무자를 해할 것을 알고」라는 것은 자기가 그 어음(수표)을 취득함으로써 채무자가 항변을 주장하지 못하게 되는 것을 알면서 어음(수표)을 취득하는 것을 뜻한다. 악의의 항변은 악의, 즉 채무자를 해할 것을 알고 있는 경우에만 인정된다. 중과실로 인하여 알지 못한 경우에는 악의의 항변이 인정되지 않는다.

③ **악의와 인적 항변사유의 존재시기:** 악의는 어음(수표)을 취득한 때에 있어야 하며, 이에 대한 입증책임은 채무자가 부담한다(판례). 항변사유는 어음(수표)상의 권리행사시까지 존재하여야 한다.

④ **악의의 항변이 인정되지 않는 경우:** 인적 항변의 절단의 효력에 따라 어음(수표)항변이 있음을 모르고 어음(수표)을 선의로 취득한 자로부터 어음(수표)상의 권리를 승계취득한 자가 비록 악의인 경우에도 악의의 항변이 인정되지 않는다.

4. 제3자의 항변

제3자의 항변이란 다른 어음(수표)의 당사자의 항변사유를 자기를 위하여 원용하는 것을 말하며, 이러한 항변에는 전자의 항변과 후자의 항변이 있다. 예컨대 갑(甲)이 어음을 발행하여 을(乙)에게 교부하고 을(乙)이 같은 어음을 병(丙)에게 양도한 경우, 을(乙)이 갑·병 간의 인적 항변사유로써 병(丙)에게 대항할 수 있는 경우를 「전자의 항변」이라 하고, 을·병 간의 인적 항변사유로써 갑(甲)이 병(丙)에게 대항할 수 있는 경우를 「후자의 항변」이라고 한다. 이러한 제3자의 항변에 대해서는 어음법 또는 수표법에 명문규정이 없으나, 판례는 제3자의 항변을 인정하고 있다.

5. 이중무권(二重無權)의 항변

어음(수표)발행인과 수취인 간의 원인관계 및 수취인과 피배서인(소지인) 간의 원인관계가 모두 소멸되었을 경우, 어음(수표)소지인이 어음(수표)금청구를 한 경우에 발행인이 양쪽의 원인관계의 부존재를 이유로 이를 거절할 수 있는 항변을 이중무권의 항변이라 한다.

제4관 어음(수표)상의 권리의 소멸

Ⅰ. 소멸원인

1. 일반적 소멸원인

어음(수표)상의 권리도 채권이므로 일반채권소멸원인인 변제·대물변제·상계·경개(更改)·공탁 등으로 인하여 소멸한다. 그러나 어음(수표)행위의 특성상 혼동에 의해서는 소멸하지 않는다. 그리고 수표의 경우에는 주채무자가 없으므로 어음법 제42조와 같은 공탁을 인정하는 규정이 없다.

2. 어음(수표)상의 특유한 소멸원인

어음(수표)상의 권리에 특유한 소멸원인으로는 상환청구권보전절차의 흠결, 어음(수표)금액의 일부지급의 거절, 참가지급의 거절, 거절할 수 있는 참가인수의 승낙, 참가지급의 경합이 있는 경우 자기보다 우선하는 참가지급인이 있는 것을 알고 한 참가지급, 소멸시효 등이 있다.

Ⅱ. 어음(수표)상의 권리의 소멸시효

1. 시효기간 및 시기

(1) 어음의 경우

① **어음소지인의 주채무자에 대한 청구권**: 환어음의 인수인 또는 약속어음의 발행인에 대한 어음소지인의 어음상의 청구권은 만기의 날로부터 3년이 경과하면 소멸시효가 완성한다(어음법 제70조 제1항, 제78조 제1항). 주채무자의 보증인·참가인수인 및 무권대리인에 대한 어음소지인의 어음상의 권리의 소멸시효도 같다.

② **어음소지인의 상환의무자에 대한 상환청구권(소구권)**: 어음소지인의 상환의무자에 대한 상환청구권은 거절증서 작성일자로부터 1년, 거절증서 작성이 면제된 경우에는 만기의 날로부터 1년이 경과하면 소멸시효가 완성한다(어음법 제70조 제2항).

③ **상환자의 그 전자에 대한 상환청구권(재소구권)**: 상환자의 그 전자에 대한 상환청구권은 그가 어음을 환수한 날 또는 제소된 날로부터 6월이 경과하면 소멸시효가 완성한다(어음법 제70조 제3항). 여기서 제소된 날이란 소장(訴狀)이 송달된 날을 말한다.

(2) 수표의 경우

① **수표소지인의 지급보증인에 대한 청구권**: 수표소지인의 지급보증인에 대한 청구권은 지급제시기간 경과일로부터 1년이 경과하면 소멸시효가 완성한다(수표법 제58조).

② **수표소지인의 상환의무자에 대한 상환청구권(소구권)**: 수표소지인의 발행인·배서인 기타의 채무자와 같은 상환의무자에 대한 상환청구권은 지급제시기간 경과일로부터 6월이 경과하면 시효가 완성한다(수표법 제51조 제1항).

③ **상환자의 그 전자에 대한 상환청구권(재소구권)**: 상환자의 그 전자에 대한 상환청구권은 그가 수표를 환수한 날 또는 제소된 날로부터 6월이 경과하면 소멸시효가 완성한다.

(3) 확정판결의 경우

어음(수표)상의 권리가 확정판결에 의하여 확정된 경우에는 어음법 또는 수표법상 만기시효가 적용되지 않고 그와 관계없이 10년의 시효기간에 의하여 소멸시효가 완성한다(민법 제165조 제1항).

2. 소멸시효의 계산

시효기간의 산정에 있어서 만기의 날, 즉 초일은 산입하지 아니한다(어음법 제73조). 시효기간의 말일이 법정휴일인 경우에는 이에 이은 제1거래일까지 기간이 연장된다(어음법 제72조 제2항).

3. 시효의 중단

(1) 시효중단의 사유

시효중단사유로 어음(수표)의 경우에는 소송고지로 인한 시효중단에 관하여만 규정하고 있을 뿐(어음법 제80조; 수표법 제64조), 그 이외에는 민법의 규정에 의하게 된다. 따라서 어음(수표)상의 시효중단사유로는 민법상 청구, 압류·가압류·가처분, 승인 및 소송고지가 있다. 시효중단을 위한 청구에 있어서는 재판상의 청구에는 어음(수표) 제시가 필요 없다는 견해도 있으나, 그 청구가 재판상의 청구이든 재판외의 청구이든 어음(수표)의 제시를 요하지 않는다(통설).

(2) 시효중단의 효력

시효의 중단은 그 중단사유가 생긴 자에 대하여서만 효력이 생기며, 그 이외의 자에 대하여는 시효중단의 효력이 없다(어음법 제71조).

4. 각 시효 간의 관계

(1) 상환의무 등의 시효소멸이 주채무에 미치는 영향

상환의무자 또는 보증인에 대한 권리가 먼저 소멸하여도 주채무자에 대한 권리에 영향을 미치지 않는다.

(2) 주채무의 시효소멸이 상환의무 등에 미치는 영향

주채무가 시효소멸한 경우 상환청구권을 행사하기 위하여는 유효한 어음(수표)을 반환하여야 한다는 점에서 상환의무는 소멸한다는 것이 통설의 입장이다.

Ⅲ. 어음(수표)의 말소·훼손·상실

1. 어음(수표)의 말소

어음(수표)의 말소란 어음(수표)의 기명날인 또는 서명 기타 기재사항을 도말·첩부·삭제 기타의 방법에 의하여 제거하는 것이며, 그 방법에는 제한이 없다. 이러한 어음(수표)의 말소가 권한 없는 자에 의한 경우에는 변조가 되고, 일단 유효한 어음(수표)의 요건이 말소의 권한 없는 자에 의하여 말소가 되어도 그 어음(수표)상의 권리가 소멸하는 것은 아니다. 그러나 말소의 권한이 있는 자에 의하여 어음(수표)이 말소된 때에는 그 어음(수표)상의 권리는 변경 또는 소멸된다. 한편, 배서가 말소된 경우에는 그 배서의 연속에 관하여 배서를 하지 아니한 것으로 본다(어음법 제16조 제1항; 수표법 제19조).

2. 어음(수표)의 훼손

어음(수표)의 훼손은 절단이나 마멸 기타 방법에 의하여 어음(수표)의 일부의 물리적 손상을 가져오는 것을 말하며, 이에 대한 효과는 말소의 경우와 같다.

3. 어음(수표)의 상실

(1) 의 의

어음(수표)의 상실은 소실 등의 물리적 멸실뿐만 아니라 유실·도난 등으로 인하여 어음(수표)의 소재가 불분명하게 된 경우 또는 어음(수표)의 동일성을 잃은 정도의 말소·훼손 같은 것을 말한다. 어음(수표)이 상실된 경우 어음(수표)의 소지인은 당연히 그 권리를 상실하지 않지만, 어음(수표)증권을 상실함으로써 권리행사를 하지 못하게 되고, 상실된 어음(수표)을 선의취득한 자가 있을 때에는 어음(수표)상의 권리를 상실하게 될 염려가 있다.

따라서 이러한 어음(수표)의 소지인의 권리를 보호하기 위한 구제수단으로서 민사소송법 제475조 이하에서 공시최고에 의한 제권판결제도를 인정하고 있다.

(2) 제권판결의 효력

제권판결로 증권 자체는 무효가 되고, 제권판결이 실질적 권리를 창설해 주는 것은 아니나, 어음소지와 동일한 지위를 회복시켜 주는 효력이 있으므로 증권상실자는 증권채무자에 대하여 증권 없이도 권리를 행사할 수 있다(민사소송법 제497조).

Ⅳ. 이득상환청구권

1. 의의 및 법적 성질

이득상환청구권이란 어음(수표)에서 생긴 권리가 절차의 흠결로 인하여 소멸한 때나, 그 소멸시효가 완성한 때라도 소지인은 발행인·인수인(수표의 지급보증인)·배서인에 대하여 그가 받은 이익의 한도 내에서 상환을 청구할 수 있는 권리를 말한다(어음법 제79조; 수표법 제63조). 이러한 권리는 법이 특별히 인정한 청구권으로서 민법상 지명채권의 일종이라는 것이 판례·통설의 입장이다.

2. 청구권의 발생요건

(1) 어음(수표)상의 권리의 소멸

어음(수표)상의 권리가 보전절차의 흠결 또는 시효로 인하여 소멸하였어야 한다. 따라서 이 이외의 사유로 인하여 어음(수표)상의 권리가 소멸하여도 이득상환청구권은 생기지 않는다.

(2) 어음(수표)상의 권리의 유효한 존재

어음(수표)상의 권리가 유효하게 존재하고 있어야 한다. 따라서 불완전어음(수표)의 소지인이나 백지어음(수표)과 같은 미완성어음(수표)의 소지인은 이득상환청구권을 취득하지 못한다.

(3) 소지인의 구제수단의 부존재

소지인은 따로 구제수단을 가지지 못한 경우여야 한다. 이에 대해 어느 정도의 구제수단을 갖지 않아야 하는가에 대해서는 학설의 대립이 있으나, 판례는 민법상의 구제수단도 없는 경우라야 한다고 한다.

(4) 어음(수표)채무자의 이득

어음(수표)채무자가 이득을 한 경우라야 한다. 여기서 이득이라 함은 현실에 재산상의 이익을 받은 것을 말하며, 대가로써 적극적으로 금전을 취득한 경우이든 또는 소극적으로 기존채무를 면한 경우이든 불문한다.

3. 당사자

(1) 권리자

이득상환청구권을 가지는 자는 어음(수표)상의 권리가 절차의 흠결 또는 시효로 인하여 소멸한 당시의 소지인이다. 소지인인 이상, 최후의 배서에 의하여 어음(수표)을 취득한 자이든, 상환의무를 이행하고 어음(수표)을 환수한 소지인이든, 기한후배서에 의하여 어음(수표)을 양수한 자이든 관계없다. 배서의 연속이 없는 어음(수표)의 소지인도 실질적 권리를 증명하면 청구권자가 될 수 있다. 또 이러한 자로부터 상속, 합병, 일반채권양도, 전부명령에 의한 전부, 경매의 경락에 의한 이전 등의 방법으로 어음(수표)을 취득한 자도 정당한 소지인으로서 청구권을 갖는다. 공연한 추심위임배서의 경우 배서인이 이득상환청구권자이며, 숨은 추심위임배서의 경우 신탁배서설에 의하면 피배서인이 이득상환청구권을 갖는다.

(2) 의무자

이득상환의무자는 어음의 경우 발행인·인수인·배서인이고, 수표의 경우는 발행인·배서인·지급보증을 한 지급인이다. 보증인·참가인수인·지급인·지급담당자는 상환의무자가 아니다.

4. 이득상환의 내용

발행인·인수인 또는 지급보증인·배서인은 그가 「받은 이익」의 한도 내에서 이를 반환하여야 한다. 받은 이익이 현존하든 아니하든 불문한다. 여기서 받은 이익이란 어음(수표)채무자가 권리의 소멸에 의하여 어음(수표)상의 채무를 면하는 것 자체를 말하는 것이 아니라, 어음(수표) 수수의 원인관계 등 실질관계에 있어서 현실로 받은 재산상의 이익을 말한다(판례).

5. 이득상환청구권의 행사

(1) 이행장소

이득상환청구권은 어음(수표)상의 권리가 아니므로 어음(수표)면에 기재된 지급지 또는 지급장소를 그 이행지 또는 이행장소로 할 수 없으며, 채무자의 영업소 또는 소재지를 이행장소로 하여야 한다.

(2) 이득상환청구권의 소멸시효기간

이득상환청구권의 소멸시효기간에 관하여는 어음법과 수표법에 규정이 없으므로 학설이 대립하고 있다. 이득상환청구권의 소멸시효의 기산점은 어음(수표)상의 권리가 소멸한 날이 된다. 즉, 어음(수표)상의 권리가 시효소멸함으로써 이득상환청구권이 발생하는 경우에는 시효기간이 만료한 날의 다음날, 상환청구권보전절차의 흠결로 인하여 발생하는 경우에는 권리보전절차기간이 만료한 날(지급제시기간이 종료한 날)의 다음날이 된다.

(3) 입증책임

어음(수표)소지인이 권리발생의 요건의 전부와 채무자가 받은 이익의 한도를 증명하여야 한다. 그러나 은행이 발행한 자기앞수표의 경우에는 수표상의 권리의 소멸로 발행은행에 수표금 상당의 이득이 있는 것으로 추정되므로 수표소지인이 이익의 한도 등을 입증할 필요가 없다(판례).

(4) 채무자의 항변

채무자가 종전의 어음(수표)소지인에 대하여 주장할 수 있었던 어음(수표)상의 권리에 대한 항변권을 가졌던 경우에는 모두 이득상환청구권자에 대하여도 대항할 수 있다.

(5) 어음(수표)의 소지 문제

이득상환청구권의 행사에 증권의 소지를 요하는가에 대해서는 이득상환청구권의 성질과 관련하여 학설의 대립이 있으나, 지명채권설에 의하면 어음(수표)의 소지가 필요하지 않다.

6. 이득상환청구권의 양도·선의취득 등

(1) 양도방법

이득상환청구권의 양도방법에 관해서는 이득상환청구권을 지명채권으로 보는 통설·판례의 입장에서는 지명채권의 양도방법에 의하여야 한다. 그러므로 당사자간의 의사표시에 의하여 이득상환청구권을 양도한 경우 대항요건으로서 채무자에 대한 통지 또는 채무자의 승낙이 있어야 한다. 그리고 이득상환청구권의 양도에는 증권의 교부를 요하지 않는다. 그러나 잔존물설에 의하면 증권의 교부만으로 이득상환청구권을 양도할 수 있게 된다.

(2) 선의취득

이득상환청구권을 지명채권으로 보는 견해에서는 선의취득이 있을 수 없으나, 잔존물설에 의할 경우 선의취득이 인정된다.

(3) 담보이전

이득상환청구권을 지명채권으로 보는 견해에서는 이득상환청구권은 어음(수표)상의 권리와 전혀 별개의 것이므로 어음(수표)상의 담보 또는 보증은 당사자간의 특약이 없는 한 이득상환청구권을 담보하지 않는다고 하지만, 잔존물설에 의하면 이득상환청구권을 담보한다고 한다.

7. 수표의 이득상환청구권

(1) 권리자 및 의무자

이득상환청구권자는 수표상의 권리가 소멸할 당시의 정당한 수표소지인이어야 하므로, 수표의 지급제시기간 경과로 수표상의 권리가 소멸하였기 때문에 지급제시기간 경과 후에 수표를 취득한 자는 이득상환청구권을 행사할 수 없다(판례). 이득상환의무자는 발행인·배서인·지급보증인이다(수표법 제63조).

(2) 수표의 이득상환청구권의 발생시기

수표의 경우 지급제시기간이 경과하여도 지급위탁의 취소가 없는 한 지급인은 지급을 할 수 있으므로, 소지인은 제시기간 경과 후에도 지급위탁의 취소 또는 지급거절이 있을 때까지 이득상환청구권을 가지는가에 대해서는 학설의 대립이 있으나, 통설과 판례는 일단 제시기간 경과 후에는 이득상환청구권이 발생한다고 한다(해제조건설).

(3) 자기앞수표의 이득상환청구권

판례는 자기앞수표의 발행은행은 수표금액만큼 이득을 한 것으로 추정하고 있으므로, 자기앞수표의 소지인은 발행은행의 이득을 입증하지 않더라도 발행은행에 대하여 이득상환청구권을 행사할 수 있다고 한다. 그리고 자기앞수표에서 발생하는 이득상환청구권은 수표의 양도방법에 의하여 양도될 수 있다는 것이 판례의 입장이다. 다만, 수표상의 권리가 소멸할 당시에 정당한 소지인이 누구인지 불명한 경우에는 제시기간 경과 후에 자기앞수표를 양수하는 자는 지명채권의 양도방법에 따른 절차를 밟지 않는 한 이득상환청구권을 행사할 수 없다(판례). 한편, 은행발행의 자기앞수표는 수표의 양도방법에 의하여 양도하는 경우 이득상환청구권과 함께 은행에 대한 통지권능을 부여한 것으로 본다(판례).

제6절 어음(수표)의 실질관계

Ⅰ. 어음예약

어음예약이라 함은 어음행위를 하거나 또는 어음을 수수할 것을 목적으로 하는 어음 외의 계약을 말한다. 즉, 어음관계를 설정하는 것을 준비하는 계약을 어음예약이라 한다. 이러한 어음예약이 서면으로 될 때 이를 가어음이라 한다. 어음예약에서 정한 조건에 위반하여 발행된 어음도 완전히 유효하며, 이 위반은 당사자간의 인적 항변사유가 될 뿐이다.

Ⅱ. 원인관계

1. 의 의

어음(수표)수수의 원인이 되는 법률관계를 원인관계라 하며, 원인관계에서는 보통 대가가 수수되는 점에서 대가관계라고도 한다. 원인관계에는 매매, 증여, 채무의 추심위임, 보증, 채무의 담보, 채무의 변제, 어음개서, 어음할인 등이 있다.

2. 원인관계와 어음(수표)관계의 관계

(1) 원인관계와 어음(수표)관계의 분리

어음(수표)의 유효·무효 또는 어음(수표)상의 권리의 발생 유무는 원인관계의 존부나 유효·무효에 의하여 영향을 받지 않는다.

(2) 원인관계가 어음(수표)관계에 미치는 영향

① **인적 항변의 허용**: 원인관계를 고려한 어음(수표)관계상의 제도의 하나로 인적 항변이 있다. 즉, 원인관계에서 생기는 항변의 주장을 원인관계의 당사자

간에 한하여 허용한다.

② **상환청구권의 인정:** 어음(수표)소지인이 전자에 대하여 가지는 상환청구권은 어음(수표)의 수수에 따르는 원인관계를 바탕으로 한 담보책임이 어음(수표) 법화한 것이다.

③ **이득상환청구권의 인정:** 이득상환청구권은 어음(수표)의 원인관계를 고려하여 이로부터 발생하는 실질상의 불공평을 제거하기 위하여 어음(수표)소지인에게 인정된 권리이다.

(3) 어음(수표)관계가 원인관계에 미치는 영향

기존의 금전채무를 변제하는 수단으로 어음(수표)을 교부하는 경우로는「지급에 갈음하여」교부하거나,「지급을 위하여」또는「지급을 담보하기 위하여」교부하는 경우로 나눌 수 있다. 어떠한 변제의 수단으로 어음(수표)이 교부되는가에 따라서 기존채무는 그 영향을 받는다.

자기앞수표나 은행의 지급보증이 있는 당좌수표의 경우에는 지급이 확실하므로「지급에 갈음하여」교부된 것으로 보고, 일반당좌수표나 어음은 당사자간에 명시적 합의가 없는 한「지급을 위하여」또는「지급을 담보하기 위하여」교부한 것으로 추정한다(통설·판례).

「지급을 위하여」교부한 것으로 추정되는 경우란 어음상의 주채무자가 원인관계상의 채무자와 동일하지 아니한 때에는 제3자인 어음상의 주채무자에 의한 지급이 예정되고 있는 경우이다(판례). 즉, 제3자가 발행한 어음이나 수표에 배서·교부하는 경우에는「지급을 위하여」배서·교부한 것으로 추정된다.

「담보를 위하여」어음(수표)을 수수 또는 인수한 경우로 추정되는 경우란 원인관계상의 채무자가 직접 어음(수표)을 발행하여 채권자에게 교부하는 경우를 말한다.

① **기존채무의「지급에 갈음하여」어음(수표)을 수수 또는 인수한 경우:**「지급에 갈음하여」어음(수표)을 수수한 경우는 어음(수표)의 수수 또는 인수와 동시에 기존채무는 소멸하고, 어음(수표)채무가 이를 대신한다. 즉, 이 경우는 대물변제로 볼 수 있다. 따라서 특약이 없는 한 기존채무에 부착하였던 질권이나 저당권 등은 그 효력을 잃게 된다.

② **기존채무의「지급을 위하여」(지급의 방법으로) 어음(수표)을 수수 또는 인수한 경우:**「지

급을 위하여」 어음(수표)을 수수한 경우는 기존채무는 소멸하지 않고 어음(수표)채무와 양립하게 된다. 채권자는 먼저 어음(수표)에 의하여 채권의 만족을 얻도록 하고, 이로써 변제받지 못하게 되었을 때 기존채권을 행사한다. 따라서 어음(수표)의 채무가 어음금의 지급·상계 등으로 소멸하면 그때 비로소 원인채무도 소멸한다(판례). 채권자는 어음(수표)에 의하여 채권의 만족을 얻지 못한 때에는, 즉 지급거절이 된 때에는 상환청구권보전절차를 밟아야 하지만 상환청구권을 행사할 필요까지는 없이 원인채권을 행사할 수 있다(판례).

③ **기존채무의 「담보를 위하여」 어음(수표)을 수수 또는 인수한 경우:** 「지급의 담보를 위하여」 어음(수표)을 수수한 경우 기존채권과 어음(수표)채권이 병존하게 되고, 이 가운데 어느 권리에 의하여 채권의 만족을 얻을 것인가 하는 것은 채권자의 자유이다. 이때 원인채권을 먼저 행사하는 경우에는 원인채권을 어음(수표)과 상환하여서만 행사할 수 있다. 따라서 채권자가 원인채권을 먼저 행사하는 경우에 채권자가 어음(수표)을 반환하지 않는 때에는 채무자는 동시이행의 항변권을 행사할 수 있다(판례). 기존채무의 「담보를 위하여」 어음(수표)을 수수한 경우, 어음(수표)상 권리행사는 원인채권의 시효중단의 효력을 가져오지만 원인채권의 행사가 어음(수표)채권의 시효중단을 가져오지는 않는다(판례).

【판례】 대법원 2010.7.29.선고 2009다69692판결

기존의 원인채권과 어음채권이 병존하는 경우에 채권자가 원인채권을 행사함에 있어서 채무자는 원칙적으로 어음과 상환으로 지급하겠다고 하는 항변으로 채권자에게 대항할 수 있다. 그러나 채무자가 어음의 반환이 없음을 이유로 원인채무의 변제를 거절할 수 있는 것은 채무자로 하여금 무조건적인 원인채무의 이행으로 인한 이중지급의 위험을 면하게 하려는 데 그 목적이 있고, 기존의 원인채권에 터잡은 이행청구권과 상대방의 어음반환청구권 사이에 민법 제536조에 정하는 쌍무계약상의 채권채무관계나 그와 유사한 대가관계가 있기 때문은 아니다. 따라서 어음상 권리가 시효완성으로 소멸하여 채무자에게 이중지급의 위험이 없고 채무자가 다른 어음상 채무자에 대하여 권리를 행사할 수도 없는 경우에는 채권자의 원인채권 행사에 대하여 채무자에게 어음상환의 동시이행항변을 인정할 필요가 없으므로 결국 채무자의 동시이행항변권은 부인된다.

3. 어음개서

(1) 의 의

어음의 개서라 함은 기존어음채무에 관하여 새어음을 발행하는 것을 말하며, 통상 기존어음의 만기를 연기할 목적으로 하는 경우가 많다.

(2) 효 과

① **구어음이 회수되지 않은 경우**: 신·구어음상의 채권은 병존하게 된다. 신어음에 의하여 권리를 행사하는 경우 구어음에 대한 항변으로 대항할 수 있다. 또한 구어음에 대한 물적 담보(저당권 등)나 인적 담보(보증 등)는 신어음에 이전되지 않는다(판례).

② **구어음이 회수된 경우**: 구어음상의 권리는 신어음에 동일성을 유지하면서 존속한다(판례). 명백한 반대의 특약이 없는 한 구어음채무에 대한 어음의 물적 담보(저당권 등)나 인적 담보(보증 등)는 구어음채무의 목적의 한도 내에서 개서어음채무(선어음채무)를 위하여 존속한다(판례).

4. 어음할인

(1) 의 의

어음할인이란 할인의뢰인이 만기 미도래의 어음을 상대방에게 배서양도하고, 양수인이 어음금액에서 만기일까지의 이자 기타 비용, 즉 할인료를 공제한 금액을 할인의뢰인에게 지급하는 거래를 말한다.

(2) 할인어음의 환매청구권

할인어음이 지급거절되거나 할인의뢰인, 어음상의 주채무자의 자력이 부실하여 기한의 이익을 상실하는 사유가 발생한 경우에 할인은행이 할인의뢰인에 대하여 그 어음의 환매청구를 할 수 있는 권리를 할인어음의 환매청구권이라 한다.

5. 어음대부

어음대부란 은행에 대하여 어음을 교부하고 만기까지의 이자를 공제한 금액을 은행으로부터 대부받는 거래를 말한다.

Ⅲ. 자금관계

1. 의 의

자금관계는 환어음의 지급인과 발행인 사이의 실질관계 또는 수표의 발행인과 지급인 간의 실질관계를 말한다. 따라서 약속어음이나 자기앞수표에는 자금관계가 존재할 여지가 없다.

2. 환어음의 자금관계

어음관계는 자금관계의 유무나 내용에 의하여 아무런 영향을 받지 않는다. 어음관계의 직접 당사자간의 인적 항변의 허용, 발행인이 인수인에 대하여 갖는 지급청구권, 이득상환청구권 등은 자금관계를 어음관계에 반영한 것이다.

3. 수표의 자금관계

수표의 자금관계에도 환어음의 자금관계는 공통되지만, 구별되는 점도 있다. 즉, 수표의 자금관계는 수표법 제3조에서 명문의 규정을 두고 있다. 따라서 수표의 발행인은 수표를 제시한 때에 처분할 수 있는 자금이 있는 은행을 지급인으로 하고 이 지급인과 당좌계정거래계약을 체결해야 한다. 이러한 당좌계정거래계약은 당좌예금계약 또는 당좌대월계약, 수표계약, 상호계산계약으로 되어 있다. 그러나 수표의 경우 자금관계에 위반하여 발행된 수표도 유효하다. 다만, 발행인이 과태료의 제재를 받을 뿐이다.

Ⅳ. 하환어음

하환(荷換)어음이라 함은 격지자간의 매매에서 물건의 매도인이 매수인을 지급인으로 하여 발행한 환어음으로서, 운송 중의 물건에 의하여 그 지급 또는 인수가 담보되어 있는 어음을 말한다. 하환어음에 어음금의 지급을 담보하기 위하여 선하증권 또는 화물상환증이 첨부되어 있다. 하환어음은 어음발행의 자금관계가 물건의 매매이며, 어음이용의 범위가 당사자간 및 은행에 한정되어 있을 뿐이며, 법률상 성질은 보통의 환어음과 같다.

Chapter COMMERCIAL LAW

03 환어음

제1절 발 행

Ⅰ. 총 설

1. 발행의 의의

어음의 발행이란 어음이라는 유가증권을 작성하여 수취인에게 교부하는 것을 말한다. 어음의 작성이란 필요적 기재사항을 기재하고 발행인이 기명날인 또는 서명하는 것을 말한다(어음법 제1조).

2. 어음발행의 일반적 사항

(1) 어음증권의 재료·기재방법 등

어음요건사항을 기재할 증권의 재료, 기재방법과 그 재료, 기재시기의 전후 등에 관하여는 법률상 아무런 제한이 없다. 또한 기재 용어와 문자도 자유이다.

(2) 인지의 첩부

인지세법은 어음에 인지의 첩부를 요구하고 있으나, 이것은 어음요건이 아니며 인지가 첩부되지 않은 어음도 유효하다.

(3) 사실과 일치하지 않는 어음기재

어음증권상의 기재가 어음요건을 갖춘 때에는 그것이 사실과 반하는 경우에도 어음의 내용은 증권상의 기재에 따라서 결정된다. 따라서 기재는 객관적 진실과 일치할 필요는 없고 형식적으로 존재하면 된다.

(4) 보충지[보전(補箋)]에 한 발행행위

어음발행행위를 어음용지에 결합된 보충지(보전)에 한 경우 유효한가에 대해서는 학설의 대립이 있으나, 무효라는 견해가 다수설이다.

Ⅱ. 어음의 기재사항

환어음의 기재사항은 발행시에 반드시 기재하여야 어음으로서 성립하는 사항(필요적 기재사항), 어음에 기재함으로써 이에 상응하는 어음상의 효력이 발생하는 사항(유익적 기재사항), 어음에 기재하여도 아무런 어음상의 효력이 발생하지 않는 사항(무익적 기재사항), 어음에 기재하면 어음 자체를 무효로 하는 사항(유해적 기재사항)이 있다.

1. 필요적 기재사항

(1) 환어음문구

환어음에는 어음증권의 본문 중에 그 증권의 작성에 사용하는 국어로 환어음임을 표시하는 문자를 기재하여야 한다(어음법 제1조 1호). 환어음문구는 어음증권의 본문 자체 가운데 또는 문장 중에 기재하여야 한다.

(2) 일정금액의 무조건의 지급위탁

환어음에는 조건 없이 일정한 금액을 지급할 것을 위탁하는 뜻을 기재하여야 한다(어음법 제1조 2호).

① **금액의 기재:** 환어음은 금전채권을 표창하는 유가증권이므로 금전 이외에 물건의 지급을 목적으로 하는 환어음은 무효이다. 또한 어음금액은 일정하여야 하므로 「일백만원 또는 오십만원」이라는 선택적 기재, 「일백만원 이상 또는 이하」라는 등의 최고액 또는 최저액을 기재하는 것, 또는 「미화 일백달러에 해당하는 한화」라는 부동적(浮動的) 기재는 부적법하다. 따라서 이러한 어음은 무효이다. 어음금액은 일정한 금액을 표시하면 되고 반드시 내국통화로써 표시할 필요는 없고 외국통화로 표시하여도 무방하다. 어음의 변

조를 방지할 목적으로 금액을 중복기재하는 경우 그 금액이 일치하지 아니할 때에는 글자와 숫자 사이에는 글자로 기재한 금액을 어음금액으로 하고, 글자와 글자 또는 숫자와 숫자의 중복기재가 있는 경우에 그 금액의 차이가 있는 때에는 최소금액을 어음금액으로 한다(어음법 제6조).

② **조건 없는 지급위탁**: 어음금액의 지급위탁은 무조건이어야 하므로, 지급에 조건을 붙이거나(예 상품수령과 동시에 지급함), 지급금액을 한정하는 경우(예 지급인의 보관 중에 있는 갑회사의 예금 중에서 지급함), 지급방법을 한정하는 경우(예 만원권으로 지급함)에는 어음이 무효가 된다.

(3) 지급인의 명칭

① **의의**: 환어음은 지급위탁증권이므로 발행인 이외에 지급인이 있어야 하며(어음법 제1조 3호), 이 점에서 약속어음과 상이하다. 지급인은 실재인이 아니라도 무방하며, 이 경우 어음소지인은 지급인으로부터 인수 또는 지급을 받을 수 없으므로 발행인이나 배서인에게 상환청구권을 행사할 수밖에 없다.

② **표시방법**: 지급인의 표시방법으로는 그 성명·상호를 기재하는 것이 보통이지만, 지급인의 동일성을 인식할 수 있는 이상 어떠한 명칭이라도 무방하다. 그리고 통칭·아호·예명·별명 등의 기재도 관계없다. 회사 기타 법인을 지급인으로 기재하는 경우에는 그 상호 또는 명칭만을 기재하면 되고 대표기관을 표시할 필요는 없다.

③ **복수기재**: 지급인의 기재는 「지급인 갑·을」이라고 기재하는 중첩적 기재는 인정된다. 이 때에는 지급인 전원이 지급을 거절하여야 지급거절에 따른 상환청구권을 행사할 수 있으며, 인수거절로 인한 만기 전의 상환청구권은 지급인 중의 1인만이 인수를 거절하여도 가능하다. 지급인의 기재를 「제1지급인 갑, 제2지급인 을」이라고 기재한 경우에 대해 갑을 「지급인」, 을을 「예비지급인」으로 보아 유효하다는 것이 통설의 입장이다.

④ **당사자자격의 겸병**: 환어음에는 발행인·지급인·수취인의 3당사자가 필요하지만, 이 경우 당사자자격의 두 개를 동일인이 겸병할 수 있는 것을 인정하고 있다. 환어음의 발행인이 자신을 지급인으로 하는 경우 자기앞환어음이 되고, 발행인과 수취인이 동일인인 경우 자기지시환어음이 된다(어음법 제3조 제1항·제2항).

(4) 만기의 표시

① **의의:** 만기는 어음의 필요적 기재사항으로(어음법 제1조 4호), 어음금액이 지급될 날로서 어음면에 기재한 날을 말한다. 만기는 일정하여야 하며, 분할출급어음 또는 각 지급인의 상이한 만기를 정하는 것은 인정되지 아니하며, 만기는 확정된 날 또는 확정될 수 있는 날이어야 한다.

구별 개념

만기는 일반적으로 지급기일이라 한다. 만기와 「지급할 날」 또는 「지급의 날」과는 다른 개념이다. 「지급할 날」은 보통 만기와 일치하지만 만기와 법정휴일일 때에는 그에 이은 제1거래일이 지급을 할 날이 되므로 양자는 구별된다. 또한 「지급의 날」은 현실적으로 지급이 행하여진 날이므로 만기와 구별된다.

② **종류:** 어음법 제33조 제1항에서 일람출급·일람후정기출급·발행일자후정기출급·확정일출급의 네 가지 만기만을 인정하고 있다. 따라서 이 이외의 만기는 무효로 한다(어음법 제33조 제2항).

㉠ 일람출급: 일람출급이란 언제든지 지급제시할 수 있고 그 제시한 날이 만기가 되는 것으로, 이러한 어음을 일람출급어음이라 한다. 일람출급의 어음은 원칙적으로 발행일자로부터 1년 내에 지급을 받기 위하여 제시하여야 한다(어음법 제34조 제1항). 이러한 제시기간은 발행인에 의해 단축 또는 연장될 수 있고, 배서인에 의해 단축될 수 있다. 발행인이 제시기간을 정한 때에는 모든 어음관계자에 대하여 그 효력이 있고, 배서인이 정한 기간은 그 배서인만이 이를 원용할 수 있다(어음법 제53조 제3항).

㉡ 일람후정기출급: 일람후정기출급이란 일람 후 일정한 기간을 경과한 날을 만기로 하는 것으로, 이러한 어음을 일람후정기출급어음이라 한다. 여기서 일람이란 인수를 위한 제시를 할 날을 의미한다(어음법 제22조 제1항·제2항 단서 참조). 인수를 위한 일람은 발행일자로부터 1년 내이며, 이 기간을 발행인은 연장 또는 단축할 수 있고, 배서인도 단축할 수 있다(어음법 제23조).

 일람후정기출급어음에 있어서 만기를 정하는 기간의 초일

① 일자 있는 인수를 한 때에는 그 일자가 되고,
② 인수를 하지 않은 때에는 거절증서가 작성되는 때에는 인수거절증서일자, 거절증서작성이 면제된 경우에는 인수제시기간의 말일,
③ 인수가 있어도 그 일자가 없는 때에는 인수일자기입거절증서의 일자,
④ 거절증서 작성이 면제되어 있는 경우에는 인수가 되고 인수일자가 기입되어 있지 않은 경우에는 인수를 위한 제시기간의 말일이 그 기간의 초일이 된다(어음법 제25조 제2항, 제35조).

 일람후정기출급어음에 있어서 만기를 정하는 기간의 말일

① 일람 후 며칠로써 만기로 하는 경우에는 초일, 즉 일람일은 산입하지 않고(어음법 제73조), 그 익일을 기간일로 계산한다.
② 주로써 기간이 정하여져 있는 경우에는 초일에 대응하는 제 몇 주째의 그 날이 만기가 된다.
③ 기간이 1월 또는 수월(數月)로써 정해진 경우에는 지급을 할 달의 대응일로써 만기로 하고, 대응일이 없는 경우에는 그 달의 말일을 만기로 한다(어음법 제36조 제1항).
④ 기간이 1개월 반 또는 수개월 반으로 되어 있는 경우에는 먼저 1개월 또는 수개월 전월(全月)을 계산하고 이것에 반개월, 즉 15일을 가산하여 만기를 계산한다(어음법 제36조 제2항·제5항).
⑤ 기간이 일람 후 1년 또는 수년으로 되어 있는 경우에는 1년 또는 수년이 경과한 후의 지급할 해의 초일에 대응하는 날을 만기로 한다.

ⓒ 발행일자후정기출급: 발행일자후정기출급이란 발행일자로부터 일정한 기간 후를 만기로 하는 경우이며, 이러한 어음을 발행일자후정기출급어음이라 한다. 이 어음의 경우 발행일자 후의 기간의 계산에 있어서는 초일을 산입하지 않으며, 일람후정기출급어음의 만기일의 계산방법과 동일하게 만기를 계산한다.

㉣ 확정일출급: 확정일출급이란 확정일을 만기로 하는 것이며, 이러한 어음을 확정일출급어음이라 한다. 확정일의 기재에 있어서는 통상 만기일을 연월일로 정하는 것이 보통이지만, 연월일의 기재에 있어서 연호를 추찰할 수 있는 경우에는 연호(年號)를 기재하지 않은 경우에도 유효한 어음이라 볼 수 있다. 발행지와 세력을 달리하는 지(地)에서 확정일에 지급할 환어음의 만기의 날은 어음상의 문언 기타의 기재에 의하여 다른 의사를 알 수 있는 때가 아니면 지급지의 세력에 의하여 정한 것으로 본다(어음법 제37조 제1항·제4항).

③ **만기의 보충**: 만기는 필요적 기재사항이므로 기재하여야 하지만, 어음법은 만기의 기재가 없는 경우 일람출급의 환어음으로 본다(제2조 1호). 이에 대해 판례·통설은 만기의 기재가 없는 경우 백지어음과 구별이 어렵기 때문에 백지어음으로 추정하는 것이 타당하다고 한다.

(5) 지급지

① **의의**: 지급지는 필요적 기재사항으로서(어음법 제1조 5호) 어음금액이 지급될 일정한 지역을 말하며, 지급지 내에서 지급될 장소를 가리키는 지급장소와 구별하여야 한다(어음법 제27조 제2항). 지급지 외의 장소를 지급장소로 기재한 경우에도 지급장소는 어음요건이 아니므로 어음이 무효가 되는 것은 아니며, 지급장소의 기재 없는 어음으로 인정된다.

② **기재방법**: 지급지를 필요적 기재사항으로 한 것은 어음상의 행위를 할 장소를 확정하기 위한 수단을 제공하게 하려는 데 그 취지가 있으므로, 지급지는 최소의 독립행정구역단위뿐만 아니라 사회관념상 이에 해당하는 지역(예 서울특별시)이라도 무방하게 인정된다. 그러나 실재하지 않은 지역 또는 지나치게 광범위한 지역(예 경기도, 전라도, 경상도)을 지급지로 기재한 경우에는 어음상의 권리의 행사 자체가 실질적으로 불가능하다.

③ **지급지의 단일성**: 지급지는 단일적으로 확정될 수 있는 것이라야 한다. 따라서 선택적 기재 또는 중첩적 기재는 인정되지 않는다. 지급지의 기재가 없는 때에는 지급인의 명칭에 부기한 지를 지급지로 보고 동시에 이것을 지급인의 주소지로 보게 된다(어음법 제2조 2호).

④ **어음소송의 특별재판적**: 어음소송의 경우, 어음소지인은 어음채무자의 주소지

의 법원에 제소할 수 있지만 지급지의 법원에 특별재판적이 인정되므로 지급지의 법원에 제소할 수 있다(민사소송법 제9조).

(6) 수취인

① **의의**: 수취인이라 함은 어음에 지급을 받을 자로 기재된 자이다. 어음법에는 「지급을 받을 자 또는 지급을 받을 자를 지시할 자의 명칭」이라고 규정하고 있다(어음법 제1조 6호). 발행인이 지급을 받을 자의 명칭을 기재한 어음을 기명식어음이라 하고, 지급을 받을 자를 지시할 자의 명칭을 기재한 어음을 지시식어음이라 한다. 어음은 지시식으로 발행된 경우뿐만 아니라 기명식으로 발행된 경우에도 배서에 의하여 양도할 수 있다(어음법 제11조 제1항).

② **표시방법**: 수취인은 특정할 수 있는 명칭이면 되고, 수취인의 표시는 반드시 자연인의 성명에 한하는 것은 아니며, 상호에 의한 표시·명칭 또는 상호에 의한 표시도 무방하다. 회사 기타 법인의 경우에는 그 상호 또는 명칭만을 기재하면 되고 대표자의 표시는 필요치 않다. 또 조합이 어음수취인으로서 조합명의가 표시된 경우에는 그 실질상의 권리자인 총조합원을 표시한 것이 되어 어음요건을 갖춘 것으로 본다.

③ **수취인의 복수기재, 자격겸병**: 수인의 명칭을 수취인으로서 기재하는 것도 유효하다. 또한 당사자의 자격겸병도 가능하다.

(7) 발행일·발행지

발행일과 발행지의 표시를 환어음의 필요적 기재사항으로 하고 있다(어음법 제1조 7호).

① **발행일**: 발행일이란 그 날에 어음이 발행된 것으로 어음면에 기재된 일자를 의미하며, 실제 어음이 발행된 일자를 뜻하는 것이 아니며, 선일자 또는 후일자 어음도 가능하다. 발행일자의 기재는 정확하게 가능한 날이어야 하며, 단일적이어야 한다.

② **발행지**: 발행지는 어음을 발행한 지(地)로서 어음면에 기재된 지역을 말하며, 실제에 어음이 발행된 지와 달라도 무방하다. 발행지는 지급지와 달리 최소행정구역을 기재하지 않아도 된다. 발행지의 기재가 없는 때에는 발행인의 명칭에 부기한 지로써 보충된다(어음법 제2조 3호). 국내에서 발행하여 국내에서 지급하는 어음(수표)의 경우에는 발행지의 기재가 없더라도 어음(수표)은 유

효하고, 그 어음(수표)으로 어음(수표)상의 권리를 행사할 수 있다(판례).

(8) 발행인의 기명날인 또는 서명

발행인의 기명날인 또는 서명도 어음요건으로서(어음법 제1조 8호), 기재가 없으면 어음은 무효가 된다. 발행인의 기명날인 또는 서명은 어음 자체에 하여야 하고 보충지 또는 등본에는 할 수 없다. 어음의 발행인은 1인인 경우가 보통이지만 수인인 경우도 있다. 이 경우 발행인 각자가 발행인임을 표시하고 어음면에 각각 기명날인 또는 서명하여야 하나, 1인의 대리인에게 위임하여 어음을 발행하게 할 수도 있다. 공동발행인의 경우 모두 각자가 어음금액을 지급할 의무(합동책임)를 부담한다(어음법 제47조 제1항).

2. 유익적 기재사항

(1) 어음법에 규정된 유익적 기재사항

환어음의 유익적 기재사항으로는 지급인의 명칭에 부기한 지(어음법 제2조 제3항), 발행인의 명칭에 부기한 지(어음법 제2조 제4항), 제3자방지급의 기재(어음법 제4조, 제27조), 일람출급 또는 일람후정기출급의 환어음에 있어서의 이자문언·이율 또는 이자의 기산일의 기재(어음법 제5조), 인수무담보문언(어음법 제9조 제2항), 배서금지문언(어음법 제11조 제2항), 인수제시의 명령 또는 금지(어음법 제22조 제1항 내지 제3항), 인수제시기간의 단축 또는 연장(어음법 제23조 제2항), 지급제시기간의 단축 또는 연장(어음법 제34조 제1항), 일정기일 전의 지급제시금지문언(어음법 제34조 제2항), 준거할 세력(歲曆)의 지정(어음법 제37조 제4항), 외국통화환산율의 지정(어음법 제41조 제2항), 외국통화현실지급문언(어음법 제41조 제3항), 거절증서작성면제문언(어음법 제46조), 역어음발행금지문언(어음법 제52조 제1항), 예비지급인의 지정(어음법 제55조 제1항), 복본의 번호(어음법 제64조 제2항), 복본불발행문언(어음법 제64조 제3항) 등이 있다.

(2) 제3자방지급문언의 기재

① **의의**: 제3자방지급문언의 기재란 지급담당자와 지급장소의 기재를 일괄한 것이다. 환어음은 지급인의 주소지에 있거나 다른 지에 있거나를 묻지 아니하고, 제3자방에서 지급할 것으로 할 수 있다(어음법 제4조).

② **기재권자**: 제3자방지급문언의 기재를 할 수 있는 자는 발행인이다. 다만 발행

인이 아직 이 기재를 하지 않고 있는 경우와 지급인의 주소를 지급장소로 지정하고 있는 경우에 한하여 지급인이 인수를 함에 있어서 이를 기재할 수 있다. 기재권자가 아닌 자가 제3자방문언을 기재한 경우에는 변조가 된다.

③ **기재의 효력**: 지급담당자가 기재되어 있는 경우 지급을 위한 제시는 이 자의 주소에서 지급담당자에게 하여야 한다. 지급담당자는 지급을 하여도 어음상의 권리를 취득하는 것은 아니다. 지급장소만을 기재한 경우에는 그 곳에서 지급인 자신이 지급하는 뜻으로 보아야 한다. 지급제시기간 경과 후의 제3자방문언의 기재는 의미가 없다.

(3) 이자문언의 기재

일람출급 또는 일람후정기출급의 환어음에 있어서는 이자약정의 문언을 기재할 수 있고, 이때 어음에는 이율도 함께 기재하여야 한다(어음법 제5조 제1항·제2항). 따라서 이율의 기재가 없는 이자약정의 문언은 무익적 기재사항에 해당하게 된다. 한편, 이자계산의 기산일에 관하여 기재가 있는 때에는 그 문언에 따르고, 기재가 없는 때에는 발행일로부터 기산하다(어음법 제5조 제3항).

3. 무익적 기재사항

어음법에 기재되어 있는 무익적 기재사항은 위탁어음문언(어음법 제3조 제3항), 일람출급 또는 일람후정기출급의 환어음에 있어서의 이율의 기재가 없는 이자의 약정(어음법 제5조 제2항 후단), 일람출급 또는 일람후정기출급의 환어음 이외의 환어음에 있어서의 이자의 약정(어음법 제5조 제1항 후단), 환어음발행인의 지급무담보문언(어음법 제9조 제2항 후단), 지시문언(어음법 제11조 제1항), 상환(相換)문언(어음법 제39조 제1항), 파훼(破毁)문언(어음법 제65조 제1항) 등이 있다. 그리고 어음법에 규정은 되어 있지 않지만 무익적 기재사항인 것으로는 대가문언, 자금문언, 통지문언, 제시문언, 환수문언, 번호, 위약금문언, 어음개서의 특약, 관할법원의 합의, 담보부문언 등이 있다.

4. 유해적 기재사항

어음법에 규정되어 있는 유해적 기재사항으로는 법정만기 이외의 다른 만기를 정한 경우나 분할출급의 기재의 경우가 있고, 이러한 기재는 어음을 무효로 만든다(어음법 제33조 제2항). 어음법에 규정되어 있지 않지만 어음의 본질에 반하는 사항

(예 어음채권을 원인관계상의 것으로 하는 기재, 어음의 지급방법을 한정하거나 지급에 조건을 붙이는 기재 등)은 어음을 무효로 만든다.

Ⅲ. 발행의 효과

1. 본질적 효력

수취인은 자기의 명의와 발행인의 계산으로 어음금액을 수령할 권한을 취득하고, 또 지급인은 자기의 명의와 발행인의 계산으로 지급할 수 있는 권한을 취득한다. 지급인은 인수한 경우에 한하여 주채무자의 지위에 서게 되어, 어음금을 지급할 의무를 부담할 최종의무자가 된다.

2. 부수적 효력

발행인은 어음을 발행함으로써 그 어음의 인수와 지급을 담보하게 되어, 인수 또는 지급이 없는 때에는 스스로 지급할 의무를 부담한다(어음법 제9조 제1항). 이러한 발행인의 의무는 어음유통을 보호하기 위해 특별히 어음법이 인정한 법적 의무이다. 발행인은 인수 및 지급담보책임 이외에 어음법상의 의무로써 복본교부의무·이익상환의무를 부담한다.

3. 지급위탁의 취소(철회)

수표의 경우 「지급위탁의 취소는 지급제시기간 경과 전에는 이를 할 수 없다」고 규정하고(수표법 제32조 제1항) 있는 것과는 달리, 환어음의 발행인과 지급인의 관계는 자금관계로서 어음 외의 민사법적 법률관계이므로 발행인은 지급인이 지급할 때까지는 언제든지 어음 외의 의사표시로 그 지급위탁을 철회할 수 있다.

Ⅳ. 백지어음

1. 의의 및 경제적 기능

(1) 의 의

백지(白地)어음이란 어음행위자가 후일 어음소지인으로 하여금 어음요건의 전부 또는 일부를 보충시킬 의사로써 고의로 이를 기재하지 않고 어음이 될 서면에 기명날인 또는 서명하여 어음행위를 한 미완성어음을 말한다.

(2) 경제적 기능

어음행위를 하는 자는 원인관계상의 채무액(어음금액), 지급기일(만기) 또는 수취인 등이 어음교부시에 확정되지 않아 이를 후일 어음소지인에게 보충시킬 의사로써 일부러 이러한 어음요건을 기재하지 않고 백지(白地) 상태로 하여 어음에 기명날인 또는 서명하여 유통시킬 경제상 필요에서 각국의 학설과 판례에 의하여 상관습법으로 인정되었고, 이후 제네바 통일어음법에 따라 우리 어음법 제10조도 이에 따라 규정을 두었다.

2. 요 건

(1) 어음요건의 전부 또는 일부의 흠결

어음요건의 전부란 기명날인 또는 서명을 제외한 어음금액·지급지·수취인·만기 등의 어음요건 전부를 의미하며, 어음요건의 일부란 어떠한 어음요건이라도 무방하다. 만기란이 공백으로 되어 있는 경우 어음법은 일람출급어음으로 보고 있으나(제2조 제2항), 학설과 판례는 백지어음으로 보고 있다. 백지어음은 어음행위의 종류에 따라 백지발행, 백지인수, 백지배서, 백지보증 등이 있는 경우 성립한다.

(2) 백지어음행위자의 기명날인 또는 서명의 존재

백지어음에는 적어도 1개의 백지어음행위자의 기명날인 또는 서명이 있어야 한다. 즉, 기명날인 또는 서명은 반드시 발행인의 기명날인 또는 서명에 한하는 것이 아니고, 인수인·배서인·보증인 등의 기명날인 또는 서명이라도 무방하다.

(3) 백지보충권의 존재

백지어음이 되기 위해서는 기명날인자 또는 서명자가 후에 소지인으로 하여금 흠결된 요건을 보충하게 할 의사를 가지고 유통상태에 둔 것이라야 한다. 이러한 점에서 불완전어음과 구별된다. 부동문자로 인쇄된 어음용지에 요건의 내용부분을 기재하지 않은 채 기명날인 또는 서명하여 교부한 경우에는 특별한 사정이 없는 한 보충권을 부여한 것으로 추정할 수 있다(판례).

3. 성 질

백지어음의 법적 성질에 대해서는 학설이 대립하고 있으나, 백지보충권을 행사하면 언제든지 완전한 어음이 될 수 있다고 하는 기대권이 표창되어 있는 특수한 유가증권이라는 것이 통설의 입장이다.

4. 백지보충권

(1) 보충권의 의의 및 성질

① **보충권의 발생:** 백지보충권이 언제 발생하는가에 대해서는 학설대립이 있으나, 통설은 보충권은 어음행위자와 그 상대방 사이에 어음관계 이외의 일반 사법상의 계약에 의하여 상대방에게 수여함으로써 생기는 권리라고 한다.

② **보충권의 성질:** 보충권의 성질에 대해 학설대립이 있으나, 통설은 보충권은 미완성어음을 완성어음으로 하고 그 위에 한 어음행위의 효력을 발생시키는 형성권이라고 한다.

③ **보충권의 존속:** 보충권에 있어서는 어음행위자가 백지어음의 교부 후 보충 전에 사망하였거나 무능력자가 되거나 대리권을 잃은 경우에도 그 효력에는 영향이 없다.

④ **보충위탁의 철회:** 어음행위자는 보충권을 부여한 이상은 그 어음을 회수하지 않고 단순히 소지인에 대한 보충의 위탁을 철회한다는 의사표시만 한 때에는 소지인의 권리를 소멸시키지 못한다.

(2) 보충권자 및 보충의 방법

① **보충권자:** 백지어음의 소지인이나 그의 대리인이 보충할 수 있다. 그러나 단순히 백지어음의 양도를 위임받은 대리인은 보충권을 행사할 수 없다.

② **보충의 방법:** 어음면에 미기재된 내용을 기재하여야 하며, 어음이 아닌 별지나 어음의 사본에 미기재사항을 기재하는 것은 백지어음의 보충이 아니다(판례).

(3) 보충권의 남용

① **의의:** 보충권자가 보충계약에 위반하여 보충권의 범위를 넘어서 기입한 경우, 즉 부당보충을 한 경우에 이러한 어음을 부당보충된 사실에 대하여 악의 또

는 중과실이 없이 취득한 자는 보충된 내용대로 권리를 취득하고, 어음행위자는 어음소지인에게 부당보충의 항변을 주장하지 못한다(어음법 제10조).

② **효과**: 부당보충된 어음의 취득자에게 악의 또는 중대한 과실이 있는 경우에는 인적 항변으로 대항할 수 있다. 이때 어음행위자가 어음취득자의 악의·중과실을 입증하여야 한다. 백지어음의 부당보충 후에 기명날인 또는 서명한 자는 부당보충된 문언에 따라 책임을 지며, 이러한 어음의 취득자의 선의·악의는 불문한다. 보충권을 남용하여 부당보충한 자는 백지어음의 행위자가 선의취득자에 대하여 책임을 짐으로써 생긴 손해에 대하여 배상할 책임을 진다.

(4) 보충의 시기

① 어음의 만기의 기재가 있는 경우

㉠ 상환의무자에 대한 관계에서의 보충시기: 만기의 기재가 있는 경우에는 확정일출급 또는 발행일자후정기출급의 어음에 있어서는 지급을 할 날에 이은 2거래일 내에, 일람출급 또는 일람후정기출급의 어음에 있어서는 지급 또는 일람을 위한 제시기간 내에 보충하지 않으면 상환청구권을 상실하게 된다(어음법 제44조, 제53조).

㉡ 주채무자에 대한 관계에서의 보충시기: 만기 후 3년 내에 보충하지 않으면 인수인의 책임이 시효에 걸리므로, 확정일출급 및 발행일자후정기출급어음에 있어서는 「소정의 만기」로부터 3년 내, 일람출급어음에 있어서는 「지급제시기간 내의 지급제시일」로부터 3년 내, 일람후정기출급어음에 있어서는 「인수일자 또는 거절증서의 일자 후 일정기간 경과」로부터 3년 내에 보충권을 행사하여야 한다.

② **어음의 만기의 기재가 없는 경우**: 만기가 백지인 경우에는 보충권 자체의 소멸시효와 관련하여 보충의 시기에 대하여는 학설의 대립이 있으나, 판례는 백지보충권을 행사할 수 있는 날로부터 3년 내에 보충하여야 한다고 한다.

③ **수표의 경우**: 발행일의 기재가 있는 때에는 발행일로부터 10일 내, 발행일이 백지인 경우에는 백지보충권을 행사할 수 있는 날로부터 6월 내에 보충하여야 한다(판례).

④ **소송상의 청구**: 백지어음으로 어음금 청구소송을 제기한 경우에는 사실상의

변론종결 전까지 보충하여야 한다(판례).

(5) 백지보충의 효과

백지어음의 소지인이 그가 갖고 있는 보충권을 적법하게 행사하여 백지를 보충한 때에는 보통의 어음과 완전히 동일한 어음이 되며, 백지어음행위자는 보충된 문언에 따라 그 책임을 부담하게 된다.

5. 백지어음의 양도

(1) 양도방법

백지어음의 양도방법은 완성어음의 양도방법과 같다. 따라서 수취인 또는 피배서인의 기재가 있는 백지어음은 배서에 의하여(어음법 제13조), 수취인의 기재가 없는 백지어음은 교부 또는 배서에 의하여 양도할 수 있다(어음법 제14조 제2항). 백지어음보충권도 백지어음과 불가분의 관계에서 백지어음 양도와 함께 이전된다.

(2) 선의취득, 인적 항변

백지어음도 선의취득이 인정되며, 보충권도 선의취득이 인정된다. 또한 인적 항변의 절단도 인정된다.

(3) 제권판결

백지어음을 상실한 자는 완성어음과 같이 공시최고를 신청하여 제권판결을 받을 수 있다. 따라서 백지어음에 의한 제권판결은 단지 상실된 백지어음의 취득자의 권리행사를 방해하거나, 또는 제권판결을 받은 자가 발행인에 대하여 백지부분에 대한 어음 외의 의사표시에 의하여 보충권을 행사하고 어음금의 지급청구를 할 수 있다(판례).

6. 백지어음에 의한 권리행사

백지어음은 유통상에서는 어음법적 양도방법에 의하여 양도되지만, 그 밖의 점에서는 어음이 아니므로, 백지어음에 의하여 주채무자에 대한 어음상의 권리를 행사할 수 없고 또 상환의무자에 대한 상환청구권을 보전하는 효력도 없다(통설·판례). 백지어음의 정당한 소지인이 백지를 보충한 후 어음상의 권리를 행사하면 물론 적법한 어음상의 권리의 행사가 가능하다.

만기 이외의 기재사항이 백지인 백지어음을 보충하지 않고 어음금 청구를 하는 경우에도 권리행사를 객관적으로 표명한 것으로 보아야 하므로, 주채무자에 대한 어음금 청구소송에 한하여 변론종결 전에 보충을 하면 소제기시로 소급하여 시효를 중단하는 효력이 있다(판례).

【판례】 대법원 2010.5.20.선고 2009다48312전원합의체 판결

[1] 만기는 기재되어 있으나 지급지, 지급을 받을 자 등과 같은 어음요건이 백지인 약속어음의 소지인이 그 백지 부분을 보충하지 않은 상태에서 어음금을 청구하는 것은 어음상의 청구권에 관하여 잠자는 자가 아님을 객관적으로 표명한 것이고 그 청구로써 어음상의 청구권에 관한 소멸시효는 중단된다. 이 경우 백지에 대한 보충권은 그 행사에 의하여 어음상의 청구권을 완성시키는 것에 불과하여 그 보충권이 어음상의 청구권과 별개로 독립하여 시효에 의하여 소멸한다고 볼 것은 아니므로 어음상의 청구권이 시효중단에 의하여 소멸하지 않고 존속하고 있는 한 이를 행사할 수 있다.

[2] 지급지 및 지급을 받을 자 부분이 백지로 된 약속어음의 소지인이 그 지급기일로부터 3년이 경과한 후에야 위 백지 부분을 보충하여 발행인에게 지급제시를 하였으나 그 소지인이 위 약속어음의 지급기일로부터 3년의 소멸시효기간이 완성되기 전에 그 어음금을 청구하는 소를 제기한 이상 이로써 위 약속어음상의 청구권에 대한 소멸시효는 중단되었다고 한 사례이다.

제2절 인 수

Ⅰ. 인수의 개념

1. 의 의

인수란 환어음의 지급인이 어음금액지급의 채무를 부담할 것을 목적으로 하는 어음행위를 말하며, 인수를 함으로써 비로소 환어음의 지급인은 어음상의 주채무자가 된다.

2. 인수말소(철회)

지급인은 어음을 인수제시인에게 반환할 때까지는 자기의 인수의 의사표시를 당연히 말소(철회)할 수 있다(어음법 제29조 제1항 1문). 어음소지인의 이익을 보호하기 위하여 어음상의 인수의 기재의 말소는 어음의 반환 전에 한 것으로 추정한다(어음법 제29조 제1항 2문). 어음의 반환 전에 인수가 말소된 경우에도 지급인이 어음소지인 또는 그 어음에 기명날인 또는 서명한 자에게 서면으로 인수의 통지를 한 때에는 인수의 문언에 따라 어음상의 책임을 부담하여야 한다(어음법 제29조 제2항). 서면에 의한 통지로 한정하고 있는 것은 후일의 분쟁을 방지하기 위한 것이다.

Ⅱ. 인수제시

1. 의 의

인수제시란 환어음을 지급인에게 제시하여 어음의 인수를 청구하는 행위를 말한다.

2. 인수제시의 당사자

(1) 제시자

인수를 위한 제시를 할 수 있는 자는 어음소지인 이외에 현실로 어음을 가지고 있는 데 불과한 단순한 점유자도 포함된다(어음법 제21조).

(2) 피제시자

인수의 피제시자는 지급인이다. 지급담당자의 기재가 있는 경우에도 지급인에게 제시하여야 하고, 수인의 지급인이 지정된 경우 그 전원이 피제시자가 된다.

3. 인수의 시기·장소

(1) 인수의 시기

환어음은 발행시로부터 만기에 이르기까지 언제라도 인수를 위한 제시를 할 수 있다(어음법 제21조). 그러나 제시기간이 법정되어 있거나 지정되어 있는 경우에는 그 기간 내에 제시하여야 한다. 다만, 만기를 경과한 어음에도 그 시효기간 내에는 인수를 위한 제시를 할 수 있고, 만기 후의 인수도 인수로서의 효력이 있다.

(2) 유예기간

유예기간은 지급인이 인수를 할 것인가의 여부를 결정하기 위하여 부여된 일정한 고려기간을 말한다. 지급인이 인수의 제시를 받은 때에는 제1의 제시가 있은 익일에 제2의 제시를 할 것을 청구할 수 있고(어음법 제24조 제1항 1문), 이 경우 제시자는 제2의 제시를 하지 않으면 상환청구권을 행사할 수 없다. 제2의 제시를 청구한 경우 제시자는 제1의 제시에 관하여 인수거절증서를 작성하게 하고, 지급인은 제2의 제시의 청구를 한 뜻을 기재하게 한다(어음법 제24조 제1항 2문).

(3) 제시장소

인수제시의 장소는 지급인의 영업소·주소 또는 거소이다. 지급인의 주소를 찾을 수 없는 경우에는 지급지에서 인수거절증서를 작성시키면 된다.

4. 인수제시의 방법

인수제시함에는 지급인에게 어음 원본 또는 복본 중의 하나를 현실로 제시하여야 하고, 어음의 등본으로써는 인수제시를 할 수 없다. 백지어음에 의한 인수제시는 가능하지만, 지급인을 백지로 한 환어음은 지급인이 보충된 후에 한하여 인수제시를 할 수 있다.

5. 인수제시의 자유와 제한

(1) 인수제시의 자유

어음소지인은 만기에 이르기까지 언제든지 인수를 청구하기 위하여 어음의 제시를 할 수 있으며(어음법 제21조), 원칙적으로 인수제시의 여부와 시기는 어음소지인의 자유이다.

(2) 인수제시의 금지

환어음의 발행인은 일정한 기일을 한정하거나 한정하지 않고 인수를 위한 제시를 금지하는 뜻을 어음에 기재할 수 있다(어음법 제22조 제2항·제3항). 그러나 제3자방지급어음·타지지급어음·일람후정기출급어음에 대해서는 기일을 정하지 않은 인수제시 금지는 인정되지 않는다(어음법 제22조 제2항 단서).

(3) 인수제시의 명령

환어음의 발행인이나 배서인은 기간을 정하거나 또는 정하지 않고 어음에 인수를 위한 제시를 하여야 할 뜻을 기재할 수 있다(어음법 제22조 제1항·제4항). 발행인이 이미 인수제시명령의 기재를 한 경우에 배서인은 그 기간을 단축하여 같은 취지의 기재를 할 수 있다. 그러나 발행인이 제시금지의 기재를 한 경우에는 배서인은 이에 반하여 제시명령의 기재를 하지 못한다(어음법 제22조 제4항 단서). 발행인에 의한 인수제시의 명령이 있는 경우 인수제시기간 내에 인수제시를 하지 않으면 전자에 대한 모든 상환청구권(인수거절에 따른 상환청구권과 지급거절에 따른 상환청구권)을 상실한다(어음법 제53조 제2항 본문).

(4) 일람후정기출급어음의 경우

일람후정기출급어음은 만기를 확정하기 위하여 반드시 인수제시가 있어야 한다. 인수를 위한 제시는 발행일로부터 1년 내이며(어음법 제22조 제1항), 발행인은 이 기간을 단축 또는 연장할 수 있고(어음법 제23조 제2항), 배서인은 이 기간을 단축할 수 있다(어음법 제23조 제3항).

Ⅲ. 인수의 방식

1. 인수의 요건

인수는 환어음에 「인수」 기타 이와 동일한 의의가 있는 문자를 표시하고 지급인의 기명날인 또는 서명으로써 하며(어음법 제25조 제1항 1문·2문), 이러한 인수를 정식인수라 한다. 그러나 어음의 표면에 지급인이 단순한 기명날인 또는 서명을 한 경우도 인수로 보며(어음법 제25조 제1항 3문), 이것을 약식인수라 한다. 인수는 보전이나 등본에 할 수 없고, 반드시 어음 자체에 하여야 한다(어음법 제25조 제1항 1문). 정식인수는 어음 자체에 하는 이상 앞면이나 뒷면에 모두 할 수 있지만, 약식인수는 반드시 어음의 앞면에 하여야 한다(어음법 제25조 제1항 3문).

인수는 지급인이 하여야 하므로, 인수인과 지급인은 동일인이어야 한다. 이러한 동일성의 판단기준에 대해서는 학설의 대립이 있으나, 어음기재상 형식면에서 동일성이 인정되어야 한다는 것이 다수설의 입장이다.

2. 요건 이외의 기재

(1) 인수일자

인수일자는 인수요건은 아니므로 기재하지 아니하여도 인수의 효력에는 영향이 없다. 그러나 일람후정기출급어음 또는 인수제시명령의 기재가 있는 어음의 경우에는 인수일자를 기재하여야 한다(어음법 제25조 제2항 1문). 인수일자의 기재가 없고 인수일자거절증서의 작성도 없는 경우에는 인수인에 대한 관계에서는 인수제시기간의 말일에 인수한 것으로 본다(어음법 제25조 제2항 2문).

(2) 제3자방지급 기재

타지지급어음의 경우에 발행인이 지급지 내의 지급장소를 기재하지 아니한 때에는 지급인이 인수를 할 때에 이를 기재할 수 있으며, 인수인이 이를 기재하지 아니한 때에는 인수인이 지급지에서 직접 지급할 의무를 부담한 것으로 본다(어음법 제27조 제1항). 동지지급어음의 경우에도 지급인은 인수를 할 때에 지급지 내의 지급장소를 기재할 수 있다(어음법 제27조 제2항).

(3) 일부인수

어음금액의 일부를 제한하여 인수하는 일부인수는 유효하며(어음법 제28조 제1항 단서), 일부인수된 범위 내에서는 인수거절로 인한 상환청구권을 행사할 수 없고 인수되지 않은 나머지 어음금액에 대하여는 인수거절에 따른 상환청구권을 행사할 수 있다(어음법 제43조 1호 후단).

(4) 부단순인수(변경인수)

인수는 무조건이어야 하며, 어음금액 이외의 어음기재사항을 변경한 경우에는 부단순인수가 된다. 부단순인수는 인수거절이 있는 것으로 보고, 어음소지인은 상환의무자에 대하여 인수거절로 인한 상환청구권을 행사할 수 있다(어음법 제43조 1호). 따라서 부단순인수는 무효가 아니며, 인수인은 인수의 문언에 따라서 책임을 지게 된다(어음법 제26조 제2항 단서).

(5) 조건부인수

인수인의 책임에 조건을 붙여서 하는 인수의 경우 그 조건부인수의 효력에 대해서는 학설의 대립이 있지만, 인수로서의 효력이 없다는 견해가 타당하다.

(6) 초과인수

지급인이 어음금액을 초과하여 인수한 때에는 어음금액의 한도에서 인수한 것으로 볼 것이므로 어음금액의 초과부분에 대한 기재는 효력이 없다.

Ⅳ. 인수의 효력

지급인은 인수를 함으로써 어음상의 주채무자가 되며, 만기에 어음금액을 지급할 의무를 진다(어음법 제28조 제1항). 인수인의 의무는 제1차적인 무조건의 절대적·최종적인 것이다. 인수인의 주채무자로서의 지급할 금액은 만기에는 어음금액과 이자이며, 만기에 지급하지 아니한 때에는 상환금액(어음법 제48조, 제49조)과 동일한 금액이다.

제3절 배 서

Ⅰ. 어음상의 권리이전 방법

1. 양도배서의 의의

어음은 법률상 당연한 지시증권이므로 지시식으로 발행된 경우든 기명식으로 발행된 경우든 배서에 의하여 타인에게 양도할 수 있다(어음법 제11조 제1항). 배서라 함은 어음의 유통을 조장하기 위하여 법이 특히 인정한 어음의 유통방법으로서, 수취인 기타 후자가 보통 어음의 뒷면에 일정한 사항을 기재하고 기명날인 또는 서명하여 타인에게 교부하는 행위를 말한다.

2. 배서 이외의 방법에 의한 어음상의 권리이전

어음의 통상의 이전방법인 배서에 의하여 어음상의 권리가 이전하지만, 발행인이 어음에 배서금지(지시금지) 문구를 기재한 어음은 지명채권양도에 관한 방식에 따라서만 양도할 수 있다(어음법 제11조 제2항). 그 이외에 통상의 채권양도방법·전부명령·경매 등에 의한 특정승계 또는 상속·합병 등과 같은 포괄승계에 의하여 어음상의 권리는 이전될 수 있다. 수취인이 백지로 된 어음은 인도(교부)에 의하여 어음법적으로 유효하게 양도할 수 있다.

3. 배서금지어음

(1) 의 의

배서금지어음 또는 지시금지어음이란 발행인이 지시금지의 문자 또는 이와 동일한 의의가 있는 문언을 기재한 어음을 말한다(어음법 제11조 제2항).

(2) 기재방법

「지시금지」, 「배서금지」 또는 「하모(何某)에 대하여서만」이라고 하여 수취인을 지정하는 경우와 같이 배서금지의 뜻이 어음상의 문언에 나타나야 한다. 단순히 어음상에 인쇄된 지시문언을 삭제하는 것으로는 배서금지어음이 되지 않는다. 배서금지문언은 발행인에 의하여 기재된 것이 어음면상에 명백히 되어야 하므로, 배서인란에 배서금지를 뜻하는 기재가 있는 경우에는 배서인에 의한 배서금지기재로 추정될 것이다(어음법 제15조 제2항).

어음용지에 배서금지문언과 부동문자로 인쇄된 지시문언이 병존하는 경우 그 효력에 관하여는 어음은 유효하고 인쇄된 지시문언보다 기재한 배서금지문언이 우선하여 배서금지어음이 된다고 보아야 할 것이다.

(3) 양도방법 및 효력

① **양도방법**: 배서금지어음은 배서에 의하여 양도할 수 없고, 다만 지명채권양도의 방법에 의하여서만 이를 양도할 수 있다. 지명채권양도 방법에 의하더라도 어음은 유가증권이므로 어음의 교부(인도)를 필요로 한다(판례).

② **양도의 효력**: 배서금지어음의 양도의 효력도 지명채권양도의 경우와 동일하다. 따라서 인적 항변의 절단이 인정되지 않으며, 배서의 연속에 의한 자격수여적 효력이 인정되지 않으므로 선의취득이 인정되지 않는다. 그리고 배서금지어음의 양도인은 배서인과는 달리 담보책임이 없다. 그러나 배서금지어음이라도 추심위임배서는 가능하고(통설), 입질배서나 제권판결제도는 적용되지 않는다는 것이 다수설의 입장이다.

Ⅱ. 배서의 방식

1. 일반적 방식

배서는 어음이나 이에 결합한 보전(補箋: 보충지) 또는 등본에 일정한 사항을 기재하고 배서인이 기명날인 또는 서명함으로써 하는 서면행위이다. 배서는 보통 어음의 뒷면에 하는 것이지만, 백지식배서를 제외하고는 어음 앞면에 하여도 유효하다.

2. 피배서인의 기재 여부에 따른 방식

(1) 기명식배서

기명식배서는 완전배서 또는 정식배서라 하며, 배서인의 기명날인 또는 서명 이외에 피배서인의 성명 또는 상호를 기재함으로써 하는 배서이다(어음법 제13조 제2항 참조).

(2) 백지식배서

① **의의**: 백지식배서는 피배서인을 지정하지 아니한 배서를 말하고, 약식배서·무기명배서·백지배서라고도 한다. 백지식배서는 다시 두 가지의 경우가 있는데, 첫째는 배서문언 및 배서인의 기명날인 또는 서명은 있으나 피배서인의 기재만이 없는 경우이고, 둘째는 배서인의 기명날인 또는 서명만이 있는 경우이다. 후자를 간략백지식배서라 하며, 이는 어음의 뒷면이나 보충지에만 할 수 있다(어음법 제13조 제2항 후단).

② **효력**: 백지식배서에 의하여 어음상의 권리를 양수한 자는 ㉠ 백지의 피배서인란에 자기의 명칭 또는 타인의 명칭으로 백지를 보충하여 어음상의 권리를 행사할 수 있고, ㉡ 백지의 피배서인란을 보충하지 않고 어음상의 권리를 행사할 수 있다. 그리고 소지인은 백지식으로 또는 타인을 표시하여 다시 어음에 배서할 수 있다. ㉢ 소지인은 백지로 보충하지 않고 또 배서도 하지 않고 어음을 제3자에게 단순한 교부만에 의하여 양도할 수 있다.

(3) 소지인출급식배서

소지인출급식배서란 어음의 소지인에게 지급하여 달라는 뜻을 기재한 배서를 말한다. 특정된 피배서인의 기재가 없는 점에서 백지식배서와 같기 때문에 어음법은 백지식배서와 동일한 효력을 인정하고 있다(어음법 제12조 제3항).

(4) 선택무기명식배서

선택무기명식배서란 「갑 또는 소지인」과 같이 특정인 또는 소지인을 피배서인으로 기재한 배서를 말한다.

3. 배서의 기재사항

(1) 유익적 기재사항

배서는 무조건이어야 하지만, ① 소지인출급의 배서문언, ② 무담보문언, ③ 배서금지문언, ④ 추심위임문언, ⑤ 입질문언, ⑥ 배서일자, ⑦ 인수제시명령, ⑧ 인수제시기간 단축, ⑨ 지급제시기간의 단축, ⑩ 배서인의 처소, ⑪ 거절증서의 작성면제, ⑫ 예비지급인의 기재, ⑬ 등본에만 배서할 것의 문언 등의 기재는 그 내용에 따른 효력이 생긴다.

(2) 무익적 기재사항

배서에 붙인 조건, 대가문언, 지시문언 등은 어음상에 기재하여도 그 효력이 생기지 않는다.

(3) 유해적 기재사항

어음금액의 일부에 대한 배서는 무효이다(어음법 제12조 제2항). 그러나 일부금액의 지급이 있은 후 그 잔액에 대하여 한 배서는 유효하다.

Ⅲ. 배서의 효력

1. 권리이전적 효력

(1) 의 의

권리이전적 효력이란 배서에 의하여 어음상의 모든 권리는 어음과 더불어 배서인으로부터 피배서인에게 이전되는 효력을 말한다(어음법 제14조 제1항). 배서의 권리이전적 효력이 발생하기 위해서는 그 방식에 있어서 유효하고, 또 배서인이 어음상의 권리자여야 한다.

(2) 인적 항변의 절단

배서의 경우 배서인에 대한 인적 관계에 기한 항변으로써 선의의 피배서인에게 대항할 수 없게 되며(어음법 제17조), 인적 항변의 절단이 생긴다.

2. 담보적 효력

(1) 의 의

배서의 담보적 효력이란 배서에 의하여 원칙적으로 배서인이 피배서인 및 기타 자기의 후자 전원에 대하여 인수 및 지급을 담보하는 효력을 말한다(어음법 제15조 제1항). 배서의 담보적 효력은 배서의 부차적 효력이며, 법정의 효력이다.

(2) 독립된 어음채무의 부담

배서인은 피배서인 및 기타 자기의 후자에 대하여 선행하는 어음행위의 실질적 효력 및 배서의 원인관계의 효력과는 관계없이 배서 그 자체의 효력에 의하여 담보책임을 진다.

(3) 담보적 효력의 배제·제한

모든 배서에 있어서 담보적 효력이 생기는 것은 아니며, 기한후 배서·추심위임배서·무담보배서의 경우의 배서인은 그 후자 전원에 대하여 담보책임이 없고, 배서금지배서의 경우에는 그 직접 피배서인을 제외한 후자에 대하여 담보책임이 없다(어음법 제15조 제2항). 또한, 배서에 의하지 않은 방법으로 어음상 권리를 양도한 자는 담보책임이 없다.

3. 자격수여적 효력

(1) 의 의

배서의 자격수여적 효력이란 어음소지인이 배서의 연속에 의하여 그 권리를 증명한 때에는 적법한 어음상의 권리자로 추정되는 효력을 말한다(어음법 제16조 제1항). 배서연속이 있는 어음의 소지자에게 지급을 한 선의의 어음채무자는 그 자가 진정한 권리자가 아닌 경우에도 유효하게 어음상의 의무를 면하게 된다(어음법 제40조 제3항).

(2) 배서의 연속

① **의의**: 배서의 연속이란 어음의 기재상 수취인이 제1배서의 배서인이 되고 제1배서의 피배서인이 제2배서의 배서인이 되어 순차로 계속하여 최후의 배서에 이르게 되는 것을 말한다.

② **요건**: 배서의 연속이 있기 위해서는 각 배서는 그 형식에 있어서 유효하여야 한다. 그러나 실질적으로 유효할 필요는 없다. 따라서 배서가 어음의 기재상

형식적으로 연속되어 있으면 배서의 연속이 인정되고, 실질적으로 피배서인과 배서인이 동일인이라 하더라도 형식상 전혀 별개의 명칭을 표시한 때(예 피배서인에는 자기의 성명을 기재하고 배서인에는 자기의 상호를 기재하는 경우)에는 배서의 연속은 인정될 수 없다.

③ **효과:** 배서가 연속된 어음의 소지인은 어음상의 권리를 행사함에 있어서 실질상의 권리의 증명을 요하지 아니하고 적법한 권리자로 추정되며(어음법 제16조 제1항), 어음상의 권리이전에 있어서 선의취득이 인정되고(어음법 제16조 제2항), 배서연속의 어음소지인에게 어음금을 지급한 자는 면책될 수 있다(어음법 제40조 제3항).

(3) 말소된 배서

말소된 배서는 배서의 연속에 관하여 배서의 기재가 없는 것으로 본다(어음법 제16조 제1항 3문). 배서의 연속에 관하여 효력이 있는 배서의 말소는 배서권이 있는 자에 의하든 없는 자에 의하든, 고의로 하든 과실로 하든, 거절증서작성기간 경과 전후를 불문하며, 말소의 방법에도 제한이 없다(판례).

(4) 배서의 불연속

① **실질적 배서의 연속이 있는 경우:** 형식상 배서의 연속이 단절된 때에는 선의취득이 인정되지 않으며, 인적 항변이 절단되지 않는다. 배서가 단절된 어음의 소지인이 그 실질적 권리를 증명하여 어음상의 권리를 행사할 수 있다(통설·판례).

② **실질적 배서의 연속이 없는 경우:** 형식상 배서의 연속이 단절되고 실질적 배서의 연속도 없는 경우, 그 이후의 배서는 권리이전적 효력과 자격수여적 효력이 인정되지 않으므로 선의취득이 인정되지 않는다. 다만, 배서의 독립성에 따라 담보적 효력이 인정된다.

Ⅳ. 특수한 양도배서

1. 무담보배서

(1) 의 의

무담보배서란 배서인이 어음상의 담보책임을 부담하지 않는다는 뜻을 기재한 배서를 말한다(어음법 제15조 제1항). 배서인은 종국적 의무자가 아니므로 인수담보책임과 지급담보책임을 모두 지지 않을 것을 기재할 수 있고, 또 그 책임을 어음금액의 일부에 제한할 수도 있고 지급담보에만 제한할 수도 있다.

(2) 효 과

무담보배서를 기재한 경우 배서인은 담보책임이 없거나 제한된다. 무담보배서의 배서인은 직접의 피배서인뿐만 아니라 그의 후자에 대해서도 담보책임이 없다. 배서인이 단순히 담보책임을 지지 아니한다는 뜻을 기재한 경우 인수·지급담보책임 모두를 지지 않는다는 것을 의미하고, 지급무담보를 기재한 경우에는 인수무담보를 포함한 것으로 본다.

2. 배서금지배서

(1) 의 의

배서금지배서란 새로운 배서를 금지하는 뜻을 기재한 배서를 말한다(어음법 제15조 제2항).

(2) 효 력

배서금지문언을 기재한 경우 그 배서인은 자기의 직접의 피배서인에 대하여만 담보책임을 부담하고 그 후의 피배서인에 대하여는 어음상의 책임을 지지 않는다. 배서금지배서의 피배서인이 다시 배서를 한 경우 그 피배서인은 배서인으로서의 담보책임을 진다. 배서금지배서라도 권리이전적 효력과 자격수여적 효력이 있다.

3. 환배서

(1) 의 의

환배서라 함은 어음상의 채무자를 피배서인으로 한 양도배서로서(어음법 제11조 제3항), 기명식이든 백지식이든 불문한다. 즉, 인수인·발행인·배서인·보증인 또는 참가인수인을 피배서인으로 한 배서를 말한다.

(2) 효 력

① **일반적 효력**: 환배서도 배서이므로 배서의 권리이전적 효력, 담보적 효력, 자격수여적 효력이 있다. 선의취득도 인정되며, 다만 어음항변은 피배서인과 그 상대방이 누구인가에 따라서 다르다.

② **환어음발행인에 대한 환배서:** 환어음의 발행인이 환배서를 받은 경우에는 자기의 전자는 발행을 표준으로 할 때 모두 자기의 후자가 되므로, 발행인인 소지인은 모든 전자에 대하여 어음상의 권리를 행사할 수 없게 된다. 그러나 발행인이 후자를 위하여 특히 보증의 목적으로 발행인이 된 경우에는 그 후자에 대하여 상환청구권을 행사할 수 있다.

③ **주채무자에 대한 환배서:** 환어음의 인수인(약속어음의 발행인)이 환배서에 의하여 어음을 취득한 경우에는 인수인의 자격에서는 모든 어음채무자에 대하여 지급의무를 부담하는 것이므로 항변의 대항을 받게 되어 어음상의 권리를 행사할 수 없다. 인수인이 환배서를 받은 경우에도 어음상의 권리는 소멸하지 않으므로 인수인은 다시 그 어음을 배서양도할 수 있다.

④ **배서인에 대한 환배서:** 배서인이 환배서에 의하여 어음을 취득한 경우 자기가 한 배서를 표준으로 하여 자기의 후자가 되는 어음채무자에 대하여는 반대채권의 대항을 받게 되지만, 인수인·발행인 및 기타의 전자에 대해서는 아무런 반대채권의 대항 없이 상환청구권을 행사할 수 있다.

⑤ **참가인수인·보증인에 대한 환배서:** 참가인수인 또는 보증인에 대한 환배서의 효력은 각각 피참가인 또는 피보증인에 대한 환배서의 경우와 같다.

⑥ **인수하지 않은 지급인에 대한 환배서:** 인수하지 않은 지급인은 어음채무자가 아니므로 지급인에 대한 배서는 환배서가 아니다. 따라서 지급인인 어음소지인은 어음상의 권리를 직접 행사할 수 있고, 다시 제3자에게 배서양도할 수 있다.

4. 기한후배서

(1) 의 의

기한후배서란 지급거절증서 작성 후 또는 거절증서 작성기간 경과 후의 배서를 말한다(어음법 제20조 제1항).

기한후배서인가의 여부는 실제 배서를 한 때를 표준으로 하여 결정하고, 배서에 일자의 기재가 없는 경우에는 거절증서 작성기간 경과 전에 한 것으로 추정한다(어음법 제20조 제2항).

(2) 지급거절 또는 인수거절과 기한후배서

① **지급거절과 기한후배서:** 지급거절증서 작성면제의 문언이 없음에도 불구하고

지급거절증서가 작성되지 않고 지급거절증서 작성기간 경과 전에 한 배서는 기한후배서가 아니다. 그러나 어음에 있어서 지급거절증서는 작성되지 않았으나 지급거절의 사실이 어음면상에 명백하게 나타난 경우에는 기한후배서로 본다.

② **인수거절과 기한후배서**: 인수거절증서 작성 후의 배서도 어음면상 상환청구권을 행사할 수 있는 어음이 명백하고 또 그 신용의 정도도 지급거절증서 작성 후의 어음과 다를 바 없으므로 기한후배서로 보아야 할 것이다.

(3) 기한후배서의 입증책임

기한후배서인지 여부는 실제로 배서한 날을 기준으로 하고 또 기한후배서에 의하여 이익을 보는 자는 어음채무자이므로, 어음상 배서일자 기재 유무에 불문하고 어음채무자는 실제로 배서한 날을 입증하여 기한후배서임을 주장할 수 있다.

(4) 효 력

① **권리이전적 효력**: 기한후배서에 의하여 어음상의 권리가 이전하기는 하지만, 피배서인은 배서인이 가졌던 권리를 취득하는데 불과하다. 기한후배서에는 항변의 절단이 일어나지 않는다.

② **담보적 효력**: 기한후배서의 경우에는 지명채권양도의 효력만이 인정된다. 즉, 배서인은 어음상의 책임을 지지 않으며, 담보적 효력이 없다.

③ **자격수여적 효력**: 기한후배서에 의하여 어음이 유통된 경우에도 자격수여적 효력이 있고, 배서연속이 있는 경우 피배서인은 권리추정력이 인정되므로 어음상의 권리를 행사할 수 있다. 동시에 지급면책의 효력도 인정된다.

④ **선의취득**: 기한후배서는 지명채권양도의 효력밖에 없고 유통을 보호할 필요가 없으므로 어음법 제16조 제2항의 선의취득은 인정되지 않는다.

V. 특수배서

1. 추심위임배서

(1) 의 의

추심위임배서는 배서인이 피배서인에게 어음상의 권리를 행사할 대리권을 부여할 목적으로 그 뜻을 기재하여 하는 배서를 말한다. 어음금액 중 일부를 양도배서

하고 그 나머지를 추심위임배서로 하는 것은 인정되지 않는다.

(2) 공연한 추심위임배서

① **방식**: 배서에 「회수하기 위하여」「추심하기 위하여」「대리를 위하여」 등으로 대리권수여를 표시하는 문언을 부기하여야 한다(어음법 제18조 제1항).

② **효력**: 추심위임배서는 대리권수여의 효력과 자격수여적 효력은 인정되지만, 권리이전적 효력과 담보적 효력은 없다. 따라서 추심위임배서를 받은 피배서인은 다시 추심위임배서를 할 수는 있으나(복대리인의 선임이 된다), 양도배서는 할 수 없다. 또한 추심위임배서의 피배서인은 어음상의 권리자가 아니므로 어음상의 권리의 면제, 화해 등 권리의 처분을 하지 못한다. 한편, 배서인은 어음상의 권리를 상실하는 것은 아니므로 그 배서를 말소하거나 또는 자신이 직접 추심하거나 양도배서할 수 있다.

(3) 숨은 추심위임배서

① **의의 및 법적 성질**: 숨은 추심위임배서는 추심위임을 목적으로 하는 통상의 양도배서로서 그 법적 성질을 어떻게 보는가에 따라 효력 문제도 달라진다. 판례와 다수설은 어음상의 권리는 피배서인에게 이전하고, 추심위임의 합의는 당사자간의 인적 항변사유가 되는 데 그친다는 견해(신탁배서설)를 취하고 있다.

② **효력**: 신탁배서설의 입장에서는 자격수여적 효력이 인정되며, 배서인은 피배서인에 대하여 담보책임을 부담하지 않는다. 그러나 피배서인으로부터 양도배서를 받은 자에 대해서는 담보책임을 진다. 당사자간에 권리이전적 효력이 있지만, 당사자간의 추심위임의 합의는 인적 항변사유가 된다. 따라서 피배서인의 선의취득이 인정되지 않으나, 피배서인으로부터 배서양도를 받은 양수인은 선의·악의에 관계없이 어음상의 권리를 취득한다. 이는 통상의 권리취득에 해당한다. 다만 양수인이 악의인 경우 악의의 항변으로 대항할 수 있다. 그리고 인적 항변의 절단의 효력에 대해서는 긍정하는 견해를 취하고 있다. 다만, 어음 채무자가 숨은 추심위임임을 입증한 때에는 인적 항변의 절단이 인정되지 않는다고 한다.

【판례】 대법원 2007.12.13.선고 2007다53464판결

[1] 수표의 숨은 추심위임배서가 소송행위를 하게 하는 것을 그 주된 목적으로 하는 경우에는 신탁법 제7조를 위반하는 권리이전행위이므로 무효이고, 소송행위를 하게 하는 것이 주목적인지 여부는 추심위임배서에 이르게 된 경위와 방식, 추심위임배서가 이루어진 후 제소에 이르기까지의 시간적 간격, 배서인과 피배서인 간의 신분관계 등 여러 상황에 비추어 판단하여야 한다.

[2] 수표의 수취인이 발행인과의 분쟁으로 인한 인적 항변에 의하여 수표금을 지급받지 못하게 될 것이 예상되자 제3자를 통한 소제기로 승소판결을 받아 수표금을 지급받기 위하여 제3자를 피배서인으로 하여 수표를 배서양도한 경우, 이러한 배서는 제3자로 하여금 소송행위를 하게 하는 것을 주된 목적으로 하는 소송신탁에 해당하여 무효이다.

2. 입질배서

(1) 의 의

입질배서란 어음상의 권리에 질권을 설정할 목적으로 어음에 그 뜻을 기재함으로써 하는 배서를 말한다.

(2) 공연한 입질배서

① **방식**: 배서 자체 가운데 「담보하기 위하여」 「입질하기 위하여」 등 질권설정을 표시하는 문언을 부기함으로써 한다(어음법 제19조 제1항).

② **효력**: 입질배서에 의하여 피배서인은 배서인에 속하는 어음상의 권리 위에 질권을 취득하며, 그 결과 피배서인은 어음상의 모든 권리를 행사할 수 있는 자격수여적 효력은 인정된다(어음법 제19조 제1항 본문). 어음채무자는 피배서인에게 악의가 없는 한 배서인에 대한 항변으로써 이에 대항하지 못하는 동시에 피배서인에 대한 인적 항변으로는 이에 대항할 수 있다(어음법 제19조 제2항). 입질배서의 경우 권리이전적 효력은 없으며, 입질배서의 피배서인이 한 배서는 그 기재형식에 불구하고 추심위임배서로서의 효력을 가질 뿐이다(어음법 제19조 제1항 단서). 피배서인은 질권의 선의취득이 인정된다.

(3) 숨은 입질배서

실질적으로 질권설정의 목적을 가지면서 형식적으로는 통상의 양도방법을 취하는 것으로서, 그 성질은 신탁배서로 본다. 따라서 숨은 입질배서는 양도배서로서의 효력이 있으므로, 권리이전적 효력·자격수여적 효력·담보적 효력·선의취득이 인정되고, 인적 항변의 절단이 인정된다.

제4절 어음보증

Ⅰ. 개념 및 특색

1. 의 의

어음보증은 어음상의 채무를 담보할 목적으로 하는 부수적 어음행위이다. 어음보증도 보증으로서 다른 어음상의 채무를 담보할 것을 목적으로 하는 것이므로 주채무의 존재를 전제로 하며, 주채무자가 존재하지 않는 때에는 어음보증도 무효가 된다. 주채무는 어음의 기재상(형식상) 존재하면 되고 실질적으로 유효하여야 하는 것은 아니다(어음법 제32조 제2항). 따라서 주채무가 무능력으로 인하여 취소된 경우에도 어음보증의 효력에는 영향을 미치지 않는다.

그리고 어음보증은 어음채무를 담보하기 위한 것이므로 원인채무를 담보하기 위하여 하는 어음행위는 어음보증이 아니다.

2. 법적 성질

어음보증의 법적 성질에 대하여는 계약이란 견해도 있으나, 보증인이 되고자 하는 자가 어음에 보증의 기명날인 또는 서명을 하는 것만으로 할 수 있는 점에서 민법상의 보증과 구별되는 단독행위에 해당한다고 본다(판례·다수설).

민법상 보증과의 차이

① 민법상의 보증은 주채무자가 특정되어야 하고 이것이 불분명한 때에는 보증은 성립하지 않으나, 어음보증은 누구를 위한 보증인가 분명하지 않을 때에는 발행인을 위한 보증으로 본다.
② 민법상의 보증은 계약이지만 어음보증은 단독행위에 해당한다.
③ 민법상의 보증은 불요식계약에 의하지만 어음보증은 요식행위이다.

④ 민법상의 보증은 주채무의 성립을 그 성립요건으로 하나, 어음보증은 피담보채무가 방식에 하자가 있는 경우를 제외하고는 다른 어떠한 사유로 인하여 무효로 된 때에도 유효하게 성립할 수가 있다.

⑤ 민법상의 보증인은 특정된 채무자에 대하여서만 보증채무를 부담하지만, 어음보증인은 피보증인의 모든 후자인 불특정인에 대하여 보증채무를 부담한다.

⑥ 민법상의 보증인은 최고의 항변권이나 검색의 항변권을 갖지만, 어음보증의 보증인은 보증된 자와 동일한 책임을 지므로(어음법 제32조 제1항), 이러한 항변권이 없다.

⑦ 민법상의 보증채무의 소멸시효는 10년이지만, 어음보증채무는 주채무에 따라 3년, 1년, 6월로 한다.

⑧ 민법상의 공동의 보증인은 분별의 이익이 있으나, 공동의 어음보증인은 분별의 이익이 없고 어음채무의 전액에 대하여 합동책임을 부담한다.

3. 숨은 어음보증

숨은 어음보증은 사실은 보증을 목적으로 하면서 형식상 발행·배서·인수 등의 어음행위를 하는 것을 말하지만, 이것은 어음보증이 아니다. 즉, 어음행위자는 발행인·배서인·인수인으로서의 책임을 지는 것이며, 보증인으로서의 책임을 지는 것은 아니다.

4. 공동어음행위

공동어음행위는 수인이 동일한 내용의 어음채무를 부담하는 점에서는 어음보증과 비슷하나, 공동어음행위자는 공동으로 1개의 어음행위를 하는 데 대하여, 어음보증인은 주채무자인 피보증인과 공동으로 어음행위를 하는 것이 아니라는 점에서 다르다.

Ⅱ. 당사자

1. 보증인

어음보증을 할 수 있는 자의 자격에는 제한이 없으며, 제3자든 이미 어음에 기명날인 또는 서명한 어음채무자이든 어음보증인이 될 수 있다(어음법 제30조 제2항).

2. 피보증인

피보증인이 될 수 있는 자는 어음채무자로서, 인수인·발행인·배서인·참가인수인은 피보증인이 될 수 있다.

Ⅲ. 보증방식

1. 정식보증

어음보증인이 어음상에 보증 또는 이와 동일한 의의가 있는 문언 및 피보증인을 표시하고, 기명날인 또는 서명한 경우에는 정식보증이라고 한다(어음법 제31조 제1항·제2항).

2. 약식보증

지급인 또는 발행인의 기명날인 또는 서명을 제외하고 어음의 앞면에 단순히 기명날인 또는 서명을 한 경우에는 어음보증으로 본다(어음법 제31조 제3항). 어음보증인이 피보증인을 표시하지 않고 어음상에 보증문언만을 기재하고 기명날인 또는 서명하거나, 보증문언도 기재하지 않고 어음의 앞면에 단순히 기명날인 또는 서명만을 한 경우를 약식보증이라 한다. 특히 후자를 간략약식보증이라 한다.

3. 기타 기재사항

(1) 피보증인의 불기재효력

어음보증에 피보증인을 표시하여야 하지만, 하지 않은 경우에는 발행인을 위한 보증으로 본다(어음법 제31조 제4항).

(2) 일부보증

어음보증은 어음금액의 전부에 대하여서뿐만 아니라, 그 일부에 대하여 할 수 있다(어음법 제30조 제1항). 일부보증의 경우에는 반드시 어음보증금액을 기재하여야 하며, 보증금액의 기재가 없으면 전부보증으로 본다.

(3) 유익적 기재사항

어음보증인은 거절증서작성면제, 예비지급인 등을 기재할 수 있다. 어음보증에 조건을 붙인 경우에는 그 조건이 붙은 대로의 효력이 생긴다는 것이 판례의 입장이다.

Ⅳ. 보증시기

보증을 할 수 있는 시기에 대해 어음법에는 아무런 규정이 없으나, 만기 전이든 만기 후이든 어음채무의 시효가 완성하기 전에는 할 수 있다.

Ⅴ. 효 력

1. 보증인의 책임

(1) 어음보증의 종속성

어음보증인은 자기의 어음행위에 의하여 독립하여 어음상의 채무를 부담하며, 그 채무의 내용은 주채무와 동일하다. 즉, 보증인은 피보증인인 주채무자와 동일한 책임을 진다(어음법 제32조 제1항).

(2) 어음보증의 독립성

보증인은 주채무가 방식의 하자로 인한 경우를 제외하고는 어떠한 사유로 인하여 무효가 되더라도 어음보증채무의 효력에는 영향이 없다(어음법 제32조 제2항).

(3) 보증인의 합동책임

어음보증인은 주채무자와 합동하여 책임을 부담하므로 최고 및 검색의 항변권을 갖지 못한다. 동일한 주채무자를 위하여 수인의 보증인이 있는 경우에는 각자가 자기의 어음행위를 근거로 하여 어음금 전액에 대하여 책임을 진다(어음법 제47조 제1항). 그리고 어음소지인은 어음보증인과 주채무자 중 1인에 대하여 청구한 후에 다시 다른 자에게 청구할 수도 있다(어음법 제47조 제2항).

(4) 피보증인의 항변의 원용

① **물적 항변**: 피보증인의 물적 항변의 사유 중에서 어음기재상의 항변은 이를 원용하여 보증인은 피보증인의 상대방 또는 제3취득자에 대하여 거절할 수 있고, 어음행위의 효력에 관한 항변은 피보증인의 상대방 또는 악의의 제3

취득자에게 권리남용을 주장하여 어음보증채무의 이행을 거절할 수 있다.

② **인적 항변**: 인적 항변사유 중 원인관계의 소멸 또는 부존재의 항변도 원용할 수 있다(판례). 그러나 피보증인이 원인관계상의 해제권·취소권·상계권을 행사하지 않는 동안에 어음보증인이 이러한 항변으로써 소지인의 청구를 거절할 수 없다.

③ **기타**: 피보증인의 어음행위가 위조이거나 취소된 결과 피보증인이 어음상의 채무를 지지 않게 된 경우라도 어음보증인은 이러한 사유를 항변으로 원용하여 소지인의 청구를 거절하지 못한다.

2. 보증채무이행의 효과

보증인의 보증채무이행이 있는 경우 보증채무와 주채무는 소멸한다. 다만, 보증채무를 이행한 보증인은 법률상 당연히 피보증인과 피보증인의 어음상의 채무자에 대하여 어음상의 권리를 취득한다(어음법 제32조 제3항). 공동보증인이 있는 경우 그 중 1인이 보증채무를 이행한 때라도 다른 공동보증인에 대하여 구상권을 행사할 수 없다.

제5절 지 급

Ⅰ. 의 의

광의의 어음의 지급이란 지급인·발행인·배서인·보증인·참가인수인·참가지급인 또는 제3자 등 모든 어음관계자에 의한 지급을 포함하는 것을 말하며, 협의의 어음의 지급인이란 환어음의 지급인·인수인 또는 지급담당자가 하는 지급을 말한다.

Ⅱ. 지급제시

1. 의 의

지급제시란 어음의 소지인이 어음금의 지급을 받기 위하여 지급인·인수인에게 어음을 제시하여 지급청구를 하는 것을 말한다.

2. 제시의 당사자

(1) 제시인

지급제시인은 원칙적으로 형식적 자격이 있는 어음소지인이고, 예외적으로 형식적 자격이 없는 어음소지인인 경우에도 그가 실질적 권리자임을 입증한 경우에 한하여 지급제시를 할 수 있다. 또한 지급제시인의 대리인이나 사자(使者)도 지급제시를 할 수 있고, 공증인·집행관에 의한 지급제시도 유효하다.

(2) 피제시자

피제시자는 환어음의 지급인·인수인 또는 지급담당자 또는 약속어음의 발행인이다. 환어음의 인수인 또는 약속어음의 발행인이 수인인 경우에는 이러한 공동인수인 또는 공동발행인은 연대책임을 부담하는 것이 아니라 합동책임을 부담하여 각자가 독립적으로 어음금 전액에 대하여 지급의무를 부담하는 것이므로, 어음소지인은 공동인수인 또는 공동발행인의 전원에 대하여 지급제시를 하여야 상환청구권을 보전할 수 있다.

3. 지급제시기간

(1) 주채무자에 대한 지급제시기간

환어음의 인수인 또는 약속어음의 발행인과 같은 주채무자에 대하여 어음소지인이 어음상의 권리를 행사하기 위한 지급제시기간은 「만기의 날로부터 3년간」이다(어음법 제70조 제1항, 제77조 제1항 8호). 즉, 지급을 할 날 이후 채무가 시효로 인하여 소멸하기까지의 기간 내에 지급제시를 하면 된다. 지급제시기간의 계산에 있어서 초일은 산입하지 않는다(어음법 제73조). 지급제시기간의 말일이 법정휴일일 때에는 그날 이후의 제1거래일까지 연장되며, 기간 중의 휴일은 그 기간에 산입된다(어음법 제72조 제2항).

(2) 상환청구권 보전을 위한 지급제시기간

① **확정일출급·발행일자후정기출급·일람후정기출급어음의 경우**: 이러한 어음의 소지인은 지급을 할 날 또는 그날 이후의 2거래일 내에 지급제시를 하여야 한다. 여기서 「지급을 할 날」이란 법률상 지급이 있을 날을 가리키며, 보통은 만기와 일치하지만 만기가 법정휴일인 때에는 그날 이후의 제1의 거래일에 지급을 청구할 수 있으므로(어음법 제72조 제1항) 만기의 날 이후의 제1의 거래일이 지급을 할 날이 된다. 거래일이란 법정휴일 이외의 금융거래가 있는 날을 말한다. 은혜일은 법률상이거나 재판상임을 불문하고 인정하지 않는다(어음법 제74조).

② **일람출급어음의 경우**: 이러한 어음의 소지인은 발행일자로부터 1년 내에 또는 발행인이 일정한 기일 전의 지급제시를 금지한 경우에는 그 기일로부터 1년 내에 지급제시를 하여야 한다(어음법 제34조 제1항·제2항). 발행인은 지급제시기간을 단축 또는 연장할 수 있고, 배서인은 자기를 위하여 단축할 수 있다. 기간의 계산에서는 초일을 산입하지 않는다(어음법 제73조).

4. 제시장소 및 방법

(1) 제시장소

지급제시는 지급장소가 기재되어 있는 경우에는 그 장소에서 하고, 기재가 없는 경우에는 지급지에서의 지급인의 영업소·주소 또는 거소(居所)에서 제시할 수 있다. 제3자방지급의 경우에는 그 제3자방에서 제시하여야 한다. 어음교환소에서 한 제시는 지급제시로서의 효력이 있다(어음법 제38조 제2항). 어음에 기재된 영업소·주소가 실제의 영업소·주소와 같지 않은 경우에는 실제의 영업소·주소에서 제시하여야 한다.

(2) 제시방법

① **실물어음의 경우**: 지급제시의 방법은 완전한 어음을 현실로 제시하여야 하며, 그 등본을 제시하거나 보충완료 전의 백지어음의 제시는 적법한 제시가 아니다(판례). 지급인이 지급거절을 할 것이 명백한 사정이 있는 경우에도 적법한 지급제시를 하여야 하지만, 소지인이 제시에 필요하고 가능한 방법을 취한 이상 정당한 시기와 장소에 피제시자가 없음으로써 현실의 제시를 하

지 못한 경우에도 제시를 한 것이 된다. 재판상 어음금의 지급을 청구하는 경우에는 소장 또는 지급명령의 송달이 어음의 제시와 동일한 효력이 있는 것으로 본다(판례).

② **전자적 정보형태로 제시하는 경우**: 소지인으로부터 환어음의 추심을 위임받은 금융기관(제시금융기관)이 그 환어음의 기재사항을 정보처리시스템에 의하여 전자적 정보의 형태로 작성한 후 그 정보를 어음교환소에 송신하여 당해 어음교환소의 정보처리시스템에 입력된 때에는 어음교환소에서 지급을 위한 제시가 이루어진 것으로 본다(어음법 제38조 제2항).

5. 지급제시의 효력

(1) 상환청구권의 보전

어음소지인이 상환청구권 보전을 위해서는 상환청구권 보전을 위한 지급제시기간 내에 지급제시를 하여야 하며(어음법 제38조 제1항), 이 기간 내에 지급제시가 있었다는 사실은 지급거절증서에 의하여 증명되어야 한다. 그리고 이 기간 내에 지급제시를 하지 않는 경우에는 상환의무자에 대한 상환청구권을 상실하며(어음법 제53조), 어음채무자는 어음소지인의 비용과 위험부담으로 어음금액을 공탁할 수 있다(어음법 제42조).

(2) 채무자의 이행지체

환어음의 인수인 또는 약속어음의 발행인에 대한 지급제시기간 내(만기로부터 3년 간)에 지급제시를 하지 않으면 주채무자에 대한 어음상의 권리는 시효소멸하며, 제시기간 내에 지급제시를 한 경우 주채무자의 이행지체의 책임이 발생한다.

6. 지급제시의 면제

(1) 지급제시가 있는 것과 동일한 효력이 인정되는 경우

재판상 어음금을 청구하는 경우에는 소장 또는 지급명령의 송달을 지급제시와 동일한 효력이 있는 것으로 보며, 인수거절증서를 작성한 경우에는 지급제시 없이 상환청구권을 행사할 수 있으며, 어음의 경우 불가항력이 만기로부터 30일을 넘어 계속하는 경우 지급제시를 하지 않고 상환청구권을 행사할 수 있다(어음법 제54조 제4항).

(2) 지급제시면제의 특약이 있는 경우

상환의무자가 특정 어음소지인과 지급제시를 면제하는 특약을 한 경우에는 그 당사자간에는 그 특약의 효력이 인정된다. 다만, 지급제시를 면제한 상환의무자 이외의 다른 상환의무자에 대하여는 지급제시기간 내에 지급제시를 하지 않으면 그 자에 대하여는 상환청구권을 상실한다.

(3) 기타의 경우

어음이 채무자의 수중에 있는 경우의 지급청구 또는 약속어음의 발행인에 대한 지급청구의 경우에는 지급제시 없이 할 수 있다.

Ⅲ. 제시기간 경과 후의 청구제시

환어음의 인수인이나 약속어음의 발행인은 지급제시기간이 경과한 후에도 어음상의 채무가 소멸되기 전까지는 언제든지 채무자의 현재의 영업소 또는 주소에서 어음을 제시하여 어음금의 지급청구를 할 수 있다. 다만, 제시기간 경과 후의 청구제시는 지급제시기간 내의 지급제시와 달리 상환청구권을 보전하는 효력이 없고(어음법 제53조 제1항), 어음상의 주채무자는 어음금액 이외에 그 청구제시를 한 날 이후의 지연손해금의 지급책임을 부담할 뿐이다. 지급제시기간 경과 후의 청구제시도 어음채권의 시효중단의 효력이 있다.

Ⅳ. 지 급

1. 지급시기

(1) 만기 전의 지급

만기 전에는 어음소지인은 지급청구를 할 수 없는 동시에 지급을 받을 의무도 없고(어음법 제40조 제1항), 또 지급인은 만기 전에 지급할 의무가 없다. 다만, 소지인의 동의가 있는 때에는 유효한 지급을 할 수 있지만, 어음법상 완전한 지급, 즉 면책력 있는 지급은 될 수 없으며 지급인은 자기의 위험부담으로 지급하게 된다(어음법 제40조 제2항).

(2) 만기에 있어서의 지급

만기에는 어음소지인은 인수인에 대하여 지급청구를 할 수 있으며, 인수인도 지급할 금액의 증가를 막기 위하여 지급의 수령을 요구할 수 있고, 지급의무자에게 보상청구를 할 수 있다. 만기에 지급제시를 하였음에도 지급하지 않는 경우 어음소지인은 어음채무자에게 만기 이후의 연 6푼(分)의 이율에 의한 지연이자를 청구할 수 있다(어음법 제48조 제2항 2호). 만기에 지급하는 지급인은 어음법에 의하여 선의지급에 대하여 특별한 보호를 받는다(어음법 제40조 제3항). 만기에 지급할 채무가 있는 어음채무자는 어음소지인이 만기에 지급제시를 하지 않는 경우에는 어음소지인의 비용과 위험부담으로 어음금액을 관할관서에 공탁하고 어음채무를 면할 수 있다(어음법 제42조, 제77조 제1항 3호).

(3) 만기 후의 지급

만기 후의 지급, 즉 지급제시기간 경과 후의 지급의 경우에 있어서 인수를 한 지급인은 시효기간 내에 지급을 하면 선의지급의 보호를 받으며(어음법 제40조 제3항), 발행인에 대하여 보상청구를 할 수 있다.

(4) 지급의 유예

① **당사자의 의사에 의한 경우**: 당사자의 의사에 따라서 어음지급을 연기할 수 있는 경우의 하나로 어음개서가 인정된다. 어음개서에 의하여 발행된 신어음을 연기어음이라 한다.

② **법률의 규정에 의한 경우**: 전쟁·지진·홍수·경제공항 기타 1국 전체 또는 어떤 지방에 사변이 발생하여 법령에 의하여 어음채무의 지급이 유예되는 경우가 있다. 이와 관련하여 어음법 제54조에서는 상환청구권보전절차에 관하여 지급제시기간 및 거절증서작성기간이 연장됨을 규정하고 있다(어음법 제54조 제1항).

2. 지급의 목적물

어음지급의 목적물은 일정액의 금전이며, 어음금이 어느 종류의 통화로 지급할 것인 경우에 그 통화가 지급시에 강제통용력을 잃은 때에는 지급인은 다른 통화로 지급하여야 한다.

어음상에 외국통화로써 어음금액을 표시한 경우에도 원칙적으로 만기의 날의 가격에 의하여 내국의 통화로 지급할 수 있다(어음법 제41조 제1항). 이 경우 환산율은 발행인이 어음상에 특히 정한 때에는 그에 따르고, 이러한 정함이 없는 경우에는 지급지의 관습에 따라서 정한다(어음법 제41조 제2항). 그러나 발행인이 특종의 통화로 지급할 뜻을 기재한 경우에는 이에 따라야 한다(어음법 제41조 제3항). 그리고 발행국과 지급국에서 동명이가(同名異價)를 가진 통화에 의하여 어음금액을 표시한 경우에는 지급지의 통화에 의하여 정한 것으로 추정한다(어음법 제41조 제4항).

3. 지급시 조사사항

(1) 서 설

원래 채무는 진정한 권리자 또는 그 자로부터 권리행사의 권한을 부여받은 자에게 변제하지 않으면 그 효과를 얻을 수 없으므로, 채무자는 변제를 함에 있어서 일일이 청구자가 진정한 권리자인가의 여부를 조사하여야 한다. 그러나 어음에 대해서는 어음거래의 원활을 기하기 위하여 지급인의 조사의무를 경감하고 있다. 즉, 만기에 지급하는 지급인은 사기 또는 중대한 과실이 없으면 그 책임을 면하는 것으로 하고 있다(어음법 제40조 제3항). 이 규정은 만기 이후의 지급의 경우에만 적용되며, 만기 전에는 지급인의 위험부담하에 지급하게 된다(어음법 제40조 제2항).

(2) 형식적 자격의 조사

지급인이 만기에 지급을 함에 있어서는 형식적 자격만을 조사하면 된다. 즉, 지급인은 어음의 방식이 적법한가의 여부, 배서가 연속되어 있는가의 여부, 자기의 기명날인 또는 서명이 있는 경우에는 그것이 진정한 것인가의 여부만을 조사하면 된다(어음법 제40조 제3항 후단). 배서의 연속이 흠결되어 있는 경우에는 그 흠결된 부분의 연결을 소지인이 입증한 경우에는 지급할 수 있다(판례).

한편, 어음법 제38조 제3항에 따른 지급제시의 경우에는 지급인 또는 지급인으로부터 지급을 위임받은 금융기관은 배서의 연속이 제대로 되어 있는지에 대한 조사를 제시금융기관에 위임할 수 있다(어음법 제40조 제4항).

(3) 실질적 자격의 조사

지급인은 어음의 제시자가 진정한 권리자인가의 여부, 어음의 기재상 권리자로 되어 있는 자와 현실에 청구를 하는 자가 동일인인가의 여부는 이를 조사할 의무가 없으며, 또 배서가 진정한 것인가의 여부, 최후의 배서가 위조인가의 여부에 대하여도 조사할 의무는 없다(어음법 제40조 제3항 2문).

(4) 면책적 조사의무의 정도

만기에 지급하는 지급인은 사기 또는 중대한 과실이 없으면 그 책임을 면한다.

여기서 「사기」란 어음법 제16조 제2항의 「악의 또는 중과실」이라고 하고 있는 점 및 어음법 제17조가 「해(害)할 것을 알고」라고 규정하고 있는 점과는 구별되는 것으로, 제시자에게 지급수령의 권한이 없음을 알고 있을 뿐만 아니라 용이하게 이를 입증할 수 있는 증거방법을 가지고 있음에도 불구하고 지급한 경우를 말한다.

「중대한 과실」이란 지급인이 보통의 조사를 하면 어음제시자가 무권리자임을 알고 그 무권리자임을 입증할 자료도 얻었을 것인데, 이 조사를 하지 않음으로써 무권리자임을 모르고 지급을 한 경우를 말한다.

(5) 적용범위

① **만기지급·지급인의 범위**: 지급인의 조사의무에 관한 어음법 제40조 제3항은 「만기에 지급하는 지급인」의 의무로서 규정하고 있으나, 지급담당자 및 상환의무자의 지급의 경우를 포함하는 것으로 볼 수 있다.

② **만기후 지급에 대한 적용**: 지급인의 조사의무에 관한 어음법 제40조 제3항은 「만기에 지급하는」 경우에 관하여 규정하고 있으나, 만기후 지급(지급거절증서작성 후 또는 거절증서 작성기간이 경과한 후의 지급)의 경우에도 적용되는 것으로 본다.

③ **지급면책의 효과**: 어음법 제40조 제3항 전단에 의하여, 환어음의 인수인 또는 약속어음의 발행인이 지급한 경우 어음상의 채무는 모두 소멸한다. 인수인이 지급한 경우에는 그 결과를 발행인의 계산으로 귀속시킬 수 있고, 상환의무자가 지급한 경우에는 그 상환의무자 및 그 후자의 어음상의 채무가 소멸한다.

4. 지급방법

(1) 영수문언의 기재와 어음의 교부

지급인이 지급을 할 때 소지인에 대하여 어음에 수령을 증명하는 기재를 하여 교부할 것을 청구할 수 있다(어음법 제39조 제1항). 영수문언을 기재할 수 있는 자는 어음채권자 본인 또는 그 대리인이다. 이 문언은 어음 또는 보전 위에 기재되며, 통상 어음의 뒷면의 최후의 배서에 이어서 기재한다.

(2) 일부지급

지급인은 어음금의 일부지급을 할 수 있으며, 이 경우 소지인은 이를 거절하지 못한다(어음법 제39조 제2항). 일부지급이 있는 경우 잔액에 대하여는 상환청구권이 인정된다. 일부지급의 경우에 지급인은 소지인에 대하여 그 지급한 뜻을 어음에 기재하고 수령증을 교부할 것을 청구할 수 있다(어음법 제39조 제3항). 그러나 지급제시기간이 경과한 후에는 어음채권자는 일부지급을 받을 의무가 없다.

(3) 지급 이외의 어음채무 소멸

어음채무는 지급 이외에 경개(更改)·대물변제 등의 일반채무의 소멸원인으로 소멸하게 되나, 이 경우 어음의 교부를 청구할 수 있으며, 만약 그 어음을 교부하지 않은 때에는 당사자간에는 채무소멸의 인적 항변이 생기는데 불과하다.

(4) 어음금액의 공탁

지급제시기간 내에 지급제시가 없는 때에는 각 어음채무자는 소지인의 비용과 위험부담으로 어음금액을 관할관서에 공탁할 수 있다(어음법 제42조). 공탁을 하고자 하는 어음채무자는 소정의 공탁서를 작성하고, 공탁물인 어음금을 첨부하여 지정된 은행에 제출하게 되며, 공탁금에는 소정의 이자를 붙일 수 있다(공탁법 제4조, 제5조).

제6절 상환청구

I. 의 의

상환청구는 어음이 만기에 지급거절되었거나 또는 만기 전에 인수거절 또는 지급기능이 현저하게 감소되었을 때에 어음소지인이 전자에 대하여 어음금액 기타 비용을 청구하는 것을 말한다. 즉, 어음소지인이 어음채무자에 대하여 담보책임의 이행을 청구하는 것으로서, 어음소지인의 이러한 이행청구를 할 수 있는 권리를 상환청구권이라 한다.

Ⅱ. 입법주의

상환청구에 관한 입법주의로는 ① 인수거절시에는 담보청구권을 인정하고 지급거절시에는 상환청구권을 인정하는 이권주의(二權主義), ② 인수거절의 경우와 지급거절의 경우 모두 상환청구권만을 인정하는 일권주의(一權主義), ③ 지급거절의 경우에는 상환청구권을 인정하고 인수거절의 경우에는 담보청구권과 상환청구권의 선택이 가능하다는 선택주의가 있다. 우리 어음법은 일권주의를 택하고 있다.

Ⅲ. 당사자

1. 상환청구권자

상환청구권자는 제1차적으로는 어음소지인이고, 제2차적으로는 상환하여 어음을 환수한 소지인, 보증채무를 이행한 보증인과 참가지급인, 어음채무를 이행한 무권대리인 등이다.

2. 상환의무자

상환의무자는 환어음의 발행인·배서인과 이러한 자의 보증인·참가인수인이다. 이 외에 무권대리인도 특수한 상환의무자에 해당한다. 환어음의 인수인과 약속어음의 발행인은 주채무자일 뿐, 상환의무자가 아니다. 또한 무담보배서인·추심위임배서인·기한후배서인은 상환의무가 없다.

상환의무자의 합동책임

상환의무자인 환어음의 발행인·배서인·보증인은 주채무자인 인수인과 더불어 어음소지인에 대하여 합동하여 어음금지급의 책임을 진다(어음법 제47조 제1항). 합동책임에 있어서는 각 어음채무자의 의무범위가 다르고, 채무부담의 조건이 다르고, 내부의 부담부분이 없다는 점에서 연대책임과 차이가 있다.

Ⅳ. 상환청구의 요건

1. 만기 전의 상환청구

(1) 실질적 요건

① **인수의 전부 또는 일부의 거절이 있는 경우**(어음법 제43조 1호): 인수의 거절은 지급인이 적극적으로 인수를 거절한 경우뿐만 아니라 부단순인수가 있는 경우, 지급인이 사망하고 그 상속인이 불분명한 경우, 지급인의 주소가 불분명한 경우도 포함된다. 일부인수가 있는 경우에는 인수되지 아니한 잔액에 대하여 상환청구할 수 있다.

② **지급인의 인수 여부와 관계없이 지급인이 파산한 경우, 그 지급이 정지된 경우 또는 그 재산에 대한 강제집행이 주효(奏效)하지 않은 경우**: 이것은 지급인에 의한 지급을 기대할 수 없는 경우이다. 지급인의 파산은 파산개시의 선고결정의 뜻이며, 그 확정의 여부는 묻지 않는다. 파산 기타의 자력불확실의 사실은 상환청구권 행사시까지 계속함을 요하지 않는다. 인수를 하였거나 하지 아니한 지급인이 지급을 정지한 경우 또는 그 재산에 대한 강제집행이 주효하지 아니한 경우에는 소지인은 지급인에 대하여 지급제시를 하고 거절증서를 작성시킨 후가 아니면 상환청구권을 행사하지 못한다(어음법 제44조 제5항).

③ **인수제시를 금지한 어음의 발행인이 파산한 경우**(어음법 제43조 3호): 인수를 위한 제시를 금지한 어음은 오로지 발행인의 자력을 신용하여 유통되는 것이므로, 어음의 발행인의 파산은 인수인의 파산과 동일시하여야 하기 때문에 상환청구의 요건으로 한 것이다.

(2) 형식적 요건

① **인수의 제시**: 소지인이 인수거절을 이유로 하는 상환청구를 하기 위하여는 인수를 위한 제시가 필요하다. 그러나 인수제시를 하지 않는 경우에도 지급거절로 인한 상환청구권까지 상실하는 것은 아니다. 그러나 인수제시명령이 있는 어음이나 일람후정기출급어음의 경우에는 인수제시를 하지 않으면 모든 상환청구권을 잃게 된다.

② **인수거절증서 또는 지급거절증서의 작성**: 인수제시가 있고 인수거절이 된 경우 이를 증명하는 인수거절증서의 작성이 있어야 한다. 인수거절증서를 작성시

켰을 때에는 만기가 도래한 후 상환청구를 하는 경우에도 다시 지급제시를 하여 지급거절증서를 작성시킬 필요가 없다(어음법 제44조 제4항). 지급인의 지급정지 또는 이에 대한 강제집행이 주효하지 않은 경우에는 소지인은 만기 전이라도 일단 지급제시를 하고 지급거절증서를 작성시킨 후가 아니면 상환청구를 하지 못한다(어음법 제44조 제5항).

③ **참가의 청구**: 지급지에서의 예비지급인이 있는 경우에는 이에 대하여 어음을 제시하고 참가인수를 요구하고 그 거절이 있었다는 것을 거절증서에 의하여 증명하여야 하며, 그렇지 않으면 예비지급인을 기재한 자와 그 후자에 대하여는 상환청구권을 행사할 수 없다(어음법 제56조 제2항).

2. 만기 후의 상환청구

(1) 실질적 요건

어음소지인이 만기에 적법한 지급제시를 하였어도 지급인이 어음금액의 전부 또는 일부의 지급을 하지 아니한 경우여야 한다(어음법 제43조). 수인의 지급인이 중첩적으로 기재되어 있는 경우에는 그 지급인 전원의 지급거절이 있어야 한다.

(2) 형식적 요건

① **지급제시**: 지급제시가 있어야 한다. 지급거절증서의 작성이 면제되어 있는 경우에도 지급제시를 하여야 한다(어음법 제46조 제2항 1문). 지급제시에는 어음요건을 갖춘 완전한 어음이어야 한다. 예비지급인 또는 참가인수인 등이 있는 경우에는 그들의 전원에 대하여 지급제시기간의 익일까지 지급제시를 하여야 하며, 그렇지 않으면 예비지급인을 기재한 자 또는 피참가인과 그 후의 배서인에 대하여 상환청구권을 잃는다(어음법 제60조).

② **지급거절증서의 작성**: 지급거절을 증명하기 위하여 지급거절증서를 작성하여야 한다(어음법 제44조 제1항). 지급거절증서는 확정일출급·발행일자후정기출급 또는 일람후정기출급의 어음에 있어서는 지급을 할 날 또는 이에 이은 2거래일 내에, 또 일람출급어음의 경우에는 발행일로부터 1년 내에 이를 작성시켜야 한다(어음법 제44조 제3항). 그러나 거절증서의 작성이 면제된 경우, 인수거절증서가 작성되어 있는 경우, 지급인의 파산의 경우, 불가항력이 만기로부터 30일 이상 계속하는 경우에는 지급거절증서를 작성시킬 필요가 없다.

3. 불가항력

(1) 의 의

불가항력이란 보통 합리적이고 필요하다고 인정되는 주의를 다하여도 그를 피할 수 없는 장애를 가리킨다. 여기서 피할 수 없는 장애란 전쟁·변란·지진·교통두절·홍수해 등의 사변·모라토리움 등을 말한다. 그러나 단순한 인적 사유, 즉 소지인의 질병 등과 같은 사유는 불가항력이 되지 않는다(어음법 제54조 제6항). 불가항력은 어음상의 권리보전절차를 이행할 기간의 종기에 있어야 한다.

(2) 불가항력과 권리보전절차

불가항력이 있는 경우에는 원칙적으로 권리보전절차를 밟을 기간이 연장된다(어음법 제54조 제1항). 어음소지인은 불가항력이 있는 경우 자기의 배서인에 대하여 지체없이 그 불가항력을 통지하고, 어음 또는 보전에 그 통지한 뜻을 기재하며, 일자를 부기하여 기명날인 또는 서명하여야 한다(어음법 제54조 제2항). 그 불가항력이 종지(終止)된 때에는 소지인은 지체없이 인수 또는 지급을 위한 어음제시를 하고, 필요한 경우에는 거절증서를 작성시켜야 한다(어음법 제54조 제3항). 그러나 불가항력이 만기로부터 30일을 넘어 계속되는 때에는 어음제시 또는 거절증서의 작성 없이 상환청구권을 행사할 수 있다(어음법 제54조 제4항). 이 경우 30일의 기간은 일람출급과 일람후정기출급의 어음과 같이 제시가 있음으로써 만기가 정하여지는 어음에 있어서는 소지인이 배서인에게 불가항력의 통지를 한 날로부터 기산한다(어음법 제54조 제5항).

4. 거절증서

(1) 의 의

거절증서는 어음상의 권리의 행사 및 보전에 필요한 행위를 한 것과 같은 결과를 증명하는 증명증서로서 요식의 공정증서이다. 이러한 거절증서의 작성절차에 대해서는 거절증서령에서 규정하고 있다.

(2) 거절증서 작성을 요하는 경우

거절증서의 작성을 요하는 경우로는 인수거절의 경우, 제시일자 또는 인수일자의 기재가 거절된 경우, 제2의 인수제시의 청구가 있는 경우, 지급거절의 경우, 지급인의 자력이 불확실하게 된 경우, 참가인수거절의 경우, 참가지급거절의 경우, 복본교부거절의 경우, 원본반환거절의 경우 등이다.

(3) 거절증서 작성이 면제되는 경우

① **면제되는 사유**: 거절증서의 작성이 면제되어 있는 경우, 인수거절증서를 작성시킨 후에 지급거절이 있는 경우, 파산결정서가 있는 경우, 불가항력으로 인한 면제의 경우가 있다. 이 중 특히 거절증서의 작성면제에 관해 설명하고자 한다.

② **면제권자**: 거절증서의 작성을 면제할 수 있는 자는 상환의무자인 환어음의 발행인·배서인·보증인·참가인수인 등이다. 그러나 인수인과 그 자를 위한 보증인은 면제할 수 없다.

③ **면제의 방식**: 면제의 방식으로는 「무비용상환」, 「거절증서불필요」의 문자 또는 이와 같은 뜻을 가진 문구를 어음에 적고 기명날인 또는 서명함으로써 한다(어음법 제46조 제1항). 단순히 거절증서작성면제가 기재된 경우에는 인수와 지급의 양 거절증서의 작성이 면제된 것으로 볼 것이다. 어음의 배서란에 거절증서작성의무 면제의 문언이 인쇄되어 있는 경우에는 배서기명날인 또는 서명만을 하여도 거절증서작성의무를 면제한 것이 된다(통설·판례).

④ **면제의 효력**: 소지인은 거절증서 없이 상환청구권을 행사할 수 있다. 발행인이 면제문언을 기재한 경우에는 모든 기명날인 또는 서명자에게 그 효력이 생기며, 소지인이 임의로 이를 작성시킨 경우에는 그 비용은 소지인이 부담한다(어음법 제46조 제3항 2문). 배서인·보증인 등이 면제문언을 기재한 경우에는 그 자에 대하여서만 효력이 생긴다(어음법 제46조 제3항 1문).

Ⅴ. 상환청구의 통지

1. 의의·입법주의

(1) 의 의

상환청구의 통지는 거절의 통지라고도 한다. 상환청구권의 행사는 발행인 기타 어음소지인의 전자로서는 예기치 못하던 일이므로, 어음법은 상환청구권자로 하여금 전자에 대하여 상환청구원인의 발생을 통지하게 함으로써 상환의무자에게 상환의무 이행의 준비를 시키는 동시에, 신속한 상환을 하여 상환금액의 증대를 방지할 기회를 가질 수 있도록 하고 있는 것이다.

(2) 입법주의

상환청구의 통지는 이 통지로써 상환청구의 요건으로 하는 주의와 후자의 전자에 대한 의무로 하는 주의가 있다. 우리 어음법은 후자의 전자에 대한 의무로 하는 주의를 취하고 있다.

2. 통지를 요하는 경우와 요하지 않는 경우

(1) 통지를 요하는 경우

어음소지인은 인수 또는 지급의 거절이 있는 경우에 이를 자기의 배서인과 발행인에게 통지하여야 한다(어음법 제45조 제1항). 지급인의 지급정지 또는 강제집행의 부주효의 경우에도 거절증서를 작성시켜야 하므로 통지를 하여야 한다.

(2) 통지를 요하지 않는 경우

지급인·인수인·인수제시금지어음의 발행인이 파산한 경우에는 파산선고의 공고가 있고, 회생절차가 개시되는 경우에는 그 사실이 공고되므로 통지가 필요 없다. 또 어음참가가 있는 경우 참가에 의하여 상환청구가 저지되는 범위에서는 통지를 요하지 않으며, 통지면제의 특약이 있는 경우에도 당사자 사이에 통지를 생략할 수 있다.

(3) 거절증서 작성이 면제된 경우

거절증서의 작성이 면제된 경우에도 통지의무를 면제하는 것은 아니므로 통지하여야 한다(어음법 제46조 제2항).

3. 통지의 당사자

통지의무자는 어음의 최후의 소지인과 통지를 받은 배서인이며, 피통지자는 발행인·배서인 및 이러한 자의 보증인이다(어음법 제45조 제1항·제2항). 어음의 소지인은 자기의 직접의 전자 이외에 발행인에게도 직접 통지하여야 한다(어음법 제45조 제1항 1문). 배서인이 그 장소를 기재하지 아니하였거나 그 기재가 분명하지 아니한 경우에는 그 배서인의 직접의 전자에게 통지하면 된다(어음법 제45조 제3항).

4. 통지기간

소지인은 거절증서작성일 또는 이에 이은 4거래일 내에, 거절증서작성이 면제되어 있는 경우에는 어음 제시일 또는 이에 이은 4거래일 내에, 또 배서인은 통지를 받은 날 또는 이에 이은 2거래일 내에 인수거절 또는 지급거절이 있었음을 통지를 하여야 한다(어음법 제45조 제1항). 이러한 통지의 유무에 관하여는 통지의무자가 통지기간 내에 통지하였음을 증명하여야 하지만, 이 기간 내에 통지의 서면을 우편으로 부친 때에는 그 기간을 준수한 것으로 본다(어음법 제45조 제5항).

5. 통지의 방법과 내용

통지의 방법에는 제한이 없고, 구두에 의하든 서면에 의하든 관계없다. 다만 피통지자에게 그 통지가 도달할 수 있는 방법이면 되며, 단순한 어음의 반환으로도 가능하다(어음법 제45조 제4항). 통지의 내용은 인수 또는 지급의 거절이 있는 사실을 통지하면 된다.

6. 통지의무 위반의 효과

통지의무를 위반하였다 하더라도 상환청구권을 상실하는 것은 아니다. 그러나 통지의무위반자의 과실로 인하여 손해가 생긴 때에는 어음금액의 한도 내에서 그 손해를 배상할 책임을 진다(어음법 제45조 제6항).

Ⅵ. 상환청구금액

만기 후의 상환청구에 의하여 어음소지인은 인수 또는 지급되지 아니한 어음금액과 이자의 기재가 있으면 그 이자, 연 6푼(分)의 이율에 의한 만기 이후의 이자, 거절증서작성비용·통지비용 및 그 밖의 기타 비용을 청구할 수 있다(어음법 제48조 제1항).

그러나 만기 전의 상환청구의 경우에는 인수 또는 지급되지 아니한 어음금액과 이자의 기재가 있으면 그 이자, 거절증서작성비용·통지비용 및 그 밖의 기타 비용을 청구할 수 있고, 만기까지의 소지인이 주소지에서의 상환청구한 날의 공정할인율(은행률)에 의하여 할인하여 그 어음금액을 감액하는 것으로 하고 있다(어음법 제48조 제2항).

Ⅶ. 상환청구의 방법

1. 상환청구권자의 상환청구방법

(1) 상환청구의 순서

상환청구권자는 상환의무자의 채무부담의 순서에 상관없이 상환청구권을 행사할 수 있으며(어음법 제47조 제2항 전단), 또 특정한 상환의무자에게 청구하였다고 하여도 다른 자에 대한 상환청구권에 영향을 미치지 아니하므로 언제든지 다른 자에 대하여 다시 상환청구권을 행사할 수 있다(어음법 제47조 제4항). 또 피청구자의 수에도 제한이 없으므로 상환의무자의 1인, 수인 또는 전원에 대하여 동시에 청구할 수 있다(어음법 제47조 제2항 후단).

(2) 역어음의 발행

① **의의**: 어음소지인 또는 상환의무를 이행한 배서인이 그 전자의 1인을 지급인으로 한 새로운 환어음을 발행하여 상환청구할 수 있는데, 이러한 환어음을 역어음이라 한다(어음법 제52조).

② **발행요건**: 역어음의 발행에 있어서는 ㉠ 발행인은 상환청구권자이다. ㉡ 지급인은 상환의무자이다. ㉢ 지급지는 상환의무자의 주소지이며, 제3자방지급으로 하지 못한다. ㉣ 만기는 일람출급이어야 한다. ㉤ 발행지는 본어음의 지급지 또는 상환청구권자의 주소지여야 한다. ㉥ 어음금액은 상환금액 이외에 그 역어음의 중개료 및 인지세를 가산한 금액으로 한다. ㉦ 역어음은 그 발행이 금지되지 않아야 한다.

(3) 역어음의 양도·지급

역어음의 소지인이 역어음을 양도하는 경우에는 역어음과 함께 본어음·거절증서 등도 양도하여야 한다. 역어음의 지급인이 동 어음의 소지인에게 지급한 경우에는 본어음에 대하여 상환의무를 이행한 것이 된다(어음법 제52조 제1항).

2. 상환의무자의 이행방법

(1) 이행의 방법

상환의무의 이행은 금전채무이행의 일반원칙과 같이 지급·상계 기타의 방법으로 할 수 있다. 일부상환은 일부지급과는 달리 상환청구권자가 이를 거절할 수 있다.

(2) 어음·계산서 등의 교부

① **일반적인 경우:** 상환의무자는 지급과 상환으로 거절증서, 영수를 증명하는 계산서와 그 어음의 교부를 청구할 수 있다(어음법 제50조 제1항). 따라서 이러한 서류의 교부는 지급과 동시이행의 관계에 있는 것이다. 계산서는 상환청구금액을 명확히 하기 위하여 상환청구권자에 의하여 작성되는 것이며, 거절증서와는 달리 각 상환청구권자가 각별로 작성한다.

② **일부인수가 있는 경우:** 일부인수가 있는 경우에 인수되지 아니한 어음금액에 대하여 만기 전의 상환청구를 한 때에는 상환자는 소지인으로 하여금 그 지급한 뜻을 어음에 기재하게 하고, 영수증·어음의 증명등본 및 거절증서의 교부를 청구할 수 있다(어음법 제51조).

③ **일부지급이 있는 경우:** 일부지급이 있는 경우에는 어음은 소지인의 수중에 있으므로 지급되지 않은 잔액에 대한 상환청구의 방법은 보통의 경우와 같다.

④ **어음 상실의 경우:** 어음소지인이 어음을 상실한 경우에는 공시최고에 의한 제권판결에 의하여 어음상의 권리를 행사할 수 있으므로, 상환의무자는 어음이 없이도 상환의무를 이행할 수 있다.

(3) 상환자의 배서말소

상환의무를 이행하여 어음을 환수한 자는 어음상 자기의 의무가 소멸하였음을 표시하기 위하여 자기와 후자의 배서를 말소할 수 있다(어음법 제50조 제2항).

(4) 상환의무자의 상환권

상환의무자는 상환청구권자에 의한 상환청구를 기다리지 않고 자진하여 어음·거절증서·계산서 등의 서류와 교환하여 상환할 수 있다(어음법 제50조 제1항). 수인의 상환의무자가 상환을 희망하는 경우 가장 많은 상환의무자의 의무를 면하게 하는 자의 상환을 받아야 한다.

Ⅷ. 재상환청구

1. 의 의

재상환청구란 어음소지인 또는 자기의 후자에 대하여 상환의무를 이행하여 어음을 환수한 전자가 어음상의 권리자인 지위를 회복하여 다시 그 전자에 대하여 상환청구하는 것을 말한다.

2. 요 건

재상환청구를 하기 위해서는 첫째로 상환의무를 이행하고 어음을 환수하여야 한다. 상환의무가 시효 또는 절차의 흠결로 인하여 소멸한 후에 상환을 하거나, 무담보배서의 경우에 상환을 하여도 전자에 대하여 상환청구하지 못한다. 둘째로 재상환청구를 할 자는 어음, 거절증서 및 영수를 증명하는 계산서의 교부를 받아야 한다(어음법 제50조 제1항).

3. 상환자의 지위

어음을 환수한 배서인은 다시 배서에 의하여 타인에게 어음을 양도할 수 있다. 그리고 상환의무를 이행하고 어음을 환수한 배서인은 자기의 후자의 배서를 말소할 수 있다(어음법 제50조 제2항).

4. 재상환청구금액

상환의무를 이행하여 어음을 환수한 자는 지급한 총금액과 이 금액에 대한 연 6푼(分)의 이율에 의하여 계산한 지급의 날 이후의 이자 및 지출한 비용을 청구할 수 있다(어음법 제49조).

제7절 복본·등본

Ⅰ. 복 본

1. 의 의

복본이란 발행인이 발행하는 한 개의 환어음상의 권리를 표창하는 수통의 어음증권을 말한다. 환어음과 수표에서는 복본이 인정되지만, 약속어음에서는 인정되지 않는다.

2. 복본의 발행

어음의 복본은 각 통의 내용이 거래의 통념상 동일하여야 하고, 증권의 본문 중에 번호를 붙여야 한다. 번호가 없는 수통의 복본은 별개의 환어음으로 본다(어음법 제64조 제2항). 복본은 발행인만이 발행할 수 있다(어음법 제64조 제1항). 발행인이 복본을 교부하지 아니한다는 뜻을 어음상에 기재하지 않는 한 어음소지인은 자기의 비용으로 복본의 교부를 청구할 수 있다(어음법 제64조 제3항). 환어음을 상실하면 복본교부청구를 하지 못한다. 복본의 청구는 만기 이후에도 가능하고, 어음상의 권리가 절차의 흠결 또는 시효로 인하여 소멸한 경우에도 청구할 수 있다.

3. 복본의 효력

복본은 각 통마다 어음의 효력을 가지나, 동일한 어음채권을 표창하는 수통의 복본을 소지하더라도 그 소지인은 하나의 권리를 취득할 뿐이다. 이것을 복본일체의 원칙이라 한다.

수통의 복본 중 1통으로써 어음의 제시나 상환청구를 할 수 있고, 1통에 대하여 지급 또는 상환을 하면 다른 수통에도 그 효력이 미친다. 수통의 복본에 인수를 한 인수인이 지급시에 그 수통을 환수하지 않으면 환수하지 아니한 복본에 대한 지급책임을 면하지 못한다(어음법 제65조 제1항). 어음소지인이 수통의 복본을 수인에게 따로따로 배서양도한 때에는 그 배서인과 그 후의 배서인은 반환받지 아니한 각자의 기명날인 또는 서명이 있는 복본에 대하여 책임을 진다(어음법 제65조 제2항).

4. 인수를 위한 복본의 송부

인수를 위하여 복본의 1통을 송부한 자는 다른 각 통에 송부복본을 보유하는 자의 명칭 기재하여야 하며, 이러한 기재가 있는 어음의 양수인은 다른 복본의 소지인에 대하여 그 반환을 청구할 수 있다(어음법 제66조 제1항).

Ⅱ. 등 본

1. 의 의

등본이란 어음의 원본을 복사한 것을 말하며, 환어음과 약속어음에서는 인정되지만 수표에서는 인정되지 않는다.

2. 등본의 발행

어음의 등본에는 원본의 보유자를 표시하여야 한다. 복본과 달리 모든 어음소지인이 임의로 작성하여 발행할 수 있다. 등본에는 배서된 사항이나 그 밖에 원본에 기재한 모든 사항을 정확하게 다시 기재하고 그 끝부분을 표시하는 기재(경계문언)를 하여야 한다(어음법 제67조 제2항). 경계문언이 없거나 등본임을 표시하지 아니한 경우에는 원본이 된다.

3. 등본의 효력

등본에는 배서나 보증만 가능하며(어음법 제67조 제3항), 어음상의 권리를 행사하기 위해서는 원본을 소지하여야 한다. 등본소지인은 원본의 보유자에 대하여 원본의 반환청구를 할 수 있다(어음법 제68조 제1항). 원본에 경계문언과 함께 배서금지문언이 있는 경우 등본작성 후에 한 원본의 배서는 그 효력이 없다(어음법 제68조 제3항).

Chapter COMMERCIAL LAW

04 약속어음

제1절 약속어음에 관한 법규

약속어음은 발행인 자신이 일정금액의 지급을 약속하는 어음으로서, 환어음과 달리 인수제도가 없기 때문에 지급인이 없다. 따라서 인수를 위한 제시나 인수거절에 의한 상환청구는 인정되지 않는다. 약속어음에 대하여는 환어음과의 차이점에 관한 소수의 특별한 규정을 두고 있을 뿐이고(어음법 제75조, 제76조, 제78조), 기타의 모든 문제에 대하여는 그 성질이 허용하는 범위 내에서 환어음에 관한 규정을 준용한다(어음법 제77조).

제2절 약속어음에 관한 특칙

Ⅰ. 약속어음의 발행

1. 의 의

약속어음의 발행이란 일정한 금전의 채무부담의 의사로 법정요건(어음법 제75조 참조)을 구비한 기본어음을 작성하여 수취인에게 교부하는 행위를 말한다.

2. 기재사항

(1) 필요적 기재사항

① **약속어음문구**: 약속어음임을 표시하는 문자를 기재하여야 하며, 이 문자의 기재는 어음 본문 중에 하여야 한다. 즉, 지급약속문구 중에 약속어음이라는 표시가 있어야 한다.

② **지급약속문구**: 발행인은 지급약속문구를 기재하여야 하며, 환어음의 경우의 지급위탁문구와 다르다. 지급약속문구에는 어떠한 조건이 있거나 지급방법을 제한하는 경우에는 어음을 무효로 한다는 점에서는 환어음의 경우와 같다.

③ **만기**: 만기의 종류는 환어음과 같다. 다만, 일람후정기출급어음에 있어 만기의 기산점에 차이가 있다. 약속어음에는 인수제도가 없으므로 인수제시의 대신으로 발행일로부터 1년 내에 일람을 위한 제시를 하여야 하고(어음법 제78조 제2항 1문), 이 일람 후의 기간은 발행인이 어음에 일람의 뜻을 기재하고 기명날인 또는 서명한 날로부터 진행한다(어음법 제78조 제2항 2문).

④ **기타**: 어음금액, 지급지, 수취인의 표시, 발행일·발행지, 발행인의 기명날인 또는 서명은 환어음과 같다. 지급지의 기재가 없으면 다른 표시가 없는 한 발행지를 지급지로 본다(어음법 제76조 2호).

(2) 유익적 기재사항

어음법에 규정된 약속어음의 유익적 기재사항으로는 발행인의 명칭에 부기한 지(어음법 제76조 3호), 제3자방지급의 기재(어음법 제77조 제2항)이 있고, 기타 환어음과 같이 이자의 약정, 배서금지문언, 지급제시기간의 단축 또는 연장의 기재, 지정기일 전의 지급제시금지문언, 표준이 될 세력(歲歷)의 기재, 환산율의 기재, 외국통화현실지급문언, 거절증서작성면제, 역어음발행금지문언 등이 유익적 기재사항이다.

(3) 무익적 기재사항·유해적 기재사항

무익적 기재사항과 유해적 기재사항은 환어음의 경우와 같다. 그러나 조건부지급의 기재, 발행인의 면책문구는 어음을 무효로 하는 유해적 기재사항이라는 점에서 환어음의 경우와 차이가 있다.

3. 발행의 효력

(1) 발행인의 의무

약속어음의 발행인이 지는 의무는 제1차적 의무이며 무조건의 의무이다. 또한 지급제시를 하지 않은 경우에도 시효에 걸리기 전에는 책임을 지는 절대적인 것이다. 따라서 발행인은 예비지급인을 기재할 수 없다. 또 발행인이 어음을 환수한 때에 어음상의 권리·의무가 소멸하게 되므로 발행인의 의무는 최종적인 의무이다.

(2) 공동발행인의 책임

발행인이 수인인 경우를 공동발행이라 한다. 공동발행인은 각자가 어음금액의 전액을 지급할 의무를 부담하며, 그 책임은 합동책임이다. 공동발행의 경우 배서인에 대하여 상환청구를 하려면 발행인 전원에 대하여 제시기간 내에 이행을 청구한 경우에만 가능하다.

Ⅱ. 참가인수

참가인수는 인수거절만을 원인으로 하는 것이 아니며, 만기 전에 상환청구를 할 수 있는 모든 경우에 할 수 있으므로 약속어음에도 환어음의 참가인수규정을 준용할 수 있다. 다만, 피참가인의 기재가 없는 경우 환어음과 달리 제1배서인을 위하여 참가한 것으로 보아야 한다.

Chapter COMMERCIAL LAW

05 수 표

제1절 총 설

Ⅰ. 수표의 의의

수표는 발행인이 지급인에 대하여 수취인이나 수표의 정당한 소지인에게 수표상에 기재된 일정한 금액의 지급을 위탁하는 유가증권이다. 수표는 금전의 지급위탁증권이라는 점에서 환어음과 같다.

Ⅱ. 수표의 경제적 기능

어음이 신용증권인데 반하여 수표의 본질적 기능은 지급증권이라는 점에서 차이가 있다. 수표의 신용증권화를 방지하기 위하여 수표법은 다음과 같은 규정을 두고 있다. 즉, 수표는 일람출급만을 인정하고(수표법 제28조 제1항), 이자의 기재는 인정하지 않으며(수표법 제7조), 참가제도가 없고, 제시기간은 10일로 단축되어 있으며(수표법 제29조), 시효기간도 어음에 비하여 짧게 되어 있다(수표법 제51조).

제2절 수표의 발행

Ⅰ. 의 의

수표의 발행은 발행인이 지급인에게 수표금액을 수취인 기타 소지인에게 지급할 것을 위탁하는 요식의 단독행위이다. 수표행위의 법적 성질과 그 효력은 환어음과 거의 같으나, 인수제도가 없는 수표에 있어서 수취인의 지급수령권한은 기대이익에 불과하지만, 수표계약과 수표자금의 존재를 전제로 하여 지급의 확실성이 담보된다.

Ⅱ. 수표의 기재사항

1. 필요적 기재사항

(1) 수표문구

증권의 본문 중에 그 증권의 작성에 사용하는 국어로 수표임을 표시하는 문언을 기재하여야 한다.

(2) 일정한 금액의 무조건의 지급위탁

일정한 금액을 지급할 뜻의 무조건의 지급위탁문구를 기재하여야 한다. 지급위탁은 무조건이어야 하므로, 지급에 관하여 조건을 붙이는 경우에는 그 수표는 무효가 된다.

(3) 지급인의 명칭

수표의 지급인은 은행에 한하며(수표법 제3조), 이 경우의 은행은 은행과 동일시할 수 있는 사람 또는 시설을 포함한다(수표법 제59조).

(4) 지급지

지급지의 기재가 없으면 지급인의 명칭에 부기한 지를 지급지로 본다. 지급인의 명칭에 여러 개의 지를 부기한 때에는 맨 앞에 기재한 지에서 지급할 것으로 본다(수표법 제2조 1호). 이것도 없으면 발행지를 지급지로 본다(수표법 제2조 2호).

(5) 발행일과 발행지

수표에 기재할 발행일자는 사실상 발행된 날과 일치하여야 되는 것은 아니다. 따라서 선일자수표, 후일자수표 모두 인정된다. 발행일자는 지급제시기간과 시효의 기산점이 되며, 발행지는 제시기간·세력·복본 등과 관련된다. 발행지의 기재가 없는 수표는 발행인의 명칭에 부기한 지를 발행지로 본다(수표법 제2조 3호).

(6) 발행인의 기명날인 또는 서명

발행인의 기명날인 또는 서명이 있어야 하며, 이에 대해서는 환어음의 경우와 같다.

2. 유익적 기재사항

(1) 수취인의 기재

어음과는 달리 수취인의 기재가 수표요건(필요적 기재사항)은 아니지만, 그 기재로써 유효하게 효력이 발생한다. 수취인의 표시방식은 다양하여, 지시금지의 뜻을 기재한 기명식, 지시식, 소지인출급식, 지명소지인출급식, 무기명식의 기재방식이 있다(수표법 제5조 참조).

(2) 제3자방지급문구

발행인은 지급장소와 지급담당자의 기재를 할 수 있다. 이 경우 제3자는 반드시 은행이어야 한다(수표법 제8조).

(3) 기 타

기타 유익적 기재사항으로서 지급인의 명칭에 부기한 지, 발행인의 명칭에 부기한 지, 배서금지문구, 외국통화환산율의 기재, 외국통화현실지급문구, 횡선, 거절증서 작성면제문구, 복본의 번호 등이 있다.

3. 무익적 기재사항·유해적 기재사항

무익적 기재사항으로는 인수의 기재, 이자약정의 기재, 발행인의 지급무담보문구, 일람출급 이외의 만기의 기재, 위탁수표문구, 예비지급인의 기재, 위약금의 문구 등이 있다. 유해적 기재사항에 대해 수표법은 특별한 규정을 두고 있지 않으며, 환어음의 경우와 같다.

Ⅲ. 수표발행의 효력

수표를 발행한 자는 환어음의 발행인과 같이 수표금 지급에 대한 담보책임을 부담하고, 수표의 지급인은 지급보증을 함으로써 소지인에게 지급제시기간 내에는 수표금 지급의 의무를 부담한다. 수표의 발행후 발행인이 사망하거나 피성년후견인이 되더라도 수표의 효력에는 아무런 영향이 없다(수표법 제33조).

Ⅳ. 위탁수표·백지수표

1. 위탁수표

위탁수표는 제3자의 계산으로 발행할 수 있는 수표를 말한다(수표법 제6조 제2항). 위탁수표의 경우 자금관계는 위탁자와 지급인 간에 존재하게 된다. 위탁자는 수표상의 아무런 권리·의무도 없다.

2. 백지수표

백지수표라 함은 수표요건의 흠결의 경우에 그 흠결부분을 소지인으로 하여금 후에 보충시킬 의사를 가지고 유통상태에 둔 수표로서, 그 내용은 백지어음과 같다(수표법 제13조).

Ⅴ. 수표자금과 수표계약

수표는 그것을 제시한 때에 발행인이 처분할 수 있는 자금이 있어야 한다. 이러한 자금이 있는 은행을 지급인으로 하고, 발행인이 그 자금을 수표에 의하여 처분할 수 있는 명시 또는 묵시의 계약에 따라서만 발행할 수 있다(수표법 제3조). 수표계약은 지급인인 은행이 발행인이 발행하는 수표를 예치된 수표자금으로 지급할 의무를 지는 계약이다. 수표계약은 수표의 지급사무를 위탁하는 위탁계약에 해당한다. 위탁계약의 수표자금관계는 제3자인 위탁자와 지급인 사이에 존재하고, 또 수표계약도 이들 양자 사이에 존재한다. 수표계약은 수표관계와는 분리된 자금관계상의 것이므로 그 유무는 수표의 효력에 영향을 미치지 않는다.

제3절 수표의 양도

Ⅰ. 수표의 양도

1. 소지인출급식수표의 양도

(1) 인도에 의한 양도

소지인출급식수표는 증권의 단순한 교부에 의하여 양도된다. 이 경우 증권의 교부는 권리이전의 성립요건이다.

(2) 배서에 의한 양도

소지인출급식 수표에 배서를 한 때에도 그 배서는 무효로 되지 않으며 배서인은 상환청구에 관한 규정에 따라 상환의무를 부담하게 되어, 배서의 담보적 효력이 인정된다(수표법 제20조). 배서 후에도 소지인출급식 수표가 지시식으로 변하는 것은 아니며 단순한 교부에 의하여 양도가 가능하다.

2. 지시식수표·배서금지수표의 양도

(1) 지시식수표의 양도

수표는 법률상 당연한 지시증권이며, 지시식이든 기명식이든 배서에 의하여 양도할 수 있다(수표법 제14조 제1항).

(2) 배서금지수표의 양도

배서금지수표의 양도는 지명채권양도에 관한 방식에 따라서만 양도할 수 있다(수표법 제14조 제2항).

Ⅱ. 수표의 배서

1. 수표배서의 특성

수표배서의 방식은 어음의 경우와 동일하다. 수표는 등본제도가 없으므로 등본상의 배서는 인정되지 않으며, 배서에 있어서 예비지급인을 기재하는 것은 인정되지 않는다. 또한 수표의 인수제도도 인정되지 않으므로, 인수제시에 관한 사항의 기재도 허용되지 않는다. 수표의 인수가 금지되므로, 수표지급인이 한 배서는 무효이며(수표법 제15조 제3항), 수표지급인에 대한 배서는 원칙적으로 영수증의 효력만 있다(수표법 제15조 제5항 본문). 지급인인 은행이 여러 개의 영업소를 가진 경우에는 수표발행의 상대방이 된 영업소 이외의 영업소에 대하여 한 배서는 보통의 배서로서의 효력을 가진다(수표법 제15조 제5항 단서). 수표에 있어서도 추심위임배서가 인정되나, 입질배서는 인정되지 않는다.

2. 배서인의 연대보증책임

회사가 금전의 대여를 받음에 있어서 회사의 상무로 근무하는 사람이 그 회사의 차용증서 대신에 동 회사명의의 수표를 발행하면서 그 채무를 담보하는 의미에서 그 수표의 뒷면에 배서를 한 경우에는 대여금 채무에 대하여 연대보증책임이 있다는 것이 통설·판례의 입장이다.

3. 선의취득

수표의 선의취득에 관한 수표법 제21조의 규정은 제시기간이 경과한 후의 수표의 양도에는 적용되지 않는다. 수표의 지급은행에 분실자로부터 분실신고가 있는 경우에도 수표의 선의취득이 인정된다.

제4절 지급보증

Ⅰ. 의 의

지급보증이란 지급인이 지급제시기간 내에 지급제시가 있을 때에 그 지급을 할 것을 약속하는 수표행위이다. 수표에는 인수제도가 없고, 지급인의 배서와 보증이 인정되지 않으므로 수표지급의 확실성을 보장하여 그 유통의 원활을 위하여 지급보증제도를 인정하고 있다.

Ⅱ. 지급보증의 방식

수표의 표면에 지급보증 기타 지급을 할 뜻을 기재하고 일자를 부기하여 지급인이 기명날인 또는 서명하여야 한다(수표법 제53조 제2항). 지급보증은 무조건이어야 하며, 지급보증에 의하여 수표의 기재사항에 가한 변경은 이를 하지 않은 것으로 본다(수표법 제54조).

Ⅲ. 당사자

지급보증의 청구인에는 제한이 없다. 따라서 발행인·배서인·소지인 등이 지급보증을 청구할 수 있으나, 실제로는 발행인이 청구하는 것이 보통이다.

지급보증의 피청구인은 지급인에 한한다(수표법 제53조 제1항).

Ⅳ. 효 력

1. 지급보증인의 의무

지급보증을 한 지급인은 지급제시기간 경과 전에 수표를 제시한 경우에 한하여 지급의무를 부담한다(수표법 제55조 제1항). 지급보증인은 일반의 보증인과 같은 제2차적 담보의무자가 아니고, 제1차적 수표금액지급의무자이다. 그러나 환어음의 인수인과 같은 절대적인 주채무자는 아니다. 지급제시기간 경과 후에 수표소지인이 지급보증인에게 지급책임의 이행을 청구하는 때에는 제시기간 내에 적법한 제시를 하였음을 거절증서 또는 이것과 동일한 효력이 있는 선언, 즉 지급인의 선언 또는 어음교환소의 선언에 의하여 증명하여야 한다(수표법 제55조 제2항).

지급보증인이 지급할 금액은 원래는 수표금액이지만, 지급거절로 인하여 수표소지인이 권리보전절차를 밟은 경우에는 상환의무자가 지급할 금액과 같다(수표법 제55조 제3항).

2. 발행인 등의 책임

지급보증은 지급과 동일한 효력이 있는 것이므로 발행인 기타 수표상의 채무자는 지급보증으로 인하여 그 책임을 면하지 못한다(수표법 제56조). 따라서 수표상의 채무자는 지급보증인과 합동하여 이행할 책임을 진다(수표법 제43조 제1항).

3. 소멸시효

지급보증인에 대한 수표상의 지급청구권의 소멸시효기간은 제시기간 경과 후 1년이다(수표법 제58조).

제5절 수표보증

Ⅰ. 의 의

수표보증은 발행인, 배서인 등 수표상의 채무자의 채무의 전부 또는 일부의 이행을 담보하는 수표행위이다(수표법 제25조 제1항). 지급인이 제시기간 내에 수표의 제시를 하였을 때에 그 지급을 약속하는 지급보증과는 차이가 있다.

Ⅱ. 당사자

1. 보증인

제3자는 물론 수표상의 채무자도 보증인이 될 수 있다. 다만, 발행인이 배서인의 보증인이 되는 경우와 같이 상환의무자의 전자가 후자의 보증인이 되는 것은 의미가 없고, 지급인은 보증인이 될 수 없다(수표법 제25조 제2항).

2. 피보증인

피보증인은 발행인, 배서인 등의 수표상의 채무자이며, 지급인은 채무자가 아니므로 피보증인이 될 수 없다.

Ⅲ. 보증의 방식

보증도 수표행위이므로 수표 또는 보충지에 하여야 하고(수표법 제26조 제1항), 등본제도가 인정되지 않으므로 등본에 하는 수표보증은 인정되지 않는다. 보증은 보증 또는 이와 동일한 의의가 있는 문언을 표시하고 보증인의 기명날인 또는 서명으로써 한다(수표법 제26조 제2항). 수표의 표면에 발행인 이외의 자의 단순한 기명날인 또는 서명이 있는 경우에는 발행인 또는 지급인의 기명날인 또는 서명을 제외하고는 보증으로 본다(수표법 제26조 제3항). 보증에는 피보증인을 표시하여야 하나, 표시되어 있지 않은 경우에는 발행인을 위한 보증으로 본다.

Ⅳ. 보증의 효력

수표보증인은 피보증인과 동일한 책임을 부담한다(수표법 제27조 제1항). 그러나 수표보증은 독립성이 인정되므로, 피담보채무가 그 방식에 하자가 있는 경우를 제외하고 어떠한 사유로 인하여 무효가 된 때에도 그 효력이 있다(수표법 제27조 제2항). 지급제시기간 경과 후에는 채무자의 상환의무가 없으므로 수표보증인은 수표금의 지급을 거절할 수 있다.

Ⅴ. 보증채무이행의 효과

보증인이 보증채무를 이행하면 수표소지인에 대한 보증채무와 주채무는 소멸한다. 보증인은 수표의 지급을 한 때에는 피보증인과 피보증인의 전자에 대하여 수표상의 권리를 취득한다(수표법 제27조 제3항).

제6절 지 급

Ⅰ. 지급제시

1. 수표의 일람출급성

수표는 지급증권이므로 법률상 당연히 일람출급식으로 되어 있어(수표법 제28조 제1항 1문), 발행 후 언제든지 지급제시를 할 수 있다. 어음과 달리 만기라는 것이 없고, 일람출급성에 위반되는 모든 기재는 기재하지 아니한 것으로 본다(수표법 제28조 제1항 2문).

2. 선일자수표

(1) 의 의

선일자수표란 실제 발행일보다 후일을 발행일자로 기재한 수표를 말한다(수표법 제28조 제2항). 수표에 기재된 발행일자가 사실상의 발행일자와 다르더라도 발행의 효력에는 영향이 없으며 이러한 선일자수표도 유효하다.

(2) 효 력

선일자수표를 발행하는 경우에는 통상 발행인과 수취인 간에 발행일자 이전에는 지급제시를 하지 않는다는 특약이 있다. 그러나 이에 위반하여 제시한 경우에도 수표의 신용증권화를 방지하기 위해 선일자수표의 소지인이 그 발행일자의 도래 이전에 지급제시를 한 경우에 그 제시일에 지급하여야 한다(수표법 제28조 제2항). 그러나 특약에 위반함으로 인해 발행인에게 손해가 있으면 수취인은 채무불이행에 따른 책임을 부담한다. 수표소지인은 지급이 거절된 때에는 보전절차를 밟아 상환청구권을 행사할 수 있다. 또한 수표발행인은 수표법에 의한 과태료의 제재를 받으며, 부정수표단속법에 의하여 처벌된다.

3. 지급제시기간과 지급제시기간 경과 후의 효과

수표의 지급제시기간은 내국수표의 경우에는 발행 후 10일이고, 외국수표는 발행지와 지급지가 동일 주(州)에 있는 경우에는 20일이며 다른 주에 있는 경우에는

70일이다(수표법 제29조). 지급제시기간 내에 지급제시를 하지 않으면 전자에 대한 상환청구권을 상실하며(수표법 제39조), 그 밖에 지급보증인에 대한 지급청구권도 상실한다. 제시기간 경과 후에도 지급위탁의 취소가 없는 한 수표소지인은 지급인이 지급하는 수표금의 수령권을 갖는다.

4. 지급제시의 장소

수표의 지급제시는 원칙적으로 지급인의 영업소이며, 제3자방지급의 경우에는 그 제3자의 영업소에서 하여야 한다. 그러나 어음교환소에서 한 수표의 제시도 지급제시의 효력이 있다(수표법 제31조 제1항). 소지인으로부터 수표의 추심을 위임받은 은행(제시은행)이 그 수표의 기재사항을 정보처리시스템에 의하여 전자적 정보의 형태로 작성한 후 그 정보를 어음교환소에 송신하여 당해 어음교환소의 정보처리시스템에 입력된 때에는 어음교환소에서 한 지급제시의 효력이 있는 것으로 본다(수표법 제31조 제2항).

Ⅱ. 지 급

1. 지급방법

수표의 지급방법은 환어음의 경우와 대체로 같다. 즉, 지급인은 수표소지인에 대하여 지급을 함에 있어 수표에 영수를 증명하는 기재를 하여 교부할 것을 청구할 수 있으며(수표법 제34조 제1항), 소지인은 일부지급을 거절하지 못한다(수표법 제34조 제2항). 수표의 일부지급이 있는 경우에는 지급인은 소지인에 대하여 그 지급한 뜻을 수표에 기재하고 영수증을 교부할 것을 청구할 수 있다(수표법 제34조 제3항).

2. 지급인의 조사의무

(1) 형식적 자격의 조사

수표지급인은 배서의 연속이 제대로 되어 있는지를 조사할 의무는 있으나, 배서인의 기명날인 또는 서명을 조사할 의무는 부담하지 않는다(수표법 제35조 제1항). 수표법 제31조 제2항의 규정에 따라 제시은행이 정보처리시스템에 의한 지급제시를 한 때에는 배서연속이 제대로 되어 있는지에 대한 조사를 지급인은 제시은행에게 위임할 수 있다(수표법 제35조 제2항). 지급인은 어음의 경우와 같이 수표요건, 배서연속 등 형식적 자격을 조사할 의무만을 진다.

> **【판례】 대법원 2002.2.26.선고 2000다71494·71500(병합)판결**
>
> 수표법 제35조의 취지에 의하면 수표지급인인 은행이 수표상 배서인의 기명날인 또는 서명, 혹은 수표소지인이 적법한 원인에 기하여 수표를 취득하였는지 등 실권리관계를 조사할 의무는 없다고 할 것이지만, 수표금 지급사무를 처리하는 은행에 선량한 관리자로서의 주의를 기울여 그 사무를 처리할 의무가 있다고 할 것인 이상, 통상적인 거래기준이나 경험에 비추어 당해 수표가 분실 혹은 도난·횡령되었을 가능성이 예상되거나 또는 수표소지인이 수표를 부정한 방법으로 취득하였다고 의심할 만한 특별한 사정이 존재하는 때에는 그 실질적 자격에 대한 조사의무를 진다.

(2) 조사의무의 범위

수표지급인이 제시기간 내에 또는 지급위탁의 취소가 없는 때에는 지급제시기간의 경과 후에도 형식적 자격자에게 수표금을 지급한 때에는 사기 또는 중대한 과실이 없으면 그 책임을 면한다(일반적으로 수표지급인의 면책약정은 유효한 것으로 본다). 수표의 지급에 있어서는 어음지급의 경우와 같이 형식적 자격만을 조사하면 된다(수표법 제35조 제1항). 다만, 지시금지수표의 경우에는 진정한 권리자에 대해서만 지급하여야 하므로 이 경우에는 실질적 자격에 관한 조사의무가 있다.

3. 지급위탁의 취소

지급위탁의 취소란 수표의 발행에 의하여 지급인에게 부여된 발행인의 계산으로 그 수표의 지급을 할 수 있는 권한을 발행인이 철회하는 것을 말하며, 발행인과 지급인 간에만 그 효력이 미친다. 지급위탁취소의 의사표시의 통지로써 지급인에게 그 효력이 발생하며, 제시기간 경과 전에는 지급위탁을 취소할 수 없다(수표법 제32조). 제시기간 경과 후에는 임의로 취소할 수 있고, 취소가 없는 동안에는 지급인은 발행인의 계산으로 지급할 수 있다.

제7절 상환청구

Ⅰ. 의 의

수표의 상환청구는 상환청구의 요건·방법·효과 등에 있어서 어음의 경우와 대체로 같다. 다만, 상환청구의 요건으로 제시기간(10일) 내에 지급제시를 하고, 거절증서 또는 이에 갈음할 지급인의 선언 또는 어음교환소의 선언에 의하여 지급거절을 증명하여야 한다(수표법 제39조).

Ⅱ. 환어음의 상환청구와의 차이

1. 상환청구의 원인

환어음의 경우에는 인수거절로 인한 상환청구 등의 만기 전의 상환청구 및 만기 후의 상환청구가 모두 인정되고 있지만, 수표에는 만기 전의 상환청구는 인정되지 않는다.

2. 지급거절의 증명방법

환어음에서는 지급거절증서에 의한 지급거절의 방법만 인정되지만, 수표의 경우에는 지급거절증서 이외에 지급인의 선언 또는 어음교환소의 선언 등의 방법이 인정되고 있다. 그리고 지급거절증서의 작성기간에 있어서도 수표는 지급제시기간 내 또는 그 기간의 말일에 이은 제1거래일 내에 작성하여야 한다(수표법 제40조)는 점에서 환어음의 경우와 차이가 있다.

3. 불가항력의 존속기간

환어음에 있어서는 불가항력이 만기로부터 30일 이상 계속되는 경우에는 어음의 제시 또는 거절증서의 작성 없이 상환청구권을 행사할 수 있으나, 수표에 있어서는 불가항력이 그 통지를 한 날로부터 15일 이상 계속되는 경우에는 지급제시기간 경과 전에 그 통지를 한 때에도 상환청구권보전절차 없이 상환청구권을 행사할 수 있다(수표법 제47조 제4항).

4. 역어음의 불인정

환어음은 상환청구의 방법으로 역어음제도가 인정되지만, 수표의 경우에는 역어음제도가 인정되지 않는다.

5. 상환청구권의 시효

어음에 있어서 어음소지인의 상환청구권의 소멸시효기간은 거절증서의 일자 또는 만기의 날로부터 1년이고, 재상환청구권은 어음을 환수한 날 또는 제소된 날로부터 6개월로 되어 있다. 그러나 수표소지인의 전자에 대한 상환청구권의 시효기간은 지급제시기간 경과 후 6개월이고(수표법 제51조 제1항), 재상환청구권은 수표를 환수한 날 또는 제소된 날로부터 6개월이다(수표법 제51조 제2항).

제8절 복 본

Ⅰ. 복본을 발행할 수 있는 수표

수표도 어음과 같이 원격지 송부를 하는 경우에 분실을 대비하기 위하여 복본제도를 인정하고 있다. 수표의 경우에는 다음과 같이 4종의 수표에 한하여 복본을 작성할 수 있도록 규정하고 있다(수표법 제48조 1문). ① 일국에서 발행하여 타국이나 발행국의 해외 영토에서 지급할 수표, ② 일국의 해외 영토에서 발행하여 그 본국에서 지급할 수표, ③ 일국의 해외 영토에서 발행하고 지급할 수표, ④ 일국의 해외 영토에서 발행하여 그 국가의 다른 해외 영토에서 지급할 수표 등이다.

Ⅱ. 복본의 작성

발행인이 작성하되 각 복본에는 그 본문 중에 번호를 붙여야 하며, 이것이 없는 때에는 그 여러 통의 복본은 이를 각 별개의 수표로 본다(수표법 제48조 제1항 2문·3

문). 한편, 소지인 출급식 수표의 경우에는 복본은 인정되지 않으며, 환어음과 달리 수표소지인은 복본교부를 청구할 수 없다.

Ⅲ. 복본의 효력

복본의 1통에 대하여 지급이 있으면 그 지급이 다른 복본을 무효로 한다는 뜻의 기재가 없는 경우에도 의무를 면하고, 여럿에게 각각 복본을 양도한 배서인과 그 후의 배서인은 그 기명날인 또는 서명한 각 통의 복본으로서 반환을 받지 아니한 것에 대하여 책임을 진다(수표법 제49조 제2항).

제9절 자기앞수표·횡선수표

Ⅰ. 자기앞수표

1. 의 의

자기앞수표란 발행인이 자기 자신을 지급인으로 하여 발행하는 수표를 말한다(수표법 제6조 제3항). 따라서 발행인이 수취인을 겸하는 자기지시수표와는 구별된다. 자기앞수표는 발행인과 지급인이 반드시 동일한 은행점포임을 요하지는 않는다.

자기앞수표는 고객이 은행에 수표자금을 제공하고 수표의 발행을 의뢰하면 은행이 이를 발행·교부하지만, 의뢰인은 수표상의 당사자가 아니므로 수표상의 의무는 없다. 우리나라에서는 은행의 자기앞수표를 「보증수표」 또는 「보수(保手)」라고 부르고 있다.

2. 법률관계

자기앞수표의 법률관계는 발행의뢰인과 은행의 법률관계, 소지인과 은행의 법률관계로 나눌 수 있다. 전자에 대해서는 학설의 대립이 있다. 소지인과 은행의 법률관계에 있어서는 자기앞수표를 발행한 은행은 소지인에 대하여 발행인의 지위와 지급인의 지위를 겸하여 가지고 있다. 지급인으로서의 은행은 지급제시기간이 경과한 때에도 지급위탁의 취소가 없는 동안은 소지인에게 수표금을 지급할 수 있으나, 다른 수표에 있어서와 마찬가지로 수표소지인이 은행에 대하여 지급을 청구할 권리는 없다. 발행인으로서의 은행은 지급제시기간 내에 지급거절이 된 때에는 수표의 소지인에 대하여 상환의무를 부담한다(수표법 제39조). 그러나 제시기간 경과 후에는 발행인으로서의 은행은 상환의무가 없다.

Ⅱ. 횡선수표

1. 의 의

횡선수표는 발행인이나 소지인이 수표의 표면에 두 줄의 평행선을 그은 수표를 말한다(수표법 제37조 제1항·제2항). 횡선수표제도는 발행인이나 소지인이 지급인에 대하여 지급과 취득을 제한하는 것인데, 분실이나 도난 등에 대비할 수 있는 제도이다.

2. 종 류

횡선수표는 두 줄의 평행선 안에 아무런 지정을 하지 아니하거나 '은행' 또는 이와 동일한 뜻의 문자를 기재한 일반횡선수표와 두 줄의 평행선 안에 특정 은행의 명칭을 기재한 특정횡선수표가 있다(수표법 제37조 제3항). 발행인 또는 소지인이 증권의 표면에 「계산을 위한」이란 문자 또는 이와 동일한 의의가 있는 문언을 기재하고 현금의 지급을 금지한 수표로서 외국에서 발행하여 대한민국에서 지급할 것으로 하는 수표는 횡선수표로서의 효력이 있다(수표법 제65조).

3. 효 력

(1) 지급의 제한

① **일반횡선수표**: 일반횡선수표의 지급인은 은행 또는 지급인의 거래처에 대해서만 지급할 수 있다(수표법 제38조 제1항). 지급인의 거래처란 지급인과 다소 계속적인 거래관계가 있는 신원이 확실한 자를 가리킨다.

② **특정횡선수표**: 지급인은 원칙적으로 피지정은행에 대해서만 또 지급인이 피

지정은행일 때에는 자기의 거래처에 대해서만 지급할 수 있지만, 피지정은행은 추심위임배서를 하여 다른 은행으로 하여금 추심하게 할 수 있다(수표법 제38조 제2항).

(2) 취득제한

은행은 자기의 거래처 또는 다른 은행으로부터만 횡선수표를 취득할 수 있고, 또 은행은 이러한 자 이외의 자를 위하여 횡선수표의 추심을 할 수 없다(수표법 제38조 제3항). 여러 개의 특정횡선이 있는 수표의 지급인은 이를 지급하지 못하지만, 어음교환소에서의 추심을 위하여 제2의 횡선을 하는 것은 무방하다(수표법 제38조 제4항).

(3) 지급제한의 위반효과

횡선수표의 지급제한에 관한 규정에 위반한 지급인 또는 은행은 그로 인하여 생긴 손해에 대하여 수표금액을 한도로 배상책임을 진다(수표법 제38조 제5항).

4. 횡선의 말소와 변경

일반횡선수표를 특정횡선수표로 변경하거나 횡선 없는 수표를 일반 또는 특정횡선수표로 변경할 수는 있으나, 반대로 특정횡선수표를 일반횡선수표 또는 횡선 없는 수표로 변경할 수 없다. 횡선의 말소 또는 특정횡선에 있어서 지정된 은행명의 말소는 누구에 의하든 말소하지 아니한 것으로 본다(수표법 제37조 제5항). 이는 횡선수표를 절취하거나 습득한 자가 횡선을 말소하여 지급받는 것을 방지하기 위함이다.

Part 05

보 험

제 1 장 서 론

제 2 장 보험계약법 총론

제 3 장 손해보험

제 4 장 인보험

Chapter COMMERCIAL LAW

01 서 론

제1절 보험제도

Ⅰ. 보험의 개념

1. 보험제도의 필요성

인간의 경제생활은 항상 화재·도난 등의 인위적 사고나 태풍·홍수와 같은 자연적 사고 등 수많은 불의의 사고의 위험 앞에 놓여 있다. 따라서 이러한 경제생활의 위험을 대비하기 위하여 개인적으로 저축이나 투자를 하고, 국가적으로 사회보험적 차원에서 지원을 하기도 한다. 보험제도도 인간의 경제생활에 닥치는 우연한 사고를 대비하기 위한 것이다.

2. 보험의 의의

보험은 동일한 우발적인 사고발생(보험사고)의 위험하에 놓여 있는 다수인이 하나의 단체(위험단체)를 구성하여, 미리 통계적 기초(대수의 법칙)에서 산출된 금액(보험료)을 미리 갹출하여 공동자금을 만들어 두고, 현실적으로 사고를 입은 사람에게 그 자금으로부터 일정한 금액(보험금)을 지급하는 제도를 말한다.

3. 보험과 유사한 개념

(1) 자가보험

자가보험은 개인적으로 그의 소유에 속하는 재산에 화재나 재난, 기타 사고가 생길 것에 대비하여 대수의 법칙에 의하여 계산된 일정액을 각 사업연도마다 적립하고, 현실로 사고가 발생함으로써 손해가 생겼을 때에 그 손해를 보상하는 제도이다. 그러므로 자가보험은 대수의 법칙에 의한 손해발생의 개연율을 기초로 하여 적금을 하는 점에서는 보험과 유사하지만, 다수인이 하나의 위험단체를 구성하는 보험과 구별된다.

(2) 도박·복권

도박과 복권은 다같이 다수인이 일정한 금액을 갹출함으로써 성립하는 점, 장래의 우발적 사건의 발생을 근거로 하여 금전 또는 재물을 수수하는 점에서는 보험과 유사하지만, 금전 또는 재물의 수수가 우발적 사고의 발생으로 인한 손해의 보상을 충족하기 위한 것이 아닌 점에서 보험과 구별된다.

(3) 저 축

보험은 인간의 경제생활을 위협하는 각종의 위험의 산물로써 생겨난 것이다. 그래서 "위험이 없으면 보험도 없다"라고 한다. 여기서 위험이란 우연한 사고발생의 가능성으로서 불확정한 것을 말하는데, 다만 그 위험은 동질성이 있어야 한다. 저축도 경제생활의 불안전에 대처하는 제도이기는 하지만, 반드시 특정된 우발적 위험에 대비하기 위한 것이 아니라는 점에서 구별된다.

(4) 공 제

동일 직장·직업 또는 지역에 속하는 사람들이 상호부조를 목적으로 하는 공제조합은 단체의 구성원이 한정적이라는 점에서 보험과 다른 점도 있으나, 위험단체를 구성하는 점에서 보험과 유사하다. 판례도 대체로 공제의 성질은 보험으로 보고 있다(대법원 1998.3.13.선고, 97다52622판결 등). 상법 제664조에서도 공제에 관하여 그 성질에 반하지 아니하는 범위 내에서 보험편의 규정을 준용하도록 규정하고 있다.

Ⅱ. 보험의 종류

1. 공보험·사보험

공보험이란 국가 기타의 공법인이 공동경제적 목적으로 운영하는 보험이다. 공보험에는 산업재해보상보험·선원보험·군인보험·의료보험 등의 사회보험과 수출보험 등의 산업보험이 있다. 이러한 공보험은 국가나 공법인이 운영하고, 보험관계가 법률에 의하여 설정되는 등의 점에서 특색이 있다.

사보험이란 개인 또는 사법인이 사경제적 목적으로 운영하는 보험이다. 사보험은 영리성의 유무에 따라 영리보험과 상호보험으로 구분된다.

2. 영리보험·상호보험

영리보험이란 보험업자가 보험자로 되어 영리를 목적으로 제3자와 보험계약을 체결하는 것을 말한다. 영리보험에서는 보험자와 보험계약자 간에 개별적인 보험계약만이 체결되고 보험계약자 상호간에는 아무런 법률관계도 없고, 보험계약자들은 보험자를 매개로 하여 간접적으로 보험단체를 구성하게 된다.

상호보험이란 가입자 상호간의 이익을 목적으로 하는 비영리조직에 의하는 것이다. 상호보험은 보험에 가입하는 자로써 구성되는 보험단체 자체가 기업주체로 되며 보험계약자가 피보험자인 동시에 보험단체의 구성원이 된다. 따라서 이 경우에는 사원관계와 보험관계가 병존하고, 보험관계자는 직접적으로 보험단체를 구성하게 된다.

영리보험은 보험업자가 보험의 인수를 영업으로 하므로 상행위가 되지만 상호보험은 상행위가 아닌 점에서 차이가 있으나, 보험의 원리에서는 차이가 없다. 따라서 상법은 영리보험에 관한 규정을 상호보험에 준용하고 있다(제664조).

3. 물건보험·인보험

물건보험이란 물건에 대하여 발생하는 사고에 대한 보험을 말한다. 물건보험은 광의의 재산보험에 포함되고, 재산보험 중에 보험사고의 발생으로 인하여 피보험자가 부담하는 비용·채무 등과 같은 간접손해를 보상하는 책임보험을 협의의 재산보험이라 한다.

인보험이란 사람의 생명과 신체에 발생하는 사고에 대한 보험을 말한다. 이러한 보험으로는 생명보험·상해보험·질병보험 등이 있다.

4. 손해보험·생명보험

손해보험이란 우연한 사고로 인하여 발생한 손해를 보상하는 것을 목적으로 하는 보험으로서, 보험사고가 발생했을 때에 피보험자에게 생긴 실제의 재산상의 손해액에 따라서 보상액이 결정되는 부정액보험이다. 상법은 손해보험으로 화재보험·운송보험·해상보험·책임보험·자동차보험·보증보험의 6종을 인정하고 있으나, 기타 산림보험·수해보험·신용보험 등이 있다.

생명보험은 손해의 유무·다소를 불문하고 사람의 생존과 사망에 관하여 일정한 금액의 지급, 기타의 급여를 할 것을 목적으로 하는 정액보험이다.

5. 육상보험·해상보험·항공보험

육상보험은 육상에서의 각종 사고에 대비하는 보험으로, 이에 속하는 보험으로는 화재보험·운송보험·자동차보험·생명보험 등이 있다.

해상보험이란 해상사업에 관한 사고로 인하여 생길 손해를 보상하는 보험을 말한다.

항공보험은 항공에 관한 사고로 인하여 생길 손해를 보상하는 보험을 말하며, 상법은 항공보험에 관해 직접적인 규정을 두고 있지 않으나, 해상보험에 준하여 해석할 수 있다.

6. 원보험·재보험

원보험은 제1의 보험자가 인수하는 보험으로, 원수보험이라고 한다. 이에 대해 제1의 보험자가 입을 손해에 대하여 다시 제2의 보험자가 인수하는 보험을 재보험이라고 한다.

7. 개별보험·집단보험

개개의 자연인 또는 물체를 보험의 목적으로 하는 것을 개별보험이라 하고, 다수인 또는 물체의 집단을 보험의 목적으로 하는 것을 집단보험이라 한다. 집단보험 중에는 물건의 집합체를 보험목적으로 하는 보험을 집합보험, 사람의 집합체를 보험목적으로 한 보험을 단체보험이라고 한다. 집합보험은 집합된 물건을 수시로 교체하는 것이 예정된 총괄보험과 어떤 특정한 집합된 물건을 보험목적으로 하는 특정보험이 있다.

8. 기업보험·가계보험

기업보험은 주로 기업자가 그의 기업경제활동의 불안정을 대비하여 이용하는 것으로 해상보험·운송보험·기업의 건물과 시설 등의 화재보험 등이 이에 속한다. 가계보험은 주로 비기업자가 그 가계경제의 불안정에 대비하여 이용하는 것으로 생명보험·일반주택의 화재보험 등이 이에 속한다.

9. 강제보험·임의보험

보험가입이 강제되어 있는 보험을 강제보험이라 하고, 그렇지 않은 것을 임의보험이라 한다. 임의보험이 보통이지만, 강제보험은 특별법에 의해 강제되고 있다. 그 예로는 자동차손해배상보장법에 따라 가입하는 자동차손해배상책임보험, 원자력손해배상법에 따른 원자력손해배상책임보험, 산업재해보상보험법상 산업재해보상보험 등을 들 수 있다.

제2절 보험법의 개념

Ⅰ. 보험법의 의의

1. 광의의 보험법

광의의 보험법은 보험에 관한 법규 전체를 가리키고, 이것은 보험공법과 보험사법으로 나누어진다. 보험공법이란 보험에 관한 공법적 법규의 총체로서 공보험에 관한 법을 말하고, 보험업법·산업재해보상보험법·의료보험법·군인보험법·선원보험법 등이 이에 속한다.

보험사법은 보험에 관한 사법적 법규의 총체로서 경영주체의 조직에 관한 법, 보험계약에 관한 법을 의미하고, 경영주체의 조직에 관한 법은 보험업법을 말하고 보험계약에 관한 법은 협의의 보험법이라 한다.

2. 협의의 보험법(보험계약법)

실질적 의의의 보험계약법은 영리를 목적으로 하는 영리보험에서의 보험관계를 규율하는 법을 말한다. 보험계약법은 사회보험에 관한 것을 제외하고 사법적인 보험관계를 규율하는 것이지만, 많은 부분에서 공법적인 요소를 포함하고 있다. 형식적 의의의 보험계약법이란 우리 상법전 「제5편 보험」에 관한 규정을 말한다.

Ⅱ. 보험법의 지위

상법 제46조 17호는 보험을 기본적 상행위로 규정하고 있으므로 보험계약법은 일종의 상행위법이라 할 것이다. 그러나 보험계약법은 보험제도의 특수한 성격(윤리성·사회성·단체성 등)을 가지고 있기 때문에 보험계약관계를 상법상의 일반원칙으로 처리할 수 없으므로, 보험계약법은 재보험이나 해상보험과 같은 기업보험을 제외하고는 강행법규로 되어 있다.

또한 보험계약법은 형식상 기본적 상행위인 보험계약관계를 규율하고 있지만, 영리를 목적으로 하지 않는 상호보험에도 준용하도록 하고 있다(제664조). 이러한 점에서 보험계약법은 형식적으로는 상행위법에 해당하지만 실질적으로는 상법체계에서 특수한 지위를 차지하고 있다.

Ⅲ. 보험법의 특성

1. 윤리성·선의성

보험계약은 우연한 사고를 전제로 하여 이루어지는 사행계약이므로 이러한 보험계약이 투기나 도박 등의 목적으로 악용될 때에는 도덕적 위험이 생길 수 있다. 따라서 이러한 위험을 방지하기 위하여 보험계약법에서는 당사자의 윤리성과 선의성을 강하게 요구하고 있다. 고지의무위반요건에 주관적 요건을 둔 것(제651조), 고의로 인한 보험사고에 대한 보험자의 면책(제659조), 사기로 인한 초과보험의 무효(제669조 제4항)를 인정하는 것은 그 예에 해당한다.

2. 기술성

보험제도는 위험단체를 기초로 대수의 법칙에 의하여 위험을 효율적으로 분산시키는 기술적 제도이다. 따라서 보험자가 보험을 인수함에 있어서는 보험의 기술적인 기초에 입각하여야 하는 것이고, 보험계약법은 바로 그 기술적 기초에 바탕을 두고 있는 보험관계를 규율하는 법으로서 기술법적 성격을 가지고 있는 것이다.

3. 단체성

보험계약은 하나의 계약으로 보면 보험자와 보험계약자 사이에 이루어지는 개인법적인 채권계약이고, 다른 보험계약자와의 사이에 아무런 법적 관계가 없다. 그러나 보험은 동질적 위험에 놓여 있는 다수인이 각 개인의 생활상의 위험을 분배하고 평균화함으로써 위험에 대비하기 위한 것이므로 필연적으로 보험가입자는 하나의 보험단체를 형성하게 된다. 따라서 보험계약법도 단체법적 성격을 가지고 있는 것이다. 상법상 고지의무 위반으로 인한 계약의 해지(제651조), 위험변경증가의 통지와 계약해지(제652조) 등이 그 예에 해당한다.

4. 공공성·사회성

보험자는 다수의 보험계약자로부터 받은 보험료로써 거대한 자본을 축적하고 이를 관리함으로 인하여 국민경제적으로 매우 중요한 역할을 하고 있고 또 보험은 공공의 이익과 밀접한 연관을 가지고 있기 때문에, 보험계약법은 공공성·사회성을 띠는 것이다. 그래서 우리나라에서도 보험업법에 의하여 국가의 감독권을 행사하고 있는 것이다.

5. 편면적 강행법규성

보험계약의 내용은 원칙적으로 당사자가 임의로 정할 수 있으나, 상법의 보험편의 규정은 당사자간의 특약으로 보험계약자 또는 피보험자나 보험수익자의 불이익으로 변경하지 못한다(제663조 본문). 따라서 보험약관의 어느 조항이 상법의 규정과 일치하지 않는 경우 그것이 상법의 규정보다 보험자측에 불이익을 가져오는 것인 때에는 유효하나, 반대로 가입자측인 보험계약자 또는 피보험자나 보험수익자에게 불이익을 가져오는 것인 때에는 효력이 없는 것이다. 그러나 기업보험의 경우에는 보험자와 보험계약자가 대등한 지위에서 보험계약을 체결하므로 특히 보험계약자 등의 이익을 보호할 필요가 없기 때문에, 상법 제663조 본문 소정의 불이익변경 금지 원칙은 그 적용이 배제된다(판례). 그러므로 우리 상법은 재보험 및 해상보험 기타 이와 유사한 보험(기업보험)의 경우에는 당사자간의 특약으로 보험계약자, 피보험자의 불이익으로 보험편의 규정과 다르게 정할 수 있도록 하고 있다(제663조 단서; 판례).

제3절 보험법의 법원

Ⅰ. 일반적 법원

보험계약법의 법원(法源)으로는 크게 제정법과 관습법이 있다. 법원으로서 가장 중요한 제정법은 상법 제4편의 보험에 관한 규정이며, 보험계약이 상행위인 점에서 상법 제1조의 규정에 따라 상사에 관해 상법을 적용하고, 상법에 규정이 없는 것에 대해서는 상관습법이 적용되고, 상관습법도 없는 사항에 대해서는 민법을 적용한다. 보험법의 법원이 되는 제정법으로는 상법 이외에 보험업법·자동차손해배상보장법·산업재해보상보험법·원자력손해배상법·의료보험법·선원보험법·군인보험법·수출보험법 등의 특별법이 있다. 보험업법의 규정 중에서 법원으로 인정되는 것은 보험계약에 관련된 규정(제39조, 제94조, 제117조, 제156조 등)이며, 보험감독에 관한 규정은 제외된다.

Ⅱ. 보험약관

1. 의 의

일반적으로 보통보험약관은 보험자가 일반 보험계약에 공통된 표준적 사항을 미리 정한 것이며, 보험계약의 내용이 되는 정형적인 계약조항을 말한다. 이러한 보험약관에는 보통보험약관 이외에 특별보통보험약관·특별보험약관이 있다. 특별보통보험약관은 부가약관이라고도 하며, 사정에 따라 다시 자세한 약정을 필요로 할 때에 보통약관에 대하여 보충적으로 이용되는 것이다. 특별보험약관은 보험계약의 특약조항이며 개개의 보험계약을 체결할 때 구체적인 사정에 따라 체결되는 것을 말한다.

2. 보험약관의 필요성

보험계약은 많은 보험계약자를 상대로 대량의 업무를 처리하게 되어 일일이 개별적으로 계약내용을 절충하여 정할 수 없으므로, 보험자는 계약내용에 관한 일반적·표준적인 약관을 정하여 두고, 보험계약자는 특별한 약정이 없는 한 이에 따라 계약을 체결하게 된다.

3. 법적 성질(구속력의 근거)

보통보험약관은 보험계약의 당사자간에 그 약관내용이 합리적이고 반대의 특약이 없는 한 당사자를 구속하게 된다. 이 때 보험약관이 당사자를 구속하는 근거에 대해서는 견해가 나누어지고 있다. 이에 관하여는 상법의 법원성과 관련하여 이미 설명되었으므로 생략한다(상법총칙편 참조).

4. 약관개정의 불소급효

약관이 개정된 경우에 새로운 약관의 규정은 개정 전에 체결된 보험계약에 소급적인 효력을 가지는 것은 아니다. 그러나 보험계약의 당사자가 기존의 보험계약에 대하여 개정된 보험약관을 적용하기로 합의하면 소급적 적용이 가능하다. 또 금융위원회는 보험계약자·피보험자 또는 보험금을 취득할 자의 이익을 위하여 필요하다고 인정되는 경우 보험약관의 변경을 인가할 때에 기존의 보험계약에도 개정된 보험약관의 적용을 명할 수 있는데, 이 때에는 소급적용이 된다.

5. 보험약관의 교부·설명의무

(1) 의 의

보험자는 보험계약을 체결할 때에 보험계약자 또는 그의 대리인에게 보험약관을 교부하고, 그 약관의 중요한 내용을 설명하여야 한다(제638조의3 제1항).

(2) 의무위반의 효과

보험자가 이에 위반하여 약관의 교부·설명을 하지 아니한 때에는 보험계약자는 보험계약이 성립한 날로부터 1월 내에 그 계약을 취소할 수 있다(제638조의3 제2항). 취소권을 행사할 수 있는 1월의 기간은 제척기간이다.

보험계약자가 1월 내에 그 계약을 취소하지 않았다 하더라도 보험약관의 효력을 보험자는 주장할 수 없다(판례).

(3) 약관교부·설명의무의 내용

① 적용범위: 약관교부·설명의무는 원칙적으로 보험계약의 체결시에 적용된다. 그러나 보험목적의 양도(제679조)와 관련하여 보험자는 양수인에게 약관설

명의 의무는 없다.

② **설명사항:** 보험계약과 관련하여 약관의 중요한 사항(예 보험계약의 해지사유나 보험자의 면책사유 등)을 명시하여야 한다. 그러나 보험계약자가 충분히 예상할 수 있거나 이미 법령에 정해진 것 등은 별도로 설명할 의무가 없다.

③ **설명의 상대방 및 시기:** 약관설명의 상대방은 보험계약자 또는 그의 대리인이며, 보험금 양수인에 대한 설명은 보험계약자에 대한 설명으로서의 효력이 없다(판례). 약관교부·설명의 시기는 보험계약을 체결할 때이다.

6. 약관의 해석

보통보험약관은 보통거래약관의 일종으로서 약관규제법의 적용을 받으므로, 약관규제법의 해석원칙이 적용된다. 보통보험약관의 내용과 상충하는 내용의 당사자간의 개별 약정이 있으면 그러한 개별 약정이 보통보험약관에 우선하여 적용된다(개별약정우선의 원칙). 그리고 신의성실의 원칙에 따라 공정하게 해석되어야 하고(신의성실의 원칙), 보험계약자에 따라 다르게 해석되어서는 안된다(객관적 해석의 원칙). 보통보험약관의 조항 중 명확하지 않은 조항은 보험자에게 불이익하게 해석하여야 하고, 보험자의 면책조항은 축소해석하여야 한다(작성자불이익의 원칙).

7. 규 제

보통보험약관은 보험자에 의해 일방적으로 작성되므로 보험계약자의 이익을 희생시킬 염려가 있다. 따라서 보통보험약관에 대해서는 약관규제법의 적용을 받고 그 내용이 규제되는 입법적 규제, 보통보험약관의 제정과 변경에 주무장관의 인가를 받아야 하는 행정적 규제, 보통보험약관의 내용을 구체적인 사건에서 해석·적용하는 경우의 사법적 규제, 보험약관이 약관규제법에 위반될 경우 주무장관에 시정조치를 요청할 수 있는 공정거래위원회에 의한 규제가 많다.

Chapter COMMERCIAL LAW

02 보험계약법 총론

제1절 보험계약의 개념

Ⅰ. 보험계약의 의의

우리 상법 제638조는 「보험계약은 당사자 일방이 약정한 보험료를 지급하고 재산 또는 생명이나 신체에 불확정한 사고가 발생할 경우에 상대방이 일정한 보험금이나 그 밖의 급여를 지급할 것을 약정함으로써 효력이 생긴다」고 규정하고 있다.

Ⅱ. 보험계약의 특성

1. 낙성·불요식의 계약성

보험계약은 당사자의 의사표시의 합치만으로써 성립하고, 그 계약의 성립요건으로서 특별한 요식행위를 요구하지 않는 낙성·불요식의 계약이다.

2. 유상·쌍무계약성

보험계약은 보험자가 보험사고가 발생한 때에 손해의 보상 또는 일정한 금액의 지급을 하고, 보험계약자가 이에 대하여 보험료를 지급할 것을 약정하는 계약이므로 유상계약이며, 보험계약은 그 효과로서 보험계약자의 보험료와 보험자의 보험금액은 서로 대가관계에 있는 채무이므로 쌍무계약에 해당한다.

3. 선의계약성

보험계약은 원래 선의의 계약 또는 최대선의의 계약, 당사자의 신의성실 위에 성립하는 계약이라고도 한다. 이러한 특성은 보험계약에서는 그 특수성에 따라서 구체적으로 강하게 나타난다. 그 예로는 고지의무(제651조), 위험변경증가의 통지의무(제652조), 보험계약자 등의 주관적 위험변경증가와 계약해지(제653조), 보험자의 면책사유(제659조), 사기에 의한 초과보험·중복보험의 효과(제669조 제4항, 제672조 제3항), 손해방지의무(제680조) 등을 들 수 있다.

4. 사행계약성

보험사고의 발생이라고 하는 우연한 사실에 의하여 한쪽 당사자의 계약상의 구체적인 보험금지급의무가 생기는 것이므로 보험계약의 사행계약성이 인정된다는 것이 다수설이다.

5. 계속적 계약성

보험계약은 보험자가 일정한 기간 내에 발생한 보험사고에 대하여 보험금을 지급할 책임을 지는 것이므로, 일정한 기간, 즉 보험기간 동안 계속하여 계약관계가 존재하므로 계속적 계약의 성질을 갖는다. 보험계약은 이와 같이 계속적 계약의 성질을 가지는 것이므로 상법상 계약을 해제할 수 있는 경우는 거의 없고, 장래에 대하여서만 효력이 없게 하는 해지를 인정하는 것이 원칙으로 되어 있다.

6. 부합계약성

보험계약은 다수의 보험계약자를 상대로 맺어지는 것이므로 그 내용은 보험자가 일방적으로 작성한 보통보험약관의 형식으로 정형화되지 않을 수 없다. 이러한 의미에서 보험계약은 부합계약의 성질을 갖는다.

7. 상행위성

상법 제46조 17호는 기본적 상행위로 보험의 인수를 영업으로 하는 행위를 규정하고 있다. 따라서 보험자는 당연상인이 되고, 보험자가 체결하는 보험계약은 상행위성을 갖는다.

8. 독립계약성

보험계약은 민법상의 전형계약의 어디에도 속하지 않는 무명계약이므로 독립계약성을 갖는다. 보험계약의 독립계약성은 법률상 그러하다는 의미이므로, 경제상으로는 다른 계약과 결합하거나 부수하여 성립할 수 있다.

제2절 보험계약의 요소

Ⅰ. 보험계약의 관계자

1. 보험계약의 당사자

(1) 보험자

보험자는 보험계약의 당사자로서 보험계약자로부터 보험료를 받는 대신에, 보험기간 중 보험사고가 발생하면 피보험자 또는 보험수익자에게 보험금의 지급, 기타의 급여를 할 의무를 지는 자이다.

(2) 보험계약자

보험계약자는 보험계약의 당사자로서 자기명의로 보험자와 보험계약을 체결하고 자신이 보험료를 지급할 의무를 부담하는 자를 말한다.

2. 보험계약 당사자 이외의 관계자

(1) 피보험자

피보험자는 손해보험과 인보험에 있어서 그 뜻을 달리하고 있다. 손해보험에서는 피보험이익의 주체가 되는 자, 즉 손해의 보상을 받는 자를 피보험자라고 하고, 인보험에 있어서는 보험사고가 발생할 객체가 되는 자를 피보험자라고 한다. 피보험자는 보험계약자와 전혀 별개의 지위에 있는 자인 경우도 있고, 동일인이 양자를 겸하는 경우도 있다. 손해보험의 경우 전자를 「타인을 위한 보험」이라 하고, 후자를 「자기를 위한 보험」이라 한다. 그러나 인보험에서는 전자를 「타인의 생명의 보험」이라 하고, 후자를 「자기의 생명의 보험」이라 한다.

(2) 보험수익자

보험수익자는 생명보험 등의 인보험에 있어서 보험금을 지급받을 수 있는 자를 말한다. 손해보험에서는 보상을 받는 자는 피보험자이며, 보험수익자라는 용어가 사용되지 않는다. 보험계약자와 보험수익자가 같은 경우를 「자기를 위한 생명보험」이라 하고, 보험계약자와 보험수익자가 다른 경우를 「타인을 위한 생명보험」이라 한다.

3. 보험자의 보조자

(1) 보험대리상

보험대리상이란 일정한 보험자를 위하여 상시 그 영업부류에 속하는 보험계약의 체결을 대리하거나 중개하는 것을 영업으로 하는 자를 말하며(제87조), 일정한 자격을 갖춘 자로서 대통령령이 정하는 바에 의하여 금융위원회에 등록하여야 한다(보험업법 제2조 10호, 제87조).

(2) 보험중개인

보험중개인이란 보험자와 보험계약자 사이의 보험계약의 성립을 중개하는 것을 영업으로 하는 자를 말하며(제93조), 대통령령이 정하는 바에 의하여 금융위원회에 등록하여야 한다(보험업법 제89조 제1항).

(3) 보험모집인

보험모집인은 보험자의 피용자로서 보험자를 위하여 보험계약청약의 유인을 하는 자로서, 금융위원회가 정하는 바에 의하여 금융감독원에 등록하여야 한다. 보험모집인은 계약체결의 대리권이 없고 고지수령권(告知受領權)도 없다. 따라서 보험계약자가 모집인에게 말한 것으로는 보험자에 대한 고지라 할 수 없다(판례). 그러나 보험외판원(보험모집인)이 가입자에게 보통보험약관과 다른 내용으로 보험약관을 설명하고 이에 따라 보험계약이 체결된 경우에는 그 설명된 내용이 보험계약의 내용이 된다(판례). 그리고 보험자는 사용자책임이나 표현법리에 따라 보험모집인이 보험계약자를 모집함에 있어서 보험계약자에게 가한 손해를 배상할 책임이 있다.

한편, 보험모집인도 보험자에 의한 수권에 의하여 보험료를 수령하고 보험료 영수증을 발행하고 있는 거래실정에 따라 제1회의 보험료의 수령권이 있다(판례).

(4) 보험의

보험의(保險醫)란 생명보험회사가 생명보험계약을 체결하는 경우에 피보험자의 신체검사를 하여 생명의 위험측정에 관한 전문가로서의 의견을 보험자에게 제공하여 주는 의사이다.

Ⅱ. 보험의 목적

보험의 목적이란 보험사고 발생의 객체가 되는 피보험자의 재화(손해보험) 또는 피보험자의 생명·신체(인보험)를 말한다.

보험의 목적은 보험계약의 목적과 구별되어야 한다. 보험계약의 목적이란 손해보험에 있어서 피보험이익을 말한다.

Ⅲ. 보험사고

보험사고란 보험계약에서 보험자의 책임을 구체화시키는 우연한 사고를 말한다. 여기서 「우연」이란 보험계약의 성립 당시에 그 사고의 발생 여부나 또는 발생시기 등이 확정되어 있지 아니한 것을 말한다. 보험사고는 「발생 가능한 것」이어야 하며, 이미 보험사고가 발생하였거나 또는 발생할 수 없는 것인 때에는 그 보험계약은 무효가 된다(제644조 본문). 그러나 보험자와 보험계약자 및 피보험자가 보험사고 발생 또는 발생 불가능의 사실을 알지 못한 경우에는 보험계약은 유효하다(제644조 단서). 그리고 보험사고는 「적법한 것」이어야 한다. 또한 보험사고는 일정한 보험의 목적에 대한 것으로서 그 범위는 「특정」되어야 한다.

한편 손해보험의 경우에는 보험사고로 인하여 피보험자에게 경제적 손해가 발생할 수 있는 것이어야 보험사고가 된다.

Ⅳ. 보험기간과 보험료기간

1. 보험기간

보험기간이란 보험자의 책임이 시작되어 종료하는 기간, 즉 그 기간 내에 보험사고가 발생함으로써 보험자가 책임을 지게 되는 기간을 말하며, 보험자의 책임기간이라고도 한다. 그러므로 보험기간의 개시 전이나 종료 후에 발생한 보험사고에 대해서는 책임을 지지 않는다.

보험기간은 당사자간의 보험계약이 성립하여 존속하는 기간인 보험계약기간과 구별되지만, 보험기간은 당사자간에 특약이 없는 한 보험계약기간과 일치한다. 보험기간은 당사자간에 다른 약정이 없으면 최초의 보험료의 지급을 받은 때로부터 시작한다(제656조).

2. 보험료기간

보험료기간이란 보험료산출의 기초가 되는 기간을 말하며, 이것을 단위로 하여 위험을 측정하게 된다. 보험료기간은 보통 1년을 단위로 하여 정하여진다. 보험료가 일정한 기간(보험료기간)의 위험률을 기초로 하여 정하여지므로 이 위험률을 산출하는 단위인 기간에 대응하는 보험료는 불가분의 성질을 갖는다(보험료불가분의 원칙).

제3절 보험계약의 성립

Ⅰ. 보험계약의 청약과 승낙

1. 보험계약의 청약

보험계약은 낙성·불요식의 계약이므로, 보험계약의 청약은 서면에 의하든 구두에 의하든 관계없고, 전화에 의한 청약도 가능하다. 그러나 실제에 있어서는 대량거래의 편의와 분쟁예방을 위하여 보험계약청약서에 의한 청약이 관행으로 되어 있다.

2. 보험계약의 승낙

(1) 승낙의 통지

보험의 인수는 상행위이므로, 상행위편의 통칙에 관한 규정이 적용된다. 즉 일반적으로 대화자간의 보험계약에 있어서는 보험자가 즉시 승낙을 하여야 보험계약이 성립하고(제51조), 격지자간의 보험계약에 있어서는 승낙기간이 없으면 보험자가 상당한 기간 내에 통지를 발송하여야 보험계약이 성립한다(제52조).

(2) 승낙의 낙부통지의무

① **상시거래관계가 있는 경우**: 상인이 상시거래관계에 있는 자로부터 그 영업부류에 속한 계약의 청약을 받은 때에는 지체없이 승낙 여부의 통지를 발송하여야 하며, 이를 해태한 때에는 승낙한 것으로 본다(제53조).

② **상시거래관계가 없는 경우**: 상시거래관계가 없는 자로부터 보험계약의 청약을 받은 경우에도 보험자가 낙부통지의무를 부담하는 경우가 있다. 즉 보험자가 보험계약자로부터 보험계약의 청약과 함께 보험료 상당액의 전부 또는 일부의 지급을 받은 때에는 다른 약정이 없으면 30일 내에 그 상대방에 대하여 낙부의 통지를 발송하여야 한다(제638조의2 제1항 본문). 다만 인보험계약의 피보험자가 신체검사를 받아야 하는 경우에는 그 기간은 신체검사를 받은 날로부터 기산한다(제638조의2 제1항 단서).

따라서 보험계약자가 보험계약의 청약시에 보험료 상당액을 지급하지 아니하였거나, 인보험에서 신체검사를 요하는 경우에 그 검사를 받지 아니한 때에는 보험자의 낙부통지의무는 없다. 보험자가 청약과 더불어 보험료 상당액을 받은 경우에 30일 내에 낙부통지를 하여야 하며, 이를 해태한 때에는 승낙한 것으로 본다(제638조의2 제2항).

(3) 승낙전 사고에 대한 보험자의 책임

보험자가 보험계약자로부터 보험계약의 청약과 함께 보험료 상당액의 전부 또는 일부를 받은 경우에 그 승낙을 하기 전에 보험사고가 발생한 때에는 그 청약을 거절할 사유가 없는 한, 보험자는 보험계약상의 책임을 진다(제638조의2 제3항 본문). 여기서 「청약을 거절할 사유」는 약관에 의하여 보험자가 인수할 수 없는 위험을 목적으로 하는 보험계약의 청약이 있는 경우를 들 수 있다. 인보험계약의 피보험자가 신체검사를 받아야 하는 경우에 그 검사를 받지 않은 때에는 승낙전 사고에 대한 보험자의 책임은 생기지 않는다(제638조의2 제3항 단서).

Ⅱ. 고지의무

1. 고지의무의 개념

(1) 의 의

고지의무란 보험계약 체결 당시에 보험계약자 또는 피보험자가 보험자에 대하여 중요한 사실을 고지하고, 부실의 사실을 고지하지 아니할 의무를 말한다(제651조).

(2) 법적 성질

보험계약에 있어서 고지의무는 보험자가 그 이행을 강제하거나 또는 불이행을 이유로 손해배상을 청구할 수 있는 것이 아니라 그 의무위반의 효과로써 보험계약을 해지할 수 있을 뿐이다.

2. 고지의무의 당사자

(1) 고지의무자

고지의무를 부담하는 자는 보험계약상 보험계약자와 피보험자이다(제651조). 피보험자는 인보험의 피보험자뿐만 아니라 손해보험의 피보험자도 포함된다. 보험계약자가 수인이 있는 경우에는 각 보험계약자가 고지의무를 부담한다. 그리고 보험계약이 대리인에 의하여 체결되는 경우에는 그 대리인도 고지의무를 부담하며, 이 때에는 본인이 알고 있는 사실뿐만 아니라 대리인 자신이 알고 있는 사실도 고지하여야 한다(제646조; 민법 제116조 제1항).

(2) 고지의 상대방

고지의무자가 고지할 상대방은 보험자 및 그로부터 고지수령의 권한이 주어진 자를 말한다. 보험계약의 체결의 대리권이 있는 보험대리점에 대한 고지는 보험자에 대한 고지와 같은 효력이 있으나, 보험중개인은 고지수령권이 없다. 인보험에서 유진사(有診査)보험의 경우에 보험의는 계약체결의 대리권은 없지만 고지를 수령할 권한은 가지고 있다.

3. 고지의무의 내용

(1) 고지의 시기

고지하여야 할 시기는 보험계약 당시, 즉 보험계약의 성립시까지 하여야 한다. 따라서 고지의 유무는 보험계약의 청약시가 아니라 성립시를 표준으로 결정한다. 그리고 보험계약의 청약시에 고지한 사항은 계약성립시까지 변경·철회·추가할 수 있으나, 계약성립 후에는 이러한 보정을 할 수 없다.

(2) 고지의 방법

고지의 방법에 대하여는 법률상 특별한 제한이 없으므로 구두로 하든지 서면으로 하든지, 묵시적이든 명시적이든 관계없다. 실제에 있어서는 보험계약청약서의 질문란 등으로 서면에 의하는 것이 보통이다.

(3) 고지사항과 질문표

보험계약자 또는 피보험자가 보험자에 대하여 고지할 사항은 중요한 사항이다. 여기서 중요한 사항이란 보험자가 그 사실을 알고 있었으면 계약을 체결하지 아니하였거나 또는 동일한 조건으로는 계약의 체결을 거절하였을 것이라고 객관적으로 생각되는 사정을 말하며, 위험측정상 중요한 사항을 뜻한다(판례).

전문가가 아닌 보험계약자나 피보험자는 보험계약을 체결할 때에 구체적으로 고지사항의 범위를 판단하는 것은 매우 어려울 것이기 때문에, 실무상으로는 보험자가 보험계약청약서에 미리 고지할 사항을 열거하여 질문란을 둔 일종의 질문표를 이용하고 있다. 우리 상법도 이러한 거래계의 현실을 반영하여 보험자가 서면으로 질문한 사항은 중요한 사항으로 추정한다는 규정을 두고 있다(제651조의2).

4. 고지의무 위반

(1) 요 건

① **주관적 요건:** 고지의무 위반이 되기 위해서는 중요한 사항의 불고지 또는 부실고지가 보험계약자 또는 피보험자의 고의 또는 중대한 과실로 인한 것이어야 한다. 여기서 「고의」라 함은 중요한 사항에 대하여 알면서 고지하지 아니하거나 부실고지를 한 것을 말한다. 「중대한 과실」이란 고지의무자가 거래상 필요로 하는 간단한 주의를 게을리하여 불고지 또는 부실고지를 하

는 것을 말한다. 예를 들어, 보험계약청약서의 질문표를 읽어보지 않아 질문 사항에 대하여 불고지한 경우에 중대한 과실이 있다고 할 수 있다.

② **객관적 요건**: 중요한 사항에 대한 불고지 또는 부실고지가 있어야 한다. 여기서 「불고지」란 중요한 사항을 알면서 알리지 아니하는 것을 말하고, 「부실고지」란 중요한 사항을 사실과 다르게 고지하는 것을 말한다.

③ **입증책임**: 고지의무 위반으로 계약을 해지하고자 하는 경우 고지의무 위반의 요건이 존재한다는 것은 보험자가 이를 입증하여야 한다.

(2) 효 과

① **보험계약의 해지**: 보험자는 보험계약자의 고지의무 위반이 있는 경우 보험사고의 발생 전후를 묻지 아니하고 일방적인 의사표시만으로 보험계약을 해지할 수 있다(해지주의, 제651조 본문).

② **해지권의 제한**

㉠ 제척기간의 경과: 보험자가 고지의무 위반의 사실을 안 날로부터 1월, 계약을 체결한 날로부터 3년을 경과하면 보험계약을 해지할 수 없다(제651조 본문).

㉡ 보험자의 고의·중과실: 보험자가 보험계약 당시에 고지의무 위반의 사실을 알았거나 중대한 과실로 인하여 알지 못한 때에는 보험자는 보험계약을 해지할 수 없다(제651조 단서).

㉢ 인과관계의 부존재: 고지의무 위반사실이 보험사고의 발생에 영향을 미치지 아니하였음이 보험계약자 또는 피보험자에 의하여 증명된 때에는 보험자는 이미 지급한 보험금의 반환을 청구할 수 없을 뿐만 아니라 보험금의 지급의무를 면하지 못한다(제655조 단서).

㉣ 약관설명의무 위반과 해지권 배제: 보험자측이 약관설명·교부의무를 위반함으로 인하여 보험계약자가 그 약관에 정하여진 고지를 하지 아니한 때에는 보험자는 보험계약을 해지할 수 없다.

5. 고지의무 위반과 착오·사기의 관계

상법상 고지의무 위반의 사실이 동시에 민법상 보험자의 착오나 보험계약자의 사기에 해당하는 경우가 있다. 이 경우 보험자는 고지의무 위반에 따른 계약해지권과 함께 민법상 사기 또는 착오에 의한 취소권도 행사할 수 있는가가 문제된다.

이에 대해 판례 및 다수설은 착오의 경우에는 민법의 적용을 배제하나 고지의무자에게 사기가 있는 경우에는 보험자는 상법에 의하여 계약해지를 할 수 있는 동시에 그 제척기간 경과 후에도 민법의 원칙에 따라 취소권을 행사할 수 있다고 한다.

Ⅲ. 보험증권

1. 의의 및 기재사항

(1) 의 의

보험증권이란 보험계약의 성립과 내용을 증명하기 위하여 보험자가 소정의 사항을 기재하고 기명날인 또는 서명하여 보험계약자에게 교부하는 증권이다(제666조, 제640조 제1항).

(2) 기재사항

보험증권의 기재사항은 손해보험에 공통되는 기재사항(제666조)과 인보험에 공통되는 기재사항(제728조) 그리고 각 보험의 종류에 따라 각각 그 규정을 두고 있다(제685조, 제690조, 제695조, 제726조의3, 제735조).

손해보험에 공통되는 기재사항으로는 보험의 목적, 보험사고의 성질, 보험금액, 보험료와 그 지급방법, 보험기간을 정한 때에는 그 시기와 종기, 무효와 실권의 사유, 보험계약자의 주소와 성명 또는 상호, 피보험자의 주소·성명 또는 상호, 보험계약의 연월일, 보험증권의 작성지와 작성연월일이다(제666조).

인보험에 공통되는 기재사항으로는 보험계약의 종류, 피보험자의 성명·주소 및 생년월일, 보험수익자를 정한 때에는 그 성명·주소 및 생년월일이다(제728조).

2. 발 행

(1) 작성·교부

보험자는 보험계약이 성립한 때에는 지체없이 보험증권을 작성하여 보험계약자에게 교부하여야 한다(제640조 제1항 본문). 보험계약자가 보험료의 전부 또는 최초의 보험료를 지급하지 아니한 때에는 보험자는 보험증권의 교부의무가 없다(제

640조 제1항 단서). 보험증권은 보험자가 작성·교부하고 보험계약자가 이의 없이 수령한 때에는 계약의 성립과 그 내용에 관하여 사실상의 추정적 효력을 가지게 되므로 증거증권에 속한다. 또한 보험자는 보험금의 지급 기타의 급여를 함에 있어서 보험증권을 제시하는 자에 대하여 악의 또는 중과실 없이 지급하면 면책되므로 면책증권에 속한다.

(2) 증권기재내용에 대한 이의기간

보험계약의 당사자는 보험증권의 교부가 있은 날로부터 1월을 내리지 않는 기간 내에 한하여 그 증권내용의 정부(正否)에 관하여 이의를 주장할 수 있음을 약정할 수 있다(제641조).

(3) 보험계약의 연장·변경과 보험증권

기존의 보험계약을 연장하거나 변경한 경우에는 보험자는 새로운 보험증권을 작성할 필요가 없이 기존 보험증권에 그 사실을 기재함으로써 새로운 보험증권의 교부에 갈음할 수 있다(제640조 제2항).

(4) 보험증권의 멸실·훼손과 재교부

보험증권을 멸실 또는 현저하게 훼손한 때에는 보험계약자는 보험자에 대하여 재교부를 청구할 수 있고, 이 때 그 증권의 작성비용은 보험계약자가 부담한다(제642조).

제4절 보험계약의 효과

Ⅰ. 보험자의 의무

1. 보험증권교부의무

보험자는 보험계약이 성립하고 보험료의 지급을 받은 때에는 지체없이 보험증권을 작성하여 보험계약자에게 교부하여야 한다(제640조 제1항).

2. 보험금지급의무

(1) 보험금지급의무의 발생

보험자는 보험사고가 발생한 경우에 손해보험의 피보험자 또는 생명보험의 보험수익자에게 보험금을 지급하여야 할 의무를 진다(제638조). 여기서 보험사고는 보험기간 내에 발생하였어야 한다.

(2) 보험자의 책임개시시기·보험금지급시기

보험자의 보험금지급책임은 당사자간에 다른 약정이 없으면 최초의 보험료의 지급을 받은 때로부터 개시한다(제656조). 보험자는 보험금액의 지급에 관하여 약정기간이 있는 경우에는 그 기간 내에, 약정기간이 없는 경우에는 보험계약자 또는 피보험자나 보험수익자로부터 보험사고의 통지를 받은 후 지체없이 그 지급할 보험금액을 정하고, 그 정하여진 날부터 10일 내에 피보험자 또는 보험수익자에게 지급하여야 한다(제658조).

(3) 시 효

보험금청구권은 3년간 행사하지 아니하면 소멸시효가 완성한다(제662조). 보험금청구권의 소멸시효기간을 단축하는 당사자간의 약정은 피보험자 또는 보험수익자에게 불이익하므로 그 효력이 없다.

(4) 보험자의 면책사유

① 보험사고의 유발

㉠ 면책의 주관적 요건: 보험사고가 보험계약자 또는 피보험자나 보험수익자의 고의나 중대한 과실로 인하여 생긴 때에는 보험자는 보험금액을 지급할 책임이 없다(제659조 제1항). 여기서 「고의」는 보험사고를 발생시킬 의사를 가진 경우뿐만 아니라, 일정한 결과를 인식하고 그것을 용인하는 미필적 고의를 포함한다(대법원 2000.2.11.선고 99다49064판결 참조). 그러나 보험금취득의 의사는 요건이 아니다. 고의로 사고를 발생시킨 보험계약자나 피보험자, 보험수익자에게 책임능력이 있어야 한다(대법원 2001.4.24.선고 2001다10199판결). 그리고 「중대한 과실」은 통상인에게 일반적으로 요구되는 주의를 현저하게 태만히 한 경우를 의미한다. 즉, 약간의 주의를 한다면 쉽게 위법·유해한 결과를 예견할 수 있음에도 불구하고 이를

간과함과 같은 거의 고의에 가까운 현저한 주의를 결여한 상태를 말한다(판례).

보험계약자 등의 배우자 등에 의한 보험사고 유발의 경우에 대한 학설; 대표자책임이론 –

보험계약자 또는 피보험자나 보험수익자 배우자·가족, 동거 중인 사용인 기타 동거인과 같은 보험계약자 등과 법률상 또는 경제상 특별한 관계에 있는 자의 고의·중과실에 의하여 보험사고가 발생한 때, 보험자의 책임이 면제되는가에 대해서 우리 보험법은 아직 적극적으로 인정하지 않고 있다. 그러나 이 보험사고에 대해서는 보험자의 책임이 면제된다는 견해(면책설)와 면제되지 않는다는 견해(보상책임설)가 있다. 면책설의 경우 특별한 근거규정이 없는 한 면책을 인정하기 어렵지만 보험계약자 등의 공모·교사·방조가 있으면 보험자의 면책을 인정하는 견해(판례), 대표자의 고의·중과실이 사회통념상 보험계약자의 고의·중과실로 인정되는 경우에만 보험자의 면책을 인정하는 견해, 보험약관에 이에 관한 규정이 있는 경우에만 보험자의 면책을 인정하는 견해가 있다.

㉡ 입증책임: 보험계약자측의 고의·중과실로 인하여 보험사고가 발생하였다는 사실은 보험자가 이를 입증하여야 한다. 사고의 발생원인이 복수로 존재하는 경우 그 중 하나가 피보험자 등의 고의행위임을 주장하여 보험자가 면책되기 위해서는 그 고의행위가 보험사고 발생의 결정적 원인이었음을 입증하여야 할 것이다(판례).

㉢ 반대약정의 효력: 당사자간의 합의에 의하여 보험계약자측의 고의·중과실로 인하여 생긴 보험사고에 대해 보험보상을 한다는 약정을 한 경우, 고의에 의한 사고유발에 대한 보상의 약정은 무효이나, 중과실로 인한 사고에 대한 보상약정은 유효하다.

㉣ 보험자대위: 보험자는 보험사고의 발생이 보험계약자나 피보험자 또는 보험수익자 이외의 제3자의 고의·중과실로 인하여 생긴 경우에는 손해보험에 있어서는 보험금액을 지급한 후 대위권을 행사할 수 있다(제682조).

② 전쟁 기타의 변란: 보험사고가 전쟁 기타의 변란으로 인하여 생긴 때에는 당

사자간에 다른 약정이 없는 한 보험자는 보험금을 지급할 책임이 없다(제660조). 전쟁 기타의 변란은 위험산정의 기초가 된 통상의 사고가 아니고, 또 통상의 보험료로써는 그 위험을 인수할 수 없기 때문이다.

③ **보험약관에 정한 보험사고:** 각종 보통보험약관은 보험자의 면책사유를 정하고 있다. 이러한 약관의 조항을 면책약관이라 한다. 이러한 면책약관상의 면책사유는 상법 제663조(보험계약자 등의 불이익변경금지) 등 강행법규에 저촉되지 않는 한 유효하다.

3. 보험료반환의무

(1) 보험계약의 무효·취소

보험계약의 전부 또는 일부가 무효인 경우에 보험계약자와 피보험자가 선의이며 중대한 과실이 없는 때에는 보험자는 보험료의 전부 또는 일부를 보험계약자에게 반환하여야 할 의무를 진다(제648조). 따라서 보험계약자 등의 악의로 보험계약이 무효로 된 때에는 보험자는 보험료반환의무를 지지 않는다. 또한 보험계약을 맺을 때에 보험자가 보험약관의 교부·설명의무를 이행하지 아니함으로써 보험계약자가 보험계약의 성립 후 1월 내에 그 계약을 취소하여 그 보험계약이 처음부터 무효로 된 때(제638조의3)에는 보험자는 지급받은 보험료를 모두 보험계약자에게 반환하여야 한다.

(2) 보험사고발생 전 보험계약의 해지

보험계약자는 보험사고의 발생 전에 언제든지 보험계약의 전부 또는 일부를 해지할 수 있으며, 이 경우에는 보험자는 다른 약정이 없으면 미경과보험료를 반환하여야 할 의무를 진다(제649조 제1항·제3항). 여기서 미경과보험료란 보험계약이 해지될 때의 보험료기간 이후의 기간에 해당하는 기간의 보험료를 의미한다. 생명보험의 경우는 일정한 사유에 의하여 보험계약이 해지되거나 보험금의 지급책임이 면제된 때에는 보험자는 보험수익자를 위하여 적립한 보험료적립금을 보험계약자에게 반환하여야 할 의무를 진다(제736조 제1항).

(3) 소멸시효

보험자의 보험료반환의무는 3년의 소멸시효기간의 경과로 소멸한다(제662조).

Ⅱ. 보험계약자·피보험자 등의 의무

1. 보험료지급의무

(1) 보험료의 지급

보험계약은 유상·쌍무계약이므로, 보험계약자는 보험계약이 체결된 후 보험자에 대하여 보험료를 지급하여야 한다(제638조). 보험계약이 성립되었다 하더라도 보험료의 전부 또는 제1회의 지급이 없으면 다른 약정이 없는 한 보험자는 보험계약상의 책임을 지지 않는다(제656조).

(2) 보험료지급의무자

보험료지급의무자는 원칙적으로 보험계약자이지만(제639조 제3항 본문), 타인을 위한 보험의 경우에 보험계약자가 파산선고를 받거나 보험료의 지급을 지체한 때에는 그 타인이 보험계약상의 권리를 포기하지 아니하는 한 보험료를 지급할 의무를 진다(제639조 제3항 단서). 보험계약자가 수인인 경우에는 각 보험계약자는 연대하여 그 보험료를 지급할 의무가 있다(제57조 제1항).

(3) 보험료의 증감청구

① **보험료감액청구**: 보험계약의 당사자가 특별한 위험을 예기하여 보험료의 액을 정한 경우에 보험기간 중 그 예기한 위험이 소멸한 때에는 보험계약자가 그 후에 보험료의 감액을 청구할 수 있다(제647조). 그리고 손해보험에 있어서 계약체결 당시 또는 계약체결 후에 보험금액이 보험계약의 목적의 가액을 현저하게 초과한 때에는 보험계약자는 장래에 대하여 보험료의 감액을 청구할 수 있다(제669조 제1항·제3항). 이 경우 보험의 목적의 가액은 계약당시의 가액에 의하여 정한다(제669조 제2항).

② **보험료증액청구**: 보험기간 중에 사고발생의 위험이 현저하게 변경 또는 증가된 경우(제652조), 보험기간 중에 보험계약자·피보험자 또는 보험수익자의 고의 또는 중대한 과실로 인하여 보험사고 발생의 위험이 현저하게 변경 또는 증가한 경우(제653조)에는 보험자는 보험료의 증액을 청구할 수 있다.

(4) 보험료의 지급시기·지급장소

① **지급시기**: 보험계약자가 최초의 보험료를 납입하지 아니한 때에는 다른 약정

이 없는 한 보험자의 책임이 개시하지 아니하므로(제656조), 보험계약자는 보험계약이 성립한 후 지체없이 보험료의 전부(일시납보험) 또는 제1회 보험료(분할납보험)를 지급하여야 한다(제650조 제1항 전단).

② **지급장소:** 보험료 지급장소에 대해 상법은 특별한 규정을 두고 있지 않으므로, 약관이나 당사자간의 약정이 없으면 채무변제의 일반원칙에 따라 지참채무가 되어 채권자인 보험자의 영업소가 지급장소가 된다.

(5) 보험료 부지급의 효과

① **계약의 해제의제:** 보험계약자가 보험계약체결 후 지체없이 보험료의 전부 또는 제1회 보험료를 지급하지 아니한 때에는 다른 약정이 없으면 계약성립 후 2월이 경과하면 그 계약은 해제된 것으로 본다(제650조 제1항).

② **계약의 해지:** 제2회 이후의 보험료(계속보험료)는 약정된 시기에 지급하여야 하나, 그 시기에 지급이 없는 경우에는 보험자는 보험계약을 해지할 수 있다. 즉, 보험자는 상당한 기간을 정하여 최고하고, 그 기간 내에 지급이 없는 때에는 그 계약을 해지할 수 있다(제650조 제2항). 최고의 방법에는 제한이 없으므로 구두로 하든 서면으로 하든 관계 없지만, 최고한 사실에 대한 입증책임은 보험자에게 있다.

③ **타인을 위한 보험의 해제 또는 해지:** 특정한 타인을 위한 보험의 경우에 보험계약자가 보험료의 지급을 지체한 때에는 보험자는 그 타인에게도 상당한 기간을 정하여 보험료의 지급을 최고한 후가 아니면 그 계약을 해제 또는 해지하지 못한다(제650조 제3항).

(6) 보험료청구권의 소멸시효

보험료지급채무의 소멸시효기간은 2년이다(제662조 후단). 기산점은 최초의 보험료는 보험계약이 성립한 날이고, 제2회 이후의 보험료는 각 지급기일의 다음 날이다.

2. 통지의무

(1) 위험변경·증가의 통지의무

보험기간 중에 보험계약자 또는 피보험자가 사고발생의 위험이 현저하게 변경 또는 증가된 사실을 안 때에는 지체없이 보험자에게 통지하여야 한다(제652조 제1항

1문). 보험계약자 등이 위험변경·증가의 사실을 알면서 지체없이 보험자에게 통지하지 아니한 때에는 보험자는 그 사실을 안 날로부터 1월 내에 보험계약을 해지할 수 있다(제652조 제1항 2문). 보험자는 보험계약자 등의 통지를 받은 날로부터 1월 내에 보험료의 증액을 청구하거나 계약을 해지할 수 있다(제652조 제2항).

(2) 보험사고 발생의 통지의무

보험계약자 또는 피보험자나 보험수익자는 보험사고의 발생을 안 때에는 지체없이 보험자에게 그 통지를 발송하여야 한다(제657조 제1항). 통지의 상대방은 보험자 또는 그의 대리인이며, 통지할 내용은 보험자가 보상책임을 질 사항이다. 보험계약자 등이 보험사고 발생의 통지를 게을리한 경우에 보험자는 보험금지급의무를 면하지 않지만, 그 통지를 게을리함으로 인하여 손해가 증가된 때에는 그 증가된 손해를 보상할 책임이 없다(제657조 제2항).

3. 위험유지의무

보험계약자나 피보험자 또는 보험수익자는 보험자의 동의 없이 보험기간 중에 그의 고의 또는 중대한 과실로 인하여 보험사고 발생의 위험을 현저하게 변경하거나 증가시키지 않을 의무를 부담한다(제653조 전단). 보험계약자 등이 이 의무를 위반한 때에는 보험자는 그 사실을 안 날로부터 1월 내에 보험료의 증액을 청구하거나 또는 계약을 해지할 수 있다(제653조 후단). 보험자가 계약을 해지하는 경우 이미 지급한 보험금액이 있는 경우에는 이의 반환을 청구할 수 있다(제655조 본문). 그러나 위험의 현저한 변경이나 증가된 사실과 보험사고의 발생 간에 인과관계가 없는 경우에는 보험자는 보험금을 지급할 책임을 부담한다(제655조 단서).

제5절 보험계약의 무효·소멸·부활

Ⅰ. 보험계약의 무효

보험계약은 성립한 때로부터 당연히 그 효력이 생기지 않는 경우와 취소에 의하여 처음부터 효력이 생기지 않는 경우가 있다. ① 보험계약 당시에 보험사고가 이미 발생하였거나 또는 발생할 수 없는 것인 때에는 그 보험계약은 당연히 무효가 된다(제644조 본문). 그러나 보험계약 당시에 보험계약의 당사자 쌍방과 피보험자가 보험사고가 이미 발생한 사정 등을 알지 못한 경우에는 그 계약은 유효한 것이 된다(제644조 단서). ② 보험계약자의 사기로 인한 초과보험·중복보험은 당연히 무효가 된다(제669조 제4항, 제672조 제3항). ③ 15세 미만자, 심신상실자 또는 심신박약자의 사망을 보험사고로 한 보험계약은 당연히 무효가 된다(제732조). ④ 보험자가 보험약관의 설명·교부의무를 위반한 경우 보험계약자는 보험계약이 성립한 날로부터 1월 내에 그 계약을 취소하여 처음부터 무효로 할 수 있다(제638조의3 제2항). ⑤ 민법상 의사표시의 무효사유(민법 제107조, 제108조)에 의하여 보험계약의 청약의 의사표시 등이 무효인 경우 보험계약이 무효가 된다.

Ⅱ. 보험계약의 소멸

1. 당연한 소멸사유

(1) 보험사고의 발생

보험기간 중에 보험사고가 발생하면 보험자는 보험금지급책임을 부담하므로, 원칙적으로 그 목적 달성에 의해 보험계약은 소멸한다.

(2) 보험기간의 만료

보험자는 보험기간 내에 발생한 보험사고에 대하여만 책임을 부담하므로, 보험기간의 만료로써 보험계약은 소멸하게 된다.

(3) 보험목적의 멸실

보험목적이 보험사고 이외의 원인으로 멸실한 경우에는 보험계약은 소멸한다.

(4) 보험료의 부지급

보험계약자가 계약체결 후 보험료의 전부 또는 제1회 보험료를 지급하지 않으면 다른 약정이 없는 한 계약성립 후 2월이 경과하면 그 보험계약은 해제된 것으로 의제되므로(제650조 제1항), 보험계약은 소멸한다.

(5) 보험자의 파산 등

보험자가 파산선고를 받은 후 3월을 경과하면 보험계약은 그 효력을 상실한다

(제654조 제2항). 그리고 선박보험에서 선박을 양도한 때, 선박의 선급을 변경한 때 및 선박을 새로운 관리로 옮긴 때에는 보험자의 동의가 없는 한 보험관계는 종료한다(제703조의2). 자동차보험의 경우 보험기간 중에 피보험자가 자동차를 양도한 때에 보험자의 승낙이 없는 한 보험계약은 종료한다(제726조의4).

2. 보험계약의 해지

(1) 보험계약자에 의한 계약해지

① **임의해지:** 보험계약자는 보험사고가 발생하기 전에는 언제든지 보험계약의 전부 또는 일부를 해지할 수 있다(제649조 제1항 본문). 다만, 타인을 위한 보험계약에서는 그 타인의 동의를 얻거나 보험증권을 소지하고 있어야 보험계약자는 보험계약을 해지할 수 있다(제649조 제1항 단서). 보험사고의 발생으로 보험자가 보험금액을 지급한 때에도 보험금액이 감액되지 아니하는 보험의 경우에는 보험사고의 발생 후에도 보험계약을 해지할 수 있다(제649조 제2항). 보험계약자가 보험계약을 해지한 경우에 당사자간에 다른 약정이 없으면 보험계약자는 미경과보험료의 반환을 청구할 수 있다(제649조 제3항).

② **보험자의 파산으로 인한 해지:** 보험자가 파산선고를 받은 때에는 보험계약자는 그 계약을 해지할 수 있다(제654조 제1항).

(2) 보험자에 의한 계약해지

① **고지의무 위반으로 인한 해지:** 보험계약자 등이 고지의무를 위반한 경우에는 보험자는 그 사실을 안 날로부터 1월 내에, 계약을 체결한 날로부터 3년 내에 그 계약을 해지할 수 있다(제651조).

② **계속보험료의 부지급으로 인한 해지:** 보험계약자가 제2회 이후의 계속보험료를 약정한 지급기일에 지급하지 아니하면 보험자는 상당한 기간을 정하여 보험계약자에게 최고하고 그 기간 내에도 보험료를 지급하지 아니하면 보험계약을 해지할 수 있다(제650조 제2항). 특정한 타인을 위한 보험의 경우에 보험계약자가 보험료의 지급을 지체한 때에는 보험자는 그 타인에게도 상당한 기간을 정하여 보험료의 지급을 최고한 후가 아니면 그 계약을 해제 또는 해지하지 못한다(제650조 제3항).

③ **위험변경·증가로 인한 해지**: 보험기간 중에 객관적 위험의 변경·증가가 있거나(제652조 제1항·제2항), 주관적 위험의 변경·증가가 있는 경우에는(제653조) 보험자는 보험계약을 해지할 수 있다.

④ **약관에 의한 해지**: 보험약관에 보험계약해지사유를 규정하고 있는 때에는 그 해지사유가 강행법규에 위반되지 않는 한 유효하므로 이에 의하여 보험자는 보험계약을 해지할 수 있다.

Ⅲ. 보험계약의 부활

1. 의 의

보험계약의 부활이란 보험계약자가 제2회 이후의 계속보험료를 지급하지 아니함으로 인하여 보험계약이 해지되었거나 실효되었음에도 해지환급금이 지급되지 아니한 경우에, 보험계약자가 일정한 기간 내에 연체보험료에 약정이자를 붙여 보험자에게 지급하여 그 계약의 부활을 청구하고 보험자가 이를 승낙함으로써 종전의 보험계약을 부활시키는 것을 말한다(제650조의2 1문).

2. 요건·절차

보험계약의 부활을 위해서는 계속보험료의 부(不)지급으로 보험계약이 해지되고, 해약환급금이 지급되지 아니한 상태여야 한다. 보험계약의 부활계약도 보험계약자의 청약과 승낙에 의하여 성립한다. 보험계약자의 청약시에는 일정한 기간 내에 연체보험료에 약정이자를 붙여 보험자에게 지급하여야 한다. 또한 보험계약의 성립 전까지 보험계약자 등은 고지의무를 부담한다. 보험자는 보험계약의 부활의 청약을 받은 때에는 30일 내에 승낙의 여부를 통지하여야 하며, 보험자가 이 기간 내에 승낙의 여부의 통지를 발송하지 아니한 때에는 승낙한 것으로 본다(제650조의2, 제638조의2 제2항).

3. 효 과

보험계약의 부활은 종전의 보험계약이 실효되기 전의 상태로 회복하는 효과를 가져온다. 따라서 종전의 계약의 해지·무효 등의 사유가 있는 경우에는 부활 후에도 이를 주장할 수 있으나, 종래의 계약에 대한 고지의무 위반에 대하여는 불고지 또는 부실고지를 이유로 부활계약의 해지를 할 수 없다.

제6절 타인을 위한 보험계약

Ⅰ. 의 의

타인을 위한 보험계약은 보험계약자가 특정 또는 불특정의 타인의 이익을 위하여 자기명의로 체결한 보험계약을 말한다(제639조 본문). 즉, 손해보험의 경우에는 보험계약자와 피보험자가 다르고, 인보험의 경우에는 보험계약자와 보험수익자가 다른 것을 말한다.

Ⅱ. 요 건

1. 타인을 위한 의사표시

타인을 위한 보험계약을 체결하는 경우에는 타인을 위한다는 의사표시가 있어야 한다. 이러한 의사표시는 명시적이든 묵시적이든 관계 없다. 타인을 위한다는 의사표시가 분명하지 아니한 때에는 그 보험계약은 보험계약자 자신을 위한 것으로 추정한다.

2. 피보험자 또는 보험수익자의 요건

타인을 위한 보험계약의 경우 보험계약의 성립시에 타인은 특정되는 경우도 있고 특정되지 않은 경우도 있다(제639조 제1항 본문). 타인이 특정되지 않은 경우를 「불특정 타인을 위한 보험」이라 한다.

3. 위임요건

타인을 위한 보험계약은 보험계약자와 보험자의 청약과 승낙에 의하여 성립하며, 그 타인의 위임을 받는 경우가 있고 받지 않는 경우도 있다. 손해보험계약의 경우에 그 타인의 위임이 없는 때에는 보험계약자는 이를 보험자에게 고지(告知)하여야 하며, 만일 이를 고지하지 않은 경우에는 그 타인이 그 보험계약이 체결된 사실을 알지 못하였다는 사유로 보험자에게 대항하지 못한다(제639조 제1항 단서).

인보험의 경우에는 보험계약자가 보험수익자를 지정·변경한 때에는 이를 보험자에게 통지하여야 하며, 이 통지를 하지 않으면 이로써 보험자에게 대항하지 못한다(제733조 등).

Ⅲ. 효 과

1. 보험자와 보험계약자의 관계

(1) 보험계약자의 의무

보험계약자는 보험계약의 당사자로서 보험자에 대하여 가지는 계약상의 모든 의무를 부담한다. 즉, 보험료지급의무, 고지의무, 위험변경·증가의 통지의무, 보험사고 발생의 통지의무를 부담한다. 손해보험의 경우에는 손해방지의무도 부담한다.

(2) 보험계약자의 권리

보험계약자는 보험자에 대하여 보험계약상의 여러 가지 권리를 갖는다. 즉, 보험증권교부청구권, 보험계약해지권, 보험계약이 무효인 경우 보험료반환청구권, 초과보험의 경우 보험료감액청구권, 보험적립금반환청구권 등을 가진다. 생명보험의 경우에는 특히 보험수익자 지정·변경권(제733조)이 있다.

2. 보험자와 수익자(피보험자·보험수익자)의 관계

(1) 수익자의 의무

손해보험의 피보험자와 생명보험의 보험수익자는 보험계약 당사자는 아니지만 고지의무, 보험사고 발생 통지의무, 위험변경·증가의 통지의무를 부담한다. 그리고 손해보험의 경우에는 손해방지의무 등을 부담한다. 보험계약자가 파산선고를 받거나 보험계약자가 보험료의 지급을 지체한 때에는 보험금지급청구권을 포기하지 아니하는 한 보험료지급의무를 부담한다(제639조 제3항).

(2) 수익자의 권리

보험사고가 발생하면 피보험자 또는 보험수익자는 보험금 지급을 청구할 수 있다(제639조 제2항 본문). 그러나 손해보험의 경우에 보험계약자가 피보험자에게 보험사고의 발생으로 인한 손해의 배상을 한 때에는 보험계약자는 피보험자의 권리를 해하지 않는 범위 내에서 보험자에게 보험금액의 지급을 청구할 수 있다(제639조 제2항 단서).

Chapter COMMERCIAL LAW

03 손해보험

제1절 통 칙

제1관 손해보험계약의 개념

Ⅰ. 손해보험계약의 의의

손해보험계약이란 당사자의 일방(보험자)이 불확정한 보험사고로 인하여 생길 재산상의 손해를 보상할 것을 약정하고, 상대방 당사자(보험계약자)가 이에 대하여 보험료를 지급할 것을 목적으로 하는 보험계약을 말한다(제665조, 제638조).

Ⅱ. 인보험과의 차이

손해보험계약은 물건 기타의 재산상의 이익에 관한 손해의 보상을 목적으로 하고, 반드시 손해의 발생을 요소로 하므로 손해발생의 기초가 되는 피보험이익은 불가결의 요소이지만, 인보험에서는 이러한 요소가 필요하지 않다.

손해보험계약의 경우에는 사고 발생시에 지급되는 보험금액이 일정하지 않으므로 부정액보험이지만, 인보험계약에 있어서 생명보험계약은 정액보험이다. 그러나 인보험계약이라도 상해보험·질병보험계약의 경우에는 부정액보험이 원칙이다.

제2관 손해보험계약의 요소

Ⅰ. 피보험이익

1. 피보험이익의 개념

(1) 의 의

피보험이익은 손해보험에서 보험사고가 발생함으로써 피보험자가 손해를 입을 염려가 있는 경제적 이익을 말하며, 보험계약의 목적이라고도 한다. 피보험이익은 손해보험계약의 불가결의 요소의 하나이며 손해보험계약에 특유한 것으로, 계약의 성립요건이자 존속요건에 해당한다.

(2) 보험의 목적과의 차이

보험의 목적은 그것에 대하여 보험이 붙여지는 경제상의 재화를 말하지만, 피보험이익(보험계약의 목적)은 어떠한 재화에 대하여 가지는 법률적 또는 경제적인 관계이며, 그 이익의 결손을 보상하는 것이 손해보험의 경제적 목적이고, 이 이익이 보험계약의 목적이 된다.

따라서 하나의 보험의 목적에 대해 여러 개의 피보험이익이 있을 수 있다(㉕ 동일건물에 대한 소유자의 화재보험과 임차인의 화재보험).

2. 피보험이익의 요건

(1) 적법성

피보험이익은 적법한 것이라야 한다. 즉, 법의 금지규정에 위반하거나 사회질서에 반하는 이익은 법의 보호를 받을 수 없으므로 피보험이익이 되지 못한다(㉕ 탈세·도박·절도 등에 의하여 얻을 이익, 반사회질서적인 도화 기타에 관한 이익 등).

(2) 금전산정 가능성

피보험이익은 금전으로 산정할 수 있는 이익에 한정된다(제668조). 따라서 정신적 이익 등과 같은 경제적 이익 이외의 것은 피보험이익이 되지 못한다. 보험사고로 인하여 상실된 피보험자가 얻을 이익(㉕ 건물화재로 인하여 받지 못하는 임대료)이나 보수는 당사자간에 다른 약정이 없으면 보험자가 보상할 손해액에 산입하지 않는다

(제667조).

(3) 확정가능성

피보험이익은 반드시 계약체결 당시에 현존하고 확정되어 있어야 하는 것은 아니나, 적어도 보험사고가 발생할 때까지는 이익의 종류·귀속이 확정될 수 있는 것이라야 한다(판례).

3. 피보험이익의 효용

(1) 보험자의 책임범위의 확정

손해보험은 피보험이익에 관하여 생긴 손해를 보상할 것을 목적으로 하는 것이므로 보험자의 보상책임의 최고한도는 피보험이익의 가액을 표준으로 하여 정해진다.

(2) 초과보험·중복보험의 기준

보험은 이익을 얻기 위한 수단이 아니므로 초과보험이나 중복보험은 규제를 받게 되며, 피보험이익은 초과보험·중복보험을 결정하는 기준이 된다.

(3) 도박보험의 방지

보험은 피보험이익을 전제로 하고 그 이익의 상실에 대하여 상실된 이익만큼만 이를 보상하여 주므로, 피보험이익이 없는 것은 도박의 대상이 된다. 따라서 피보험이익의 존재 유무는 보험이 도박과 구별되고 도박보험화를 방지한다.

(4) 보험계약의 동일성 구별기준

보험은 보험의 목적에 의하여 구별되는 것이 아니라 보험계약의 목적(피보험이익)에 따라 구별되므로 피보험이익은 보험계약의 동일성을 구별하는 기준이 된다.

Ⅱ. 보험가액과 보험금액

1. 보험가액

(1) 의 의

보험가액은 피보험이익(보험계약의 목적)의 가액을 말한다. 보험가액은 피보험이익의 평가에서 나오는 주관적 가액이지만, 합리적인 거래계의 보통가액이라야 한다.

(2) 보험가액의 기능

보험가액은 손해액을 산정하는 전제로서 필요하며, 초과보험·중복보험의 결정의 기준이 된다.

(3) 보험가액의 결정

① **보험가액의 협정이 있는 경우**: 당사자간에 보험가액을 협정한 때(기평가보험)에는 그 가액은 사고 발생시의 가액으로 정한 것으로 추정하지만, 그 가액이 사고 발생시의 가액을 현저하게 초과할 때에는 사고 발생시의 가액을 보험가액으로 한다(제670조).

② **보험가액의 협정이 없는 경우**: 당사자간에 보험가액을 협정하지 않은 때(미평가보험)에는 사고 발생시의 보험가액으로 한다(제671조).

③ **보험가액 불변경주의**: 보험가액은 평가의 시기에 따라 가변적이다. 그러나 보험가액의 협정이 없는 때에 보험기간이 짧아 보험가액의 변동이 적은 보험이나 사고 발생의 때와 장소를 확정하기 어려운 보험(예 육상운송보험, 선박보험, 적하보험)에서 상법은 예외적으로 평가가 쉬운 일정한 때를 기준으로 하여 정한 보험가액을 전보험기간의 보험가액으로 하고 있다(제689조, 제696조, 제697조, 제698조).

④ **신가보험**: 당사자간에 다른 약정이 있는 때에는 그 신품가액에 의하여 손해액을 산정할 수 있다(제676조 제1항 단서).

2. 보험금액

(1) 의 의

보험금액은 보험자가 보상할 금액의 최고한도로서 약정된 금액을 말하며, 고정적인 것으로 보험기간 중에 변경되는 일이 없으나, 초과보험이 된 경우 보험금감액청구가 가능하다(제669조 제1항).

(2) 보험사고의 발생과 보험금액

① **보험가액이 있는 보험**: 보험사고가 발생하여 보험의 목적물에 전손(全損)이 생긴 때에는 보험자는 보험금액을 지급하게 되며, 이 때에는 보험계약이 종료한다.

② **보험가액이 없는 보험**: 보험가액이 없는 보험(예 책임보험)에서는 보험사고가

발생하여 보험금이 지급되어도 보험계약은 종료하지 않는 것이 원칙이며, 보험금액도 원래의 그것이 보험기간 중에 존속한다.

3. 보험가액과 보험금액의 관계

(1) 초과보험

① **의의**: 초과보험이란 보험금액이 보험가액을 현저하게 초과하는 보험을 말한다(제669조 제1항 본문 전단). 초과보험인지 여부는 원칙적으로 보험계약 체결시의 보험가액을 기준으로 한다(제669조 제2항). 그러나 보험기간 중에 보험가액이 현저하게 감소된 때에는 그 때의 보험가액을 기준으로 한다(제669조 제3항).

② **효 과**

㉠ 단순한 초과보험의 경우: 초과보험의 경우 보험자 또는 보험계약자는 보험료와 보험금액의 감액을 청구할 수 있으며(제669조 제1항 본문), 다만 보험료의 감액은 장래에 대해서만 그 효력이 있다(제669조 제1항 단서).

㉡ 사기에 의한 초과보험의 경우: 보험계약자의 사기로 인하여 초과보험계약이 체결된 경우에는 그 보험계약은 전체가 무효가 된다(제669조 제4항 본문). 이 때 이에 관한 입증책임은 보험자가 부담한다(판례). 보험계약자는 보험자가 사기로 인한 초과보험계약이 체결되었음을 안 때까지의 보험료를 지급할 의무를 부담한다(제669조 제4항 단서).

(2) 중복보험

① **의의**: 중복보험이란 동일한 보험계약의 목적과 동일한 사고에 관하여 공통된 보험기간에 걸쳐서 수인의 보험자와 각별로 동시에 또는 순차로 수개의 보험계약이 체결된 경우에 그 보험금액의 총액이 보험가액을 초과하는 경우를 말한다.

② **중복보험의 요건**: 중복보험이 되기 위해서는 ㉠ 동일한 피보험이익일 것, ㉡ 동일한 보험사고일 것, ㉢ 보험기간이 동일 또는 중복할 것, ㉣ 보험금액의 총액이 보험가액을 초과할 것, ㉤ 수개의 보험계약을 수인의 보험자와 체결할 것, ㉥ 피보험자가 동일인일 것(반드시 보험계약자가 동일인일 필요는 없다) 등의 요건을 갖추어야 한다(판례).

③ **중복보험의 판단시기**: 동시(同時)중복보험은 계약 당시의 보험가액에 따라 판단하며, 이시(異時)중복보험은 두 번째 이후의 계약을 체결할 때의 보험가액에 따라 중복보험의 요건을 판단하여야 한다.

④ **중복보험의 효과**

㉠ 단순한 중복보험: 이 경우에는 동시중복보험이든 이시중복보험이든 구별 없이, 보험자는 각자의 보험금액의 총보험금액에 대한 비율에 따라 보험금액의 한도에서 보상할 책임을 지고, 각 보험자는 각자의 보험금액의 한도에서 연대책임을 진다(제672조 제1항). 보험계약자는 각 보험자에 대하여 각 보험계약의 내용을 통지하여야 한다(제672조 제2항). 그리고 수개의 보험계약을 체결하여 중복보험이 생긴 경우에 그 보험자 중 1인에 대한 보험계약자의 권리의 포기는 다른 보험자의 권리·의무에 영향을 미치지 않는다(제673조). 즉, 다른 보험자의 분담부분에 영향을 미치지 않는다.

㉡ 사기에 의한 중복보험: 중복보험이 보험계약자의 사기로 인하여 생긴 경우에는 그 계약의 전부를 무효로 하고, 보험자는 보험금지급책임을 면하고, 사기로 인한 중복보험을 안 때까지의 보험료는 이를 청구할 수 있다(제672조 제3항, 제669조 제4항).

(3) 일부보험

① **의의**: 일부보험이란 보험금액이 보험가액에 미달하는 보험을 말한다(제674조). 이에 반하여 보험금액이 보험가액과 동일한 보험을 전부보험이라 한다.

② **효력**: 일부보험의 경우 보험자는 보험금액의 보험가액에 대한 비율에 따라 보상할 책임을 진다(제674조 본문). 따라서 보험의 목적이 전부멸실된 경우에는 보험금액의 전액을 지급하지만, 일부멸실된 때에는 보험금액의 보험가액에 대한 비율에 따른 손해액의 일부만을 지급하고, 나머지는 피보험자가 자기부담으로 한다. 그러나 당사자간의 특약으로써 보험금액의 범위 내에서 손해액 전액을 지급하는 것으로 할 수 있다(제674조 단서).

제3관 손해보험계약의 효과

Ⅰ. 보험자의 손해보상의무

1. 보상의무의 부담

손해보험계약에서의 보험자의 책임은 당사자간에 다른 약정이 없으면 최초의 보험료를 지급받은 때로부터 개시한다(제656조).

2. 의무의 요건

(1) 보험사고의 발생

보험계약에서 정한 보험사고가 보험기간 내에 발생하여야 하며, 이에 대한 입증책임은 보험계약자가 부담한다.

(2) 손해의 발생

보험자의 손해보상의무가 발생함에는 보험사고의 발생으로 인하여 손해가 생겨야 한다. 여기서 손해란 재산상의 불이익인 결과를 말하며, 피보험이익의 전부 또는 일부가 멸실·감손한 것을 말한다(판례). 따라서 정신적 손해는 포함하지 않는다. 보험사고로 인하여 상실된 피보험자가 얻을 이익이나 보수(상실이익)는 원칙적으로 보험자가 보상할 손해액에 산입되지 아니하나, 당사자간에 특약이 있는 경우에 한하여 보험자가 보상할 손해액에 산입된다(제667조).

(3) 보험사고와 손해의 인과관계

보험사고와 손해는 상당인과관계가 있어야 한다. 상당인과관계가 있는 손해인 이상 다른 원인과 경합한 경우에도 무방하다(판례). 보험의 목적에 관하여 보험자가 부담할 손해가 상당인과관계로 이미 생긴 때에는 그 후에 보험자가 부담하지 않는 보험사고의 발생으로 인하여 그 보험의 목적이 멸실하더라도 보험자는 이미 생긴 손해를 보상할 책임을 진다(제675조).

3. 면책사유

손해보험자는 보험계약자 등의 고의나 중대한 과실로 인한 보험사고(제659조)

나 전쟁 등에 의한 보험사고의 경우(제660조) 외에 보험목적의 성질·하자 또는 자연소모로 인한 손해에 대해서는 면책된다(제678조).

4. 손해의 보상

(1) 손해액의 산정

보험자가 보상할 손해액은 그 손해가 발생한 때와 곳의 가액에 의하여 산정하지만, 당사자간의 약정에 의하여 보험의 목적의 신품가액에 의하여 손해액을 산정하게 되어 있는 경우에는 그 약정에 따른다(제676조 제1항). 손해액의 산정에 관한 비용은 보험자가 이를 부담한다(제676조 제2항).

(2) 손해보상의 방법

보험자의 손해보상은 금전으로 지급하는 것이 보통이지만, 대물교부·현물수선 등으로도 할 수 있다. 보험자가 손해를 보상할 경우에 보험료의 지급을 받지 아니한 잔액이 있으면, 그 지급기일이 도래하지 아니한 때라도 보상할 금액에서 이를 공제할 수 있다(제677조).

(3) 손해보상의 범위

① **원칙**: 보험자의 손해보상의 범위는 원칙적으로 개별적인 보험계약에서 정한 보험금액의 범위 내에서, 피보험자가 보험사고로 입은 실손해액이다.

② **전부보험**: 전손의 경우에는 약정한 보험금액의 전액을, 분손의 경우에는 보험가액과 잔존가액의 차이에 대한 손실을 보상한다.

③ **일부보험**: 전손의 경우에는 약정한 보험금액의 전액을, 분손의 경우에는 보험금액의 보험가액에 대한 비율에 따라서 정한다.

④ **손해방지비용 처리**: 손해방지비용은 보상액과의 합계액이 보험금액을 초과한 경우에도 보험자가 이를 부담한다(제680조).

Ⅱ. 보험계약자·피보험자의 손해방지·경감의무

1. 의 의

보험계약자와 피보험자는 보험사고가 발생한 때에 적극적으로 손해의 방지와 경감을 위하여 노력하여야 한다(제680조 제1항 본문).

2. 의무의 내용

(1) 의무의 발생시기

손해방지·경감의무는 보험사고의 발생을 전제로 하는 의무이므로, 보험계약자 등은 보험사고가 발생한 때로부터 이 의무를 부담한다.

(2) 의무의 범위

손해방지·경감의무는 보험계약상의 보험사고가 발생하고 보험계약자 또는 피보험자가 이를 안 것을 전제로 하여, 이로 말미암은 손해의 발생이나 확대를 방지하기 위하여 노력할 것을 그 내용으로 하므로, 보험사고의 발생을 방지하는 것은 의무에 해당되지 않는다.

3. 손해방지·경감비용

보험계약자와 피보험자가 손해방지·경감의무를 위하여 지출하게 된 필요 또는 유익하였던 비용은 이것과 보상액의 합계액이 보험금액을 초과하는 경우라도 보험자가 이를 부담한다(제680조 단서). 일부보험의 경우 보험자가 부담할 비용은 보험금액의 보험가액에 대한 비율에 따라 정한다.

4. 의무위반의 효과

손해방지·경감의무 위반의 효과에 대해 상법은 명문규정을 두고 있지 않다. 따라서 학설이 나누어지고 있다. 손해방지·경감의무 위반사실 및 보험계약자나 피보험자의 고의·중과실에 대한 입증책임을 보험자가 이를 부담한다(최준선, 『보험법·해상법』, 191면).

제4관 보험자의 대위

Ⅰ. 보험자대위의 개념

1. 의 의

보험자대위란 보험자가 보험금액을 지급한 때에 보험계약자 또는 피보험자가 보험의 목적에 관하여 가지는 권리 및 제3자에 대하여 가지는 권리를 보험계약자 또는 피보험자에 대신하여 법률상 당연히 취득하는 것을 말한다(제681조, 제682조). 보험자대위는 원칙적으로 손해보험의 경우에만 인정되고, 인보험에서는 인정되지 않는다. 그러나 예외적으로 상해보험의 경우에는 당사자간의 약정이 있는 때에는 피보험자의 권리를 해하지 않는 범위에서 보험자의 대위를 인정한다(제729조 단서).

2. 보험자대위의 유형

보험자대위는 보험자가 취득하는 권리의 종류에 따라 2가지로 나누어진다. 하나는 피보험자가 보험의 목적에 대하여 가지는 권리를 취득하는 경우이고(제681조), 또 하나는 보험계약자 또는 피보험자가 제3자에 대하여 가지는 권리를 취득하는 경우(제682조)이다.

Ⅱ. 보험의 목적에 대한 보험자대위

1. 의 의

보험의 목적에 대한 보험자대위란 보험의 목적의 전부가 멸실한 경우에 보험금액의 전액을 지급한 보험자가 피보험자의 보험의 목적에 관한 권리를 법률상 당연히 취득하는 제도이다.

2. 요 건

(1) 보험의 목적의 전손

보험의 목적에 관한 보험자대위가 성립하기 위해서는 보험의 목적에 관하여 전손(全損)이 생긴 경우라야 하며, 분손(分損)은 보험자대위가 성립하지 않는다.

(2) 보험금 전액의 지급

보험의 목적에 대해 전손이 생기고, 이에 대해 보험자가 보험금 전액을 피보험자에게 지급하여야 한다.

3. 효 과

(1) 보험의 목적에 대한 권리의 이전

보험자는 보험의 목적에 대하여 피보험자가 가졌던 권리를 취득하게 되며, 취득시기는 보험금 전액의 지급시가 된다.

(2) 잔존물에 대한 의무의 귀속

잔존물에 부수하는 의무가 있는 경우, 그 의무의 부담은 그 잔존물에 따르는 것이므로, 보험자가 보험금을 지급함으로써 보험의 목적인 잔존물을 취득한 때에는 이러한 의무의 부담도 보험자에게 귀속하게 된다.

(3) 보험자대위권의 포기

잔존물에 대하여 대위권을 취득하는 경우에 그 잔존물의 제거비용이 잔존물의 가액을 초과하는 경우 보험자는 대위권을 포기할 수 있다. 이때에는 잔존물에 대한 모든 권리가 피보험자에게 귀속하므로 잔존물에 관한 공법상 또는 사법상의 모든 의무도 피보험자에게 귀속하게 된다(통설). 보험자가 대위권을 포기할 때에는 즉시 그 사실을 피보험자에게 통지하여야 한다.

(4) 일부보험의 경우

일부보험의 경우는 보험자는 보험금액의 보험가액에 대한 비율에 따라 피보험자의 보험목적에 대한 권리를 취득한다(제681조 단서).

Ⅲ. 제3자에 대한 보험자대위

1. 의 의

제3자에 대한 보험자대위란 보험사고로 인한 손해가 제3자의 행위로 인하여 발생한 경우에, 보험금을 지급한 그 보험자가 지급한 보험금액의 한도에서 그 제3자에 대한 보험계약자 또는 피보험자의 권리를 법률상 당연히 취득하는 제도를 말한다(제682조 제1항 본문).

2. 요 건

(1) 제3자의 행위로 인한 손해의 발생과 제3자에 대한 권리의 취득

손해가 제3자의 행위로 인하여 생기고 보험계약자나 피보험자가 그 제3자에 대하여 손해배상청구권 등의 권리를 가지는 경우라야 한다. 여기서 「제3자」는 보험자·보험계약자·피보험자를 제외한 모든 자를 가리킨다. 피보험자의 동거가족 또는 사용인의 과실로 손해가 발생한 경우에는 보험자대위의 규정은 적용이 배제된다(제682조 제2항; 판례). 제3자는 1인 또는 수인이라도 무방하다. 보험자가 공동불법행위자 중 1인과의 보험계약에 따라 피해자에게 손해보상을 함으로써 공동불법행위자들이 공동면책된 경우, 다른 공동불법행위자들은 보험자에게 제3자가 되므로 보험자는 다른 공동불법행위자들에게 구상권을 대위행사할 수 있다(판례).

(2) 보험금의 지급

보험자가 보험금을 지급한 경우에 보험자대위가 인정된다. 제3자에 대한 보험자대위는 보험의 목적에 대한 보험자대위와는 달리 보험자가 보상할 보험금액의 일부를 지급한 때에도 대위의 효력이 생긴다. 다만, 이 경우에는 보험자는 피보험자의 권리를 해하지 아니하는 범위 내에서 그 권리를 행사할 수 있다(제682조 제1항 단서).

(3) 보험계약자 또는 피보험자의 제3자에 대한 권리의 존재

보험자대위가 성립하기 위해서는 보험계약자 또는 피보험자의 제3자에 대한 권리가 직접적이든 간접적이든 존재하여야 한다. 따라서 피보험자 등이 보험금 지급 전에 권리를 처분하거나 행사한 경우(판례) 또는 제3자에 대한 권리가 시효소멸한 경우(판례)에는 보험자대위가 인정되지 않는다.

3. 효 과

(1) 보험자의 제3자에 대한 권리의 취득

보험자대위의 요건을 갖춘 경우, 보험자는 지급한 금액의 한도에서 보험계약자 또는 피보험자의 권리를 해하지 않는 범위 내에서 그 제3자에 대한 보험계약자 또는 피보험자의 권리를 취득하게 된다.

(2) 권리이전의 효과

보험자가 보험금을 지급함으로써 대위의 효과가 생긴 후에는, 보험자에게 이전된 권리에 관하여는 보험계약자 또는 피보험자는 자유로이 이를 행사하거나 처분하지 못한다.

보험금의 지급 전에는 피보험자 등은 제3자에 대한 권리를 행사하거나 처분할 수 있다. 보험금 지급 전에 제3자에 대한 권리를 행사하거나 처분한 경우에는 보험자대위는 성립할 수 없다(판례). 따라서 피보험자 등이 보험자로부터 보험금을 지급받은 후에 제3자에 대한 권리를 행사하거나 처분한 경우에는 피보험자 등은 보험자의 대위권을 침해한 것이 되어 부당이득반환 또는 불법행위에 기한 손해배상책임을 부담한다(판례).

(3) 재보험자의 대위

재보험의 경우 먼저 원보험자가 원보험계약의 피보험자에게 보험금을 지급하고 제3자에 대한 권리를 취득한 다음에 재보험자가 원보험자에게 재보험금을 지급한 때에는, 그 한도에서 원보험자의 위의 권리를 대위취득하게 된다. 그러나 제3자에 대한 권리의 행사는 원보험자가 자기의 이름으로 재보험자의 수탁자적 지위에서 한다.

(4) 보험자대위에 의하여 취득한 권리의 소멸시효

보험자대위에 의하여 보험자가 취득한 권리의 소멸시효의 기간과 기산점은 대위에 의하여 이전되는 권리를 기준으로 판단하여야 한다(판례). 그런데 보험자가 공동불법행위자 중의 일부에 대하여 갖는 구상권에 대한 보험자대위권은 법률에 시효기간에 관하여 특별한 정함이 없으므로 일반채권과 같이 소멸시효기간은 10년으로 보며, 시효의 기산점은 그 권리가 발생한 시점이다(판례).

제5관 보험의 목적의 양도

Ⅰ. 의 의

보험의 목적의 양도는 피보험자가 기존 보험계약의 대상인 목적물을 개별적으로 타인에게 양도하는 것을 말하며, 이 때에 양수인은 보험계약으로 인하여 생긴 권리와 의무를 동시에 승계한 것으로 추정한다(제679조 제1항).

Ⅱ. 요 건

1. 양도 당시의 보험계약의 존속

보험의 목적물이 양도될 때, 양도인과 보험자 간의 보험계약이 유효하게 존재하고 있어야 한다. 또 보험계약이 존속하고 있으면 면책사유가 있어도 보험계약은 양수인에게 이전되나, 보험자는 양수인에 대하여도 면책사유를 주장할 수 있다.

2. 보험의 목적의 물건

보험의 목적은 동산·부동산 등의 물건뿐만 아니라, 유체·무체재산도 포함된다. 보험의 목적인 물건은 특정되고 개별화되어 있어야 한다.

3. 보험의 목적의 양도

보험의 목적은 물권적 양도계약에 의하여 양도되어야 한다. 따라서 양도의 채권계약만으로는 양도에 포함되지 않고, 상속·합병 등과 같은 포괄승계도 양도에 포함되지 않는다. 그러나 영업양도 및 경락 등에 의한 경우는 양도에 포함된다.

Ⅲ. 효 과

1. 보험계약상의 권리와 의무의 이전

피보험자가 보험의 목적을 양도한 때에는 양수인은 보험계약상의 권리와 의무를 승계한 것으로 추정한다(제679조 제1항). 그러나 선박의 양도에는 보험자의 동의를 받도록 규정하고 있고(제703조의2), 자동차의 양도에는 보험자의 승낙을 받아야 보험계약상의 권리·의무를 승계할 수 있는 것으로 하고 있다(제726조의4).

2. 보험자에 대한 통지

(1) 통지의무

피보험자가 보험의 목적을 양도한 때에는 양도인 또는 양수인은 지체없이 보험자에 대하여 그 사실을 통지하여야 한다(제679조 제2항). 이러한 통지의 방법에는 제한이 없고, 통지의무자는 양도인 또는 양수인이다.

(2) 통지의무의 이행

통지의무를 이행한 경우, 보험사고의 위험이 현저하게 변경 또는 증가된 때에는 보험자는 그 사실을 안 때부터 1월 내에 보험료의 증액을 청구하거나 또는 보험계약을 해지할 수 있다.

제2절 개별 손해보험계약

Ⅰ. 화재보험계약

화재보험계약이란 화재로 인하여 생길 손해를 보상할 것을 목적으로 하는 손해보험계약이다(제683조). 화재보험은 화재만을 보험사고로 하므로 화재 이외의 각종의 위험을 보험사고로 하는 보험은 화재보험이 아니다.

Ⅱ. 운송보험계약

운송보험계약이란 육상운송에 있어서의 운송물에 관한 사고로 인하여 발생할 손해를 보상할 것을 목적으로 하는 손해보험계약을 말한다(제688조). 육상운송에서의 육상이란 육지 이외에 호천·항만도 포함되지만(제125조), 실제로는 항만에서의 보험사고는 약관에 의하여 해상보험계약에 의하여 보험되는 것이 보통이다.

Ⅲ. 해상보험계약

해상보험계약은 해상사업에 관한 사고로 인하여 생길 손해를 보상할 것을 목적으로 하는 손해보험계약이다(제693조).

Ⅳ. 책임보험계약

책임보험계약이라 함은 피보험자가 보험기간 중의 사고로 인하여 제3자에게 배상할 책임을 질 경우에 보험자가 피보험자의 책임이행으로 인하여 생길 손해를 보상할 것을 목적으로 하는 손해보험계약을 말한다(제719조).

Ⅴ. 재보험계약

재보험계약이란 어떤 보험자가 보험계약에 의하여 인수한 책임의 전부 또는 일부를 다른 보험자에게 부보(付保)하는 보험계약을 말하며(제661조), 책임보험계약의 일종이다(제726조).

Ⅵ. 자동차보험계약

자동차보험계약이란 자동차를 소유하고 사용 또는 관리하는 동안에 발생한 사고로 인하여 생긴 손해를 보상할 것을 내용으로 하는 손해보험계약을 말한다(제726조의2).

자동차보험에 대한 자세한 내용들은 약관에 의해 그 규정이 있고, 주로 판례도 이러한 약관의 내용과 관련된 것이 대부분이다.

Ⅶ. 보증보험계약

보증보험계약이란 채무자인 보험계약자가 채권자인 피보험자에게 계약상의 채무불이행 또는 법령상의 의무불이행으로 손해를 입힌 경우에 보험자가 그 손해를 보상할 것을 약정하고, 채무자 기타 의무자로부터 그 보수를 받는 보험계약을 말한다(제726조의5). 이러한 보증보험계약은 피보험자의 재산상의 손해를 보상하는 보험(손해보험)이며, 보험계약자의 배상책임을 보험자가 부담하는 보험(책임보험)이다.

Chapter COMMERCIAL LAW

04 인보험

제1절 총 설

Ⅰ. 인보험계약의 의의

인보험계약이란 보험자가 피보험자의 생명 또는 신체에 관하여 보험사고가 생길 경우에 계약의 정하는 바에 따라 보험금이나 그 밖의 급여를 할 것을 약정하고, 보험계약자가 이에 대하여 보험료를 지급할 것을 약정함으로써 효력이 생기는 보험계약을 말한다(제638조, 제727조 제1항).

Ⅱ. 인보험계약의 요소

1. 보험의 목적

인보험의 목적은 사람의 생명 또는 신체인 점에서, 피보험자의 물건 기타의 재산을 보험의 목적으로 하는 손해보험과 다르다.

2. 보험사고

인보험의 보험사고는 사람의 생명·신체에 관한 사고인 점에서, 피보험자의 물건 기타의 재산에 관한 사고인 손해보험과 다르다.

3. 보험금액

인보험에서는 보험금액이 정액화되어 있는 점에서, 보험금액의 한도 내에서 실제 발생한 손해를 보상하는 부정액보험인 손해보험과 다르다. 그러나 인보험 중에서도 상해보험이나 질병보험과 같이 부정액보험의 형식으로 체결되는 경우도 있다.

4. 피보험이익·보험가액

인보험은 사람의 생명·신체에 관한 것이므로 이에 대한 금전적인 평가를 할 수 없기 때문에 피보험이익이나 보험가액이란 존재하지 않는다. 따라서 초과보험·중복보험·일부보험의 문제가 생기지 않는다.

Ⅲ. 인보험증권의 기재사항

인보험증권에는 상법 제666조에 규정한 기재사항 이외에 보험계약의 종류, 피보험자의 주소·성명 및 생년월일, 보험수익자를 정한 때에는 그 주소·성명 및 생년월일을 기재하여야 한다(제728조).

Ⅳ. 보험자대위의 금지

인보험에서는 보험의 목적의 멸실이란 있을 수 없으므로 보험의 목적에 대한 보험자대위는 있을 수 없다. 제3자에 대한 보험자대위는 이론상 성립할 수 있지만, 상법 제729조 본문에서는 「보험자는 보험사고로 인하여 생긴 보험계약자 또는 보험수익자의 제3자에 대한 권리를 대위하여 행사하지 못한다」고 규정하여 제3자에 대한 보험자대위를 금지하고 있다. 그러나 상해보험계약의 경우에는 예외적으로 보험자와 보험계약자 사이에 다른 약정이 있는 때에는 보험자는 피보험자의 이익을 해하지 아니하는 범위 안에서 그 권리를 대위하여 행사할 수 있다(제729조 단서).

제2절 개별 인보험계약

Ⅰ. 생명보험계약

1. 의 의

생명보험계약이란 보험자가 피보험자의 사망, 생존, 사망과 생존에 관한 보험사고가 생길 경우에 약정한 보험금을 지급하기로 하는 인보험계약을 말한다(제730조).

2. 타인의 생명의 보험

(1) 의 의

타인의 생명의 보험이란 보험계약자가 자기 이외의 제3자를 피보험자로 한 생명보험을 말한다. 이 때 타인의 사망을 보험사고로 하는 보험계약은 보험계약 체결시에 그 타인의 서면에 의한 동의를 얻어야 한다(제731조 제1항). 단체보험의 경우에는 피보험자의 사망을 보험사고로 하는 때에도 피보험자의 서면동의를 필요로 하지 않으며(제735조의3 제1항), 단체보험계약이 체결된 때에는 보험자는 보험계약자에 대하여만 보험증권을 교부한다(제735조의3 제2항).

【판례】 대법원 2020.2.6.선고 2017다215728판결

구 상법(2017. 10. 31. 법률 제14969호로 개정되기 전의 것, 이하 같다) 제735조의3 제3항은 '단체보험계약에서 보험계약자가 피보험자 또는 그 상속인이 아닌 자를 보험수익자로 지정할 때에는 단체의 규약에서 명시적으로 정하는 경우 외에는 그 피보험자의 서면 동의를 받아야 한다'고 규정하고 있는바, 단체의 규약에서 피보험자 또는 그 상속인이 아닌 자를 보험수익자로 명시적으로 정하였다고 인정하기 위해서는 피보험자의 서면 동의가 있는 경우와 마찬가지로 취급할 수 있을 정도로 그 의사가 분명하게 확인되어야 한다.

따라서 단체의 규약으로 피보험자 또는 그 상속인이 아닌 자를 보험수익자로 지정한다는 명시적인 정함이 없음에도 피보험자의 서면 동의 없이 단체보험계약에서 피보험자 또는 그 상속인이 아닌 자를 보험수익자로 지정하였다면 그 보험수익자의 지정은 구 상법 제735조의3 제3항에 반하는 것으로 효력이 없고, 이후 적법한 보험수익자 지정 전에 보험사고가 발생한 경우에는 피보험자 또는 그 상속인이 보험수익자가 된다.

(2) 피보험자의 동의

① 동의를 요하는 경우: 타인의 생명의 보험에 있어서 ㉠ 타인의 사망을 보험사

고로 한 사망보험 또는 생사혼합보험의 보험계약을 체결하는 경우, ㉡ 타인의 사망을 보험사고로 한 타인의 생명보험계약에서 그 보험계약으로 인하여 생긴 권리를 피보험자가 아닌 자에게 양도하는 경우, ㉢ 타인의 사망을 보험사고로 한 타인의 생명보험계약에서 보험기간 중 보험계약자가 보험수익자를 지정·변경하는 경우에는 피보험자의 동의를 얻어야 한다.

② **동의의 성질:** 타인의 사망을 보험사고로 한 타인의 생명보험계약에서 피보험자의 서면동의는 당사자의 특약으로도 배제할 수 없다. 피보험자의 동의는 보험계약의 성립요건이 아니라 효력발생요건이다.

③ **동의의 시기·방식:** 피보험자의 동의는 보험계약체결시까지 서면에 의하여 이루어져야 한다(판례). 그러나 피보험자의 동의는 효력발생요건에 해당하므로 계약체결시에 동의를 얻지 못한 보험계약이라도 계약은 성립하며, 다만 서면동의를 얻어야 그 효력이 발생한다.

④ **동의의 철회:** 피보험자가 한 동의는 보험계약 성립 전에는 언제든지 철회할 수 있으나, 보험계약의 효력이 발생한 후에는 임의로 철회할 수 없고 보험계약자와 보험수익자의 동의가 있어야 철회할 수 있다.

3. 타인을 위한 생명보험

(1) 의 의

타인을 위한 생명보험이란 보험계약자가 자기 이외의 제3자를 보험수익자로 한 생명보험을 말한다. 이에 대해 보험계약자가 자신을 보험수익자로 한 생명보험을 자기를 위한 생명보험이라고 한다.

(2) 보험수익자의 지정·변경

① **보험계약자의 보험수익자 지정·변경권:** 보험계약자는 계약을 체결할 때 보험수익자를 지정할 수도 있고, 후일에 이를 지정 또는 변경할 권리를 유보할 수도 있다(제733조 제1항). 보험계약자의 보험수익자 지정·변경권은 형성권에 해당한다. 보험계약자의 보험수익자 지정·변경행위는 단독행위에 해당한다. 이때 보험수익자는 자연인이든 법인이든 관계없으며, 지정할 보험수익자의 수에는 제한이 없다. 보험수익자의 지정 방법은 제한이 없으므로 구체적인 특정인의 성명을 기재하든 '상속인' 등으로 추상적인 기재를 하든 관계없다.

② 지정·변경과 보험수익자의 지위

㉠ 보험수익자를 지정하고 이의 변경을 유보하지 않은 경우: 이 경우에는 지정된 보험수익자의 권리는 확정이 된다. 그러나 보험수익자가 보험존속 중에 사망한 때에는 보험계약자는 다시 보험수익자를 지정할 수 있다(제733조 제3항 1문). 이 경우에 보험계약자가 보험수익자를 다시 지정하지 못하고 사망한 때에는 보험수익자의 상속인이 보험수익자로 된다(제733조 제3항 2문). 그러나 예외적으로 보험계약에서 보험계약자의 승계인이 보험수익자를 지정하거나 변경하는 권리를 갖는 것으로 특약한 경우에는 그에 따른다(제733조 제2항 단서). 그리고 보험수익자의 사망 후 보험계약자가 보험수익자를 지정하기 전에 보험사고가 발생한 경우(피보험자가 사망한 경우)에는 보험수익자의 상속인을 보험수익자로 한다(제733조 제4항).

㉡ 보험수익자의 지정·변경을 유보한 경우: 이 경우 보험계약자는 언제든지 보험수익자를 지정·변경할 수 있다. 보험계약자가 보험수익자를 지정하지 않고 사망한 때에는 피보험자가 보험수익자가 되고, 보험계약자가 보험수익자를 지정한 후 변경하지 않고 사망한 때에는 당연히 지정된 보험수익자의 권리는 확정된다(제733조 제2항 본문). 그리고 보험계약자가 보험수익자의 지정·변경권을 행사하기 전에 보험사고가 발생한 경우에는 피보험자의 상속인(지정권을 행사하기 전) 또는 보험수익자의 상속인(변경권을 행사하기 전)이 보험수익자로 된다(제733조 제4항).

③ **보험수익자의 지정·변경의 통지**: 보험계약자가 보험계약을 체결한 후에 보험수익자를 지정 또는 변경할 때에는 보험자에게 그 통지를 하여야 하며, 만일 이 통지를 해태할 때에는 이로써 보험자에게 대항하지 못한다(제734조 제1항). 보험계약자가 보험수익자를 지정·변경하는 경우 타인의 생명의 보험에서 그 타인을 보험수익자로 하지 않은 때에는 그 타인의 서면에 의한 동의를 얻어야 한다(제734조 제2항).

(3) 보험자의 의무

① **보험금 지급의무**: 보험기간 중에 보험사고가 발생한 경우에 보험계약에서 약정된 보험금액을 지급하여야 한다(정액보험). 사망을 보험사고로 한 보험계약에는 그 보험사고가 보험계약자 또는 피보험자나 보험수익자의 중대한 과실로 인하여 생긴 경우에도 보험자는 보험금액을 지급할 책임을 면하지

못한다(제732조의2). 그러나 보험계약자 또는 피보험자나 보험수익자의 고의에 의한 보험사고발생은 보험자의 면책사유가 된다(제659조).

> **【판례】 대법원 2020.2.6.선고 2017다215728판결**
>
> 보험계약자가 피보험자의 상속인을 보험수익자로 하여 맺은 생명보험계약이나 상해보험계약에서 피보험자의 상속인은 피보험자의 사망이라는 보험사고가 발생한 때에는 보험수익자의 지위에서 보험자에 대하여 보험금 지급을 청구할 수 있고, 이 권리는 보험계약의 효력으로 당연히 생기는 것으로서 상속재산이 아니라 상속인의 고유재산이다. 이때 보험수익자로 지정된 상속인 중 1인이 자신에게 귀속된 보험금청구권을 포기하더라도 그 포기한 부분이 당연히 다른 상속인에게 귀속되지는 아니한다. 이러한 법리는 단체보험에서 피보험자의 상속인이 보험수익자로 인정된 경우에도 동일하게 적용된다.

② **보험료적립금 반환의무:** 보험사고발생 전의 보험계약자에 의한 보험계약의 임의해지, 보험료 부지급으로 인한 보험계약의 해제 또는 해지 등으로 보험금 지급책임이 없는 경우에는 보험자는 보험수익자를 위하여 적립한 금액을 보험계약자에게 지급하여야 한다(제736조 본문). 그러나 다른 약정이 없으면 보험사고의 발생이 보험계약자의 고의 또는 중대한 과실로 인하여 발생하여 보험자가 보험금 지급책임을 면한 때에는 보험자는 보험료적립금 반환의무를 면한다(제736조 단서).

보험자가 보험수익자를 위하여 적립한 금액을 반환할 의무는 2년을 경과하면 소멸시효가 완성한다(제662조).

③ **기타 의무:** 생명보험약관에 의하여 보험자는 이익배당의무, 해약환급금 반환의무, 보험증권대부의무 등을 부담하는 경우가 있다.

Ⅱ. 상해보험계약

상해보험계약이란 보험자가 피보험자의 신체의 상해에 관한 보험사고가 생길 경우에 보험금액 기타의 급여를 하기로 하는 인보험계약을 말한다(제737조).

상해보험계약은 생명보험계약에 관한 규정이 준용된다(제739조). 다만 생명보험계약과 달리 15세 미만자·심신상실자·심신박약자 등의 무능력자의 상해를 목적으로 하는 것은 허용된다(제739조, 제732조). 그리고 당사자간의 특약에 의해 제3자에 대한 보험자대위가 인정된다(제729조 단서).

Ⅲ. 질병보험계약

질병보험계약이란 보험자가 피보험자의 질병에 관한 보험사고가 발생한 경우 보험금이나 그 밖의 급여를 지급하기로 하는 인보험계약을 말한다(제739조의2). 질병보험에 관하여는 그 성질에 반하지 아니하는 범위에서 생명보험 및 상해보험에 관한 규정이 준용된다(제739조의3).

Part 06

해상운송과 항공운송

Chapter COMMERCIAL LAW

01 해상운송

제1절 해상기업조직

Ⅰ. 선박의 의의

상법 제740조는 「선박이란 상행위 그 밖의 영리를 목적으로 항해에 사용하는 선박을 말한다」고 규정하고 있다.

1. 해상법이 적용되는 선박

(1) 영리선

상행위 기타 영리를 목적으로 하는 선박이어야 한다. 상행위를 목적으로 하는 선박은 주로 해상운송을 영위하는 선박이고, 기타 영리를 목적으로 하는 선박은 어선을 들 수 있다(영리행위선주의). 영리성이 없는 선박(예 스포츠선·학술탐사선 등)은 해상법상의 선박이 아니다. 그러나 비영리선에도 해상법이 준용된다(선박법 제29조).

(2) 항해선

해상법은 원칙적으로 항해에 사용하는 선박, 즉 항해선에 적용된다. 따라서 호천·항만의 운행을 목적으로 하는 내수선에는 해상법이 적용되지 않고 육상운송에 관한 규정이 적용된다(제125조). 그러나 선박충돌·해양사고구조에 관한 규정은 내수항행선에도 적용되는 경우가 있다(예 내수항행선과 항해선 간의 충돌).

2. 해상법이 적용되지 않는 선박

(1) 단정 또는 노도선

단정 또는 주로 노 또는 상앗대로 운전하는 선박(노도선)은 해상법의 적용에서 제외된다(제741조 제2항). 이는 선박의 규모가 미약하고 영세하기 때문이다.

(2) 국유선·공유선

국유선과 공유선에 대해서는 원칙적으로 해상법이 준용되지 않지만, 국·공유선을 운송업에 영위하는 경우 또는 국·공유선을 임차하여 사용(私用)으로 항해에 사용하는 경우에는 해상법이 적용된다.

3. 건조 중의 선박

건조 중의 선박도 법률상 선박으로 취급되는 경우가 있으나(제790조 참조), 보통은 선박이라고 할 수 없다.

Ⅱ. 소유권의 양도

1. 등기선

20톤 이상의 등기선에 관한 권리의 이전은 당사자간의 합의만으로써 효력이 생기지만, 선박의 양도를 제3자에게 대항하기 위해서는 이를 등기하고 선박국적증서에 기재하여야 한다(제743조).

2. 비등기선

비등기선박의 양도에 있어서는 민법의 일반원칙에 따라 선박을 인도함으로써 그 효력과 대항요건이 생긴다. 건조 중의 선박도 일반 동산과 같이 인도가 효력발생요건이 된다.

Ⅲ. 해상기업 주체의 종류

1. 선박소유자

해상법상 선박소유자란 선박의 소유권을 가지고, 그 소유선박을 상행위 기타 영리의 목적으로 해상기업을 위하여 항해에 이용하는 자를 말한다.

2. 선박공유자

선박공유자란 선박을 공유하고 이것을 공동의 해상기업을 위하여 항해에 이용하는 자를 말한다. 선박공유는 단순한 민법상 소유권 등의 공유관계가 아니라, 공동기업형태의 하나이고 물적회사에 가깝다.

3. 선박임차인

선박임차인이란 타인소유의 선박을 임차하여 이것을 자기의 해상기업에 이용하는 자를 말한다. 선박임차인은 선박의 점유권을 취득하고, 선장의 선임·감독권을 갖는 점에서 용선자와 다르다.

4. 정기용선자

정기용선자란 정기용선계약의 용선자를 말하며, 정기용선계약이란 선박소유자 또는 임차인이 용선자에게 선원이 승무하고 항해준비를 갖춘 선박을 일정한 기간 동안 항해에 사용하게 할 것을 약정하고, 용선자가 이에 대하여 기간으로 정한 용선료를 지급할 것을 약정함으로써 그 효력이 생기는 계약을 말한다(제842조).

Ⅳ. 선 장

1. 의 의

선장이란 선박소유자의 피용자로서 특정 선박의 항해를 지휘하고 선박소유자의 대리인으로서 항해에 관한 여러 가지 행위를 할 수 있는 법정권한을 가지는 자를 말하며, 상법상의 선장에 해당한다.

2. 선장의 지위

(1) 선박소유자에 대한 관계

① **내부관계:** 선장은 항해에 관한 중요한 사항을 지체없이 선박소유자에게 보고하여야 하며(제755조 제1항), 매 항해를 종료한 때는 그 항해에 관한 계산서

를 지체없이 선박소유자에게 제출하여 그 승인을 얻어야 한다(제755조 제2항). 그리고 선박소유자의 청구가 있을 때에는 언제든지 항해에 관한 사항과 계산의 보고를 하여야 한다(제755조 제3항).

② 외부관계

㉠ 선적항 내에서의 대리권: 선적항에서는 선장은 특히 위임을 받은 경우 외에는 해원(海員)의 고용과 해고를 할 권한을 가질 뿐이다(제749조 제2항).

㉡ 선적항 외에서의 대리권: 선적항 외에서는 선장은 그가 지휘하는 선박의 항해에 필요한 재판상·재판외의 모든 행위를 할 권한을 갖는다(제749조 제1항). 선장의 대리권에 대한 제한은 선의의 제3자에게 대항하지 못한다(제751조).

(2) 적하이해관계인에 대한 관계

선장이 항해 중에 적하를 처분하는 경우에는 이해관계인의 이익을 위하여 가장 적당한 방법으로 하여야 한다(제752조 제1항). 선장의 적하처분에 따른 효과는 적하이해관계인에게 귀속한다. 따라서 선장의 이러한 처분행위로 인하여 적하이해관계인이 채무를 부담할 경우에는 그 적하의 가액을 한도로 하여 책임을 진다(제776조 제2항).

제2절 해상운송계약

Ⅰ. 해상물건운송계약

1. 의 의

해상물건운송계약이란 당사자의 일방(운송인)이 상대방(용선자 또는 송하인)에 대하여 선박에 의하여 물건의 해상운송을 할 것을 인수하고, 상대방은 이에 대하여 보수(운임)를 지급할 것을 약정함으로써 성립하는 계약을 말한다.

2. 종 류

(1) 용선계약

① **항해용선계약:** 항해용선계약이란 해상운송인인 선박소유자가 선박의 전부 또는 일부를 물건의 운송에 제공하고, 그 상대방인 용선자가 이에 대하여 보수로서 운임을 지급할 것을 약정함으로써 성립하는 해상운송계약의 일종으로서(제827조 제1항) 도급계약적인 성질을 갖는다. 용선계약의 당사자는 상대방의 청구에 의하여 운송계약서를 교부하여야 한다(제828조).

② **선체용선계약:** 선체용선계약은 용선자의 관리·지배하에 선박을 운항할 목적으로 선박소유자가 용선자에게 선박을 제공할 것을 약정하고, 용선자가 이에 따른 용선료를 지급하기로 약정함으로써 성립하는 해상운송계약의 일종이다(제847조 제1항).

(2) 개품운송계약

개품운송계약은 운송인인 선박소유자 등이 개개의 물건의 운송을 인수하고, 상대방(송하인)은 이에 대하여 운임을 지급할 것을 약정함으로써 성립하는 해상물건운송계약의 일종이다(제791조 참조).

(3) 재운송계약

용선자는 용선계약에서 다른 약정이 없거나 선박소유자 등을 해하지 않는 한 용선한 선복에 자기의 물건을 선적하지 않고 다시 제3자와 전부 또는 일부의 용선계약 혹은 개품운송계약을 체결할 수 있는데, 이와 같이 용선자가 자기의 명의로 제3자와 체결한 제2의 운송계약을 재운송계약이라 한다. 용선자가 자기의 명의로 제3자와 운송계약을 체결한 경우에는, 그 계약의 이행이 선장의 직무에 속한 범위 안에서 선박소유자도 그 제3자에 대하여 감항능력주의의무(堪航能力注意義務) 및 운송물에 관한 주의의무를 진다(제806조).

Ⅱ. 해상여객운송계약

해상여객운송계약이란 당사자의 일방(해상운송인)이 상대방(여객 또는 용선자)에 대해 선박에 의하여 여객의 해상운송을 할 것을 인수하고, 상대방은 이에 대하여 보수(운임)를 지급할 것을 약정함으로써 성립하는 계약이다(제817조). 해상운송계약의 일종으로, 도급계약에 해당한다.

제3절 해상기업위험

Ⅰ. 공동해손

공동해손(共同海損)이란 선박과 적하의 공동위험을 면하기 위한 선장의 선박 또는 적하에 대한 처분으로 인하여 생긴 손해 또는 비용을 말한다(제865조). 해상법상 공동해손의 법적 성질에 대해서는 해상법상의 특수한 법률요건이라는 것이 일반적이다.

Ⅱ. 선박충돌

선박충돌이란 항해선 상호간 또는 항해선과 내수항행선 간에 어떠한 수면에서 충돌하여 선박 또는 선박 내에 있는 물건이나 사람에 관하여 손해가 발생하는 것을 말한다(제876조). 선박충돌에 관해서는 선박충돌이 불가항력에 의한 경우(제877조), 일방의 과실로 인한 경우(제878조), 쌍방의 과실로 인한 경우(제879조), 도선사의 과실로 인한 경우(제880조)에 관하여 규정하고 있다.

Ⅲ. 해난구조

해난구조는 광의로는 해양사고를 당한 선박 또는 적하를 구조하는 모든 경우를 말하며, 협의로는 구조계약이 없이 해양사고를 당한 선박 또는 적하를 구조하는 경우를 말한다(제882조). 상법상의 해양사고 구조는 협의의 해양사고 구조를 뜻한다.

제4절 해상기업금융

Ⅰ. 선박우선특권

선박우선특권이란 일정한 법정채권의 채권자가 선박과 그 부속물(속구, 운임, 그 선박과 운임에 부수한 채권)로부터 다른 채권자보다 우선하여 변제를 받을 수 있는 해상법상의 특수한 담보물권이다(제777조). 선박우선특권제도는 원래 해상기업에 수반되는 위험성으로 인하여 해사채권자에게 확실한 담보를 제공할 필요성과 선박소유자에게 책임제한을 인정하는 대신 해사채권자를 두텁게 보호해야 한다는 형평상의 요구에 의하여 생긴 제도이다(판례). 선박우선특권은 담보물권이며 또한 우선변제권이 있는 점에서 민법상의 저당권과 같다. 따라서 선박우선특권에는 그 성질에 반하지 아니하는 한 민법의 저당권에 관한 규정을 준용하고 있다(제777조 제2항 후단).

Ⅱ. 선박저당권

선박저당권이란 등기선박을 목적으로 하여 계약에 의하여 설정되는 상법상 특수한 저당권이다(제787조 제1항). 선박은 동산이지만 부동산유사성이 있고 또 선박등기부가 있어 저당권의 설정·소멸 등을 이것에 의하여 공시할 수 있으므로 선박저당권제도를 인정하고 있다. 선박저당권에 대해서는 부동산의 저당권에 관한 규정이 준용된다(제787조 제3항). 그러나 비등기선은 질권을 설정할 수는 있으나 저당권의 대상은 될 수 없고, 등기선은 질권의 목적으로 하지 못한다(제789조).

Chapter COMMERCIAL LAW

02 항공운송

제1절 여객운송

Ⅰ. 여객운송인의 의무

1. 여객운송인의 의무

(1) 선관주의의무

여객운송인은 운송계약에 따라 여객을 운송함에 있어서는 선량한 관리자로서의 주의의무를 다하여야 한다.

(2) 휴대수하물의 무임운송의무

운송인은 휴대수하물에 대하여는 다른 약정이 없으면 별도로 운임을 청구하지 못한다(제912조).

(3) 선급금의 지급의무

여객의 사망 또는 신체의 상해가 발생한 항공기사고의 경우에 여객운송인은 손해배상청구권자가 청구하면 지체없이 선급금(先給金)을 지급하여야 한다. 이 경우 선급금의 지급만으로 여객운송인의 책임이 있는 것으로 보지 아니한다(제906조 제1항).

지급한 선급금은 여객운송인이 손해배상으로 지급하여야 할 금액에 충당할 수 있다(제906조 제2항).

이때 선급금의 지급액, 지급절차 및 방법 등에 관하여는 대통령령으로 정한다(제906조 제3항).

(4) 여객항공권이나 수하물표의 교부의무

운송인이 여객운송을 인수한 경우에는 여객에게 여객항공권을 교부하여야 하며(제921조 제1항), 여객의 개개 위탁수하물마다 수하물표를 교부하여야 한다(제922조).

Ⅱ. 여객운송인의 손해배상책임

1. 여객에 대한 손해배상책임

(1) 여객의 사망 또는 상해로 인한 손해배상책임

여객운송인은 여객의 사망 또는 신체의 상해로 인한 손해에 관하여는 그 손해의 원인이 된 사고가 항공기상에서 또는 승강(乘降)을 위한 작업 중에 발생한 경우에만 책임을 진다(제904조).

(2) 여객의 연착에 대한 손해배상책임

여객운송인을 여객의 연착으로 인한 손해에 대하여 책임을 진다.

(3) 수하물에 대한 손해배상책임

① 수하물에 대한 책임 범위

㉠ 위탁수하물에 대한 책임: 여객운송인은 위탁수하물의 멸실 또는 훼손으로 인한 손해에 대하여는 그 손해의 원인이 된 사실이 항공기상에서 또는 위탁수하물이 여객운송인의 관리하에 있는 기간 중에 발생한 경우에만 책임을 진다.

㉡ 휴대수하물에 대한 책임: 여객운송인은 휴대수하물의 멸실 또는 훼손으로 인한 손해에 대하여는 그 손해가 자신 또는 그 사용인이나 대리인의 고의 또는 과실에 의하여 발생한 경우에만 책임을 진다(제908조 제2항).

② **수하물의 연착에 대한 책임**: 운송인은 수하물의 연착으로 인한 손해에 대하여 책임을 진다.

제2절 물건운송

Ⅰ. 물건운송인의 의무

1. 선관주의의무

물건운송인은 운송계약에 따라 운송물을 운송함에 있어서 선량한 관리자로서의 주의의무를 다하여야 한다.

2. 운송물의 처분에 응할 의무

송하인은 운송인에게 운송의 중지, 운송물의 반환, 그 밖의 처분을 청구(처분청구권)할 수 있으며, 이 경우 운송인은 그 처분에 응하여야 한다. 이 경우에 운송인은 운송계약에서 정한 바에 따라 운임, 체당금과 처분으로 인한 비용의 지급을 청구할 수 있다(제917조 제1항).

송하인은 운송인 또는 다른 송하인의 권리를 침해하는 방법으로 처분청구권을 행사하여서는 아니 되며, 운송인이 송하인의 청구에 따르지 못할 경우에는 지체없이 그 뜻을 송하인에게 통지하여야 한다(제917조 제2항).

운송인이 송하인에게 교부한 항공화물운송장 또는 화물수령증을 확인하지 아니하고 송하인의 처분청구에 따른 경우, 운송인은 그로 인하여 항공화물운송장 또는 화물수령증의 소지인이 입은 손해를 배상할 책임을 진다(제917조 제3항).

운송물이 도착지에 도착한 후에 수하인이 운송물의 인도를 청구할 권리를 취득하였을 때에는 송하인의 처분청구권은 소멸한다. 다만, 수하인이 운송물의 수령을 거부하거나 수하인을 알 수 없을 경우에는 그러하지 아니하다(제917조 제4항).

3. 운송물 인도의무

운송물이 도착지에 도착한 때에는 수하인은 운송인에게 운송물의 인도를 청구할 수 있고(제918조 제1항 본문), 이 경우에 운송물을 인도하여야 한다. 다만, 송하인이 상법 제917조 제1항에 따라 처분청구권을 행사한 경우에는 그러하지 아니하다(제918조 제1항 단서).

4. 운송물 도착 통지의무

운송물이 도착지에 도착하면 다른 약정이 없는 한 운송인은 지체없이 수하인에게 통지하여야 한다(제918조 제5항).

Ⅱ. 물건운송인의 책임

1. 책임의 유형 및 범위

(1) 운송물의 멸실 · 훼손에 대한 책임

물건운송인은 운송물의 멸실 또는 훼손으로 인한 손해에 대하여 그 손해가 항공운송 중(운송인이 운송물을 관리하고 있는 기간을 포함한다)에 발생한 경우에만 책임을 진다(제913조 제1항 본문).

(2) 운송물 연착에 대한 책임

운송인은 운송물의 연착으로 인한 손해에 대하여 책임을 진다. 다만, 운송인이 자신과 그 사용인 및 대리인이 손해를 방지하기 위하여 합리적으로 요구되는 모든 조치를 하였다는 것 또는 그 조치를 하는 것이 불가능하였다는 것을 증명한 경우에는 그 책임을 면한다(제914조).

Ⅲ. 항공운송증서 등의 기재사항에 관한 책임

송하인은 항공화물운송장에 적었거나 운송인에게 통지한 운송물의 명세 또는 운송물에 관한 진술이 정확하고 충분함을 운송인에게 담보한 것으로 한다(제928조 제1항). 송하인은 운송물의 명세 또는 운송물에 관한 진술이 정확하지 아니하거나 불충분하여 운송인이 손해를 입은 경우에는 운송인에게 배상할 책임이 있다(제928조 제2항).

운송인은 상법 제924조 제1항에 따라 저장·보존되는 운송에 관한 기록이나 화물수령증에 적은 운송물의 명세 또는 운송물에 관한 진술이 정확하지 아니하거나 불충분하여 송하인이 손해를 입은 경우 송하인에게 배상할 책임이 있다. 다만 제1항에 따라 송하인이 그 정확하고 충분함을 담보한 것으로 보는 경우에는 그러하지 아니하다(제928조 제3항).

참고문헌

강위두, 「상법총칙·상행위」, 형설출판사, 1998.

김성태, 「상법총칙·상행위법강론」, 법문사, 2002.

______, 「보험법강론」, 법문사, 2002.

김정호, 「상법강의(상)」, 법문사, 2002.

______, 「상법강의(하)」, 법문사, 2000.

손주찬, 「상법(상)」, 박영사, 2001.

______, 「상법(하)」, 박영사, 1999.

양승규, 「보험법」, 삼지원, 1998.

이기수·최병규·조지현, 「회사법」, 삼지원, 2008.

이범찬·최준선, 「상법(상)」, 삼영사, 2006.

____________, 「상법(하)」, 삼영사, 2006.

이철송, 「상법총칙·상행위」, 박영사, 2012.

______, 「회사법」, 박영사, 2009.

______, 「어음·수표법」, 박영사, 2006.

임재연, 자본시장법, 박영사, 2012.

임홍근 외 2인, 「체계상법판례집」, 법문사, 1998.

정동윤, 「상법(상)」, 법문사, 2001.

______, 「상법(하)」, 법문사, 2000.

정찬형, 「상법강의(상)」, 박영사, 2012.

______, 「상법강의(하)」, 박영사, 2009.

______, 「어음·수표법강의」, 박영사, 2006.

최기원, 「상법학신론(상)」, 박영사, 2009.

______, 「상법학신론(하)」, 박영사, 2006.

______, 「회사법」, 박영사, 2009.

______, 「어음·수표법」, 박영사, 2008.

최준선, 「상법총칙」, 삼영사, 2006.

______, 「회사법」, 삼영사, 2005.

______, 「어음·수표법」, 삼영사, 2006.

______, 「보험·해상법」, 삼영사, 2006.

Kraft/Kreutz, Gesellschaftsrecht(10. Auflage), Luchterhand, 1997.

江頭憲治郎, 「商取引法(上)(下)」, 弘文堂, 1992.

__________, 「株式會社·有限會社法(第3版)」, 有斐閣, 2004.

__________, 「株式會社法」, 有斐閣, 2008.

田邊光政, 「會社法讀本」, 中央經濟社, 2008.

上柳克郎·鴻常夫·竹內昭夫 外, 「新版 注釋會社法」, 有斐閣, 1992.

酒卷俊雄·龍田節, 「逐条解説会社法」, 中央經濟社, 2008.

Wolfgang Hefermehl, Wechselgesctz und Scheckgesctz, C.M.Beck'sche Verlags buchhand-lung, 1985.

丸山秀平, 「手形·小切手法」, 法學書院, 2001.

丹羽重博, 「手形·小切手法」, 法學書院, 2003.

찾아보기

[ㅊ]

[저자 약력]

이 상 수

건국대학교 법학과 졸업
법학박사(건국대학교)
독일 Köln대학 보험법연구소 객원연구원
건국대·경희대·단국대·상명대·서경대 강사 역임
현 : 웅지세무대학교 세무정보과 교수

주요저서 및 논문

「CPA 상법전」(형설출판사, 2006~)
「세무사 회사법전」(형설출판사, 2006~)
「이상수 상법」(형설출판사, 2008~)
「세무사 회사법」(형설출판사, 2013~)
「상법기본강의」(피앤씨미디어, 2013~)
「타인을 위한 생명보험계약상의 보험수익자의 법적 지위에 관한 연구」(박사학위논문, 1994)
「독일법상 보험자의 파산과 보험계약자의 보호」(보험학회지, 1999)
「집행임원 제도」(법무연구, 2012) 외 다수

제5판
상법개론

초판발행 2013년 7월 30일
제2판발행 2015년 2월 10일
제3판발행 2016년 6월 10일
제4판발행 2018년 6월 30일
제5판인쇄 2021년 1월 20일
제5판발행 2021년 1월 30일

지은이 이상수
펴낸이 박노일

총괄기획 김중용·최준규
편 집 심성보·김인숙

펴낸곳 pnc publishing and culture 피앤씨미디어
경기도 고양시 일산동구 강송로 153 310-1501
등록 제396-2012-000203호
전 화 070)7550-3758 팩 스 02)718-8554
홈페이지 www.pncmedia.co.kr 이메일 pnc@pncmedia.co.kr
ISBN 979-11-5730-757-9 93360

정 가 28,000원